SCIENCES ÉCONOMIQUES & SOCIALES T[erm]

BAC 2021

W0301153

Sous la direction de
Claude-Danièle Échaudemaison

Coordination pédagogique :
Olivier LEBLANC et Hélène THAMMAVONGSA

Monique ABELLARD
Professeure au lycée Louis-Pasteur à Neuilly-sur-Seine (92)

Fabien BOURGEOIS
Professeur au lycée Charles-le-Chauve à Roissy-en-Brie (77)

Xavier ENSELME
Professeur au lycée Henri IV à Paris (75)

Olivier LEBLANC
Professeur au lycée Jean-Jacques-Rousseau à Sarcelles (95)

Sophie LOISEAU
Professeure au lycée La Herdrie à Basse-Goulaine (44)

Maurin MASSELIN
Professeur au lycée Alexandre-Dumas à Saint-Cloud (92)

Marie-Liesse NOREL
Professeure au lycée Antoine-de-Saint-Exupéry à Créteil (94)

Toufik OKAT
Professeur au lycée Sylvia-Monfort à Luisant (28)

Arnaud PARIENTY
Professeur au lycée Louis-Pasteur à Neuilly-sur-Seine (92)

Étienne SCHARR
Professeur au lycée Sainte-Marie à Neuilly-sur-Seine (92)

Hélène THAMMAVONGSA
Professeure au lycée Antoine-de-Saint-Exupéry à Créteil (94)

Agnès VALLÉE
Professeure au lycée Saint-Pierre-Fourier à Paris (75)

Nathan

À la découverte de votre manuel

OUVERTURE DE CHAPITRE

Des **questions de rappels** de 2de et de 1re. Un oubli ? Vous pouvez télécharger les cours !

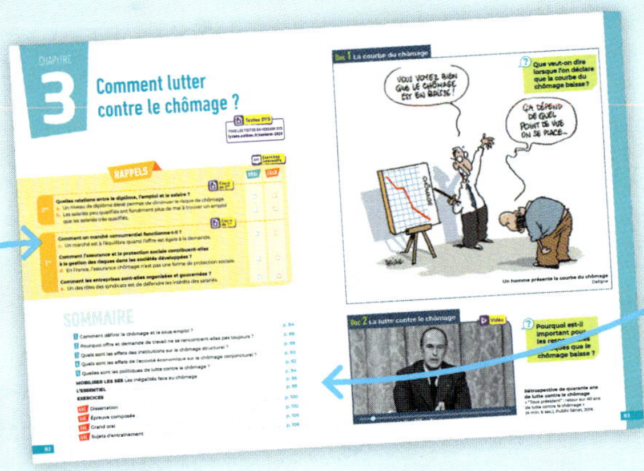

Le **sommaire du chapitre** pour vous repérer.

DOCUMENTS

Dans cette partie, vous trouverez les documents sur lesquels vous allez travailler toute l'année.

Une petite **introduction** vous explique les objectifs de la double page.

Des **vidéos** pour enrichir les documents.

Des **parcours** pour vous entraîner aux épreuves écrites ou au Grand Oral.

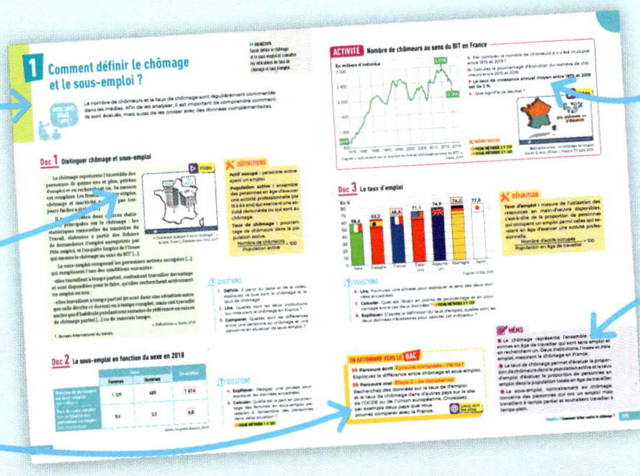

De **nombreux documents** sélectionnés avec soin et des **activités**.

Un **mémo** pour retenir l'essentiel.

MOBILISER LES SES

Des activités sur des thèmes d'actualité pour s'entraîner à l'oral ou aborder les études supérieures.

Des **sujets** en lien avec **l'actualité**.

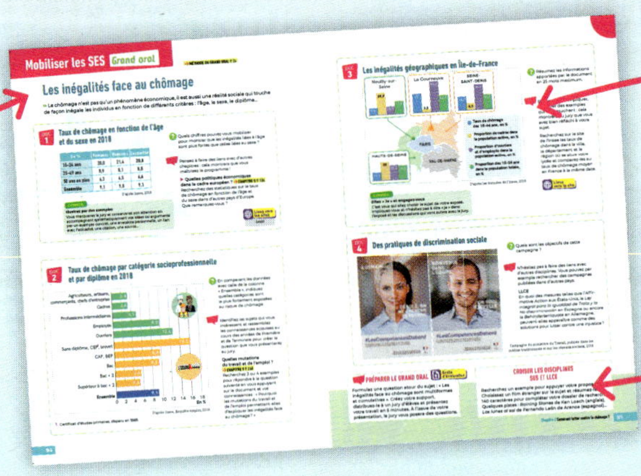

Des **propositions d'activités** pour vous entraîner au Grand Oral.

Des **pistes de croisements** avec les autres matières.

© Nathan 2020 – 92, avenue de France, 75013 Paris ISBN : 978-2-09-172537-6

L'ESSENTIEL

Le bac à réviser ? Reportez-vous au cours à la fin de chaque chapitre.

Le cours en **version audio** pour réviser dans les transports, sur le chemin du lycée…

Des suggestions de **vidéos** et de **podcasts** pour réviser.

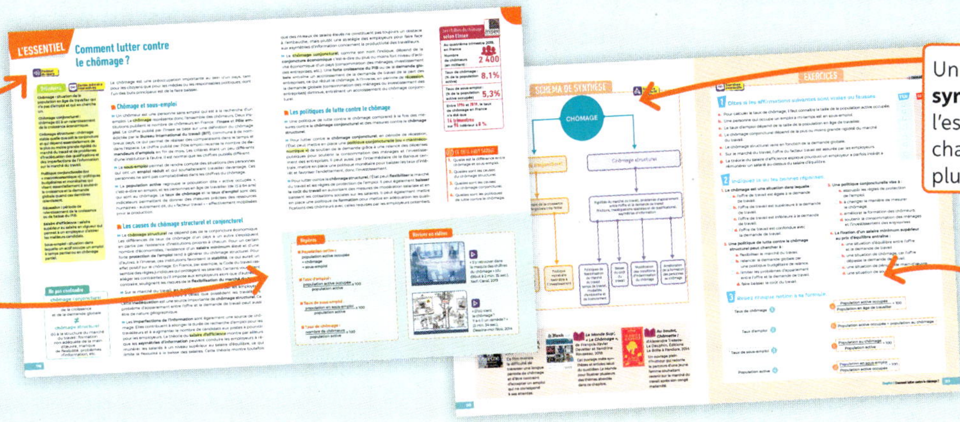

Un **schéma de synthèse** pour retenir l'essentiel de chaque chapitre sous forme plus visuelle.

Des **exercices** pour vérifier vos connaissances.

BAC

Plus de 100 pages pour s'entraîner aux épreuves écrites et orales.

Des **sujets guidés pas à pas.**

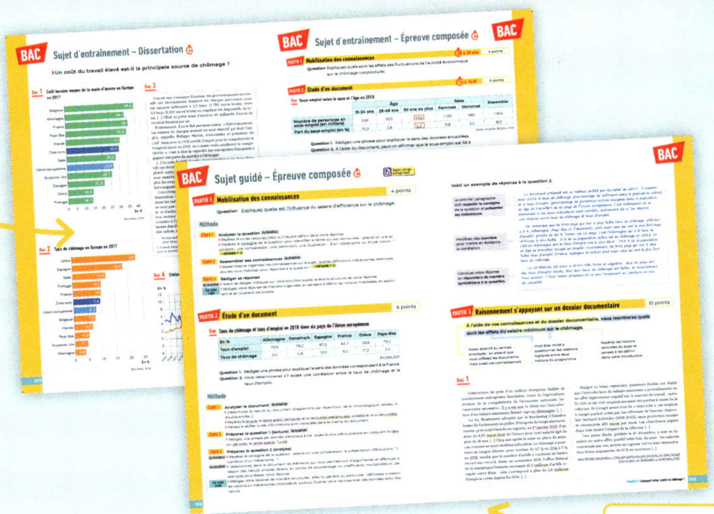

Des **exemples de questions** pour le Grand Oral.

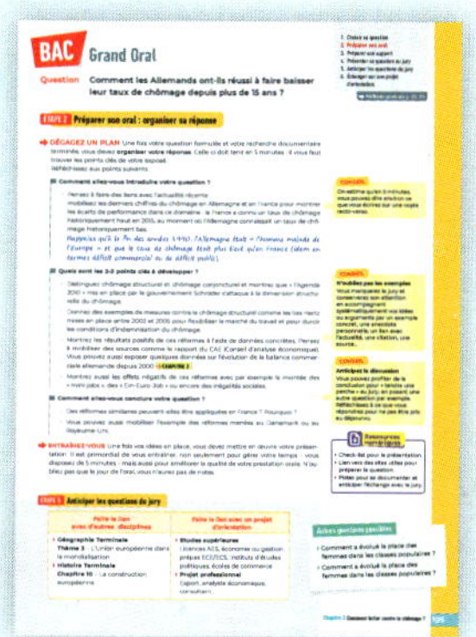

Des **sujets blancs**.

FICHES MÉTHODE

16 fiches synthétiques pour maîtriser les bases de l'économie : outils et savoir-faire.

La **définition**, la **formule** et un **exemple** pour comprendre et savoir utiliser les outils et les savoir-faire.

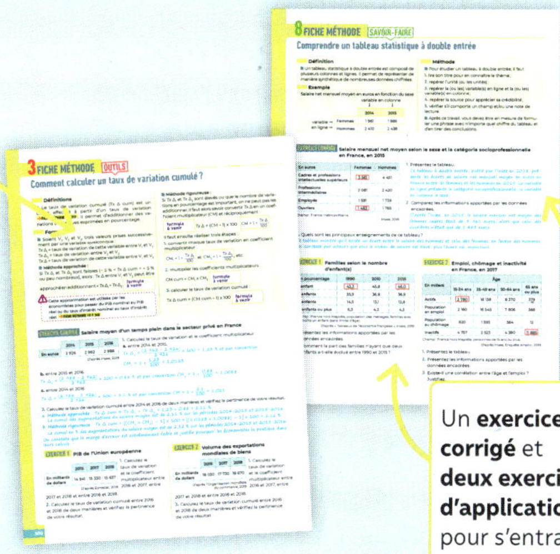

Un **exercice corrigé** et **deux exercices d'application** pour s'entraîner.

Et la Terminale ?

E3C, épreuves finales, Parcoursup, Grand Oral… pas facile de s'y retrouver ! Votre guide, en partenariat avec l'ONISEP (p. 11), est là pour vous aider à y voir plus clair.

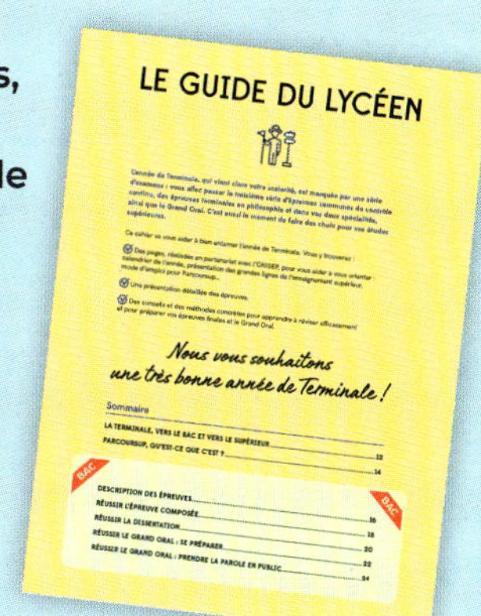

SOMMAIRE

CHAPITRE 5
Quelles politiques économiques dans le cadre européen ?

SOCIOLOGIE ET SCIENCE POLITIQUE

CHAPITRE 6
Comment est structurée la société française actuelle ?

CHAPITRE 7
Quelle est l'action de l'école sur les destins individuels et sur l'évolution de la société ?

CHAPITRE 8
Quels sont les caractéristiques et les facteurs de la mobilité sociale ?

CHAPITRE 9
Quelles mutations du travail et de l'emploi ?

CHAPITRE 10
Comment expliquer l'engagement politique dans les sociétés démocratiques ?

REGARDS CROISÉS

CHAPITRE 11
Quelles inégalités sont compatibles avec les différentes conceptions de la justice sociale ?

CHAPITRE 12
Quelle action publique pour l'environnement ?

FICHES MÉTHODE

OUTILS

SAVOIR-FAIRE

Les pages BAC de votre manuel par types d'épreuves

La dissertation

L'épreuve composée : sujets de la partie 3

Grand Oral

PROGRAMME DE SCIENCES ÉCONOMIQUES ET SOCIALES Terme

Bulletin officiel spécial n° 8 du 25 juillet 2019

Questionnements	Objectifs d'apprentissage
Science économique	
Quels sont les sources et les défis de la croissance économique ?	• Comprendre le processus de croissance économique et les sources de la croissance : accumulation des facteurs et accroissement de la productivité globale des facteurs ; comprendre le lien entre le progrès technique et l'accroissement de la productivité globale des facteurs. • Comprendre que le progrès technique est endogène et qu'il résulte en particulier de l'innovation. • Comprendre comment les institutions (notamment les droits de propriété) influent sur la croissance en affectant l'incitation à investir et innover ; savoir que l'innovation s'accompagne d'un processus de destruction créatrice. • Comprendre comment le progrès technique peut engendrer des inégalités de revenus. • Comprendre qu'une croissance économique soutenable se heurte à des limites écologiques (notamment l'épuisement des ressources, la pollution et le réchauffement climatique) et que l'innovation peut aider à reculer ces limites.
Quels sont les fondements du commerce international et de l'internationalisation de la production ?	• Comprendre le rôle des dotations factorielles et technologiques (avantages comparatifs) dans les échanges commerciaux et la spécialisation internationale. • Comprendre le commerce entre pays comparables (différenciation des produits, qualité des produits, et fragmentation de la chaîne de valeur). • Comprendre que la productivité des firmes sous-tend la compétitivité d'un pays, c'est-à-dire son aptitude à exporter. • Comprendre l'internationalisation de la chaîne de valeur et savoir l'illustrer. • Comprendre les effets induits par le commerce international : gains moyens en termes de baisse de prix, réduction des inégalités entre pays, accroissement des inégalités de revenus au sein de chaque pays ; comprendre les termes du débat entre libre-échange et protectionnisme.
Comment lutter contre le chômage ?	• Savoir définir le chômage et le sous-emploi et connaître les indicateurs de taux de chômage et de taux d'emploi. • Comprendre que les problèmes d'appariements (frictions, inadéquations spatiales et de qualifications). et les asymétries d'information (salaire d'efficience) sont des sources de chômage structurel. • Comprendre les effets (positifs ou négatifs) des institutions sur le chômage structurel (notamment salaire minimum et règles de protection de l'emploi). • Comprendre les effets des fluctuations de l'activité économique sur le chômage conjoncturel. • Connaître les principales politiques mises en œuvre pour lutter contre le chômage : politiques macroéconomiques de soutien de la demande globale, politiques d'allégement du coût du travail, politiques de formation et politiques de flexibilisation pour lutter contre les rigidités du marché du travail.
Comment expliquer les crises financières et réguler le système financier ?	• Connaître les principales caractéristiques de la crise financière des années 1930 et de celle de 2008 (effondrement boursier, faillites en chaîne, chute du PIB et accroissement du chômage). • Comprendre et savoir illustrer la formation et l'éclatement d'une bulle spéculative (comportements mimétiques et prophéties auto réalisatrices). • Comprendre les phénomènes de panique bancaire et de faillites bancaires en chaîne. • Connaître les principaux canaux de transmission d'une crise financière à l'économie réelle : effets de richesse négatif, baisse du prix du collatéral et ventes forcées, contraction du crédit. • Connaître les principaux instruments de régulation du système bancaire et financier qui permettent de réduire l'aléa moral des banques : supervision des banques par la banque centrale, ratio de solvabilité.
Quelles politiques économiques dans le cadre européen ?	• Connaître les grandes caractéristiques de l'intégration européenne (marché unique et zone euro) ; comprendre les effets du marché unique sur la croissance. • Comprendre les objectifs, les modalités et les limites de la politique européenne de la concurrence. • Comprendre comment la politique monétaire et la politique budgétaire agissent sur la conjoncture. • Savoir que la politique monétaire dans la zone euro, conduite de façon indépendante par la Banque centrale européenne, est unique alors que la politique budgétaire est du ressort de chaque pays membre mais contrainte par les traités européens ; comprendre les difficultés soulevées par cette situation (défaut de coordination, chocs asymétriques).
Sociologie et science politique	
Comment est structurée la société française actuelle ?	• Savoir identifier les multiples facteurs de structuration et de hiérarchisation de l'espace social (catégorie socioprofessionnelle, revenu, diplôme, composition du ménage, position dans le cycle de vie, sexe, lieu de résidence). • Comprendre les principales évolutions de la structure socioprofessionnelle en France depuis la seconde moitié du XXe siècle (salarisation, tertiarisation, élévation du niveau de qualification, féminisation des emplois). • Connaître les théories des classes et de la stratification sociale dans la tradition sociologique (Marx, Weber) ; comprendre que la pertinence d'une approche en termes de classes sociales pour rendre compte de la société française fait l'objet de débats théoriques et statistiques : évolution des distances inter- et intra-classes, articulation avec les rapports sociaux de genre, identifications subjectives à un groupe social, multiplication des facteurs d'individualisation.
Quelle est l'action de l'École sur les destins individuels et sur l'évolution de la société ?	• Comprendre que, dans les sociétés démocratiques, l'École transmet des savoirs et vise à favoriser l'égalité des chances ; comprendre l'évolution, depuis les années 1950, des principaux indicateurs mesurant l'accès à l'école et à l'enseignement supérieur (taux de scolarisation, taux d'accès à un diplôme ou à un type de formation en distinguant les processus de massification et de démocratisation. • Comprendre la multiplicité des facteurs d'inégalités de réussite scolaire (notamment, rôle de l'École, rôle du capital culturel et des investissements familiaux, socialisation selon le genre, effets des stratégies des ménages) dans la construction des trajectoires individuelles de formation.

Quels sont les caractéristiques contemporaines et les facteurs de la mobilité sociale ?	• Savoir distinguer la mobilité sociale intergénérationnelle des autres formes de mobilité (géographique, professionnelle). • Comprendre les principes de construction, les intérêts et les limites des tables de mobilité comme instrument de mesure de la mobilité sociale. • Comprendre que la mobilité observée comporte une composante structurelle (mobilité structurelle) ; comprendre que la mobilité peut aussi se mesurer de manière relative indépendamment des différences de structure entre origine et position sociales (fluidité sociale) et qu'une société plus mobile n'est pas nécessairement une société plus fluide. • À partir de la lecture des tables de mobilité, être capable de mettre en évidence des situations de mobilité ascendante, de reproduction sociale et de déclassement, et de retrouver les spécificités de la mobilité sociale des hommes et de celles des femmes. • Comprendre comment l'évolution de la structure socioprofessionnelle, les niveaux de formation et les ressources et configurations familiales contribuent à expliquer la mobilité sociale.
Quelles mutations du travail et de l'emploi ?	• Savoir distinguer les notions de travail, activité, statut d'emploi (salarié, non-salarié), chômage ; comprendre que les évolutions des formes d'emploi rendent plus incertaines les frontières entre emploi, chômage et inactivité. • Connaître les principaux descripteurs de la qualité des emplois (conditions de travail, niveau de salaire, sécurité économique, horizon de carrière, potentiel de formation, variété des tâches). • Comprendre les principales caractéristiques des modèles d'organisation taylorien (division du travail horizontale et verticale, relation hiérarchique stricte) et post-taylorien (flexibilité, recomposition des tâches, management participatif) ; comprendre les effets positifs et négatifs de l'évolution des formes de l'organisation du travail sur les conditions de travail. • Comprendre comment le numérique brouille les frontières du travail (télétravail, travail / hors travail), transforme les relations d'emploi et accroît les risques de polarisation des emplois. • Comprendre que le travail est source d'intégration sociale et que certaines évolutions de l'emploi (précarisation, taux persistant de chômage élevé, polarisation de la qualité des emplois) peuvent affaiblir ce pouvoir intégrateur.
Comment expliquer l'engagement politique dans les sociétés démocratiques ?	• Comprendre que l'engagement politique prend des formes variées (vote, militantisme, engagement associatif, consommation engagée). • Comprendre pourquoi, malgré le paradoxe de l'action collective, les individus s'engagent (incitations sélectives, rétributions symboliques, structure des opportunités politiques). • Comprendre que l'engagement politique dépend notamment de variables sociodémographiques (catégorie socioprofessionnelle, diplôme, âge et génération, sexe). • Comprendre la diversité et les transformations des objets de l'action collective (conflits du travail, nouveaux enjeux de mobilisation, luttes minoritaires), des acteurs (partis politiques, syndicats, associations, groupements) et de leurs répertoires.
REGARDS CROISÉS	
Quelles inégalités sont compatibles avec les différentes conceptions de la justice sociale ?	• Connaître les grandes tendances d'évolution des inégalités économiques depuis le début du XXe siècle et comprendre que les inégalités économiques et sociales présentent un caractère multiforme et cumulatif. • Savoir interpréter les principaux outils de mesure des inégalités, statique (rapport inter-quantiles, courbe de Lorenz et coefficient de Gini, top 1%) et dynamique (corrélation de revenu parents-enfants). • Comprendre que les différentes formes d'égalité (égalité des droits, des chances ou des situations) permettent de définir ce qui est considéré comme juste selon différentes conceptions de la justice sociale (notamment l'utilitarisme, le libertarisme, l'égalitarisme libéral, l'égalitarisme strict). • Comprendre que l'action des pouvoirs publics en matière de justice sociale (fiscalité, protection sociale, services collectifs, mesures de lutte contre les discriminations) s'exerce sous contrainte de financement et fait l'objet de débats en termes d'efficacité (réduction des inégalités), de légitimité (notamment consentement à l'impôt) et de risque d'effets pervers (désincitations).
Quelle action publique pour l'environnement ?	• Savoir identifier les différents acteurs (pouvoirs publics, ONG, entreprises, experts, partis, mouvements citoyens) qui participent à la construction des questions environnementales comme problème public et à leur mise à l'agenda politique ; comprendre que ces acteurs entretiennent des relations de coopération et de conflit. • Comprendre que l'action publique pour l'environnement articule différentes échelles (locale, nationale, européenne, mondiale). • En prenant l'exemple du changement climatique : - connaître les principaux instruments dont disposent les pouvoirs publics pour faire face aux externalités négatives sur l'environnement : réglementation, marchés de quotas d'émission, taxation, subvention à l'innovation verte ; comprendre que ces différents instruments présentent des avantages et des limites, et que leur mise en œuvre peut se heurter à des dysfonctionnements de l'action publique ; -comprendre qu'en présence de bien commun les négociations et accords internationaux liés à la préservation de l'environnement sont contraints par des stratégies de passager clandestin et les inégalités de développement entre pays.

Objectifs d'apprentissage concernant l'utilisation des données quantitatives et des représentations graphiques

CALCUL, LECTURE, INTERPRÉTATION

- Proportion, pourcentage de répartition (y compris leur utilisation pour transformer une table de mobilité en tables de destinée et de recrutement).

- taux de variation, taux de variation cumulé, coefficient multiplicateur, indice simple.

- Moyenne arithmétique simple et pondérée

LECTURE, INTERPRÉTATION

- Indice synthétique.

- Médiane.

- Écart et rapport inter-quantile.

- Coefficient de Gini.

- Corrélation et causalité.

- Taux de variation moyen.

- Valeur nominale, valeur réelle (notamment, taux d'intérêt nomina et taux d'intérêt réel).

- Tableau à double-entrée.

- Représentations graphiques : diagrammes de répartition, représentation de séries chronologiques, courbe de Lorenz.

- Représentation graphique de fonctions simples (offre, demande, coût) et interprétation de leurs pentes et de leurs déplacements.

LE GUIDE DU LYCÉEN

L'année de Terminale, qui vient clore votre scolarité, est marquée par une série d'examens : vous allez passer la troisième série d'épreuves communes de contrôle continu, des épreuves terminales en philosophie et dans vos deux spécialités, ainsi que le Grand Oral. C'est aussi le moment de faire des choix pour vos études supérieures.

Ce cahier va vous aider à bien entamer l'année de Terminale. Vous y trouverez :

- Des pages, réalisées en partenariat avec l'ONISEP, pour vous aider à vous orienter : calendrier de l'année, présentation des grandes lignes de l'enseignement supérieur, mode d'emploi pour Parcoursup…
- Une présentation détaillée des épreuves.
- Des conseils et des méthodes concrètes pour apprendre à réviser efficacement et pour préparer vos épreuves finales et le Grand Oral.

Nous vous souhaitons une très bonne année de Terminale !

Sommaire

BAC BAC

LA TERMINALE VERS LE BAC

Vos disciplines

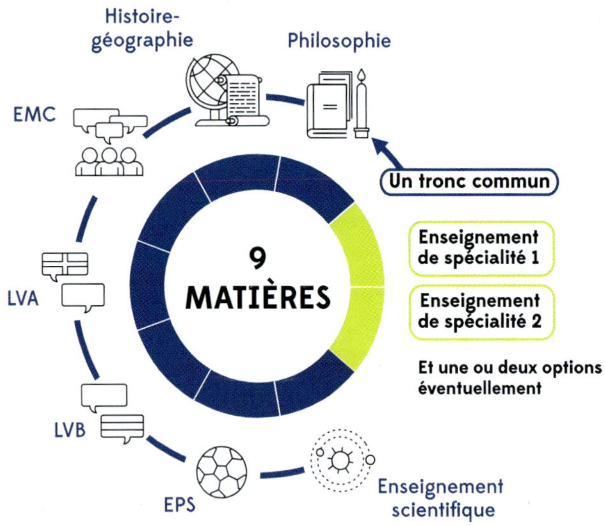

Votre calendrier*

- **Fin Mars** : Deux épreuves écrites de spécialités
- **3e trimestre** (*Dates au choix de votre lycée*) : Épreuves de contrôle continu (E3C)
- **Juin** : Épreuve écrite de Philosophie et « Grand Oral »

* Informations mises à jour en mars 2020

Toutes importantes, les disciplines seront évaluées et compteront dans votre note du Bac*

Le bulletin
10 % DE LA NOTE

Vos bulletins pour valoriser votre travail régulier de première et terminale — **Coefficient 10**

Les épreuves communes de contrôle continu (E3C)
30 % DE LA NOTE

Dont épreuve de spécialité arrêtée en première
Coefficient 5

- **Histoire-Géographie et Enseignement scientifique**
  Épreuves écrites
  Coefficient 5
  pour chaque matière
  y compris E3C de première
- **LVA et LVB**
  Épreuves écrites et orales
  Coefficient 5
  pour chaque langue
  y compris E3C de première
- **EPS**
  Évaluation tout au long de l'année
  Coefficient 5

Les épreuves terminales
60 % DE LA NOTE

Dont notes des Épreuves anticipées de français passées en première
Coefficient 10

Une épreuve écrite de 3 ou 4 heures pour **vos deux enseignements de spécialité**

+ Numérique et Sciences Informatiques, Physique-Chimie Biologie et écologie et SVT
Une épreuve pratique de 1 heure

+ Arts, Langues littérature et cultures étrangères et régionales
Une épreuve orale

Coefficient 16
pour chaque enseignement de spécialité

Philosophie
Épreuve écrite de 4 heures — **Coefficient 8**

Le « Grand Oral »
20 minutes de préparation
+ 20 minutes d'épreuve

› Sur une question adossée à l'une de vos spécialités
› Échange sur votre projet d'orientation

Coefficient 10

Total des coefficients 100

* Informations mises à jour en mars 2020

... PUIS VERS LE SUPÉRIEUR

Les grands itinéraires de l'Enseignement supérieur

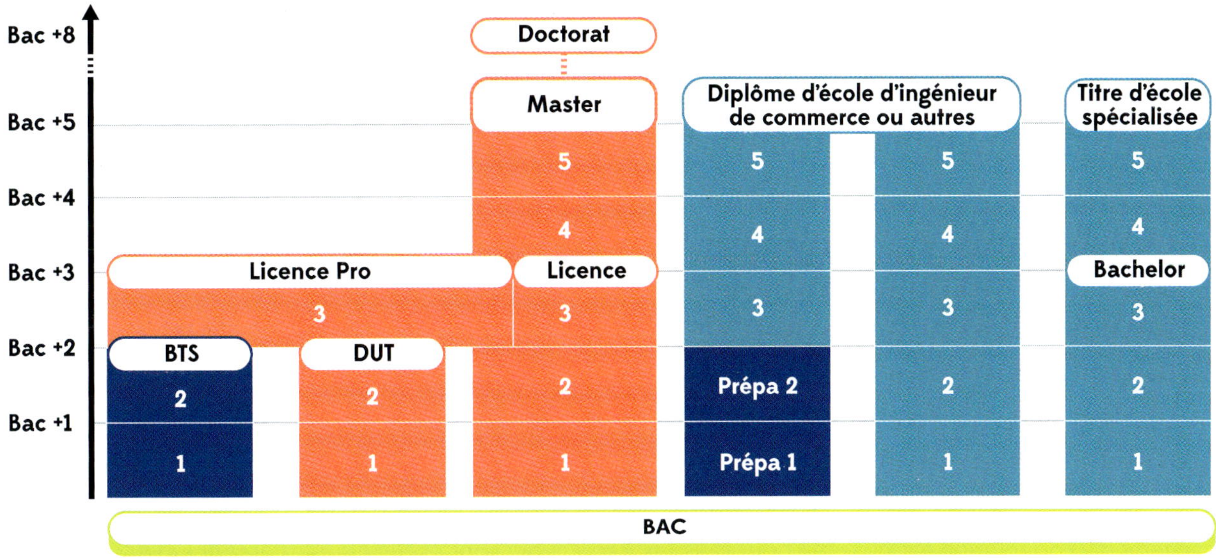

Ils témoignent de leur première année après le Bac

THÉO,
Première année de licence de sciences de la vie

« J'ai choisi l'université car elle offre plusieurs parcours d'études et des matières nouvelles pour moi. Même si nous sommes plus encadrés que je ne l'imaginais, il faut travailler en autonomie et bien s'organiser entre les cours théoriques et les TP. J'espère partir en échange à l'étranger dès la L3. »

ZINEB,
Première année de prépa économique et commerciale

« Je voulais faire une école de commerce. Je craignais la prépa, j'en ai discuté avec des profs pendant les Portes ouvertes qui m'ont convaincue que je pouvais y arriver. Chaque semaine, 31 heures de cours, des colles orales, des devoirs sur table, et beaucoup de boulot à la maison pour assimiler des contenus volumineux très vite. Mais je ne regrette pas ! Il y a beaucoup de solidarité dans la classe. C'est stimulant. »

MAELLE,
IUT info-comm

« Grâce à mon dossier, j'ai pu entrer en IUT : un cursus court à l'université, bien encadré avec la possibilité de poursuivre mes études. Je découvre des disciplines théoriques (marketing, droit...) et pratiques (graphisme, infographie...). C'est passionnant. J'ai hâte de débuter mon premier stage ! »

DIMITRI,
IFSI

« J'ai toujours voulu être infirmier en bloc opératoire. Mon dossier était un peu juste mais ma motivation et mes activités associatives m'ont permis de réussir l'entretien d'entrée. On alterne les cours théoriques et cliniques à la fac ou dans l'IFSI et on a beaucoup de travail. J'ai effectué un premier stage et je suis encore plus motivé ! »

SARAH,
École d'ingénieurs

« J'aimais les sciences et les TP au lycée, je voulais devenir ingénieure sans savoir dans quel domaine. J'ai réussi à intégrer une école généraliste qui me permettra de me spécialiser plus tard. Dans l'école, j'apprécie les projets en groupe, l'accès permanent à un matériel de pointe et la vie associative. »

Un lien ONISEP utile pour votre orientation *Ma première année en...*

PARCOURSUP, QU'EST-CE QUE C'EST ?

C'est la plateforme nationale de préinscription à l'enseignement supérieur pour tous les élèves de terminale. En 2019, 97 % des bacheliers généraux ont reçu au moins une proposition.

1 UN LARGE CHOIX DE VŒUX NON HIÉRARCHISÉS ET DES INFORMATIONS

✅ **Quasiment toutes les formations du supérieur** sont sur Parcoursup (15.000 formations !) avec de très **nombreuses informations** et des possibilités de contacts directs pour **poser vos questions** sur les contenus, les critères d'examen des vœux, les débouchés.

✅ Vous disposez de **10 vœux (ou 20 sous-vœux)** : soyez **réaliste** et **ambitieux** (tentez des filières sélectives !). Tous les candidats, comme vous, déposent de nombreuses candidatures : les établissements vont très loin dans leurs classements pour proposer une admission

✅ **Les attendus nationaux et locaux** sont là pour vous motiver (pas pour vous inquiéter), tout comme les questionnaires d'auto-évaluation.

> *Astuce*
>
> **Pas besoin de hiérarchiser vos vœux :** l'établissement de la formation que vous demandez n'est pas informé de vos autres vœux.

✅ Enfin, vous avez **le droit à l'erreur** : il existe de nombreuses passerelles en cours de formation et un changement d'orientation est possible pour tous les Bac + 1 qui sont accueillis sur Parcoursup.

2 UNE PROCÉDURE AVEC UN CALENDRIER PRÉCIS ET DES OBLIGATIONS

Calendrier et check-list

✅ **Un calendrier**
Ce calendrier vous laisse du temps de réflexion, coordonné avec le Bac et adapté à votre intégration dans le supérieur.

> *À savoir*
>
> Le respect de la procédure par tous les élèves et les établissements est la condition de son bon fonctionnement.

✅ **Des modalités d'inscription**

- Pour constituer votre dossier personnel à partir de votre INE, vous fournissez :
  - des informations sur votre état civil,
  - vos coordonnées, celles de vos représentants légaux (si vous êtes mineur),
  - des informations sur votre scolarité passée en complément de celles fournies par votre lycée (bulletins de première et terminale, Fiche Avenir avec les appréciations de vos enseignants et l'avis du chef d'établissement).
  - Vous rédigez un **projet de formation motivé** personnalisé adapté à chaque formation.
  - Vous remplissez soigneusement la rubrique « **Mes activités et centres d'intérêt** » qui peut renforcer vos candidatures.
- Vous envoyez les documents complémentaires que demandent parfois certaines formations.

3 DES ENSEIGNANTS QUI ÉTUDIENT VOTRE DOSSIER ET VOUS RÉPONDENT

✅ **Parcoursup n'est pas un robot ni un algorithme qui déciderait de votre orientation !**
Toutes les formations vous répondront mais pas forcément en même temps : **surveillez les réponses** (sms, mail...) et votre compte Parcoursup.

✅ **N'oubliez pas de répondre** à chaque proposition dans les délais indiqués. Si plusieurs propositions vous sont faites, il vous faudra choisir, puis valider votre choix final et **vous inscrire définitivement**.

VOUS INFORMER SUR LES FORMATIONS

UNE DÉMARCHE À ANTICIPER

Votre démarche d'orientation ne doit évidemment pas attendre l'ouverture de Parcoursup.

Vous ne savez pas encore vraiment ce que vous voulez faire mais vous aimez bien la sociologie ?

Vous avez déjà plusieurs idées, par exemple « *J'aimerais faire une école de commerce* » ou « *faire du marketing* » ?

Vous avez une idée assez nette de ce que vous voulez faire : « *Je veux mener des études de marché* » ou « « *Je veux être sociologue* » ?

S'INFORMER AVEC L'ONISEP

Dans tous les cas, **vous devrez vous informer sur les formations, leurs contenus, leurs modalités** (durée, sélective/non sélective, privée/publique, possibilité d'alternance ou de poursuite d'études, proximité…) et **leurs débouchés**.

L'ONISEP (**Office national d'information sur les enseignements et les professions**) vous fournit toute l'info sur les métiers et les formations :

- Le site onisep.fr, notamment la rubrique *Ma première année en…*
- monorientationenligne.fr vous met en contact avec un conseiller par téléphone, mail ou par tchat.
- Le site *Terminales* à retrouver sur orientation-lycees.fr
- Des revues, des guides, des salons…
- Vous disposez de nombreuses sources d'informations potentielles : contacts sur Parcoursup, journées portes ouvertes, salons, forums, sites, Semaines de l'orientation et bien entendu vos enseignants, et les conseillers près de chez vous…

Notez bien que vos motivations pour une formation ou des débouchés, ainsi que vos démarches d'orientation vous seront aussi utiles lors du Grand Oral.

FOCUS SUR… des formations et métiers en lien avec votre spécialité

DES ÉTUDES FACILITÉES PAR LA SPÉCIALITÉ SCIENCES ÉCONOMIQUES ET SOCIALES

Site Horizons sur orientation-lycees.fr

- **Licences** Sciences du langage, Information et communication, LLCE, LEA, Langues, Lettres Humanités, Philosophie, Histoire, Géographie, Sociologie, Droit, Administration Publique Sciences sociales, Sciences politiques, Sciences de l'éducation, Sciences de l'homme, Arts, Histoire de l'art et archéologie…
- **Classes préparatoires** littéraires, commerciales ; **Instituts d'études politiques** ; **Écoles de commerce**…
- **BTS** Communication, Édition, Métiers de l'audiovisuel, Commerce, Gestion…
- **DUT** Information-communication, Carrières juridiques, Gestion administrative et commerciale…

onisep
Nathan

LES ÉPREUVES DU BAC EN SES

LE GRAND ORAL

20 mn · coeff. 10 · juin

2 enseignants de disciplines différentes, dont au moins un représente l'un de vos deux enseignements de spécialité.

FORMAT ET DÉROULEMENT DE L'ÉPREUVE

L'épreuve se prépare tout au long de l'année et se déroule en 3 temps.

OBJECTIFS DE L'ÉPREUVE

L'épreuve vous permet de montrer votre capacité à prendre la parole en public de façon claire et convaincante. Elle vous permet aussi de mettre les savoirs que vous avez acquis, particulièrement dans vos enseignements de spécialité, au service d'une argumentation et de montrer comment ils ont nourri votre projet de poursuite d'études, voire votre projet professionnel.

Au cours de l'année	**Choix des questions**	Choix de 2 questions portant sur les 2 enseignements de spécialité soit pris isolément, soit abordés de manière transversale.
	Préparation des questions	Élaboration et préparation de ces questions avec vos professeurs de spécialité et éventuellement d'autres élèves.
Le jour de l'épreuve	**Préparation 20 mn**	Le jury choisit l'une des questions. Vous disposez de 20 mn pour mettre en ordre vos idées et éventuellement réaliser un support à remettre au jury.
	1er temps Présentation de la question 5 mn	Exposé, sans note et debout. Vous devez expliquer pourquoi vous avez choisi de préparer cette question, puis vous la développez et vous y répondez.
	2e temps Échange avec le jury 10 mn	Le jury vous interroge sur votre prestation mais aussi sur le programme de vos enseignements de spécialité (1re et Term).
	3e temps Échange sur l'orientation 5 mn	Vous expliquez en quoi la question traitée éclaire votre projet de poursuite d'études, voire votre projet professionnel.

CRITÈRES D'ÉVALUATION

Le jury valorise la solidité de vos connaissances, votre capacité à argumenter et à relier les savoirs, votre esprit critique, la précision de votre expression, la clarté de votre propos, votre engagement dans la parole, votre force de conviction.

Le jury pourra vous évaluer sur 5 critères :
- Qualité orale : voix (volume, débit, intonation...), vocabulaire riche et précis.
- Qualité de la prise de parole en continu : discours fluide, efficace, développant des propositions ; maîtrise du temps.
- Qualité des connaissances : connaissances maîtrisées, mobilisées à bon escient et exprimées clairement.
- Qualité de l'interaction : engagement dans la parole, pertinence, prise d'initiative dans les échanges.
- Qualité et construction de l'argumentation : maîtrise des enjeux du sujet, capacité à conduire et exprimer une argumentation personnelle, bien construite et raisonnée.

L'ÉPREUVE ÉCRITE

4 h — coeff. 16 — mars

Un seul sujet à choisir parmi la dissertation s'appuyant sur un dossier documentaire et l'épreuve composée.

Les sujets couvrent plusieurs dimensions du programme :
- Le sujet de dissertation et celui de la 3e partie de l'épreuve composée portent sur des parties différentes du programme : science économique ; sociologie et science politique ; regards croisés.
- Les sujets de la dissertation et ceux de chaque partie de l'épreuve composée portent sur différentes questions issues du programme.

DISSERTATION S'APPUYANT SUR UN DOSSIER DOCUMENTAIRE

STRUCTURE DE L'ÉPREUVE

Le libellé du sujet de la dissertation vous invite à poser et à traiter, d'une façon organisée et réfléchie, un problème exigeant un effort d'analyse économique, sociologique et/ou politique.

Pour vous aider à asseoir votre travail sur des informations précises, **un dossier** est mis à votre disposition.

Le dossier comporte **3 ou 4 documents**. Il s'agit principalement de données statistiques. Un document texte peut figurer dans le dossier à condition qu'il soit strictement factuel.

OBJECTIFS DE L'ÉPREUVE

- Il vous est demandé de répondre à la question posée par le sujet, de construire une argumentation à partir d'une problématique que vous devrez élaborer, de mobiliser vos connaissances et des informations pertinentes pour traiter le sujet, notamment celles figurant dans le dossier et de rédiger en utilisant le vocabulaire économique et social spécifique approprié à la question et en organisant le développement sous la forme d'un plan cohérent qui ménage l'équilibre des parties.
- **Attention**, le dossier ne doit pas vous dispenser d'avoir recours à vos connaissances. Il ne doit pas non plus servir de prétexte à un commentaire systématique et détaillé.
- Il sera tenu compte, dans la notation, de la clarté de votre expression et du soin apporté à la présentation.

OU

ÉPREUVE COMPOSÉE

Cette épreuve comprend **trois parties**. Les trois parties de l'épreuve composée portent sur trois questions différentes et au moins deux champs du programme (science économique ; sociologie et science politique ; regards croisés).

STRUCTURE DE L'ÉPREUVE

PARTIE 1 - **Mobilisation des connaissances** 4 PTS
Question sans document d'appui.

PARTIE 2 - **Étude d'un document** 6 PTS
Etude d'un document statistique (graphique, tableau, carte, radar, etc.) accompagné de deux questions.

PARTIE 3 - **Raisonnement s'appuyant sur un dossier documentaire** 10 PTS
Un sujet accompagné d'un dossier documentaire.
Le libellé du sujet vous invite à développer un raisonnement, à rassembler et mettre en ordre des informations pertinentes issues du dossier documentaire et de vos connaissances personnelles.
Le dossier documentaire comporte 2 ou 3 documents de nature différente (texte, graphique, tableau statistique...).

OBJECTIFS DE L'ÉPREUVE

Partie 1 : Vous devez répondre à la question en faisant appel à vos connaissances acquises dans le cadre du programme.

Partie 2 : Vous devez répondre aux questions en mobilisant vos connaissances et en adoptant une démarche méthodologique rigoureuse de collecte et de traitement de l'information.

Partie 3 :
- Vous devez traiter le sujet en développant un raisonnement, en exploitant les documents du dossier, en faisant appel à ses connaissances personnelles, et en composant une introduction, un développement, une conclusion.
- Votre réflexion ne doit pas se limiter au dossier : vous devez avoir recours à propres connaissances pour traiter le sujet. Il ne faut pas non plus paraphraser les documents ni en faire un commentaire systématique et détaillé.

BAC

RÉUSSIR LA DISSERTATION

Votre choix entre l'épreuve composée et la dissertation dépend de deux critères : vous devez choisir le type d'épreuve avec lequel vous avez été le plus à l'aise tout au long de votre Terminale, mais vous devez aussi privilégier l'épreuve qui porte sur le thème que vous maîtrisez le mieux sur le plan des connaissances.
Si les deux critères divergent, il est fortement conseillé de privilégier l'épreuve portant sur le thème dont vous maîtrisez le mieux les connaissances.

ÉTAPE 1 ANALYSER LE SUJET ET PROBLÉMATISER AU BROUILLON

15 mn

- Repérez et analysez tous les termes importants du sujet.
- Repérez la consigne du sujet.

La consigne d'un sujet détermine la tâche demandée. Il existe deux types de consigne.

Types de consigne	Formulations possibles dans l'intitulé du sujet	Ce qu'il faut faire pour répondre à la consigne	Exemples d'intitulés de sujet
Analyser	En quoi...? Montrez-que... ?	Il s'agit d'énoncer les différents arguments qui valident l'affirmation	En quoi l'engagement politique diffère-t-il selon les caractéristiques des individus ? ▸ **ch 10, p. 298**
	Pourquoi...? Expliquez...	Vous devez présenter et expliquer les différents facteurs explicatifs	Comment expliquer l'apparition des crises financières ? ▸ **ch 4, p. 132**
	Quels sont les effets...?	Il faut présenter et expliquer les différents types de conséquences	Quels sont les effets de l'innovation sur la croissance ? ▸ **ch 1, p. 52**
Discuter/ Débattre	Dans quelle mesure...? Peut-on dire que... ?	Vous devez discuter de la pertinence d'une affirmation. Il vous faut apporter une réponse nuancée afin de soupeser le « pour » et le « contre ».	- Dans quelle mesure le travail est-il facteur d'intégration sociale ? ▸ **ch 9, p. 262** - L'école s'est-elle réellement démocratisée ? ▸ **ch 7, p. 216**

- **Formulez une problématique :** reformulez le sujet, puis proposez un questionnement qui synthétise les enjeux de la question posée.
- **À partir de votre analyse, déduisez-en le type de plan à adopter**.

Même si chaque sujet est unique et requiert un plan adapté, il existe néanmoins des plans standard qui peuvent parfois être utilisés pour différentes formulations de sujets.

Types de consigne	Exemples de plans standard	Exemples de sujets
Analyser	I. Cause n°1 II. Cause n°2...	Comment peut s'expliquer le commerce entre pays ayant des dotations factorielles comparables ? ▸ **ch 2, p. 80**
	I. Effets n°1 / II. Effets n° 2 I. Avantages / II. Inconvénients	Quels sont les avantages et inconvénients des instruments de la politique climatique ? ▸ **ch 12, p. 354**
Discuter/ Débattre	I. Oui, pour un courant de pensée II. Mais (non) pour un autre courant de pensée	Un coût du travail élevé est-il la principale source de chômage ? ▸ **ch 3, p. 106**
	I. Non ce n'est pas suffisant. II. Mais cela reste pertinent.	Dans quelle mesure l'approche en terme de classes sociales est-elle pertinente pour rendre compte de la société actuelle ? ▸ **ch 6, p. 184**

BAC

ÉTAPE 2 MOBILISER SES CONNAISSANCES AU BROUILLON

15 mn

▶ Indiquez au brouillon, tous les exemples, idées, théories, faits, éléments de cours... qui peuvent être utilisés pour répondre à la question posée.

▶ Si vous avez déjà une idée des grands axes de votre réponse, classez ces éléments dans votre plan.

ÉTAPE 3 EXPLOITER LE DOSSIER DOCUMENTAIRE AU BROUILLON

15 mn

▶ Lisez attentivement chaque document et résumez la (ou les) idée(s) principale(s) en lien avec le sujet.

▶ Pensez à repérer la source, le cadre spatio-temporel les notions ou mécanismes importants et les outils statistiques. Faites attention aux unités.

▶ Classez les éléments issus de l'analyse des documents dans votre plan en indiquant les numéros des documents mobilisés.

Conseil

Attention, la dissertation n'est pas une épreuve de synthèse de documents ! Vous devez d'abord définir les contours de votre problématique avant d'aller chercher des informations factuelles et précises pour enrichir votre argumentation.

ÉTAPE 4 CONSTRUIRE UN PLAN DÉTAILLÉ AU BROUILLON

30 mn

▶ À partir des informations récoltées, affinez votre plan en le détaillant. Il doit comporter deux ou trois parties, chacune subdivisée en deux ou trois sous-parties.

▶ Rédigez les titres de parties et sous-parties sous la forme de phrases indiquant explicitement le sens des arguments que vous allez y développer.

Conseil

N'oubliez pas d'indiquer dans votre plan détaillé les documents que vous allez mobiliser.

ÉTAPE 5 RÉDIGER L'INTRODUCTION ET LA CONCLUSION AU BROUILLON

30 mn

▶ L'introduction est organisée en 3 parties :
- l'accroche ;
- l'annonce de la problématique ;
- l'annonce du plan ;

L'introduction doit aussi faire apparaître une définition des termes du sujet, en accroche ou en problématique.

▶ La conclusion est organisée en 2 parties :
- le bilan de votre développement ;
- une ouverture, par exemple sur un thème lié au programme.

Conseil

L'accroche peut prendre la forme d'un fait d'actualité qui montre l'intérêt du sujet ou bien d'une donnée factuelle du dossier documentaire qui permet d'introduire le sujet.

ÉTAPE 6 RÉDIGER SON DEVOIR SUR VOTRE COPIE

15 mn

▶ Une fois ces étapes réalisées, vous pouvez maintenant vous lancer dans la rédaction « au propre » de votre devoir.

▶ Il doit comporter une introduction, un développement, des transitions et une conclusion.

▶ Les deux ou trois parties de votre développement doivent être équilibrées. Chacune devra annoncer et expliciter votre argument, et comporter des illustrations.

▶ Prenez au moins 10 mn pour relire votre devoir.

Conseil

N'oubliez pas de respecter les règles de forme (orthographe, syntaxe, alinéas, sauts de ligne...).

Grille d'évaluation

BAC

RÉUSSIR L'ÉPREUVE COMPOSÉE

L'épreuve composée comprend trois parties distinctes :
- partie 1 : Mobilisation des connaissances (4 points) ;
- partie 2 : Etude d'un document (6 points) ;
- partie 3 : Raisonnement s'appuyant sur un dossier documentaire (10 points).

PARTIE 1 MOBILISATION DES CONNAISSANCES

20 à 30 mn

ÉTAPE 1 Analyser la question AU BROUILLON

- Repérez la ou les notion(s) clé(s) qu'il faudra définir dans votre réponse.
- Repérez la consigne de la question pour identifier la tâche qui est demandée : attend-on une explication, une comparaison, une distinction, une illustration... ? d'un mécanisme ou d'une notion ?

ÉTAPE 2 Rassembler ses connaissances AU BROUILLON

- Rassemblez et organisez vos connaissances sur le sujet : quels mécanismes, définitions, exemples... pouvez-vous mobiliser pour répondre à la question ?
- Avant de vous lancer dans la rédaction, indiquez quelle va être la structure de votre réponse.

ÉTAPE 3 Rédiger sa réponse SUR VOTRE COPIE

- Rédigez votre réponse de manière organisée, en pensant à définir les notions mobilisées, en explicitant et en illustrant vos propos.

Conseil

Votre réponse doit être précise et bien développée, dans la mesure où cette première partie d'épreuve compte pour presque un cinquième de la note globale.

PARTIE 2 ÉTUDE D'UN DOCUMENT

1h à 1h30

ÉTAPE 1 Analyser le document AU BROUILLON

- Déterminez la nature du document (diagramme par répartition, série chronologique, tableau à double entrée...).
- Repérez la source, le cadre spatio-temporel, le ou les outil(s) statistique(s) utilisé(s) et la ou les unité(s).
- Pensez à vérifier si des informations sont indiquées dans le champ du document.

ÉTAPE 2 Répondre à la question 1 (lecture) SUR VOTRE COPIE

- Rédigez une phrase par donnée statistique à lire : soyez le plus précis possible en indiquant la date (ou période), le cadre spatial, l'unité...

ÉTAPE 3 Répondre à la question 2 (analyse) SUR VOTRE COPIE

- Repérez la consigne de la question : attend-on une comparaison, la présentation d'évolutions, l'illustration d'un mécanisme... ?
- Sélectionnez dans le document les éléments qui vous permettront d'argumenter et effectuez si besoin des calculs simples (écarts en points de pourcentage ou coefficients multiplicateurs par exemple) pour étayer votre réponse.
- Rédigez votre réponse de manière structurée : allez du général au particulier ; définissez si besoin les notions ou mécanismes mobilisés et, surtout, illustrez votre réponse avec des données et/ou des calculs.

Conseil

Pour cette partie de l'épreuve, vous devez maîtriser les outils et les savoir-faire applicables aux données quantitatives et aux représentations graphiques définis dans le programme officiel : révisez-les grâce aux fiches méthode de votre manuel p. 357 !

BAC

PARTIE 3 RAISONNEMENT S'APPUYANT SUR UN DOSSIER DOCUMENTAIRE

2h à 2h40

ÉTAPE 1 Analyser le sujet et mobiliser ses connaissances AU BROUILLON

- Repérez et analysez tous les termes importants du sujet.
- À partir de votre analyse, déduisez-en le type de plan à adopter.
- N'hésitez pas à reformuler le sujet.

Conseil

Reportez-vous aux différents types de plan listés p. 18.

ÉTAPE 2 Mobiliser ses connaissances AU BROUILLON

- Indiquez au brouillon, tous les exemples, idées, théories, faits, éléments de cours... qui peuvent être utilisés pour répondre à la question posée.

ÉTAPE 3 Exploiter le dossier documentaire AU BROUILLON

- Lisez attentivement chaque document et résumez la (ou les) idée(s) principale(s) en lien avec le sujet.
- Pensez à repérer la source, le cadre spatio-temporel, les notions ou mécanismes importants et les outils statistiques. Faites attention aux unités.

Conseil

N'hésitez-pas à rédiger des phrases afin de vérifier que vous avez compris le sens des données et à faire des calculs simples pour comparer des données.

ÉTAPE 4 Construire un plan détaillé AU BROUILLON

- À partir des informations récoltées lors des étapes précédentes, créez ou affinez votre plan détaillé. Il peut comporter deux ou trois parties, voire davantage si le sujet s'y prête.
- Rédigez les titres de parties et sous-parties sous la forme de phrases indiquant explicitement le sens des arguments que vous allez y développer.

Conseil

N'oubliez pas d'indiquer dans votre plan détaillé les documents que vous allez mobiliser.

ÉTAPE 5 Rédiger l'introduction et la conclusion AU BROUILLON

- L'introduction doit comporter une annonce de la question (reformulez le sujet) et une annonce du plan que vous adoptez.
Il faudra également intégrer la définition des notions centrales du sujet.
- La conclusion doit dresser le bilan de votre développement.

ÉTAPE 6 Rédiger son devoir SUR VOTRE COPIE

- Une fois ces étapes réalisées, vous pouvez maintenant vous lancer dans la rédaction « au propre » de votre devoir.
- Il doit comporter une introduction, un développement et une conclusion.
- Dans le développement, chacun de vos paragraphes devra annoncer et expliciter votre argument, et comporter des illustrations.

Conseil

N'oubliez pas de respecter les règles de forme (orthographe, syntaxe, alinéas, sauts de ligne...).

À vous de jouer ! **Téléchargez la fiche d'évaluation de l'épreuve composée pour vous entraîner au cours de l'année.**

Grille d'évaluation

RÉUSSIR LE GRAND ORAL : SE PRÉPARER

En fin d'année, vous allez passer la nouvelle épreuve du Grand Oral.
Cette épreuve ne doit pas vous stresser : votre préparation vous mettra en confiance.
- **C'est vous qui choisissez des questions qui vous intéressent.**
- **Vous avez l'appui de vos professeurs, des autres élèves, du CDI…**
- **Vous pouvez compter sur la bienveillance du jury qui est là pour écouter, vous encourager et échanger avec vous.**

ÉTAPE 1 CHOISIR ET FORMULER SA QUESTION

Les deux questions doivent vous intéresser : c'est la clé de votre réussite !

- Ces questions doivent « mettre en lumière un des grands enjeux du programme » et « sont adossées à tout ou partie du programme de Première et Terminale ».
- Il est fondamental de choisir une question qui vous intéresse. Elle doit vous inspirer des idées, des arguments, des exemples, des sources… qui rendront votre présentation attractive et convaincante.
- Établissez des liens entre les questions et votre projet d'orientation. Par exemple, si vous vous destinez à des études de sociologie, choisissez plutôt une question en lien avec cette partie du programme de SES.
- Demandez-vous s'il est réaliste d'y répondre en 5 minutes.
- Ne choisissez pas un sujet trop vaste, ni trop pointu. Plus votre question sera personnelle, plus vous serez à l'aise.

Conseil

Quelques types de questions : *Comment ? Pourquoi ? Depuis quand ? Peut-on ? Doit-on ? Dans quelle mesure ? Et si ? Est-il souhaitable ? Est-il vrai que ? Faut-il ? Pour quelles raisons ? Quelles sont ? Quelles seraient les conséquences ?…*

ÉTAPE 2 PRÉPARER SON EXPOSÉ

Vous n'êtes pas seul pour préparer. Interrogez vos professeurs, ils sont là pour vous aider !

SE DOCUMENTER

- Élargissez et variez vos sources d'information : ouvrages documentaires (manuels scolaires, revues, essais…), personnes (votre professeur de spécialité, le ou la professeur(e) documentaliste, vos camarades…), ressources numériques (internet, ressources numériques du manuel…).
- Sélectionnez vos sources en fonction de leur fiabilité et de leur pertinence par rapport à votre sujet.
- Conservez et classez vos sources (par types, par date…) afin de les citer lors du Grand Oral.

ORGANISER VOTRE RÉPONSE

En introduction :
- Expliquez pourquoi vous avez choisi cette question.
- Éveillez la curiosité du jury par une accroche bien choisie.

Vous êtes libre du choix de votre plan.
- Dégagez 2 ou 3 idées qui éclairent votre question. Chaque idée est soutenue par plusieurs arguments qui sont illustrés par un exemple ou un fait.
- Recherchez des exemples, des liens qui vous concernent personnellement ou avec l'actualité…

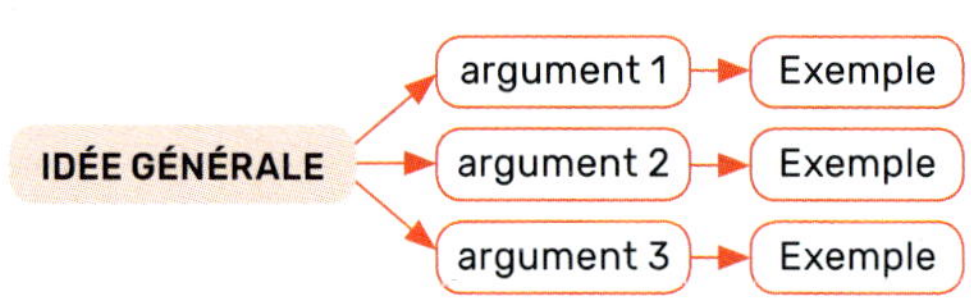

En conclusion :
- Suggérez des pistes, faites le lien avec l'actualité, votre orientation, avec un autre point de programme d'une de vos spécialités…
- Montrez que la question posée reste ouverte : en sciences humaines, on ne clôt jamais une question.

Conseil

Pensez à l'actualité : créez un dossier dans lequel vous regrouperez toutes les actualités qui se rapportent à votre sujet.

Conseil

Vous pouvez choisir entre plusieurs types de plan : thématique, analytique, chronologique, dialectique…

Les différents types de plan

Conseil

Vous pouvez profiter de la conclusion pour « tendre une perche au jury », en posant une autre question par exemple. Réfléchissez à ce que vous pourriez répondre.

ÉTAPE 3 PRÉPARER UN SUPPORT À REMETTRE AU JURY

Même s'il n'est ni obligatoire ni évalué, prenez le temps de remettre un support au jury. Il prouvera la qualité de votre préparation.

▸ Vous devez préparer ce support manuscrit à l'avance et le reproduire durant la préparation. Cela clarifiera vos idées avant la présentation.
▸ Faites apparaître votre plan, les mots-clés, vos arguments, vos exemples, vos sources les plus originales, vos choix d'orientation…
▸ Écrivez, dessinez, soulignez proprement, relisez et évitez les fautes d'orthographe.

Conseil

Toutes les formes sont possibles : plan détaillé, fiche mémo, carte mentale, organigramme, tableau, schéma…

Des exemples de support

ÉTAPE 4 PRÉPARER VOTRE PRISE DE PAROLE

Le jour J, vous devrez parler debout, sans note, pendant 5 minutes. Ce n'est pas un exercice facile, mais avec un peu d'entraînement, vous allez rapidement progresser.

▸ **Rendez-vous p. 24-25** pour des conseils détaillés sur cette étape importante.

ÉTAPE 5 PRÉPARER LA DISCUSSION AVEC LE JURY

Contrairement à ce que vous pourriez croire, il est possible d'anticiper une partie des questions du jury et de s'y préparer. Ici encore, tout est une question d'entraînement ! Multipliez les séances de travail à plusieurs et alternez les rôles : candidat, jury…

▸ Lors de vos entraînements en public : notez les questions, contre-arguments, objections, discussions, demandes de précisions qui reviennent le plus souvent… et préparez-vous à y répondre !
▸ Apprenez les définitions de toutes les notions que vous utilisez.
▸ Tout au long de l'année, surveillez l'actualité liée à votre question.
▸ Si vous ne connaissez pas une réponse : ne restez pas muet, essayez de faire le lien avec ce que vous savez.

Conseil

N'oubliez pas de réviser le programme de vos deux spécialités !

Grille d'évaluation pour l'entretien

ÉTAPE 6 ÉCHANGER SUR SON PROJET D'ORIENTATION

Vous savez que le jury vous demandera : « En quoi la question que vous avez choisie éclaire vos choix d'orientation, voire votre projet professionnel ». Soyez prêt à répondre à cette question.

▸ Au moment du Grand Oral, en juin, vous connaîtrez vos choix d'orientation. Entraînez-vous à les exprimer précisément : intitulé exact et lieu de la formation, mode d'accès (non sélectif, sélectif, concours…).
▸ Le jury ne vous demandera pas nécessairement de savoir quel métier vous voulez faire, mais quelle voie vous emprunterez après le bac.
▸ Rappelez comment vous êtes informé (infos fournies par Parcoursup, ONISEP, salons, rencontres, Portes ouvertes, sites…), faites le lien entre la spécialité et les attendus de la formation.
▸ Enfin, utilisez vos activités associatives, sportives, artistiques, engagements, jobs, stages… pour mettre en avant certaines de vos qualités en phase avec vos choix d'orientation voire votre projet professionnel.

Conseil

Exprimez votre motivation en vous appuyant sur votre Projet de formation motivé.

Conseil

Vous devez connaître le contenu des formations visées : consultez les plaquettes, sites internet, allez aux Journées Portes ouvertes…

Rendez-vous sur le site Nathan.fr/grand-oral

Grille d'évaluation du Grand oral

BAC

RÉUSSIR LE GRAND ORAL : PRENDRE LA PAROLE EN PUBLIC

ENTRAÎNEZ-VOUS !

Prendre la parole, ça s'apprend ! Votre préparation et vos entraînements vous permettront d'améliorer votre travail et de vous mettre en confiance. La réussite de votre Grand Oral vient d'abord de votre maîtrise du contenu et d'un entraînement régulier à la prise de parole.

Entraînez-vous régulièrement :
- à la **réponse aux questions**, en vous chronométrant : il est fondamental d'en maîtriser la durée. Vous avez 5 minutes, pas plus, pas moins !
- **en classe avec vos professeurs, avec vos amis, votre famille**, devant un miroir, avec un smartphone, une montre… ;
- à **la discussion avec le jury** et à **présenter vos choix d'orientation**.

Simulez comme au Grand Oral : le « jury » s'assoit derrière une table, réglez le volume de votre voix et votre position dans la salle.

Conseil

Soyez bienveillants les uns envers les autres ! Utilisez la grille d'évaluation pour être objectifs.

Grille d'évaluation

DÉDRAMATISEZ !

Le Grand Oral n'est pas un concours d'éloquence, ni une performance. Le jury sait la difficulté qu'il y a à passer un oral, vous pouvez compter sur sa bienveillance.

On entend fréquemment :
- *« J'ai le trac… »* : le trac est normal, il vous permet de vous concentrer et de bien démarrer. Il disparaîtra vite car vous maîtrisez votre contenu.
- *« Je ne suis pas à l'aise à l'oral… »* : votre entraînement vous apportera plus d'aisance.
- *« Je ne sais pas quoi faire de mes jambes et de mes mains »* : ne surestimez pas l'importance du « non-verbal » ou des gestes parasites (ni même des tics verbaux). Concentrez-vous sur le contenu et le jury.
- *« Dois-je apprendre mes réponses par cœur ou les rédiger intégralement ? »* : ne changez pas vos habitudes, mais ne donnez pas l'impression de réciter.

Conseil

Choisissez une tenue soignée (chaussures de ville), pas trop décontractée (pas de survêtement ni de T-shirt), tout en étant à l'aise.

ADOPTEZ UNE POSTURE SEREINE ET DES GESTES EXPRESSIFS

Faites simple : restez le plus naturel possible.

Une fois dans la salle, **placez-vous au centre de la pièce**, à environ **deux mètres du jury.**
- **Ancrez-vous dans le sol**, les pieds bien droits et légèrement écartés, la tête haute tournée vers le jury. Conservez cette posture, évitez de vous balancer et ne bougez pas trop.
- **Ce sont vos mains qui vont parler pour vous**. Assurez-vous qu'elles sont propres.
- **Soyez naturel** avec vos mains, vous n'êtes ni une personnalité politique en campagne ni un mime ! Évitez de croiser les bras, ne gardez pas vos mains jointes, utilisez-les plutôt **pour appuyer ce que vous dites.**

Conseil

Si, comme vous en avez la possibilité, vous choisissez de vous asseoir après votre réponse de cinq minutes, de même, sur la chaise, ancrez-vous au sol avec la tête et le dos droits.

Rendez-vous sur le site Nathan.fr/grand-oral

PRÊTEZ ATTENTION À VOTRE VOIX

La voix est le premier instrument de l'orateur. Ses différentes composantes sont mêlées, mais vous pouvez en travailler les différents éléments.

Le volume
Entraînez-vous à parler de manière **suffisamment audible**, puis **variez les volumes** (plus bas/plus fort) et les distances.

Le débit (vitesse/rythme)
- Le rythme de votre prise de parole influera sur la qualité de sa réception.
- Vous attirerez et garderez l'attention en **variant votre débit** en fonction de vos propos. Par exemple, en parlant plus vite quand vous racontez une anecdote, moins vite quand vous arrivez en fin d'une sous-partie ou que vous voulez insister sur un point.
- Si vous avez l'habitude de parler vite, ce sera difficile à modifier. Dans ce cas, évitez les phrases trop longues et, surtout, faites des pauses !

L'intonation
C'est le ton que vous prendrez pour vous adresser au jury en accord avec le texte. Entraînez-vous à bien l'adapter à différents contenus et surtout à le varier pour **éviter la monotonie**.

Conseil

Ne commencez pas à parler dès qu'on vous donne la parole. Silence, d'abord. Vous attirerez l'attention et vous en profiterez pour respirer un grand coup. Les pauses vous permettent de marquer le début ou la fin d'une sous-partie, de réfléchir avant de répondre, et d'attirer l'attention sur ce que vous allez dire ensuite.

SOIGNEZ VOTRE VOCABULAIRE

Même si vous n'en avez pas toujours conscience, il se peut que vous utilisiez un langage trop familier, trop quotidien. N'oubliez jamais que vous vous adressez à un jury.

Éliminez tous les termes qui vous paraissent **relever d'un langage trop familier**. Même si ce n'est pas toujours facile, essayez de bannir vos tics de langage (*ben*, *comment*, *euh*, *de base*, *trop*, *carrément*, *en mode*, *bof*.

Employez des termes précis : vous devez connaître les définitions de toutes les notions que vous employez.

Vous pouvez nuancer votre réponse en utilisant des modalisateurs (*« Il m'a semblé… / J'ai trouvé… / J'ai apprécié… / En revanche… »*)

Conseil

Entraînez-vous à plusieurs : un élève présente son exposé, les autres relèvent les mots issus d'un langage trop familier. Cherchez ensemble des synonymes ou des expressions plus adaptés.

REGARDEZ ET SOURIEZ

Créez un lien visuel avec les membres du jury dès votre entrée.

Comme vous ne lirez pas vos notes, vous n'avez que les membres du jury à regarder ! **Regardez-les alternativement** et en fonction de leurs actions (regardez le jury qui vous interroge : débutez votre réponse en le regardant…).

Souriez régulièrement, c'est un ingrédient important d'un oral réussi.

Conseil

Pensez à saluer le jury en arrivant et à le remercier en partant.

INSPIREZ-VOUS !

Vous pouvez regarder des vidéos pour les analyser et y trouver de bonnes idées. Rendez-vous sur le site Nathan pour trouver des exemples de vidéos de présentation orale. Vous pouvez aussi visionner les conférences TED, « Ma thèse en 180 s », des discours politiques, même en langue étrangère pour n'étudier que les postures et les gestes. **Mais attention** : les personnes que vous verrez sont bien plus âgées que vous et hyper entraînées. Ne vous dites pas : « Je ne pourrai jamais faire ça ! »

Vidéo
Nathan GRAND ORAL

CHAPITRE

1 Quels sont les sources et les défis de la croissance économique ?

Textes DYS
TOUS LES TEXTES EN VERSION DYS
lyceen.nathan.fr/sesterm-2020

RAPPELS

EXO Exercices interactifs

Cours de 2de

2de

Comment crée-t-on des richesses et comment les mesure-t-on ?

a. La combinaison productive correspond à la combinaison :
- ☐ d'une certaine quantité de travail et de capital.
- ☐ de plusieurs ressources naturelles.
- ☐ de technologies diverses.

b. Le produit intérieur brut (PIB) est la somme…
- ☐ des chiffres d'affaires réalisés sur un territoire.
- ☐ des valeurs ajoutées réalisées sur un territoire.
- ☐ des ventes réalisées sur un territoire.

c. La croissance mondiale a démarré vers…
- ☐ 1200.
- ☐ 1400.
- ☐ 1800.
- ☐ 1900.

Cours de 1re

1re

Comment des marchés imparfaitement concurrentiels fonctionnent-ils ?

d. Une innovation permet de pratiquer des prix élevés, car…
- ☐ l'entreprise qui l'a produite est en situation de monopole temporaire.
- ☐ l'entreprise qui l'a produite doit financer les dépenses de recherche.

SOMMAIRE

Doc 1 L'évolution du port de Singapour

a. En 1960

Quels changements constate-t-on dans le port de Singapour en un demi-siècle ?

Comment expliquer ces changements ?

b. Aujourd'hui

Doc 2 Les sources de la croissance

Vidéo

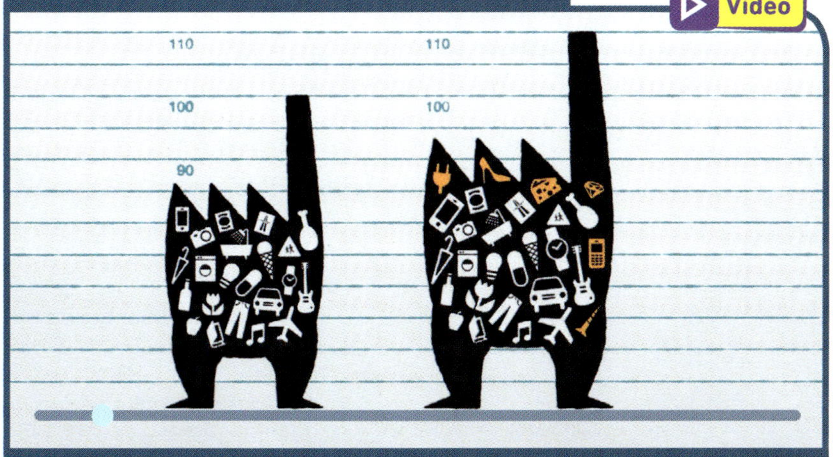

« La croissance » (2 min. 48 sec.), Cité de l'économie, 2013

En vous appuyant sur la vidéo, donnez une définition de la croissance économique.

1 Quel est le rôle des facteurs de production dans la croissance ?

▸▸ OBJECTIF
Comprendre le processus de croissance économique et les sources de la croissance : accumulation des facteurs.

QU'ALLONS-NOUS FAIRE ?

Comment se fait-il que nos richesses aient tant progressé depuis un siècle ? La première réponse possible est que nous sommes plus nombreux, que le nombre total d'heures qui peuvent être consacrées à la production a donc augmenté, et que nous utilisons plus de machines. Mais, si cette première réponse est importante, elle reste insuffisante.

ACTIVITÉ 1 Comment produit-on ?

DÉFINITIONS

Croissance : taux de variation de la production entre deux dates.

Production : généralement mesurée par la valeur ajoutée :
valeur de la production
– valeur des consommations intermédiaires

À l'échelle du territoire national, la somme des valeurs ajoutées constitue le produit intérieur brut (PIB).

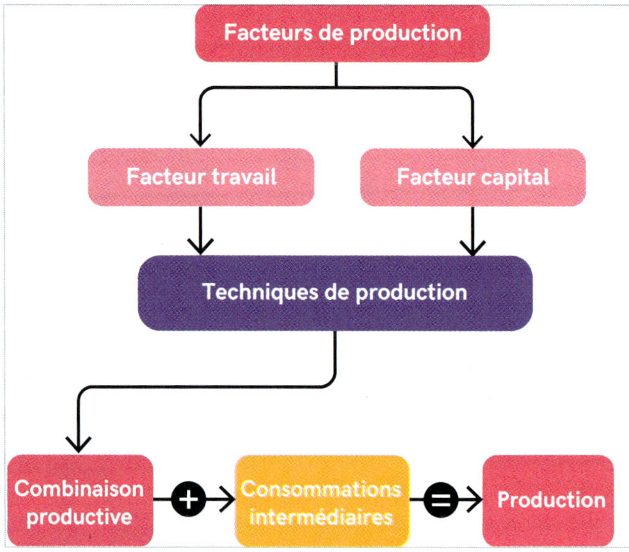

Répondez aux questions suivantes en vous aidant du schéma.

▶ **La production de tissu d'un pays est de 1 600 millions d'euros (M€). Elle nécessite 280 M€ de fibres et autres achats, 640 M€ de salaires, 420 M€ de machines et 160 M€ de locaux par an.**

a. Quel est le montant de ses consommations intermédiaires ? Quelle est sa valeur ajoutée ?

▶ **La production de vêtements de ce pays est de 5 400 M€. Elle utilise la totalité de la production de tissu et dépense également 100 M€ d'énergie, 3 000 M€ de salaires et 300 M€ de machines.**

b. Quelle est la valeur ajoutée de la branche textile-habillement ? Utilise-t-elle surtout du travail ou du capital ?

▶ **L'année suivante, la valeur ajoutée de la branche textile-habillement augmente de 8 %, notamment parce que les prix de vente ont augmenté de 3 %.**

c. Calculez la croissance en valeur et en volume de la production de cette branche.

MÉMO MATHS
→ FICHE MÉTHODE 10 P. 368

Doc 1 Travail et productivité depuis un demi-siècle

Coefficient multiplicateur entre 1969 et 2019	Allemagne	France	États-Unis	Chine
Production	2,4	2,9	4,3	26,9
Nombre d'emplois	1,2	1,3	1,9	2,3
Durée moyenne du travail	0,7	0,8	0,9	1,1
Quantité de travail : nombre d'emplois x durée moyenne du travail	0,8	1	1,7	2,5
Productivité par tête : $\frac{\text{production}}{\text{nombre d'emplois}}$	2	2,2	2,3	11,7
Productivité horaire : $\frac{\text{production}}{\text{quantité de travail}}$	2,9	2,9	2,5	10,8

Lecture : en Allemagne, la production a été multipliée par 2,4 entre 1969 et 2019.

D'après la base de données *Total Economy Conference Database, Board*, avril 2019

DÉFINITION

Productivité : rapport entre une quantité produite et les moyens mis en œuvre pour l'obtenir (travail et capital). Elle mesure l'efficacité des facteurs de production et de leur combinaison.

QUESTIONS

1. **Illustrer.** En choisissant l'un des pays présentés dans le tableau, vérifiez les calculs concernant la quantité de travail, la productivité par tête et la productivité horaire.
2. **Expliquer.** L'évolution de la quantité de travail suffit-elle à expliquer la croissance des pays présentés ?

Doc 2 Investissement et croissance

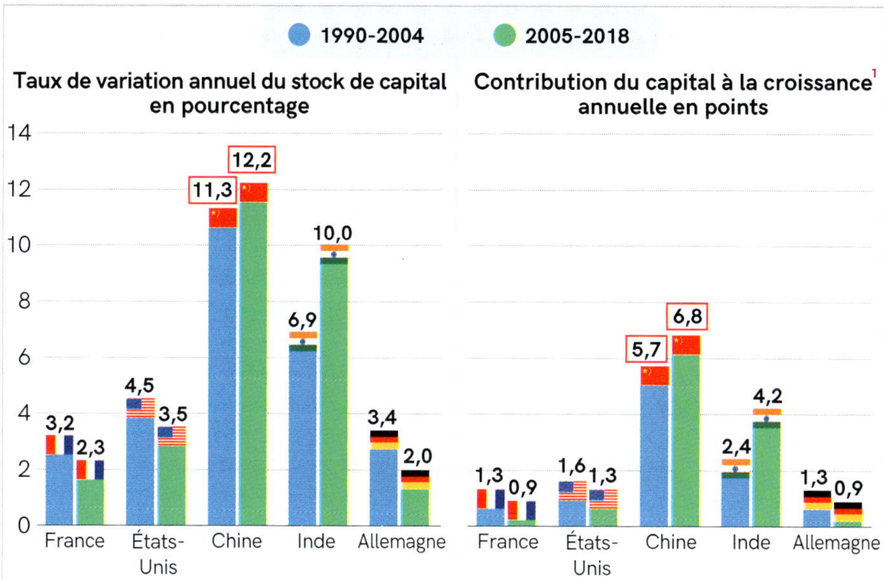

D'après la base de données du *Total Economy Database, The Conference Board*, avril 2019

1. La contribution à la croissance désigne la croissance qui aurait été obtenue si seul le capital avait augmenté.

DÉFINITIONS

Capital fixe : ensemble des moyens de production (bâtiments, machines, véhicules, logiciels...) utilisés pendant au moins un an.

Investissement : acquisition par une entreprise de biens de production qui accroissent ou renouvellent le stock de capital.

QUESTIONS

3. **Lire.** Présentez les données encadrées.
4. **Expliquer.** Quel lien peut-on faire entre investissement et contribution du capital à la croissance ?
5. **Lire.** Quels sont les pays dont l'investissement progresse le plus ?
6. **Argumenter.** Comment pourrait-on l'expliquer ?

ACTIVITÉ 2 La loi des rendements décroissants

La loi des rendements décroissants, conceptualisée au XVIIIe siècle, indique que le rendement d'un facteur de production (travail ou capital) baisse à mesure que son utilisation augmente par rapport à l'autre facteur. Ainsi, la production augmente quand le capital augmente (le nombre de travailleurs ou d'heures de travail restant constants), mais le surcroît de production (production marginale) est à chaque fois moins élevé, alors même qu'on accroît la quantité de capital d'une unité supplémentaire. On peut l'illustrer par l'exemple ci-dessous.

Travail	Capital	Production mensuelle	Production marginale
50 salariés	1 machine	1 000 unités	1 000 unités
50 salariés	2 machines	1 800 unités	1 800 – 1 000 = 800 unités
50 salariés	3 machines	2 400 unités	...
50 salariés	4 machines	2 800 unités	...
50 salariés	5 machines	3 000 unités	...

a. Complétez le tableau.

b. Pourquoi peut-on parler ici de rendement décroissant du capital ?

c. L'entreprise a-t-elle forcément intérêt à investir dans une sixième machine ?

EN AUTONOMIE VERS LE BAC

Parcours écrit Épreuve composée – Partie 2

Concernant la croissance économique, la loi des rendements décroissants implique que l'accumulation du capital s'arrête rapidement ; elle ne permet pas une croissance infinie. Montrez que le document 2 ne confirme qu'en partie cette idée.

Parcours oral Étape 1 – Choisir sa thématique

Imaginez une question autour du rôle du capital dans la croissance économique, puis préparez votre phrase d'accroche.

Phrases d'accroche

MÉMO

- La croissance économique correspond à l'augmentation de la production. Elle dépend de la quantité de travail et de la productivité de ce travail.
- La contribution de la quantité de travail à la croissance est très inférieure à celle de la productivité. Cette dernière augmente notamment grâce à l'investissement.
- Cependant, l'accumulation de capital est limitée par la loi des rendements décroissants.

2 Quel est le rôle de la productivité globale des facteurs dans la croissance ?

OBJECTIFS
Comprendre le processus de croissance économique et les sources de la croissance : accroissement de la productivité globale des facteurs ; comprendre le lien entre le progrès technique et l'accroissement de la productivité globale des facteurs.

QU'ALLONS-NOUS FAIRE ?

Comment est-il possible que la croissance de la production se maintienne et même s'intensifie depuis la Révolution industrielle ? Les économistes ont pendant longtemps rencontré des difficultés pour expliquer ce fait.

Doc 1 Le rôle de la productivité globale des facteurs (PGF)

La croissance du niveau de vie, mesuré par le PIB par habitant, vient de la hausse du volume de facteurs de production utilisés et de leur productivité. Les économistes décomposent la croissance afin de mesurer la contribution de chacun de ces éléments. La productivité combinée des facteurs de production est appelée « productivité globale des facteurs » (PGF).

Les comptes nationaux[1] donnent une estimation du PIB et de la contribution du travail et du capital. La productivité globale des facteurs se déduit du reste, d'où le nom qui lui est parfois donné de « résidu de Solow ». Les premières mesures réalisées par Robert Solow[2] sur l'économie américaine [...] donnent des résultats surprenants : [Entre 1909 et 1929, et entre 1929 et 1949,] le résidu [...] représente plus de 80 % de la croissance. Inversement, la contribution de la formation de capital est très inférieure aux attentes.

Il est usuel de distinguer une croissance extensive, obtenue par la mobilisation de la main-d'œuvre et l'investissement, et une croissance intensive, reposant sur la productivité, en lien avec l'innovation. La croissance est généralement extensive dans un premier temps, puis intensive, lorsque l'investissement bute sur les rendements décroissants.

Arnaud Parienty, *Précis d'économie*, © Éditions La Découverte, 2017

1. Comptes élaborés par les statisticiens (l'Insee, en France) qui permettent de chiffrer les grandeurs économiques (PIB, inflation...) caractérisant une économie nationale.
2. Économiste américain né en 1924.

DÉFINITIONS

Productivité globale des facteurs (PGF) : rapport entre la production et l'ensemble des dépenses relatives aux facteurs de production, consommations intermédiaires, travail et capital. Elle est souvent assimilée à une mesure du progrès technique.

Progrès technique : défini de manière large en économie, il est synonyme d'innovation au sens que lui donne Schumpeter : nouveaux biens, nouvelles méthodes de production, nouveaux marchés, nouvelles organisations des marchés qui révolutionnent la production.

QUESTIONS

1. **Lire.** Selon les calculs des économistes, quelle est la principale origine de la croissance ?
2. **Expliquer.** Quel est le rôle du progrès technique dans la croissance ?

Doc 2 Comment expliquer la croissance de la productivité du travail ?

En % par an	1890-1913	1913-1950	1950-1973	1973-1980	1980-1990	1990-1995	1995-2002
Productivité par personne employée	1,48	0,98	4,89	2,04	2,69	1,55	0,88
Capital par personne employée	0,54	0,31	1,18	1,21	1,29	1,68	0,57
Durée du travail	-0,29	-0,45	-0,26	-0,68	-0,40	-0,14	-0,59
PGF	1,23	1,12	3,97	1,51	1,80	0,01	0,90

Bulletin de la Banque de France, 2005 (dernières données connues sous cette forme)

QUESTIONS

3. **Analyser.** Vérifiez sur l'une des périodes que l'évolution de la productivité par personne employée est bien la somme des trois contributions.
4. **Déduire.** Pourquoi, selon vous, la productivité augmente-t-elle quand le capital par tête augmente ?

Doc 3 PGF et croissance entre 1990 et 2018

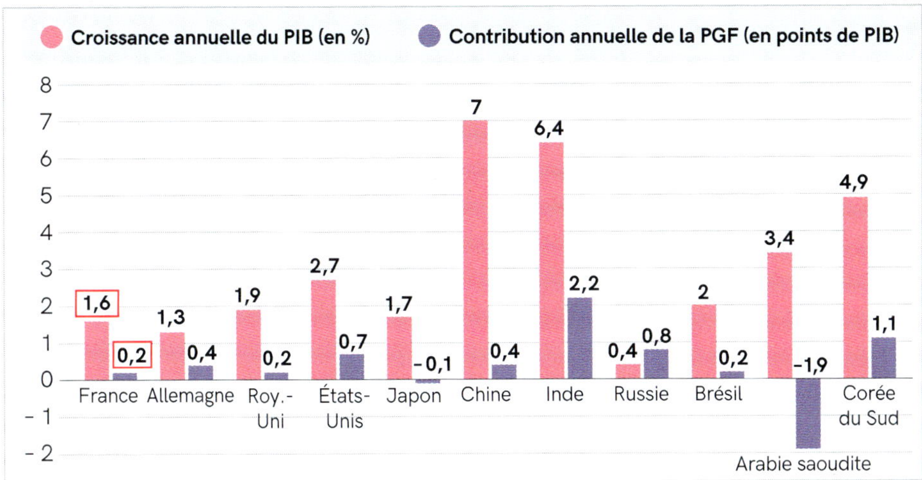

D'après la base de données *Total Economy Database*, *The Conference Board*, avril 2019

QUESTIONS

5. **Lire.** Formulez une phrase avec les données encadrées en rouge.
6. **Analyser.** Comment peut-on expliquer la forte contribution de la PGF à la croissance dans certains pays ?
7. **Lire.** De manière générale, la contribution dominante de la PGF observée au XXe siècle est-elle confirmée au cours des vingt dernières années ?

ACTIVITÉ Calculer et interpréter la PGF

▶ **On suppose que la production (Q) est réalisée avec du travail (L), du capital (K) et d'autres éléments (PGF). En notant en lettres minuscules le taux de croissance de ces variables, la fonction la plus simple est :**

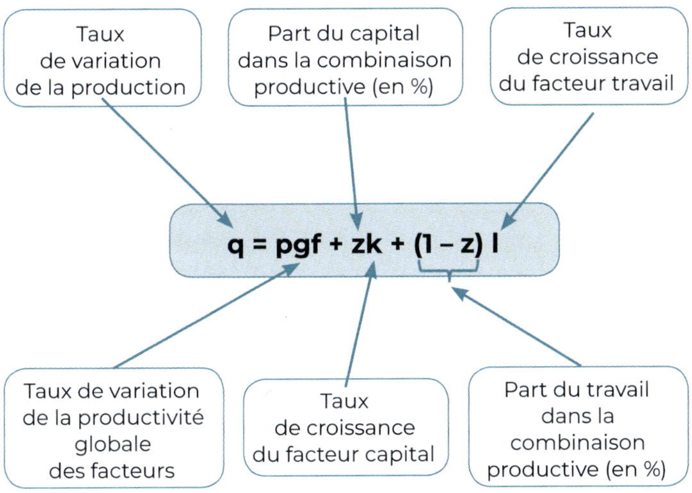

a. Transformez l'équation pour montrer comment l'on peut calculer la contribution de la seule PGF à la croissance.

▶ **En France, entre 1990 et 2018, le PIB réel a augmenté de 1,6 % par an en moyenne, la quantité de travail de 0,3 % par an et la quantité de capital de 2,75 %. La part du capital « z » est de 40 % et celle du travail « (1 – z) » est de 60 %.**

b. Calculez l'augmentation de la PGF sur la période en utilisant l'équation transformée dans la question a.

c. Calculez l'augmentation de la productivité du travail (q – l), puis celle de la productivité du capital (q – k).

d. Montrez que la PGF peut être présentée comme une moyenne pondérée des productivités du travail (notée q – l) et du capital (notée q – k).

MÉMO MATHS

→ FICHE MÉTHODE 3 P. 360
→ FICHE MÉTHODE 4 P. 361

EN AUTONOMIE VERS LE BAC

▶▶ **Parcours écrit** Épreuve composée – Partie 2

Après avoir présenté le document 2, vous montrerez l'importance de la contribution de la productivité globale des facteurs à la croissance économique.

▶▶ **Parcours oral** Étape 4 – Présenter sa question

Répondez en 5 minutes à la question : « Quel est le rôle de la PGF dans la croissance ? » devant un jury de 2 camarades. Pensez à appuyer votre propos sur des exemples.

Grille d'évaluation

MÉMO

■ Moyenne pondérée des productivités du travail et du capital, la productivité globale des facteurs (PGF) est une mesure approchée du progrès technique dont elle dépend en grande partie, même si les mutations sectorielles et le degré d'utilisation des facteurs travail et capital influent également sur sa progression.

■ La PGF est mesurée indirectement : c'est la part de la croissance qui ne peut être expliquée par la variation des volumes de facteurs.

■ Elle contribue souvent à plus de la moitié de la croissance, mais est en fort ralentissement depuis une dizaine d'années.

3 Quel est le lien entre progrès technique et innovation ?

▸▸ OBJECTIFS
Comprendre que le progrès technique est endogène et qu'il résulte en particulier de l'innovation ; savoir que l'innovation s'accompagne d'un processus de destruction créatrice.

QU'ALLONS-NOUS FAIRE ?

Chemin de fer, automobile, technologies de l'information sont autant d'innovations qui ont contribué à la croissance économique depuis le XIXe siècle. Mais, si le progrès technique est essentiel à la croissance, il n'est pas facile de donner une estimation chiffrée de son influence, car il n'agit pas seul mais à travers les compétences des travailleurs et les performances des machines.

Doc 1 Origines du progrès technique

	Recherche et développement	Organisation de la population
Objectifs	Investir dans la recherche et le développement pour améliorer les produits et les techniques de production.	• Spécialiser les opérateurs, les firmes ou les pays pour les rendre plus efficaces. • Optimiser l'utilisation du facteur travail.
Mise en œuvre	• Recherche fondamentale (généralement publique) = science • Recherche appliquée (entreprises) = innovation technique ou commerciale	• Spécialisation des opérateurs : détruit leur motivation. Nécessité de trouver une organisation permettant de combiner les deux. • Division du travail : entraîne des gains dus à la spécialisation et des pertes liées à la complexité de l'organisation. Nécessité de trouver le juste milieu.
Illustration	Le coût moyen de mise au point d'un nouveau médicament est de 1,5 milliard de dollars en 2012. Cette dépense est rapidement absorbée par les bénéfices en cas de succès.	• Selon l'économiste Adam Smith, dans une manufacture d'épingles, la spécialisation de chaque ouvrier multiplie la production par 240. • Délocaliser et sous-traiter un centre d'appels français réduit les coûts de 40 %.

QUESTIONS

1. **Distinguer.** Quelle est la différence entre la recherche fondamentale et la recherche appliquée ?
2. **Déduire.** Pourquoi peut-on dire qu'un nouveau type d'organisation du travail représente une innovation ?

DÉFINITION

Progrès technique : défini de manière large en économie, il est synonyme d'innovation au sens que lui donne Schumpeter : nouveaux biens, nouvelles méthodes de production, nouveaux marchés, nouvelles organisations des marchés qui révolutionnent la production.

Doc 2 Les effets des grandes innovations

Les innovations les plus importantes pour la diffusion de la croissance à l'échelle du monde furent les progrès réalisés dans les transports et les communications. Le premier navire à vapeur apparut au Royaume-Uni en 1812 et, dans les années 1860, pratiquement tous les bateaux utilisaient le charbon comme source d'énergie. [...]

Avec l'invention de la réfrigération mécanique, il devint possible de transporter la viande, les produits laitiers et les fruits sur de longues distances par voie ferrée et par mer [...].

En 1840, la Grande-Bretagne créa un service postal moderne, qui utilisait un système standardisé de correspondance pour les lettres et pour les paquets. Mais l'introduction du télégraphe dans les années 1850 eut un effet encore plus important sur les communications entre hommes d'affaires et entre gouvernements. [...] En 1913, le rôle du télégraphe avait été renforcé par l'invention du téléphone et les premiers balbutiements des communications radio.

Angus Maddison, *L'Économie mondiale, une perspective millénaire*, OCDE, 2001

Affiche de la Compagnie générale transatlantique, E.-J. Schindler, fin du XIXe siècle

QUESTIONS

3. **Analyser.** Montrez que le développement des échanges internationaux est favorable à l'innovation.
4. **Analyser.** Montrez que l'innovation favorise le développement des échanges internationaux.
5. **Illustrer.** Donnez un exemple d'innovation ne concernant pas les transports et communications, et expliquez son effet sur la croissance économique.

Doc 3 Deux conceptions des liens entre progrès technique et croissance

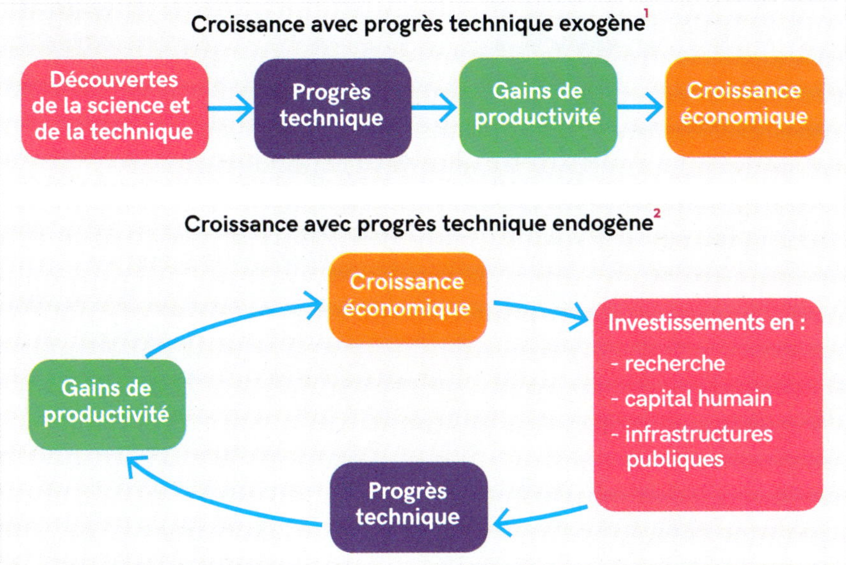

1. Dû à des causes externes.
2. Dû à des causes internes.

QUESTIONS

6. **Comparer.** Pourquoi le progrès technique est-il qualifié d'exogène dans un cas et d'endogène dans l'autre ?
7. **Illustrer.** Donnez un exemple de l'impact sur la productivité des investissements faits :
   a. dans la recherche et développement ;
   b. dans le capital humain ;
   c. dans les infrastructures.

ACTIVITÉ La destruction créatrice

[...] En même temps que [les] réalisations [des nouveautés] s'achèvent et que leurs fruits se mettent à affluer, l'on assiste à l'élimination des éléments périmés de la structure économique.[1]

L'impulsion fondamentale qui met et maintient en mouvement la machine capitaliste est imprimée par les nouveaux objets de consommation, les nouvelles méthodes de production et de transport, les nouveaux marchés, les nouveaux types d'organisation industrielle [...].[1]

a. À l'aide des citations, modifiez le schéma du doc. 3.

b. Ajoutez-y deux exemples de techniques et de qualifications rendues obsolètes par l'innovation.

1. Joseph Schumpeter (1883-1950), *Capitalisme, socialisme et démocratie*, Payot, 1942.

Schéma guidé

EN AUTONOMIE VERS LE BAC

Parcours écrit Épreuve composée – Partie 3

À l'aide des documents 1 à 3, montrez les effets du progrès technique sur la croissance.

Parcours oral Étape 2 – Se documenter

Choisissez une innovation et faites des recherches pour montrer en quoi elle a changé les conditions de production des entreprises et/ou les conditions de vie des individus. Pensez à vérifier et à croiser vos sources.

Idées d'innovations

MÉMO

- Les innovations modifient les conditions dans lesquelles les entreprises exercent leurs activités et les rendent plus productives.
- Le progrès technique est en partie exogène car il est lié aux découvertes scientifiques. Mais il est surtout endogène, car il résulte d'innovations liées aux investissements en recherche et développement.
- Croissance et progrès technique s'auto-entretiennent et résultent de processus endogènes. Mais l'innovation engendre aussi un mécanisme de destruction créatrice qui peut nuire à la croissance.

4 Comment les institutions influencent-elles la croissance ?

▸▸ OBJECTIF
Comprendre comment les institutions (notamment les droits de propriété) influent sur la croissance en affectant l'incitation à investir et innover.

QU'ALLONS-NOUS FAIRE ?

Pourquoi certains pays sont-ils riches et d'autres pas ? La réponse tient en partie au cadre dans lequel se déploient les activités économiques. En effet, certaines institutions favorisent la production et les échanges, et donc la croissance, alors que d'autres y sont moins favorables.

Doc 1 Institutions formelles et informelles

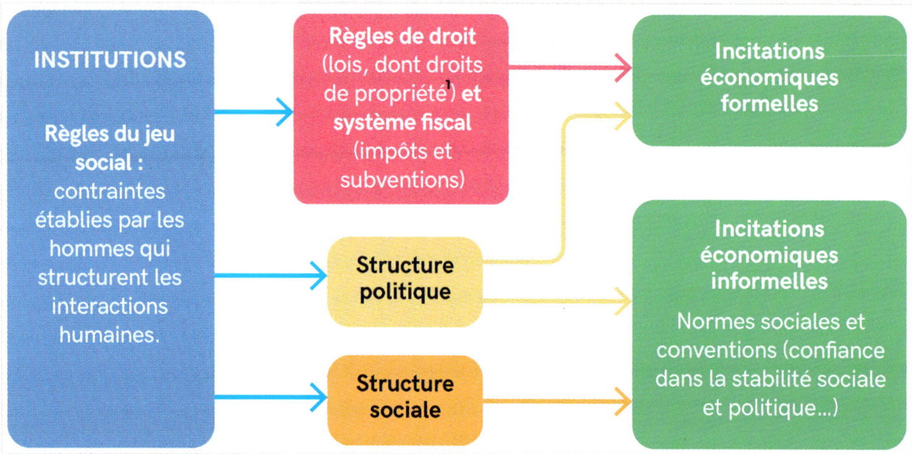

D'après Douglass North, *Le Processus de développement économique*, Éditions d'organisation, 2005

1. Droit dont dispose un individu ou une personne morale (État, collectivités territoriales, entreprises...) sur un actif, lui permettant de l'utiliser, d'en recueillir les bénéfices et d'en disposer comme il le souhaite (le modifier, le vendre, le donner...).

QUESTIONS

1. **Lire.** D'après Douglass North, quel rôle jouent les institutions telles que les droits de propriété ou la structure sociale dans la croissance ?
2. **Illustrer.** Donnez un exemple d'incitation formelle et un exemple d'incitation informelle à l'innovation.
3. **Expliquer.** Pourquoi l'incitation à innover favorise-t-elle la croissance ?

Doc 2 Le poids des institutions dans la croissance

Les travaux récents insistent sur les institutions qui protègent les droits de propriété. [...] Mais le développement économique à long terme exige plus qu'une simple stimulation de l'investissement et de l'esprit d'entreprise. Il faut aussi mettre en place trois autres types d'institutions. On pourrait parler d'institutions :

– de réglementation des marchés, qui s'occupent des effets externes, des économies d'échelle[1] et des informations imparfaites. Ce sont, par exemple, les organismes de réglementation des télécommunications, des transports et des services financiers.

– de stabilisation des marchés, qui garantissent une inflation faible, réduisent au minimum l'instabilité macroéconomique[2] et évitent les crises financières. Ce sont, par exemple, les banques centrales [...] et les règles budgétaires[3].

– de légitimation des marchés, qui fournissent une protection et une assurance sociales, organisent la redistribution et gèrent les conflits. Ce sont, par exemple, les systèmes de retraite, les dispositifs d'assurance chômage et autres fonds sociaux.

Dani Rodrik, Arvind Subramanian, « La primauté des institutions », *Finances & Développement*, juin 2003

1. Baisse du coût unitaire lorsque les quantités produites augmentent.
2. L'instabilité de l'activité économique à l'échelle nationale et internationale.
3. Règles concernant l'évolution des dépenses et les recettes de l'État et donc de la dette publique.

QUESTIONS

4. **Illustrer.** Indiquez auquel des quatre types d'institutions évoqués dans le document renvoient :
a. un système d'assurance chômage ;
b. l'Office européen des brevets ;
c. la Banque de France ;
d. les lois interdisant l'usage d'additifs alimentaires potentiellement cancérigènes.
5. **Expliquer.** Pourquoi la stabilité économique est-elle favorable à l'investissement, à la consommation et à l'innovation ?
6. **Approfondir.** Pourquoi est-il important de mettre en place des mécanismes limitant les inégalités et la pauvreté ?

ACTIVITÉ Institutions et innovations

▶ Étudiez les exemples, puis complétez le tableau ci-contre.

1 Pendant trente ans, les efforts des entreprises pour bâtir un chemin de fer transcontinental aux États-Unis ont échoué par manque d'argent. Tout a changé grâce à une loi de 1862 qui a octroyé aux compagnies une bande de terrain qu'elles pouvaient revendre autour des gares. La première ligne fut achevée en 1869.

2 En 1733, l'Anglais John Kay révolutionne la production textile grâce à une nouvelle technique. Mais son invention provoque la colère des ouvriers, qui l'accusent de leur faire perdre leur travail. Pourchassé, il est contraint de se réfugier en France.

3 La contrefaçon de médicaments représente 200 milliards d'euros en 2019, car le prix d'un médicament doit financer sa production, mais aussi la recherche. Sans protection de la propriété des nouvelles molécules, la recherche pharmaceutique ne pourrait pas se poursuivre.

Mécanisme	Protection juridique de l'innovation par des brevets	Faire bénéficier l'innovateur des externalités positives de son innovation	Climat social favorable à l'innovation
Exemple	n°...	n°...	n°...
Pourquoi ce mécanisme favorise-t-il l'innovation ?	...	...	...
Pourquoi l'innovation ne pourrait-elle exister sans ce mécanisme ?	...	...	...

Tableau guidé

Doc 3 Fonctionnement des institutions[1] et niveau de vie en dollars par an

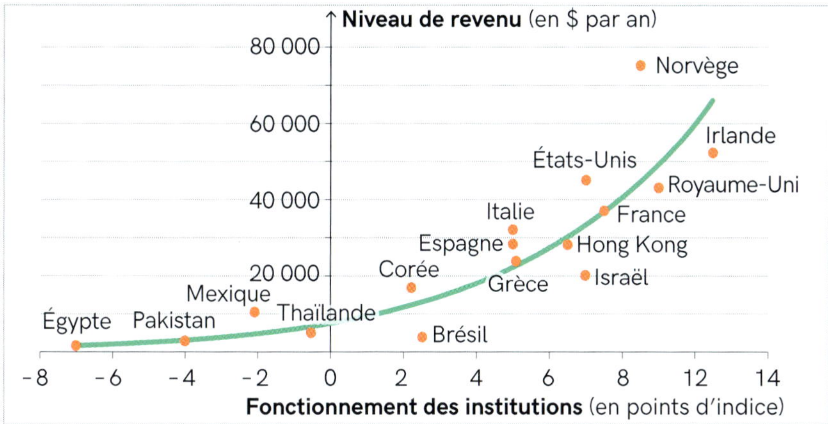

D'après Nicolas Meisel, Jacques Ould Aoudia, « L'insaisissable relation entre "bonne gouvernance" et développement », *Revue économique*, 2008

1. Mesuré sur ce graphique par un indice dit « de gouvernance » prenant en compte : la sécurité des droits de propriété et des transactions, la corruption, le fonctionnement des administrations et le fonctionnement des solidarités (vieillesse, santé, chômage). Il est noté de − 12 à + 12.

QUESTIONS

7. **Lire.** Quelle corrélation se dégage du graphique?
→ FICHE MÉTHODE 12 P. 370
8. **Déduire.** À votre avis, quelle variable influence l'autre? Pourquoi?

EN AUTONOMIE VERS LE BAC

▶▶ Parcours écrit Dissertation

À l'aide de vos connaissances et des documents, montrez comment les institutions agissent sur les incitations à l'origine du processus de croissance.

▶▶ Parcours oral Étape 5 – Discuter avec le jury

Imaginez 5 questions que pourrait vous poser le jury après une présentation du sujet : « Comment les institutions influencent-elles la croissance ? » et notez 2 mots clés pour répondre à chaque question.

MÉMO

- Les institutions ont une influence sur la croissance d'un territoire grâce à différents mécanismes.
- Les institutions telles que les droits de propriété sont déterminantes sur les incitations à entreprendre ou innover.
- La réduction de l'incertitude par la stabilité politique et économique est essentielle.
- Les institutions nécessaires à la production et aux échanges sont souvent mises en place par l'État. Il joue un rôle important dans la croissance.

5 Quelle est l'influence du progrès technique sur les inégalités ?

▸▸ OBJECTIF
Comprendre comment le progrès technique peut engendrer des inégalités de revenus.

QU'ALLONS-NOUS FAIRE ?

La croissance économique est à l'origine d'une augmentation du niveau de vie incontestable en Europe, en Amérique du Nord, et aujourd'hui dans les pays émergents. Toutefois, les inégalités de richesse au sein des sociétés et entre les pays évoluent rapidement. Le progrès technique joue un rôle crucial dans ces évolutions.

Doc 1 Les effets complexes du progrès technique

Machines automatiques dans un bureau de poste.

Le progrès technique exerce une influence importante sur le niveau des revenus. Depuis une vingtaine d'années, les économistes pensent que son évolution favorise les salariés les plus qualifiés, l'informatique accroissant leur productivité et leur rémunération. [...]

Le progrès technique peut également conduire à supprimer des postes qualifiés. C'est ainsi que le passage au travail à la chaîne a autrefois réduit la demande d'ouvriers qualifiés, remplacés par des machines et par des ouvriers non qualifiés. Les progrès techniques actuels, en particulier l'informatique, économisent plutôt du travail peu qualifié : les scanners accélèrent le travail de saisie, les machines trient le courrier ou les chèques. Mais l'informatisation supprime aussi des emplois intermédiaires, comme ceux de secrétaires ou de dessinateurs industriels.

Le progrès technique peut également expliquer pourquoi les inégalités augmentent à l'intérieur de chaque branche et de chaque groupe de qualifications. Selon la théorie des « superstars », quelques vedettes peuvent capter l'essentiel du marché de l'opéra, du spectacle sportif, du cinéma, du conseil en communication ou de la prédiction astrologique ! Dans cette économie, les écarts de rémunérations sont énormes, car ils dépendent de la capacité des stars, assimilables à des marques, à attirer la demande sur leur réputation ou sur leur nom.

Arnaud Parienty, « Comment s'explique l'évolution des inégalités de revenus ? », *Alternatives économiques*, février 2013

QUESTIONS

1. **Lire.** À qui bénéficie l'évolution technique récente ? À qui nuit-elle ?
2. **Expliquer.** Pourquoi l'innovation fait-elle progresser les revenus des plus qualifiés ?

Doc 2 Un partage des richesses plus favorable au capital

Le progrès technologique, du fait de l'automatisation de nombreuses tâches ou du développement de l'intelligence artificielle par exemple, entraînerait une « course entre l'homme et la machine ». C'est ce que mettent en avant [les économistes] Karabarbounis et Neiman dans un article publié en 2014. Les auteurs montrent que le progrès technologique fait baisser le prix de l'investissement (des machines) relativement aux prix à la consommation, ce qui incite les entreprises à remplacer du travail par du capital, et accumuler ainsi plus de capital productif.

La marge [des grandes entreprises] aurait beaucoup augmenté depuis le début des années 1980. En cause, une concentration accrue de l'activité économique qui augmenterait le pouvoir de marché des plus grandes entreprises. Certains auteurs font ainsi le constat que les États-Unis sont de plus en plus dominés par des entreprises « superstars » – comme Google ou Apple.

« Comment expliquer la déformation du partage de la valeur ajoutée depuis 30 ans ? », Sophie Piton, propos recueillis par Anne Châteauneuf-Malclès et Pascal Le Merrer pour SES-ENS, 2018

QUESTIONS

3. **Lire.** Pourquoi les entreprises sont-elles incitées à remplacer des salariés par des machines ?
4. **Illustrer.** Donnez deux exemples de substitution du capital au travail.
5. **Expliquer.** Pourquoi la substitution du capital au travail renforce-t-elle les inégalités ?

ACTIVITÉ Les mécanismes reliant progrès technique et inégalités

▶ La richesse créée par une entreprise (sa valeur ajoutée) rémunère le travail et le capital utilisés.

a. Pour chacune des évolutions ci-contre, indiquez si elle entraîne la baisse des revenus faibles ou moyens ou la hausse des revenus élevés.

b. S'il faut plus de capital et moins de travail, comment la répartition de la valeur ajoutée s'ajuste-t-elle ?
Avec quelle conséquence sur les inégalités ? Construisez un schéma pour répondre à ces deux questions.

Le progrès technique entraîne actuellement le remplacement d'emplois de qualification faible ou moyenne par des machines.

La production nécessite de plus en plus de recherche, de développement de produits, d'ingénierie (d'investissements en capital technique) et d'investissements dans le capital humain (formation).

L'innovation crée des « entreprises *superstars* », comme Apple ou Google, qui obtiennent alors des positions dominantes.

Le progrès technique rend les machines plus efficaces. Par conséquent, un euro investi par une entreprise lui rapporte un gain de bénéfice.

Doc 3 À qui bénéficie la croissance ?

Vidéo
La courbe de l'éléphant

a Part de la croissance du revenu mondial perçue par centile de population entre 1988 et 2008

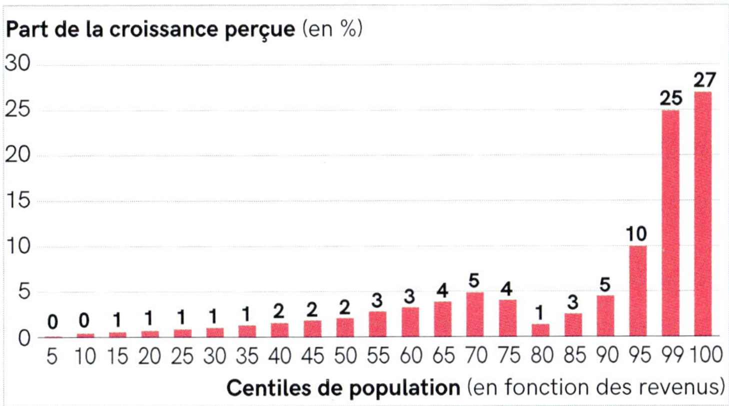

Lecture : 27 % de la hausse des revenus intervenue entre 1988 et 2008 a bénéficié aux 1 % les plus riches de la population mondiale.

Branko Milanovic, « Les tendances de l'inégalité mondiale des revenus et leurs implications politiques », conférence donnée à l'école d'Économie de Stockholm, 2014

b Croissance du revenu par centile de population entre 1988 et 2008

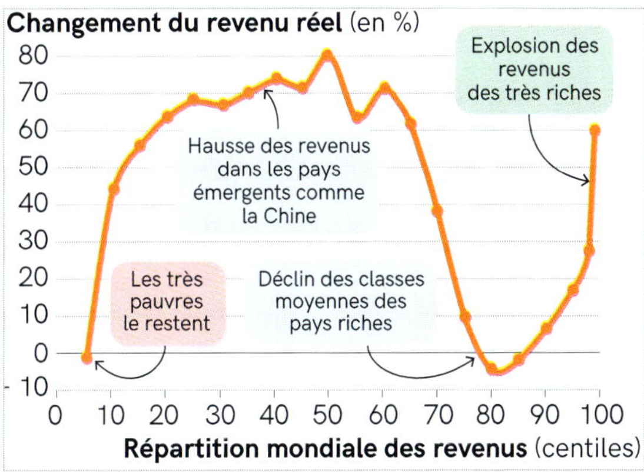

Lecture : les personnes ayant un revenu situé sur la médiane ont vu leur revenu augmenter de 80 % entre 1988 et 2008.

Branko Milanovic, *Inégalités mondiales*, © Éditions La Découverte, 2019

QUESTIONS

6. **Lire.** D'après le doc a., quelle part de la hausse du revenu mondial a bénéficié aux 50 % les moins riches ?
7. **Analyser.** En vous appuyant sur le doc 1, proposez une explication à la hausse des revenus dans les pays émergents et à la baisse de celui des classes moyennes des pays riches.
8. **Synthétiser.** Peut-on déduire de la « courbe de l'éléphant » (doc b) que les inégalités augmentent ou diminuent à l'échelle mondiale ?

EN AUTONOMIE VERS LE BAC

▶▶ Parcours écrit Épreuve composée – Partie 3
À l'aide de vos connaissances et des documents 1 à 3, montrez que le progrès technique peut engendrer des inégalités de revenu.

▶▶ Parcours oral Étape 3 – Réfléchir à son support
Testez plusieurs formes de support pour répondre à la question : « Quel est l'impact du progrès technique sur les inégalités à l'échelle mondiale ? »

Support guidé

MÉMO

■ Les salariés dont les compétences augmentent et qui utilisent les nouvelles machines voient leur productivité et leur rémunération augmenter, alors que d'autres emplois, concurrencés par des machines, subissent une baisse de rémunération, voire disparaissent.

■ Le progrès technique permet de substituer du capital au travail. La combinaison productive change : le partage du revenu entre capital et travail évolue en faveur du capital.

6 Quels sont les effets de la croissance sur l'environnement ?

▸▸ OBJECTIF
Comprendre qu'une croissance économique soutenable se heurte à des limites écologiques et que l'innovation peut aider à reculer ces limites.

QU'ALLONS-NOUS FAIRE ?

Pollution de l'air dans les grandes villes, perte de la biodiversité, réchauffement climatique sont autant de phénomènes indiquant que la situation de l'environnement se dégrade. La croissance de la production en est en grande partie responsable. L'innovation permet cependant de développer des modes de production et de consommation plus respectueux de l'environnement.

Doc 1 Quel lien entre croissance et empreinte écologique ?

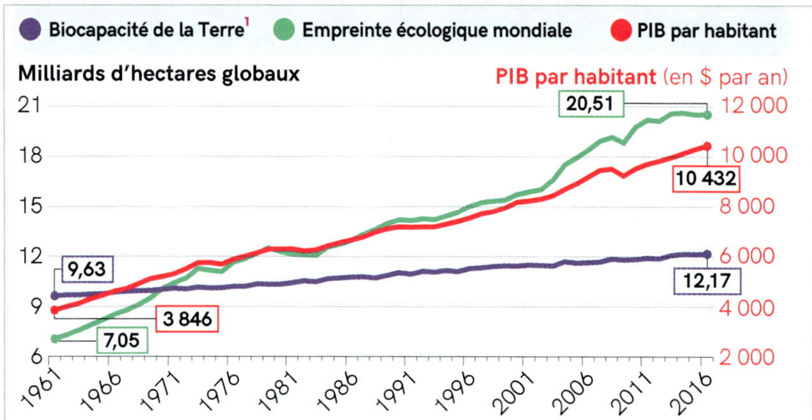

Global Footprint Network, 2019

1. Hectare dont la capacité de production de ressources et d'absorption de déchets correspond à la moyenne mondiale.

QUESTIONS

1. **Lire.** Rédigez une phrase pour mettre en relation les données de l'année 2016.
2. **Lire.** Quel lien peut-on établir entre la croissance du PIB par habitant et l'empreinte écologique mondiale ?
3. **Justifier.** La croissance telle qu'on l'observe sur le graphique peut-elle être qualifiée de « soutenable » ?

DÉFINITIONS

Biocapacité : empreinte écologique maximale que la Terre peut supporter sans réduction du capital naturel (stock de ressources fournies par l'environnement, climat compris). Elle augmente légèrement avec les rendements agricoles qui, en progressant, accroissent les capacités de la Terre à fournir des ressources.

Croissance soutenable : mode de croissance qui permet d'assurer le bien-être des générations actuelles sans compromettre la capacité des générations futures à satisfaire leurs besoins.

Empreinte écologique : surface nécessaire à une population pour produire et renouveler les ressources qu'elle consomme et absorber ses déchets, en particulier les émissions de carbone. Elle est mesurée en hectares globaux.

Doc 2 L'impact de l'utilisation des terres rares sur l'environnement

Pour la fabrication de nos objets connectés, les moteurs électriques, [...] nous utilisons un grand nombre de métaux. Ces métaux, appelés « terres rares », sont extraits de la croûte terrestre. [...]

Ce sont [...] tout d'abord plusieurs hectares de couvert végétal qui sont retournés et détruits. Cette destruction sévère de la végétation favorise le lessivage des sols et emmène la pollution plus loin. L'érosion des sols est cinquante fois plus élevée à ce qu'elle était sous couvert végétal. D'autre part, des poussières remplies de métaux lourds sont aussi inhalées par la population et déposées sur le sol.

[...] La plupart des terres rares sont extraites en Chine. Les autres pays y ont renoncé, au regard des conséquences environnementales et sanitaires. [La Chine] possède 37 % des réserves et exporte 95 % de sa production [...].

Camille Peschet, « Exploitation des terres rates et métaux stratégiques : quel est l'impact des mines à ciel ouvert ? », consoglobe.com, 2018

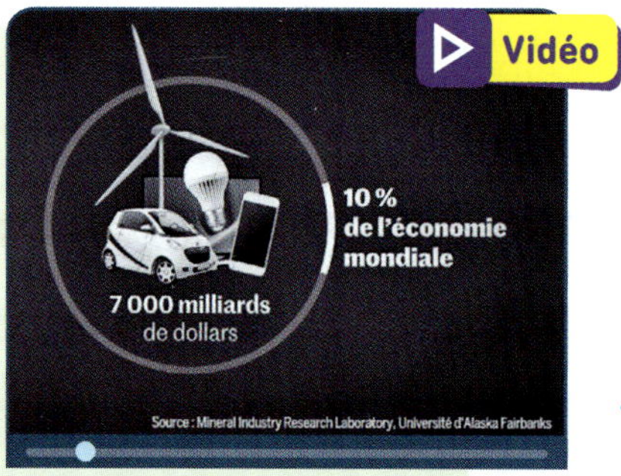

« Terres rares » (2 min. 57 sec.), *Le Monde*, 2019

QUESTIONS

4. **Lire.** À quoi servent les terres rares ?
5. **Lire.** Quels problèmes pose leur extraction ?
6. **Déduire.** Quelles seraient les conséquences de règles écologiques plus strictes en ce domaine ?

Doc 3 Niveau de vie et empreinte carbone

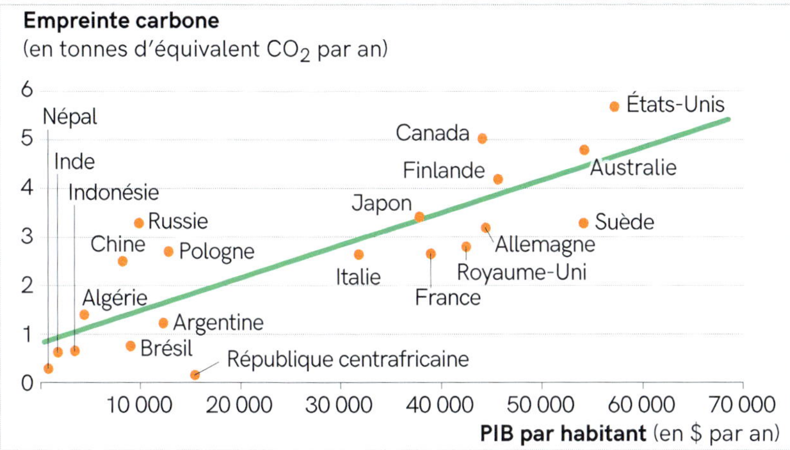

Global footprint network et Banque mondiale, données 2016

QUESTIONS

7. **Lire.** Quel est le lien entre les deux variables présentées ?
8. **Illustrer.** Pourquoi les plus riches ont-ils l'empreinte carbone la plus élevée ? Donnez deux exemples pour illustrer ce lien.
9. **Analyser.** Selon vous, pourquoi, à niveau de vie égal, l'empreinte carbone n'est-elle pas toujours la même ?

DÉFINITION

Empreinte carbone (ou bilan carbone) : volume d'émission de gaz à effet de serre associé à la production et au mode de vie d'un individu ou d'une population.

ACTIVITÉ L'innovation au secours de l'environnement

▶ Découvrez les quatre innovations et classez-les dans le tableau ci-dessous.

	Problème auquel l'innovation répond	Inconvénients possibles de cette innovation
Recyclage de l'acier	...	...
Énergie solaire	...	...
BioUrban	...	...
Aquaculture	...	Tableau guidé

700 tonnes d'acier sont recyclées dans le monde à chaque minute. Or, chaque tonne d'acier produite provoque l'émission de 1,6 tonne de CO_2, d'où l'importance du recyclage. L'acier est trié grâce à un aimant, purifié, broyé et refondu.

D'après « Statistiques recyclage », Planestoscope

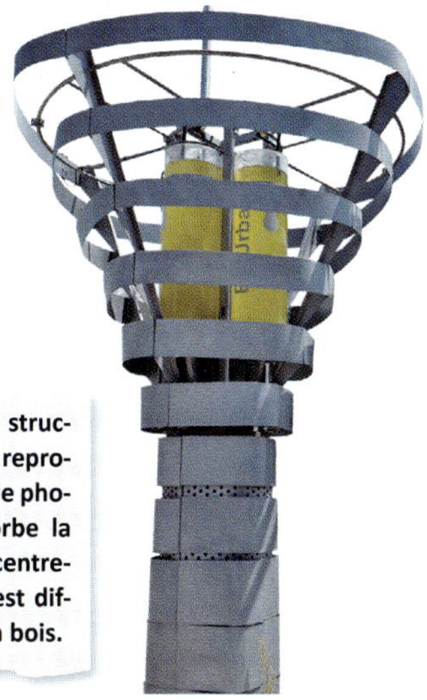

BioUrban est une structure métallique qui reproduit le mécanisme de photosynthèse et absorbe la pollution dans des centre-villes denses où il est difficile d'implanter un bois.

Selon [deux chercheurs] au Commissariat de l'énergie atomique et au CNRS, 5 % de la surface des déserts permettraient de produire toute l'électricité dont a besoin la planète. L'électricité d'origine solaire [...] pourrait représenter jusqu'à 20 % à 25 % de la production mondiale d'électricité d'ici 2050, estimait l'Agence internationale de l'énergie en 2010.

« Énergie solaire (exploitation) », connaissancedesenergies.org, 2019

Alors que les captures de poissons stagnent, la production de poisson par aquaculture augmente de 8 % par an et représente près de la moitié de la ressource aujourd'hui, grâce aux nouvelles techniques d'élevage.

D'après le rapport de la FAO, 2014

EN AUTONOMIE VERS LE BAC

▶▶ **Parcours écrit** Épreuve composée – Partie 1

Quelle relation observe-t-on entre croissance économique et capital naturel ?

▶▶ **Parcours oral** Étape 6 – Échanger sur le projet d'orientation

Recherchez deux parcours d'études qui pourraient vous amener à étudier les effets de la croissance sur l'environnement et présentez chacun d'eux en 2 minutes à un jury de deux camarades.

MÉMO

■ La croissance de la production s'accompagne d'une hausse de la consommation de matières premières, en particulier l'énergie. Elle entraîne également la pollution des milieux naturels et la destruction d'écosystèmes. Actuellement, l'empreinte écologique liée aux activités humaines est largement supérieure à la biocapacité de la planète.

■ L'innovation permet cependant de développer des modes de production et de consommation dont l'impact sur l'environnement est moins sensible.

→ MÉTHODE DU GRAND ORAL P. 22

La croissance peut-elle se poursuivre ?

La croissance économique a été très faible au cours du premier millénaire, avant de connaître une accélération importante durant la deuxième moitié du XVIIIe siècle sous l'effet de la Révolution industrielle. Mais peut-elle continuer indéfiniment ?

DOC 1 Taux de variation annuel moyen du PIB par tête en volume

→ FICHE MÉTHODE 10 P. 368

En %	France	Allemagne	Royaume-Uni	États-Unis	Japon	Chine[1]
1954-1973	4,2	4,9	2,5	2,3	8,0	1,7
1974-1993	1,6	1,9	1,7	1,8	2,7	4,6
1994-2013	1,0	1,4	1,9	1,6	0,8	7,6
2014-2019	1,0	1,3	1,1	1,8	1,4	3,9

D'après la base de données *Total Economy Database, The Conference Board*, 2019

1. Pour la Chine, les données présentées ici résultent d'estimations et non des données officielles, jugées peu fiables.

CONSEIL

Rappelez les termes de la question.
Pensez à définir les termes utilisés : « croissance », « industrialisation » ou encore « progrès technique », par exemple. Cela vous permettra de maintenir l'attention du jury, de garder votre cap, de montrer que vous savez où vous allez et que vous êtes bien dans le sujet.

? L'idée d'un ralentissement général de la croissance économique est-elle confirmée par ces données ?

Pensez à valoriser vos connaissances dans plusieurs disciplines. Vous montrerez ainsi au jury que vous savez faire des connexions entre vos différents acquis.

▶ *Histoire*
En classe de Première, vous avez étudié l'industrialisation et l'accélération des transformations économiques en France (→ CHAPITRE 4), ainsi que les progrès techniques (→ CHAPITRE 7). Comment interpréter les données actuelles de croissance au regard des deux derniers siècles ?

DOC 2 Croissance des pays développés et en développement

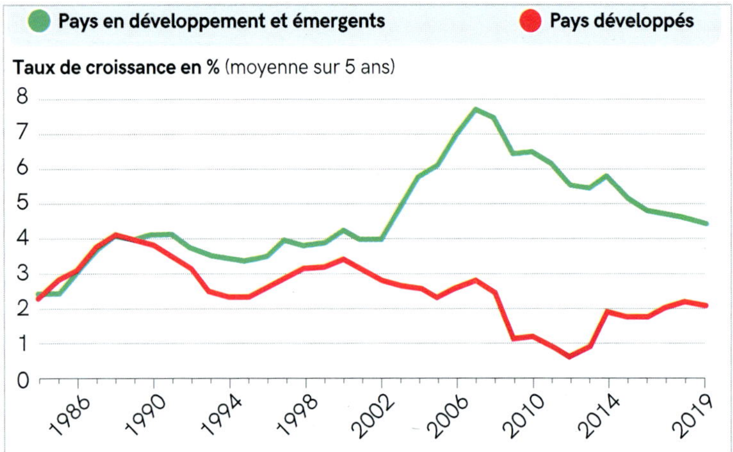

D'après FMI, *World Economic Outlook Database*, 2019

? Comment expliquer le creusement de l'écart de croissance entre les pays développés et en développement ?

Faites des liens entre les différents chapitres de votre manuel.

▶ *Quelle action publique pour l'environnement ?*
→ CHAPITRE 12 P. 328-355
Le ralentissement de la croissance n'est-il pas rendu inévitable par les contraintes environnementales ?

CONSEIL

Identifiez clairement les éléments que vous étudiez.
Ici, vous devez être capable de distinguer clairement pays développés et en développement, en listant éventuellement quelques pays de chaque groupe.

DOC 3 La fin d'une parenthèse ?

Depuis les travaux fondateurs de Solow dans les années 1950, la croissance économique est vue comme un processus continu qui durera toujours. Mais il n'y avait quasiment pas de croissance économique avant 1750, ce qui suggère que les progrès rapides des 250 dernières années pourraient fort bien être un épisode unique dans l'histoire humaine plus que la garantie d'un avenir de croissance au même rythme.

La frontière établie par les États-Unis et par le Royaume-Uni avant eux concernant la production par tête a atteint sa croissance la plus rapide au milieu du XXe siècle et ralentit depuis. Elle est en train de ralentir encore plus. [...]

L'innovation depuis 2000 est centrée sur les loisirs et les outils de communication, qui sont plus petits, plus astucieux et plus efficaces, mais qui ne changent pas fondamentalement la productivité du travail ou le niveau de vie comme l'éclairage électrique, les véhicules à moteur ou l'eau courante les ont changés.

La croissance future va être entravée par six « vents contraires » affectant l'économie américaine, certains purement américains et d'autres ressentis également ailleurs. Ces vents contraires sont le ralentissement démographique, la montée des inégalités, la fin des gains liés à la mondialisation, la stagnation du niveau d'instruction, le coût croissant de la protection de l'environnement et le poids de la dette des ménages et de l'État.

Robert Gordon, « *Is US Economic Growth over? Faltering Innovation Confronts the Six Headwinds* », (trad. Arnaud Parienty), *CEPR Policy insight*, 2012

DÉFINITION

Frontière technologique : point le plus avancé des connaissances scientifiques et techniques. Les pays de la frontière sont donc ceux qui sont les plus avancés techniquement à une certaine époque.

? Quels arguments justifient les réserves de l'économiste américain Robert Gordon quant aux perspectives de croissance aux États-Unis ?

Pensez à adopter un regard critique.

« L'innovation depuis 2000 est centrée sur les loisirs et ne change pas fondamentalement la productivité. » En moins de 100 mots, nuancez cette affirmation en montrant que les innovations actuelles sont aussi sources de gains de productivité.

DOC 4 La faiblesse de la demande

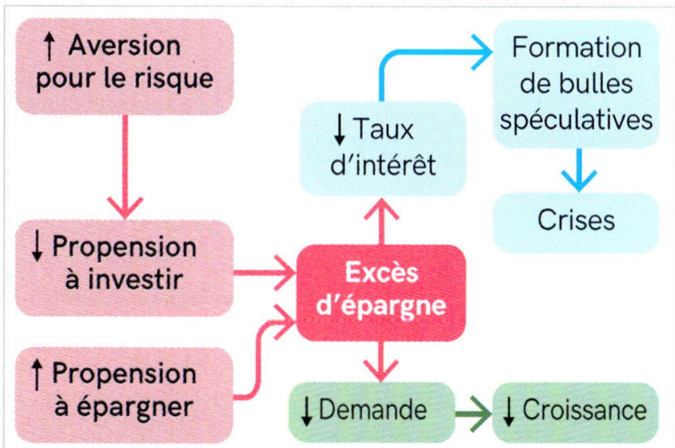

D'après Lawrence Summers, « The Age of Secular Stagnation: What It Is and What to Do About It », *Foreign Affairs*, 2016

? Quelle vision de l'évolution économique Lawrence Summers propose-t-il avec ce schéma ? Recherchez des informations sur l'auteur, ses fonctions passées, sa position dans le débat sur l'avenir de la croissance. Vous pouvez aussi approfondir en recherchant des données sur l'épargne et les taux d'intérêt.

Mettez en relation les connaissances accumulées tout au long de l'année. N'hésitez pas à relire des documents de votre manuel pour trouver des arguments.

▶ *Comment expliquer les crises financières et réguler le système financier ?* → CHAPITRE 4 P. 108-133
Mettez en perspective ce schéma avec vos connaissances sur les crises financières. Présentez vos conclusions en 1 minute à un jury de deux camarades.

Liens vers le site
Travaux de Lawrence Summers

PRÉPARER LE GRAND ORAL

Grille d'évaluation

À partir des documents du chapitre et de vos recherches, préparez-vous à répondre à la question : « La croissance peut-elle se poursuivre ? ». Créez votre support, distribuez-le à un jury d'élèves et présentez votre travail en 5 minutes. À l'issue de votre présentation, le jury vous posera des questions.

CROISER LES DISCIPLINES
SES ET HUMANITÉS, LITTÉRATURE ET PHILOSOPHIE

Pensez à mettre en perspective la question de la croissance avec le thème « L'humain et ses limites », qui met la question de la technique, de l'invention, du progrès, mais aussi de leurs limites éthiques, sociales et écologiques, au cœur de la réflexion. Vous pouvez citer Martin Heidegger, Jacques Ellul, mais aussi René Barjavel, par exemple.

L'ESSENTIEL

Quels sont les sources et les défis de la croissance économique ?

Podcast du cours

Définitions

EXO Cartes mémoire interactives

Croissance : taux de variation de la production entre deux dates.

Destruction créatrice : mécanisme, décrit par Joseph Schumpeter, par lequel les vagues de progrès technique provoquent en même temps la création de nouvelles activités et « l'élimination des éléments périmés de la structure économique ».

Empreinte écologique : surface nécessaire à une population pour produire et renouveler les ressources qu'elle consomme et absorbe ses déchets, en particulier les émissions de carbone. Elle est mesurée en hectares globaux.

Institutions : manières de faire ou de penser relativement stables au sein d'un groupe humain.

Production : généralement mesurée par la valeur ajoutée :

valeur de la production
– valeur des consommations intermédiaires

À l'échelle du territoire national, la somme des valeurs ajoutées constitue le produit intérieur brut (PIB).

Productivité globale des facteurs (PGF) : rapport entre la production et l'ensemble des dépenses relatives aux facteurs de production, consommations intermédiaires, travail et capital. Elle est souvent assimilée à une mesure du progrès technique.

Progrès technique : défini de manière large en économie, il est synonyme d'innovation au sens que lui donne Schumpeter : nouveaux biens, nouvelles méthodes de production, nouveaux marchés qui révolutionnent la production.

Date clé

1740 : début estimé de la **Révolution industrielle** en Angleterre, qui marque l'impulsion de la croissance économique mondiale.

La croissance économique a transformé le monde depuis deux siècles, plus qu'aucun autre phénomène économique. Cette transformation a entraîné une élévation considérable des niveaux de vie et de l'espérance de vie, au prix d'une consommation de ressources naturelles insoutenable.

Le processus de croissance

- La **croissance économique** résulte de la hausse de la population mondiale, et donc de la **quantité de travail** et de la productivité. La hausse de la quantité de travail a un impact limité sur la **production** par tête, qui détermine le niveau de **revenu**. Celui-ci augmente donc grâce aux **gains de productivité**, liés à l'utilisation d'outils ou de machines. Mais l'**investissement** seul n'est pas suffisant pour permettre la croissance, en raison des **rendements décroissants** du capital.

- La **croissance extensive**, qui repose sur l'augmentation du volume de travail et de capital, connaît donc rapidement des limites. Elle doit devenir **intensive** pour se maintenir, c'est-à-dire se fonder sur les gains de **productivité globale des facteurs** (PGF).

- Mesurée par la part de la croissance qui n'est pas expliquée par la hausse du volume de facteurs utilisés, la PGF augmente principalement sous l'effet du **progrès technique**. Le degré d'utilisation des facteurs de production (travail et capital) et le passage de l'emploi d'un secteur à un autre contribuent également à son évolution.

- L'augmentation de la PGF joue un rôle important dans la **croissance**. Ainsi, en France, elle explique l'essentiel des gains de productivité depuis un siècle. C'est pourquoi son **ralentissement** récent explique celui de la croissance des pays développés.

Aux sources de la croissance : innovation et institutions

- Le **progrès technique**, né de l'innovation, accroît l'**efficacité** du **travail** et du **capital**. Il se traduit aussi par la création de biens nouveaux. Son rôle dans la croissance est décisif, ne serait-ce qu'en permettant à l'accumulation de capital de se poursuivre ; mais ce rôle est difficile à mesurer.

- Le **progrès technique** dépend en effet de manière croissante des **investissements en recherche et développement** faits par les entreprises, que les **pouvoirs publics** encouragent à **innover**. La croissance est liée aux aléas des découvertes scientifiques, mais dépend aussi des investissements en recherche, qui dépendent eux-mêmes des moyens financiers dégagés par l'activité économique.

- Cependant, l'**innovation** est également à l'origine d'un mécanisme de **destruction créatrice** (Joseph Schumpeter) : les innovations rendent **obsolètes** les générations précédentes de techniques ; les entrepreneurs hésitent alors parfois à développer de nouveaux produits ou procédés, par peur de nouveautés radicales qui annuleraient le **bénéfice attendu** de ces investissements.

- D'autre part, l'activité économique se déroule dans un **cadre institutionnel** : le droit de propriété, la fiscalité, la monnaie, les normes commerciales, le système de formation sont autant d'**institutions** qui peuvent **inciter** à innover ou, au contraire, **décourager** de le faire. Ainsi, une stabilité politique, des droits de propriété clairs, des impôts bien conçus et une répartition des richesses suffisamment égalitaire incitent à **innover**, en **sécurisant** les entrepreneurs.

Inégalités et limites écologiques

▸▸ Mille ans auparavant, le **niveau de vie** était le même dans tous les pays du monde. La **croissance** économique, bien que relativement **récente** à l'échelle de l'humanité, a provoqué un élargissement des **inégalités à différentes échelles** : au sein des pays, mais aussi entre eux.

▸▸ Au niveau national, l'évolution technique a des effets variables sur les **inégalités**. Le progrès technique actuel favorise les **revenus du capital** par rapport à ceux du travail. Il favorise aussi les **salariés qualifiés**, dont la productivité est accrue par les innovations, par rapport aux moins qualifiés, **remplacés** par des machines.

▸▸ La « **courbe de l'éléphant** » traduit une **évolution nuancée** des **inégalités mondiales**.

▸▸ Par ailleurs, la croissance met en cause les **équilibres écologiques**. La consommation de ressources naturelles augmente, d'autant que ces ressources sont souvent gratuites. La **pollution** déséquilibre les **écosystèmes**, épuise les **ressources naturelles** (eau, air, climat, biodiversité) et provoque des **changements climatiques**.

▸▸ Il existe donc un lien très net entre la **hausse du niveau de vie** sur la planète et les **prélèvements** opérés sur le **capital naturel**, mesurés par l'**empreinte écologique** des activités humaines. Cependant, l'innovation, lorsqu'elle est dirigée vers l'environnement, permet de trouver des moyens de limiter la consommation des **ressources naturelles** et la **pollution** et, ainsi, de **réduire** notre impact sur l'environnement.

Chiffres clés

- **Production mondiale : 2 % par an environ depuis le début de la Révolution industrielle.**
- **Entre 2000 et 2020, la croissance mondiale est de 3,8 % par an.**

CE QU'IL FAUT SAVOIR

1. Ce qu'est la productivité globale des facteurs et quel est son lien avec le progrès technique.
2. D'où provient la croissance économique.
3. Comment les institutions influent sur l'investissement et l'innovation.
4. Quelles sont les limites écologiques et sociales de la croissance et comment les limiter.

Repères

Production :
valeur de la production
– valeur des consommations intermédiaires

Croissance :
taux de variation du PIB entre deux années ou trimestres
– variation des prix entre ces deux années ou trimestres

PGF :

$$\frac{\text{production}}{\text{travail + capital + consommations intermédiaires}}$$

Empreinte écologique :

$$\frac{\text{hectares globaux}}{\text{biocapacité}}$$

Réviser en vidéos

« Pourquoi une longue phase de croissance va s'accélérer en 2025 », (5 min. 14 sec.), Xerfi canal, 2018

« Pourquoi les inégalités de revenus augmentent ? », (2 min. 54 sec.), Décod'éco, 2019

L'ESSENTIEL

SCHÉMA DE SYNTHÈSE

Schéma interactif

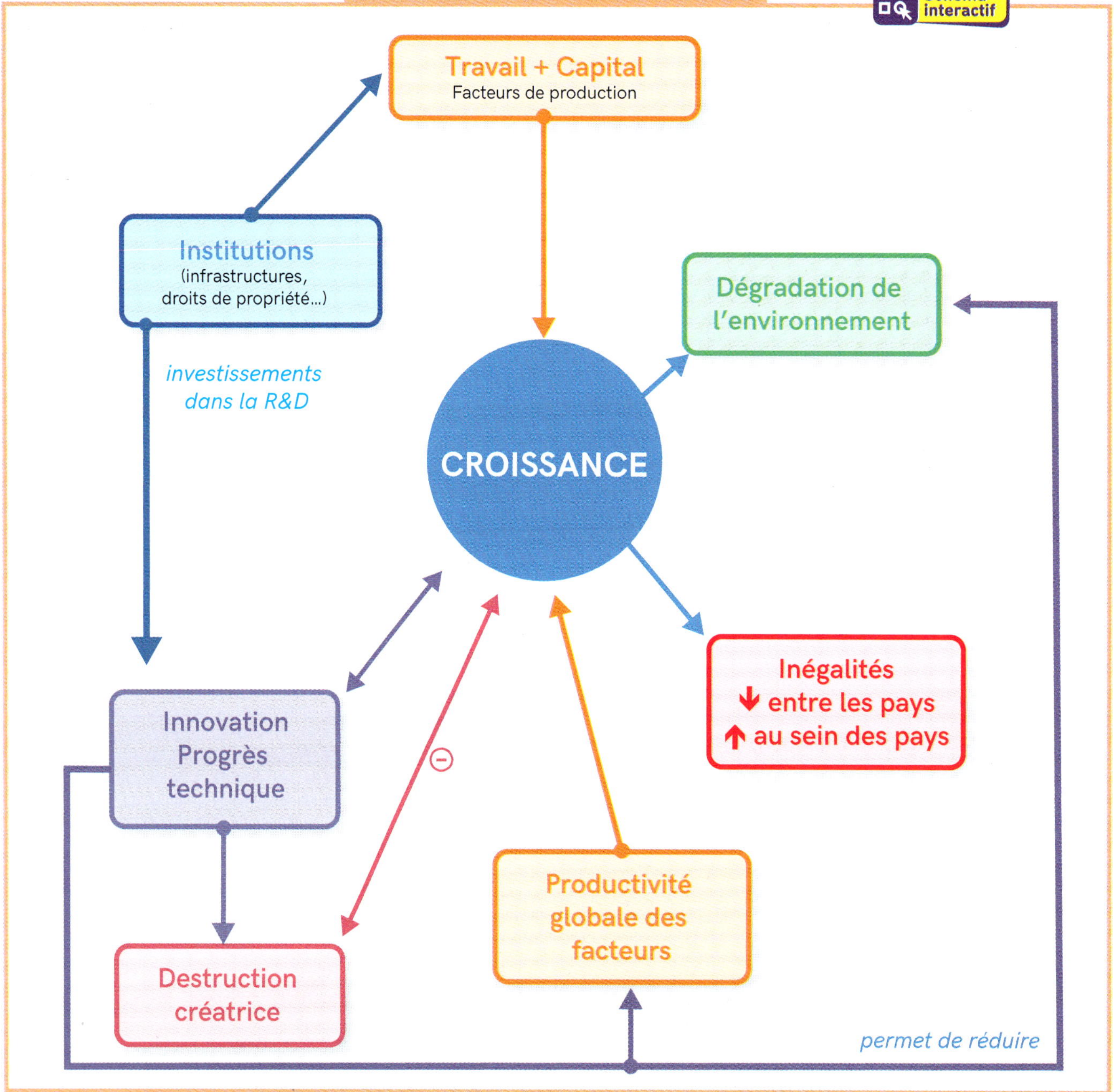

POUR ALLER PLUS LOIN

Au bonheur des dames, d'Émile Zola, 1883

Ce roman narre la révolution des grands magasins au XIXe siècle, source de prospérité, de désir infini de consommer et de destruction créatrice.

Sacrée croissance !, de Marie-Monique Robin, 2014

Dans cet ouvrage, adapté en documentaire, l'auteure imagine un futur proche dans lequel l'humanité a réussi à éviter les catastrophes liées au changement climatique, après un XXe siècle placé sous le signe de la poursuite de la croissance.

« Les scénarios de l'effondrement » France culture, 2020

Une réflexion intéressante sur l'éventualité de la fin du capitalisme, qui rencontre des limites écologiques et sociales.

EXERCICES

EXO Exercices interactifs

Corrigés

1 Vrai ou faux ?

	VRAI	FAUX
a. Le progrès technique est toujours exogène.	☐	☐
b. La productivité globale des facteurs joue toujours un rôle mineur dans la croissance.	☐	☐
c. Les institutions peuvent inciter les entreprises à innover.	☐	☐
d. La croissance a permis de réduire l'ensemble des inégalités.	☐	☐
e. Certaines innovations rendent obsolètes les techniques précédemment utilisées.	☐	☐
f. Avec le progrès technique, le partage des revenus est plus favorable au facteur travail qu'au facteur capital.	☐	☐

2 Choisissez la bonne réponse.

1. Les droits de propriété efficaces favorisent...

- ☐ **a.** l'investissement.
- ☐ **b.** la productivité.
- ☐ **c.** l'élévation du niveau d'instruction.
- ☐ **d.** la croissance.

2. Le progrès technique est dit « endogène » car...

- ☐ **a.** il est dépendant de l'innovation.
- ☐ **b.** il résulte d'investissements, donc d'une variable économique.
- ☐ **c.** il est indépendant de toute autre variable.
- ☐ **d.** il est illimité.

3. La loi des rendements décroissants indique que...

- ☐ **a.** la hausse du capital par tête s'accompagne d'une baisse de son rendement.
- ☐ **b.** la productivité du travail décroît quand la production augmente.
- ☐ **c.** la productivité du capital décroît quand la production augmente.
- ☐ **d.** le rendement de la recherche ne peut que diminuer avec le temps.

4. Les économistes donnent comme mesure approchée du progrès technique la...

- ☐ **a.** productivité du travail.
- ☐ **b.** productivité des revenus.
- ☐ **c.** productivité du capital.
- ☐ **d.** productivité globale des facteurs.

3 Reliez chaque terme à sa définition.

1. productivité globale des facteurs (PGF)
2. destruction créatrice
3. empreinte écologique
4. institutions
5. production

a. surface nécessaire pour produire les ressources consommées et absorber les déchets liés à cette production et à cette consommation

b. généralement mesurée par la valeur ajoutée (valeur de la production – valeur des consommations intermédiaires)

c. mécanisme par lequel les vagues de progrès technique provoquent en même temps la création de nouvelles activités et « l'élimination des éléments périmés de la structure économique » (J. Schumpeter)

d. estimation de l'efficacité avec laquelle les facteurs de production sont mis en œuvre. Elle est souvent assimilée à une mesure du progrès technique car les innovations permettent de produire plus efficacement

e. manières de faire ou de penser relativement stables au sein d'un groupe humain

BAC

Sujet guidé – Dissertation 4h

Sujet vierge à imprimer | Grille d'évaluation

La croissance dépend-elle seulement des facteurs de production ?

Tous les termes du sujet sont importants. Réfléchissez bien : si le mot « seulement » n'était pas dans l'énoncé, la problématique serait-elle la même ?

Analysez la formulation : le sujet vous invite-t-il à débattre d'un sujet ou à analyser des mécanismes ?

Repérez les **notions centrales** du sujet, et pensez à les définir dans votre introduction.

Doc 1 Décomposition de la croissance entre 2008 et 2016[1]

	États-Unis	France	Allemagne	Roy. Uni	Japon	Chine
Taux de variation annuel moyen du PIB (en %)	2,5	1,4	1,6	2	1,5	5,3
Contribution (en points de PIB)						
Quantité de travail	0,3	0,1	-0,2	0,2	-0,6	0,2
Qualification de la main-d'œuvre	0,2	0,2	0,1	0,1	0,1	0,1
Capital	1,5	0,6	1,1	1,1	1,2	3,4
Productivité globale des facteurs	0,5	0,5	0,6	0,6	0,7	1,6

The Conference Board, 2014

1. Les données sont des estimations.

Note de lecture : en raison des arrondis, la somme des contributions peut ne pas être égale à l'évolution du PIB.

Doc 2 Dépense en R&D rapportée au PIB

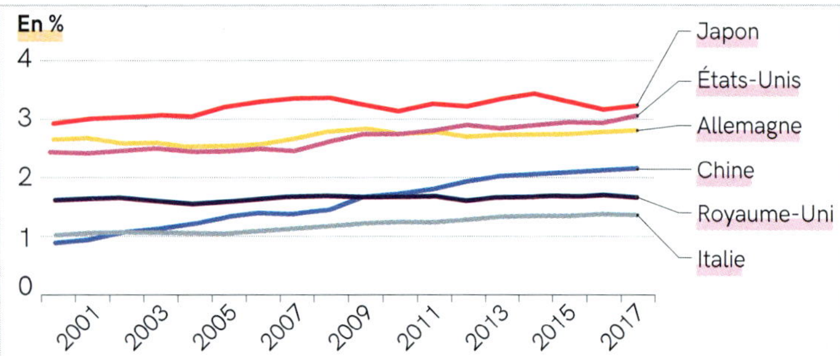

OCDE, *Main Science and Technology Indicators*, 2019

Doc 3 L'investissement en TIC[1] et non TIC

Taux de variation annuel (en %)		1990	1998	2006	2014
France	TIC	7,2	12,4	3,5	5,2
	Autres	3,6	1,9	2,4	1,6
Allemagne	TIC	9,3	8,0	10,5	17,0
	Autres	2,7	1,2	0,8	0,8
Royaume-Uni	TIC	15,6	16,4	6,3	6,4
	Autres	3,0	2,8	2,5	2,4
États-Unis	TIC	11,2	17,5	8,1	7,5
	Autres	1,9	2,8	2,2	1,6
Chine	TIC	17,4	28,5	25,2	16,1
	Autres	5,5	9,2	10,7	11,3
Japon	TIC	11,7	10,2	3,3	9,0
	Autres	5,8	2,0	0,9	0,9

The Conference Board, 2015

1. TIC = Techniques de l'information et de la communication.

Doc 4

C'est Henry Ford qui met en œuvre ce mode d'organisation [le fordisme] de la production de la manière la plus systématique. Chaque travailleur occupe un poste, dont il ne bouge pas, car « la marche à pied, répétait Ford, n'est pas une activité rémunératrice ». Ce sont donc les pièces qui se déplacent sur un convoyeur ; et chaque travailleur effectue une opération, quelquefois deux ou trois : dans les ateliers de fonderie de Highland Park, 95 % des modeleurs et fondeurs sont « spécialisés dans une seule opération que l'individu le plus stupide peut apprendre à exécuter en deux jours ». En 1926, pour 79 % du personnel employé aux usines Ford, le temps de formation était inférieur à une semaine.

La chaîne, en décomposant au maximum les tâches et en imposant une cadence à tous les travailleurs, permet d'élever la productivité d'une manière considérable. Ainsi, l'assemblage d'un volant magnétique, réalisé par un ouvrier, demandait vingt-cinq minutes ; avec un convoyeur et vingt-neuf ouvriers « spécialisés » chacun dans une opération, cet assemblage ne prend d'abord plus que treize minutes ; puis, le convoyeur ayant été élevé, sept minutes ; et enfin, les cadences ayant été augmentées avec la vitesse du convoyeur, cinq minutes.

Michel Beaud, *Histoire du capitalisme*, Éditions du Seuil, 1981

Méthode

BAC

ÉTAPES 1 ET 2 **Analyser le sujet, problématiser et mobiliser ses connaissances** Au brouillon

❶ Repérez et analysez tous les termes importants du sujet. → GUIDAGE P. 46

- À partir de votre analyse, déduisez-en le type de plan à adopter. → TYPE DE PLANS P. 18
- Formulez une problématique : reformulez le sujet, puis proposez un questionnement qui synthétise les enjeux de la question posée.

❷ Indiquez au brouillon tous les exemples, idées, théories, faits, éléments de cours... qui peuvent être mobilisés.

CONSEIL Si vous avez déjà une idée des grands axes de votre réponse, **classez** ces éléments dans votre plan.

ÉTAPE 3 **Exploiter le dossier documentaire** Au brouillon

- Lisez attentivement chaque document et résumez la (ou les) idée(s) principale(s) en lien avec le sujet.
- Pensez à repérer la source, le cadre spatio-temporel, les notions ou mécanismes importants et les outils statistiques. Faites attention aux unités.

CONSEIL N'hésitez pas à **rédiger des phrases** afin de vérifier que vous avez compris le sens des données, voire à **faire des calculs simples** pour comparer des données.

ÉTAPE 4 **Construire un plan détaillé** Au brouillon

- À partir des informations récoltées, créez ou affinez votre plan détaillé. Il doit comporter deux ou trois parties, chacune subdivisée en deux ou trois sous-parties.
- Rédigez les titres des parties et sous-parties sous la forme de phrases indiquant explicitement le sens des arguments que vous allez y développer.

CONSEIL N'oubliez pas d'indiquer dans votre plan détaillé les **documents** que vous allez mobiliser.

ÉTAPE 5 **Rédiger l'introduction et la conclusion** Au brouillon

- L'introduction est organisée en 3 parties : l'accroche, l'annonce de la problématique et l'annonce du plan.
- Rédigez la conclusion. → MÉTHODE P. 19

CONSEIL N'oubliez pas d'intégrer, en accroche ou avec la problématique, la **définition des notions centrales** du sujet.

ÉTAPE 6 **Rédiger son devoir** Sur votre copie → MÉTHODE P. 19

Voici le début de la dissertation dont l'introduction a été rédigée. Complétez-la à l'aide de la méthode et de vos connaissances.

Débuter par une accroche et une définition rapide des termes du sujet. →

Depuis la crise financière de 2008, les pays européens semblent avoir perdu le secret de la croissance et les interrogations se multiplient quant au risque d'une longue période de stagnation. Il est donc utile de revenir sur les origines de la croissance, c'est-à-dire de l'augmentation durable des richesses produites, et le rôle des facteurs de production que sont le capital technique et le travail.

Problématisation du sujet montrant quel problème se cache derrière l'intitulé du sujet. →

Au XIXe siècle, les économistes classiques mettaient l'accent sur le rôle de l'accumulation du capital, mais en tiraient des conclusions pessimistes, l'investissement butant sur la loi des rendements décroissants. Schumpeter a ensuite montré que le progrès technique permettait de dépasser cette contrainte et d'assurer la croissance à long terme.

Réponse très brève à la problématique, qui va servir à indiquer les grandes directions qui seront suivies dans le devoir, et à justifier le choix du plan adopté. →

Cependant, s'il suffisait d'assembler du capital et du travail et d'investir dans la recherche, tous les pays ou presque connaîtraient une croissance rapide, ce qui n'est pas le cas. Aussi les historiens comme les théoriciens de la croissance endogène insistent-ils sur le rôle essentiel des institutions et des politiques publiques, qui peuvent libérer ou, au contraire, freiner les forces productives qui sont à l'origine de la croissance.

Annonce de plan, donnant les titres des parties, sans entrer dans le détail des sous-parties. →

Trois niveaux d'explication de la croissance sont donc superposés : celle-ci dépend d'abord des facteurs de production, mais ils ne sont efficaces que s'ils incorporent du progrès technique et si le cadre institutionnel est incitatif. Nous verrons donc que la croissance dépend des facteurs de production (I), mais aussi du progrès technique qu'ils incorporent (II) et du contexte institutionnel (III).

Exemple de plan détaillé

I. La croissance dépend des facteurs de production...
A. Le rôle décroissant du travail
B. L'investissement demeure essentiel

II. ... mais le rôle du progrès technique est lui aussi essentiel...
A. Le progrès technique est inséparable des facteurs de production
B. Il joue un rôle décisif dans la croissance

III. ... ainsi que le contexte institutionnel
A. Le cadre institutionnel
B. Le rôle des politiques publiques

BAC Sujet guidé – Épreuve composée

4h · Sujet vierge à imprimer · Grille d'évaluatio

PARTIE 1 Mobilisation des connaissances — 4 points

Question Quels liens peut-on établir entre l'évolution de la productivité globale des facteurs et la croissance économique ?

Méthode

ÉTAPE 1 **Analyser la question** Au brouillon

- Repérez la ou les notion(s) clé(s) qu'il faudra définir dans votre réponse.
- Repérez la consigne de la question pour identifier la tâche qui est demandée : attend-on une explication, une comparaison, une illustration... d'un mécanisme ou d'une notion ? → MÉTHODE P. 20

ÉTAPE 2 **Rassembler ses connaissances** Au brouillon

- Rassemblez et organisez vos connaissances sur le sujet : quelles définitions, mécanismes, exemples... pouvez-vous mobiliser pour répondre à la question ? → MÉTHODE P. 20

ÉTAPE 3 **Rédiger sa réponse**

- Au brouillon : Avant de rédiger, indiquez sur votre brouillon quelle va être la structure de votre réponse.
- Sur votre copie : Rédigez votre réponse de manière organisée, en pensant à définir les notions mobilisées, en explicitant et en illustrant vos propos.

Voici un exemple de réponse.

> Il est impératif de définir les notions au cœur de la question (croissance et PGF).

La productivité globale des facteurs (PGF) est le rapport entre la production et le volume de facteurs utilisé pour la réaliser. Elle mesure si les facteurs de production sont mis en œuvre de manière efficace. Quand cette efficacité progresse, il est possible de produire plus avec un même volume de facteurs. C'est une source essentielle de croissance économique (hausse de la production), car la croissance extensive, obtenue en utilisant plus de travail et de capital, trouve rapidement ses limites et la croissance doit devenir intensive pour se maintenir. On observe d'ailleurs que les gains de PGF expliquent souvent à eux seuls la moitié de la croissance, voire plus.

> Le terme « liens » est au pluriel dans la question. Il faut donc mettre en évidence ces différents liens. C'est ce qui structure la réponse.

Inversement, la croissance joue sur la productivité globale des facteurs, de deux manières très différentes. D'une part, la croissance économique fournit des ressources financières, matérielles et humaines pour accroître la PGF, par la recherche et l'investissement. S'enclenche ainsi un cercle vertueux, les gains de PGF entraînant la croissance, qui entretient les gains de PGF. D'autre part, une croissance économique rapide permet à l'économie de fonctionner à pleines capacités, ce qui maintient mécaniquement la PGF à un niveau élevé, alors qu'un affaiblissement de la croissance réduit immédiatement la PGF.

Cette relation réciproque est au cœur de la croissance économique.

PARTIE 2 Étude d'un document — 6 points

Doc **Productivité horaire du travail au sein des principaux pays de l'OCDE (1970-2017) (base 100 = États-Unis)**

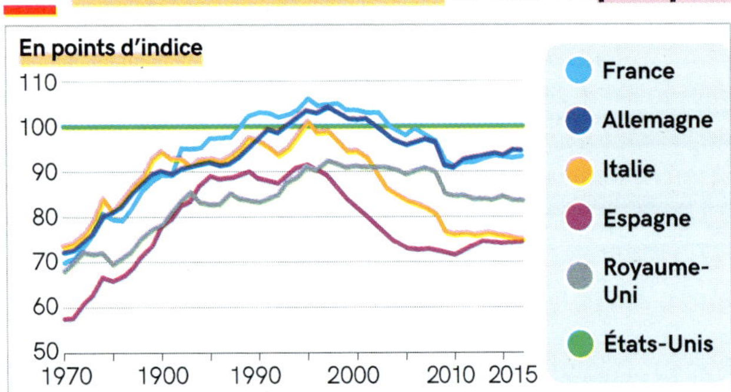

« Productivité et compétitivité : où en est la France ? », Conseil national de productivité, 2019

Question 1. Comment a évolué la productivité horaire de la France entre 1970 et 1995 ?

Question 2. Que met en évidence le document concernant l'évolution de la productivité horaire des États-Unis par rapport aux autres pays de l'OCDE depuis 1970 ?

BAC

Méthode

ÉTAPE 1 **Analyser le document** Au brouillon

- Déterminez la nature du document (diagramme par répartition, série chronologique…).
- Repérez la source, le cadre spatio-temporel, le ou les outil(s) statistique(s) utilisé(s) et la ou les unité(s).
- Pensez à vérifier si des informations sont indiquées dans le champ du document.

ÉTAPE 2 **Préparer la question 1 (lecture)** Au brouillon

- Rédigez une phrase par donnée statistique à lire : soyez le plus précis possible en indiquant la date (ou période), le cadre spatial, l'unité…

ÉTAPE 3 **Préparer la question 2 (analyse)**

Au brouillon
- Repérez la consigne de la question : attend-on une comparaison, la présentation d'évolutions, l'illustration d'un mécanisme… ?

Au brouillon
- Sélectionnez dans le document les éléments qui vous permettront d'argumenter et effectuez si besoin des calculs simples (écarts en points de pourcentage ou coefficients multiplicateurs, par exemple) pour étayer votre réponse.

Sur votre copie
- Rédigez votre réponse de manière structurée : allez du général au particulier ; définissez si besoin les notions ou mécanismes mobilisés et illustrez votre réponse avec des données et/ou des calculs.

PARTIE 3 Raisonnement s'appuyant sur un dossier documentaire — 10 points

À l'aide de vos connaissances et du dossier documentaire, vous montrerez quels peuvent être les effets négatifs de la croissance économique sur l'environnement naturel.

Soyez attentif aux termes employés : on attend que vous utilisiez les **documents**, mais aussi vos **connaissances**.

La formulation du sujet vous invite à expliquer pourquoi la croissance peut nuire à l'environnement. N'hésitez pas à utiliser des synonymes pour reformuler la question.

Repérez les **notions centrales** du sujet, et pensez à les définir dans votre introduction.

Quels aspects de l'environnement allez-vous aborder ? Listez-les.

Doc 1

Lundi 29 juillet, l'humanité aura épuisé toutes les ressources renouvelables de la planète pour l'année 2019. Cette date intervient chaque année un peu plus tôt : en 2018, le « jour du dépassement » mondial tombait le 1er août. Il y a vingt ans, la date fatidique était le 29 septembre, deux mois plus tard donc que cette année. En 1979, le jour du dépassement survenait au tout début de novembre.

Cette date, calculée par le *Global Footprint Network* – un *think tank*, créé en 2003 –, signifie qu'à compter d'aujourd'hui, l'humanité vit à crédit, dévorant bien plus que ce que la nature peut offrir au cours d'une année.

Elle a consommé plus de poissons, abattu plus d'arbres, augmenté de façon considérable la superficie des terres agricoles. « Cette date toujours plus précoce traduit la rapacité et le caractère prédateur de l'homme sur les ressources naturelles. Nous détruisons toujours plus vite les capacités de renouvellement des ressources de la planète », dénonce Arnaud Gauffier, co-directeur des programmes au WWF-France.

Ce calcul, établi au niveau mondial, ne dit pas les différences que l'on peut établir en fonction des modes et des niveaux de consommation dans les différentes régions. Si toute la population mondiale vivait comme celle des États-Unis, il faudrait 5 planètes Terre pour une année de consommation, 3,2 pour celle de la Russie, 3 pour l'Allemagne, 2,2 pour la Chine mais seulement 0,7 si l'humanité vivait au diapason de la population de l'Inde. En moyenne mondiale, on estime qu'il faudrait 1,75 planète pour satisfaire les besoins annuels de la population mondiale.

Rémi Barroux, « À partir d'aujourd'hui, l'humanité vit à crédit », *Le Monde*, 2019

BAC

Doc 2 Nombre de décès attribués aux particules fines présentes dans l'air entre 1990 et 2015

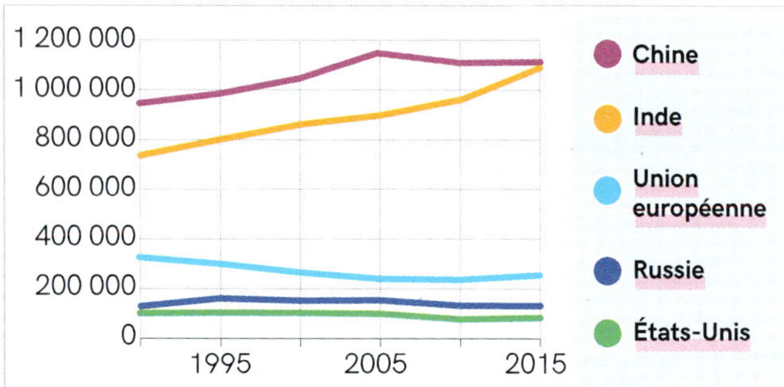

« L'Inde rattrape la Chine en nombre de morts de la pollution », Agence France presse, 2017

Doc 3 Évolution des réserves prouvées[1] de pétrole entre 1998 et 2018

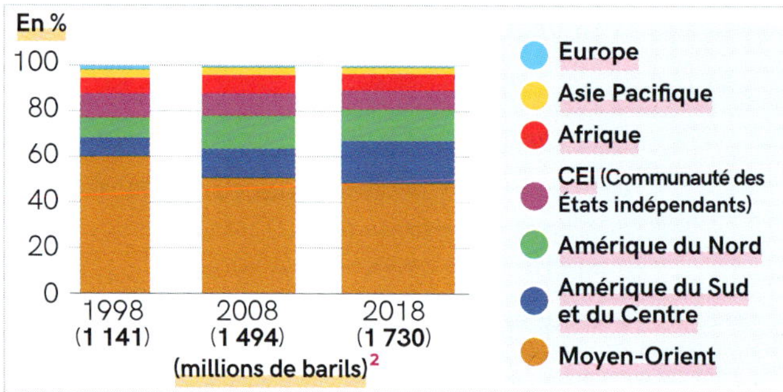

BP Statistical review of world energies, 2019

1. Les réserves prouvées sont les réserves estimées avec certitude.
2. Un baril représente 169 litres.

Méthode

ÉTAPES 1 ET 2 **Analyser le sujet et mobiliser ses connaissances** Au brouillon

1 ▸ Repérez et analysez tous les termes importants du sujet. → GUIDAGE P. 49
▸ À partir de votre analyse, déduisez-en le type de plan à adopter. → TYPES DE PLANS P. 18
▸ N'hésitez pas à reformuler le sujet.
2 ▸ Indiquez au brouillon tous les exemples, idées, théories, faits, éléments de cours... qui peuvent être mobilisés.

ÉTAPE 3 **Exploiter le dossier documentaire** Au brouillon

▸ À partir des informations récoltées, créez ou affinez votre plan détaillé. Il peut comporter deux ou trois parties, voire davantage si le sujet s'y prête.
▸ Rédigez les titres de parties et sous-parties sous la forme de phrases indiquant explicitement le sens des arguments que vous allez y développer.

ÉTAPE 4 **Construire un plan détaillé** Au brouillon

ÉTAPE 5 **Rédiger l'introduction et la conclusion** Au brouillon

▸ L'introduction doit comporter une annonce de la question et du plan que vous adoptez. Il faudra également intégrer la définition des notions centrales du sujet.
▸ La conclusion doit dresser le bilan de votre développement.

ÉTAPE 6 **Rédiger son devoir** Sur votre copie → MÉTHODE P. 21

CONSEIL
Si vous avez déjà une idée des grands axes de votre réponse, **classez** ces éléments dans votre plan.

CONSEIL
Si vous avez déjà une idée des grands axes de votre réponse, **classez** les éléments issus de l'analyse des documents dans votre plan en indiquant le numéro des documents mobilisés.

CONSEIL
N'oubliez pas d'indiquer dans votre plan détaillé les **documents** que vous allez mobiliser.

Voici un exemple d'introduction rédigée et de plan détaillé.

En partant d'un exemple concret, on reformule le sujet.

L'effondrement des stocks de poissons de mer ou la fonte des glaciers alertent sur la dégradation du capital naturel sur toute la planète. Cette dégradation est en relation avec la croissance économique (hausse de la production). Celle-ci a en effet des conséquences, souvent non intentionnelles mais très fortes sur l'environnement. Ces effets se produisent souvent à l'échelle de régions entières, voire de toute la planète, si bien que nous ne parvenons pas, pour l'instant, à les limiter.

Ne pas oublier de définir les notions clés (ici « croissance »).

Nous verrons que la croissance économique entraîne l'épuisement de ressources non renouvelables, puisqu'elle conduit aussi à la pollution de milieux essentiels comme l'air ou les océans et à la déstabilisation des écosystèmes.

Annonce du plan adopté.

Exemple de plan détaillé

I. La croissance entraîne l'épuisement de ressources non renouvelables
A. Les biens communs sont surexploités
B. Les ressources du sous-sol s'épuisent

II. La croissance conduit à la pollution de milieux essentiels
A. L'eau douce vient à manquer
B. La qualité de l'air se dégrade

III. La croissance entraîne la déstabilisation des écosystèmes
A. La multiplication des catastrophes naturelles
B. Le cas du climat

BAC Grand Oral

➜ Méthode générale p. 22-25

ÉTAPE 1 Choisir sa question

➜ **CHERCHEZ UNE QUESTION QUI VOUS INTÉRESSE.** Faites-vous plaisir ! Il est essentiel de s'impliquer dans sa recherche, ce qui suppose de choisir d'abord une question que vous avez envie d'approfondir et de présenter. Pour vous aider, posez-vous les questions suivantes :

Quels débats agitent le monde intellectuel ?

- Vous pouvez regarder les tribunes libres publiées dans les grands quotidiens (*Le Monde, Le Figaro* ou *Libération*…) ou des publications plus spécialisées (*Alternatives économiques, Les Echos*…).

Autres questions possibles
- Quelle est la finalité de la croissance ?
- Pourquoi certains pays sont-ils riches et d'autres pas ?
- Nos sociétés peuvent-elles se passer de croissance ?

Comment croiser les notions ?

- Il est souvent fructueux d'associer votre thème principal avec une autre notion du programme, et notamment de faire des liens entre ce que vous aurez vu en économie, en sociologie et en sciences politiques.

Quel est mon projet d'orientation ?

- Établissez des liens entre les questions et votre projet d'orientation. Par exemple, si vous vous destinez à des études d'économie, choisissez plutôt une question en lien avec cette partie du programme de SES.

Autres questions possibles
- Quel est le lien entre progrès technique et mondialisation ?
- La croissance est-elle compatible avec la protection de l'environnement ?
- La croissance remet-elle en cause les structures sociales ?
- L'éducation, au secours de la croissance ?

➜ **FAUT-IL CROISER LES DISCIPLINES ?** Le Grand Oral peut porter sur une ou sur les deux spécialités étudiées en Terminale. Demandez-vous donc si vous souhaitez vous limiter aux SES ou si vous voulez croiser les disciplines, ce qui donne plus de libertés et permet plus facilement de trouver des idées originales, mais peut s'avérer plus compliqué. Voici quelques exemples pour vous aider.

SES et Humanités, littérature et philosophie

- La philosophie réfléchit depuis longtemps sur les transformations de l'humain, sur les finalités et les limites de la croissance et sur le progrès technique.
- Le thème du programme de Terminale « **L'Humanité en question** », se prête bien à des rapprochements avec les SES, notamment les chapitres « **Créations, continuité et ruptures** » et « **L'Humain et ses limites** ».

Autres questions possibles
- Quelles sont les limites de la croissance ?
- Maîtrisons-nous le progrès technique ?

SES et Mathématiques

- La modélisation, utilisée en SES, est l'une des compétences clés de l'enseignement de mathématiques.
- Les **suites** (**Analyse**) et **l'algorithmique** peuvent être mobilisées, par exemple pour établir des projections dans l'avenir dans le chapitre de SES sur la **croissance**.

Autres questions possibles
- Une bulle spéculative peut-elle être rationnelle ?
- Le poids économique des grandes puissances en 2050 : quelles projections ?

SES et Histoire-géographie-géopolitique et sciences politiques

- Ces deux matières de sciences humaines se prêtent naturellement à des questionnements communs.
- Le thème 5 sur **l'environnement** et le thème 6 sur **l'enjeu de la connaissance** sont particulièrement adaptés à un croisement avec les questions sur la **croissance**, les **mutations de l'emploi** et, bien entendu, **l'environnement**, traités dans le programme de SES.

Autres questions possibles
- La surexploitation des ressources naturelles est-elle inévitable ?
- Peut-on parler d'une « Europe de la connaissance » ?
- Le *soft power*, puissance de l'avenir ?

SES et Anglais LLCE

- Dans la thématique « **Arts et débats d'idées** », l'axe 1 « **Art et contestation** » se prête à des croisements avec le chapitre de SES sur **l'engagement politique**.
- Dans la thématique « **Expression et construction de soi** », l'axe 3 « **Initiation, apprentissage** » peut être mobilisé pour enrichir une question sur **l'école** ou la **mobilité sociale**.

Autres questions possibles
- Quels liens entre art et militantisme ?
- Le *self made man*, mythe ou réalité ?

BAC

Sujet d'entraînement – Dissertation 4h

Grilles d'évaluation

Quels sont les effets de l'innovation sur la croissance ?

Doc 1

Le fabricant des Mercedes-Benz, Daimler, a annoncé vendredi la suppression d'au moins 10 000 emplois dans le monde d'ici 2022 pour financer la coûteuse transition électrique qui pèse sur l'ensemble du secteur automobile allemand, frappé par une vague de restructurations. [...]

Les principaux constructeurs et équipementiers ont annoncé ces derniers mois près de 30 000 suppressions d'emplois en raison de la conjoncture dégradée et de la baisse en popularité du diesel au profit des moteurs électriques moins complexes à produire.

Audi, filiale du groupe Volkswagen, veut supprimer 9 500 emplois d'ici 2025 sur le seul territoire allemand, Volkswagen compte en supprimer 5 000, l'équipementier Continental 5 500 et son rival Bosch plus de 2 000, tandis que l'américain Ford prévoit 5 000 réductions de postes dans ses usines allemandes.

Selon une étude publiée l'an dernier par l'agence allemande pour l'emploi, quelque 114 000 emplois disparaîtront d'ici 2035 en raison du passage aux voitures électriques.

Le secteur représente en Allemagne un cinquième de l'industrie, près de 5 % du PIB et plus de 800 000 emplois directs.

David Christian Koskas, « Crise de l'auto allemande : Daimler supprime au moins 10 000 emplois », Le blog auto, 2019

Doc 2 Dépenses de recherche (R&D) et croissance économique

En %	RD / PIB[1]	Taux de variation du PIB[2]
Allemagne	2,65	1,29
Chine	1,56	9,01
Corée	3,29	3,84
Espagne	1,17	1,72
États-Unis	2,67	1,99
Finlande	3,29	1,40
France	2,16	1,27
Italie	1,18	0,21
Royaume-Uni	1,63	1,74

Base de données OCDE pour les dépenses de RD, base de données FMI pour la croissance, 2020.

1. Moyenne 2000-2018.
2. Moyenne 2001-2019.

Doc 3 Les dix plus grandes entreprises du monde classées par leur chiffre d'affaires

	1997			2019		
	Firme	Nationalité	Secteur d'activité	Firme	Nationalité	Secteur d'activité
1	General Electric	États-Unis	Conglomérat	Saudi Aramco	Arabie Saoudite	Pétrole
2	Royal Dutch Shell	Pays-Bas	Pétrole	Apple	États-Unis	Électronique grand public
3	Microsoft	États-Unis	Informatique	Microsoft	États-Unis	Informatique
4	ExxonMobil	États-Unis	Pétrole	Alphabet	États-Unis	Publicité en ligne
5	Coca-Cola	États-Unis	Boissons	Amazon	États-Unis	Commerce en ligne
6	Intel	États-Unis	Informatique	Facebook	États-Unis	Réseau social
7	NTT	Japon	Télécommunications	Alibaba	Chine	Commerce en ligne
8	Merck	États-Unis	Santé	Berkshire Hathaway	États-Unis	Fonds d'investissement
9	Toyota	Japon	Automobile	Tencent	Chine	Publicité en ligne
10	Novartis	Suisse	Santé	J.P. Morgan	États-Unis	Banque

« Financial times global 500 », 2020

BAC Sujet d'entraînement – Épreuve composée 4h

PARTIE 1 Mobilisation des connaissances — 20 à 30 min. — 4 points

Question Présentez deux mécanismes par lesquels le progrès technique peut entraîner des inégalités des revenus.

PARTIE 2 Étude d'un document — 1h à 1h30 — 6 points

Doc Investissement[1] et croissance[2] dans quelques pays

		2000	2010	2020[3]
Chine	Croissance	8,5	10,6	5,8
	Investissement	34,3	47,9	42,5
France	Croissance	3,9	1,9	1,3
	Investissement	22,5	21,9	23,3
Allemagne	Croissance	2,9	4,2	1,2
	Investissement	24,5	20,1	22,1
Inde	Croissance	4,0	10,3	7,0
	Investissement	24,3	36,5	31,8

« *International Monetary Fund* », *World Economic Outlook Database*, 2019

1. Investissement total en %.
2. Taux de croissance du PIB en volume en %.
3 Prévisions.

Question 1. Donnez le sens des données représentées pour la Chine en 2020.

Question 2. Est-il possible d'établir un lien entre investissement et croissance à partir des données du tableau ?

PARTIE 3 Raisonnement s'appuyant sur un dossier documentaire — 2h à 2h40 — 10 points

À l'aide de vos connaissances et du dossier documentaire, vous montrerez comment les institutions affectent l'incitation à investir et à innover.

Doc 1 Facilité de faire des affaires[1] selon les régions

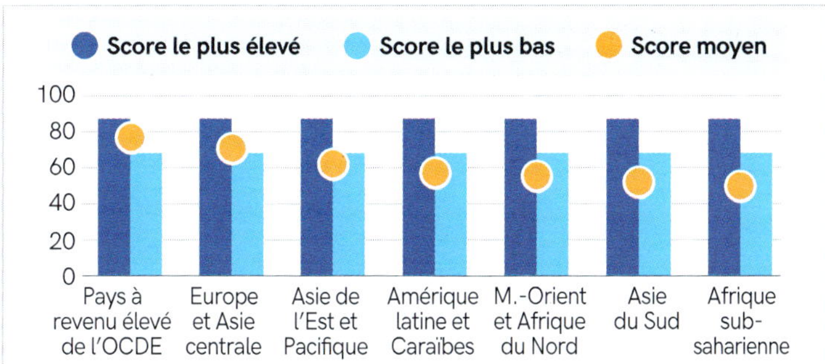

« Base de données doing business », Banque mondiale, 2017

1. Note variant de 0 = extrême difficulté, à 100 = absence totale d'obstacles, sur la base de cinq critères : création d'entreprise, acquisition d'un site, financement, gestion courante, prévisibilité de l'environnement.

Doc 2 La qualité[1] des institutions mesurée sur 100

Rang	Pays	Note	Rang	Pays	Note
1	Finlande	81,2	16	Irlande	73
4	Pays-Bas	78,6	19	Japon	71,7
7	Danemark	77,4	22	France	70
10	Suède	75,2	25	Malaisie	68,6
13	Canada	74,1	28	Espagne	65,1

Rapport 2019 sur la compétitivité, *World economic forum*, 2019

1. La qualité est évaluée à partir des critères suivants : sécurité, droits de propriété, capital social, contre-pouvoirs institutionnels, transparence et éthique, performance du secteur public, vision d'avenir du gouvernement et gouvernance des entreprises.

Doc 3

On ne vit pas seulement plus vieux, on vit en meilleure santé. Les principaux progrès ont été les nouvelles méthodes de prévention de la contagion à partir du milieu du XIXe siècle, les nouveaux vaccins contre les maladies infectieuses à partir de la fin des années 1930. A l'évidence, la clé de ce changement démographique révolutionnaire réside dans les nouvelles connaissances ; mais quel a été le rôle des institutions ? Richard Easterlin soutient de façon convaincante que cette révolution repose sur des développements qui n'ont pas été ceux du marché, mais ceux des nouvelles institutions centrées sur le système de santé public. « Pour qu'un système de santé publique apparaisse, il a fallu que la maîtrise des grandes maladies infectieuses soit considérée comme une responsabilité sociale. »

Douglass North, *Le Processus de développement économique*, Éditions D'organisation, 2005

CHAPITRE

2

Quels sont les fondements du commerce international et de l'internationalisation de la production ?

Textes DYS
TOUS LES TEXTES EN VERSION DYS
lyceen.nathan.fr/sesterm-2020

RAPPELS

EXO Exercices interactifs

Cours de 1re

1re

	VRAI	FAUX
Comment un marché concurrentiel fonctionne-t-il ?		
a. La concurrence entre entreprises permet d'accroître le surplus des consommateurs.	☐	☐
b. La concurrence entre entreprises est favorable aux consommateurs.	☐	☐
c. Une entreprise a intérêt à tout faire seule si elle est la meilleure dans son domaine.	☐	☐
Quelles sont les principales défaillances du marché ?		
d. Le prix d'un produit tient compte de tous les coûts.	☐	☐

SOMMAIRE

Doc 1 Production d'un Airbus A320 à Tianjin (Chine)

Ouvriers de l'usine Airbus de Tianjin

La localisation des activités doit-elle seulement tenir compte des coûts ?

Doc 2 L'iPhone, produit mondial

Vidéo

« L'iPhone, un produit "Made in monde" » (46 sec.), « Déchiffrage », Arte, 2014

Pourquoi les composants d'un smartphone sont-ils construits dans différents pays ?

1 Quel lien entre avantage comparatif, échanges et spécialisation ?

▸▸ OBJECTIF
Comprendre le rôle des dotations factorielles et technologiques (avantages comparatifs) dans les échanges commerciaux et la spécialisation internationale.

QU'ALLONS-NOUS FAIRE ?

Pourquoi une partie de nos vêtements sont-ils produits en Asie et une partie de nos meubles en Europe du Nord ? Les économistes insistent sur l'intérêt de la spécialisation, qui permet d'utiliser au mieux le travail et le capital dont un pays dispose. Mais sur quelles bases cette spécialisation s'opère-t-elle ?

Doc 1 Le lien entre spécialisation et productivité selon D. Ricardo

Vidéo

« Qu'est-ce que l'avantage comparatif ? » (3 min. 1 sec.), Dessine-moi l'éco, 2013

« Supposons deux ouvriers sachant l'un et l'autre faire des souliers et des chapeaux, écrit Ricardo[1] : l'un d'eux peut exceller dans les deux métiers ; mais en faisant des chapeaux il ne l'emporte sur son rival que d'un cinquième ou de 20 %, tandis qu'en travaillant à des souliers, il a sur lui un avantage d'un tiers, ou de 33 %. Ne serait-il pas de l'intérêt de tous les deux que l'ouvrier le plus habile se livrât exclusivement à l'état de cordonnier, et le moins adroit à celui de chapelier ? » C'est en effet leur intérêt, montre Ricardo. Constatant qu'il peut améliorer son pouvoir d'achat en produisant des chapeaux et en les échangeant contre des chaussures, le moins adroit des deux découvre le gain à l'échange ; un raisonnement qui peut être transposé à l'échelle de deux pays.

Par conséquent, les spécialisations sont déterminées par « l'avantage comparatif » de chaque pays, c'est-à-dire l'avantage relatif qu'il détient face aux autres dans la production d'un bien comparée à celle d'un autre bien. Dans le modèle de Ricardo, l'avantage comparatif est déterminé par la productivité du travail. Le travail est le seul facteur de production considéré, le capital ne pouvant jouer éventuellement que sur les techniques employées, qui sont différentes d'un pays à l'autre, ce qui explique les écarts de productivité entre pays, à l'origine de la spécialisation.

Arnaud Parienty, « Pourquoi les pays échangent-ils ? », *Alternatives économiques*, 2014

1. David Ricardo, *Principes de l'économie politique et de l'impôt*, (1817), Calmann-Lévy, Paris, 1970.

DÉFINITION

Gain à l'échange : avantage que procurent la spécialisation et l'échange. En échangeant, les individus et les pays peuvent obtenir davantage de biens et de services et/ou à moindre coût que s'ils produisaient eux-mêmes l'intégralité de ce dont ils ont besoin.

QUESTIONS

1. **Définir.** Relevez la définition de l'avantage comparatif donnée dans le texte et/ou dans la vidéo.
2. **Déduire.** Selon Ricardo, dans quelles activités un pays a-t-il intérêt à se spécialiser ?

ACTIVITÉ Comparer la production de deux pays

▸ **Deux pays produisent des chemises et du blé. Le tableau ci-dessous indique le nombre d'heures de travail nécessaires pour produire une unité de chemises ou une unité de blé. Ainsi, il faut deux heures de travail en Italie pour produire une unité de blé.**

On suppose qu'une heure de travail a la même valeur, qu'elle serve à produire du blé ou des chemises.

	Chemises	Blé
Italie	1	2
Angleterre	6	3

a. L'un des deux pays est-il plus efficace que l'autre pour les deux productions ?

b. En l'absence d'échanges internationaux, combien d'unités de blé faut-il pour se procurer une unité de chemises en Italie ? en Angleterre ? Justifiez votre réponse.

c. On suppose que l'échange international se fait sur la base d'une unité de blé contre une unité de chemises. Calculez combien d'heures de travail dans la production de blé sont nécessaires en Angleterre pour se procurer une unité de chemises italiennes.

d. Que vont faire l'Italie et l'Angleterre ?

▸ **Avant échange, l'Italie dispose de 80 millions d'heures de travail et produit 40 millions d'unités de chemises et 20 millions d'unités de blé. L'Angleterre utilise de son côté 180 millions d'heures de travail pour produire 20 millions d'unités de chemises 20 millions d'unités de blé.**

e. Calculez la production totale de chacun des deux biens réalisée par les deux pays avant et après échange. Que pouvez-vous en conclure ?

Doc 2 Le lien entre spécialisation et dotations factorielles

Le modèle de Ricardo est très simplifié, puisque le seul facteur explicatif est la productivité du travail, alors que le travail n'est qu'un facteur parmi d'autres. Il est purement statique : une fois la spécialisation réalisée, plus rien ne se passe. Or, les spécialisations évoluent avec le temps ou en fonction des politiques économiques suivies. Enfin, la spécialisation de chaque pays est totale, ce qui est contraire à l'observation.

Pour remédier à ces faiblesses, Eli Heckscher, Bertil Ohlin et Paul Samuelson ont développé au XXe siècle une théorie de la proportion de facteurs (ou dotation factorielle), connue sous le nom de « modèle HOS[1] ». [...] Le facteur dont la disponibilité par rapport à l'autre facteur est la plus grande est appelé « facteur abondant », l'autre facteur est appelé « facteur rare ». Comme les biens diffèrent par leur intensité factorielle[2], ils définissent l'avantage comparatif de chaque pays en fonction de sa dotation factorielle. Par exemple, si la chimie nécessite beaucoup de capital et peu de travail, les pays où le capital est abondant se spécialiseront dans cette industrie.

Arnaud Parienty, *Précis d'économie*, coll. « Grands repères », © Éditions La Découverte, 2016

1. H pour Heckscher, O pour Ohlin, S pour Samuelson.
2. Proportion de chaque facteur de production utilisée dans la fabrication d'un produit.

DÉFINITION

Dotations factorielles : un pays dispose de ressources variables en différents facteurs de production : travail qualifié et non qualifié, ressources naturelles, capital physique, capital technologique.

QUESTIONS

3. **Analyser.** Complétez le tableau.

	Modèle ricardien	Modèle HOS
Critère de spécialisation	...	...
Degré de spécialisation	...	...
Facteurs de production pris en compte	...	...

4. **Expliquer.** Pourquoi l'abondance d'un facteur de production confère-t-elle un avantage comparatif à un pays ?
5. **Expliquer.** Montrez que la logique de l'avantage comparatif favorise les échanges entre régions de niveaux de développement différents.

Doc 3 Indice d'avantage comparatif[1] de la France

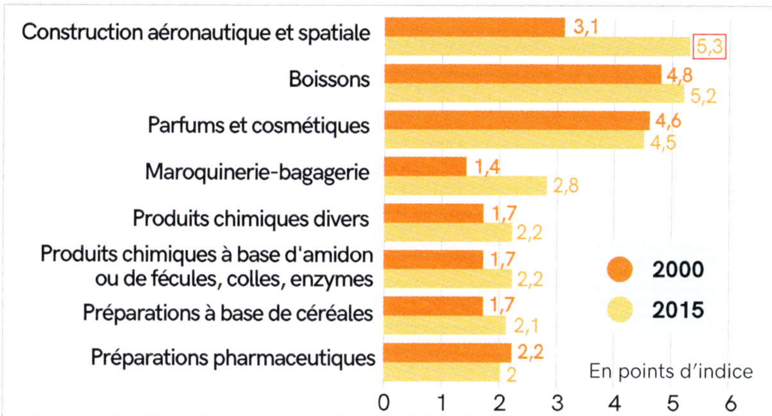

« La mondialisation a amené l'industrie française à se spécialiser sur ses points forts », *Le 4 pages de la DGE*, 2017

1. Pour chaque produit, l'indice rapporte son poids dans les exportations françaises à son poids dans les exportations mondiales. En situation de libre-échange (→ p. 66), plus cet indicateur est élevé, plus il révèle l'avantage comparatif détenu par le pays dans un secteur d'activité.

DÉFINITION

Dotation technologique : ensemble de techniques dont dispose un territoire.

QUESTIONS

6. **Lire.** Rédigez une phrase pour présenter la donnée encadrée en rouge.
7. **Lire.** Quels sont les points forts de la France à l'exportation ?
8. **Déduire.** Proposez une explication de la spécialisation de la France dans l'aéronautique et dans les boissons.
9. **Rechercher.** Quelles hypothèses peut-on faire pour expliquer l'évolution des avantages comparatifs de la France entre 2000 et 2015 ?

EN AUTONOMIE VERS LE BAC

▶▶ **Parcours écrit** Épreuve composée – Partie 3

En vous appuyant sur les docs 1, 2 et 3, montrez que l'avantage comparatif peut expliquer la spécialisation internationale.

▶▶ **Parcours oral** Étape 1 – Formuler sa question

Choisissez une question que vous pourrez présenter en 45 secondes sur le sujet : « Dynamiser les avantages comparatifs de la France ».

Exemples de questions

MÉMO

- La théorie dévelopée par David Ricardo au XIXe siècle explique l'échange par l'avantage comparatif, qui repose sur les différences de productivité du travail : chaque pays se révélerait meilleur, ou moins désavantagé, pour produire certains biens et/ou services et se spécialiserait donc dans leur production.
- La théorie dite « HOS » (Heckscher, Ohlin, Samuelson), enrichit cette théorie en introduisant la notion de dotations factorielles : les pays se spécialisent dans les productions qui nécessitent le(s) facteur(s) dont ils sont abondamment dotés.

2 Pourquoi des pays comparables échangent-ils ?

▸▸ OBJECTIF
Comprendre le commerce entre pays comparables (différenciation des produits, qualité des produits, et fragmentation de la chaîne de valeur).

QU'ALLONS-NOUS FAIRE ?

Pourquoi les Français achètent-ils des voitures allemandes et les Allemands des voitures françaises ? Pourquoi échanger entre pays qui ont les mêmes points forts ? Pour répondre à ces questions, il faut développer une autre approche que celle de l'avantage comparatif.

Doc 1 Les principaux échanges commerciaux entre la France et l'Allemagne en 2018

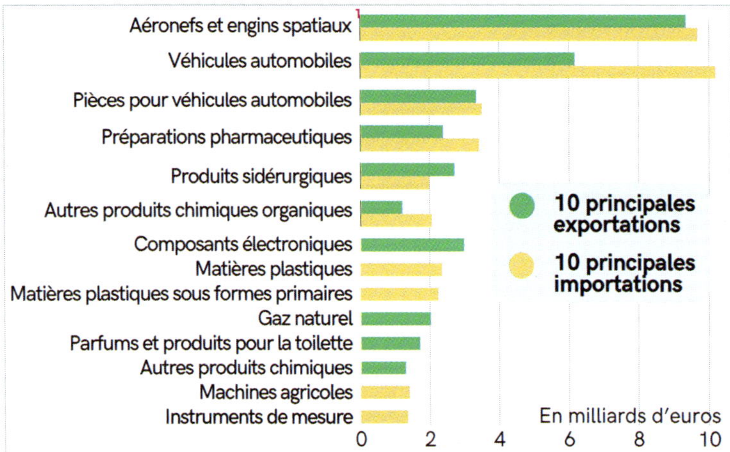

D'après « Le chiffre du commerce extérieur », données des douanes, lekiosque.finances.gouv.fr, 2019

1. Les avions Airbus sont assemblés à Toulouse ou à Hambourg, selon les modèles.

DÉFINITION

Échanges intrabranche : exportations et importations de biens proches, appartenant à la même branche de production (ensemble d'unités de production qui produit un seul type de biens ou services).

QUESTIONS

1. **Lire.** Comparez le montant des importations et des exportations de pièces pour véhicules automobiles.
2. **Expliquer.** La nature des échanges franco-allemands traduit-elle de fortes spécialisations ?
3. **Lire.** Les échanges intrabranche sont-ils importants entre les deux pays ?

Doc 2 La différenciation des produits

L'hypothèse de concurrence parfaite renvoie à celle d'homogénéité des produits. Or, les produits sont le plus souvent différenciés, ce qui a des conséquences sur l'échange international. On distingue généralement la notion de « différenciation horizontale » de celle de « différenciation verticale ».

[Dans les modèles de différenciation horizontale], les consommateurs souhaitent pouvoir consommer l'ensemble des variétés disponibles d'un même bien (par exemple, toutes les variétés de yaourts disponibles sur le marché). [...] L'ouverture à l'échange permet d'augmenter la dimension du marché. Or, on sait déjà que dans des industries caractérisées par des économies d'échelle[1], le nombre de variétés qu'un pays peut produire et l'échelle de production dépendent de la dimension du marché. En effet, chaque pays va pouvoir se spécialiser dans la production d'un nombre limité de biens en les produisant à plus grande échelle, ce qui permet de diminuer les coûts unitaires de production. [...]

Dans les modèles de différenciation verticale, le pays ayant un revenu élevé aura tendance à se spécialiser dans les qualités supérieures et celui avec le revenu le plus faible se spécialisera dans les qualités inférieures. L'ouverture internationale permet aux consommateurs de chaque pays de disposer d'un nombre de qualités plus important.

Mathilde Lemoine, Philippe Madies, Thierry Madies, *Les Grandes Questions d'économie et de finance internationales*, Éditions de Boeck, 2016

1. Baisse du coût unitaire lorsque les quantités produites augmentent.

QUESTIONS

4. **Illustrer.** Que signifie « différenciation horizontale » ? Donnez un autre exemple que celui du texte.
5. **Expliquer.** Pourquoi la diversité est-elle limitée par la taille du marché ?
6. **Expliquer.** En quoi l'échange international de produits similaires est-il avantageux pour les entreprises et les consommateurs de chaque pays ?

Doc 3 Fabrication du téléphone Huawei P30

« La fabrication mondialisée des téléphones », AFP, 2019

QUESTIONS

7. **Lire.** Combien de pays interviennent dans la fabrication de ce smartphone ?
8. **Illustrer.** Représentez par un schéma les acteurs impliqués dans la fabrication du processeur du téléphone.
9. **Déduire.** Pourquoi, selon vous, un fabricant de téléphones chinois fait-il appel à un opticien allemand réputé comme Leica pour les caméras de son smartphone ?

ACTIVITÉ Distinguer les logiques de différenciation

▶ **L'échange entre pays ayant des caractéristiques proches vient de la différenciation des produits et des spécialisations. Celle-ci répond à trois logiques différentes.**

a. Rattachez chacun des faits suivants à la logique qui vous semble prédominante. Justifiez votre choix.

- **a** La France vend à l'Allemagne des voitures de moyenne gamme (Renault Clio ou Megane, par exemple) et lui en achète (Volkswagen Golf ou Polo, par exemple).
- **b** Une partie des moteurs Renault sont produits dans son usine de Valladolid (Espagne) et exportés vers les usines du groupe dans toute l'Europe.
- **c** L'Allemagne produit surtout des voitures haut de gamme et l'Espagne des voitures petite et moyenne gammes.
- **d** Microsoft implante son centre de recherche sur l'intelligence artificielle en France pour la qualité de ses chercheurs et de ses ingénieurs.

1. Répondre à la demande de variété du consommateur.
2. Proposer des biens de qualité plus ou moins élevée.
3. Concentrer chaque étape de la production sur un ou deux pays pour bénéficier d'économies d'échelle.

▶ **Dans la théorie de l'avantage comparatif, un pays se spécialise parce qu'il a un avantage de coût. Dans les nouvelles théories, un pays a un avantage de coût car il se spécialise.**

b. Expliquez la phrase ci-dessus à un camarade en 3 minutes. Pensez à vous appuyer sur des exemples.

EN AUTONOMIE VERS LE BAC

▶▶ **Parcours écrit** Dissertation

Comment expliquer les échanges entre pays comparables ?

▶▶ **Parcours oral** Étape 2 – Se documenter

Faites des recherches pour répondre à la question : « Les nouvelles théories de l'échange international permettent-elles de rendre compte des évolutions de la production automobile dans le monde ? ». Consultez au moins 5 sources différentes et conservez une demi-page de résultats par source au maximum.

Liens vers les sites
tbsearch
Kedge Business school

MÉMO

■ Une grande part des échanges se fait entre pays ayant des dotations factorielles proches.

■ Les nouvelles théories du commerce international expliquent les échanges de produits similaires entre pays proches par une demande de variété de la part des consommateurs et par les économies d'échelle réalisées grâce à la spécialisation. Ce même mécanisme peut conduire les entreprises à localiser les étapes de leur production dans différents pays.

3 D'où vient la compétitivité ?

▸▸ OBJECTIF
Comprendre que la productivité des firmes sous-tend la compétitivité d'un pays, c'est-à-dire son aptitude à exporter.

QU'ALLONS-NOUS FAIRE ?

Comment maintenir ou améliorer sa compétitivité ? La mondialisation rebat les cartes en accentuant la concurrence, mais aussi en ouvrant de nouvelles opportunités, pour les entreprises comme pour les États.

ACTIVITÉ Compétitivité prix et hors prix

▶ Lisez le texte ci-dessous, puis répondez aux questions.

a. Reliez chaque élément au type de compétitivité auquel il correspond.

La compétitivité d'une entreprise est sa capacité à maintenir ou à accroître ses parts de marché. C'est son aptitude à faire face à la concurrence. Mais la compétitivité s'entend aussi au niveau d'une branche ou d'un pays. Pour un pays dans son ensemble, la compétitivité est plus difficile à définir et ses implications sont moins claires.

L'Union européenne définit la compétitivité comme la capacité d'un pays à améliorer durablement le niveau de vie de ses habitants, et à leur procurer un haut niveau d'emploi et de cohésion sociale, dans un environnement de qualité.

La compétitivité prix est la capacité à proposer des biens et des services à des prix inférieurs à ceux des concurrents pour une qualité équivalente. La compétitivité hors prix, ou structurelle, est la capacité à imposer ses produits ou services indépendamment de leur prix, par leur qualité, l'innovation, le service après-vente, l'image de la marque, les délais de livraison ou la capacité de s'adapter à une demande diversifiée.

« La compétitivité », Faciléco, economie.gouv.fr, 2019

- **a** Une machine qui accroît la productivité du travail ouvrier.
- **b** La maîtrise de la chaîne d'approvisionnement (qui va des matières premières à la distribution, en passant par la production), qui permet de réduire les temps de transport.
- **c** La création d'établissements à l'étranger pour se rapprocher du consommateur et mieux comprendre ses besoins.
- **d** Le recours à un sous-traitant pour améliorer la qualité d'un composant.
- **e** La délocalisation d'une unité de production dans un pays où le coût de la main-d'œuvre est faible.

- **1** Compétitivité prix
- **2** Compétitivité hors prix

b. David Ricardo a montré que tout pays avait nécessairement un avantage comparatif. Déduisez-en que tout pays peut être compétitif.

Doc 1 Principaux pays exportateurs de montres

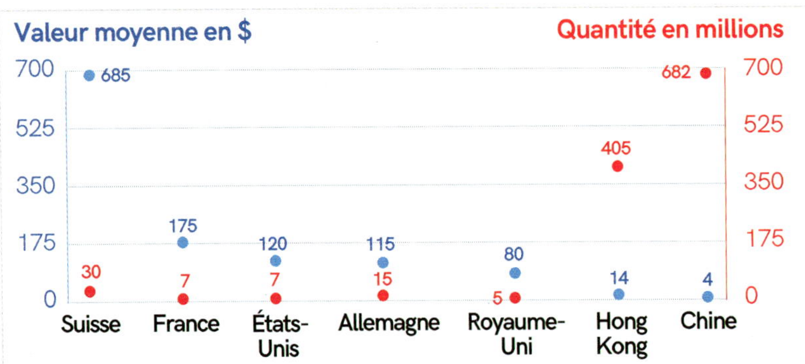

D'après « *Time is money* », *The Economist*, 2013

QUESTIONS

1. **Déduire.** La compétitivité de la Suisse est-elle prix ou hors prix ? celle de la Chine ?
2. **Déduire.** Les montres sont-elles un bien homogène au niveau international ?
3. **Expliquer.** Montrez qu'il existe deux logiques différentes permettant à un pays d'être compétitif sur le marché des montres.

Doc 2 Les déterminants de la compétitivité prix des firmes

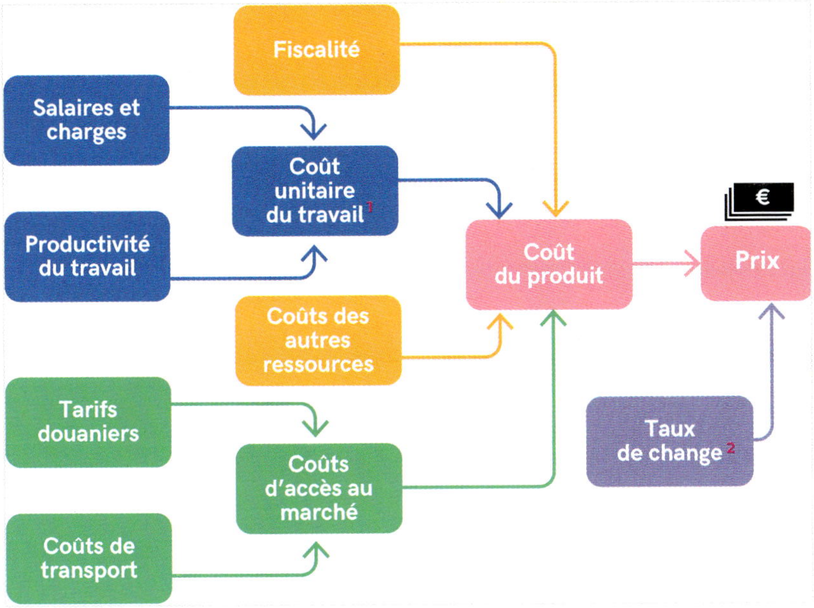

1. Coûts salariaux par unité de valeur ajoutée produite.
2. Prix d'une unité monétaire (par exemple, 1 euro) exprimé dans une autre unité monétaire (par exemple, le dollar).

QUESTIONS

4. **Lire.** Quel est l'impact d'une augmentation de la productivité du travail sur le coût unitaire du travail ?
5. **Calculer.** Imaginons qu'un avion produit dans la zone euro coûte 170 millions d'euros et qu'il soit vendu 200 millions de dollars à l'étranger. Le taux de change étant de 1 € pour 1 $, combien rapporte cette vente ? Combien rapporte-t-elle si le taux de change passe à 1,20 $ pour 1 € ?
6. **Approfondir.** Pourquoi la hausse de l'imposition des entreprises peut-elle influer négativement sur la production d'un pays ?

Doc 3 Coût salarial et compétitivité dans l'industrie

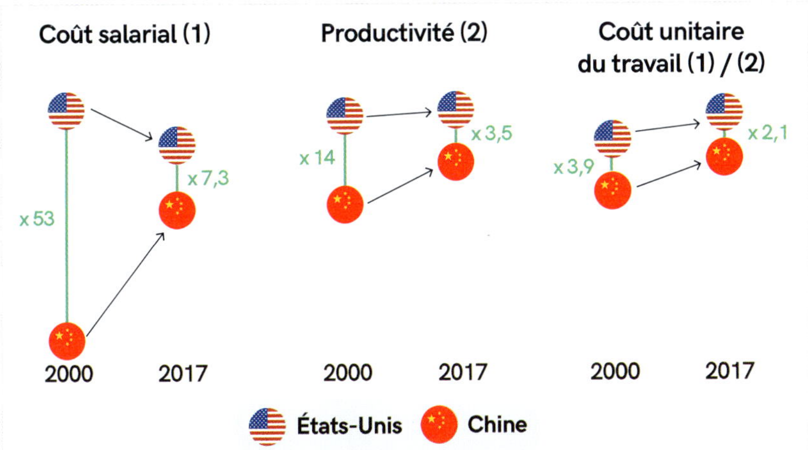

Lecture : en 2000, le coût salarial dans l'industrie est 53 fois plus élevé aux États-Unis qu'en Chine.

Ian Colotla *et alii*, « *China's Next Leap in Manufacturing* », Boston Consulting Group, 2018

QUESTIONS

7. **Calculer.** Si le coût salarial en 2000 est de 100 aux États-Unis, de combien est-il en Chine la même année ?
8. **Lire.** Comment l'avantage de coût du travail de la Chine a-t-il évolué par rapport à celui des États-Unis ?
9. **Expliquer.** Comment expliquez-vous cette évolution ?
10. **Déduire.** Quelles peuvent être les conséquences de cette évolution sur la compétitivité chinoise ?

EN AUTONOMIE VERS LE BAC

Parcours écrit Épreuve composée – Partie 1

Quel rôle la productivité des entreprises joue-t-elle dans la compétitivité d'un pays ?

Parcours oral Étape 3 – Réfléchir à son support

Entraînez-vous à plusieurs. Écoutez l'un de vos camarades répondre à la question : « De quelles façons un pays peut-il être compétitif ? » et réalisez une fiche mémo à partir de sa présentation.

Fiche mémo à compléter

MÉMO

- La compétitivité d'une entreprise est sa capacité à maintenir ou accroître ses parts de marché dans un environnement concurrentiel. Il est plus difficile de définir la compétitivité d'un pays, qui peut être assimilée à sa capacité à faire croître durablement le niveau de vie de sa population.
- L'aptitude d'un pays à s'insérer dans les échanges internationaux (et notamment à exporter) dépend de la compétitivité de ses firmes. Celle-ci comporte une dimension « prix », en partie déterminée par le coût unitaire du travail et donc la productivité, et une dimension « hors prix ».

4 Qu'est-ce que l'internationalisation d'une chaîne de valeur ?

▸▸ OBJECTIF
Comprendre l'internationalisation de la chaîne de valeur et savoir l'illustrer.

Pendant longtemps, les pays échangeaient des produits finis ou des ressources naturelles. Aujourd'hui, chaque étape de la production et chaque élément constituant un bien peuvent être localisés où l'entreprise le souhaite.

Doc 1 Qu'est-ce qu'une chaîne de valeur ?

Une chaîne de valeur implique des échanges de composants, de sous-ensembles et de services (dont les tests) réalisés dans divers pays, pour aboutir à l'assemblage d'un bien complexe – une automobile, un téléviseur, un téléphone ; l'assemblage ayant lieu dans le pays situé à la fin de la chaîne.

Les premières chaînes se sont construites dans l'automobile aux États-Unis et l'industrie électronique a suivi ce modèle en éclatant la chaîne de production au niveau international dès les années 1960. Les entreprises américaines ont ainsi commencé à délocaliser l'assemblage de produits à Taïwan, Singapour, Penang[1] et en Corée, à partir de composants exportés des États-Unis. Elles ont ensuite choisi de fragmenter et de délocaliser divers segments. Ensuite, cette organisation a été adoptée par les entreprises japonaises qui ont délocalisé massivement [...], puis par les firmes coréennes et taïwanaises. Ces entreprises ont réparti entre les pays chacune des étapes – fabrication, test, assemblage de la production – en fonction des niveaux de coûts salariaux, de la qualité des infrastructures et des incitations fiscales. Une organisation reprise par la construction automobile qui a implanté des lignes de fabrication de pièces et de sous-ensemble dans les divers pays asiatiques. Jusqu'à ces dernières années, le commerce lié aux chaînes de valeur était plus important et augmentait plus vite que le commerce de produits simples.

Jean-Raphaël Chaponnière, « Kyushu secoue les chaînes globales de valeur », *Asialyst*, 2016

1. Île de la côte ouest de la Malaisie.

Usine Faurecia (groupe français d'ingénierie et de production d'équipements automobiles) de Uherce, République tchèque

QUESTIONS

1. **Expliquer.** Quel est l'intérêt pour une entreprise de localiser les étapes de sa production dans des pays différents ?
2. **Expliquer.** Quel est l'intérêt pour les entreprises de concentrer la production d'un bien (par exemple, les écrans de smartphones) dans un seul pays ? Appuyez-vous sur la nouvelle théorie du commerce international. → DOC 2 P. 58

Doc 2 Le jean, un globe-trotter

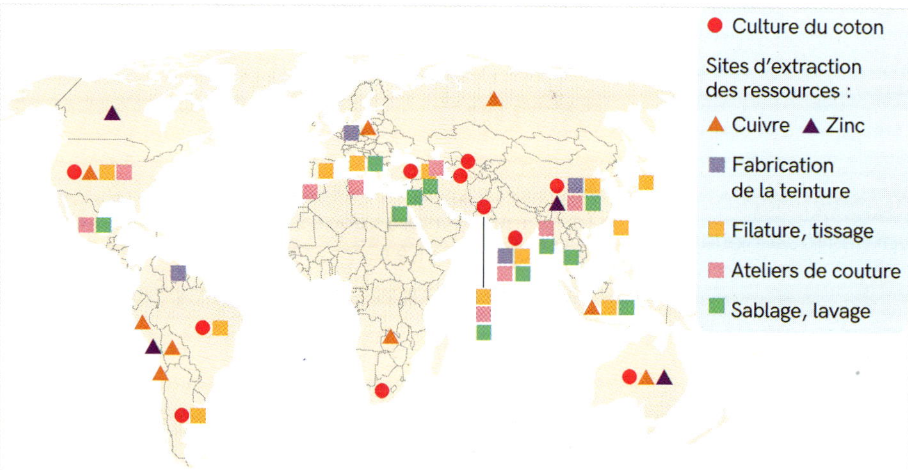

D'après « Carnet de vie d'un jean », ADEME, 2014

QUESTIONS

3. **Lire.** Classez les différentes étapes de la production d'un jean en trois catégories.
4. **Déduire.** Selon vous, pourquoi ces étapes sont-elles réalisées dans des pays différents ?
5. **Illustrer.** Citez un autre produit dont la production est répartie dans plusieurs pays.

Doc 3 L'internationalisation des chaînes de valeur

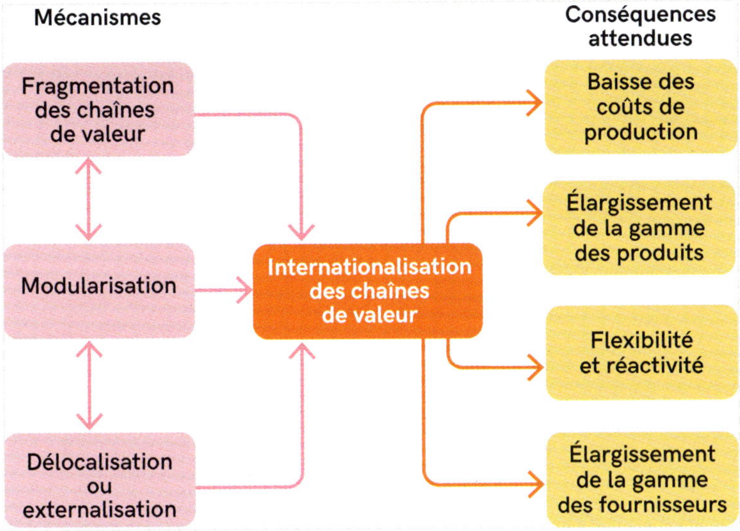

D'après « L'explosion de la chaîne de valeur ou comment rester compétitif dans l'économie mondiale », International strategic development, 2019

DÉFINITIONS

Fragmentation des chaînes de valeur : division de la production en une suite d'étapes. Pour chacune d'entre elles, l'entreprise choisit de la réaliser sur place ou à l'étranger (délocalisation) ou de la confier à une entreprise plus efficiente (externalisation).

Modularisation : conception des produits comme une série de modules standardisés, donc compatibles entre eux et faciles à assembler.

QUESTIONS

6. **Expliquer.** En quoi la modularisation de la production favorise-t-elle son internationalisation ?
7. **Expliquer.** Pourquoi l'internationalisation des chaînes de valeur peut-elle permettre aux firmes de mieux répondre aux demandes de leurs clients ?
8. **Illustrer.** Citez deux mécanismes par lesquels l'internationalisation de la chaîne de valeur permet de réduire les coûts.

ACTIVITÉ Le poids des firmes multinationales (FMN) dans le monde

En milliards de dollars	1990	2005	2016	2016/1990
Ventes réalisées par les filiales[1] étrangères	5 102	20 656	37 570	7,4
Valeur ajoutée des filiales étrangères	1 018	4 949	8 355	8,2
Exportations des filiales étrangères	1 498	5 003	6 812	4,5
PIB mondial	22 770	33 180	75 259	3,3

D'après « World investment report », UNCTAD, 2016

1. Entreprise contrôlée par une autre entreprise.

MÉMO MATHS
→ FICHE MÉTHODE 2 P. 359

a. Comparez l'évolution du PIB mondial et celle de la valeur ajoutée réalisée par les filiales étrangères des FMN. Expliquez votre résultat en 2 minutes à un camarade, qui devra vous poser deux questions.

▶ **Les iPhone sont assemblés en Chine, mais la valeur ajoutée réalisée en Chine représente à peine 6 % de la valeur de ces téléphones.**

b. À partir de cette donnée et du tableau, indiquez quelle part du montant des ventes réalisées par les filiales représente la valeur ajoutée.

c. Comparez la valeur des ventes des filiales et celle de leurs exportations pour les trois années. Que pouvez-vous en conclure quant aux finalités de l'implantation à l'étranger des firmes multinationales ? Choisissez la bonne réponse.

☐ accès aux marchés
☐ accès à des conditions de production favorables

DÉFINITION

Firme multinationale (FMN) : firme possédant ou contrôlant des entreprises implantées dans plusieurs pays et en mesure d'élaborer une stratégie qui s'appuie sur les différences socio-économiques de ces pays.

EN AUTONOMIE VERS LE BAC

▶▶ **Parcours écrit** Épreuve composée – Partie 1

Comment les entreprises internationalisent-elles leurs chaînes de valeur ?

▶▶ **Parcours oral** Étape 2 – Trouver les points clés de son exposé

Faites des recherches sur un secteur d'activité (meuble, aéronautique, automobile...) et sélectionnez 3 données chiffrées pour montrer quelles logiques expliquent l'internationalisation de la chaîne de valeur.

Liens vers les sites

MÉMO

■ L'internationalisation des chaînes de valeur consiste à localiser, *via* des filiales ou l'externalisation, chaque élément de la production dans le pays qui le produit de manière optimale en fonction de ses avantages comparatifs.

■ Cette internationalisation permet d'optimiser les coûts de production et de s'adapter très vite aux changements. Il est également utile de produire là où l'on vend, afin d'être proche des clients.

5 Quels sont les effets du commerce international sur le niveau de vie ?

▸▸ OBJECTIF
Comprendre les effets induits par le commerce international : gains moyens en termes de baisse de prix, réduction des inégalités entre pays, accroissement des inégalités de revenus au sein de chaque pays.

QU'ALLONS-NOUS FAIRE ?

Les échanges internationaux sont-ils bons pour le niveau de vie et profitent-ils de la même façon à tous ? Les économistes ne partagent pas tous les mêmes conclusions.

Doc 1 Importations et prix des vêtements en France

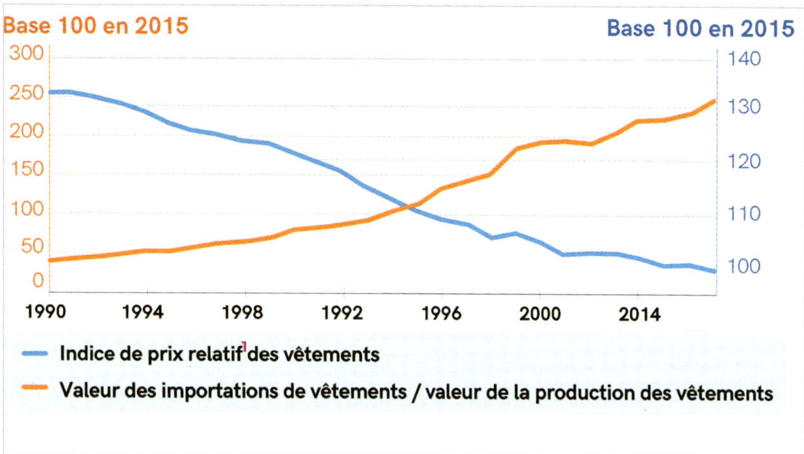

D'après Insee, comptes nationaux détaillés, 2017

1. Le prix relatif est obtenu en divisant l'indice de prix des vêtements par l'indice général des prix (→ FICHE MÉTHODE 5 P. 362). Cela permet d'évaluer l'évolution des prix des vêtements par rapport à celle de l'ensemble des biens et services.

QUESTIONS

1. **Lire.** Comment le prix relatif des vêtements a-t-il évolué en France depuis 1990 ?
2. **Lire.** Quelle corrélation le graphique suggère-t-il ? → FICHE MÉTHODE 12 P. 370
3. **Expliquer.** Reliez cette évolution à l'internationalisation des chaînes de valeur. → PP. 62-63
4. **Déduire.** Quel est l'effet de ces évolutions sur le pouvoir d'achat des consommateurs ?

Doc 2 Délocalisations et emploi

Imaginons que j'aie une usine employant 1 000 salariés, produisant un million de dollars de biens. Supposons maintenant que je restructure ma production en externalisant la moitié du travail en Chine ou en Inde. Je garde mes 500 salariés les plus qualifiés et les affecte aux tâches à haute valeur ajoutée. Mon usine réorganisée produit 1,5 M$ [millions de dollars], 500 000 $ venant de travailleurs extérieurs. La valeur ajoutée de mon usine est donc toujours de 1 M$, mais la productivité a doublé, puisque je n'ai plus que 500 salariés.

Les chiffres pourraient pousser à conclure que les échanges internationaux ont, certes, contribué aux 500 pertes d'emplois, mais que le vrai responsable est la hausse de la productivité. Pourtant, ce sont bien les échanges qui ont favorisé cette hausse de productivité et m'ont permis de licencier et de garder seulement les plus qualifiés.

Il y a de bonnes raisons de penser que c'est ce qui se produit aujourd'hui.

Karl Smith, « *Manufacturing collapse* », *The Washington Post*, 2011

Usine Renault de *Chennai*, en Inde

QUESTIONS

5. **Calculer.** Quelle est la productivité par tête avant et après externalisation dans l'exemple du premier paragraphe ?
6. **Lire.** Dans l'exemple cité, la hausse de la productivité concerne-t-elle l'ensemble de la production ou seulement la partie de cette production réalisée dans le pays d'origine ?
7. **Représenter.** Réalisez un schéma pour montrer les conséquences de la mondialisation sur les travailleurs qualifiés et sur les travailleurs non qualifiés.

ACTIVITÉ Les effets de la mondialisation sur les inégalités

▶ L'économiste François Bourguignon, utilisant diverses sources, a produit une estimation de l'évolution des inégalités dans le monde, en distinguant les inégalités internes et entre pays. Il utilise un indice d'inégalité dans lequel 0 signifie l'égalité parfaite. 0,5 indique une inégalité telle que 74 % des individus ont 26 % des ressources financières ? et 26 % des individus ont 74 % des ressources.

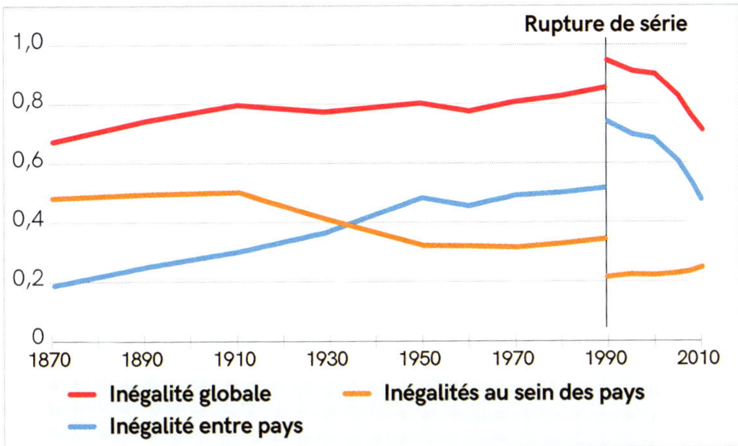

Lecture : la rupture de 1990 est liée à un changement du mode de mesure.

D'après François Bourguignon, « L'évolution des inégalités mondiales de 1870 à 2010 », SES-ENS Lyon, 2016

▶ François Bourguignon se demande si l'inégalité interne n'a pas remplacé l'inégalité entre pays.

a. Justifiez cette interrogation en utilisant les données du graphique.

b. Résumez l'évolution des inégalités dans le monde en 140 ans.

▶ Parmi les explications de l'évolution des inégalités, Bourguignon cite notamment :

– la délocalisation des productions à travail peu qualifié des pays développés vers les pays émergents et en développement ;

– la hausse de la rémunération du capital, qui devient un facteur moins abondant ;

– la mobilité du travail très qualifié vers les pays développés.

c. Expliquez comment chacun de ces facteurs peut contribuer à la hausse des inégalités dans les pays développés.

Doc 3 Où Google paye-t-il ses impôts ?

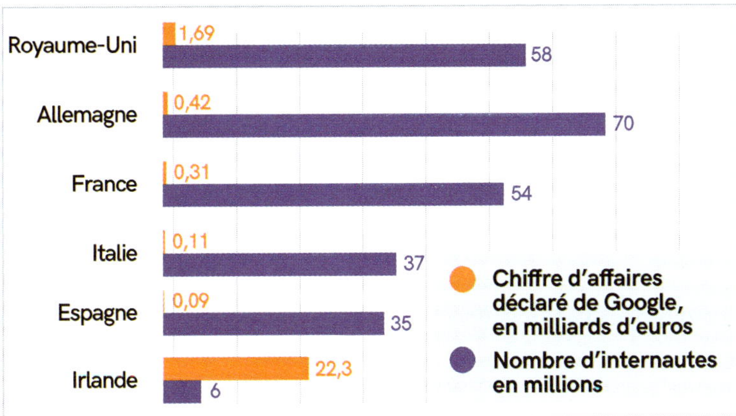

D'après *Alternatives économiques*, 2018

QUESTIONS

8. Déduire. Quelle relation peut-on attendre entre le nombre d'internautes et le chiffre d'affaires de Google dans un pays ?

9. Lire. Cette relation est-elle vérifiée ? Pourquoi, selon vous ?

10. Déduire. Quel est l'effet de cette situation sur les finances des États ? et sur la concurrence ?

11. Déduire. Quel peut être l'effet sur les inégalités de l'affaiblissement de la capacité des États à lever l'impôt ?

EN AUTONOMIE VERS LE BAC

▶▶ Parcours écrit Épreuve composée – Partie 2

En vous appuyant sur le doc 1, quelle relation pouvez-vous établir entre les deux courbes ? Qui sont les gagnants et qui sont les perdants de cette évolution en France ?

▶▶ Parcours oral Étape 3 – Réfléchir à son support

Réalisez une carte mentale que vous commenterez à l'oral pour montrer que le développement des échanges internationaux permet aux ménages de réaliser des gains, mais qu'il fait aussi des « perdants ».

Carte mentale guidée

MÉMO

■ L'ouverture aux échanges internationaux se traduit par une augmentation de la concurrence et une diminution des prix des biens échangés, donc par une hausse du niveau de vie.

■ La mondialisation a des effets variables sur les inégalités selon les époques. Au cours des trente dernières années, un phénomène de rattrapage, principalement en Asie, a entraîné la réduction des inégalités entre pays. Dans le même temps, les inégalités à l'intérieur des pays ont augmenté car les plus qualifiés et les détenteurs du capital ont profité de la mondialisation alors que les classes moyennes des pays développés en étaient victimes.

6 Protectionnisme ou libre-échange ?

▸▸ OBJECTIF
Comprendre les termes du débat entre libre-échange et protectionnisme.

QU'ALLONS-NOUS FAIRE ?

Quels que soient ses mérites, l'ouverture aux échanges fait des perdants, car des activités disparaissent et certaines inégalités se creusent, d'où la tentation de limiter l'ouverture. Mais le protectionnisme n'est-il pas, lui aussi, risqué ?

ACTIVITÉ L'opposition entre protectionnisme et libre échange

	Protectionnisme	Libre échange
Objectifs	**1** Protection temporaire des industries naissantes pour leur permettre de se développer (protectionnisme éducateur) **2** Protection des emplois dans les secteurs d'activité en déclin ou peu compétitifs **3** Protection d'activités stratégiques touchant à la souveraineté nationale	**6** Tirer parti des gains à l'échange **7** Favoriser l'innovation par la concurrence et les transferts de technologies
Moyens	**4** Mesures tarifaires (droits de douane) **5** Mesures non tarifaires (fixation de quotas d'importation, normes sanitaires et techniques, contraintes administratives)	**8** Baisse des droits de douane **9** Lutte contre les mesures non tarifaires (quotas, manipulation du taux de change...)

▸ **Associez chaque mesure mentionnée ci-dessous à deux numéros du tableau. Justifiez vos réponses.**

a. Au XIXe siècle, suivant les préconisations de l'économiste Friedrich List (1789-1846), plusieurs États allemands (l'Allemagne n'étant pas encore un État unifié) mettent en place une union douanière pour permettre à leurs industries de devenir aussi compétitives que celles de la Grande-Bretagne.

b. Entre 1947 et 1995 (année de l'entrée en fonction de l'Organisation mondiale du commerce), les droits de douane moyens appliqués aux produits manufacturés sont considérablement réduits grâce aux cycles de négociation organisés entre les pays membres du GATT (Accord général sur les tarifs douaniers et le commerce).

c. Le 1er janvier 2005, les quotas imposés par l'Union européenne sur les importations de produits textiles en provenance de Chine sont supprimés.

d. Les pays de l'Union européenne ont décidé de maintenir des droits de douane de 14,5 % en moyenne sur les produits agricoles, contre 2,3 % sur les autres biens.

Doc 1 Les droits de douane

a Droits de douane et restriction des échanges

	Droits de douane en 2013		Indice de restrictivité[2] des échanges en 2017
	Tous produits	Produits agricoles[1]	
Chine	6,1 %	19,2 %	0,395
Union européenne	2,3 %	14,5 %	0,227
États-Unis	1,7 %	5,6 %	0,232

D'après *Les Cahiers français*, 2018

1. Pour des raisons politiques (poids électoral des agriculteurs, volonté d'autosuffisance alimentaire), les produits agricoles sont restés à l'écart des accords de libre-échange.
2. Varie de 0 (liberté totale) à 1 (absence d'échanges).

b Évolution des droits moyens de douane mondiaux

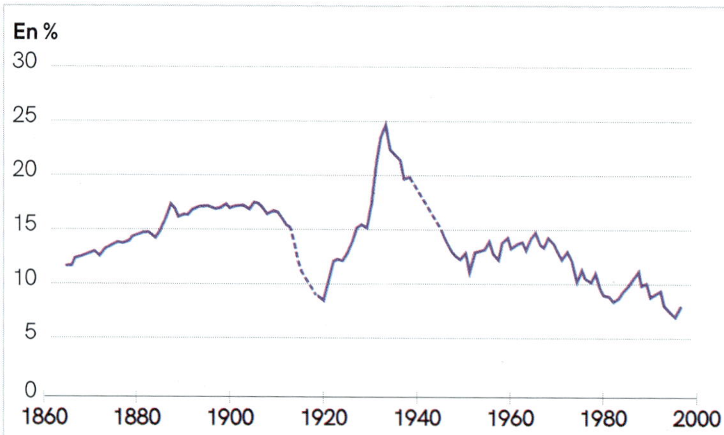

Michael A. Clemens, Jeffrey G. Williamson, « *Why Did the Tariff-Growth Correlation Reverse After 1950 ?* », NBER Working Paper, 2002

QUESTIONS

1. **Lire.** À quel contexte historique correspondent les périodes de protectionnisme ?
2. **Déduire.** Quelles sont les conséquences de la mise à l'écart des produits agricoles des accords de libre-échange ?

Doc 2 La politique protectionniste américaine

Étant donné le fractionnement des chaînes de valeur mondiales, les produits franchissent plusieurs fois les frontières avant d'atteindre le consommateur final. Les liens ainsi créés devraient *a priori* réduire les incitations des pays à se protéger. Néanmoins, les récentes mesures protectionnistes prises par les États-Unis, dans le but de rapatrier une partie de la chaîne de valeur sur leur sol, vont à l'encontre de cette tendance. Les États-Unis peuvent-ils se protéger avec une telle politique commerciale ? Nous montrons que cela portera préjudice non seulement aux pays ciblés, mais aussi à la valeur ajoutée américaine.

Au-delà de l'effet habituel des représailles (ici sur l'agriculture américaine), les hausses de prix des consommations intermédiaires réduisent la compétitivité des industries en aval. [...] Dans une bataille tarifaire, les effets indirects pèsent lourdement sur les pays qui se protègent et ceci d'autant plus que les chaînes de valeur sont complexes.

Cecilia Bellora, Lionel Fontagné, « L'arroseur arrosé : guerre commerciale et chaînes de valeur mondiales », *La lettre du CEPII*, 2019

Vidéo

« L'UE va répliquer aux taxes voulues par Trump sur l'acier » (1 min. 39 sec.), BFM TV, 2018

QUESTIONS

3. **Lire.** Que change l'internationalisation des chaînes de valeur aux effets du protectionnisme ?
4. **Distinguer.** Quels sont les trois effets négatifs du protectionnisme américain sur les entreprises américaines cités dans le texte ?
5. **Approfondir.** Le protectionnisme a-t-il un autre effet négatif sur l'économie ?

Doc 3 Les conséquences d'une mesure non tarifaire

La garantie de prix pour le sucre accordée par le gouvernement fédéral a porté les prix [du sucre] aux États-Unis au-dessus du niveau mondial. Les prix ont pu être maintenus au niveau voulu par un simple quota d'importation[1] sur le sucre. Le quota diminue les importations d'environ 2,8 millions de tonnes. La conséquence est un prix du sucre aux États-Unis supérieur au prix mondial d'un peu plus de 45 %.

Le quota de sucre illustre d'une façon extrême le fait que la protection a tendance à bénéficier à un petit groupe de producteurs [...] au détriment d'un grand nombre de consommateurs, chacun de ces consommateurs ne devant supporter qu'un léger coût. La perte annuelle se monte à environ 11 $ par habitant, voire 45 $ pour une famille moyenne. Il n'est donc pas surprenant que l'électeur américain moyen ne se rende pas compte des conséquences de ce quota et qu'il n'y ait guère d'opposition réelle.

Pour les producteurs de sucre, le quota constitue une question de vie ou de mort. L'industrie sucrière américaine n'emploie environ que 20 000 travailleurs, les gains du producteur tiré du quota représentent donc une subvention implicite d'environ 200 000 $ par travailleur.

D'après Paul Krugman et Maurice Obstfeld, *Économie internationale*, Éditions Pearson, 2003, données actualisées à 2014

1. Les autorités fixent la quantité maximale d'un bien autorisée à entrer dans le pays.

QUESTIONS

6. **Expliquer.** Qu'est-ce qui peut pousser le gouvernement américain à soutenir le prix du sucre ?
7. **Expliquer.** Réalisez un schéma offre/demande pour expliquer par quel mécanisme un quota permet d'augmenter le prix.
8. **Déduire.** Comment le gouvernement américain aurait-il pu aider les agriculteurs sans agir sur le prix du sucre ?
9. **Déduire.** Pourquoi, finalement, le gouvernement choisit-il le protectionnisme alors qu'il est contraire, dans ce cas précis, à l'intérêt du plus grand nombre ?

EN AUTONOMIE VERS LE BAC

▶▶ **Parcours écrit** Épreuve composée – Partie 3

Résumez les arguments en faveur du libre-échange présentés dans le chapitre.

▶▶ **Parcours oral** Étape 5 – Discuter avec le jury

Présentez la question : « Quels sont les arguments en faveur du recours au protectionnisme ? » pendant 5 minutes à un camarade. Il devra ensuite vous poser des questions.

Idées de questions du jury

MÉMO

- Les droits de douane ont été considérablement réduits sur les produits manufacturés afin de favoriser les échanges, dont les agents économiques tirent de nombreux avantages.
- Toutefois, des mesures tarifaires et non tarifaires touchent de nombreux produits. Le protectionnisme tend à s'accentuer en période de crise ou de tensions internationales. S'il permet notamment de protéger des industries naissantes ou des activités stratégiques, il peut aussi réduire la concurrence, faire augmenter les prix et ralentir l'innovation.

→ MÉTHODE DU GRAND ORAL P. 22

Vers une démondialisation ?

Le développement des échanges de biens, de services, de facteurs et d'informations qu'est la mondialisation représente sans doute le bouleversement économique le plus important des dernières décennies. Mais, depuis la crise de 2008, on observe un ralentissement des échanges qui est analysé par certains comme l'amorce d'une démondialisation. Qu'en est-il réellement ?

DOC 1 Évolution des échanges de biens et services dans le monde

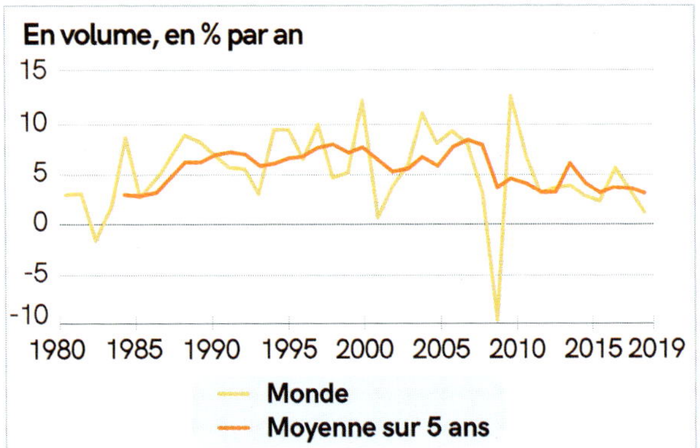

FMI, *World economic outlook database*, 2019

Vidéo La démondialisation, mythes et réalités (4 min. 54 sec.)

En vous appuyant sur le graphique et la vidéo, expliquez si l'on peut parler de rupture dans la dynamique des échanges internationaux.

Pensez à mettre en lien les connaissances que vous avez acquises tout au long de l'année.

▶ *Quels sont les sources et les défis de la croissance ?* → CHAPITRE 1 P. 26-53
Concentrez-vous sur la moyenne sur cinq ans, qui aide à lire les tendances à long terme, et comparez les données avec l'évolution du PIB mondial pour les rendre plus significatives.

CONSEIL

Anticipez les questions du jury.
Lorsque vous abordez des thèmes tels que la croissance ou les échanges, anticipez une éventuelle question sur la signification du terme « en volume ».
→ FICHE MÉTHODE 10 P. 368

DOC 2 Recul du commerce international ou démondialisation ?

Le recul du commerce international est moins le signe d'une démondialisation que celui d'une recomposition géographique des chaînes de valeur, qui cache des réalités très différentes selon les secteurs d'activité. Si les tâches de fabrication et de montage des produits à matières solides sont parfaitement robotisables, et donc relocalisables, ce n'est pas le cas des matières souples, dont l'assemblage demeure manuel. C'est pourquoi la délocalisation de la couture des vêtements se poursuit, passant des pays où les salaires augmentent (Chine) vers ceux où ils demeurent faibles (Vietnam, Éthiopie...).

De même, un vent de délocalisation souffle sur le secteur des services, qui concentre 75 % des emplois en France et en Europe. La caractéristique des activités de services est la simultanéité entre la consommation et la production du service, qu'il soit destiné aux entreprises ou aux consommateurs finaux. Or, les technologies numériques permettent de respecter cette concomitance tout en délivrant la prestation à distance, dès lors que cette dernière a pour nature la production et l'échange d'informations. Dans les banques et les assurances, des centaines d'emplois de relation client, de comptabilité, d'informatique, de service juridique, voire de recherche et développement (R&D) partent chaque année dans des pays à plus faibles coûts.

El Mouhoub Mouhoud, « Le recul du commerce international n'est pas le signe d'une démondialisation », *Le Monde*, 2020

Montrez qu'il peut y avoir délocalisation et relocalisation en même temps si l'on s'intéresse à des secteurs d'activité différents.

Ce document ouvre des pistes d'études de cas que vous pourriez approfondir en vue du Grand Oral. N'hésitez pas à les mettre en relation avec d'autres matières que vous étudiez.

▶ *Géographie*

Le thème de l'année de Terminale est : « Les territoires dans la mondialisation : entre intégrations et rivalités ». Imaginez une question pour articuler ce thème à l'idée d'une reconfiguration des courants d'échange en fonction de l'évolution des coûts. Cela pourra vous être utile pour l'échange avec le jury.

DOC 3 Évolution de la part des échanges de biens dans le PIB mondial

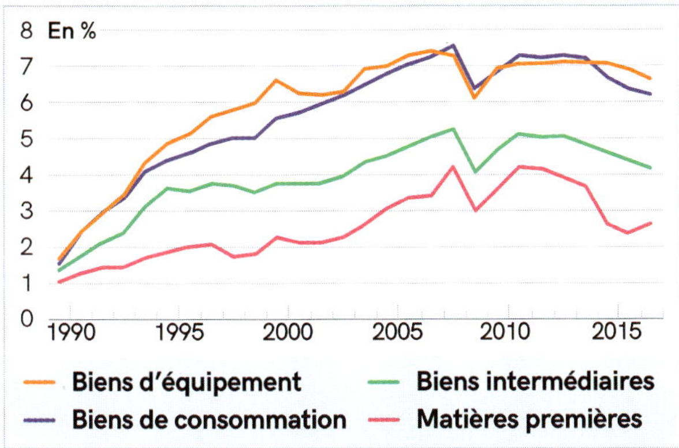

D'après CNUCED (données sur le commerce) et FMI (PIB)

? Commentez l'évolution de la part des échanges des différents types de biens dans le PIB.

Lorsque vous présentez un exemple ou un argument, n'oubliez pas de le mettre en relation avec les notions que vous avez étudiées.

Il peut être utile de s'intéresser ici particulièrement aux biens intermédiaires (écrans de téléphones, moteurs d'avions, pièces détachées pour automobiles...), car les échanges dans ce domaine sont en lien avec l'internationalisation des chaînes de valeur. → P. 62

CONSEIL

Illustrez avec des exemples.

Vous intéresserez le jury et conserverez son attention en accompagnant systématiquement vos idées ou arguments avec un exemple concret, une anecdote personnelle, un lien avec l'actualité, une citation, une source...

DOC 4 Limites de l'internationalisation des chaînes de valeur

S'inspirant des stratégies de l'industrie automobile, qui confie plus de 60 % de la valeur ajoutée et du développement d'un véhicule à ses sous-traitants, l'avionneur Boeing avait externalisé près de 80 % de son B787 « Dreamliner » pour se recentrer sur son cœur de métier : le design, l'assemblage et la commercialisation. Cette stratégie s'est avérée coûteuse, du fait des retards pris par certains fournisseurs et de la complexité du processus d'assemblage, ce qui a conduit Boeing à reprendre en main une grande partie de ses sous-traitants.

En se spécialisant ainsi à outrance, on crée des petites entreprises avec un savoir-faire considérable, mais des délais de livraison très variables lors de l'accélération des cadences de commandes. À l'inverse, en cas de réduction brutale de l'offre, la conversion est impossible et peut conduire à la disparition du sous-traitant.

Younes Bahi, « Les chaînes de valeur mondiales : raisons et ampleur de la fragmentation », *Friedland papers* n° 36, CCI Paris, 2012

? Quelle est la leçon à tirer de ce texte en ce qui concerne les firmes multinationales ?

Valorisez vos connaissances personnelles.

Cherchez d'autres exemples de fragilité des chaînes de production lorsque la fabrication est divisée en étapes réalisées dans des pays différents.

PRÉPARER LE GRAND ORAL

Grille d'évaluation

À partir des documents du chapitre et de vos recherches, préparez-vous à répondre à la question : « Est-il juste de parler de "démondialisation" ? ». Créez votre support, distribuez-le à un jury d'élèves et présentez votre travail en 5 minutes. À l'issue de votre présentation, le jury vous posera des questions.

CROISER LES CHAPITRES
CHAPITRES 2 ET 12

Le chapitre 12 de SES, « Quelle action publique pour l'environnement ? » se prête particulièrement bien à un croisement avec le chapitre sur le commerce international et l'internationalisation de la production. Imaginez une question pour mettre les deux chapitres en parallèle.

L'ESSENTIEL

Quels sont les fondements du commerce international et de l'internationalisation de la production ?

Podcast du cours

Cartes mémoire interactives

Définitions

Avantage comparatif : avantage relatif que détient un pays face aux autres dans la production d'un bien comparée à celle d'un autre bien.

Compétitivité : capacité d'une entreprise à faire des profits dans un environnement concurrentiel. La compétitivité d'un pays peut être assimilée à sa capacité à faire croître durablement le niveau de vie de sa population.

Dotations factorielles : un pays dispose de ressources variables en différents facteurs de production : travail qualifié et non qualifié, ressources naturelles, capital physique, capital technologique. La recherche-développement (R & D) influe en particulier sur les dotations technologiques.

Firme multinationale (FMN) : firme possédant ou contrôlant des entreprises implantées dans plusieurs pays et en mesure d'élaborer une stratégie qui s'appuie sur les différences socio-économiques de ces pays.

Chiffres clés

- Exportations de marchandises : **21 %** du PIB mondial en 2019 contre **5,6 %** en 1950.

Ne pas confondre

externalisation
la production est confiée à d'autres

≠

délocalisation
la production est déplacée dans un autre pays

Depuis la fin de la Seconde Guerre mondiale, les échanges internationaux se sont considérablement développés. Cette expansion, qui a accompagné la croissance mondiale, a d'abord concerné les économies dites « avancées », puis, de plus en plus, les pays émergents.

Les explications de l'échange international

▸▸ La **spécialisation** des entreprises d'un pays dans les activités pour lesquelles ce pays possède un **avantage comparatif** permet d'améliorer l'allocation des **facteurs de production**, et donc la **production** et le **niveau de vie**. Par conséquent, tous les pays ont intérêt à se spécialiser et à **s'ouvrir** aux échanges internationaux.

▸▸ Pour David Ricardo, l'**avantage comparatif** est lié à la **productivité du travail**. Un siècle plus tard, Heckscher, Ohlin et Samuelson proposent une théorie plus complète, dans laquelle l'avantage comparatif dépend de la **dotation factorielle** : chacun se spécialise dans les activités utilisant des facteurs de production qui sont abondants dans le pays.

▸▸ Les théories de l'avantage comparatif rendent assez bien compte des **échanges** de produits différents entre pays dont les caractéristiques diffèrent, les pays développés **exportant** des biens utilisant du travail qualifié et du capital et **important** des biens réalisés avec du travail peu qualifié. Mais elles ne permettent pas de comprendre les **échanges** entre pays ayant des **dotations factorielles proches**. Les nouvelles théories du commerce international mettent l'accent sur la capacité des entreprises à réaliser des **économies d'échelle** et sur la **demande de variété** de la part des clients. En se **spécialisant** et en **échangeant** sur de vastes marchés, les firmes peuvent proposer des **produits diversifiés** (la diversification pouvant correspondre à des niveaux de qualité différents, liés au niveau de vie de la population) à un prix compétitif.

Mondialisation et compétitivité des entreprises

▸▸ La **compétitivité** des entreprises repose sur leur capacité à **vendre moins** cher que leurs concurrentes ou à faire en sorte que les acheteurs, à prix égal, **préfèrent** leurs produits à ceux de leurs concurrentes. L'**internalisation** des échanges confronte les entreprises à une **concurrence accrue**, mais leur donne des possibilités nouvelles d'y faire face, car elles peuvent choisir où réaliser chaque élément de la production en fonction des **coûts** et des **compétences** disponibles. Les chaînes de valeur des firmes, devenues **multinationales** *via* la création de filiales, sont ainsi de plus en plus **fragmentées** et **mondialisées**. Cette internationalisation est accentuée par la **modularisation de la production**.

▸▸ Toutefois, la **fragmentation des chaînes** de valeur rend la production beaucoup plus **complexe** à organiser. D'autre part, la **compétitivité** suppose que l'entreprise soit présente sur les marchés qu'elle veut conquérir, ce qui la pousse à produire **près du consommateur**.

Les effets de l'ouverture internationale

▸▸ La **mondialisation** permet d'optimiser l'**allocation des ressources** de chaque pays. Elle est donc un facteur de **croissance** et de **hausse globale du niveau de vie**. L'amélioration des **processus productifs** se traduit par des **baisses de prix** dont bénéficient les consommateurs.

▸▸ Mais la modification de la **répartition géographique** de la production a des effets très différenciés selon les pays. La **délocalisation** d'une partie des activités vers les grands pays émergents tels que l'Inde et la Chine a entraîné une forte **hausse des revenus** dans ces pays et une **diminution de la pauvreté**. Compte tenu du poids démographique considérable de ces pays, les inégalités mesurées à l'échelle de la planète ont diminué.

▸▸ Mais la mondialisation a aussi rendu le **travail peu qualifié** plus abondant par rapport au travail très qualifié et au capital, puisqu'elle intègre des centaines de millions d'actifs peu qualifiés des pays émergents au marché du travail mondial, sans entraîner de hausse équivalente du travail qualifié et du capital. La conséquence est un creusement des **inégalités internes**, en particulier dans les pays développés, certains travailleurs subissant la concurrence de celle, moins chère, des pays émergents.

▸▸ Malgré les arguments avancés par les économistes en faveur du **libre-échange**, cette évolution et la **délocalisation** de nombreux emplois des pays développés vers les pays émergents expliquent la montée de la tentation **protectionniste**. Celle-ci s'appuie aussi sur des arguments théoriques. Les **effets d'apprentissage** peuvent entraîner des gains de productivité importants pour les industries naissantes, qu'il serait alors justifié de protéger pour leur laisser le temps d'en bénéficier. Outre ce **protectionnisme éducateur**, certains secteurs sont considérés comme stratégiques par les pouvoirs publics.

▸▸ Cependant, la **fragmentation des chaînes de valeur** accroît les effets négatifs du protectionnisme sur les entreprises nationales, en augmentant leurs **coûts**. D'autre part, le recours au protectionnisme est parfois orienté par des intérêts particuliers, au détriment de l'intérêt général : auquel cas le protectionnisme se révèle contre-productif.

Définitions

Fragmentation des chaînes de valeur : division de la production en une suite d'étapes. Pour chacune d'entre elles, l'entreprise choisit de la réaliser sur place ou à l'étranger (délocalisation) ou de la confier à une entreprise plus efficiente (externalisation).

Libre-échange : liberté des échanges de biens et de facteurs entre pays.

Modularisation de la production : conception des produits comme une série de modules standardisés, compatibles entre eux et donc faciles à assembler.

Protectionnisme : restriction apportée volontairement aux échanges internationaux dans le but de protéger les productions locales de la concurrence étrangère.

CE QU'IL FAUT SAVOIR

1. Pourquoi les pays ont intérêt à échanger.
2. D'où vient la compétitivité des entreprises et des États.
3. Quels sont modalités et les effets des échanges internationaux.
4. Quels sont les arguments respectifs des partisans du libre-échange et du protectionnisme.

Repères

■ **David Ricardo** présente la première théorie de l'avantage comparatif en 1817.

■ **Heckscher, Ohlin et Samuelson** contribuent à construire le modèle néoclassique de l'échange international, fondé sur les dotations factorielles.

■ **Paul Krugman** est le principal auteur de la nouvelle théorie du commerce international, intégrant les économies d'échelle et la diversité des produits.

Réviser en vidéos

« Mondialisation, démondialisation : la tentation du repli », (5 min. 49 sec.), Xerfi canal, 2018

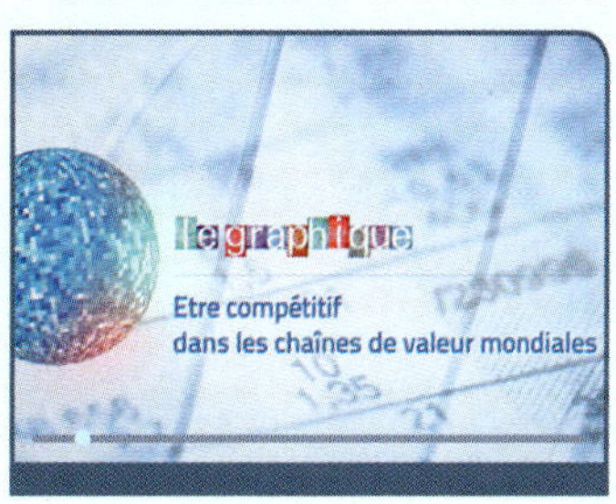

« Comprendre les chaînes de valeur mondiales », (4 min. 55 sec.), Xerfi canal, 2015

L'ESSENTIEL

SCHÉMA DE SYNTHÈSE

Schéma interactif

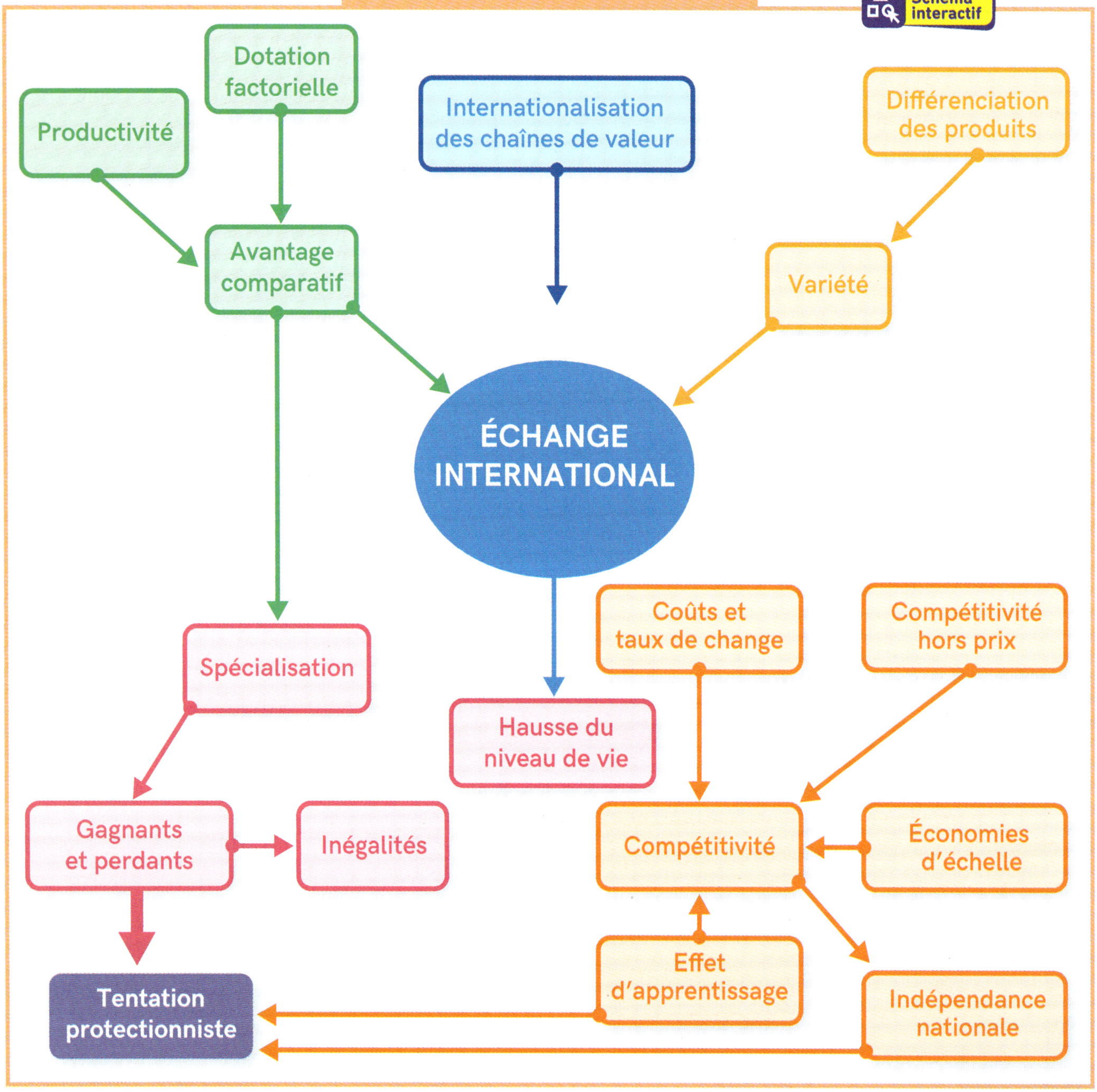

POUR ALLER PLUS LOIN

L'odyssée mondiale du vêtement, « Entendez-vous l'éco ? », France culture, 2018

Une plongée au cœur de l'industrie textile mondiale en pleine restructuration.

La Pluie et le Beau temps, d'Ariane Doublet, 2011

Un documentaire sur la production de lin en Normandie pour les usines chinoises, qui offre une vision originale de la mondialisation.

Le Protectionnisme avant et après Trump, de Henri Bourguinat, Dalloz, 2019

Une réflexion sur l'évolution des échanges internationaux après l'élection de Donald Trump suite au revirement en faveur du protectionnisme.

EXERCICES

EXO Exercices interactifs

Corrigés

1 Choisissez la ou les bonnes réponses.

1. Un avantage comparatif, au sens de Ricardo, dépend…

- ☐ **a.** des productivités relatives.
- ☐ **b.** des dotations factorielles.
- ☐ **c.** des prix relatifs.
- ☐ **d.** des salaires relatifs.

2. Quel est l'effet de la mondialisation sur les inégalités de revenu ?

- ☐ **a.** Elle les accroît dans les pays développés et les réduit dans les pays en développement.
- ☐ **b.** Elle les réduit dans les pays développés et les accroît dans les pays en développement.
- ☐ **c.** Elle les accroît dans chaque pays et les réduit entre pays.

3. Quel effet a une hausse de la productivité du travail sur la compétitivité d'un pays ?

- ☐ **a.** Elle réduit la compétitivité prix.
- ☐ **b.** Elle accroît la compétitivité prix.
- ☐ **c.** Cela dépend de la spécialisation du pays.
- ☐ **d.** Elle n'a aucun impact.

4. Les échanges entre pays ayant des dotations factorielles proches s'expliquent par…

- ☐ **a.** la différenciation des produits.
- ☐ **b.** la présence d'économies d'échelle.
- ☐ **c.** leurs avantages comparatifs.
- ☐ **d.** l'internationalisation des chaînes de valeur.

2 Complétez le texte avec les mots ou expressions ci-dessous.

avantages comparatifs | économies d'échelle | différenciation des produits | dotations factorielles | intrabranche | productivité | spécialisation

David Ricardo montre que les __________ rendent l'échange et la __________ bénéfiques dans tous les cas. Toutefois, le modèle ricardien, reposant sur les différences de ______________ est incomplet. Le modèle HOS voit dans les différences de ______________ l'origine des avantages comparatifs. Ces modèles n'expliquent pas les échanges _____________ et omettent l'existence d' ______________ dans de nombreuses activités. La nouvelle théorie du commerce international montre que l'échange naît souvent de la ______________ .

3 Construisez deux schémas fléchés en organisant les éléments suivants.

Explication de l'échange par les théories des avantages comparatifs

dotations factorielles | productivité | spécialisation | gains à l'échange | Ricardo | baisse des coûts de production | HOS | insertion dans les échanges mondiaux | avantage comparatif

Mécanismes de l'internationalisation des échanges selon les nouvelles théories du commerce international

amélioration du bien-être | baisse des coûts de production | baisse des prix | différenciation des produits | diversification des biens offerts | économies d'échelle | hausse de la taille des marchés | internationalisation de la chaîne de valeur | ouverture des économies | préférence pour la variété

BAC Sujet guidé – Dissertation 4h

Sujet vierge à imprimer | Grille d'évaluation

Quels sont les déterminants de l'aptitude à exporter d'un pays ?

Trouvez des synonymes pour « déterminants », cela facilitera votre reformulation du sujet et la problématisation.

Analysez la formulation : « Ce type de question appelle un plan énumératif ». Il faut regrouper les divers éléments de réponse.

Repérez les **notions centrales** du sujet, et pensez à les définir dans votre introduction.

Doc 1 Évolution du coût unitaire du travail dans l'industrie (2003-2016)

Base 100 (États-Unis)

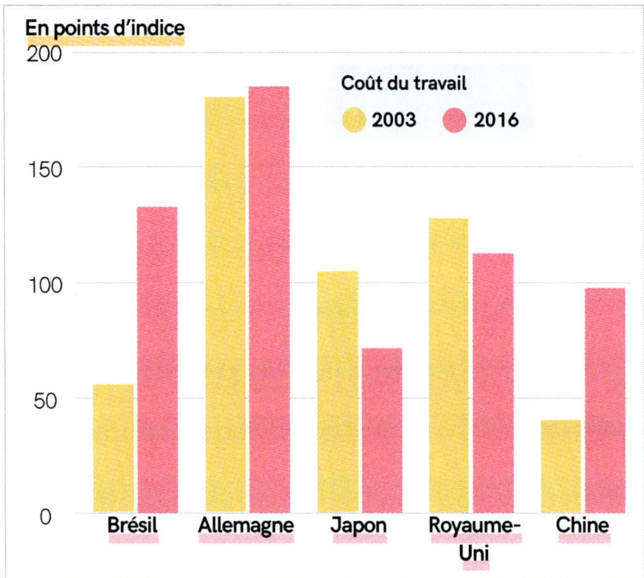

Oxford Economics, 2017

Doc 3 Exportations de marchandises et robotisation dans quelques pays

	Nombre de robots pour 10 000 emplois (en 2017)	Exportations de marchandises / PIB, en % (en 2018)
Corée du Sud	710	44,0
Japon	308	18,4
Allemagne	322	47,4
Suède	240	45,8
Autriche	187	55,8
États-Unis	200	12,2
Italie	190	31,5
Espagne	157	35,1
Canada	161	32,1
France	137	31,3

International Federation of Robotics, OMC, 2019

Doc 2 Facteurs de la compétitivité manufacturière mondiale selon les chefs d'entreprise (2016)

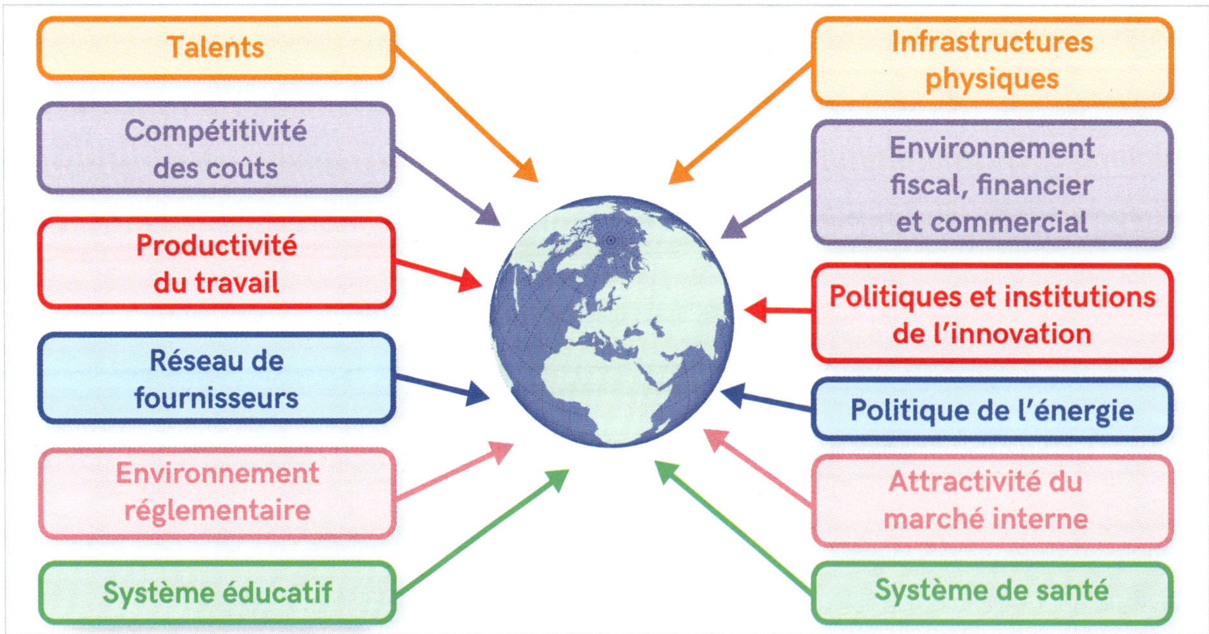

Deloitte Touche Tohmatsu Limited and US Council on Competitiveness, Global Manufacturing Competitiveness Index, 2016

BAC

Méthode

ÉTAPES 1 ET 2 **Analyser le sujet, problématiser et mobiliser ses connaissances** Au brouillon

❶ Repérez et analysez tous les termes importants du sujet. →GUIDAGE P. 74

- À partir de votre analyse, déduisez-en le type de plan à adopter. →TYPE DE PLANS P. 18
- Formulez une problématique : reformulez le sujet, puis proposez un questionnement qui synthétise les enjeux de la question posée.

❷ Indiquez au brouillon tous les exemples, idées, théories, faits, éléments de cours… qui peuvent être mobilisés.

ÉTAPE 3 **Exploiter le dossier documentaire** Au brouillon

- Lisez attentivement chaque document et résumez la (ou les) idée(s) principale(s) en lien avec le sujet.
- Pensez à repérer la source, le cadre spatio-temporel, les notions ou mécanismes importants et les outils statistiques. Faites attention aux unités.

ÉTAPE 4 **Construire un plan détaillé** Au brouillon

- À partir des informations récoltées, créez ou affinez votre plan détaillé. Il doit comporter deux ou trois parties, chacune subdivisée en deux ou trois sous-parties.
- Rédigez les titres des parties et sous-parties sous la forme de phrases indiquant explicitement le sens des arguments que vous allez y développer.

ÉTAPE 5 **Rédiger l'introduction et la conclusion** Au brouillon

- L'introduction est organisée en 3 parties : l'accroche, l'annonce de la problématique et l'annonce du plan.
- Rédigez la conclusion. →MÉTHODE P. 19

ÉTAPE 6 **Rédiger son devoir** Sur votre copie →MÉTHODE P. 19

CONSEIL
Si vous avez déjà une idée des grands axes de votre réponse, **classez** ces éléments dans votre plan.

CONSEIL
N'hésitez pas à **rédiger des phrases** afin de vérifier que vous avez compris le sens des données, voire à **faire des calculs simples** pour comparer des données.

CONSEIL
N'oubliez pas d'indiquer dans votre plan détaillé les **documents** que vous allez mobiliser.

CONSEIL
N'oubliez pas d'intégrer, en accroche ou avec la problématique, la **définition des notions centrales** du sujet.

Voici un exemple de paragraphe rédigé pour cette dissertation.
Complétez le devoir à l'aide de la méthode et de vos connaissances.

Le **paragraphe commence par une idée générale**, qui sera développée ensuite.

L'aptitude à exporter dépend en partie des coûts de production.

Il est préférable de commencer par **définir la notion** qui est évoquée dans le paragraphe.

Parmi ces derniers, le coût du travail joue un rôle important et varie beaucoup d'un pays à l'autre. Ce coût comprend les salaires directs, mais aussi les cotisations sociales. Ainsi, les salaires nets ne sont pas particulièrement élevés en France, par comparaison avec ceux des autres pays européens, mais le coût salarial y est élevé du fait de cotisations sociales élevées.

L'affirmation centrale est ensuite **explicitée**, c'est-à-dire développée, nuancée et précisée.

Cette influence du coût salarial est plus ou moins grande selon les secteurs. Les pays à bas salaires vont se spécialiser dans les productions nécessitant beaucoup de travail peu qualifié. Toutefois, le coût du travail ne dépend pas que du coût salarial, car il faut plus ou moins de temps de travail selon les pays pour réaliser une opération de production. Dans un pays très productif, il faut peu de temps, de sorte qu'il est possible d'être compétitif malgré des salaires élevés. La productivité est d'ailleurs sensible au niveau des salaires.

D'autre part, la qualité de la production entre en ligne de compte. S'il faut mettre au rebut une partie importante des objets produits parce qu'ils ne passent pas le contrôle qualité, le coût de production augmente notablement.

Une **illustration** est ensuite proposée, ici tirée des données d'un des documents.

Le document 1 montre ainsi que le coût unitaire du travail aux États-Unis est comparable à celui du Mexique, du Brésil ou de la Chine, malgré le fait que les salaires y sont bien plus élevés.

Une **conclusion partielle** vient terminer le paragraphe.

Chercher le plus bas coût salarial possible peut donc être un calcul à courte vue. Le critère à prendre en compte est le coût unitaire du travail, une fois pris en compte la productivité et la qualité de la production.

BAC Sujet guidé – Épreuve composée

4h · Sujet vierge à imprimer · Grille d'évaluation

PARTIE 1 Mobilisation des connaissances — 4 points

Question Montrez que l'avantage comparatif peut naître de la dotation factorielle d'un pays.

Méthode

ÉTAPE 1 Analyser la question Au brouillon

- Repérez la ou les notion(s) clé(s) qu'il faudra définir dans votre réponse.
- Repérez la consigne de la question pour identifier la tâche qui est demandée : attend-on une explication, une comparaison, une illustration… d'un mécanisme ou d'une notion ? → MÉTHODE P. 20

ÉTAPE 2 Rassembler ses connaissances Au brouillon

- Rassemblez et organisez vos connaissances sur le sujet : quelles définitions, mécanismes, exemples… pouvez-vous mobiliser pour répondre à la question ? → MÉTHODE P. 20

ÉTAPE 3 Rédiger sa réponse

- Au brouillon : Avant de rédiger, indiquez sur votre brouillon quelle va être la structure de votre réponse.
- Sur votre copie : Rédigez votre réponse de manière organisée, en pensant à définir les notions mobilisées, en explicitant et en illustrant vos propos.

PARTIE 2 Étude d'un document — 6 points

Doc Effets sur la production d'une augmentation de 25 % des droits de douane touchant tous les échanges commerciaux entre les États-Unis et la Chine

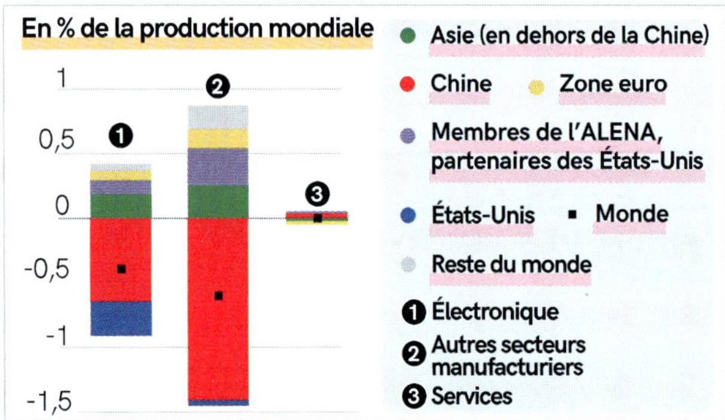

« Perspectives de l'économie mondiale », FMI, 2019

Question 1. Quels seraient les effets de la hausse des droits de douane entre la Chine et les États-Unis sur la production électronique dans différentes régions du monde ?

Question 2. À l'aide du document, montrez quels seraient les gagnants et les perdants d'une guerre commerciale entre les États-Unis et la Chine.

Méthode

ÉTAPE 1 Analyser le document Au brouillon

- Déterminez la nature du document (diagramme par répartition, série chronologique…).
- Repérez la source, le cadre spatio-temporel, le ou les outil(s) statistique(s) utilisé(s) et la ou les unité(s).
- Pensez à vérifier si des informations sont indiquées dans le champ du document.

ÉTAPE 2 Préparer la question 1 (lecture) Au brouillon

- Rédigez une phrase par donnée statistique à lire : soyez le plus précis possible en indiquant la date (ou période), le cadre spatial, l'unité…

ÉTAPE 3 Préparer la question 2 (analyse)

- Au brouillon : Repérez la consigne de la question : attend-on une comparaison, la présentation d'évolutions, l'illustration d'un mécanisme… ?
- Au brouillon : Sélectionnez dans le document les éléments qui vous permettront d'argumenter et effectuez si besoin des calculs simples (écarts en points de pourcentage ou coefficients multiplicateurs, par exemple) pour étayer votre réponse.
- Sur votre copie : Rédigez votre réponse de manière structurée : allez du général au particulier ; définissez si besoin les notions ou mécanismes mobilisés, illustrez votre réponse avec des données et/ou des calculs.

Voici un exemple de réponse à la question 1.

Deux types d'effets (hausse et baisse) sont mis en évidence, chacun présenté dans un **paragraphe**.

Si les droits de douane augmentaient d'un quart dans les deux sens, les deux pays seraient perdants en termes de production électronique. La baisse de production représenterait environ 0,65% de la production mondiale pour la Chine et 0,25% de la production mondiale pour les États-Unis.

Au contraire, les autres producteurs seraient favorisés, en particulier le reste de l'Asie. Mais la hausse de la production du reste du monde ne compenserait que partiellement (à hauteur de 0,4% de la production mondiale) la baisse observée aux États-Unis et en Chine, ce qui veut dire que la production mondiale de la filière électronique diminuerait d'environ 0,4% du fait de ces mesures protectionnistes.

PARTIE 3 Raisonnement s'appuyant sur un dossier documentaire

10 points

À l'aide de vos connaissances et du dossier documentaire, vous expliquerez pourquoi un pays peut avoir intérêt aujourd'hui à mener une politique protectionniste.

Soyez attentif aux termes employés : on attend que vous utilisiez les **documents**, mais aussi vos **connaissances**.

La formulation du sujet vous invite à mettre en évidence les arguments en faveur du protectionnisme. À vous de les classer pour organiser votre réponse.

Repérez les **notions centrales** du sujet, et pensez à les définir dans votre introduction.

Repérez les informations qui peuvent vous informer sur le **cadre spatial ou temporel du sujet**.

Doc 1

« Le concept d'exception culturelle, promu par la France sur la scène internationale depuis les années 1980, repose sur l'idée que la culture ne saurait, en raison des enjeux qui s'attachent à la création et à la diffusion des œuvres, être intégralement soumise aux règles du droit commun et de l'économie de marché. Sans nier la dimension économique de la culture, l'exception culturelle vise à reconnaître et protéger sa dimension éthique, politique et sociale, qui en fait l'un des fondements de la dignité humaine ». Le rapport Lescure publié en mai 2013 rappelait d'emblée la notion d'exception culturelle. Le principe est simple : ne pas abandonner les productions culturelles aux seules lois du marché, de l'offre et de la demande, mais au contraire encourager leur diversité par un système de subventions et de réglementations.

Concrètement, l'exception culturelle en France, c'est tout un système de mesures destinées à soutenir la production hexagonale et à assurer sa diffusion. Les décrets Tasca, par exemple, ont instauré au début des années 90, des quotas de production qui imposent aux chaînes de télévision d'investir une part de leur chiffre d'affaire dans la production cinématographique ou audiovisuelle ; des quotas de diffusion portant sur le pourcentage d'œuvres françaises ou européennes programmées par les chaînes. La production française est par ailleurs soutenue par des subventions publiques attribuées par le Centre National du Cinéma (CNC).

Mathilde Blottière *et alii.*, « Exception culturelle : "Le principe d'une libéralisation de la culture est tout simplement aberrant" », *Télérama*, 2016

Doc 2 Droits de douane et commerce extérieur en République de Corée[1] (1989-2013)

	1989	1992	1995	1998	2001	2004	2007	2010	2013
Droits de douane dans l'industrie (en %)	14,82	10,81	7,76	8,89	8,41	7,49	7,48	7,43	7,38
Exportations (en millions de dollars)	61 462	77 720	124 978	133 912	151 172	260 143	389 568	461 445	570 918
Importations (en millions de dollars)	57 540	78 131	129 398	90 675	138 143	220 482	352 439	421 362	510 206

1. Corée du Sud.

OMC, Banque mondiale

Doc 3 Effets de la concurrence chinoise sur les salaires horaires dans l'industrie en France

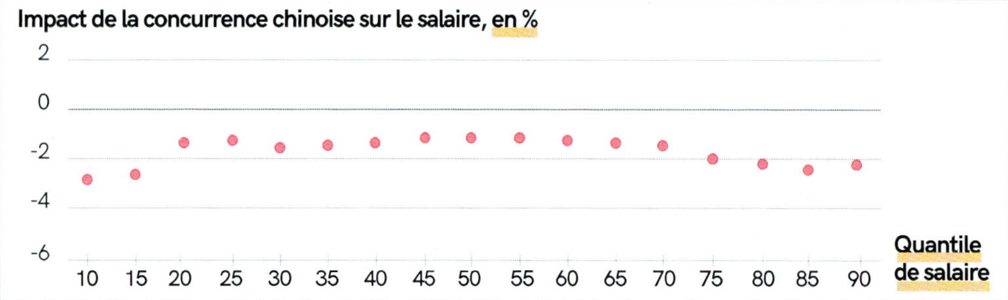

« Concurrence chinoise : quels effets sur emploi et salaires locaux ? », Banque de France, Billet n° 26, 2017

Lecture : la concurrence chinoise fait baisser les salaires horaires figurant parmi les 10 % les moins élevés dans l'industrie de 3,4 % environ.

Méthode

ÉTAPES 1 ET 2 **Analyser le sujet et mobiliser ses connaissances** Au brouillon

❶ Repérez et analysez tous les termes importants du sujet. → GUIDAGE P. 77
- À partir de votre analyse, déduisez-en le type de plan à adopter. → TYPES DE PLANS P. 18
- N'hésitez pas à reformuler le sujet.

❷ Indiquez au brouillon tous les exemples, idées, théories, faits, éléments de cours... qui peuvent être mobilisés.

CONSEIL Si vous avez déjà une idée des grands axes de votre réponse, **classez** ces éléments dans votre plan.

ÉTAPE 3 **Exploiter le dossier documentaire** Au brouillon
- Lisez attentivement chaque document et résumez la (ou les) idée(s) principale(s) en lien avec le sujet.
- Pensez à repérer la source, le cadre spatio-temporel, les notions ou mécanismes importants et les outils statistiques. Faites attention aux unités.

CONSEIL Si vous avez déjà une idée des grands axes de votre réponse, **classez** les éléments issus de l'analyse des documents dans votre plan en indiquant le numéro des documents mobilisés.

ÉTAPE 4 **Construire un plan détaillé** Au brouillon → MÉTHODE P. 21

ÉTAPE 5 **Rédiger l'introduction et la conclusion** Au brouillon
- Rédigez l'introduction. → MÉTHODE P. 21
- La conclusion doit dresser le bilan de votre développement.

ÉTAPE 6 **Rédiger son devoir** Sur votre copie
- Une fois ces étapes réalisées, vous pouvez maintenant vous lancer dans la rédaction « au propre » de votre devoir.
- Il doit comporter une introduction, un développement et une conclusion.
- Dans le développement, chacun de vos paragraphes devra annoncer et expliciter votre argument, et comporter des illustrations.
- N'oubliez pas de respecter les règles de forme (orthographe, syntaxe, alinéas, sauts de ligne...).

Voici un exemple de paragraphe rédigé.

Le **paragraphe débute par l'annonce de l'idée générale**, qui sera ensuite développée en 3 temps (les 3 secteurs concernés).

N'oubliez pas d'**illustrer** votre propos, notamment à partir des documents.

À travers son marché intérieur, un pays peut souhaiter protéger des industries qu'il estime stratégiques. Trois secteurs sont particulièrement concernés par cet argument de nature politique : défense, culture et agriculture.

Les industries de défense sont évidemment importantes pour qui veut conserver la libre disposition de ses forces armées, même si la plupart des pays sont contraints de s'appuyer sur des armements importés.

***Les industries culturelles sont également jugées stratégiques, car la culture est un élément central de l'identité nationale, une source de soft power** (c'est-à-dire d'influence politique indirecte) et pour maintenir la diversité de l'offre culturelle, comme le rappelle le doc 1.*

Enfin, de nombreux pays tentent de préserver leur autosuffisance alimentaire afin de conserver leur autonomie en cas de conflit extérieur et pour soutenir un groupe social important. C'est pourquoi l'agriculture demeure aujourd'hui un secteur très protégé.

BAC Grand Oral

➜ Méthode générale p. 22-25

Question Quels sont les effets de la mondialisation sur les inégalités ?

ÉTAPE 2 Préparer son oral : se documenter

➜ **COLLECTER DES INFORMATIONS** Vous avez réussi à choisir et formuler votre question ; il vous faut maintenant **effectuer des recherches documentaires** afin de pouvoir étayer votre réponse.

Quelles informations rechercher ?

- Vous devez **collecter des informations** afin de recueillir des arguments :
  - des exemples précis : conséquences pour les salariés d'une entreprise, situation d'un pays en particulier, impact d'une activité, comme le tourisme ou l'industrie textile…
  - des données statistiques (sur les salaires ou les revenus et leur évolution)
  - des analyses critiques…

Vous pouvez utiliser la méthode « QQQPO » :

- **Quoi ?** Il vous faut définir rigoureusement les notions centrales relatives à votre question : inégalités de quoi ? Comment les mesurer ?
- **Qui ?** Qui est concerné ? Qui gagne et qui perd ?
- **Quand ?** Quand les échanges commencent-ils à peser ?
- **Pourquoi ?** Pourquoi les inégalités changent-elles avec la montée des échanges internationaux ?
- **Où ?** Est-ce un phénomène mondial ?

Où rechercher ?

- Les ressources documentaires sont multiples : utilisez toutes celles à votre disposition.
- **Des ouvrages : manuels scolaires, revues, essais…** De nombreux essais ou ouvrages de sociologie ou de science politique ont été publiés sur ce thème : ne vous limitez pas à des ouvrages d'économie.
- **La presse écrite (dans votre CDI ou sur Internet), les sites spécialisés.** Prêtez une attention particulière aux tribunes libres publiées dans les grands quotidiens (*Le Monde*, *Le Figaro*, *Libération*…).
- **Des films, documentaires, podcasts…** Le site Xerfi Canal, par exemple, a consacré plusieurs courtes vidéos à ce thème. Des reportages sur des situations locales particulières sont disponibles en ligne : recherchez des exemples près de chez vous.

Il est impératif de **varier vos sources**, à la fois pour regrouper des informations de plusieurs types (données statistiques, analyses sociologiques, entretiens, exemples historiques…), mais aussi pour recueillir des points de vue diversifiés.

Une fois que votre recherche documentaire vous semblera suffisamment riche et variée, vous pourrez débuter l'étape suivante : organiser votre réponse.

CONSEIL
Aller au-delà de l'économie.
Cette question vous oblige à chercher des informations et des idées au-delà des publications économiques habituelles, car elle a plusieurs dimensions : économique, mais aussi politique et sociale.

CONSEIL
Faire concret.
Il faut vous attacher à décrire des situations précises, souvent au niveau local. C'est ce qui donnera de la valeur à votre travail.

CONSEIL
Faits et opinion.
Distinguez bien les essais qui affichent des arguments et les ouvrages qui présentent des faits.

CONSEIL
Choisir ses sources.
Sélectionnez vos sources en fonction de leur fiabilité et de leur pertinence par rapport à votre sujet.

Ressources numériques
- Lien vers des sites utiles.
- Exemple de plan pour cette question.

ÉTAPE 5 Anticiper les questions du jury

Faire le lien avec d'autres disciplines	Faire le lien avec un projet d'orientation
Philosophie Terminale – Notion : La justice. Distinction absolu / relatif **Mathématiques complémentaires** Terminale – Thème « Répartition des richesses, inégalités » **Géographie Terminale** **Thème 2** – Dynamiques territoriales, coopérations et tensions dans la mondialisation	**Études supérieures** Études de science politique, de géographie humaine **Projet professionnel** Tourisme, aide au développement…

Autres questions possibles

- Quels sont les effets de l'internationalisation des chaînes de valeur ?
- Le libre-échange est-il aujourd'hui menacé ?
- Qui sont les gagnants et les perdants de la mondialisation ?

BAC

Sujet d'entraînement – Dissertation 4h

Grilles d'évaluation

Comment peut s'expliquer le commerce entre pays ayant des dotations factorielles comparables ?

Doc 1 Échanges extérieurs de la branche automobile en France

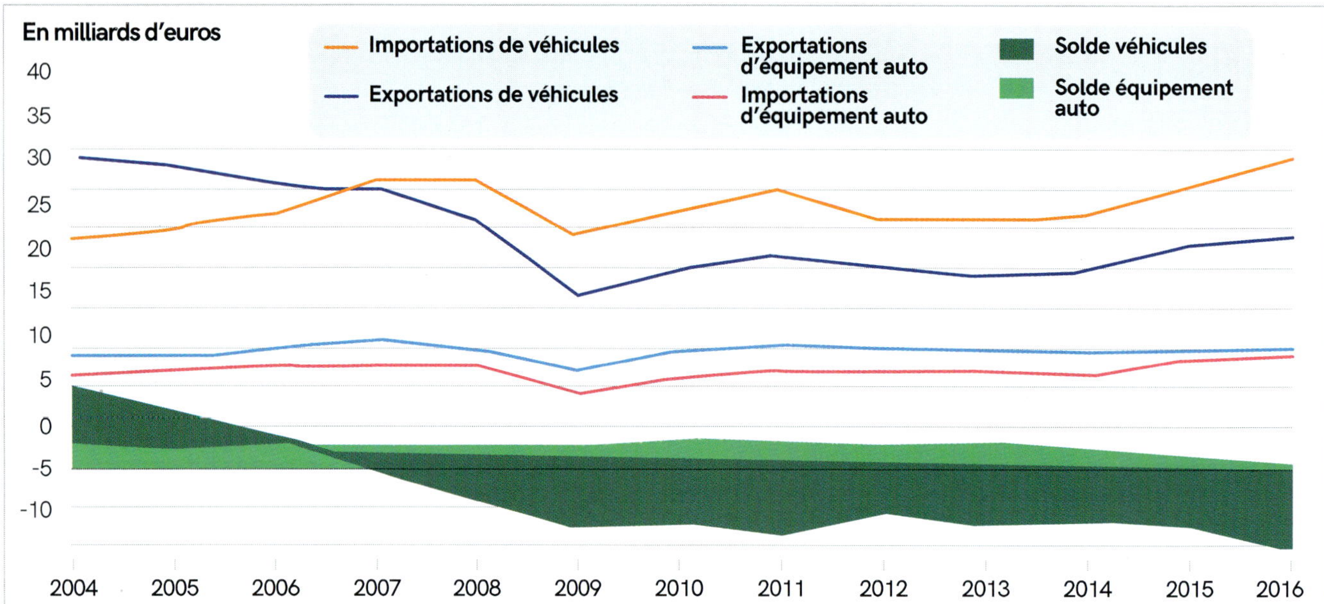

« Études et éclairages », lekiosque.finances.gouv.fr, n° 76, 2017

Doc 2 Chaîne d'approvisionnements de Ford en Europe

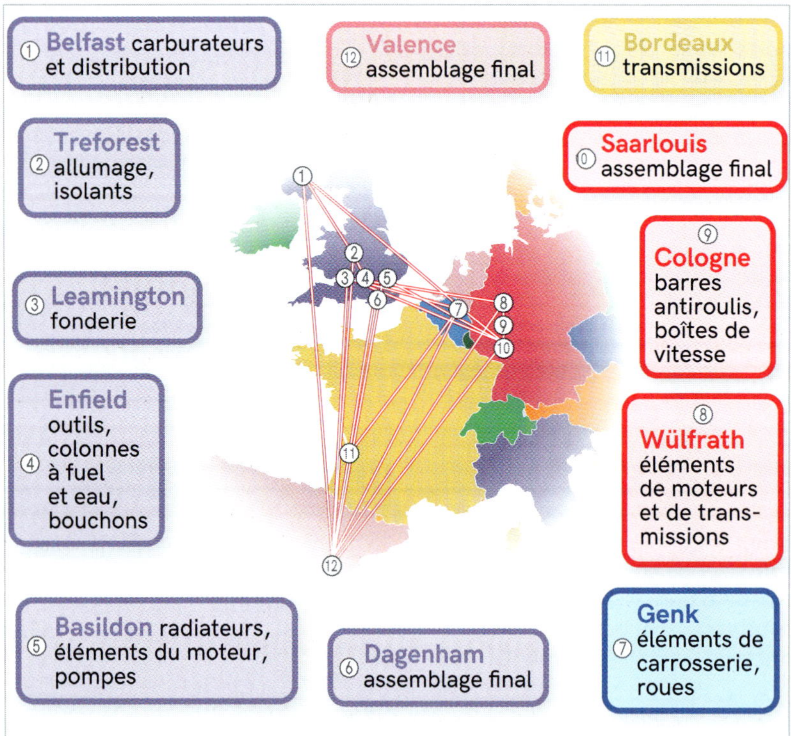

Raj Shravanthi, 2016

Doc 3

Les pare-chocs des Bentley Bentaygas sont fabriqués en Europe, puis envoyés à Crewe, au Royaume-Uni, pour inspection avant d'aller en Allemagne pour être peints. Ils retournent ensuite au Royaume-Uni pour l'assemblage final. Un autre exemple de l'interconnexion des chaînes de production est un injecteur de carburant pour poids lourds fabriqué aux États-Unis par l'équipementier Delphi. Cet élément utilise de l'acier européen usiné au Royaume-Uni avant de recevoir un traitement thermique en Allemagne. L'injecteur est ensuite assemblé au Royaume-Uni et vendu aux fabricants de poids lourds basés en Suède, en France ou en Allemagne. Si le camion est finalement vendu sur le marché britannique, le composant ou sa matière première auront franchi la frontière cinq fois.

Peter Campbell, « *UK car industry fears effects of Brexit tariffs on supply chain* » (trad. Arnaud Parienty), *The Financial Times*, 2016

BAC Sujet d'entraînement – Épreuve composée 4h

PARTIE 1 Mobilisation des connaissances — 20 à 30 min. — 4 points

Question Donnez un exemple illustrant l'internationalisation de la chaîne de valeur.

PARTIE 2 Étude d'un document — 1h à 1h30 — 6 points

Doc Évolution du commerce international de biens finaux et de biens intermédiaires

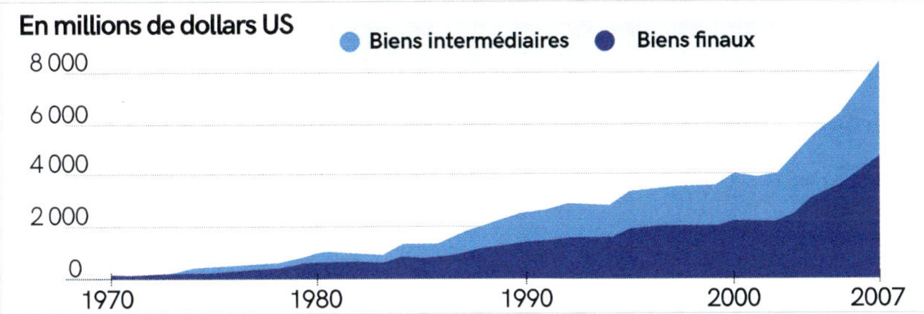

Sergi Basco, Marti Mestieri, « *Economists explain the link between inequality and globalization* », *World Economic Forum*, 2019

Question 1. Montrez, à l'aide d'un calcul approché, que la part des biens intermédiaires dans le commerce international a augmenté sur la période étudiée.

Question 2. Caractérisez l'évolution du commerce international de biens.

PARTIE 3 Raisonnement s'appuyant sur un dossier documentaire — 2h à 2h40 — 10 points

À l'aide de vos connaissances et du dossier documentaire, vous montrerez les effets induits par le commerce international sur les inégalités de revenus.

Doc 1

Le Bangladesh est un puissant exemple montrant comment la participation aux chaînes de valeur globales a favorisé la croissance économique et les changements structurels. En 1988, les exportations de vêtements et de chaussures du Bangladesh étaient négligeables, représentant moins de 1 % des exportations totales. Depuis lors, l'exportation de vêtements réalisés à partir de textile importé a connu une croissance moyenne de 18 % par an. Le Bangladesh réalise désormais 7 % des exportations mondiales d'habillement et de chaussures, troisième derrière la Chine (qui s'approvisionne de manière croissante au Bangladesh) et le Vietnam.

Le secteur compte pour 89 % des exportations du pays et 14 % de son PIB et il emploie 3,6 millions de travailleurs, dont 55 % de femmes. La diversification est également en cours. Le secteur des plastiques a bénéficié de complémentarités avec celui de l'habillement, car les vêtements sont emballés dans du plastique. Les articles de cuir et les chaussures connaissent une croissance rapide (deuxième secteur exportateur du pays). Pendant ce temps, la part de l'agriculture dans le PIB a chuté de 70 % en 1988 à 38 % en 2018 et la proportion de personnes en situation d'extrême pauvreté est passée de 44 % en 1988 à 15 % en 2016.

Se confronter à la mondialisation a été difficile. Les bas salaires sont à l'origine du succès du Bangladesh à l'exportation et, au cours des trente dernières années, il y a eu peu de transition vers des tâches mieux payées. La demande d'une hausse des salaires s'est transformée en troubles sociaux, sous la forme de grèves et de manifestations de rue.

World development report, World Bank (trad. Arnaud Parienty), 2020

Doc 2 Évolution du niveau de vie[1] de 1980 à 2019 (indice base 100 en 1980)

Fonds monétaire international, *World economic outlook database*, 2019

1. PIB par habitant à parité des pouvoirs d'achat.

Doc 3 Évolution des inégalités[1] de revenus disponibles

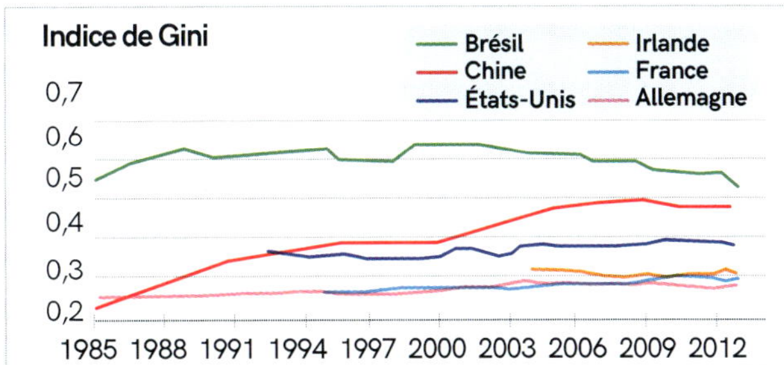

OCDE et UNU-WINDER, base de données WIID (pour les BRICS)

1. Les inégalités sont ici mesurées par l'indice de Gini qui varie entre 0 (égalité parfaite) et 1 (un seul individu détient tout le revenu).

Note de lecture : Pour les pays de l'OCDE, il s'agit des inégalités de revenu disponible des ménages par équivalent adulte et, pour les BRICS, des inégalités de revenu disponible des ménages par tête.

CHAPITRE

3 Comment lutter contre le chômage ?

Textes DYS
TOUS LES TEXTES EN VERSION DYS
lyceen.nathan.fr/sesterm-2020

RAPPELS

Exercices interactifs

		VRAI	FAUX
2de	Cours de 2de		
	Quelles relations entre le diplôme, l'emploi et le salaire ?		
	a. Un niveau de diplôme élevé permet de diminuer le risque de chômage.	☐	☐
	b. Les salariés peu qualifiés ont forcément plus de mal à trouver un emploi que les salariés très qualifiés.	☐	☐
1re	Cours de 1re		
	Comment un marché concurrentiel fonctionne-t-il ?		
	c. Un marché est à l'équilibre quand l'offre est égale à la demande.	☐	☐
	Comment l'assurance et la protection sociale contribuent-elles à la gestion des risques dans les sociétés développées ?		
	d. En France, l'assurance chômage n'est pas une forme de protection sociale.	☐	☐
	Comment les entreprises sont-elles organisées et gouvernées ?		
	e. Un des rôles des syndicats est de défendre les intérêts des salariés.	☐	☐

SOMMAIRE

Doc 1 La courbe du chômage

Que veut-on dire lorsque l'on déclare que la courbe du chômage baisse ?

Un homme présente la courbe du chômage
Deligne

Doc 2 La lutte contre le chômage

Vidéo

Pourquoi est-il important pour les responsables politiques que le chômage baisse ?

Rétrospective de quarante ans de lutte contre le chômage
« "Tous président" : retour sur 40 ans de lutte contre le chômage » (4 min. 6 sec.), Public Sénat, 2016

1 Comment définir le chômage et le sous-emploi ?

▸▸ OBJECTIFS
Savoir définir le chômage et le sous-emploi et connaître les indicateurs de taux de chômage et taux d'emploi.

QU'ALLONS-NOUS FAIRE ?

Le nombre de chômeurs et le taux de chômage sont régulièrement commentés dans les médias. Afin de les analyser, il est important de comprendre comment ils sont évalués, mais aussi de les croiser avec des données complémentaires.

Doc 1 Distinguer chômage et sous-emploi

Le chômage représente l'ensemble des personnes de quinze ans et plus, privées d'emploi et en recherchant un. Sa mesure est complexe. Les frontières entre emploi, chômage et inactivité ne sont pas toujours faciles à établir [...].

Il y a en France deux sources statistiques principales sur le chômage : les statistiques mensuelles du ministère du Travail, élaborées à partir des fichiers de demandeurs d'emploi enregistrés par Pôle emploi, et l'enquête Emploi de l'Insee qui mesure le chômage au sens du BIT[1] [...].

Le sous-emploi comprend les personnes actives occupées [...] qui remplissent l'une des conditions suivantes :

– elles travaillent à temps partiel, souhaitent travailler davantage et sont disponibles pour le faire, qu'elles recherchent activement un emploi ou non ;

– elles travaillent à temps partiel (et sont dans une situation autre que celle décrite ci-dessus) ou à temps complet, mais ont travaillé moins que d'habitude pendant une semaine de référence en raison de chômage partiel [...] ou de mauvais temps.

« Définitions », Insee, 2016

1. Bureau international du travail.

Vidéo

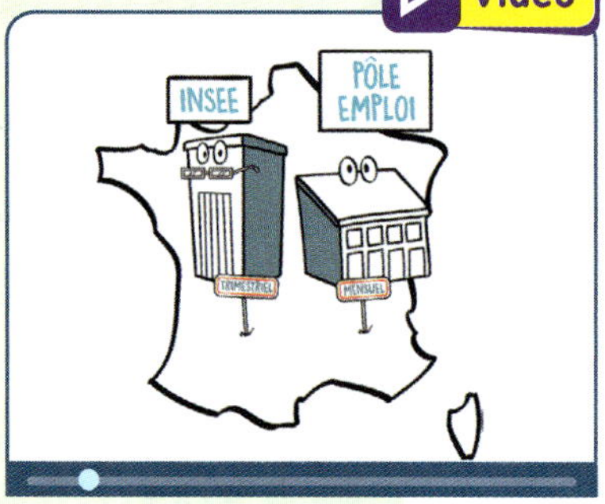

« Comment mesure-t-on le chômage ? » (4 min. 3 sec.), Dessine-moi l'éco, 2017

DÉFINITIONS

Actif occupé : personne active ayant un emploi.

Population active : ensemble des personnes en âge d'exercer une activité professionnelle (de 15 à 64 ans) qui exercent une activité rémunérée ou qui sont au chômage.

Taux de chômage : pourcentage de chômeurs dans la population active.

$$\frac{\text{Nombre de chômeurs}}{\text{Population active}} \times 100$$

QUESTIONS

1. **Définir.** À partir du texte et de la vidéo, expliquez ce que sont le chômage et le taux de chômage.
2. **Lire.** Quelles sont les deux institutions qui mesurent le chômage en France ?
3. **Comparer.** Quelles sont les différences entre une personne au chômage et une personne en situation de sous-emploi ?

Doc 2 Le sous-emploi en fonction du sexe en France en 2018

	Sexe		Ensemble
	Femmes	Hommes	
Nombre de personnes en sous-emploi (en milliers)	1 129	485	1 614
Part du sous-emploi sur la totalité des personnes en emploi (en pourcentage)	8,6	3,5	6,0

Insee, enquête Emploi, 2019

QUESTIONS

4. **Expliquer.** Rédigez une phrase pour expliquer les données encadrées.
5. **Calculer.** Quelle est la part en pourcentage des femmes en sous-emploi par rapport à l'ensemble des personnes dans cette situation ?

→ FICHE MÉTHODE 1 P. 358

ACTIVITÉ Nombre de chômeurs au sens du BIT en France

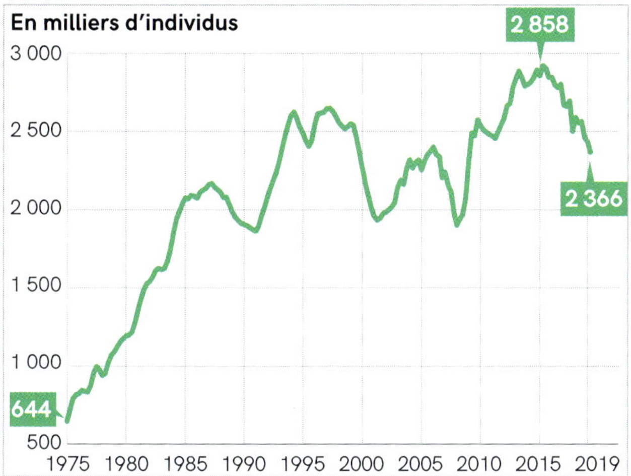

D'après « Indicateurs sur le marché du travail (chômage au sens du BIT) », Insee, 2019

a. Par combien le nombre de chômeurs a-t-il été multiplié entre 1975 et 2019 ?

b. Calculez le pourcentage d'évolution du nombre de chômeurs entre 2015 et 2019.

▶ **Le taux de croissance annuel moyen entre 1975 et 2019 est de 3 %.**

c. Que signifie ce résultat ?

MÉMO MATHS

→ FICHE MÉTHODE 2 P. 359
→ FICHE MÉTHODE 3 P. 360
→ FICHE MÉTHODE 16 P. 376

Vidéo

Expliquez-nous… le chômage de longue durée (2 min. 23 sec.), France TV info, 2015

Doc 3 Le taux d'emploi

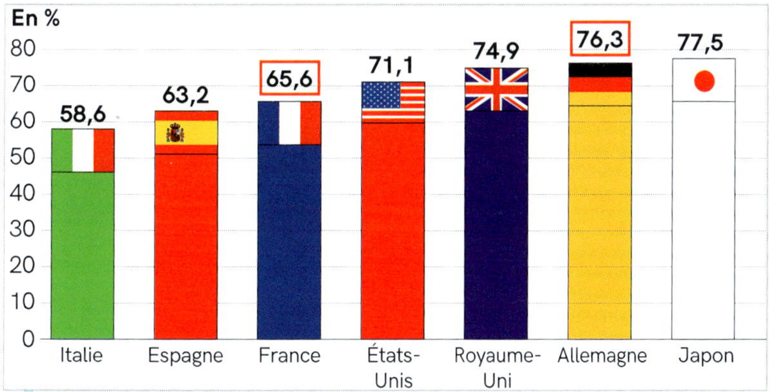

D'après OCDE, 2019

DÉFINITION

Taux d'emploi : mesure de l'utilisation des ressources en main-d'œuvre disponibles, c'est-à-dire de la proportion de personnes qui occupent un emploi parmi celles qui seraient en âge d'exercer une activité professionnelle.

$$\frac{\text{Nombre d'actifs occupés}}{\text{Population en âge de travailler}} \times 100$$

QUESTIONS

6. **Lire.** Formulez une phrase pour expliquer le sens des deux données encadrées.
7. **Calculer.** Quel est l'écart en points de pourcentage et en pourcentage entre ces deux données ? → FICHE MÉTHODE 2 P. 359
8. **Expliquer.** D'après la définition du taux d'emploi, quelles sont les deux données nécessaires pour calculer cet indicateur ?

MÉMO

- Le chômage représente l'ensemble des personnes en âge de travailler qui sont sans emploi et en recherchent un. Deux institutions, l'Insee et Pôle emploi, mesurent le chômage en France.
- Le taux de chômage permet d'évaluer la proportion de chômeurs dans la population active et le taux d'emploi d'évaluer la proportion de personnes en emploi dans la population totale en âge de travailler.
- Le sous-emploi, contrairement au chômage, concerne des personnes qui ont un emploi mais travaillent à temps partiel et souhaitent travailler à temps plein.

EN AUTONOMIE VERS LE BAC

▶▶ **Parcours écrit** Épreuve composée – Partie 1

Expliquez la différence entre chômage et sous-emploi.

▶▶ **Parcours oral** Étape 2 – Se documenter

Recherchez des données sur le taux d'emploi et le taux de chômage dans d'autres pays sur le site de l'OCDE ou de l'Union européenne. Choisissez par exemple deux pays que vous pourrez comparer avec la France.

Liens vers les sites

2 Pourquoi offre et demande de travail ne se rencontrent-elles pas toujours ?

▸▸ OBJECTIF
Comprendre que les problèmes d'appariement et les asymétries d'information sont des sources de chômage structurel.

QU'ALLONS-NOUS FAIRE ?

Alors que de nombreuses personnes ont des difficultés à trouver un emploi, Pôle emploi publie chaque année une enquête sur les 100 métiers dits « sous tension », c'est-à-dire pour lesquels les entreprises ont du mal à recruter. Cette situation représente environ 200 000 postes à pourvoir en 2019.

Doc 1 Le chômage structurel

Le chômage structurel est un chômage qui résulte d'une inadaptation momentanée entre la structure des offres et des demandes de travail. La structure de la demande de biens et services évolue dans le temps et, de ce fait, la production de certains secteurs décline, tandis qu'elle se développe rapidement dans d'autres secteurs. Ces mutations du système productif modifient la structure de la demande de travail [par les entreprises] : certaines qualifications professionnelles sont de moins en moins recherchées et d'autres sont en revanche très demandées. La structure des offres de travail [par les travailleurs] peut donc se trouver en partie inadaptée à celle des demandes. En effet, le système d'éducation et de formation professionnelle met un certain temps à s'adapter aux nouveaux besoins de l'économie, et la réduction de l'emploi dans les secteurs en déclin amène sur le marché du travail des individus dont l'expérience professionnelle est de moins en moins demandée par les entreprises. En conséquence, il existe une offre de main-d'œuvre excédentaire pour les qualifications les moins recherchées.

Jacques Généreux, *Économie politique*, tome 3 : *Macroéconomie*, 7e édition, Hachette supérieur, 2014

QUESTIONS

1. **Lire.** Sur le marché du travail, qui représente l'offre ? la demande ?
2. **Expliquer.** Que signifie la phrase soulignée ?
3. **Illustrer.** Citez deux métiers qui peuvent être touchés par le chômage structurel.

Doc 2 Existe-t-il un lien entre salaire et chômage ?

a Le salaire d'efficience

La rigidité des salaires[1] est une source de chômage [...]. Les théories du salaire d'efficience proposent une source potentielle de rigidité des salaires. Selon ces théories, les salaires élevés rendent les travailleurs plus productifs. [...] La qualité de la main-d'œuvre d'une entreprise est fonction de la hauteur de la rémunération que celle-ci octroie à ses travailleurs. Si l'entreprise réduit ses salaires, les meilleurs de ses travailleurs seront incités à rechercher un emploi ailleurs, ne laissant dans l'entreprise que les travailleurs les moins efficaces et donc les moins susceptibles de trouver un emploi ailleurs. Les économistes appellent « sélection adverse » ou « anti-sélection » la tendance des détenteurs d'information (dans ce cas, les travailleurs, qui connaissent leurs possibilités d'emploi ailleurs) à prendre leurs décisions sans tenir compte de l'impact négatif de celle-ci sur ceux qui ne détiennent pas la même information (dans ce cas, l'entreprise).

Gregory N. Mankiw, *Macroéconomie*, 7e édition, De Boeck Supérieur, 2016

1. Fait que le niveau des salaires ne s'ajuste pas forcément, notamment à la baisse, en fonction des variations de l'offre et de la demande de travail.

b Top 3 des entreprises dans lesquelles le salaire annuel médian est le plus élevé en France, en 2019

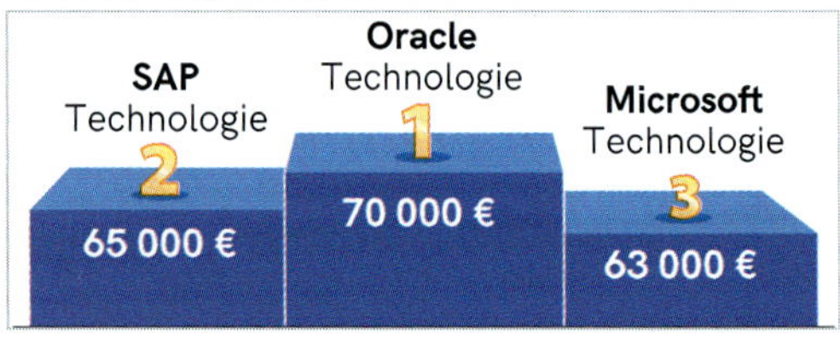

D'après *Les Échos* et *Glaasdoor*, 2019

QUESTIONS

4. **Expliquer.** Selon la théorie du salaire d'efficience, qui possède un avantage ? Pourquoi ?
5. **Analyser.** Quel lien peut-on faire entre les docs a et b ?
6. **Déduire.** Quelles sont les conséquences du salaire d'efficience sur les personnes qui recherchent un emploi ?

Doc 3 Comment l'offre et la demande de travail se rencontrent-elles ?

Le chômage frictionnel apparaît lorsque le mécanisme d'appariement[1] entre l'offre et la demande de travail ne fonctionne pas correctement. C'est le cas lorsqu'une entreprise souhaite embaucher un employé avec un profil spécifique, qu'il existe un chômeur avec l'ensemble des caractéristiques souhaitées, mais que les deux parties ne se connaissent pas. Il y a un manque d'information qui fait que cette offre et cette demande ne s'apparient pas. [...]

Un des remèdes au chômage frictionnel est l'amélioration de l'information disponible sur le marché du travail. Collecter les offres et les demandes d'emplois est l'une des missions de Pôle emploi. De nombreux sites Internet ont également été développés ces dernières années pour favoriser l'appariement entre les entreprises et les personnes.

John Sloman, Alison Wride, Dean Garatt, *Principes d'économie*, 9e édition, Pearson, 2015

1. Mise en relation.

Agence Pôle emploi

QUESTIONS

7. **Expliquer.** Pourquoi peut-on dire que le chômage est en partie dû à un problème d'appariement (ou de « friction ») ?
8. **Déduire.** Quel rôle peut jouer Pôle emploi pour limiter ce type de chômage ?

ACTIVITÉ Indeed, un moteur de recherche d'emploi

Lien vers le site

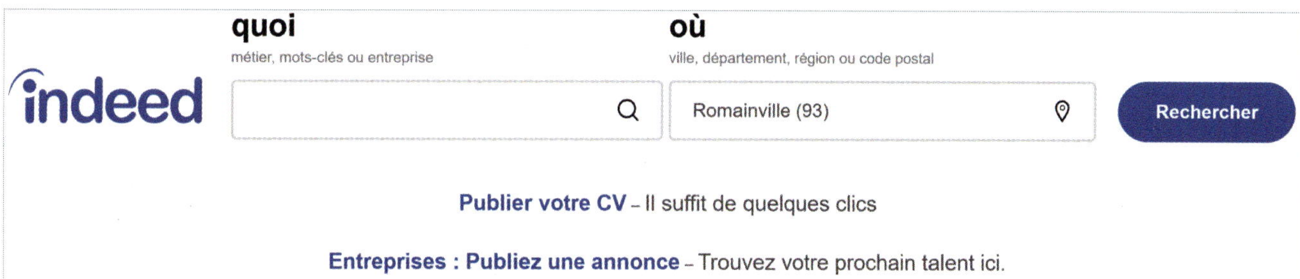

Site Internet d'Indeed, 2019

▶ **Par groupe de deux, répondez aux questions suivantes.**

a. Identifiez les deux problèmes d'appariement qu'Indeed tente de résoudre.

b. Si vous étiez à la recherche d'un emploi, en quoi un tel site vous aiderait-il ?

c. Si vous étiez à la recherche d'un salarié, en quoi un tel site vous aiderait-il ?

EN AUTONOMIE VERS LE BAC

▶▶ **Parcours écrit** Épreuve composée – Partie 3

À l'aide de vos connaissances et des docs 1, 2 et 3, expliquez pourquoi le chômage structurel est le résultat d'un manque d'appariement entre l'offre et la demande de travail.

▶▶ **Parcours oral** Étape 1 – Formuler sa question

Choisissez, parmi les docs 1 à 3, l'une des causes de chômage structurel et formulez une question autour de ce thème. Pensez à créer une accroche : « pour ou contre... », « est-il vrai que... »... ?

Liste d'accroches

MÉMO

■ Le chômage structurel est une forme de chômage dont la cause réside dans l'inadaptation entre l'offre et la demande de travail. Il peut augmenter dans certains secteurs et baisser dans d'autres.

■ Il s'explique notamment par :
– les problèmes d'appariement (ou frictions) et d'asymétries de l'information qui compliquent l'ajustement entre l'offre et la demande de travail ;
– les changements de la structure de l'économie.

3 Quels sont les effets des institutions sur le chômage structurel ?

▸▸ OBJECTIF
Comprendre les effets des institutions sur le chômage structurel.

QU'ALLONS-NOUS FAIRE ?

Dans les médias, il n'est pas rare d'entendre des économistes ou des responsables politiques s'exprimer sur la meilleure façon de faire reculer le chômage. En effet, les règles qui encadrent les contrats de travail peuvent agir sur le chômage de différentes façons.

Doc 1 L'impact du salaire minimum sur le chômage

a Différents effets du salaire minimum sur le chômage

Selon certains économistes, l'existence d'un salaire minimum nuit à la réalisation de l'équilibre sur le marché du travail. Les entreprises, qui sont censées rémunérer les salariés à hauteur de leur productivité, sont pénalisées si elles engagent un travailleur qui leur rapporte moins que ce que coûte le salaire minimum. Au-delà d'un certain seuil critique, le salaire minimum favorise, dans ce cadre de pensée, le chômage [...] : une augmentation de 1 % du SMIC détruirait de 15 000 à 25 000 postes. Les personnes les moins qualifiées et les jeunes sont dans tous les cas les plus touchés. De fait, le salaire minimal rend inemployables les travailleurs les plus vulnérables.

[...] Cet effet n'est pas nécessairement dominant : une célèbre étude [...] montre [...] que l'instauration d'un salaire minimum dans l'État du New Jersey a induit une hausse de l'emploi supérieure à celle qui pouvait être constatée dans l'État voisin, qui n'avait pas été touché par ce changement de législation. La concurrence n'est pas parfaite si l'employeur est en position de force et peut imposer des salaires inférieurs au salaire optimal pour maximiser son profit. Le salaire minimum permet alors de rétablir l'équilibre dans la négociation en imposant à l'employeur de mieux rémunérer les salariés les plus vulnérables. De plus, selon la théorie du salaire d'efficience [...] qui établit une relation positive entre salaire et motivation des salariés, une augmentation du salaire minimum devrait pousser les travailleurs qui en bénéficient à accroître leur productivité.

Sébastien Grobon, « Quels effets du salaire minimum sur le chômage ? », *Regards croisés sur l'économie* n° 13, janvier 2013

b Quel salaire d'équilibre sur le marché du travail ?

Les politiques gouvernementales cherchent parfois à élever les prix au-delà du niveau d'équilibre comme l'instauration des salaires minimaux. [...]

Le salaire minimum est fixé à W_{min}, un niveau plus élevé que le salaire d'équilibre W_0. Il en résulte que les travailleurs qui peuvent trouver un emploi obtiennent un salaire plus élevé. Cependant, certaines personnes qui souhaitent travailler n'y parviennent pas. [...] Il en résulte un chômage de $L_2 - L_1$ travailleurs.

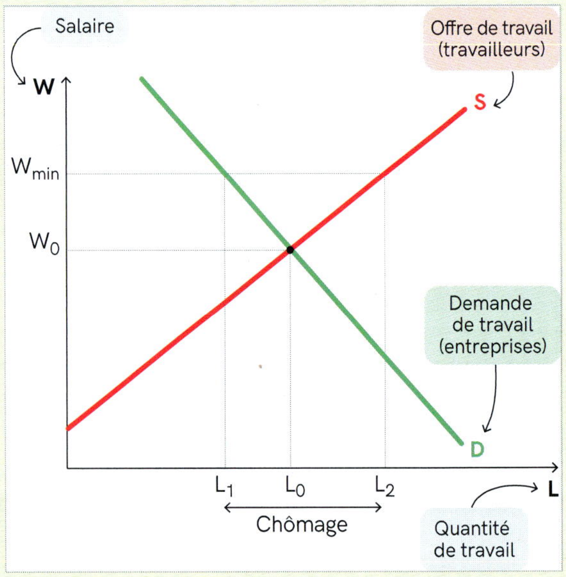

D'après Robert Pindyck, Daniel Rubinfeld, *Microéconomie*, 9e édition, Pearson, 2017

QUESTIONS

1. **Lire.** Repérez sur le graphique le salaire d'équilibre et la quantité de travail utilisée pour ce salaire.
2. **Lire.** Si le niveau de salaire minimum est fixé à W_{min}, quelles sont les quantités de travail offertes et demandées ?
3. **Expliquer.** En vous aidant du graphique, montrez que fixer un salaire supérieur au niveau d'équilibre peut engendrer du chômage.
4. **Expliquer.** Pourquoi l'introduction d'un salaire minimum peut-elle paraître préjudiciable pour les personnes les moins qualifiées ? Est-ce forcément le cas ? Appuyez-vous sur les docs a et b.

Doc 2 La rigidité du marché du travail français

Selon [certains] économistes [...], le manque de flexibilité du marché du travail serait [...] une cause importante de chômage. Les rigidités de ce marché dressent en effet, selon eux, des obstacles réglementaires qui empêchent l'offre et la demande de travail de s'ajuster correctement. Ils considèrent par exemple qu'un niveau élevé d'indemnisation du chômage n'incite pas les chômeurs à retrouver rapidement un travail. De la même manière, ils estiment que, si le droit du travail interdit aux employeurs de pouvoir licencier facilement et sans frais, alors ceux-ci seront réticents à embaucher autant qu'ils le pourraient. Et cette réticence [...] se traduit par un chômage persistant [...].

Ces raisonnements [...] présentent pourtant plusieurs fragilités. Tout d'abord, les règles qui protègent l'emploi – par exemple en compliquant les procédures et en alourdissant les coûts liés aux licenciements – sont peut-être peu incitatives à l'embauche, mais elles sont très favorables aux emplois existants et à ceux qui les occupent. Puisqu'elles rendent complexe et coûteuse la séparation avec l'employé, elles peuvent même pousser les entreprises à former davantage leurs salariés pour les aider à migrer vers des qualifications et des métiers d'avenir, lesquels serviront en retour la compétitivité de l'entreprise.

Thierry Pech, « Le marché du travail est-il trop rigide ? », *Alternatives économiques*, 2014

QUESTIONS

5. **Illustrer.** Recensez les arguments des économistes pour qui la rigidité du marché du travail en France serait la cause du chômage.
6. **Expliquer.** L'auteur de l'article partage-t-il ce point de vue ? Quels sont ses principaux arguments ?

ACTIVITÉ Les évolutions du Code du travail

Deligne

Babouse

▶ Choisissez l'un des deux dessins et analysez-le en mettant en avant les risques d'un assouplissement des règles de protection de l'emploi en France. Vous pouvez prendre l'exemple du travail dominical.

LOI

En 2015, la loi « pour la croissance, l'activité et l'égalité des chances économiques », dite « loi Macron », a assoupli les règles encadrant le travail dominical, sous réserve de compensations financières pour les salariés.

EN AUTONOMIE VERS LE BAC

▶▶ Parcours écrit Épreuve composée – Partie 3

À l'aide de vos connaissances, du doc 2 et de l'activité, montrez les effets ambivalents de la protection de l'emploi sur le chômage.

▶▶ Parcours oral Étape 4 – Présenter sa question

Rassemblez vos connaissances pour répondre à la question du dossier. Présentez votre travail en 5 minutes à l'oral, sans notes, devant 3 camarades. Ceux-ci évalueront votre présentation grâce à une grille d'évaluation.

Grille d'évaluation

MÉMO

■ Selon certains économistes, le chômage structurel dépend principalement de la plus ou moins grande rigidité du marché du travail et de l'existence d'un salaire minimum : plus les règles de protection de l'emploi sont contraignantes et le niveau de salaire élevé, plus le niveau de chômage serait élevé.

■ Dans les faits, cette corrélation n'est pas toujours vérifiée. Ces institutions peuvent aussi avoir des effets positifs sur l'emploi.

4 Quels sont les effets de l'activité économique sur le chômage conjoncturel ?

▶▶ OBJECTIF
Comprendre les effets des fluctuations de l'activité économique sur le chômage conjoncturel.

QU'ALLONS-NOUS FAIRE ?

La crise économique de 2008 a entraîné une forte poussée du chômage dans de nombreux pays. Le ralentissement de l'activité économique agit donc mécaniquement sur ce que les économistes appellent le « chômage conjoncturel ».

Doc 1 Le poids des chômages structurel et conjoncturel

Il est usuel de décomposer le taux de chômage en une partie structurelle et une partie conjoncturelle. Le chômage conjoncturel est la part du chômage qui dépend de la position de l'économie dans le cycle[1], c'est-à-dire de l'état de la demande. Une faible croissance [...] débouchera typiquement sur une hausse du chômage conjoncturel. Le chômage structurel, à l'inverse, est insensible aux fluctuations de l'activité. Il ne dépend que de la structure de l'économie (la population en âge de travailler, sa qualification, etc.), de facteurs institutionnels (l'indemnisation du chômage, le niveau du salaire minimum, les taux de cotisations, etc.) et technologiques [la robotisation dans l'industrie, par exemple]. Il est également appelé « taux de chômage d'équilibre » [...].

La Commission européenne estime le taux de chômage structurel français à 9,2 % en 2017, soit un niveau très proche du taux de chômage effectivement constaté au deuxième trimestre, à 9,5 %. En d'autres termes, d'après la Commission, la faiblesse de la demande ne joue qu'un rôle marginal dans le niveau élevé du chômage français, le chômage conjoncturel est quasiment inexistant.

Thibault Mercier, « À propos du chômage structurel en France », *Éco Flash*, Études économiques – BNP Paribas, 2017

1. Un cycle économique est une période durant laquelle des phases de croissance alternent avec des phases de ralentissement économique.

QUESTIONS

1. Comparer. Quelle est la différence entre chômage conjoncturel et chômage structurel ?

2. Lire. Pourquoi un faible niveau de croissance entraîne-t-il une hausse du chômage conjoncturel ?

ACTIVITÉ Croissance du PIB et évolution du taux de chômage en France entre 1990 et 2009

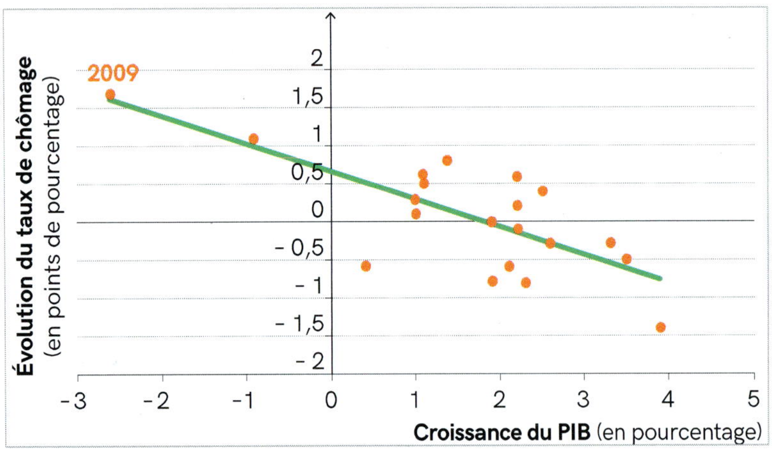

D'après Insee, Comptes nationaux annuels, 2018

Note : chaque point correspond à une année.

▶ **Présentez le document ci-contre en expliquant :**

a. la variable sur l'axe des abscisses et la variable sur celui des ordonnées ;

b. les données correspondant au point de l'année 2009 ;

c. que la droite exprime la corrélation entre ces deux variables ;

d. quel est le taux de croissance au-delà duquel le chômage commence à baisser, puis celui en dessous duquel il augmente.

MÉMO MATHS
→ FICHE MÉTHODE 9 P. 367

Doc 2 Demande globale et chômage conjoncturel

Le chômage dû à un niveau de demande trop faible, ou chômage conjoncturel, est associé à une récession de l'économie[1], au cours de laquelle la demande de biens et services des ménages diminue, sans diminution des salaires. Les entreprises n'arrivent plus à écouler toute leur production, elles décident alors de produire moins et de se défaire de l'excédent de force de travail en licenciant : la demande de travail diminue. <u>Cette augmentation du chômage équivaut à une nouvelle diminution des achats des ménages (un chômeur consomme moins qu'un travailleur), d'où une chute de la demande globale de biens et une nouvelle vague de licenciements.</u> À une récession économique plus longue, plus profonde, correspond un taux de chômage plus élevé. Lorsque la conjoncture s'améliore, les demandes globales de biens et de travail augmentent, et cette forme de chômage disparaît. [...]

Le chômage provoqué par une demande trop faible est également dénommé chômage « keynésien ». Pour illustrer sa thèse, [Keynes] s'appuie en particulier sur le chômage de l'entre-deux-guerres suite à la crise de 1929, qui s'explique en grande partie par un faible niveau de la demande globale.

John Sloman, Alison Wride, Dean Garatt, *Principes d'économie*, 9e édition, Pearson, 2015

1. Ralentissement de l'activité économique se traduisant par un recul du produit intérieur brut (PIB) sur au moins deux trimestres consécutifs.

Auteur

John Maynard Keynes (1883-1946)
Il préconise l'intervention de l'État dans l'économie, particulièrement en période de récession. Pour lui, il appartient à l'État de relancer la demande en agissant sur la consommation et/ou l'investissement.

QUESTIONS

3. **Lire.** Quelle est la principale cause du chômage conjoncturel ?
4. **Expliquer.** Que signifie la phrase soulignée ?
5. **Expliquer.** Réalisez un schéma pour montrer par quels mécanismes une diminution de la demande entraîne du chômage conjoncturel.

Doc 3 Le chômage aux États-Unis après la crise des années 1930

Manifestation de chômeurs à New York, 1935

QUESTIONS

6. **Observer.** Décrivez la photographie.
7. **Analyser.** Quels liens peut-on faire entre ce document et le 2 ?
8. **Argumenter.** À votre avis, quelles mesures pourraient être prises pour éviter que la demande ne s'effondre encore plus quand le chômage augmente ?

Outils

Crise des années 1930 : après une période de forte croissance dans les années 1920, les deux krachs boursiers d'octobre 1929 (→ CHAPITRE 4 P. 110-111) ont entraîné l'économie américaine dans une crise profonde se traduisant entre autres par une très forte montée du chômage.

EN AUTONOMIE VERS LE BAC

▶▶ **Parcours écrit** Épreuve composée – Partie 2
En vous appuyant sur l'activité, expliquez le lien entre croissance économique et chômage conjoncturel.

▶▶ **Parcours oral** Étape 3 – Réfléchir à son support
Créez un schéma qui pourrait servir de support à la question « Quels sont les effets de l'activité économique sur le chômage conjoncturel ? »

Schéma guidé

MÉMO

- Le chômage conjoncturel est la part du chômage qui s'explique par une croissance trop faible du produit intérieur brut (PIB).
- En période de récession, le chômage conjoncturel a tendance à augmenter en raison de la diminution ou de la faible croissance de la demande, mais aussi parfois des difficultés des entrepreneurs à investir.
- Inversement, quand la croissance et la demande sont fortes, le chômage conjoncturel diminue en raison d'une augmentation de la demande.

5 Quelles sont les politiques de lutte contre le chômage ?

▸▸ OBJECTIF
Connaître les principales politiques mises en œuvre pour lutter contre le chômage.

QU'ALLONS-NOUS FAIRE ?

Depuis le milieu des années 1970, qui marquent la fin d'une période de croissance forte et stable et de plein emploi (les « Trente Glorieuses »), les gouvernements successifs ont mis en place différentes politiques pour endiguer le chômage, mais ont dû faire face à plusieurs difficultés.

Doc 1 Les politiques de soutien de la demande globale

Le remède classique au chômage (la baisse des salaires) néglige la double nature du salaire : coût de production pour l'entreprise mais revenu pour les travailleurs. La baisse des salaires [...] exerce bien un effet stimulant sur la demande de travail [...]. Mais elle réduit aussi le revenu distribué aux ménages et déclenche [une] baisse [de] la demande globale, limitant ainsi encore plus les débouchés des producteurs ; il s'ensuit un nouveau recul de la demande de travail, qui rend nécessaire une nouvelle baisse des salaires, et ainsi de suite [...].

En l'absence de mécanismes correcteurs [...], seule une intervention de l'État peut lutter contre le sous-emploi et le chômage. Le diagnostic étant celui d'une insuffisance de la demande globale, le remède consiste en interventions qui stimulent la demande. Le budget de l'État constitue alors un outil particulièrement important. En effet, les dépenses publiques[1] sont un élément de la demande globale [...]. Les pouvoirs publics peuvent également intervenir par la politique monétaire, puisque l'investissement dépend du taux d'intérêt[2] et que ce dernier dépend directement de l'offre de monnaie décidée par la politique économique.

Jacques Généreux, *Économie politique*, tome 3 : *Macroéconomie*, 7e édition, Hachette supérieur, 2014

1. Dépenses de l'État, des collectivités locales et des administrations de Sécurité sociale qui peuvent concerner la production de biens et services collectifs ou des subventions à l'économie, par exemple.
2. Lorsque le taux d'intérêt diminue, le coût du crédit baisse, ce qui stimule la demande de biens de consommation et d'investissement.

QUESTIONS

1. **Expliquer.** La baisse des salaires est-elle une bonne solution pour lutter contre le chômage ?
2. **Analyser.** Que signifie la phrase soulignée ?
3. **Illustrer.** Quels sont les deux leviers d'action de l'État pour soutenir la demande globale ?

DÉFINITION

Demande globale : demande de biens et services provenant à la fois des ménages, des entreprises et des administrations publiques.

ACTIVITÉ Coût du travail et taux de chômage, 2e trimestre 2019

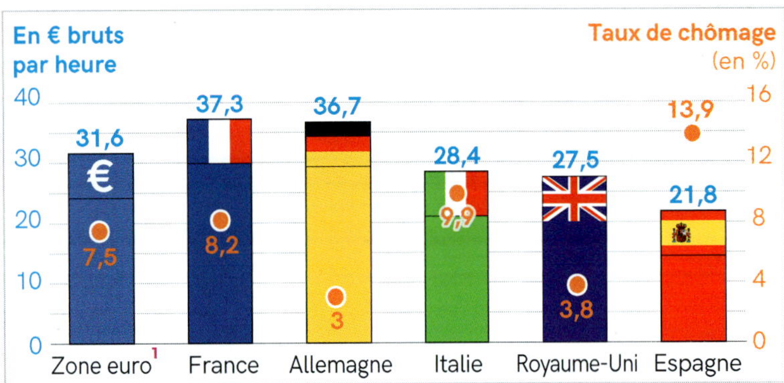

D'après Eurostat, calcul Rexecod, septembre 2019

1. Pays de l'Union européenne ayant l'euro comme monnaie (19 pays en 2019).

a. Calculez l'écart en euros puis en pourcentage entre le coût de l'heure de travail en Italie et en France.

b. Déterminez le pays dont le coût de l'heure de travail s'écarte le plus du coût moyen dans la zone euro.

c. Observe-t-on une corrélation entre coût du travail et taux de chômage ?

Définition

Coût du travail : ensemble formé par le salaire net perçu par le salarié et les cotisations sociales.

MÉMO MATHS

→ FICHE MÉTHODE 3 P. 360 → FICHE MÉTHODE 12 P. 370

Doc 2 La « flexisécurité »

En visite au Danemark, Emmanuel Macron ne cesse de citer en exemple le système danois de « flexisécurité ». [Elle] permet aux entreprises de se séparer facilement de leurs salariés qui, en échange, bénéficient d'allocations-chômage élevées et d'avantages sociaux importants (retraite, congés payés ou parentaux, etc.) indépendants de l'ancienneté [...].

L'idée a inspiré la politique du gouvernement [de] Poul Nyrup Rasmussen (1993-2001), alors que le pays combinait une fiscalité parmi les plus lourdes au monde et un taux de chômage dépassant 11 %. Le Danemark choisit en 1994 de simplifier fortement le licenciement et l'embauche. Pari réussi : avec l'aide d'une conjoncture mondiale favorable, le chômage chutait à moins de 5 % dès 2000. Il était en juin [2018] à 3,9 % [...].

Encore aujourd'hui, le ministère danois de l'Emploi se félicite « qu'un tiers des salariés chaque année changent d'emploi » et que « les embauchés grimpent rapidement dans l'échelle des salaires » [...]. Par ailleurs, la formation « tout au long de la vie » au Danemark est considérée comme la plus performante en Europe après la Suède, un atout indispensable pour assurer l'adaptabilité des salariés dans un pays désormais confronté à des pénuries de main-d'œuvre.

« C'est quoi cette "flexisécurité" à la danoise qui inspire Emmanuel Macron ? », *20 Minutes* avec *AFP*, août 2018

QUESTIONS

4. Expliquer. En quoi la « flexisécurité » combine-t-elle la flexibilité et la sécurité ?

5. Illustrer. Relevez dans l'article les éléments qui montrent que cette politique semble avoir contribué efficacement à la baisse du chômage au Danemark.

6. Analyser. Pourquoi une politique de formation des chômeurs est-elle indispensable ?

Doc 3 Le Plan d'investissement dans les compétences (PIC)

Lien vers le site

Lancé début 2018, le PIC est doté au niveau national d'une enveloppe globale de 14,6 milliards d'euros [entre 2019 et 2022] dont 6,7 milliards pour les décrocheurs[1] et 7,1 milliards pour les demandeurs d'emploi. 90 % des fonds du PIC sont dirigés vers les actions de formation et 10 % visent la transformation du système par des expérimentations de nouveaux outils[2].

« Le plan d'investissement dans les compétences (PIC) francilien », Pôle emploi région Île-de-France, 2019

1. Jeunes sortis du système scolaire sans avoir obtenu de diplôme équivalent au baccalauréat ou à un diplôme à finalité professionnelle (CAP, BEP...).
2. Expérimentation de nouvelles approches pédagogiques et de nouveaux usages (principalement dans le numérique).

QUESTIONS

7. Lire. Quels acteurs interviennent dans la mise en place du PIC ?

8. Lire. Quel budget est alloué à ce plan entre 2019 et 2022 ?

9. Argumenter. Pourquoi un tel dispositif pourrait-il permettre de faire baisser le chômage ?

EN AUTONOMIE VERS LE BAC

▶▶ **Parcours écrit** Dissertation
Construisez un plan détaillé pour traiter le sujet de dissertation suivant : « Les mesures visant à flexibiliser le marché du travail sont-elles suffisantes pour réduire le chômage en France ? ».

▶▶ **Parcours oral** Étape 2 – Organiser ses idées
Pour chaque mesure de lutte contre le chômage évoquée dans le dossier, recherchez un exemple d'actualité. N'hésitez pas à rechercher des mesures politiques appliquées ailleurs dans le monde.

Liens vers les sites

MÉMO

■ Les principales politiques de lutte contre le chômage peuvent être classées en deux catégories :
– celles contre le chômage structurel, qui cherchent principalement à réduire le coût du travail, à rendre la main-d'œuvre plus flexible et à former les chômeurs pour les aider à retrouver un emploi ;
– celles contre le chômage conjoncturel qui cherchent à soutenir la demande globale grâce à une politique budgétaire de relance (accroissement des dépenses publiques et/ou réduction des prélèvements obligatoires) et une politique de baisse des taux d'intérêt.

→ MÉTHODE DU GRAND ORAL P. 22

Les inégalités face au chômage

▸▸ Le chômage n'est pas qu'un phénomène économique, il est aussi une réalité sociale qui touche de façon inégale les individus en fonction de différents critères : l'âge, le sexe, le diplôme...

DOC 1 Taux de chômage en fonction de l'âge et du sexe en 2018

En %	Femmes	Hommes	Ensemble
15-24 ans	20,0	21,4	**20,8**
25-49 ans	8,9	8,1	**8,5**
50 ans ou plus	6,3	6,5	**6,4**
Ensemble	**9,1**	**9,0**	**9,1**

D'après Insee, 2019

CONSEIL

Illustrez par des exemples
Vous marquerez le jury et conserverez son attention en accompagnant systématiquement vos idées ou arguments par un exemple concret, une anecdote personnelle, un lien avec l'actualité, une citation, une source...

? Quels chiffres pouvez-vous mobiliser pour montrer que les inégalités liées à l'âge sont plus fortes que celles liées au sexe ?

Pensez à faire des liens avec d'autres chapitres : cela montrera que vous maîtrisez le programme !

▶ *Quelles politiques économiques dans le cadre européen ?* → CHAPITRE 5 P. 134-159
Recherchez des statistiques sur le taux de chômage en fonction de l'âge et du sexe dans d'autres pays d'Europe. Que remarquez-vous ?

Liens vers les sites
Eurostat

DOC 2 Taux de chômage par catégorie socioprofessionnelle et par diplôme en 2018

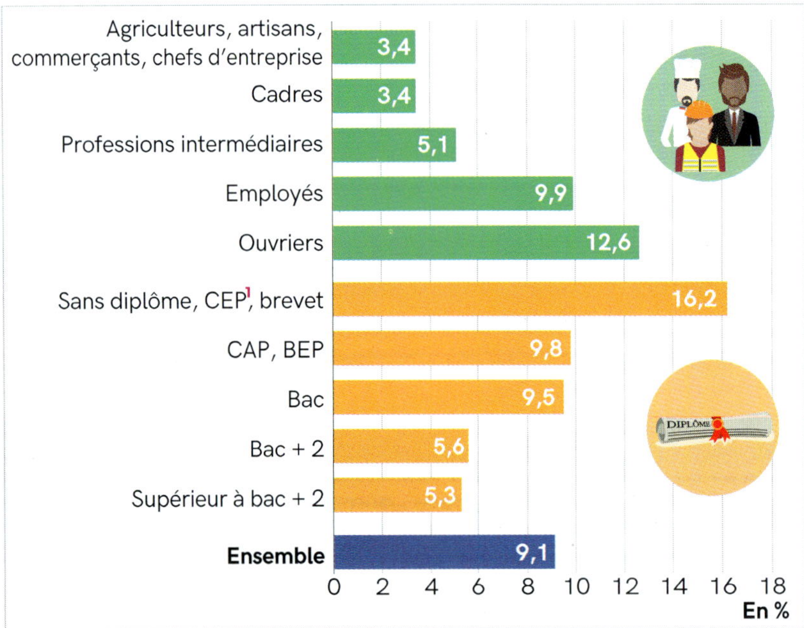

D'après Insee, Enquête emploi, 2019

1. Certificat d'études primaires, disparu en 1989.

? En comparant les données avec celle de la ligne « Ensemble », indiquez quelles catégories sont le plus fortement exposées au risque de chômage.

Identifiez les sujets qui vous intéressent et rassemblez les connaissances acquises au cours des années de Première et de Terminale pour créer la question que vous présenterez au jury.

▶ *Quelles mutations du travail et de l'emploi ?*
→ CHAPITRE 9 P. 246-273
Recherchez 3 ou 4 exemples pour répondre à la question suivante en vous appuyant sur le document et vos connaissances : « Pourquoi les mutations du travail et de l'emploi permettent-elles d'expliquer les inégalités face au chômage ? »

DOC 3 Les inégalités géographiques en Île-de-France

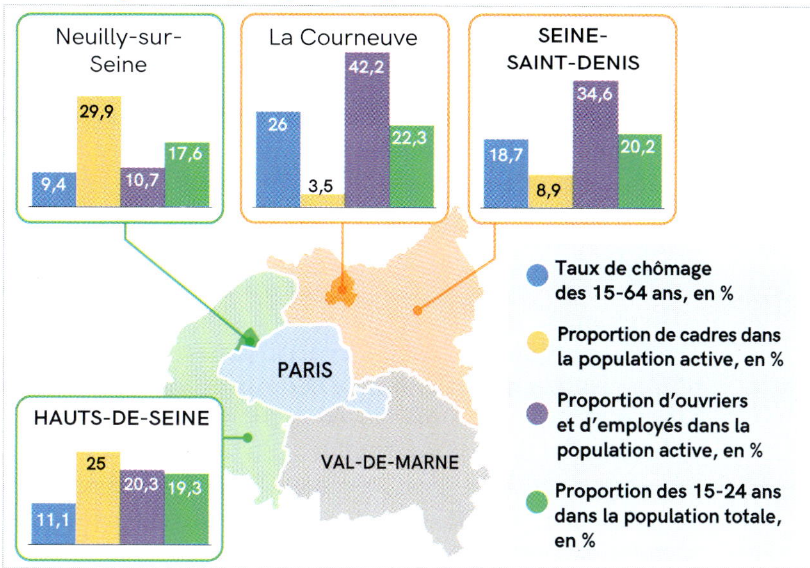

D'après les données de l'Insee, 2019

Résumez les informations apportées par le document en 50 mots maximum.

Pensez à vous impliquer, à donner des exemples qui vous touchent : cela montrera au jury que vous avez bien réfléchi à votre sujet.

Recherchez sur le site de l'Insee les taux de chômage dans la ville, le département et la région où se situe votre lycée et comparez-les au taux de chômage moyen en France à la même date.

Lien vers le site

CONSEIL

Dites « Je » et engagez-vous

C'est vous qui allez choisir le sujet de votre exposé. Impliquez-vous et n'hésitez pas à dire « je » dans l'exposé et les discussions qui vont suivre avec le jury.

DOC 4 Des pratiques de discrimination sociale

Campagne du ministère du Travail, publiée dans les médias traditionnels et sur les réseaux sociaux, 2016

Quels sont les objectifs de cette campagne ?

N'hésitez pas à faire des liens avec d'autres disciplines. Vous pouvez par exemple rechercher des campagnes publiées dans d'autres pays.

LLCE

En quoi des mesures telles que l'*Affirmative Action* aux États-Unis, la *Ley Integral para la Igualdad de Trato y la No discriminación* en Espagne ou encore la *Behindertenquote* en Allemagne peuvent-elles apparaître comme des solutions pour lutter contre une injustice ?

PRÉPARER LE GRAND ORAL

Grille d'évaluation

Formulez une question autour du sujet : « Les inégalités face au chômage sont multiformes et cumulatives ». Créez votre support, distribuez-le à un jury d'élèves et présentez votre travail en 5 minutes. À l'issue de votre présentation, le jury vous posera des questions.

CROISER LES DISCIPLINES SES ET LLCE

Recherchez un exemple pour appuyer votre propos. Choisissez un film étranger sur le sujet et résumez-le en 140 caractères pour compléter votre dossier de recherche. Quelques pistes : *Raining Stones* de Ken Loach (anglais), *Los lunes al sol* de Fernando León de Aranoa (espagnol)...

L'ESSENTIEL

Comment lutter contre le chômage ?

Podcast du cours

Cartes mémoire interactives

Définitions

Chômage : situation de la population en âge de travailler qui n'a pas d'emploi et qui en cherche un.

Chômage conjoncturel : chômage dû à un ralentissement de la croissance économique.

Chômage structurel : chômage stable quelle que soit la conjoncture et qui dépend essentiellement de la plus ou moins grande rigidité du marché du travail et de problèmes d'inadéquation des qualifications et des imperfections de l'information sur le marché du travail.

Politique conjoncturelle (ou « macroéconomique ») : politiques budgétaires et monétaires qui visent essentiellement à soutenir la croissance et la demande globale quand ces dernières ralentissent.

Récession : période de ralentissement de la croissance ou de baisse du PIB.

Salaire d'efficience : salaire supérieur au salaire en vigueur qui permet à un employeur d'attirer les meilleurs candidats.

Sous-emploi : situation dans laquelle un actif occupe un emploi à temps partiel ou en chômage partiel.

Ne pas confondre

chômage conjoncturel
dû à une insuffisance de la croissance et de la demande globale

≠

chômage structurel
dû à la structure du marché du travail : formation non adéquate de la main-d'œuvre, manque de flexibilité, problèmes d'information, etc.

Le chômage est une préoccupation importante au sein d'un pays, tant pour les citoyens que pour les médias ou les responsables politiques, dont l'un des buts principaux est de le faire baisser.

Chômage et sous-emploi

▸▸ Un chômeur est une personne sans emploi qui est à la recherche d'un emploi. Le **chômage** représente donc l'ensemble des chômeurs. Deux institutions publient le nombre de chômeurs en France : **l'Insee** et **Pôle emploi**. Le chiffre publié par l'Insee se base sur une définition du chômage édictée par le **Bureau international du travail (BIT)**, commune à de nombreux pays, ce qui permet de réaliser des comparaisons dans le temps et dans l'espace. Le chiffre publié par Pôle emploi recense le nombre de **demandeurs d'emplois** en fin de mois. Les critères étant un peu différents d'une institution à l'autre, il est normal que les chiffres publiés diffèrent.

▸▸ Le **sous-emploi** permet de rendre compte des situations des personnes qui ont un **emploi réduit** et qui souhaiteraient travailler davantage. Ces personnes ne sont pas comptabilisées dans les chiffres du chômage.

▸▸ La **population active** regroupe la population dite « active occupée », c'est-à-dire en emploi, et les personnes en âge de travailler (de 15 à 64 ans) qui sont au chômage. Le **taux de chômage** et le **taux d'emploi** sont des indicateurs permettant de donner des mesures précises des ressources humaines – autrement dit, du « facteur travail » – effectivement mobilisées pour la production.

Les causes du chômage structurel et conjoncturel

▸▸ Le **chômage structurel** ne dépend pas de la conjoncture économique. Les différences de taux de chômage d'un pays à un autre s'expliquent en partie par l'existence d'institutions propres à chacun. Pour un certain nombre d'économistes, l'existence d'un **salaire minimum** élevé et d'une forte **protection de l'emploi** tend à générer du chômage structurel. Pour d'autres, à l'inverse, ces institutions favorisent la **stabilité**, ce qui aurait un effet positif sur le chômage. En France, par exemple, le Code du travail rassemble des règles juridiques qui protègent les salariés. Certains voudraient alléger les contraintes qu'il impose aux employeurs alors que d'autres, au contraire, soulignent les risques de la **flexibilisation du marché du travail**.

▸▸ Sur le marché du travail, les qualifications requises par les employeurs ne correspondent pas toujours à celles que possèdent les travailleurs. Cette **inadéquation** est une source importante de **chômage structurel**. Ce problème d'appariement entre l'offre et la demande de travail peut aussi être de nature géographique.

▸▸ Les **imperfections de l'information** sont également une source de chômage. Elles contribuent à allonger la durée de recherche d'emploi pour les travailleurs et à augmenter le nombre de candidats aux postes à pourvoir pour les employeurs. La théorie du **salaire d'efficience** montre par ailleurs que les **asymétries d'information** peuvent conduire les employeurs à rémunérer les salariés à un niveau supérieur au salaire d'équilibre, ce qui limite la flexibilité à la baisse des salaires. Cette théorie montre toutefois que des niveaux de salaire élevés ne constituent pas toujours un obstacle à l'embauche, mais plutôt une stratégie des employeurs pour faire face aux asymétries d'information concernant la productivité des travailleurs.

▸▸ Le **chômage conjoncturel**, comme son nom l'indique, dépend de la **conjoncture économique** c'est-à-dire du plus ou moins fort niveau d'activité économique d'un pays (consommation des ménages, investissement des entreprises, etc.). Une **forte croissance du PIB** ou de la **demande globale** entraîne un accroissement de la demande de travail de la part des entreprises, ce qui réduit le chômage. À l'inverse, en période de **récession**, la demande globale (consommation des ménages ou investissement des entreprises) diminue, entraînant un accroissement du chômage conjoncturel.

Les politiques de lutte contre le chômage

▸▸ Une politique de lutte contre le chômage comprend à la fois des mesures contre le **chômage conjoncturel** et des mesures contre le **chômage structurel**.

▸▸ Pour lutter contre le **chômage conjoncturel**, en période de récession, l'État peut mettre en place une **politique conjoncturelle (ou « macroéconomique »)** de soutien de la demande grâce à une relance des dépenses publiques pour soutenir la consommation des ménages et l'investissement des entreprises. Il peut aussi, par l'intermédiaire de la Banque centrale, mettre en place une politique monétaire pour baisser les taux d'intérêt et favoriser l'endettement, donc l'investissement.

▸▸ Pour lutter contre le **chômage structurel**, l'État peut **flexibiliser** le marché du travail et les règles de protection de l'emploi. Il peut également **baisser le coût du travail** en autorisant des mesures de modération salariale et en baissant les cotisations sociales sur les salaires. Il peut également mettre en place une politique de **formation** pour mettre en adéquation les qualifications des chômeurs avec celles requises par les employeurs potentiels.

Les chiffres du chômage selon l'Insee

Insee
Mesurer pour comprendre

Au quatrième trimestre 2019, en France

Nombre de chômeurs (en milliers) :	**2 400**
Taux de chômage : (% de la population active)	**8,1 %**
Taux de sous-emploi : (% de la population active occupée)	**5,3 %**

Entre **1996** et **2019**, le taux de chômage en France n'a été que **16 trimestres** sur **96** inférieur à **8 %**.

CE QU'IL FAUT SAVOIR

1. Quelle est la différence entre chômage et sous-emploi.
2. Quelles sont les causes du chômage structurel.
3. Quelles sont les causes du chômage conjoncturel.
4. Quelles sont les politiques de lutte contre le chômage.

Repères

Population active :
population active occupée + chômeurs

Taux d'emploi :
$$\frac{\text{population active occupée}}{\text{population en âge de travailler}} \times 100$$

Taux de sous-emploi :
$$\frac{\text{population en sous-emploi}}{\text{population active occupée}} \times 100$$

Taux de chômage :
$$\frac{\text{nombre de chômeurs}}{\text{population active}} \times 100$$

Réviser en vidéos

« S'y retrouver dans le maquis des chiffres du chômage » (du début à 2 min. 35 sec.), Xerfi Canal, 2019

« D'où vient le chômage ? Y a-t-il un remède ? » (3 min. 34 sec.), *Dessine-moi l'éco*, 2014

L'ESSENTIEL

SCHÉMA DE SYNTHÈSE

Schéma interactif

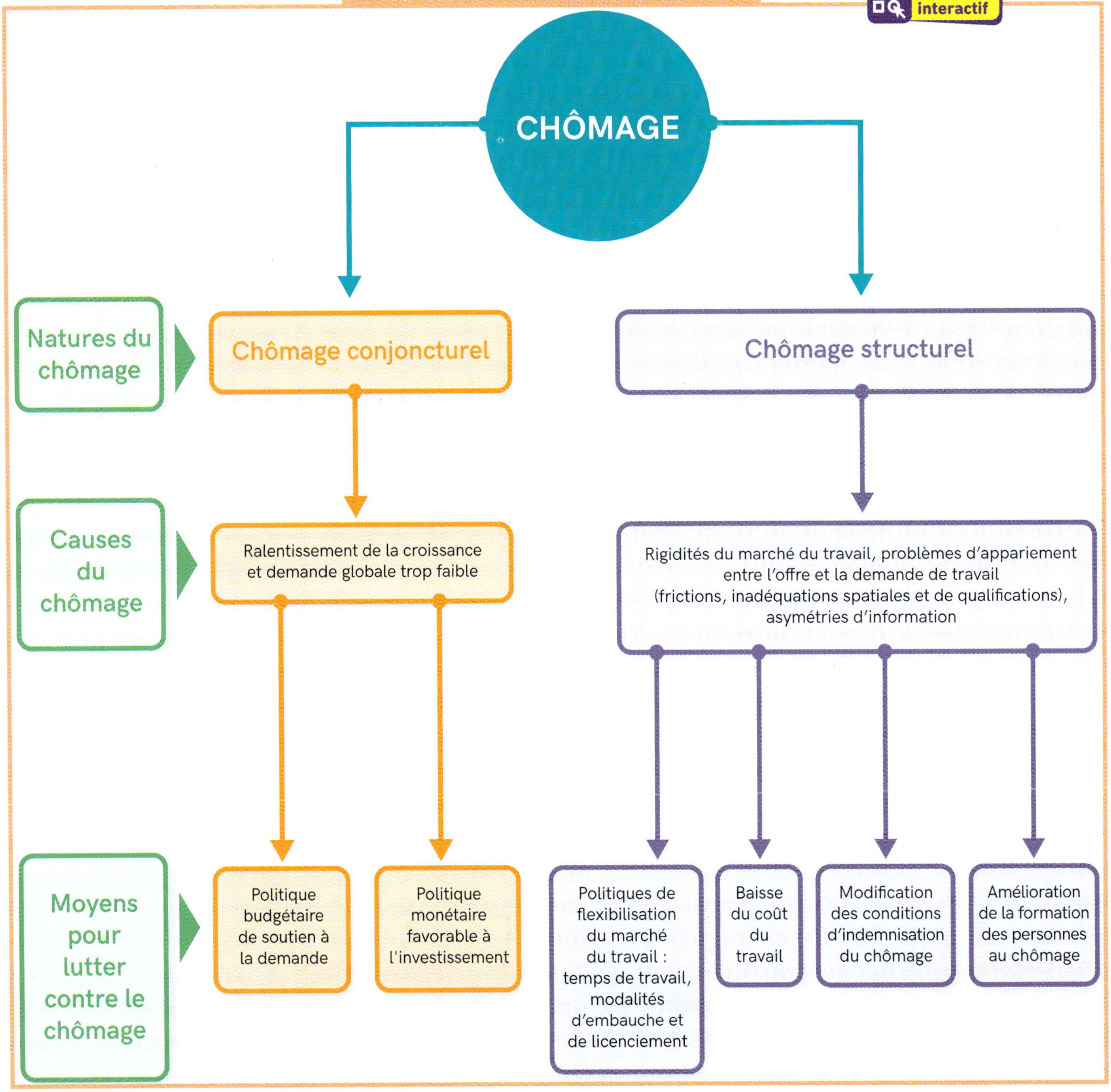

POUR ALLER PLUS LOIN

La Loi du marché, de Stéphane Brizé, 2015

Ce film montre la difficulté de traverser une longue période de chômage et d'être contraint d'accepter un emploi qui ne correspond à ses attentes.

Le Monde Sup', « Le Chômage », de François-Xavier Devetter et Sandrine Rousseau, 2018

Cet ouvrage mêle synthèses et articles issus du quotidien *Le Monde* pour illustrer plusieurs des thèmes abordés dans ce chapitre.

Au boulot, Chômette ! d'Alexandra Tressos-Le Dauphin, Éditions La Boîte à Pandore, 2014

Un ouvrage plein d'humour qui raconte le parcours d'une jeune femme souhaitant revenir sur le marché du travail après son congé maternité.

EXERCICES

EXO Exercices interactifs

Corrigés

1 Dites si les affirmations suivantes sont vraies ou fausses.

	VRAI	FAUX
a. Pour calculer le taux de chômage, il faut connaître la taille de la population active occupée.	☐	☐
b. Une personne qui occupe un emploi à mi-temps est en sous-emploi.	☐	☐
c. Le taux d'emploi dépend de la taille de la population en âge de travailler.	☐	☐
d. Le chômage conjoncturel dépend de la plus ou moins grande rigidité du marché du travail.	☐	☐
e. Le chômage structurel varie en fonction de la demande globale.	☐	☐
f. Sur le marché du travail, l'offre du facteur travail est assurée par les employeurs.	☐	☐
g. La théorie du salaire d'efficience explique pourquoi un employeur a parfois intérêt à rémunérer un salarié au-dessus du salaire d'équilibre.	☐	☐

2 Indiquez la ou les bonnes réponses.

1. Le chômage est une situation dans laquelle :

- ☐ **a.** l'offre de travail est égale à la demande de travail.
- ☐ **b.** l'offre de travail est supérieure à la demande de travail.
- ☐ **c.** l'offre de travail est inférieure à la demande de travail.
- ☐ **d.** l'offre de travail est confondue avec la demande de travail.

2. Une politique de lutte contre le chômage structurel peut chercher à :

- ☐ **a.** flexibiliser le marché du travail.
- ☐ **b.** relancer la demande globale par une politique budgétaire de relance.
- ☐ **c.** limiter les problèmes d'appariement entre l'offre et la demande de travail.
- ☐ **d.** faire baisser le coût du travail.

3. Une politique conjoncturelle vise à :

- ☐ **a.** assouplir les règles de protection de l'emploi.
- ☐ **b.** à changer la manière de mesurer le chômage.
- ☐ **c.** améliorer la formation des chômeurs.
- ☐ **d.** soutenir la consommation des ménages et l'investissement des entreprises.

4. La fixation d'un salaire minimum supérieur au prix d'équilibre entraîne :

- ☐ **a.** une situation d'équilibre entre l'offre et la demande de travail.
- ☐ **b.** une situation de chômage, car l'offre dépasse la demande de travail.
- ☐ **c.** une situation de pénurie de main-d'œuvre.
- ☐ **d.** une situation de sous-emploi.

3 Reliez chaque notion à sa formule.

- Taux de chômage **1**
- Taux d'emploi **2**
- Taux de sous-emploi **3**
- Population active **4**

- **a** $\frac{\text{Population active occupée}}{\text{Population en âge de travailler}} \times 100$
- **b** Population active occupée + population au chômage
- **c** $\frac{\text{Population au chômage}}{\text{Population active}} \times 100$
- **d** $\frac{\text{Population en sous-emploi}}{\text{Population active occupée}} \times 100$

BAC

Sujet guidé – Dissertation 4h

Sujet vierge à imprimer | Grille d'évaluation

Les politiques de soutien de la demande globale sont-elles suffisantes pour lutter efficacement contre le chômage ?

Repérez les notions centrales du sujet. Définissez-les (quel type de chômage?) et recherchez les autres notions du programme qui leur sont liées (autres politiques de lutte contre le chômage).

Vous êtes invité à adopter un regard critique. N'hésitez pas à utiliser des synonymes pour reformuler le questionnement.

Soyez attentif aux termes employés. Ici, vous devrez vous demander si les politiques mentionnées permettent ou non à elles seules de combattre avec succès le chômage.

Doc 1 Taux de croissance du PIB et taux de chômage en France entre 1985 et 2016

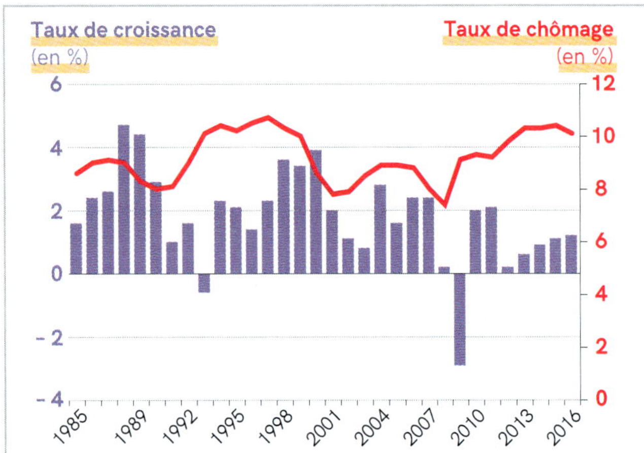

Insee, 2018

Doc 2 Évolution du coût horaire de la main-d'œuvre dans les services marchands entre 2000 et 2016

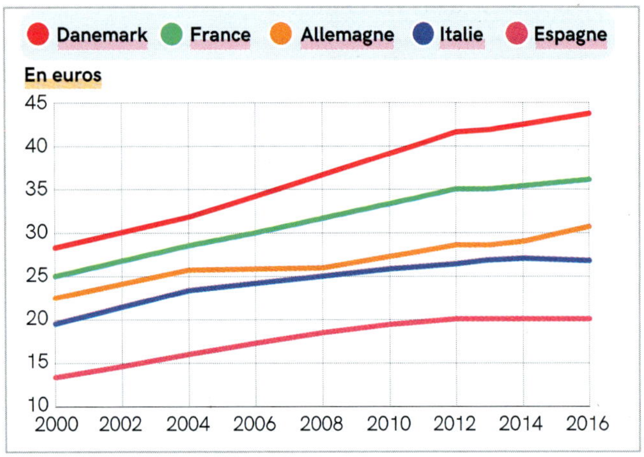

Eurostat, 2017

Doc 3

Dans une optique de court terme, la flexibilité du marché du travail permet aux entreprises d'ajuster plus facilement à la baisse l'emploi et les salaires réels lorsqu'il y a des chocs conjoncturels défavorables. On a vu dans la crise de 2008-2009 cet ajustement plus violent de l'emploi et des salaires aux États-Unis par rapport à la zone euro : en 2009, l'emploi recule de 5 % par an et le salaire réel de 2 % par an aux États-Unis, ce qui est considérable. Ceci a permis qu'il y ait aux États-Unis un moindre recul des profits des entreprises en 2007-2008-2009, d'où un redressement plus rapide de l'investissement : l'investissement des entreprises repart fortement dès 2010 aux États-Unis, seulement en 2014 dans la zone euro.

Dans une optique de long terme, la flexibilité du marché du travail a comme objectif d'accélérer la rotation des emplois des entreprises anciennes, peu productives, peu efficaces, vers les entreprises nouvelles, plus productives, plus efficaces. Ceci est la source « schumpetérienne » de la croissance : le transfert des emplois vers les entreprises plus efficaces, soit d'un secteur d'activité à l'autre, soit à l'intérieur d'un secteur d'activité. Mais dans la période contemporaine, on observe que les emplois crées sont de moins bonne qualité, ont un niveau de productivité plus faible que les emplois détruits.

Dans la zone euro, par exemple – mais la situation est similaire aux États-Unis –, l'emploi industriel a reculé de 14 % en 15 ans, l'emploi dans les services domestiques (distribution, loisirs, services à la personne...) a progressé de 13 %.

Patrick Artus, « Objectifs et dangers de la flexibilité du marché du travail », *Le Point*, 2018

Doc 4 Taux de chômage entre 2000 et 2016

En %	2000	2010	2013	2015	2016
Allemagne	7,9	7,0	5,2	4,6	4,1
Danemark	4,3	7,5	7,0	6,2	6,2
Espagne	11,9	19,9	26,1	22,1	19,6
France	8,6	9,3	10,3	10,4	10,1
Italie	10,0	8,4	12,1	11,9	11,7

Eurostat, 2019

Méthode

BAC

ÉTAPES 1 ET 2 Analyser le sujet, problématiser et mobiliser ses connaissances Au brouillon

❶ Repérez et analysez tous les termes importants du sujet. → GUIDAGE P. 100
- À partir de votre analyse, déduisez-en le type de plan à adopter. → TYPE DE PLANS P. 18
- Formulez une problématique : reformulez le sujet, puis proposez un questionnement qui synthétise les enjeux de la question posée.

❷ Indiquez au brouillon tous les exemples, idées, théories, faits, éléments de cours… qui peuvent être mobilisés.

ÉTAPE 3 Exploiter le dossier documentaire Au brouillon

- Lisez attentivement chaque document et résumez la (ou les) idée(s) principale(s) en lien avec le sujet.
- Pensez à repérer la source, le cadre spatio-temporel, les notions ou mécanismes importants et les outils statistiques. Faites attention aux unités.

ÉTAPE 4 Construire un plan détaillé Au brouillon

- À partir des informations récoltées, créez ou affinez votre plan détaillé. Il doit comporter deux ou trois parties, chacune subdivisée en deux ou trois sous-parties.
- Rédigez les titres des parties et sous-parties sous la forme de phrases indiquant explicitement le sens des arguments que vous allez y développer.

ÉTAPE 5 Rédiger l'introduction et la conclusion Au brouillon

- L'introduction est organisée en 3 parties : l'accroche, l'annonce de la problématique et l'annonce du plan.
- Rédigez la conclusion. → MÉTHODE P. 19

ÉTAPE 6 Rédiger son devoir Sur votre copie → MÉTHODE P. 19

CONSEIL
Si vous avez déjà une idée des grands axes de votre réponse, **classez** ces éléments dans votre plan.

CONSEIL
N'hésitez pas à **rédiger des phrases** afin de vérifier que vous avez compris le sens des données, voire à **faire des calculs simples** pour comparer des données.

CONSEIL
N'oubliez pas d'indiquer dans votre plan détaillé les **documents** que vous allez mobiliser.

CONSEIL
N'oubliez pas d'intégrer, en accroche ou avec la problématique, la **définition des notions centrales** du sujet.

Voici le début de la dissertation dont l'introduction a été rédigée. Complétez-la à l'aide de la méthode et de vos connaissances.

Votre **introduction** doit comporter **une accroche** (chiffre, fait d'actualité, etc.) en lien avec le thème du chômage ou de la lutte contre le chômage.

L'introduction doit aussi comporter une **définition des notions clés** du sujet : le chômage et les politiques de lutte contre le chômage.

Vous devez présenter une **problématique** montrant les enjeux du sujet : ce sujet « débat » (→ MÉTHODE P. 18) invite à réfléchir sur l'efficacité des politiques de soutien à la demande globale dans la lutte contre le chômage.

Annoncez votre **plan.** Il doit répondre clairement à la question posée dans le sujet en présentant de manière explicite les parties de votre développement.

En 2012, François Hollande était élu président de la République. Sa campagne portait principalement sur une promesse : inverser la courbe du chômage. Sa décision de ne pas se représenter en 2017 s'explique en partie par le fait que les politiques de lutte contre le chômage mises en place sous son quinquennat n'ont pas été suffisantes pour le faire baisser.

Le chômage est la situation de l'ensemble des personnes sans emploi et qui en recherchent un. Le principal indicateur pour mesurer ce phénomène est le taux de chômage (pourcentage de chômeurs parmi la population active). Parmi l'ensemble des politiques de lutte contre le chômage, les politiques de soutien à la demande globale regroupent les mesures visant à relancer la croissance grâce à un soutien de la consommation des ménages ou de l'investissement des entreprises. Certains pays, comme l'Allemagne ou les pays scandinaves, ont réussi à lutter efficacement contre le chômage, alors que d'autres, comme la France, ont plus de difficultés à enrayer ce phénomène. Comment expliquer les effets et les limites des politiques de soutien à la demande globale pour résorber le chômage ?

Nous montrerons, dans une première partie, que les politiques de soutien à la demande globale ne peuvent pas à elles seules permettre un recul durable du chômage. Nous verrons, dans un second temps, qu'il est nécessaire de les coupler à des politiques structurelles visant à promouvoir la flexibilisation du marché du travail et la maîtrise des coûts salariaux.

Exemple de plan détaillé

I. La mise en place des politiques conjoncturelles pour lutter contre le chômage ne suffit pas toujours…

A. Elles consistent à soutenir la demande globale

B. Toutefois, leur efficacité est parfois limitée

II. … il est donc nécessaire de les coupler avec des politiques structurelles

A. Elles visent à maîtriser les coûts salariaux

B. Ainsi qu'à flexibiliser le marché du travail

BAC Sujet guidé – Épreuve composée

4h | Sujet vierge à imprimer | Grille d'évaluation

PARTIE 1 Mobilisation des connaissances — 4 points

Question Expliquez quelle est l'influence du salaire d'efficience sur le chômage.

Méthode

ÉTAPE 1 Analyser la question Au brouillon

- Repérez la ou les notion(s) clé(s) qu'il faudra définir dans votre réponse.
- Repérez la consigne de la question pour identifier la tâche qui est demandée : attend-on une explication, une comparaison, une distinction, une illustration… d'un mécanisme ou d'une notion ? → MÉTHODE P. 20

ÉTAPE 2 Rassembler ses connaissances Au brouillon

- Rassemblez et organisez vos connaissances sur le sujet : quelles définitions, mécanismes, exemples… pouvez-vous mobiliser pour répondre à la question ? → MÉTHODE P. 20

ÉTAPE 3 Rédiger sa réponse

- Au brouillon : Avant de rédiger, indiquez sur votre brouillon quelle va être la structure de votre réponse.
- Sur votre copie : Rédigez votre réponse de manière organisée, en pensant à définir les notions mobilisées, en explicitant et en illustrant vos propos.

PARTIE 2 Étude d'un document — 6 points

Doc Taux de chômage et taux d'emploi en 2018 dans six pays de l'Union européenne

En %	Allemagne	Danemark	Espagne	France	Grèce	Pays-Bas
Taux d'emploi	79,9	78,2	67,0	64,7	59,6	79,2
Taux de chômage	3,0	4,6	13,9	8,5	17,2	3,4

Eurostat, 2019

Question 1. Rédigez une phrase pour expliquer le sens des données correspondant à la France.

Question 2. Vous déterminerez s'il existe une corrélation entre le taux de chômage et le taux d'emploi.

Méthode

ÉTAPE 1 Analyser le document Au brouillon

- Déterminez la nature du document (diagramme par répartition, série chronologique, tableau à double entrée…).
- Repérez la source, le cadre spatio-temporel, le ou les outil(s) statistique(s) utilisé(s) et la ou les unité(s).
- Pensez à vérifier si des informations sont indiquées dans le champ du document.

ÉTAPE 2 Préparer la question 1 (lecture) Au brouillon

- Rédigez une phrase par donnée statistique à lire : soyez le plus précis possible en indiquant la date (ou période), le cadre spatial, l'unité…

ÉTAPE 3 Préparer la question 2 (analyse)

- Au brouillon : Repérez la consigne de la question : attend-on une comparaison, la présentation d'évolutions, l'illustration d'un mécanisme… ?
- Au brouillon : Sélectionnez dans le document les éléments qui vous permettront d'argumenter et effectuez si besoin des calculs simples (écarts en points de pourcentage ou coefficients multiplicateurs, par exemple) pour étayer votre réponse.
- Sur votre copie : Rédigez votre réponse de manière structurée : allez du général au particulier ; définissez si besoin les notions ou mécanismes mobilisés et, surtout, illustrez votre réponse avec des données et/ou des calculs.

Voici un exemple de réponse à la question 2.

Le premier paragraphe doit **rappeler la consigne** de la question et **présenter les indicateurs**.

Le document présenté est un tableau publié par Eurostat en 2019 ; il montre pour 2018 le taux de chômage (pourcentage de chômeurs dans la population active) et le taux d'emploi (pourcentage de personnes actives occupées dans la population en âge de travailler) de six pays de l'Union européenne. Il est intéressant de se demander si ces deux indicateurs sont corrélés, autrement dit si l'on observe une relation entre taux de chômage et taux d'emploi.

Mobilisez des **données** pour mettre en évidence la corrélation.

On remarque que les trois pays qui ont le plus faible taux de chômage, inférieur à 5 % (Allemagne, Pays-Bas et Danemark), sont aussi ceux qui ont le plus fort taux d'emploi, proche de 80 %. Parmi ces six pays, c'est l'Allemagne qui a le taux de chômage le plus faible : 3 % de sa population active est au chômage en 2018. Or, c'est en Allemagne que le taux d'emploi est le plus élevé : 79,9 % de la population en âge de travailler occupe un emploi. Inversement, les trois pays qui ont le plus faible taux d'emploi (France, Espagne et Grèce) sont aussi ceux qui ont le plus fort taux de chômage.

Concluez votre réponse en **répondant de manière synthétique à la question.**

La corrélation est donc a priori très forte et négative : plus les pays ont un taux d'emploi élevé, plus leur taux de chômage est faible, et inversement. Pour autant, il faut rester prudent et ne pas forcément en conclure un lien de causalité.

PARTIE 3 Raisonnement s'appuyant sur un dossier documentaire — 10 points

À l'aide de vos connaissances et du dossier documentaire, vous montrerez quels sont les effets du salaire minimum sur le chômage.

Soyez attentif au termes employés : on attend que vous utilisiez les documents mais aussi vos connaissances.

Vous êtes invité à questionner les relations logiques entre deux notions du programme.

Repérez les **notions centrales** du sujet et pensez à les définir dans votre introduction.

Doc 1

Destruction de près d'un million d'emplois, faillite de nombreuses entreprises familiales, ruine de l'agriculture, érosion de la compétitivité de l'économie nationale, bureaucratie excessive... Il y a six ans, le débat sur l'introduction d'un salaire minimum faisait rage en Allemagne. [...]

La loi, finalement adoptée par le Bundestag (Chambre basse du Parlement) en juillet 2014 après de longs atermoiements, prévoyait l'entrée en vigueur, au 1er janvier 2015, d'un smic de 8,50 euros brut de l'heure pour tout salarié âgé de plus de 18 ans. [...] Cinq ans après la mise en place du smic, ces craintes se sont révélées infondées. Le chômage a poursuivi sa longue décrue, pour tomber de 6,7 % en 2014 à 5 % en 2019, tandis que le nombre d'actifs a continué de battre record sur record. Ainsi, en novembre 2019, l'office fédéral de la statistique Destatis recensait 45,5 millions d'actifs occupés outre-Rhin : cela correspond à plus de 2,8 millions d'emplois créés depuis fin 2014. [...]

Malgré ce bilan rassurant, plusieurs études ont établi que l'introduction du salaire minimum a probablement eu un effet légèrement négatif sur le marché du travail : entre 50 000 et 140 000 emplois auraient été perdus à cause de la réforme. Et il s'agit avant tout de « mini-jobs », ces emplois à temps partiel créés par les réformes de l'ancien chancelier Gerhard Schröder (1998-2005), sans protection sociale et rémunérés 450 euros par mois. Les chercheurs jugent donc très limité l'impact de la réforme. [...]

Une autre étude, publiée le 10 décembre, a mis en lumière un autre effet, positif cette fois, du smic : les salariés concernés par son entrée en vigueur ont vu leur rémunération brute augmenter de 10 % en moyenne [...].

Jean-Michel Hauteville, « Cinq ans après son introduction, un bilan mitigé pour le smic en Allemagne », *Le Monde*, 2020

BAC

Doc 2 Taux de chômage dans six pays de l'Union européenne, décembre 2018

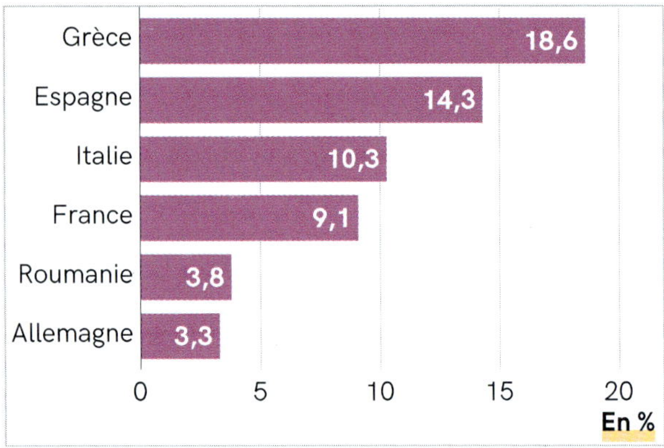

Eurostat, 2019

Doc 3 Salaire minimum brut mensuel dans six pays de l'Union européenne, premier trimestre 2018

	Allemagne	Espagne	France	Grèce	Italie	Roumanie
En euros	1 557	1 050	1 521,22	683,76	Pas de salaire minimum légal	446,02

Eurostat, 2019

Méthode

ÉTAPES 1 ET 2 **Analyser le sujet et mobiliser ses connaissances** Au brouillon

❶ Repérez et analysez tous les termes importants du sujet. → **GUIDAGE** P. 103
- À partir de votre analyse, déduisez-en le type de plan à adopter. → **TYPES DE PLANS** P. 18
- N'hésitez pas à reformuler le sujet.

❷ Indiquez au brouillon tous les exemples, idées, théories, faits, éléments de cours… qui peuvent être mobilisés.

CONSEIL
Si vous avez déjà une idée des grands axes de votre réponse, **classez** ces éléments dans votre plan.

ÉTAPE 3 **Exploiter le dossier documentaire** Au brouillon
- Lisez attentivement chaque document et résumez la (ou les) idée(s) principale(s) en lien avec le sujet.
- Pensez à repérer la source, le cadre spatio-temporel, les notions ou mécanismes importants et les outils statistiques. Faites attention aux unités.

CONSEIL
Si vous avez déjà une idée des grands axes de votre réponse, **classez** les éléments issus de l'analyse des documents dans votre plan en indiquant le numéro des documents mobilisés.

ÉTAPE 4 **Construire un plan détaillé** Au brouillon → **MÉTHODE** P. 21

ÉTAPE 5 **Rédiger l'introduction et la conclusion** Au brouillon
- Rédigez l'introduction. → **MÉTHODE** P. 21
- La conclusion doit dresser le bilan de votre développement.

ÉTAPE 6 **Rédiger son devoir** Sur votre copie → **MÉTHODE** P. 21

Voici un exemple de conclusion du devoir.
À partir de cet exemple, rédigez le reste du raisonnement.

Rappelez le **bilan** de votre développement en synthétisant votre démonstration.

Répondez clairement et de façon synthétique à la question posée.

Nous avons montré que l'introduction d'un salaire minimum accroît le coût du travail, ce qui peut conduire à une augmentation du chômage, touchant particulièrement les personnes les moins qualifiées. Néanmoins, la réalité est plus complexe et invite à la prudence car certains pays, comme l'Allemagne, ont mis en place un salaire minimum relativement élevé et connaissent un faible taux de chômage (c'est l'inverse en Espagne ou en Grèce, par exemple). Ce constat nuancé sur les effets du salaire minimum sur le chômage nous invite donc à réfléchir sur les autres facteurs explicatifs de ce phénomène complexe.

BAC Grand Oral

Question **Comment les Allemands ont-ils réussi à faire baisser leur taux de chômage depuis plus de 15 ans ?**

1. Choisir sa question
2. **Préparer son oral**
3. Préparer son support
4. Présenter sa question au jury
5. Anticiper les questions du jury
6. Échanger sur son projet d'orientation

➜ Méthode générale p. 22-25

ÉTAPE 2 Préparer son oral : organiser sa réponse

➜ **DÉGAGEZ UN PLAN** Une fois votre question formulée et votre recherche documentaire terminée, vous devez **organiser votre réponse**. Celle-ci doit tenir en 5 minutes : il vous faut trouver les points clés de votre exposé.

Comment allez-vous introduire votre question ?

- Pensez à faire des liens avec l'**actualité récente** : mobilisez les derniers chiffres du chômage en Allemagne et en France pour montrer les écarts de performance dans ce domaine. La France a connu un taux de chômage historiquement haut en 2015, au moment où l'Allemagne connaissait un taux de chômage historiquement bas.
- Rappelez qu'à la fin des années 1990, l'Allemagne était « l'homme malade de l'Europe » et que le taux de chômage était plus élevé qu'en France (idem en termes de déficit commercial ou de déficit public).

Quels sont les 2-3 points clés à développer ?

- Distinguez **chômage structurel** et **chômage conjoncturel** et montrez que « l'Agenda 2010 » mis en place par le gouvernement Schröder s'attaque à la dimension structurelle du chômage.
- Donnez des **exemples de mesures** contre le chômage structurel comme les lois Hartz mises en place entre 2003 et 2005 pour flexibiliser le marché du travail et durcir les conditions d'indemnisation du chômage.
- Montrez les **résultats positifs** de ces réformes à l'aide de **données concrètes**. Pensez à mobiliser des sources comme le rapport du CAE (Conseil d'analyse économique). Vous pouvez aussi exposer quelques données sur l'évolution de la balance commerciale allemande depuis 2000.
- Montrez aussi les **effets négatifs** de ces réformes avec, par exemple, la montée des « mini-jobs », des « Ein-Euro-Job » ou encore des inégalités sociales.

Comment allez-vous conclure votre question ?

- Des réformes similaires peuvent-elles être appliquées en France ? Pourquoi ?
- Vous pouvez aussi mobiliser l'exemple des réformes menées au Danemark ou au Royaume-Uni.

➜ **ENTRAÎNEZ-VOUS** Une fois vos idées en place, vous devez mettre en œuvre votre présentation. Il est primordial de vous entraîner, non seulement pour gérer votre temps – vous disposez de 5 minutes – mais aussi pour améliorer la qualité de votre prestation orale. N'oubliez pas que, le jour de l'oral, vous n'aurez pas de notes.

CONSEIL
Maîtrisez le temps.
On estime qu'en 5 minutes, vous pouvez dire environ ce que vous écrirez sur une copie recto-verso.

CONSEIL
N'oubliez pas les exemples.
Vous marquerez le jury et conserverez son attention en accompagnant systématiquement vos idées ou arguments avec un exemple concret, une anecdote personnelle, un lien avec l'actualité, une citation, une source…

CONSEIL
Anticipez la discussion.
Vous pouvez profiter de la conclusion pour « tendre une perche » au jury, en posant une autre question, par exemple. Réfléchissez à ce que vous répondrez pour ne pas être pris au dépourvu.

Ressources numériques
- Check-list pour la présentation.
- Liens vers des sites utiles pour préparer la question.
- Pistes pour se documenter et anticiper l'échange avec le jury.

ÉTAPE 5 Anticiper les questions du jury

Faire le lien avec d'autres disciplines	Faire le lien avec un projet d'orientation
Géographie Term **Thème 3** – L'Union européenne dans la mondialisation **Histoire Term** **Chapitre 10** – La construction européenne	**Études supérieures** Licences AES, économie ou gestion, prépas ECE/ECS, Instituts d'études politiques, écoles de commerce **Projet professionnel** Export, analyste économique, consultant…

Autres questions possibles

- La mobilité géographique : une solution au chômage ?
- Chômage en Europe : quelle situation pour les jeunes ?

BAC

Sujet d'entraînement – Dissertation 4h

Grilles d'évaluation

Un coût du travail élevé est-il la principale source de chômage ?

Doc 1 Coût horaire moyen de la main-d'œuvre en Europe en 2017

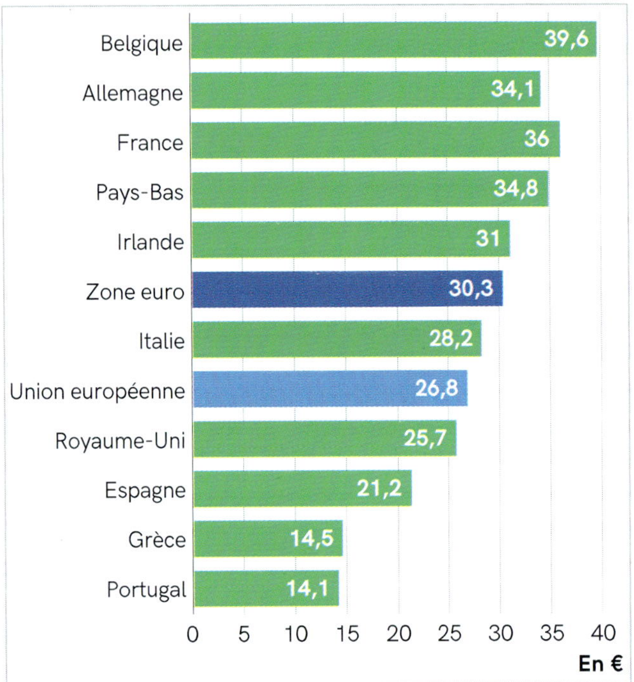

Eurostat, 2018

Doc 2 Taux de chômage en Europe en 2017

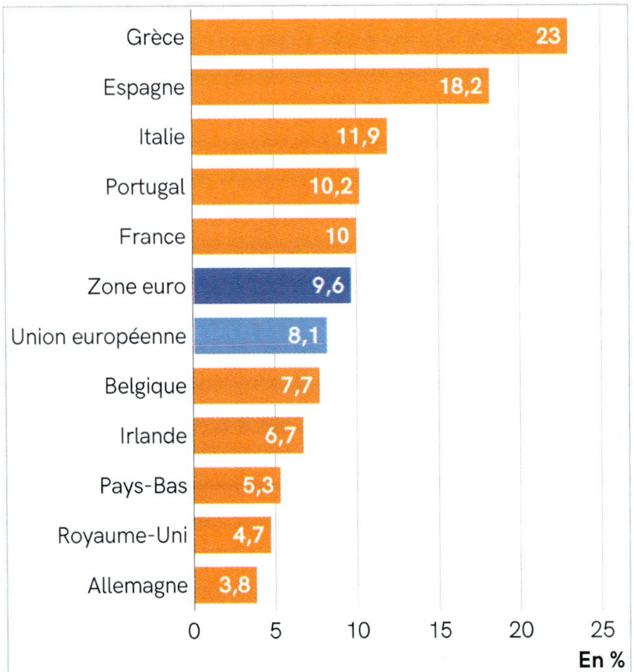

Eurostat, 2018

Doc 3

Depuis une trentaine d'années, les gouvernements successifs ont énormément diminué les charges patronales pour les salaires inférieurs à 2,5 smic (3 750 euros bruts), voire 3,5 smic (5 250 euros bruts) en empilant les dispositifs. Au total, [...] l'État se prive ainsi d'environ 60 milliards d'euros de recettes fiscales par an.

Évidemment, il ne le fait pas sans raison. « Historiquement, les baisses de charges avaient un seul objectif qui était l'emploi, rappelle Philippe Martin, économiste et président du CAE[1]. Mais avec le CICE (crédit d'impôt pour la compétitivité et l'emploi) lancé en 2013, on a aussi voulu améliorer la compétitivité », c'est-à-dire la capacité des entreprises françaises à gagner des parts de marché à l'étranger.

[...] La note du CAE cherche donc à vérifier si ces deux objectifs ont été atteints. Au vu des sommes engagées, le résultat est plutôt contrasté. [...] « On remarque que plus les exonérations sont centrées sur les bas salaires, plus cela a un effet sur l'emploi. En revanche, cet effet diminue au fur et à mesure que le salaire augmente », décrypte Yannick L'Horty, économiste au CAE.

Concrètement, au-delà de 1,6 smic (2 400 euros bruts), la diminution du coût du travail ne favorise pas particulièrement les embauches. Comment l'expliquer ? « Les salariés qui ne sont pas au smic peuvent négocier leur niveau de salaire, et ce d'autant plus facilement que le taux de chômage dans leur secteur est faible », explique Clément Malgouyres, économiste à l'Institut des politiques publiques. Dans ce cas, la baisse des charges aura plutôt tendance à gonfler les salaires des cadres, sans conduire à plus de recrutements.

Nicolas Raffin, « La baisse des charges sur les salaires est-elle efficace pour relancer l'emploi et la compétitivité ? », www.20minutes.fr, 2019

1. Conseil d'analyse économique, qui réalise des analyses économiques pour le Gouvernement.

Doc 4 Croissance du PIB et chômage en France

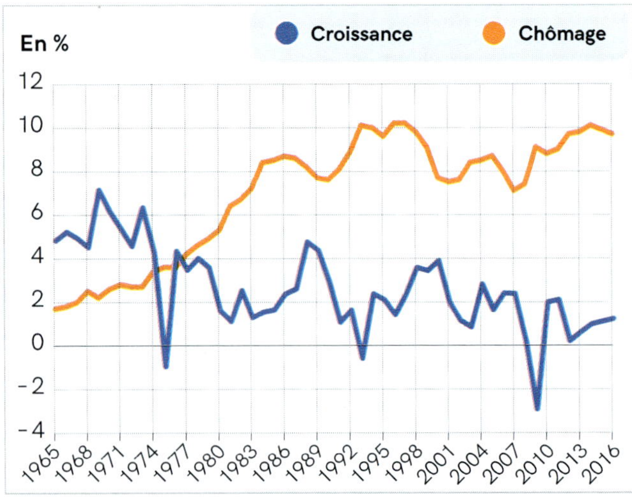

Insee, 2018

BAC Sujet d'entraînement – Épreuve composée 4h

PARTIE 1 Mobilisation des connaissances — 20 à 30 min — 4 points

Question Expliquez quels sont les effets des fluctuations de l'activité économique sur le chômage conjoncturel.

PARTIE 2 Étude d'un document — 1h à 1h30 — 6 points

Doc Sous-emploi selon le sexe et l'âge en 2018 en France

	Âge			Sexe		Ensemble
	15-24 ans	25-49 ans	50 ans ou plus	Femmes	Hommes	
Nombre de personnes en sous-emploi (en milliers)	248	923	443	1 129	485	1 614
Part du sous-emploi (en %)	10,9	5,6	5,3	8,6	3,5	6,0

Insee, enquête Emploi, 2019

Question 1. Rédigez une phrase pour expliquer le sens des données encadrées.

Question 2. À l'aide du document, peut-on affirmer que le sous-emploi est lié à l'âge et au sexe ?

PARTIE 3 Raisonnement s'appuyant sur un dossier documentaire — 2h à 2h40 — 10 points

À l'aide de vos connaissances et du dossier documentaire, vous expliquerez pourquoi les rigidités sur le marché du travail peuvent être source de chômage.

Doc 1

La France se caractérise depuis plus de trente ans par un très fort taux de chômage. Si c'est bien sûr avant tout le résultat d'une faible croissance, les économistes libéraux pensent que c'est aussi la conséquence d'un marché du travail peu efficace, où offre et demande d'emploi se rencontrent mal. Les partisans de cette thèse estiment donc qu'au-delà des nécessaires efforts sur la formation ou le coût du travail, il faut assouplir la réglementation qui empêche ce marché de s'ajuster librement.

[...] « Si l'on regarde les indicateurs de protection de l'emploi, on se rend compte que la France se situe parmi les pays plutôt rigides, notamment en ce qui concerne la protection des emplois permanents », estime Andrea Bassanini, économiste senior à l'OCDE.

Est-ce une si mauvaise chose ? « Entre 2008 et 2009, l'emploi a plutôt mieux résisté en France que dans beaucoup d'autres pays, argumente Yannick L'Horty, professeur à l'université Paris-Est Marne-La-Vallée, qui pense que « la rigidité du marché du travail est un problème moins important que le coût du travail ». « Ce type de réforme a toujours un coût social fort », ajoute-t-il, recommandant, pour le moins, de « ne surtout pas flexibiliser pendant une crise, sinon on risque d'obtenir beaucoup de licenciements pour peu d'embauches ».

Reste que, comme l'analyse Charles de Froment, expert associé à l'Institut de l'entreprise, « ce qui caractérise la France, c'est que, plus qu'ailleurs, les entreprises font reposer leurs besoins de flexibilité non pas sur les CDI, mais sur les contrats précaires ». Ce qui contribue à maintenir une exclusion forte, un chômage haut, et à peser sur la demande.

Nathalie Birchem, « Faut-il une nouvelle réforme du marché du travail ? », *La Croix*, 2014

Doc 2 Indice de flexibilité du marché du travail en 2019[1]

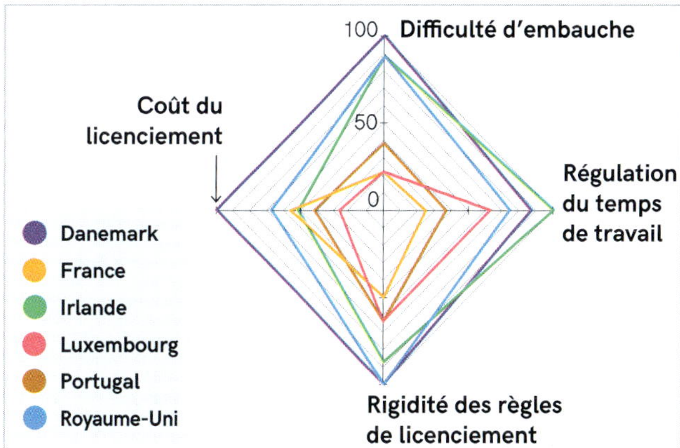

Note : plus l'indice est proche de 100, plus la flexibilité est forte.

« Employment flexibility index 2019 », Lithuanian Free Market Institute, 2019

1. Le Royaume-Uni appartenait encore à l'Union européenne.

Doc 3 Durée annuelle du travail (salariés à temps complet) et taux de chômage en 2015

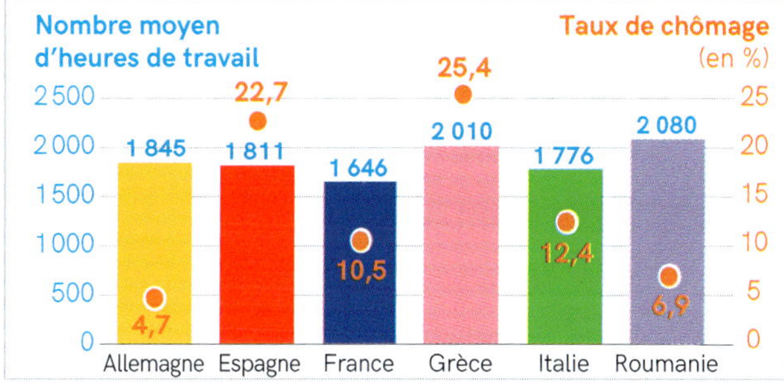

Eurostat, 2016

CHAPITRE

4

Comment expliquer les crises financières et réguler le système financier ?

Textes DYS
TOUS LES TEXTES EN VERSION DYS
lyceen.nathan.fr/sesterm-2020

RAPPELS

EXO Exercices interactifs

Cours de 1re

1re

Qu'est-ce que la monnaie et comment est-elle créée ?

a. L'institution chargée de la politique monétaire dans la zone euro est :

☐ la Commission européenne. ☐ le Parlement. ☐ la Banque centrale.

Comment les agents économiques se financent-ils ?

b. Quelles variables économiques figurent dans le taux d'endettement des ménages ?

☐ le revenu disponible ☐ les intérêts à rembourser

☐ l'épargne ☐ l'ensemble des crédits contractés

c. Le financement externe des entreprises peut prendre la forme…

☐ de l'autofinancement. ☐ de l'emprunt bancaire.

☐ du financement par les marchés. ☐ de l'épargne d'entreprise.

d. Le taux d'intérêt représente…

☐ la rémunération du risque pris par le prêteur. ☐ un gain pour l'emprunteur.

☐ le prix d'équilibre sur le marché des fonds prêtables. ☐ le coût du financement externe.

SOMMAIRE

Doc 1 Une panique bancaire

File de clients devant une banque en Angleterre, en 2007

Si une banque fait faillite, que risquent de perdre ses clients ?

Doc 2 Marchés financiers et crises financières

« Wall Street : le paradoxe de la tranquillité » (2 min. 35 sec.), « Le mot de l'éco », France TV info, 2019

Pourquoi des taux d'intérêt faibles peuvent-ils être un facteur de déstabilisation de l'économie ?

1 Quelles sont les caractéristiques des crises financières ?

▶▶ OBJECTIF
Connaître les principales caractéristiques de la crise financière des années 1930 et de celle de 2008.

QU'ALLONS-NOUS FAIRE ?

Effondrement de la valeur du patrimoine des épargnants, faillites d'entreprises, licenciements... Les crises financières peuvent avoir des répercussions durables bien au-delà du secteur financier.

Doc 1 Déroulement des crises des années 1930 et de 2008

La crise des années 1930

- **1920-1929** : La valeur des actions américaines est multipliée par 5.
- **1928** : Le cabinet Charles Merrill recommande de ne plus acheter des actions à crédit.
- **1929** : La production industrielle commence à chuter.
- **Début octobre** : Les cours des actions commencent à baisser.
- **24 octobre** : « Jeudi noir » : tous les gros opérateurs vendent des actions. Les cours ont chuté de 22 % à midi.

La crise de 2008

- **1997-2005** : Prêts à taux variables à des ménages fragiles (*subprimes*). Les banques transforment une part croissante de ces créances en titres qu'elles vendent sur les marchés (titrisation).
- **2006** : Multiplication des défauts de remboursement. Baisse de la valeur des créances titrisées.
- **2007** : Plusieurs banques et fonds d'investissements américains et européens en difficulté.
- **Été-automne 2007** : Effondrement boursier.
- **15 septembre 2008** : Faillite de la banque Lehman Brothers.
- **29 septembre 2008** : « Lundi noir » suite au rejet par la Chambre des représentants américaine du plan de sauvetage des banques.

QUESTIONS

1. **Lire.** Quel est l'élément déclencheur de la crise des années 1930 ? Et de celle de 2008 ?
2. **Expliquer.** Pourquoi les entreprises et les ménages ont-ils été touchés ?
3. **Distinguer.** Quels sont les principaux points communs entre ces deux crises ? Et les principales différences ?

ACTIVITÉ Comprendre la crise des années 1930

▶ **Étudiez le graphique, lisez le texte, puis répondez aux questions ci-dessous.**

a. Entre 1929 et 1933, combien de points d'indice le cours des actions perd-il ?

b. Par rapport à la valeur de 1929, que représente cette baisse en pourcentage ?

c. Résumez le texte en moins de 25 mots à un camarade et demandez-lui de choisir 3 mots clés pour expliquer la crise des années 1930.

a Cours des actions à la bourse de New York

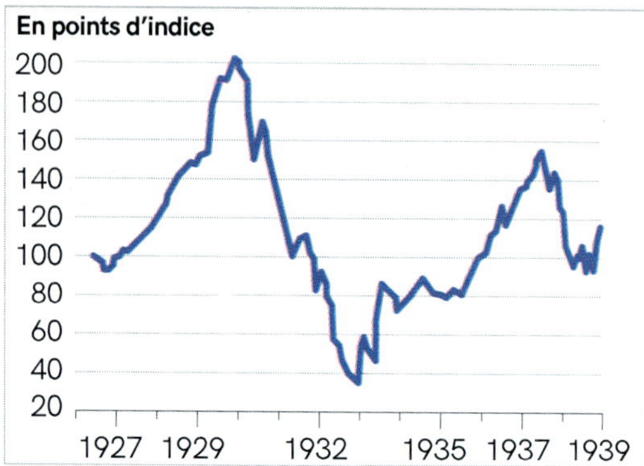

D'après Bernard Gazier, *La Crise de 1929*, PUF, 2016

MÉMO MATHS
→ FICHE MÉTHODE 2 P. 359

b Une crise du système financier américain

Le krach ne fut pas sans répercussions sur le système financier américain. Cependant, un soutien rapide de la Réserve fédérale[1] évita une panique. Au-delà du krach boursier, les crises financières se succédèrent dans les années 1930-1933. Plusieurs vagues de faillites bancaires eurent lieu en 1930 et surtout 1931 et 1933. En trois ans disparurent 9 000 banques, représentant 15 % des dépôts du système bancaire. La gravité de ces vagues s'explique largement par le phénomène de « dominos » qui conduisit des banques à faire faillite du seul fait de la chute d'autres banques, leurs débitrices, et par les *runs* qui conduisirent les déposants paniqués à retirer en masse leurs dépôts, amenant les banques à la crise de liquidités. Au printemps 1933, la panique atteignit un tel degré qu'une fermeture de plusieurs jours de l'ensemble du système bancaire fut nécessaire pour ramener le calme.

Pierre-Cyrille Hautcœur, « La crise de 1929 et ses enseignements », *Crises financières*, Economica, 2001

1. Banque centrale des États-Unis.

Doc 2 De la Grande Dépression des années 1930 à la Grande récession de 2008[1]

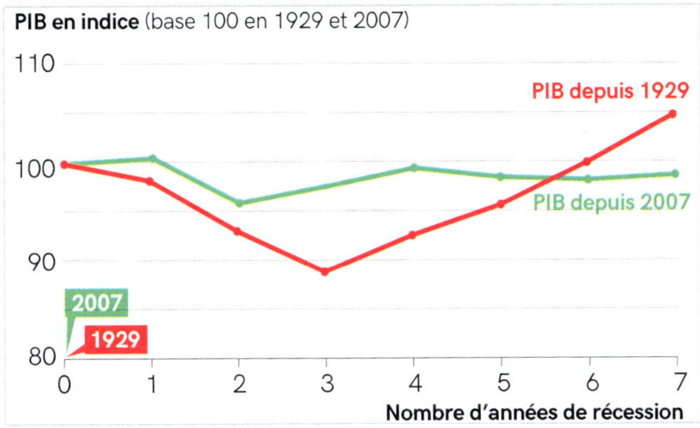

D'après Forbes, 2014

1. Hors Royaume-Uni.

DÉFINITIONS

Dépression : phase du cycle économique caractérisée par une baisse profonde et durable de l'activité, des revenus et un chômage de masse.

Récession : phase de ralentissement marqué de la croissance ou recul de la production limité dans le temps.

QUESTIONS

4. **Lire.** Le PIB de 1929 est-il identique à celui de 2007 ?
5. **Expliquer.** Pourquoi parle-t-on de « dépression » dans le cas de la crise des années 1930 et de « récession » après 2008 ?
6. **Déduire.** Quelles sont les conséquences d'une récession ou d'une dépression pour les entreprises ?

Doc 3 L'impact d'une crise financière sur les ménages

a Les conséquences sur l'emploi de la crise des années 1930, en France

La marche des chômeurs du Nord, 1933

b Maison individuelle saisie par une banque pendant la crise de 2008, aux États-Unis

Maison saisie par une banque près de Las Vegas, 2010

QUESTIONS

7. **Déduire.** Pourquoi une crise financière peut-elle avoir des répercussions négatives sur l'emploi ?
8. **Expliquer.** Que se passe-t-il si un emprunteur ne peut pas rembourser un prêt immobilier ?

Chiffres clés

Selon l'OCDE, entre le premier trimestre 2007 et le premier trimestre 2010, le taux de chômage passe de **4,5 %** à **9,8 %** aux États-Unis, et de **7,5 %** à **9,6 %** dans l'Union européenne.

EN AUTONOMIE VERS LE BAC

Parcours écrit Épreuve composée – Partie 2

En vous appuyant sur le doc 2, vous comparerez les conséquences des crises financières de 1929 et de 2008 sur l'évolution du PIB.

Parcours oral Étape 3 – Réfléchir à son support

En binôme, préparez un tableau comparatif sur les crises des années 1930 et de 2008. Tableau guidé

MÉMO

- Les crises des années 1930 et de 2008 ont toutes deux commencé par un effondrement de la valeur d'actifs financiers, qui a provoqué des faillites bancaires en raison de défauts de paiement de la part des débiteurs.
- Les effondrements du prix des actions et, entre 2006 et 2008, de l'immobilier, ainsi que les dysfonctionnements du système bancaire ont eu un impact majeur sur les entreprises et les ménages. L'activité économique a diminué et le chômage s'est accru.

2 Comment se forment et éclatent les bulles spéculatives ?

▸▸ OBJECTIFS
Comprendre et savoir illustrer la formation et l'éclatement d'une bulle spéculative.

QU'ALLONS-NOUS FAIRE ?

« Les arbres ne montent pas jusqu'au ciel. » Cette formule, souvent utilisée dans le milieu de la Bourse, signifie que le cours des titres ne peut pas monter indéfiniment : lorsque les prix atteignent un montant jugé trop élevé, certains intervenants anticipent une baisse et commencent à vendre. D'où l'existence de fluctuations sur les marchés financiers.

Doc 1 Qu'est-ce qu'une bulle spéculative ?

Vidéo Qu'est-ce que la spéculation ? (2 min. 47 sec.)

Il y a bulle spéculative lorsque le prix d'un actif[1] augmente en continu, de manière excessive, de telle sorte qu'il s'éloigne de sa valeur fondamentale. Comme une bulle de savon qui s'élève puis éclate, le prix risque de chuter brutalement.

La bulle est alimentée par des comportements spéculatifs : des individus investissent dans des actifs dont ils anticipent, de façon exagérément optimiste, que les prix vont continuer d'augmenter.

Une bulle peut se former sur n'importe quel marché si deux conditions sont réunies :

– la première est que la valeur de l'actif soit incertaine – par exemple, il est difficile de déterminer le prix exact d'une œuvre d'art, ou le potentiel de développement d'une nouvelle technologie ;

– la deuxième est que l'actif en question existe en quantité limitée, comme l'immobilier en centre-ville, ou les actions d'un secteur d'activité bien identifié, par exemple les valeurs bancaires ou pétrolières.

« Bulle spéculative », ABC de l'économie, Banque de France, 2019

1. Action, bien immobilier...

DÉFINITION

Valeur fondamentale d'un actif : somme des revenus (loyers, dividendes, intérêts) que cet actif peut générer (revenus anticipés).

QUESTIONS

1. **Expliquer.** En vous appuyant sur le texte et la vidéo, expliquez comment la spéculation contribue à la formation des prix des actifs.
2. **Expliquer.** Si un investisseur anticipe une hausse continue des cours d'un actif, pourquoi a-t-il intérêt à acheter ?
3. **Illustrer.** Quels événements peuvent faire varier le prix d'un actif ?

Doc 2 Mimétisme et prophéties autoréalisatrices

Traduction

Kevin K. Kallaugher, *The Economist*

QUESTIONS

4. **Lire.** Quels effets peuvent avoir les rumeurs sur la formation du jugement des opérateurs financiers ?
5. **Lire.** Pourquoi est-il rationnel d'adopter un comportement mimétique ?
6. **Déduire.** La stratégie qui consiste à imiter le comportement des autres agents est-elle optimale ?
7. **Déduire.** Si quelques intervenants anticipent une hausse du cours d'un actif et qu'ils sont imités, quel sera l'effet sur le cours de cet actif ?
8. **Argumenter.** Montrez qu'une prophétie autoréalisatrice peut également se produire dans le cas d'une baisse de cours.

ACTIVITÉ Une bulle immobilière

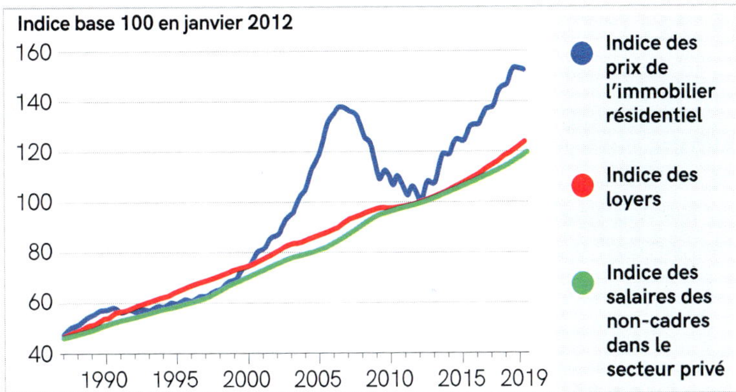

D'après *Federal Reserve of St. Louis*, 2017

a. À partir de quelle date l'augmentation du prix de l'immobilier accélère-t-elle ?

b. Calculez l'évolution des prix de l'immobilier entre 2005 et 2012.

c. Comparez l'évolution du prix de l'immobilier à celle des loyers sur l'ensemble de la période. Que pouvez-vous en déduire sur leur valeur fondamentale et leur prix sur le marché de l'immobilier ?

d. Rédigez un paragraphe d'une dizaine de lignes pour montrer que l'évolution des prix des biens immobiliers aux États-Unis illustre le phénomène de bulle spéculative.

MÉMO MATHS
→ FICHE MÉTHODE 2 P. 359

Doc 3 Cycle financier et bulle spéculative

a L'évolution d'une bulle spéculative

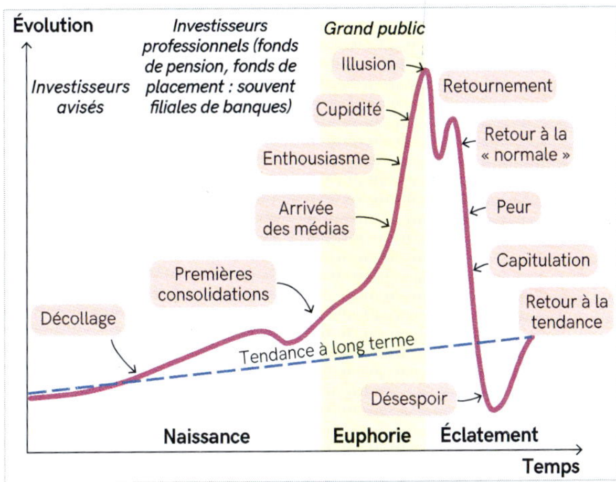

D'après Banque de France, ABC de l'économie

QUESTIONS

9. Lire. Quels sont les trois types d'investisseurs ?

10. Lire. Quel rôle jouent les médias dans l'embellie des cours des titres sur les marchés boursiers ?

11. Expliquer. Pourquoi l'enthousiasme du grand public fait-il référence au mimétisme ?

b Publicité et cycle financier

Andrei Shleifer et Sendhil Mullainathan ont étudié l'évolution de la communication de [la banque] Merill Lynch. Au début des années 1990, avant la période d'effervescence boursière[1], les publicités Merrill Lynch mettaient en scène un grand-père et son petit-fils s'adonnant aux plaisirs de la pêche avec la légende suivante : « Préparez-vous à vous enrichir lentement. » Quand le marché s'est emballé, en 2000, et que les investisseurs se sont réjouis des bons résultats enregistrés, les publicités de Merrill Lynch ont changé du tout au tout. Finie la partie de pêche. Désormais, l'image montrait un composant électronique en forme de taureau avec cette légende : « Restez connecté… et foncez ! ». Après la correction du marché qui a suivi, Merrill Lynch a ressorti le grand-père et le petit du tiroir. Ils sont retournés pêcher. Mais cette fois, la légende disait : « Un revenu pour la vie. » Bien entendu, les professionnels qui concoctent ces publicités sont persuadés de coller au plus près au moral du public et de refléter l'ambiance générale à un moment donné.

George Akerlof, Robert Shiller, *Les Esprits animaux*, Flammarion, 2018

1. Liée à un engouement pour les entreprises des nouvelles technologies de l'information et de la communication (start-up).

EN AUTONOMIE VERS LE BAC

▶▶ Parcours écrit Épreuve composée – Partie 1

Qu'est-ce qu'une bulle spéculative ?

▶▶ Parcours oral Étape 1 – Formuler sa question

Présentez le sujet suivant : « La bulle immobilière des années 2000 aux États-Unis, une bulle spéculative » en respectant deux contraintes : vous devez reformuler le sujet à la forme interrogative et l'introduire en 45 secondes.

Introduire un sujet

MÉMO

■ Spéculer consiste à anticiper sur des valeurs futures. Une bulle spéculative se crée lorsque le cours d'un actif (l'immobilier, par exemple) n'a pas de rapport avec son prix dans l'économie réelle : les spéculateurs, ayant anticipé des hausses, participent à faire augmenter son prix.

■ La bulle et son éclatement sont favorisés par des comportements mimétiques qui conduisent à des prophéties autoréalisatrices.

■ Une bulle spéculative éclate lorsque les anticipations pessimistes sur la valeur des actifs finissent par l'emporter.

3 Pourquoi les banques peuvent-elles faire faillite ?

▸▸ **OBJECTIF**
Comprendre les phénomènes de panique bancaire et de faillites bancaires en chaîne.

QU'ALLONS-NOUS FAIRE ?

Les banques collectent l'épargne des entreprises et des ménages ; elles les rémunèrent par des intérêts et leur accordent des crédits. Elles gèrent aussi leurs fonds en les plaçant sur les marchés financiers. Mais comment font-elles face à des défauts de remboursement ou à la chute des cours des actifs sur les marchés ?

ACTIVITÉ Faillites bancaires aux États-Unis pendant la Grande Dépression

	Nombre de banques ayant fait faillite	Pertes des déposants (en milliers de $)
1929	659	76 657
1930	1 350	237 359
1931	2 293	390 476
1932	1 453	168 302
1933	4 000	540 396

D'après Ben Katoka, « Analyse comparative de la crise économique de 1929 et de la crise financière internationale de 2007 », 2009

a. Calculez combien de banques ont fait faillite entre 1929 et 1933 aux États-Unis.

b. Calculez le taux de variation des faillites entre 1931 et 1932, puis entre 1932 et 1933.

c. Calculez le taux de variation des pertes des déposants entre 1931 et 1932, puis entre 1932 et 1933.

d. Mettez en relation les résultats obtenus dans les questions b. et c.

MÉMO MATHS
→ FICHE MÉTHODE 2 P. 359

Doc 1 Les banques et la crise des *subprimes*

Vidéo
Risques systémiques : économies au bord de la crise de nerfs (de 5 min. à 8 min. 33 sec.)

TITRISATION

Transformation de créances immobilières, commerciales et d'entreprises en titres négociables.
Dans un premier temps, une banque accorde un crédit à ses clients. Dans un deuxième temps, elle émet des titres correspondant à cette créance.

→

CRISE DES *SUBPRIMES*

Crise financière qui a débuté en 2007 aux États-Unis, s'est propagée entre établissements bancaires, a atteint les marchés financiers en provoquant des krachs boursiers et a engendré récession, chômage et baisse du pouvoir d'achat dans les pays développés.
Les *subprimes* sont des prêts à risque octroyés par les banques américaines à des ménages, principalement pour des achats immobiliers. Ils ont été titrisés.
Les défauts de paiement des ménages insolvables déclenchent la crise : les créances titrisées ne valent plus rien (créances « pourries »).

↓

FAILLITE ET RISQUE DE FAILLITE DE GRANDES INSTITUTIONS FINANCIÈRES

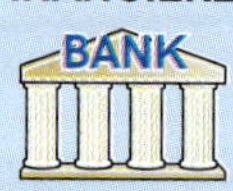

Des établissements financiers (banques, fonds de placement, assurances...) sont menacés d'insolvabilité.
Certains sont sauvés avec l'aide financière du Trésor américain. D'autres font faillite, comme Lehman Brothers, qui sert d'exemple pour éviter de favoriser les prises de risque excessives par les banques.

←

DIFFUSION DE LA CRISE

Les marchés et leurs risques étant interconnectés et internationalisés, de nombreux établissements américains et non américains sont touchés.
Malgré l'intervention des autorités, les banques deviennent frileuses. Elles restreignent les liquidités qu'elles se prêtent entre elles, limitent les crédits accordés aux entreprises et aux ménages et en augmentent le coût (taux d'intérêt).

DÉFINITIONS

Subprime **:** crédit risqué car accordé à un emprunteur dont la solvabilité (capacité à rembourser) est fragile, par opposition à un crédit « prime », de « premier choix » accordé à des agents économiques dont la solvabilité est plus assurée.

Titre : actif financier qui peut être échangé sur un marché.

QUESTIONS

1. **Synthétiser.** Réalisez un schéma fléché pour montrer par quels enchaînements les banques ont été mises en difficulté par la crise des *subprimes*.
2. **Expliquer.** Pourquoi la crise bancaire s'est-elle étendue des banques américaines aux établissements financiers du monde entier ?
3. **Approfondir.** Pourquoi la titrisation a-t-elle favorisé l'extension de la crise au niveau mondial ?

Doc 2 Deux banques face au risque de faillite

a Une spéculation à l'origine de la faillite de la banque Barings

Vidéo

« La faillite de la Barings en 1995 » (1 min. 44 sec.), Journal de 13 h, Antenne 2, 1995

b Northern Rock, une faillite évitée

- **Années 2000** : La Northern Rock parvient à proposer des prêts à des taux attractifs en les finançant non pas grâce aux dépôts de ses clients, mais avec de l'argent emprunté à court terme sur le marché interbancaire.
- **13 septembre 2007** : La BBC révèle que la banque Northern Rock, qui ne parvient plus à se refinancer sur les marchés en raison de la crise de confiance au sein du système bancaire, a demandé à la Banque d'Angleterre de jouer le rôle de prêteur en dernier ressort.
- **14 septembre 2007** : Les clients de la banque forment des files d'attente devant les agences pour retirer leur argent. Leurs dépôts ne sont en effet garantis à 100 % par l'État qu'à hauteur de 20 000 £.
- **18 février 2008** : Pour éviter la faillite, le gouvernement britannique prend la décision de nationaliser la banque, qui passe ainsi sous le contrôle de l'État.
- **17 novembre 2011** : Virgin Bank rachète une partie des activités de la Northern Rock.

QUESTIONS

4. **Expliquer.** Pourquoi la panique des déposants aggrave-t-elle les problèmes de la banque ?
5. **Lire.** Comment la faillite de la banque Northern Rock a-t-elle été évitée ?
6. **Lire.** En vous appuyant sur la vidéo, expliquez la faillite de la banque Barings en 1995.

Doc 3 Le rôle des rumeurs

Une rumeur alarmiste dans le monde bancaire peut provoquer des mouvements incontrôlés de « panique » chez la clientèle de particuliers. La banque anglaise Metro Bank l'a appris à ses dépens [...]. De nombreux clients ont fait la queue ce week-end dans les agences de la banque, s'inquiétant au guichet du devenir de leur argent et placements.

La clientèle réagissait à des rumeurs propagées sur les médias sociaux au sujet de sa santé financière, de fausses informations propagées sur la messagerie instantanée WhatsApp conseillant notamment aux gens de retirer l'argent de leurs comptes et de vider leurs coffre-forts.

Si la rumeur s'est répandue comme une traînée de poudre auprès d'une partie de la clientèle britannique, c'est aussi dû au fait que Metro Bank a déjà inquiété la communauté financière outre-Manche au début de l'année. La banque, créée en 2010, avait annoncé en janvier dernier s'être trompée [...] : elle avait comptablement inscrit insuffisamment de capital en face de ses risques. Dans la foulée, son cours avait dévissé de 39 %.

« Une banque anglaise victime de rumeurs diffusées sur WhatsApp », BFMTV.com, 2019

QUESTIONS

7. **Expliquer.** En vous appuyant sur le doc 2, expliquez pourquoi les clients de la Metro Bank ont cédé à la panique face à la rumeur d'une mauvaise santé financière de la banque.
8. **Expliquer.** Pourquoi l'activité d'une banque repose-t-elle sur la confiance ?

EN AUTONOMIE VERS LE BAC

Parcours écrit Dissertation

En vous appuyant sur vos connaissances et sur les docs 2 et 3, rédigez un plan détaillé pour répondre au sujet : « Quels mécanismes sont à l'origine de faillites bancaires en chaîne ? »

Parcours oral Étape 2 – Se documenter

Recherchez un autre exemple de faillite bancaire. Consultez au moins cinq sources différentes.

Lien vers les sites

MÉMO

- Lorsque les banques accordent des crédits risqués ou spéculent sur les marchés financiers, elles peuvent être confrontées à des défauts de paiement ou à une baisse des cours, ce qui les empêche de faire face à leurs engagements.
- Les retraits massifs des déposants et la dégradation de la confiance entre banques aggravent alors la situation.
- Certaines banques ne peuvent plus accéder aux liquidités nécessaires à leurs activités et, dans les cas les plus graves, elles font faillite.

4 Quelles sont les conséquences des crises financières sur l'économie réelle ?

▸▸ OBJECTIF
Connaître les principaux canaux de transmission d'une crise à l'économie réelle.

QU'ALLONS-NOUS FAIRE ?

Après une crise financière, le réflexe de la plupart des agents économiques est de sauver ce qui peut l'être : vendre pour se débarrasser des titres toxiques, se désendetter, renforcer les exigences en termes de garanties. Et si ces réactions constituaient autant de canaux conduisant à une transmission de la crise financière à l'ensemble des activités économiques ?

Doc 1 Les ventes forcées de titres

[...] Les dangers associés à l'inflation sont bien connus : déformation du partage des revenus entre profits et salaires, perte de compétitivité, transfert de revenus des prêteurs aux emprunteurs... Mais les dangers associés à l'éclatement des bulles sur les prix d'actifs et à la correction des excès d'endettement semblent beaucoup plus graves : faillite des emprunteurs lorsque la dette est trop élevée, destruction de richesses due au recul du prix d'actifs, difficultés associées pour les banques prêteuses, contagion aux autres marchés financiers... On en a vu une fois de plus les effets dévastateurs après l'explosion de la bulle immobilière à l'été 2007 : les investisseurs ont été contraints de se résigner aux ventes forcées, puisque, ayant réalisé des pertes importantes sur certains actifs, ils devaient en céder d'autres pour obtenir des liquidés. Ainsi, aux États-Unis, de nombreux emprunteurs qui pensaient pouvoir utiliser leurs plus-values immobilières pour équilibrer leurs dettes sont partis dans le décor. Si l'explosion des bulles sur les prix d'actifs est plus dangereuse que l'inflation pour les salariés, elle l'est donc aussi, nous semble-t-il, pour les épargnants, les banques, les emprunteurs et les marchés financiers.

Patrick Artus, Marie-Paule Virard, *Globalisation, le pire est à venir*, © Éditions La Découverte, 2010

DÉFINITIONS

Économie réelle : ensemble des activités de production de biens et services hors du monde de la finance.

Vente forcée (ou vente de détresse) : vente massive d'actifs à prix très bas, nécessaires lorsqu'un agent risque une faillite.

QUESTIONS

1. **Lire.** Pourquoi les investisseurs, et notamment les banques, ont-ils été contraints de céder des actifs ?
2. **Expliquer.** Quel est l'effet de ces ventes forcées sur le cours des actifs ?
3. **Déduire.** Pourquoi ces ventes forcées mettent-elles en danger les banques et les épargnants ?

Doc 2 Crises financières et richesse des ménages

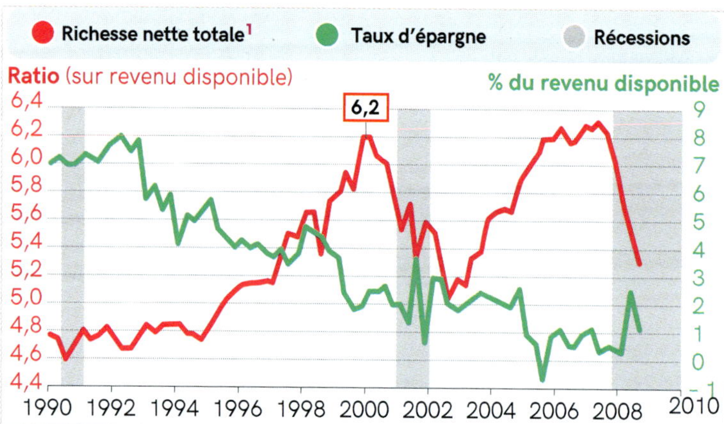

D'après Réserve fédérale, BEA, CA, 2010

1. Patrimoine net de dette.

DÉFINITION

Effet de richesse : lien entre la valeur du patrimoine des agents économiques et leur propension à dépenser. La relation est croissante.

QUESTIONS

4. **Lire.** Rédigez une phrase pour présenter la donnée encadrée.
5. **Expliquer.** Quel est l'effet d'un krach boursier ou immobilier sur la valeur du patrimoine des ménages ?
6. **Lire.** En 2001 et 2008, quels liens peut-on observer entre l'évolution de la richesse et celle de l'épargne des ménages ?

Doc 3 La contraction du crédit

Le premier canal de transmission de la crise est la contraction de l'offre de crédit : comme les banques éprouvent les plus grandes difficultés à trouver des liquidités et des fonds propres[1], elles sont moins en mesure d'octroyer des prêts aux entreprises et aux ménages. Le coût des emprunts – le taux d'intérêt – est également accru, car l'ensemble des créanciers exigent des primes de risque plus élevées en raison de la crise de confiance qui s'est installée. [...]

L'assèchement du crédit réduit l'activité économique : sans la possibilité de recourir à des emprunts, les ménages réduisent leurs dépenses, tandis que les entreprises reportent ou annulent des investissements, voire rencontrent des problèmes de trésorerie pouvant les mener à la faillite.

Nicolas Couderc, Olivia Montel-Dumont, « Des *subprimes* à la crise mondiale », *Cahiers français* n° 359, 2010

1. Ressources de la banque qui proviennent de son autofinancement ou des apports en capital des actionnaires.

DÉFINITION

Collatéral (ou garantie) : actif servant à couvrir un risque de crédit dans le cas où le bénéficiaire du crédit ne pourrait pas rembourser. Dans le cas d'un crédit hypothécaire, le bien immobilier sert ainsi de collatéral.

QUESTIONS

7. **Lire.** Comment les banques cherchent-elles à se protéger du risque de défaillance des emprunteurs ?
8. **Lire.** Si le prix des actifs que détiennent les ménages baisse, qu'advient-il de leur capacité d'emprunt ?
9. **Déduire.** Quel sera l'impact sur la consommation et l'investissement ?

Vidéo
Risques systémiques : économies au bord de la crise de nerfs (du début à 3 min. 15 sec. puis de 10 min. 25 sec. à la fin)

ACTIVITÉ La propagation d'une crise financière à la sphère réelle

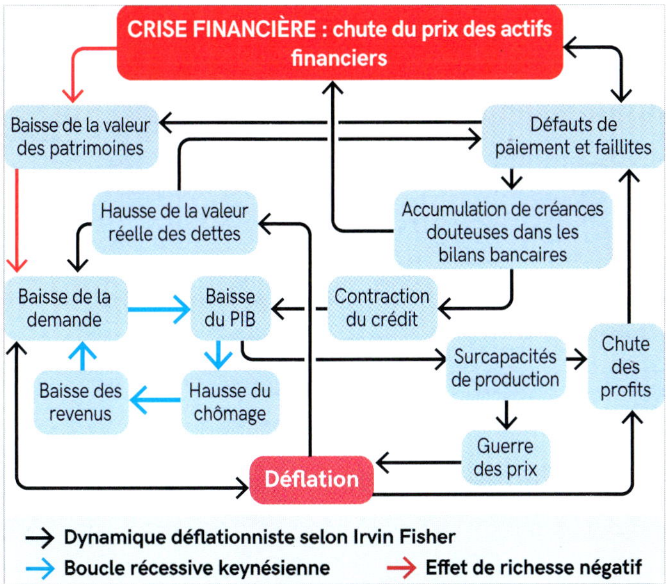

D'après « La spirale déflationniste », *Alternatives économiques*

a. Un agent économique a contracté une dette nominale de 150 000 dollars et les prix baissent de 3 % (déflation). Calculez sa dette réelle après la baisse des prix.

b. Associez chacun des exemples ci-dessous à un ou deux mécanismes expliquant la propagation de la crise.

Exemples		Mécanismes
Les banques refusent d'accorder des crédits immobiliers aux ménages qui n'ont pas un apport important.	a	1 Contraction du crédit
Les ménages qui possèdent des actions ayant perdu de leur valeur renoncent à changer de véhicule et réduisent leurs dépenses de loisirs.	b	2 Baisse de la demande
Une banque fait faillite et ses clients perdent une partie de leurs dépôts.	c	3 Baisse de la valeur des patrimoines
		4 Défauts de paiement et faillites

EN AUTONOMIE VERS LE BAC

▶▶ **Parcours écrit** Épreuve composée – Partie 1

Quels sont les effets de la contraction du crédit sur l'économie réelle ?

▶▶ **Parcours oral** Étape 4 – Présenter sa question

Rédigez une présentation pour répondre à la question du parcours écrit. On peut estimer qu'il faut prévoir environ 800 mots pour parler 5 minutes.

Mots clés

MÉMO

- Lors d'une crise financière, les agents économiques ont tendance à vendre les actifs qu'ils détiennent, ce qui précipite la chute des cours et réduit la valeur des patrimoines.
- Les banques accordent moins de crédits, et à des taux d'intérêt plus élevés.
- Pour se désendetter, les ménages réduisent leurs dépenses et les entreprises leurs investissements.
- Effet de richesse négatif et restriction du crédit se conjuguent pour entraîner une contraction de l'activité économique qui, dans les cas les plus graves, conduit à la déflation.

5 Comment la régulation du système financier s'exerce-t-elle ?

▸▸ OBJECTIF
Connaître les principaux instruments de régulation du système bancaire et financier qui permettent de réduire l'aléa moral des banques.

QU'ALLONS-NOUS FAIRE ?

Le développement des marchés financiers et l'activité des banques sont indispensables au financement de l'économie réelle. Mais les phénomènes de bulles suivies de krachs ont des effets dévastateurs. Comment les autorités, et notamment les banques centrales, peuvent-elles encadrer le fonctionnement des marchés et les activités bancaires ?

Doc 1 Pourquoi réguler le système financier ?

LA RÉGULATION FINANCIÈRE

Régulation des marchés financiers
Contrôle des pratiques des opérateurs, des produits et de l'information

↓

Objectifs
Protection des détenteurs de titres contre des manipulations de cours et des opérations frauduleuses

↑

Acteur en France
Autorité des marchés financiers (AMF)

Réglementation prudentielle
Surveillance des pratiques et de la solvabilité des établissements financiers (banques, compagnies d'assurance...)

↓

Objectifs
Protection des déposants et des assurés et stabilité du système financier

↑

Acteur en France
Autorité de contrôle prudentiel et de régulation (ACPR), adossée à la Banque de France et au ministère des Finances

↓

HAUT CONSEIL DE STABILITÉ FINANCIÈRE
Coordination avec le Conseil européen du risque systémique et la Banque centrale européenne

Vidéo
AUTORITÉ DES MARCHÉS FINANCIERS
AMF

« Le rôle de l'AMF en 2 minutes » (2 min. 24 sec.), Assurance banque épargne info service, 2015

DÉFINITIONS

Solvabilité : capacité d'un agent à respecter ses engagements financiers (en particulier le remboursement d'un prêt).

Réglementation prudentielle : ensemble des règles imposées au secteur bancaire afin de garantir la solvabilité des établissements.

QUESTIONS

1. **Lire.** Quelles sont les deux formes de régulation évoquées dans le texte ?
2. **Déduire.** Comment la régulation financière contribue-t-elle à la stabilité du système financier ?
3. **Illustrer.** En vous appuyant sur la vidéo, expliquez comment l'AMF protège les épargnants.

Doc 2 Le mécanisme de surveillance unique de la zone euro

Vidéo
Le mécanisme de surveillance unique expliqué en 3 minutes

BCE
BANQUE CENTRALE EUROPÉENNE

Conseil de supervision

Directe sur 130 établissements bancaires de la zone euro.

Objectifs
Connaître la situation et les besoins de financement des banques. Effectuer des tests de résistance.

Optionnelle sur les petits établissements s'ils semblent poser des problèmes.

QUESTIONS

4. **Lire.** Quelles institutions assurent le contrôle des banques commerciales dans la zone euro ?
5. **Déduire.** Pourquoi instaurer une réglementation commune à la zone euro ?
→ CHAPITRE 5 P. 134-159
6. **Lire.** Quels sont les pouvoirs des autorités de contrôle ?

ACTIVITÉ L'aléa moral

▶ Enrichissez la définition d'« aléa moral » ci-dessous en utilisant le dessin.

DÉFINITION

Aléa moral : situation dans laquelle un agent économique risque de modifier son comportement s'il sait qu'il n'en paiera pas les conséquences.

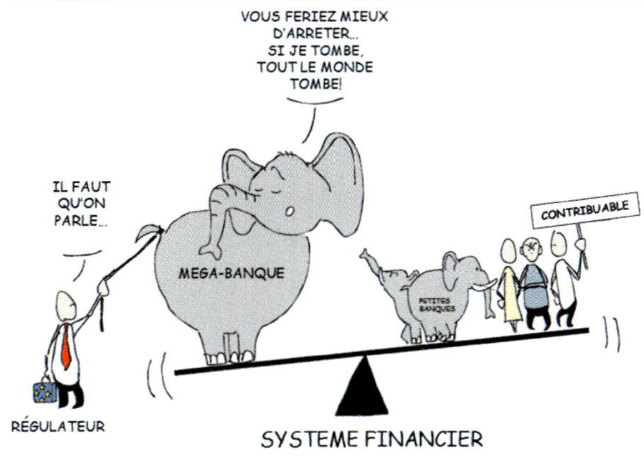

Frédéric Hache / *Finance Watch*

Doc 3 Les ratios de solvabilité : l'exemple de Bâle I et Bâle III

La solidité financière est essentiellement mesurée par le montant des fonds propres de la banque qui détermine sa capacité à faire face aux risques éventuels liés à ses activités (non remboursement de crédits distribués ou autres pertes de valeur de ses actifs). Les banques doivent être en permanence solvables, c'est-à-dire pouvoir faire face à leurs engagements à tout moment.

C'est pourquoi La Banque des règlements internationaux (BRI) dont le siège est à Bâle (Suisse) a établi des ratios de solvabilité que toutes les banques doivent respecter. Un premier ratio a été créé dès 1988. On l'appelle ratio de Bâle I (ou ratio Cooke) : ce ratio se mesurait en comparant le niveau des engagements d'une banque (crédits et autres placements) au montant de ses fonds propres [...]. Il était égal à 8 %. Cela signifiait que pour prêter un total de 100 millions d'euros, une banque devait avoir au minimum 8 millions d'euros de fonds propres pour être considérée comme solvable.

La crise de 2007-2008 a montré les insuffisances des règles concernant les ratios de solvabilité. [...] Le Comité de Bâle de la BRI a adopté le 12 septembre 2010 de nouvelles règles concernant les fonds propres des banques (règles dites de Bale III). [...] Le minimum de fonds propres que les banques doivent détenir a été relevé. [...] Bâle III impose également au secteur bancaire la constitution d'un coussin contracyclique, une sorte de « matelas de sécurité » que les banques alimenteront en phase d'expansion économique, et dans lequel elles pourront à l'inverse puiser en cas de récession.

« Ratio de solvabilité bancaire », lafinancepourtous.com, 2020

DÉFINITION

Fonds propres : ressources de la banque qui proviennent de son autofinancement ou des apports en capital des actionnaires.

QUESTIONS

7. **Définir.** Qu'est-ce qu'un ratio de solvabilité ?
8. **Expliquer.** Pourquoi les fonds propres d'une banque sont-ils considérés comme une garantie de solvabilité ?
9. **Expliquer.** Pourquoi le ratio de fonds propres a-t-il été relevé ?

EN AUTONOMIE VERS LE BAC

▶▶ **Parcours écrit** Épreuve composée – Partie 3

En vous appuyant sur les documents de la double page, vous montrerez quels instruments ont été mobilisés depuis la crise de 2008 pour renforcer la résistance du système bancaire.

▶▶ **Parcours oral** Étape 2 – Organiser ses idées

Préparez un plan pour répondre à la question : « Comment le phénomène d'aléa moral s'est-il manifesté lors de la crise de 2008 et quelles ont été les réactions des autorités ? ». Défendez le type de plan choisi en 1 minute.

Types de plans

MÉMO

■ La régulation financière vise à limiter les effets externes négatifs des systèmes financiers sur la sphère réelle. Les marchés financiers sont surveillés par des autorités indépendantes. Au niveau de la zone euro, un mécanisme unique permet à la Banque centrale européenne de superviser les établissements bancaires les plus importants.

■ Les autorités financières mondiales ont aussi édicté des normes de solvabilité pour les banques, leur imposant de renforcer leurs fonds propres de manière à les rendre plus résistantes face à un choc.

Rédiger une note de synthèse

›› Une note de synthèse consiste à rédiger un développement structuré en ordonnant de manière cohérente les informations données par un dossier documentaire. La consigne centrale de cet exercice est « tout le dossier documentaire, mais rien que le dossier documentaire ».

›› Vous pourrez rencontrer cette épreuve dans plusieurs concours, notamment ceux de la fonction publique et certains concours d'écoles de commerce. Vous aurez alors à rédiger une note de synthèse sur une vingtaine de documents. Vous pouvez commencer par vous entraîner sur un nombre plus réduit.

›› Rédigez une note de synthèse pour répondre à la question : « Peut-on prévoir une crise financière ? »

DOC 1 Évolution du CAC 40 depuis 2000

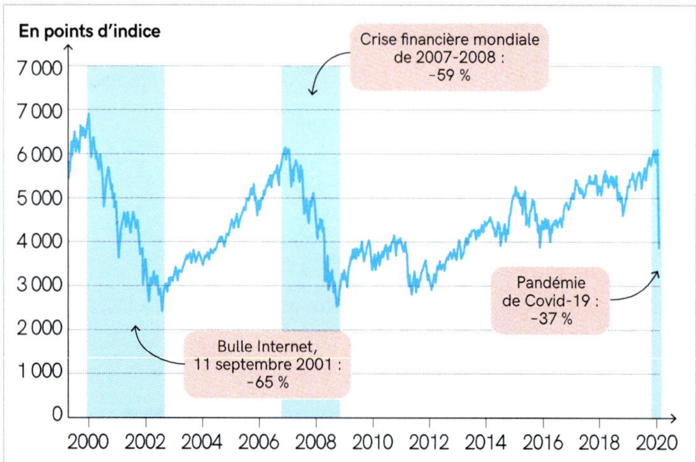

Lecture : les valeurs en pourcentage représentent les chutes du pic au creux indiquées par les aplats bleus.

D'après investing.com et Statista, 2020

DOC 2 Taux d'intérêt directeur[1] de la Réserve fédérale américaine

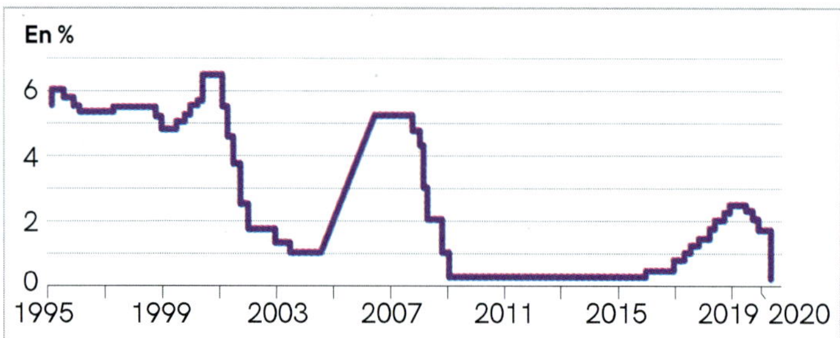

D'après Réserve fédérale américaine, 2020

1. Taux auquel les banques américaines se prêtent des liquidités au jour le jour.

DOC 3 Une crise financière en 2020 ?

Troublant parallèle. Le 16 mars [2020], l'indice Dow Jones s'est effondré de 12,9 % en une journée. Une chute historique, qui a dépassé les niveaux du 28 octobre 1929 (–12,8 %) et du lendemain (–11,7 %), deux journées noires du krach boursier de Wall Street, à l'époque. Et, en quelques semaines, les grandes places financières mondiales ont perdu plus de 30 %. [...]

Autre similitude, la volatilité des marchés a atteint des sommets, comme à la fin des années 1920. De quoi alimenter les craintes d'une situation identique à la grande crise du siècle dernier.

En réalité, la situation de 2020 est bien différente. « Les banques centrales et les gouvernements font cette fois tout ce qui est possible pour soutenir l'économie », souligne John Plassard, spécialiste de l'investissement de la banque Mirabaud. Et les marchés semblent rassurés par cette avalanche de plans d'urgence [...]. Le Dow Jones a repris plus de 25 % en un mois [...]. Un tel rebond n'avait pas eu lieu en 1929. [...] À Paris, le CAC 40 a récupéré lui aussi un peu du terrain perdu et la volatilité a considérablement baissé depuis mars.

Damien Pelé, Grégoire Pinson, « Crise de 2020 : le krach boursier n'a pas eu lieu », *Challenges*, mai 2020

ÉTAPE 1 **Analyser le sujet**

Peut-on prévoir une crise financière ?

Demandez-vous à quelles conditions et qui serait en capacité d'anticiper ce phénomène.

C'est la notion fondamentale du sujet. Définissez-la et recherchez les autres notions qui lui sont liées.

ÉTAPE 2 **Analyser les documents**

- Interrogez-vous sur les points communs entre les contextes ayant précédé les crises financières du début des années 2000 et le contexte actuel.
- Demandez-vous s'il existe des raisons de penser que l'augmentation des cours a pu être excessive. La variation des cours et le fait que les précédentes crises ont été précédées d'une augmentation du cours des actifs permettent de valider l'intérêt d'un tel questionnement.
- Interrogez-vous sur les difficultés à prévoir les crises financières.

CONSEIL
Les docs 2 et 3 vous y aident.

CONSEIL
Le doc 1 retrace l'évolution d'un indice boursier, le CAC 40, qui résume de manière synthétique les fortes variations des cours des 40 plus grandes entreprises françaises cotées.

CONSEIL
Appuyez-vous sur le doc 3.

ÉTAPE 3 **Construire un plan**

- Votre plan doit répondre au sujet posé.
- Il doit être apparent : indiquez par des chiffres ou des lettres les sous-parties.
- Ci-dessous, un exemple de plan pour répondre à ce sujet.

I. Les crises financières sont des phénomènes récurrents…
A. … qui se soldent par une succession de bulles spéculatives sur les marchés d'actifs
→ La hausse importante des cours, un signe avant-coureur → doc 1
B. … qui incitent les banques centrales à modifier les taux directeurs
→ La hausse des taux signale que la banque centrale craint la formation de bulles ; la baisse, qu'elle tente d'en limiter l'incidence. → doc 2
→ Mettez en évidence l'évolution des taux directeurs de la FED par périodes. → doc 2
II. Cependant des incertitudes demeurent…
A. … car prévoir l'éclatement d'une bulle est compliqué par le comportement volatil des agents intervenant sur les marchés
→ Retournement à la hausse des cours après la forte chute de février-mars. → doc 3
B. En conséquence, il est difficile de prévoir l'impact à moyen terme des mesures prises par les autorités
→ Une situation différente de la crise de 1929 en raison de la réaction énergique des autorités → docs 2 et 3
→ Les marchés seront-ils durablement rassurés ? Doit-on prévoir une stabilisation des cours ? une tendance repartant à la hausse ? un nouvel effondrement ? → docs 1 et 3

ÉTAPE 4 **Rédiger la note de synthèse**

- Vous devez rédigez une introduction.
- Votre ton doit être parfaitement neutre : n'utilisez ni le « je », ni le « nous ».
- La rédaction doit être au service de la présentation des documents, qu'il ne s'agit pas d'interpréter. Vous ne devez pas donner davantage d'informations que celles fournies par le dossier documentaire.

ÉCHANGER SUR SON PROJET D'ORIENTATION

Exemples de cursus

La note de synthèse est un exercice demandé dans plusieurs cursus (notamment les concours de la fonction publique, de greffier, de bibliothécaire, par exemple). Choisissez-en un et faites des recherches pour savoir :
1. dans quel type d'établissement se déroule le cursus ;
2. quelles matières y sont enseignées ;
3. quels débouchés professionnels offre ce cursus.

L'ESSENTIEL

Comment expliquer les crises financières et réguler le système financier ?

Podcast du cours

EXO Cartes mémoire interactives

Définitions

Aléa moral : situation dans laquelle un agent économique risque de modifier son comportement s'il sait qu'il n'en paiera pas les conséquences.

Bulle spéculative : situation dans laquelle le cours d'un actif (immobilier, par exemple) n'a plus de rapport avec sa valeur fondamentale (sa capacité à générer des revenus).

Collatéral (ou garantie) : actif servant à couvrir un risque de crédit dans le cas où le bénéficiaire du crédit ne pourrait pas rembourser. Dans le cas d'un crédit hypothécaire, le bien immobilier sert ainsi de collatéral.

Comportement mimétique : comportement « moutonnier » des individus, l'imitation étant motivée par le sentiment que d'autres agents détiennent plus d'informations, ou par des rumeurs.

Contraction du crédit : baisse de l'offre de crédit par les banques.

Effet de richesse : lien entre la valeur du patrimoine des agents économiques et leur propension à dépenser. La relation est croissante.

Effondrement boursier : chute brutale des cours des actifs.

Faillite : situation d'un agent économique qui ne peut plus honorer ses dettes.

Panique bancaire : ruée des clients dans les banques pour retirer leurs dépôts lorsqu'ils craignent qu'elles fassent faillite.

Prophétie autoréalisatrice : événement anticipé par les agents qui se réalise en raison de ces mêmes anticipations.

Vente forcée (ou vente de détresse) : vente massive de titres à prix très bas, nécessaire lorsqu'un agent risque une faillite.

Les marchés financiers et les activités de crédit des institutions bancaires sont indispensables, car les agents économiques doivent pouvoir financer une multitude de projets à long terme. Toutefois, les marchés ne fonctionnent pas toujours efficacement.

Qu'est-ce qu'une crise financière ?

▸▸ Des **bulles spéculatives** se forment puis éclatent, entraînant des **crises** qui affectent l'**économie réelle**, c'est-à-dire la sphère productive. C'est pourquoi les pouvoirs publics interviennent pour prévenir les **dérives spéculatives**.

▸▸ Les **crises financières** trouvent leur origine dans le fonctionnement des **marchés financiers**, sur lesquels les institutions bancaires sont des acteurs majeurs. Leur comportement a en effet une incidence importante sur le déroulement des crises. Dans la **phase ascendante** du **cycle financier**, l'**endettement** des agents croît, ce qui les expose à un risque d'insolvabilité croissant. Ainsi, avant la **crise de 1929**, les **anticipations optimistes** sur les cours boursiers ont conduit les ménages et les entreprises à s'endetter auprès d'établissements bancaires pour profiter de la hausse des cours et réaliser des plus-values. Lorsque les prix des **actifs** ont commencé à baisser, les agents ont **vendu des actions en masse**. Ce faisant, les cours chutent et la crise boursière s'aggrave, l'**effondrement boursier** étant auto-entretenu. Les ventes de détresse des agents incapables d'honorer leurs créances ont entraîné dans la **faillite** des milliers de banques.

▸▸ Des mécanismes similaires, reposant sur des **comportements mimétiques** et des **prophéties autoréalisatrices**, peuvent être identifiés lors de crises plus récentes, notamment celle de 2007-2008. L'octroi de **crédits hypothécaires** à taux variables à des ménages américains peu solvables (*subprimes*) a conduit à une hausse des prix des biens immobiliers dans la première moitié des années 2000. Les banques, pour se décharger des **risques** et poursuivre leurs activités de crédit, ont procédé à la **titrisation des créances**. Or, les créances titrisées se sont avérées être des titres « pourris ». Les établissements bancaires en ayant acquis se sont dès lors trouvés menacés par un risque d'**insolvabilité**, voire de **faillite**. En septembre 2007, l'annonce des difficultés de la Northern Rock, en Grande-Bretagne, génère une **panique bancaire**, les dépôts des épargnants n'étant que partiellement garantis par l'État. Le 15 septembre 2008, la faillite de la banque Lehman Brothers, que les autorités américaines décident de ne pas recapitaliser avec des fonds publics, contribue à la diffusion de la crise.

Comment une crise financière se transmet-elle à l'économie réelle ?

▸▸ Les **faillites de banques** se propagent au secteur réel via la **contraction du crédit** et la défiance qui freine les transactions.

▸▸ Les crises sont d'autant plus sévères que les agents privés sont confrontés à une brutale **dépréciation** de leur patrimoine financier et/ou immobilier. Cette baisse est accentuée par les **ventes forcées** d'actifs financiers et immobiliers réalisées dans l'espoir de retrouver une solvabilité. La baisse de la valeur des **collatéraux** entretient la contraction du crédit car les banques, plus frileuses, cherchent à se protéger des risques de défaut de paiement.

▸▸ La contraction du crédit et les **effets de richesse** négatifs pénalisent deux déterminants de la croissance : la consommation et surtout l'investissement. En effet, ménages et entreprises épargnent pour reconstituer la valeur de leur patrimoine et cherchent à se désendetter dans un contexte de déflation qui augmente la valeur réelle des dettes.

▸▸ Les crises financières majeures se soldent par une **dépression** de l'activité qui a une incidence négative et durable sur l'économie réelle : la production et l'emploi reculent, les revenus se contractent, les prix baissent.

Comment éviter les crises financières ?

▸▸ L'**intervention des pouvoirs publics** est susceptible de limiter les **externalités négatives** du secteur financier et elle s'impose en cas de risque qui menacerait de se propager à l'ensemble des institutions financières : les États renforcent les **fonds propres** des banques en leur apportant des **capitaux publics** (ils les recapitalisent) et les banques centrales (ou autorités monétaires) leur fournissent des **liquidités** à très faible taux d'intérêt.

▸▸ Pour prévenir de telles situations et limiter le risque d'**aléa moral**, la **réglementation prudentielle** impose aux banques une réduction de leur exposition aux **risques**. Lorsqu'elle s'avère insuffisante, la **supervision** est renforcée. Il en va de même de la **régulation** des marchés financiers. Ce fut le cas après la crise des ***subprimes***.

▸▸ Au niveau européen, une **supervision unique par la BCE** a été instaurée pour les établissements les plus importants de la **zone euro**. Au niveau international, les **ratios de solvabilité** imposés aux banques ont été relevés par la réglementation **Bâle III**.

Ne pas confondre

effondrement boursier
chute du cours des titres sur les marchés boursiers (actions et obligations, essentiellement)

≠

crise financière
affecte les institutions financières et/ou un ou plusieurs segments du marché financier.

Chiffres clés

Baisse du PIB réel en 2009
- – 2,5 % aux États-Unis
- – 4,5 % dans la zone euro
- – 3,4 % dans l'OCDE
- – 0,5 % dans le monde

D'après OCDE, 2020

CE QU'IL FAUT SAVOIR

1. Ce qu'est une crise financière et comment elle se transmet à l'économie réelle.
2. Quelles sont les principales caractéristiques des crises financières des années 1930 et de 2008.
3. Comment se forme et éclate une bulle spéculative.
4. Comment on peut réguler le système bancaire et financier.

Repères

- **24 octobre 1929** : « Jeudi noir » : krach de Wall Street.
- **19 octobre 1987** : « Lundi noir » : krach boursier consécutif à une hausse des taux d'intérêt américains.
- **Janvier 1990** : Éclatement de la bulle spéculative sur les valeurs japonaises.
- **13 mars 2000** : Chute de l'indice Nasdaq : début de l'éclatement de la « bulle Internet ».
- **Juillet 2007-2009** : Crise financière dite des *subprimes*. La Northern Rock passe sous le contrôle de l'État britannique.
- **Septembre 2007** : Panique bancaire liée à la crainte de la faillite de la banque britannique Northern Rock.
- **2008, 15 septembre** : Faillite de la banque Lehman Brothers.
- **29 septembre** : « Lundi noir » après le rejet du plan de sauvetage des banques.

Réviser en vidéo et en podcast

« Non, pas de crise financière en vue : la démonstration » (5 min. 03 sec.), Xerfi canal, 2019

« Banque toxique », (de 23 min. 04 sec. à 28 min. 29 sec.), France culture, 2017

L'ESSENTIEL

SCHÉMA DE SYNTHÈSE

Schéma interactif

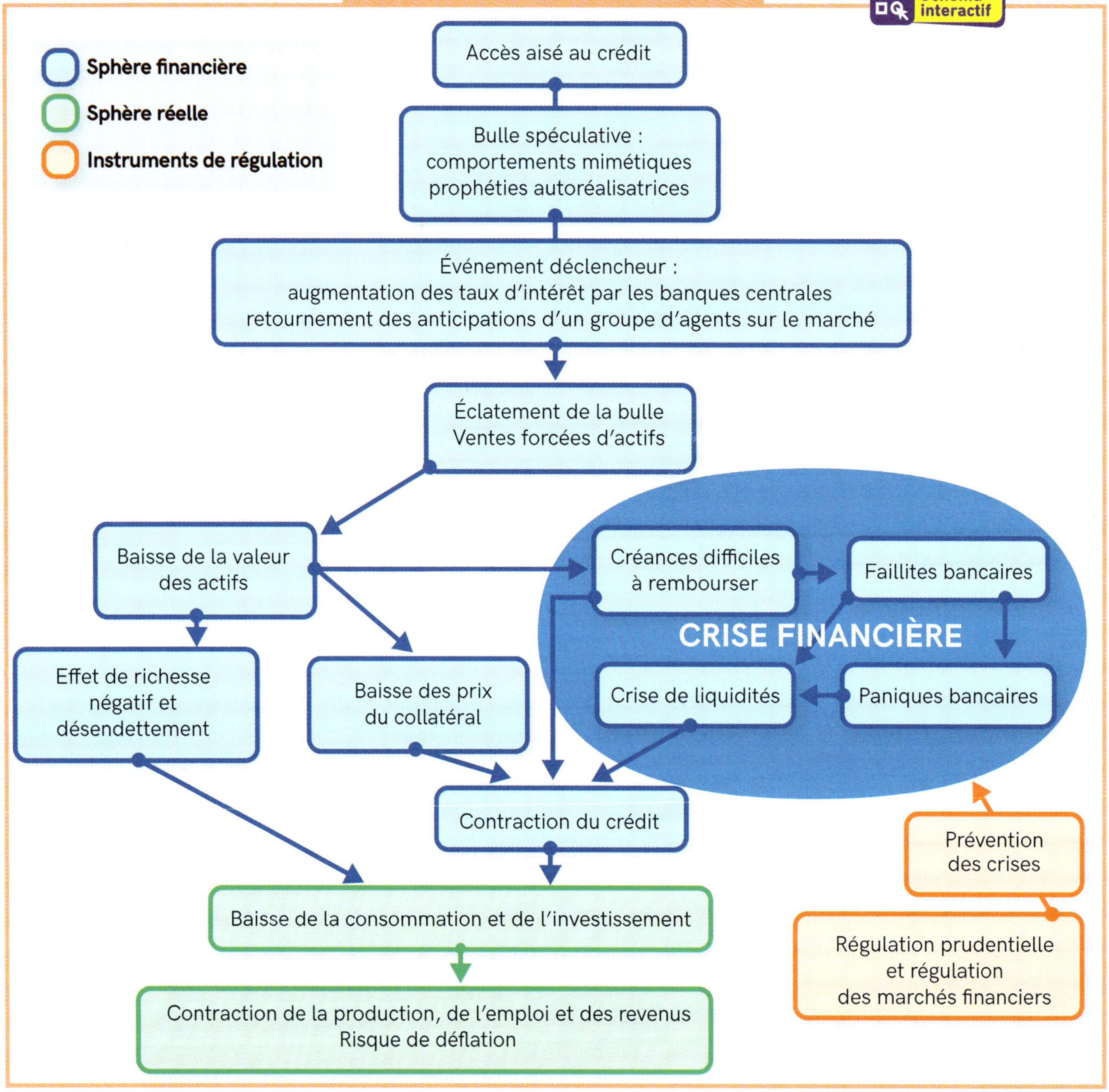

POUR ALLER PLUS LOIN

Inside Job, de Charles Ferguson, 2010

Une enquête illustrée d'entretiens avec des acteurs de la finance, du monde politique et des médias pour décrypter la crise de 2008.

L'irrésistible ascension de l'argent, de Niall Ferguson, Perrin, 2011

Une approche historique de la montée des transactions financières et de l'endettement permettant de découvrir des conséquences parfois inattendues de l'éclatement des bulles spéculatives.

Cleveland contre Wall Street, de Jean-Stéphane Bron, 2010

Le récit de l'assignation en justice de 21 banques que les avocats de la ville de Cleveland jugent responsables des saisies immobilières de la ville.

EXO Exercices interactifs

EXERCICES

Corrigés

1 Choisissez la bonne réponse.

1. La titrisation désigne :
- ☐ **a.** l'introduction en bourse d'une entreprise.
- ☐ **b.** la transformation de créances en actifs échangeables sur le marché financier.
- ☐ **c.** l'accroissement de la détention de titres financiers chez les ménages.

2. Un effet de richesse négatif se manifeste lorsque :
- ☐ **a.** les pertes en capital incitent les agents à vendre leurs titres.
- ☐ **b.** les pertes en capital incitent les agents à épargner.
- ☐ **c.** l'inflation réduit la valeur réelle des patrimoines.

3. Sur les marchés financiers, les agents adoptent souvent un comportement « moutonnier ». Cela correspond à :
- ☐ **a.** l'aléa moral.
- ☐ **b.** un comportement mimétique.
- ☐ **c.** la sélection adverse.

4. La transmission d'une crise financière à l'économie réelle s'explique par...
- ☐ **a.** des baisses des taux d'intérêt par les banques centrales.
- ☐ **b.** une hausse du prix des collatéraux.
- ☐ **c.** la contraction du crédit.

2 Vrai ou faux ?

	VRAI	FAUX
a. Les banques ne peuvent pas faire faillite car elles sont systématiquement recapitalisées par l'État.	☐	☐
b. Le rapport fonds propres / engagements est un ratio de solvabilité.	☐	☐
c. Une bulle spéculative s'explique par l'imitation d'anticipations pessimistes.	☐	☐
d. Les crises financières peuvent être déclenchées lorsque la banque centrale baisse le taux d'intérêt.	☐	☐

3 Complétez le schéma en indiquant « baisse » ou « augmentation » dans chaque case.

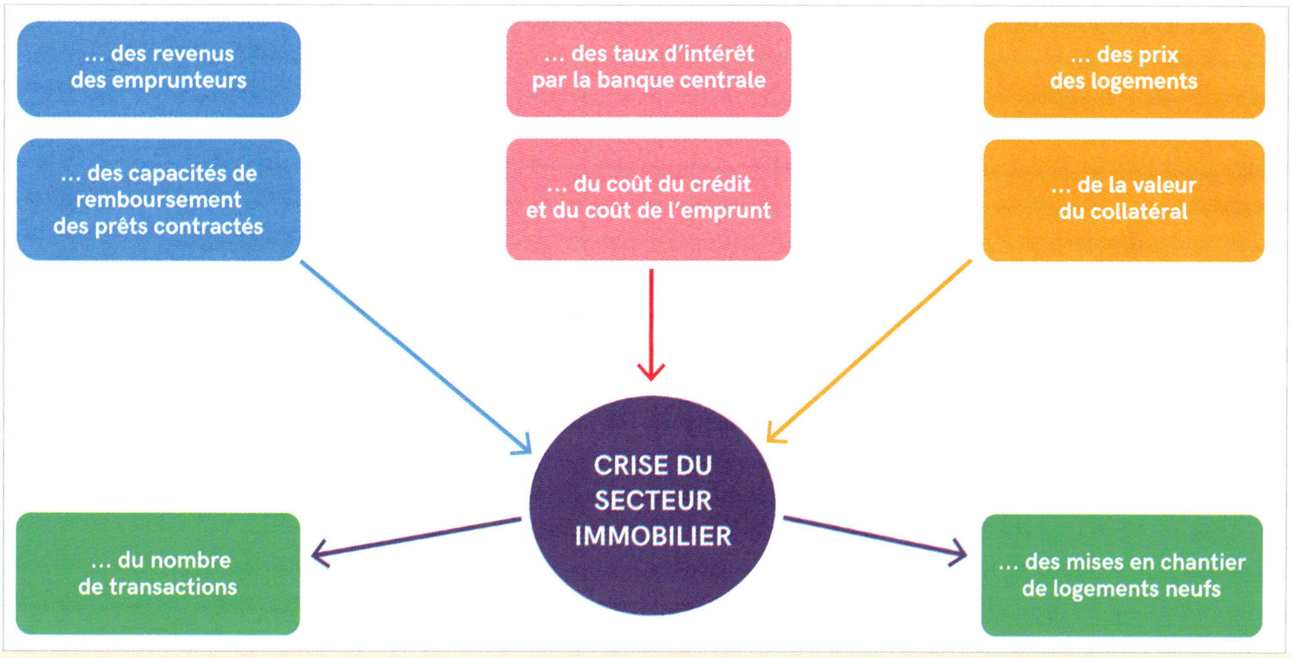

BAC

Sujet guidé – Dissertation 4h

Sujet vierge à imprimer | Grille d'évaluation

La crise financière de 2008 est-elle identique à celle des années 1930 ?

Le **cadre temporel** est ici central, puisqu'il faut **comparer** les deux époques.

Analysez la formulation : le sujet vous invite à comparer les deux crises.

Repérez les **notions centrales** du sujet, et pensez à les définir dans votre introduction.

Doc 1 Taux de croissance économique[1] des États-Unis lors des crises des années 30 et de 2008 (en %)

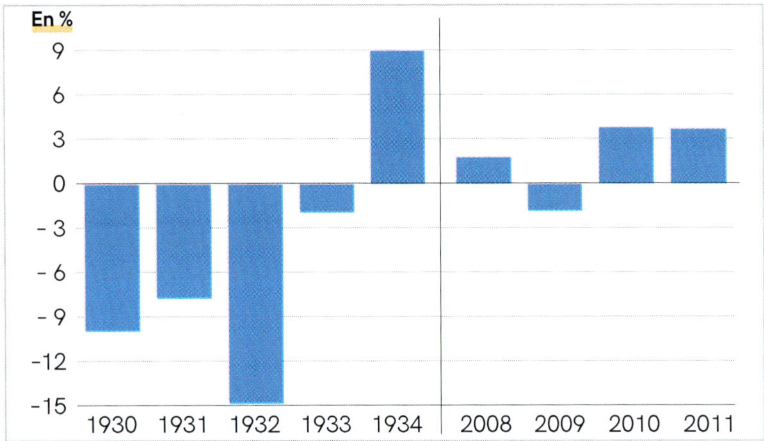

« Historical Statistics of the U.S. », Colonial Times to 1970, Bureau of Census, OCDE stat, 2020

1. 1930-1934 : taux de croissance du PNB (produit national brut).
2008-2011 : taux de croissance du PIB.

Doc 2 Indice des prix de l'immobilier (2007-2015)

Indice 2015 = 100

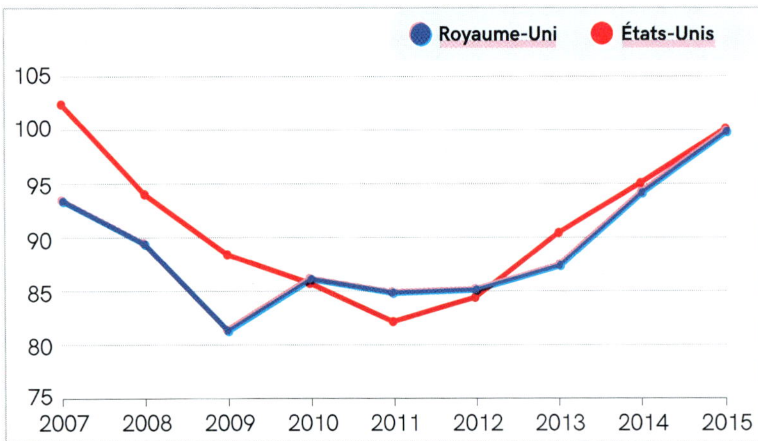

OCDE, 2020

Doc 3

Cette crise éclate au mois d'octobre 1929 [...]. En quelques heures, 12 894 650 titres sont jetés sur le marché et certaines valeurs ne trouvent preneurs à aucun prix. Le lendemain, le mouvement se poursuit : 16 millions de titres sont vendus, l'indice des valeurs industrielles du *New York Times* perd 43 points (il en avait perdu 49 la veille) et sont annulés ainsi les gains des douze mois précédents. Cette baisse va se poursuivre jusqu'en 1932.

La période de prospérité après la crise de 1921 se traduit par une hausse des profits des entreprises et il était donc logique que les cours de la Bourse de New York augmentent. Cependant, il apparaît très nettement que cette hausse est disproportionnée, ainsi entre 1921 et 1929 la hausse de la production industrielle atteint environ 50 %, dans le même temps, l'indice du cours des actions est multiplié par quatre. Cette hausse résulte d'un mouvement spéculatif.

Bruno Marcel, Jacques Taïeb, *Les Grandes crises*, Armand Colin, 10e édition, 2016

Doc 4 Évolution des prix à la consommation aux États-Unis (taux d'inflation annuelle, en %)

1930	1931	1932	1933	1934
– 2,6 %	– 9,6 %	– 11,5 %	– 5,4 %	3,2%

2008	2009	2010	2011
3,8 %	– 0,4 %	1,6 %	3,2 %

« Historical Statistics of the U.S. », Colonial Times to 1970, Bureau of Census, OCDE stat, 2020

Méthode

BAC

ÉTAPES 1 ET 2 **Analyser le sujet, problématiser et mobiliser ses connaissances** Au brouillon

❶ ◗ Repérez et analysez tous les termes importants du sujet. → GUIDAGE P. 126

◗ À partir de votre analyse, déduisez-en le type de plan à adopter. → TYPE DE PLANS P. 18

◗ Formulez une problématique : reformulez le sujet, puis proposez un questionnement qui synthétise les enjeux de la question posée.

❷ ◗ Indiquez au brouillon tous les exemples, idées, théories, faits, éléments de cours... qui peuvent être mobilisés.

CONSEIL
Si vous avez déjà une idée des grands axes de votre réponse, **classez** ces éléments dans votre plan.

ÉTAPE 3 **Exploiter le dossier documentaire** Au brouillon

◗ Lisez attentivement chaque document et résumez la (ou les) idée(s) principale(s) en lien avec le sujet.

◗ Pensez à repérer la source, le cadre spatio-temporel, les notions ou mécanismes importants et les outils statistiques. Faites attention aux unités.

CONSEIL
N'hésitez pas à **rédiger des phrases** afin de vérifier que vous avez compris le sens des données, voire à **faire des calculs simples** pour comparer des données.

ÉTAPE 4 **Construire un plan détaillé** Au brouillon

◗ À partir des informations récoltées, créez ou affinez votre plan détaillé. Il doit comporter deux ou trois parties, chacune subdivisée en deux ou trois sous-parties.

◗ Rédigez les titres des parties et sous-parties sous la forme de phrases indiquant explicitement le sens des arguments que vous allez y développer.

CONSEIL
N'oubliez pas d'indiquer dans votre plan détaillé les **documents** que vous allez mobiliser.

ÉTAPE 5 **Rédiger l'introduction et la conclusion** Au brouillon

◗ Rédigez l'introduction. → MÉTHODE P. 19

◗ La conclusion est organisée en 2 parties : le bilan de votre développement et une ouverture.

CONSEIL
Vous pouvez ouvrir le sujet en évoquant une problématique sociale dans un sujet d'économie, ou un autre pays que celui sur lequel vous avez travaillé, par exemple.

ÉTAPE 6 **Rédiger son devoir** Sur votre copie → MÉTHODE p. 19

Voici un exemple de plan détaillé et de conclusion rédigée.
Rédigez le reste du devoir à l'aide de la méthode et de vos connaissances.

Exemple de plan détaillé

I. Les crises de 1929 et de 2008 semblent similaires sur plusieurs points...

1. Des similitudes dans les origines de ces deux crises.

2. Des similitudes dans les effets : des crises systémiques.

II... Toutefois, il faut les distinguer.

1. Des crises de durée et d'ampleur différentes.

2. Des effets sur les prix différents.

> Dressez le bilan des arguments présentés dans le développement (ici : les similitudes et les différences entres les deux crises).

Au terme de notre analyse comparative, nous constatons donc que, s'il est légitime de rapprocher la crise des années 2008 de la crise des années 1930 (similitudes dans les conditions de mise en place et caractère systémique de ces deux crises), il n'en reste pas moins que la crise de 2008 présente de nombreuses différences avec sa devancière des années 1930 : différences de point de départ, d'effet sur les prix, de durée et d'ampleur.

> Terminez par une ouverture.

Ces deux crises majeures ne sont pas identiques. La crise de 2008 nécessite donc, malgré ses nombreux points communs avec celle des années 1930, d'être analysée spécifiquement, ce qui permettra une réaction encore plus efficace lors d'une éventuelle crise majeure à venir.

BAC Sujet guidé – Épreuve composée

4h · Sujet vierge à imprimer · Grille d'évaluat

PARTIE 1 Mobilisation des connaissances — 4 points

Question Expliquez le mécanisme d'effet de richesse négatif provoqué par une crise financière.

Méthode

ÉTAPE 1 Analyser la question Au brouillon

- Repérez la ou les notion(s) clé(s) qu'il faudra définir dans votre réponse.
- Repérez la consigne de la question pour identifier la tâche qui est demandée : attend-on une explication, une comparaison, une illustration… d'un mécanisme ou d'une notion ? → MÉTHODE P. 20

ÉTAPE 2 Rassembler ses connaissances Au brouillon

- Rassemblez et organisez vos connaissances sur le sujet : quelles définitions, mécanismes, exemples… pouvez-vous mobiliser pour répondre à la question ? → MÉTHODE P. 20

ÉTAPE 3 Rédiger sa réponse

- Au brouillon : Avant de rédiger, indiquez sur votre brouillon quelle va être la structure de votre réponse.
- Sur votre copie : Rédigez votre réponse de manière organisée, en pensant à définir les notions mobilisées, en explicitant et en illustrant vos propos.

PARTIE 2 Étude d'un document — 6 points

Doc Évolution de l'indice Dow Jones[1] (1927-1933)

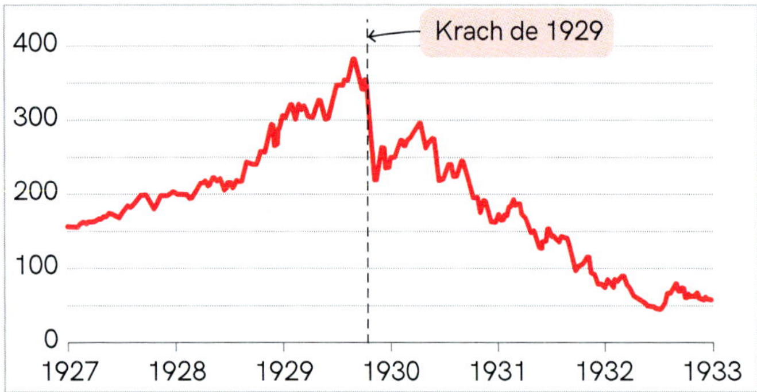

1. L'indice Dow Jones donne la valeur des trente premières entreprises cotées à la Bourse de New York (indice base 40 en 1896).

Louis Johnston, Samuel H. Williamson, « What Was the US GDP Then ? », measurinworth.com, 2018

Question 1. Formulez une phrase expliquant le sens de la donnée correspondant à l'année 1927.

Question 2. À l'aide de ce document, montrez en quoi l'évolution de cet indice semble indiquer la formation et l'éclatement d'une bulle spéculative.

Méthode

ÉTAPE 1 Analyser le document Au brouillon

- Déterminez la nature du document (diagramme par répartition, série chronologique…).
- Repérez la source, le cadre spatio-temporel, le ou les outil(s) statistique(s) utilisé(s) et la ou les unité(s).
- Pensez à vérifier si des informations sont indiquées dans le champ du document.

ÉTAPE 2 Préparer la question 1 (lecture) Au brouillon

- Rédigez une phrase par donnée statistique à lire : soyez le plus précis possible en indiquant la date (ou période), le cadre spatial, l'unité…

ÉTAPE 3 Préparer la question 2 (analyse)

- Au brouillon : Repérez la consigne de la question : attend-on une comparaison, la présentation d'évolutions, l'illustration d'un mécanisme… ?
- Au brouillon : Sélectionnez dans le document les éléments qui vous permettront d'argumenter et effectuez si besoin des calculs simples (écarts en points de pourcentage ou coefficients multiplicateurs, par exemple) pour étayer votre réponse.
- Sur votre copie : Rédigez votre réponse de manière structurée : allez du général au particulier ; définissez si besoin les notions ou mécanismes mobilisés et illustrez votre réponse avec des données et/ou des calculs.

BAC

Voici un exemple de réponse à la question 2.

Débuter par un rappel de la question et une brève présentation du document.

Illustrez votre réponse avec des statistiques et quelques calculs.

Ce graphique nous présente l'évolution indiciaire, entre 1927 et 1933, du principal indice de la bourse de New-York. Son analyse nous permet d'illustrer la bulle spéculative à l'œuvre à cette époque.

L'indice Dow Jones a été multiplié par plus de trois (passant de 150 points à 350 points) entre janvier 1927 et le célèbre krach boursier à New York le 24/10/1929 appelé par les historiens le « Jeudi noir ». Cette forte hausse est le signe d'une euphorie boursière qui contribue au gonflement d'une bulle spéculative (le prix des actifs atteint des valeurs exagérément élevées). La bulle éclate et l'indice s'effondre brutalement montrant la violence de cette crise financière car : la valeur de l'indice Dow Jones a été divisée par 7 (passant d'environ 350 points à 50 points) en quelques mois seulement (entre le « Jeudi noir » et janvier 1930).

PARTIE 3 Raisonnement s'appuyant sur un dossier documentaire — 10 points

À l'aide de vos connaissances et du dossier documentaire, vous expliquerez quels ont été les effets de la crise financière de 2008 sur l'économie réelle.

Soyez attentif aux termes employés : on attend que vous utilisiez les **documents**, mais aussi vos **connaissances**.

Repérez les **notions centrales** du sujet et pensez à les définir dans votre introduction.

La formulation du sujet vous invite à montrer et expliquer les effets de la finance sur l'économie réelle.

Le cadre temporel est précisé dans l'intitulé. Il ne faut donc pas généraliser à l'ensemble des crises financières.

Doc 1

La crise financière de 2008 a entraîné un ralentissement marqué, voire une baisse de la consommation des ménages dans l'ensemble des pays développés. Plusieurs explications ont été fournies pour expliquer ce phénomène et notamment :

– la baisse du revenu courant des ménages : [...] la consommation est en effet directement reliée au revenu des ménages dont elle suit l'évolution à long terme et lisse les chocs à court terme [...] ;

– le choc persistant de la crise sur les revenus courants a pu entraîner une révision à la baisse des anticipations sur le revenu futur, entraînant une baisse perçue du revenu permanent affectant la consommation. Y participent notamment les effets de richesse négatifs, c'est-à-dire la baisse des prix de l'immobilier et la baisse des capitalisations financières ;

– les contraintes de crédit ou de liquidité, qui se sont resserrées pendant la crise [...] limitent l'endettement et entraînent une baisse de la consommation. Ces contraintes de crédit ont pu être accentuées par la réduction de la valeur du patrimoine des ménages, expliquée par la baisse des prix immobiliers et des cours des actifs financiers. Ces actifs pouvaient être mobilisés comme collatéral à de nouveaux emprunts et par conséquent la réduction de leur valeur affecte sensiblement la capacité d'emprunt des ménages. [...] ;

– l'épargne de précaution [...], liée à l'augmentation du taux de chômage, a un effet négatif sur la consommation.

Céline Antonin, Mathieu Plane, Raul Sampognaro, « Les comportements de consommation des ménages ont-ils été affectés par la crise de 2008 ? », Revue OFCE, 2017

BAC

Doc 2 Taux de chômage en France (2003-2018)

Insee, 2019

Doc 3 Dette privée[1] aux États-Unis en milliards de dollars et en % du PIB

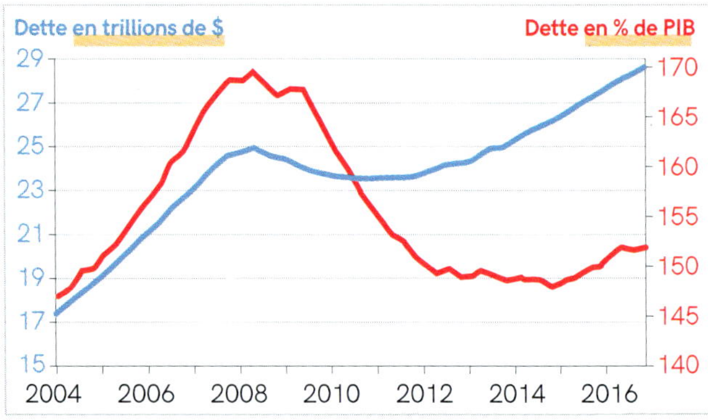

BIS, St. Louis Fed

1. La dette privée comprend celle des ménages et des entreprises.

Méthode

ÉTAPES 1 ET 2 **Analyser le sujet et mobiliser ses connaissances** Au brouillon

❶ ▸ Repérez et analysez tous les termes importants du sujet. → GUIDAGE P. 129

▸ À partir de votre analyse, déduisez-en le type de plan à adopter. → TYPES DE PLANS P. 18

▸ N'hésitez pas à reformuler le sujet.

❷ ▸ Indiquez au brouillon tous les exemples, idées, théories, faits, éléments de cours… qui peuvent être mobilisés.

CONSEIL
Si vous avez déjà une idée des grands axes de votre réponse, **classez** ces éléments dans votre plan.

ÉTAPE 3 **Exploiter le dossier documentaire** Au brouillon

▸ Lisez attentivement chaque document et résumez la (ou les) idée(s) principale(s) en lien avec le sujet.

▸ Pensez à repérer la source, le cadre spatio-temporel, les notions ou mécanismes importants et les outils statistiques. Faites attention aux unités.

CONSEIL
Si vous avez déjà une idée des grands axes de votre réponse, **classez** les éléments issus de l'analyse des documents dans votre plan en indiquant le numéro des documents mobilisés.

ÉTAPE 4 **Construire un plan détaillé** Au brouillon → MÉTHODE P. 21

ÉTAPE 5 **Rédiger l'introduction et la conclusion** Au brouillon

▸ Rédigez l'introduction. → MÉTHODE P. 21

▸ La conclusion doit dresser le bilan de votre développement.

ÉTAPE 6 **Rédiger son devoir** Sur votre copie → MÉTHODE P. 21

Voici un exemple de paragraphe rédigé.

Chaque paragraphe développe une idée qui est explicitée puis illustrée à partir d'exemples tirés de vos connaissances ou des documents.

Faites des références aux documents que vous mobilisez.

La crise financière de 2008 a eu des répercussions sur le chômage.

Les variations du taux de chômage suivent les fluctuations de l'activité. Dans les pays anglo-saxons, la récession se traduit par une chute marquée de l'emploi. Pour la France, les évolutions sont moins amples. Néanmoins, après avoir reculé de presque 2 points de pourcentage entre 2006 et 2008, le taux de chômage augmente à la suite de la crise financière et se maintient à plus de 10 % jusqu'en 2016, avant de finalement baisser.

Le mécanisme de transmission de la crise financière à cet élément de l'économie réelle qu'est le marché du travail est simple : cette crise financière a entraîné une très forte contraction de l'investissement des entreprises qui ont anticipé une baisse importante de la demande globale et notamment de la consommation des ménages. Les entreprises ont donc réduit leur niveau de production et ajusté à la baisse la quantité de main-d'œuvre en pratiquant des licenciements ou en diminuant le recours à l'intérim ou à des CDD (contrat à durée déterminée). On constate que, plus le marché du travail est flexible comme aux États-Unis ou au Royaume-Uni, plus la hausse du chômage a été forte après la crise de 2008.

BAC Grand Oral

1. Choisir sa question
2. Préparer son oral
3. **Préparer son support**
4. Présenter sa question au jury
5. Anticiper les questions du jury
6. Échanger sur son projet d'orientation

➡ Méthode générale p. 22-25

Question Pourquoi les crises financières se répètent-elles ?

ÉTAPE 3 Préparer son support

Pendant la phase de préparation de 20 min, vous avez la possibilité de réaliser un support à remettre au jury en début d'épreuve.

Anticiper la réalisation du support

- Il est souhaitable de l'avoir conçu **avant le « jour J »** pour ne pas perdre de temps et éviter l'angoisse de la page blanche.
- Ce travail de préparation vous permettra de **synthétiser** les principaux points de votre exposé, mais aussi d'orienter les questions du jury sur des éléments que vous n'aurez pas le temps d'aborder pendant votre prestation de 5 min... mais que vous maîtrisez !

> **CONSEIL**
> **Ne jetez rien !**
> Pendant la préparation de votre oral, notez et conservez tous les exemples, idées, arguments et informations que vous pensez utiliser au cours de votre présentation et pour la discussion avec le jury.

Choisir votre support

- **Plusieurs types** de supports peuvent être utilisés pour cette question : un plan détaillé, un schéma, une chronologie. Il est aussi envisageable de croiser plusieurs ressources (chronologie + plan détaillé ; schéma + plan détaillé...).
- **Solliciter vos camarades** peut vous aider faire votre choix. Présentez votre réponse à l'oral devant deux ou trois volontaires, et demandez-leur de prendre des notes pendant votre exposé et de synthétiser ce qu'ils ont retenu.
- Dans un deuxième temps, invitez-les à vous **poser des questions** sur votre exposé et notez-les.

> **CONSEIL**
> **Devant une audience, c'est mieux !**
> Une « audience » pour vous écouter sera toujours utile, si elle est bienveillante et vous critique de façon constructive.

Réaliser votre support

- Utilisez les **notes** de vos camarades pour déterminer quel **format** de support vous semble le plus efficace.
- Intégrez à votre support des éléments qui pourront servir de « **perches tendues** » au jury lors de la discussion. Par exemple, vos camarades auront pu vous interroger sur des phénomènes de **bulles spéculatives** antérieurs à la crise de 1929. Vous pouvez alors inscrire sur votre support : la « tulipomanie » hollandaise (1636-1637), la bulle des actions de la Compagnie du Mississippi (1717-1719), évoquée par Yuval Noah Harari dans son ouvrage *Sapiens, une brève histoire de l'humanité* (Albin Michel, 2015), ou encore la « banqueroute de Law » (1720).
- Votre support doit être synthétique, lisible et adapté à la question que vous avez choisi de traiter. Utilisez un **code couleur** – sans surcharger votre document – pour établir des distinctions et rendre la lecture aisée et rapide.

> **CONSEIL**
> **Préparez vos perches !**
> Si vous tendez des « perches » au jury, il faut que vous prépariez les réponses aux questions que vous avez déclenchées.

> **CONSEIL**
> **Les bonnes sources**
> Recherchez des sources incontestables. Vous pouvez les citer dans votre support. N'oubliez pas de consulter les sources de vos manuels scolaires.

Ressources numériques
- Un exemple de support.
- Grille d'évaluation pour le support.
- Pistes pour préparer l'entretien.

ÉTAPE 2 – Se documenter	ÉTAPE 5 – Faire le lien avec un projet d'orientation
▸ En complément des documents du chapitre, le site pédagogique www.lafinancepourtous.com/ permet de préciser les problématiques. ▸ Sur l'ensemble des questions sur ce thème : – G. Akerlof et R. Shiller, *Les Esprits animaux*, Flammarion, 2018). – J. Tirole, *Économie du bien commun*, PUF, 2016 (chapitres 11 et 12).	▸ **Études supérieures** Licences d'économie, classes préparatoires économiques, écoles de commerce, Instituts d'études politiques, DUT GEA, BTS banque, comptabilité et gestion. ▸ **Projet professionnel** Banque, finance, conseil, audit, recherche

Autres questions possibles

- La régulation financière permet-elle de limiter le risque d'aléa moral ?
- Quelle est la responsabilité des banques centrales dans la formation et l'éclatement de bulles spéculatives ?

BAC

Sujet d'entraînement – Dissertation 4h

Grilles d'évaluation

Comment expliquer l'apparition des crises financières ?

Doc 1 Indice boursier Euro Stoxx[1] et prix des maisons dans la zone euro (1995-2019)

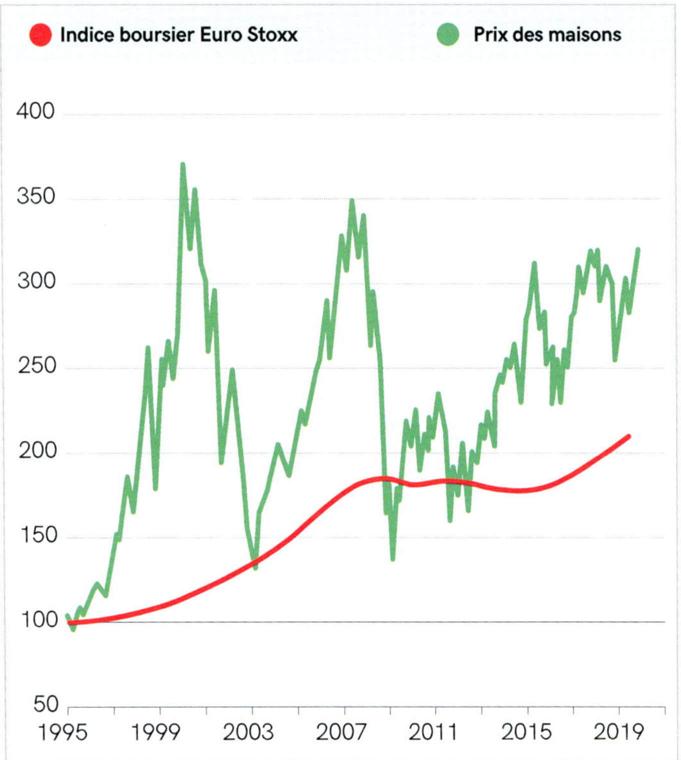

1. Euro Stoxx est un indice boursier calculé à partir du prix des actions des grandes entreprises européennes.

Datastream, Eurostat, Natixis, 2020

Doc 2

Au tournant des XVIe et XVIIe siècles, la Hollande découvre les tulipes. Leur rareté et leur nouveauté en poussent les prix à la hausse. Bientôt, dans les années 1630, elles deviennent un objet de spéculation. Comme le remarque Galbraith dans sa *Brève histoire de l'euphorie financière*, « un bulbe pouvait changer de main plusieurs fois à des prix en forte hausse et merveilleusement gratifiants alors qu'il était encore sous terre et que personne ne l'avait vu ». En gros, on achète à prix d'or des « promesses de bulbes », dans l'espoir de vendre ces promesses encore plus chères.

Cette euphorie gagne toutes les couches de la population et dure jusqu'en 1637. Et soudain, sans qu'on sache très bien ce qui motive le retournement, certains commencent à vendre, puis sont imités par d'autres qui prennent peur en voyant les premiers se débarrasser de leurs bulbes. La frénésie à l'achat se mue en panique à la vente. Comme le souligne Galbraith dans son livre *Brève histoire de l'euphorie financière*, « Ceux qui avaient acheté, souvent en mettant leurs biens en gage pour obtenir un crédit [...] furent soudain dépouillés de tout, ou en faillite. [...] Ils ne restèrent pas seuls dans leur malheur. L'effondrement du prix des tulipes et l'appauvrissement qui en résulta [...] provoquèrent, dans la terminologie moderne, une très sérieuse récession ».

Olivier Lacoste, *Comprendre les crises financières*, Eyrolles, 2010

Doc 3 Endettement des agents non financiers[1] (en % du PIB) (1999-2017)

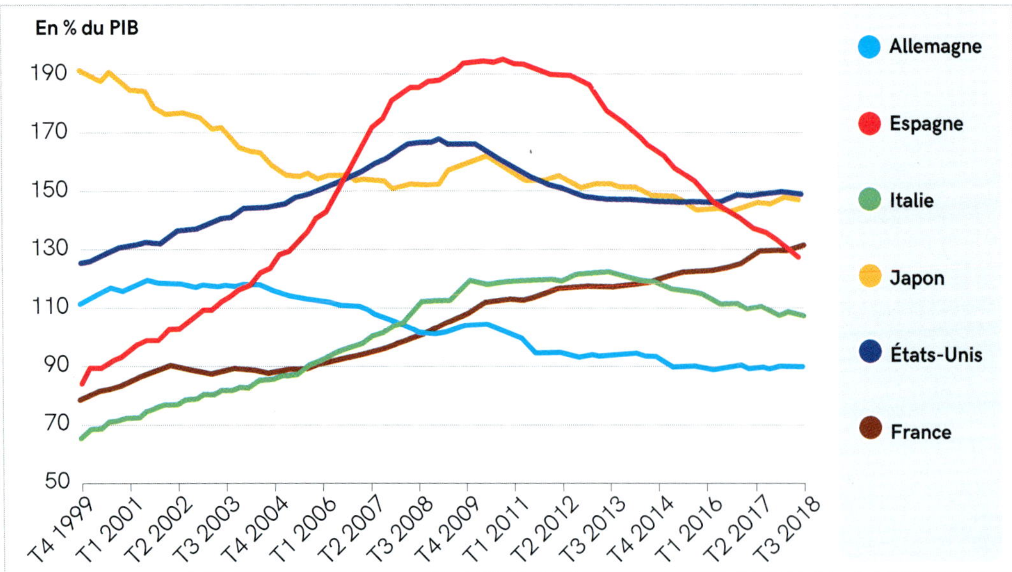

AFEP, 2018

1. Les agents non financiers regroupent les ménages, les administrations publiques et les entreprises non financières.

BAC Sujet d'entraînement – Épreuve composée 4h

PARTIE 1 Mobilisation des connaissances — 20 à 30 min. — 4 points

Question Expliquez par quels mécanismes se forment les bulles spéculatives.

PARTIE 2 Étude d'un document — 1h à 1h30 — 6 points

Doc Dette des ménages et des entreprises aux États-Unis (1995-2019)

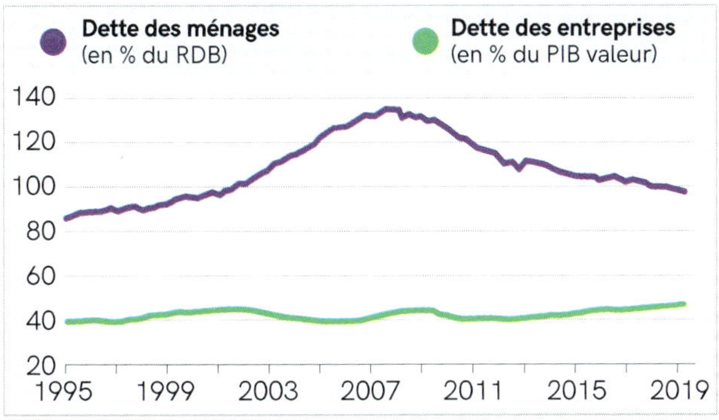

Datastream, FED, Natixis, 2020

Question 1. Formulez une phrase expliquant le sens des deux données correspondant à l'année 2019.

Question 2. En mobilisant les données du graphique, peut-on affirmer que la cause de la crise financière de 2008 réside plutôt dans l'endettement des entreprises ou dans celui des ménages ?

PARTIE 3 Raisonnement s'appuyant sur un dossier documentaire — 2h à 2h40 — 10 points

À l'aide du dossier documentaire et de vos connaissances, vous expliquerez comment on peut réguler le système bancaire et financier.

Doc 1

Les accords de Bâle reposent sur un principe fixant initialement, pour les banques, un ratio minimal de fonds propres. Autrement dit : des capitaux détenus en propre et des profits à mettre en réserve en fonction des crédits ou engagements accordés. Ces fonds propres sont bloqués et doivent rester dans la banque.

Ce premier accord [Bâle I : le ratio Cooke] conclu en 1988 impose un rapport minimum entre les fonds propres, dont dispose une banque, et les risques qu'elle prend lorsqu'elle accorde des crédits à ses clients (risque de crédit). Ce ratio dit de solvabilité est fixé à 8 % minimum. En 1996, l'accord est révisé pour prendre en compte, en plus du risque de crédit, le risque de marché (risque de pertes liées à des variations des cours du marché y compris des cours de change).

En 2004, un nouvel accord [Bâle II] propose des normes renforcées dont le but est de couvrir de nouveaux risques [...]. Il intègre le « risque opérationnel » (risque de pertes pouvant résulter de procédures internes inadéquates ou non appliquées, de personnes, de systèmes ou d'événements externes). Il introduit aussi un dispositif de surveillance individualisé par l'autorité de contrôle bancaire et une transparence vis-à-vis des marchés.

L'accord publié fin 2010 [Bâle III] fixe de nouvelles normes plus contraignantes, *via* des exigences supplémentaires en fonds propres. Celles-ci visent à améliorer et harmoniser la gestion du risque de liquidité (risque pour la banque de ne pas pouvoir faire face, à un moment donné, à ses engagements en mobilisant ses actifs) [et] à diminuer le levier des banques (c'est-à-dire à limiter leur capacité d'endettement par rapport à leurs fonds propres).

« Les accords de Bâle et leurs conséquences sur l'économie »,
Fédération bancaire française, 2017

Doc 2 Nombre d'enquêtes ouvertes et terminées par l'AMF (Autorité des marchés financiers) (2014-2018)

	2014	2015	2016	2017	2018
Enquêtes ouvertes par l'AMF	83	65	75	68	49
À l'initiative de l'AMF	33	25	26	24	20
Sur demande d'une autorité étrangère	50	40	49	44	29
Enquêtes terminées	68	75	71	55	64
À l'initiative de l'AMF	27	27	24	22	23
Sur demande d'une autorité étrangère	41	48	47	33	41
Nombre de dossiers comportant des notifications de griefs assorties d'une proposition d'entrée en voie de composition administrative	10	8	17	9	10
			2	4	4

Autorité des marchés financiers (AMF), 2018

CHAPITRE

5 Quelles politiques économiques dans le cadre européen ?

Textes DYS
TOUS LES TEXTES EN VERSION DYS
lyceen.nathan.fr/sesterm-2020

RAPPELS

EXO Exercices interactifs

Cours de 1re

1re

Comment les marchés imparfaitement concurrentiels fonctionnent-ils ?

a. Un marché est en situation de monopole lorsque :

- ☐ la marchandise considérée n'est offerte à la vente que par un seul producteur.
- ☐ un grand nombre de producteurs offrent une seule marchandise sur ce marché.
- ☐ un petit nombre de demandeurs fait face à un nombre limité d'offreurs.

Comment les agents économiques se financent-ils ?

b. Le taux d'intérêt est :

- ☐ le taux déterminant le prix pratiqué sur le marché des fonds prêtables.
- ☐ le pourcentage correspondant au total des intérêts payés par rapport au montant emprunté.
- ☐ une mesure, en pourcentage, de l'intérêt de la population pour une question.

Qu'est-ce que la monnaie et comment est-elle créée ?

c. La banque centrale est la seule banque qui :

- ☐ est au centre de la réglementation des impôts.
- ☐ décide et contrôle le budget de l'État.
- ☐ assure le pilotage des taux d'intérêt en intervenant sur le marché monétaire.

SOMMAIRE

Doc 1 Le Conseil européen

Quelle peut être l'une des difficultés rencontrées au sein de l'Union européenne ?

Le Conseil européen réunit les chefs d'État ou de gouvernement des États membres de l'Union européenne. Il fixe les grandes orientations de l'Union européenne.

Membres du Conseil européen, 12 décembre 2019

Doc 2 La construction de l'Union européenne Vidéo

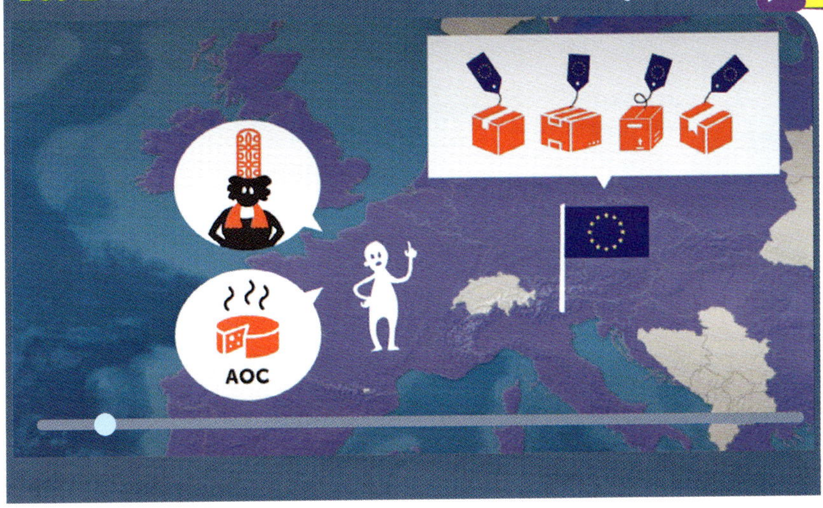

« Économie européenne : l'histoire d'une construction » (3 min. 35 sec.), Lummi, 2019

Combien de pays l'Union européenne rassemble-t-elle ?

La construction européenne permet-elle de prendre des décisions conformes aux intérêts de chacun ?

1 Quelles sont les caractéristiques et les conséquences économiques de l'intégration européenne ?

▸▸ OBJECTIFS
Connaître les grandes caractéristiques de l'intégration européenne ; comprendre les effets du marché unique sur la croissance.

QU'ALLONS-NOUS FAIRE ?

Depuis sa création par les six pays fondateurs en 1957, l'Union européenne s'est progressivement élargie, atteignant vingt-huit États membres avant la sortie du Royaume-Uni en 2020. Ce vaste mouvement d'intégration a-t-il permis de soutenir la croissance économique des États membres ?

Doc 1 L'Union européenne

a La zone euro

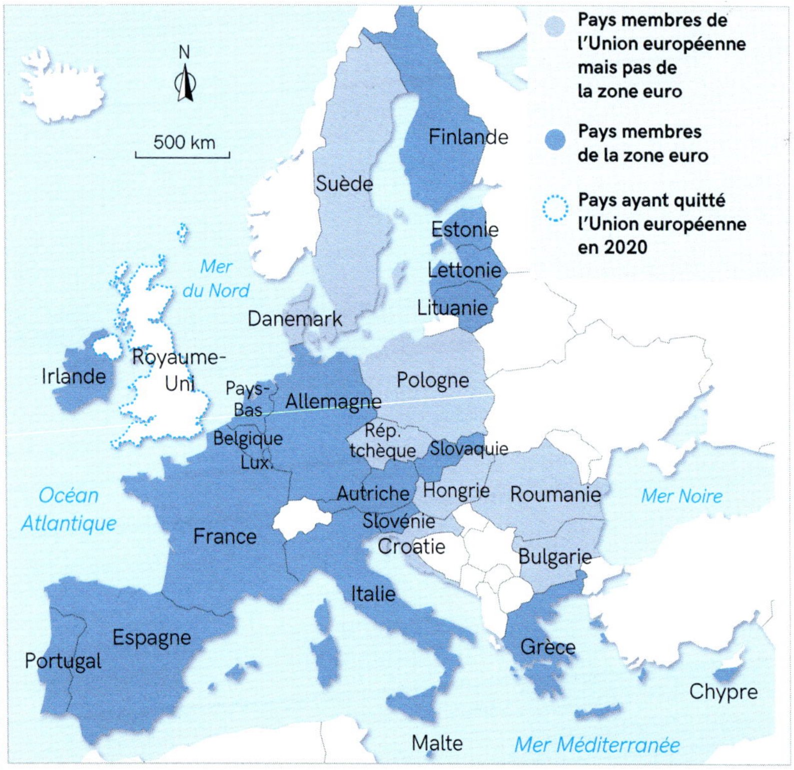

b L'Union européenne en chiffres

	Union européenne (28 pays en 2018)	Zone euro (19 pays en 2018)	France	États-Unis
Population (en millions d'habitants)	513	342	67	327
Part du PIB mondial (en pourcentage)	21,8 %	16,3 %	2,2 %	23,9 %
Poids dans le commerce mondial de marchandises (en pourcentage)	33,2 %	25,6 %	3 %	8,5 %

D'après Eurostat, OMC, Banque mondiale et Insee, 2019

CHRONOLOGIE

- **1951** Traité de la Communauté européenne du charbon et de l'acier (CECA).
- **1957** Traité de Rome créant la Communauté économique européenne (CEE), dont le but est de créer un marché commun avec libre circulation.
- **1986** Acte unique, qui pose les bases du marché unique européen et les 4 libertés.
- **1992** Traité de Maastricht créant l'Union européenne.
- **1995** Mise en œuvre de l'accord Schengen, espace de libre circulation des personnes, adopté en 1985.
- **2002** Mise en circulation de l'euro.

QUESTIONS

1. **Définir.** Qu'est-ce que la zone euro ?
2. **Calculer.** Quelle est la proportion de pays de l'Union européenne membres de la zone euro ?
→ FICHE MÉTHODE 1 P. 358
3. **Comparer.** Rédigez une phrase pour présenter les données encadrées.
4. **Expliquer.** À l'aide du tableau, montrez quel est le poids économique de la France, puis de l'Union européenne par rapport aux États-Unis.
5. **Approfondir.** À votre avis, pourquoi l'existence d'une monnaie unique facilite-t-elle les échanges européens ?

Doc 2 Le marché unique européen

Article 26. L'Union adopte les mesures destinées à établir ou assurer le fonctionnement du marché intérieur [...]. Le marché intérieur comporte un espace sans frontières intérieures dans lequel la libre circulation des marchandises, des personnes, des services et des capitaux est assurée selon les dispositions des traités. [...]

Article 30. Les droits de douane[1] à l'importation et à l'exportation ou taxes d'effet équivalent sont interdits entre les États membres. [...]

Article 45. La libre circulation des travailleurs est assurée à l'intérieur de l'Union. Elle comporte le droit de se déplacer à cet effet librement sur le territoire des États membres, de séjourner dans un des États membres afin d'y exercer un emploi [...].

Article 56. Les restrictions à la libre prestation des services à l'intérieur de l'Union sont interdites à l'égard des ressortissants des États membres [...].

Article 63. [...] Toutes les restrictions aux mouvements de capitaux entre les États membres et entre les États membres et les pays tiers [hors UE] sont interdites.

Traité sur le fonctionnement de l'Union européenne, version consolidée, 2017

1. Taxe que les agents qui introduisent des marchandises sur le territoire d'un pays doivent payer.

QUESTIONS

6. **Analyser.** D'après l'article 26, quelles sont les quatre libertés qui concrétisent l'existence du marché unique européen ?
7. **Déduire.** Un producteur qui travaille en France et vend une marchandise à un consommateur basé en Hollande doit-t-il payer des droits de douane ?
8. **Justifier.** Montrez que, grâce au marché unique européen, il n'y a plus de différence pour un producteur des Hauts-de-France entre commercer avec un client situé en Belgique et commercer avec un client d'Île-de-France.

ACTIVITÉ Les effets attendus du marché unique sur la croissance

La justification d'un tel marché repose sur les économies d'échelle[1] dont pourraient profiter les entreprises européennes sur un marché élargi suite à la levée des obstacles aux échanges commerciaux entre pays de l'UE. Parallèlement, les entreprises les moins efficaces seraient confrontées à une concurrence accrue, ce qui les obligerait à devenir plus performantes ou à disparaître.

L'objectif du marché unique était donc d'offrir aux entreprises européennes un environnement concurrentiel dans lequel elles pourraient profiter d'économies d'échelle et d'une base élargie de consommateurs, ce qui favoriserait leur développement sur les marchés internationaux. D'un autre côté, les ménages pourraient bénéficier de prix plus faibles, d'un choix plus large de biens et services, de meilleures opportunités de travail par rapport à un marché purement national, alors que l'économie dans son ensemble bénéficierait de l'amélioration de la croissance qui en résulterait.

Gregory N. Mankiw, Mark P. Taylor, *Principes de l'économie*, 4e édition, De Boeck, 2019

1. Baisse du coût de moyen de production obtenu grâce à une augmentation du nombre de biens ou de services produits.

▶ Lisez le texte, puis complétez le tableau ci-dessous.

Avantages apportés par le marché unique	Concerne directement : les entreprises ou les ménages ?	Comment le marché unique apporte-il cet avantage ?	Comment cet avantage conduit-il à une augmentation de la croissance
Économies d'échelle	...	...	...
Davantage de concurrence	...	...	...
Accès à un plus grand nombre de consommateurs	...	...	...
Prix plus faibles	...	...	...
Davantage de choix	...	...	...
Accès à de plus nombreuses offres d'emploi	...	...	...

Tableau guidé

EN AUTONOMIE VERS LE BAC

▶▶ **Parcours écrit** Épreuve composée – Partie 1

Comment l'Union européenne peut-elle être source de croissance économique ?

▶▶ **Parcours oral** Étape 1 – Choisir sa question

Imaginez quatre questions possibles sur le thème de l'intégration européenne.

Exemples de questions

MÉMO

- L'intégration économique européenne se caractérise par la mise en place d'un marché unique européen, puis par la création de la zone euro (19 pays en 2020).
- Le marché unique offre quatre libertés de circulation : des marchandises, des capitaux, des personnes et des services.
- Il favorise la croissance en permettant l'accès à plus de 500 millions de consommateurs, des économies d'échelle, une plus grande compétitivité des producteurs et une concurrence plus forte.

2 Quelle politique de la concurrence dans le contexte européen ?

▸▸ OBJECTIF
Comprendre les objectifs, les modalités et les limites de la politique européenne de la concurrence.

QU'ALLONS-NOUS FAIRE ?

La Commission européenne est régulièrement citée dans l'actualité pour avoir autorisé ou interdit un rachat d'entreprise ou pour avoir imposé une lourde amende à une grande entreprise. Comment cette politique est-elle réalisée ? Quelles sont ses limites actuelles ?

ACTIVITÉ Les pratiques interdites par la politique de la concurrence européenne

Politique de la concurrence de l'Union européenne : ensemble des actions mises en œuvre pour maintenir la concurrence entre les agents qui interviennent sur le marché unique européen. À ce titre, sont incompatibles avec le marché intérieur et de ce fait interdits…

- tous accords entre entreprises […] qui ont pour objet ou pour effet d'empêcher, de restreindre ou de fausser le jeu de la concurrence à l'intérieur du marché intérieur […].
- les aides accordées par les États ou au moyen de ressources d'État sous quelque forme que ce soit qui faussent ou menacent de fausser la concurrence en favorisant certaines entreprises […].
- le fait pour une ou plusieurs entreprises d'exploiter de façon abusive une position dominante sur le marché intérieur ou dans une partie substantielle de celui-ci.
- les concentrations qui entraveraient de manière significative une concurrence effective dans le marché commun ou une partie substantielle de celui-ci […].

D'après le Traité sur le fonctionnement de l'Union européenne (2012) et le Règlement (CE) n° 139/2004 du Conseil du 20 janvier 2004 relatif au contrôle des concentrations entre entreprises

▶ **En vous aidant du schéma, indiquez si les opérations suivantes seraient autorisées par la Commission européenne. Justifiez vos réponses.**

a. Deux petits constructeurs automobiles souhaitent fusionner.

b. L'État italien verse de l'argent à l'entreprise Fiat pour améliorer sa compétitivité.

c. Les producteurs de camembert se coordonnent pour réduire leur production.

d. Les constructeurs de smartphones décident de tous pratiquer les mêmes tarifs.

Podcast
La politique de la concurrence de l'Union européenne (de 5 min. 01 sec. à 8 min. 06 sec.)

Doc 1 L'interdiction d'acquisition d'une entreprise

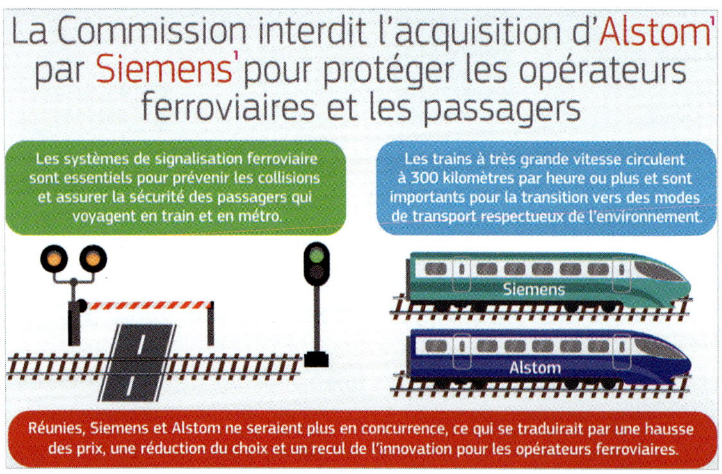

Commission européenne, 2019

1. Alstom (entreprise française) et Siemens (entreprise allemande) interviennent dans le domaine de la signalisation ferroviaire et de la construction de rames.

DÉFINITION

Commission européenne : institution européenne chargée de faire appliquer les traités de l'Union et notamment le respect des règles budgétaires communes.

QUESTIONS

1. **Lire.** Quelle opération économique la Commission européenne a-t-elle décidé d'interdire ?
2. **Distinguer.** À laquelle des quatre opérations présentées dans le doc 1 cette interdiction correspond-elle ?
3. **Justifier.** En vous appuyant sur le doc 1, indiquez les raisons pour lesquelles la Commission européenne a interdit cette opération.

Doc 2 Politique européenne de la concurrence et compétition mondiale

Podcast
La fusion Alstom-Siemens sur la mauvaise voie

L'interdiction de la fusion entre Alstom et les activités ferroviaires de Siemens par la Commission européenne aura pour conséquence d'empêcher avant longtemps la création d'un champion industriel européen dans le domaine ferroviaire et de la signalisation. Toutes les grandes régions économiques du monde se préparent à la concurrence, au plan mondial, dans [...] le secteur ferroviaire. L'opérateur chinois CRRC est devenu en quelques années un leader incontesté au niveau mondial, avec 540 trains construits par an quand la France et l'Allemagne n'en produisent que 40, la création d'un acteur franco-allemand suffisamment fort sur le plan industriel aurait été un énorme atout face à des groupes internationaux déjà beaucoup plus grands et puissants que les nôtres [...]. Nous allons proposer une adaptation du droit européen de la concurrence. Il devra dorénavant mieux prendre en compte les exigences de la concurrence mondiale.

Peter Altmaier (ministre allemand des Affaires économiques et de l'Énergie),
Bruno Le Maire (ministre français de l'Économie et des Finances),
« Adapter le droit européen de la concurrence », *Le Monde*, 2019

Peter Altmaier et Bruno Le Maire, Paris, 2019

QUESTIONS

4. **Lire.** Les ministres allemand et français de l'Économie sont-ils satisfaits de la décision de la Commission européenne d'interdire le rachat d'Alstom par Siemens ?
5. **Justifier.** Quelles raisons avancent-ils pour justifier leur opinion ?
6. **Déduire.** Quelle est la limite de la politique de la concurrence mise en avant par le cas Alstom/Siemens ?

Doc 3 Politique de la concurrence et évolution de la vie économique

Google

Alors que le délai de traitement [...] des cas de concurrence n'est pas toujours compatible avec le temps des affaires, l'émergence du numérique a encore accentué le phénomène. Des pratiques peuvent ainsi, avant même l'adoption des décisions, porter une atteinte grave à l'économie, par exemple entraîner la disparition d'entreprises et ainsi réduire durablement la concurrence sur le marché.

À titre illustratif, la Commission a infligé une amende de 4,3 milliards d'euros en 2018 à Google au sujet du système d'exploitation Android pour des pratiques jugées illégales depuis 2011[1]. Ce système d'exploitation, mis sur le marché en septembre 2008 et qui était déjà utilisé par 40 % des smartphones vendus en 2011[1], dépassait 80 % de parts du marché mondial des smartphones au moment de l'amende.

« La politique de la concurrence et les intérêts stratégiques de l'UE », Inspection générale des finances et du conseil général de l'économie de l'industrie, de l'énergie et des technologies, 2019

1. Par exemple, l'obligation des fabricants d'appareils souhaitant utiliser Android de préinstaller Google Search et Google Chrome.

QUESTIONS

7. **Lire.** Pourquoi la Commission européenne a-t-elle infligé une amende à Google ?
8. **Expliquer.** Pourquoi la durée de traitement des cas de manquement aux règles de la concurrence par l'autorité européenne peut-elle poser problème ?

EN AUTONOMIE VERS LE BAC

Parcours écrit Épreuve composée – Partie 3

À l'aide de l'activité et des documents 1 et 2, expliquez la décision de la Commission européenne d'interdire l'acquisition d'Alstom par Siemens.

Parcours oral Étape 3 – Réfléchir à son support

Préparez un support à remettre au jury sur la question : « Quelle est la procédure européenne d'enquête sur les projets de fusion d'entreprises ? L'exemple du cas Alstom/Siemens ».

Idées de supports

MÉMO

- La politique de la concurrence menée par la Commission européenne s'assure que la concurrence entre les producteurs, qui contribue à faire baisser les prix, est réelle au sein de l'Union européenne.
- Quatre pratiques sont encadrées : les ententes entre producteurs, les aides publiques aux entreprises, les abus de position dominante et les opérations de concentrations d'entreprises.
- Cette politique rencontre deux limites principales : elle empêche la création de grands groupes à l'échelle européenne et manque parfois de rapidité dans une économie qui accélère.

3 Comment les politiques budgétaire et monétaire agissent-elles sur la conjoncture ?

▸▸ OBJECTIF
Comprendre comment la politique monétaire et la politique budgétaire agissent sur la conjoncture.

QU'ALLONS-NOUS FAIRE ?

En période de faible croissance ou de chômage, les pouvoirs publics peuvent chercher à stimuler l'activité économique en jouant sur les politiques monétaire et budgétaire. Quels sont les moyens à leur disposition ?

Doc 1 Les politiques conjoncturelles

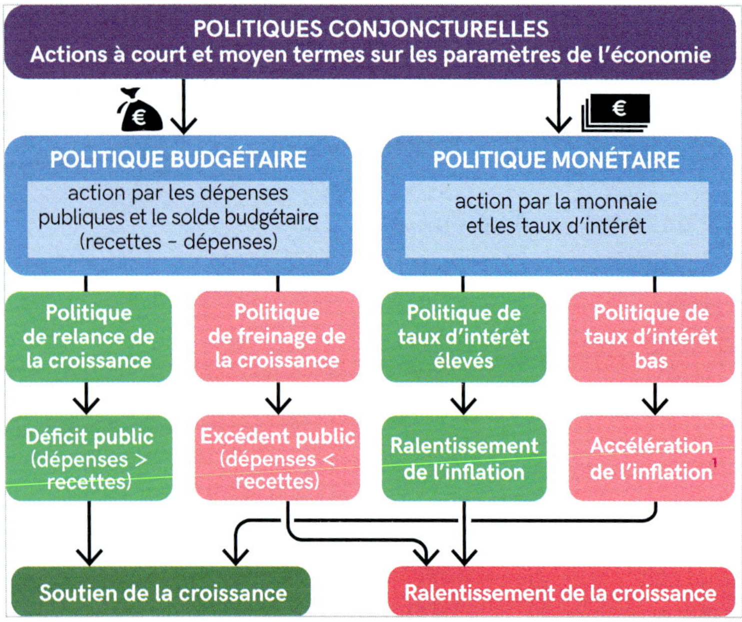

1. Augmentation du niveau général des prix.

QUESTIONS

1. **Distinguer.** Quelle est la différence entre la politique monétaire et la politique budgétaire ?
2. **Définir.** Qu'est-ce qu'une politique budgétaire de relance ?
3. **Déduire.** Une politique monétaire de taux d'intérêt bas n'a-t-elle qu'un effet d'accélération de l'inflation ?

DÉFINITION

Conjoncture économique : situation à un moment donné des principaux paramètres d'une économie et en particulier son rythme de croissance économique.

Doc 2 Comment fonctionne la politique budgétaire ?

Pourquoi l'État, en période de ralentissement de l'activité économique, ne ferait-il pas le contraire des autres agents économiques ? Les dépenses publiques pourraient augmenter lorsque la demande privée baisse, elles pourraient diminuer lorsque la demande privée augmente. [...] Une stratégie à contre-courant orchestrée par l'État peut jouer un rôle de première importance par rapport à l'économie nationale. Le budget [...] devient un instrument conducteur de la régulation économique.

La relance de la consommation consiste à accroître le revenu des agents économiques [...]. En ce qui concerne les dépenses publiques, des investissements en infrastructures économiques et sociales (politiques de grands travaux) peuvent [...] générer une diffusion de revenus propice à la reprise de la consommation. Il est également possible de freiner la consommation[1] de manière à réduire d'éventuelles tensions [...].

Jean-Claude Drouin, *Tous économistes. Guide d'introduction à l'économie*, 4e édition, PUF, 2011

1. Politique de stabilisation ou de rigueur.

QUESTIONS

4. **Lire.** Quelle politique conjoncturelle peut-on mettre en place si la demande privée diminue et risque de conduire à un ralentissement de l'activité économique ?
5. **Justifier.** Pourquoi peut-on dire que la politique budgétaire repose sur une stratégie de contre-courant ?

ACTIVITÉ Les effets attendus d'une relance monétaire

▶ À l'aide du texte, créez un schéma qui retrace les conséquences successives d'une politique de relance (dans laquelle les intérêts sont bas).

Schéma guidé

a La banque centrale peut favoriser l'expansion du crédit et de la création monétaire en facilitant le refinancement des banques sur le marché monétaire : elle offre plus de liquidités et abaisse ses taux directeurs[1]. Les banques ayant un accès plus facile et moins coûteux au refinancement sur le marché monétaire peuvent consentir des taux d'intérêt plus faibles à leurs clients.

b La baisse des taux d'intérêt peut stimuler l'investissement et la consommation.

c La relance de l'investissement entraîne une hausse de la production dans le secteur des biens d'équipement et/ou de logement. La valeur de cette production supplémentaire constitue un revenu supplémentaire pour les différents agents économiques. Une fraction de ce revenu est consommée et amène donc une hausse de production dans le secteur des biens de consommation, ce qui permet une nouvelle distribution de revenus et une nouvelle vague de consommation, et ainsi de suite. La relance de l'investissement exerce donc un effet multiplicateur sur le PIB.

d La croissance du PIB stimule la demande de travail des entreprises. L'emploi augmente et le chômage régresse.

Jacques Généreux, *Introduction à la politique économique*, coll. « Points Économie », 3e édition, Éditions du Seuil, 2015

1. Taux auquel les banques commerciales se refinancent directement auprès de la banque centrale.

Doc 3 Quelle politique pour répondre à la crise de 2008 ?

En septembre 2008, la faillite de Lehman Brothers[1] [...] fait douter l'ensemble des acteurs économiques [...]. Les agents privés [ménages, entreprises] réduisent leur consommation et leurs investissements. Face à ce choc sans précédent, les gouvernements des pays développés décident de mettre en œuvre de larges plans de relance budgétaire en baissant les impôts et en augmentant les dépenses publiques. [...] Dans le cas de la France, le plan de relance est d'environ 45 milliards d'euros que l'État anticipe de dépenser (en plus de ses dépenses habituelles) sur les années 2009-2010. [...] Le déficit budgétaire, qui était de 2,5 % du PIB en 2007, passe à 7,2 % en 2009. La même année, il atteint 13,2 % du PIB aux États-Unis.

Les calculs du FMI montrent que [...] les effets multiplicateurs des dépenses publiques sont d'environ 1,2 (ce qui signifie que 1 euro de dépenses publiques supplémentaire se traduit par 1,20 euro de PIB en plus).

Anne Épaulard, Aude Pommeret, *Introduction à la macroéconomie*, coll. « Repères », 2e édition, © Éditions La Découverte, 2017

1. Banque d'affaires américaine qui avait beaucoup spéculé sur les marchés financiers et sur le secteur de l'immobilier.

En 2009, les représentants de 20 pays se sont rassemblés pour trouver des solutions à la crise économique.

QUESTIONS

6. **Lire.** Quelle a été la réaction des agents privés lors du déclenchement de la crise de 2008 ?
7. **Déduire.** Quel est l'effet probable d'une telle réaction sur la croissance des pays concernés ?
8. **Expliquer.** Quel est l'effet attendu d'une augmentation importante des dépenses publiques dans le budget d'un État ?

EN AUTONOMIE VERS LE BAC

▶▶ **Parcours écrit** Épreuve composée – Partie 1

Expliquez comment la politique budgétaire permet d'agir sur la conjoncture.

▶▶ **Parcours oral** Étape 4 – Présenter sa question

Répondez en 5 minutes à la question : « Qu'est-ce qu'une politique conjoncturelle ? » Essayez de conclure votre présentation avec une ouverture.

Exemples d'ouvertures

MÉMO

- La politique conjoncturelle est constituée de la politique monétaire et de la politique budgétaire.
- La politique budgétaire consiste à moduler le volume des dépenses publiques pour compenser une variation des dépenses des entreprises et des ménages.
- La politique monétaire consiste quant à elle à influencer les taux d'intérêt dans le but de stimuler ou de réduire la consommation et l'investissement.

4 Quelles politiques monétaire et budgétaire dans le cadre européen ?

▸▸ OBJECTIF
Savoir que la politique monétaire dans la zone euro, conduite de façon indépendante par la Banque centrale européenne, est unique alors que la politique budgétaire est du ressort de chaque pays membre mais contrainte par les traités européens.

QU'ALLONS-NOUS FAIRE ?

Aujourd'hui, qui décide de la politique monétaire appliquée en France ? Le gouvernement d'un État membre peut-il utiliser son budget comme il l'entend ? L'intégration européenne a profondément modifié la façon dont sont mises en œuvre les politiques conjoncturelles dans la zone euro.

Doc 1 La Banque centrale européenne

La Banque centrale européenne (BCE) [...] a été officiellement créée le 1er juin 1998 [...]. Si un groupe de pays partagent la même monnaie, alors il est logique que ces pays aient la même politique monétaire et la Banque centrale européenne a justement été prévue à cet effet.

L'objectif de la BCE est de promouvoir la stabilité des prix au travers de la zone euro, puis de concevoir et mettre en œuvre une politique monétaire cohérente avec cet objectif. Dans la recherche de stabilité des prix, [la BCE] vise le maintien de l'inflation[1] à un taux inférieur ou proche de 2 % à moyen terme[2].

Une caractéristique importante de la BCE est son indépendance. [...] Ni la BCE, ni une banque centrale nationale, ni aucun membre de leurs organes de décision n'est autorisé à prendre ou à suivre des instructions d'un quelconque organisme externe, incluant des membres de gouvernement ou des institutions de l'Union européenne.

Gregory N. Mankiw, Mark P. Taylor, *Principes de l'économie*, 4e édition, De Boeck, 2019

1. Augmentation du niveau général des prix entre deux années dans un pays.
2. Le principal outil de la BCE est le taux directeur auquel les banques européennes se refinancent auprès d'elle (→ PP. 42-43).

Banque centrale européenne, Francfort

QUESTIONS

1. **Lire.** Qui décide de la politique monétaire dans la zone euro ?
2. **Lire.** Quel objectif la BCE doit-elle chercher à atteindre ?
3. **Déduire.** Pourquoi est-il important que la BCE soit indépendante ?

Doc 2 Les règles d'encadrement des politiques budgétaires dans la zone euro

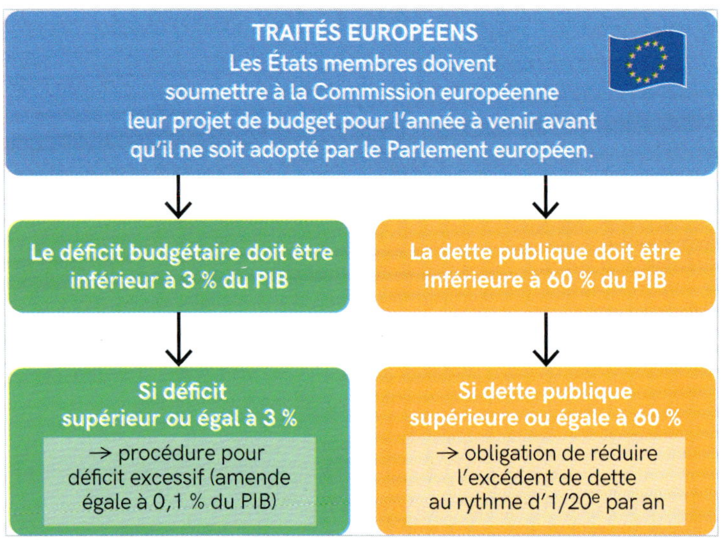

DÉFINITIONS

Déficit public : montant des dépenses des administrations publiques qui ne sont pas couvertes par les recettes publiques.

Dette publique : ensemble des emprunts effectués par un État pour financer le déficit public.

QUESTIONS

4. **Lire.** Dans quel type de texte sont énoncées les règles budgétaires de l'Union européenne ?
5. **Synthétiser.** Quelles sont les principales contraintes que doivent respecter les gouvernements des pays membres de la zone euro lorsqu'ils décident de leur budget pour l'année à venir ?
6. **Déduire.** À quelles conditions un gouvernement peut-il mener une grande politique de relance budgétaire ?

Doc 3 Les politiques budgétaires des États au sein de la zone euro

Un pays qui s'engage sur la voie de dépenses [budgétaires] excessives voit ses taux d'intérêt s'élever [...]. En union monétaire, une attitude de *free riding*[1] est possible : la hausse des dépenses publiques d'un pays ne se traduit pas par une hausse aussi importante des taux d'intérêt. Il peut n'y avoir aucune hausse, ce qui ne pénalise pas autant ou pas du tout le(s) pays dépensier(s). Chacun a donc intérêt à soutenir sa demande puisque personne n'en paie le prix par une appréciation des taux d'intérêt [...]. Le risque est que, si tous les pays optent pour une telle politique, les finances publiques de l'ensemble de la zone se détériorent et l'ensemble de la zone subit des taux d'intérêt plus élevés [...] et une détérioration de la compétitivité. [...]

De tels comportements menacent aussi directement l'indépendance et la crédibilité de la Banque centrale européenne. En cas de dérive budgétaire des pays membres de l'union monétaire, la BCE se verrait contrainte d'augmenter ses taux. Les pays menacés de défaut[2] pourraient faire pression sur la BCE pour monétiser leurs dettes[3]. C'est à la fois l'indépendance de la BCE, la bonne conduite de la politique monétaire et la stabilité de la zone euro tout entière qui seraient menacées.

Laurence Boone, « Coordination des politiques économiques en Europe », *Revue d'économie financière*, 2011

1. Passager clandestin, comportement qui vise à profiter d'un avantage sans en payer le prix.
2. Se dit d'un pays qui se trouve dans l'incapacité de rembourser ses dettes.
3. Consiste, pour une banque, à accepter de transformer des titres de dette en monnaie, par exemple en rachetant des titres de dette publique.

QUESTIONS

7. **Lire.** Un pays de la zone euro qui emprunte pour financer son déficit budgétaire verrait-il les taux d'intérêt qui lui sont appliqués augmenter autant que s'il n'était pas dans la zone euro ?
8. **Lire.** Quelles seraient les conséquences, pour l'ensemble de la zone euro, d'une généralisation des politiques de déficit budgétaire ?
9. **Synthétiser.** Pourquoi est-il nécessaire d'instaurer des règles d'encadrement des politiques budgétaires des États membres de la zone euro ?

ACTIVITÉ Recettes budgétaires et PIB dans l'Union européenne en 2018

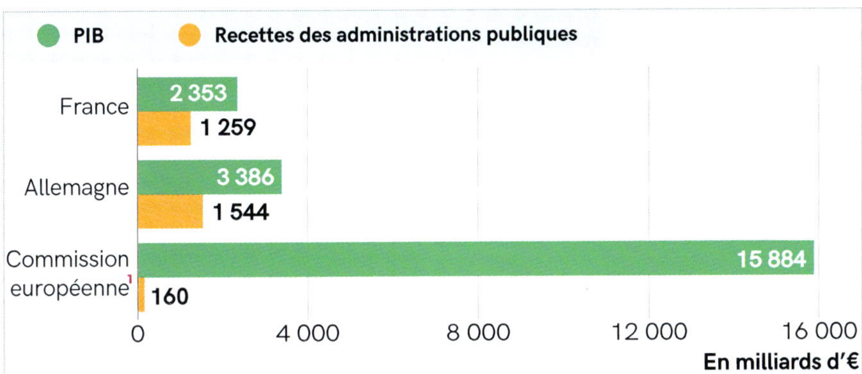

D'après « Statistiques sur les finances du gouvernement des États membres », Eurostat, 2019

1. Recettes publiques gérées directement par la Commission européenne pour réaliser les missions de l'Union européenne. Le PIB indiqué est celui de l'Union européenne.

▶ **En binômes, réalisez une présentation orale pour répondre à la question « Pourquoi peut-on dire que seuls les États membres disposent de budgets de taille suffisante pour avoir une influence réelle sur la conjoncture de l'Union européenne ? ». Aidez-vous des questions ci-dessous.**

a. Que représente le budget dont dispose la Commission européenne par rapport au PIB de l'Union européenne ?

b. Calculez la part du budget dont disposent la France et l'Allemagne par rapport à leur PIB.

MÉMO MATHS
→ FICHE MÉTHODE 1 P. 358

EN AUTONOMIE VERS LE BAC

▶▶ Parcours écrit Dissertation

À l'aide de vos connaissances et du dossier documentaire, vous vous demanderez en quoi l'intégration européenne modifie les conditions de mise en œuvre des politiques monétaire et budgétaire des États membres de la zone euro.

▶▶ Parcours oral Étape 5 – Discuter avec le jury

Préparez une liste de dix questions que le jury pourrait vous poser suite à une présentation portant sur la politique monétaire dans la zone euro.

Idées de questions

MÉMO

■ Tous les pays membres de la zone euro sont soumis à la même politique monétaire. Elle est choisie et mise en œuvre par la Banque centrale européenne, institution indépendante dont l'objectif principal est le contrôle de l'évolution des prix.

■ Bien que chaque État membre ait le contrôle de sa politique budgétaire, les traités européens mettent en place des règles et des sanctions pour contrôler ces politiques.

5 Quelles sont les difficultés de mise en œuvre des politiques conjoncturelles dans le cadre européen ?

▶▶ **OBJECTIF**
Comprendre les difficultés des politiques monétaire et budgétaire soulevées par la situation de la zone euro.

QU'ALLONS-NOUS FAIRE ?

Christine Lagarde, présidente de la Banque centrale européenne en 2019, expliquait que la politique monétaire de la BCE ne pouvait régler toutes les problématiques économiques de l'Union européenne. En effet, certaines difficultés limitent les capacités d'action des politiques monétaire et budgétaires.

Doc 1 Les limites de la monnaie unique

La politique monétaire unique peut réagir aux événements qui ont un impact significatif sur la zone euro prise dans son ensemble (on parle de chocs symétriques) [...]. Citons par exemple un ralentissement de l'économie mondiale [...] qui justifie une baisse des taux de la BCE.

La politique budgétaire, qui reste décidée au niveau de chaque État membre, réagit quant à elle aux événements touchant spécifiquement cet État (on parle de chocs asymétriques). Pensons à des chocs sectoriels (la crise de la téléphonie mobile en Finlande[1]) ou à certains événements extra-économiques (tempêtes, sécheresses).

L'euro a un inconvénient essentiel : la perte, pour chaque pays, d'un instrument central de la politique économique, la monnaie, qui permettait de faire face aux chocs spécifiques [...]. Chaque pays participe aux décisions sur la politique monétaire, [...] mais il n'est pas seul et les décisions monétaires ne vont pas forcément dans le sens de ses besoins. La crise financière de 2007-2008 illustre [cet argument] [...]. Un pays comme l'Espagne n'a pas disposé d'instrument autre que budgétaire pour relancer une économie gravement affectée par le retournement du marché immobilier[2].

Agnès Bénassy-Quéré, Benoît Cœuré, *Économie de l'euro*, coll. « Repères », © Éditions La Découverte, 2014

1. La firme finlandaise Nokia, leader mondial des téléphones portables dans les années 2000, a vu ses ventes s'effondrer avec l'arrivée des smartphones dans les années 2010.
2. Après 2008, le marché immobilier espagnol s'est effondré, amenant la faillite et le chômage des très nombreuses entreprises espagnoles de ce secteur.

DÉFINITION

Choc économique : événement qui impacte brutalement le fonctionnement normal d'une économie au point de faire varier sensiblement son niveau d'activité.

QUESTIONS

1. **Définir.** À quelle condition un choc économique est-il asymétrique ?
2. **Justifier.** Pourquoi l'adoption de l'euro a-t-elle rendu plus difficile la gestion des chocs asymétriques ?

ACTIVITÉ Déficit ou excédent des administrations publiques dans la zone euro, en 2018

Vidéo : L'Allemagne prête à la relance budgétaire ?

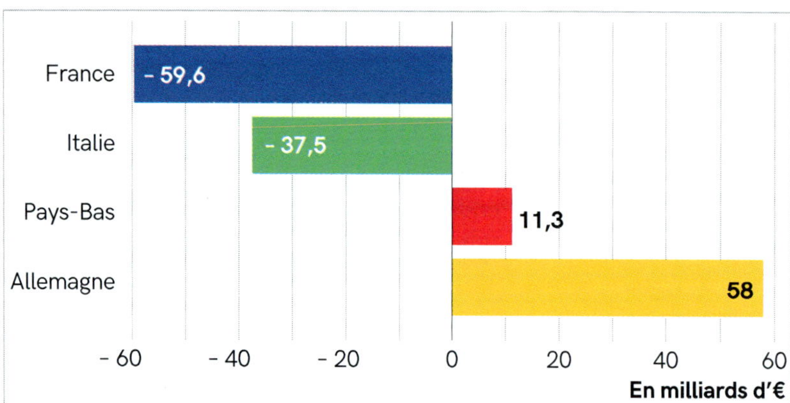

D'après « Déficit/excédent des administrations publiques », Eurostat, 2019

▶ **En binôme, réalisez un schéma pour présenter le résultat de la mise en œuvre simultanée de ces politiques budgétaires. Vous pouvez vous aider de la vidéo et de la question ci-dessous.**

En vous aidant du graphique, reliez chaque pays au type de politique budgétaire qu'il a mis en œuvre.

- Allemagne (a)
- France (b)
- Italie (c)
- Pays-Bas (d)

- (1) relance
- (2) freinage

Schéma guidé

Doc 2 La coordination des politiques monétaire et budgétaire

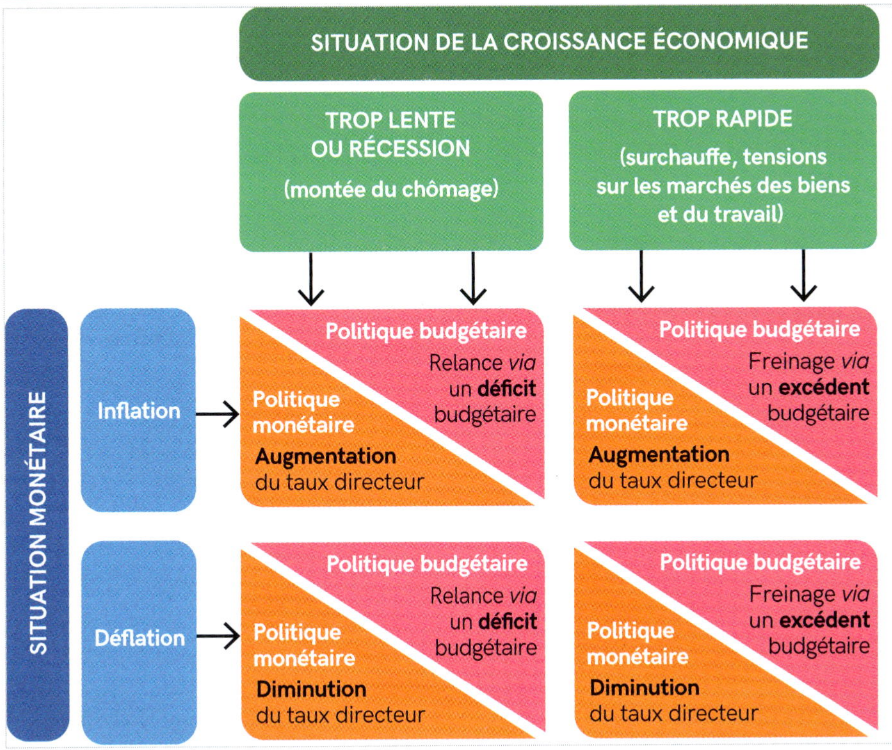

QUESTIONS

3. **Lire.** Montrez qu'il est possible que les politiques monétaire et budgétaire ne soient pas spontanément coordonnées.
4. **Déduire.** Quel(s) problème(s) cela peut-il poser ?
5. **Expliquer.** Quel est l'effet sur l'inflation d'une politique monétaire d'augmentation du taux directeur ?
6. **Expliquer.** Quel est l'effet sur l'activité économique et la croissance d'une politique monétaire d'augmentation du taux directeur ?

DÉFINITION

Récession : phase de ralentissement marqué de la croissance ou recul de la production limité dans le temps.

Doc 3 Les taux d'inflation dans la zone euro[1] 2018

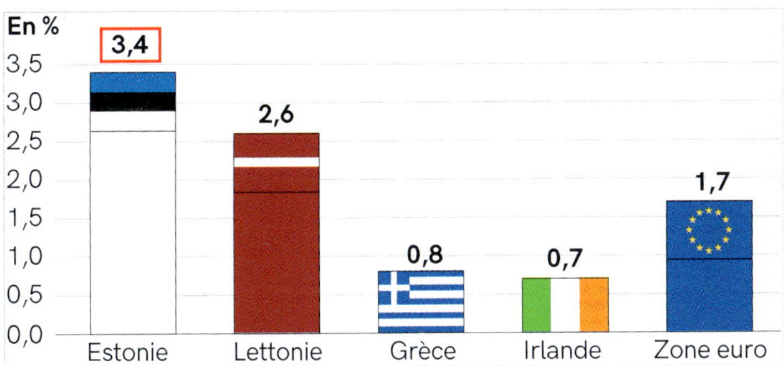

D'après Eurostat, 2019

1. Pour rappel, la BCE a pour objectif un taux d'inflation d'environ 2 % (→ DOC. 1 P. 142).

QUESTIONS

5. **Lire.** Expliquez la donnée encadrée.
6. **Déduire.** La Banque centrale européenne avait-elle intérêt à modifier son taux directeur en 2018 ?
7. **Justifier.** Pourquoi peut-on considérer qu'un taux directeur de la BCE inchangé n'était conforme ni aux besoins des économies estonienne et lettone ni à ceux des économies irlandaise et grecque ?

EN AUTONOMIE VERS LE BAC

▶▶ Parcours écrit Épreuve composée – Partie 2

En vous appuyant sur le document 2, expliquez pourquoi l'existence de chocs asymétriques et le défaut de coordination des politiques économiques posent des difficultés dans la zone euro.

▶▶ Parcours oral Étape 6 – Échanger sur son projet d'orientation

Faites des recherches sur les cursus d'études qui peuvent mener à travailler pour la Banque centrale européenne.

Exemples de cursus

MÉMO

- En raison de leurs situations économiques variées, les pays membres de la zone euro ont des politiques budgétaires différentes, dont les effets sont parfois contradictoires.
- Les chocs asymétriques sont difficiles à gérer car les États ne disposent que de leur politique budgétaire, contrainte par les traités européens, pour y faire face.
- La politique monétaire et les politiques budgétaires peuvent donc ne pas être coordonnées, car la BCE ne peut pas adapter sa politique à chaque pays membre.

→ MÉTHODE DU GRAND ORAL P. 22

Le projet de budget italien de 2019

Les pays membres de la zone euro doivent respecter des règles de discipline budgétaire sous peine de sanctions. Le projet de budget italien de 2019 constitue un exemple intéressant pour étudier l'application des critères à respecter.

DOC 1 Les étapes de la réglementation budgétaire

1997 – Pacte de stabilité et de croissance (Traité d'Amsterdam)
- Le déficit public doit être inférieur à 3 % du PIB, sauf en cas de récession supérieure à 2 % du PIB.
- La dette publique doit être inférieure à 60 % du PIB.
- Si infraction, dépôt de 0,2 à 0,5 % du PIB auprès de la BCE.

2005 – Pacte de stabilité et de croissance réformé
Assouplissement des conditions de mise en place de la procédure pour déficit excessif.

2011 – Six Pack (5 règlements + 1 directive)
Le dépôt passe à 0,1 % du PIB.

2012 – Traité sur la stabilité, la coordination et la gouvernance de l'Union économique et monétaire
- Toute dette publique supérieure à 60 % du PIB doit repasser sous la barre réglementaire en 20 ans au rythme moyen de 5 % par an.
- Obligation de l'équilibre budgétaire inscrite dans le texte constitutionnel.

2013 – Two Pack (2 règlements)
- Publication des projets de budgets nationaux pour avis de la Commission.
- Les projets de budgets doivent être basés sur des prévisions de croissances certifiées.

? Résumez en moins de deux minutes les contraintes qui pèsent sur les budgets nationaux.

Une bonne maîtrise des notions, concepts et exemples que vous utiliserez sera un atout de taille pendant votre présentation.
Faites des recherches pour définir, en droit européen, ce que sont un traité, un règlement et une directive.

CONSEIL
Rappelez les termes de la question.
Cela vous permet de maintenir l'attention du jury, de garder votre cap, de montrer que vous savez où vous allez et que vous êtes bien dans le sujet.

DOC 2 Les désaccords entre Rome et Bruxelles

Le duel qui se joue entre Rome et Bruxelles est monté d'un cran en intensité, mardi 23 octobre [2018], après la décision de la Commission européenne de réclamer au gouvernement italien une nouvelle mouture de son budget 2019. En l'état, Bruxelles estime que le chiffrage fourni par l'Italie n'est pas conforme aux règles du pacte de stabilité et de croissance, considéré comme le socle intangible du bon fonctionnement de l'Union européenne. C'est la première fois que celle-ci active cette procédure. [...]

Rome a donc décidé de maintenir inchangé son « budget du peuple » – selon l'expression de l'antisystème Mouvement 5 étoiles, qui codirige l'Italie avec l'appui du parti d'extrême droite, la Ligue. Il prévoit un déficit de 2,4 % en 2019, alors que l'Italie s'était engagée en juin sur 0,8 %. Ce triplement du déficit menace de réduire à néant tous les efforts réalisés ces dernières années pour contenir une dette qui dépasse 132 % du produit intérieur brut (PIB) [...].

« Rejet du budget italien : périlleuse divergence entre Bruxelles et Rome », *Le Monde*, 2018

? Le déficit public prévu par le gouvernement italien est-il en infraction avec la réglementation européenne ?

Pensez à faire des rappels d'autres chapitres du programme pour montrer que vous savez établir des connexions entre les différentes notions.
→ CHAPITRE 3 P. 82-107 et CHAPITRE 4 P. 108-133

En vous appuyant sur vos connaissances issues de ces deux chapitres et du chapitre 5, expliquez ce qui peut motiver la décision du gouvernement italien.

CONSEIL
Quel « matériel » pour préparer le Grand oral ?
Vous aurez besoin d'un support pour écrire, de vos manuels scolaires, d'Internet, de journaux, de livres... pour faire vos recherches.

DOC 3 Évolution du déficit du budget italien

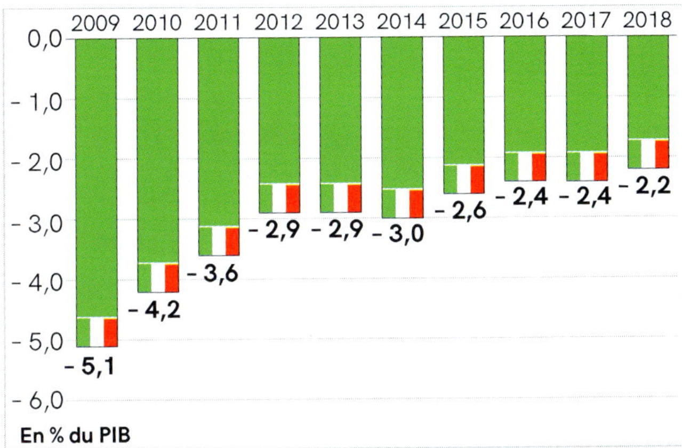

D'après Eurostat, 2020

Calculez l'évolution du déficit italien en points de pourcentage entre 2009 et 2018.

Pensez à enrichir votre propos en faisant des parallèles.

Recherchez des informations sur le déficit public dans d'autres pays de l'Union européenne et rédigez une phrase pour chacun des pays sélectionnés.

Liens vers les sites
Eurostat
OCDE

CONSEIL

Illustrez avec des exemples.

Vous intéresserez le jury et conserverez son attention en accompagnant systématiquement vos idées ou arguments avec un exemple concret, un lien avec l'actualité, une citation, une source...

DOC 4 Dette publique de l'Italie

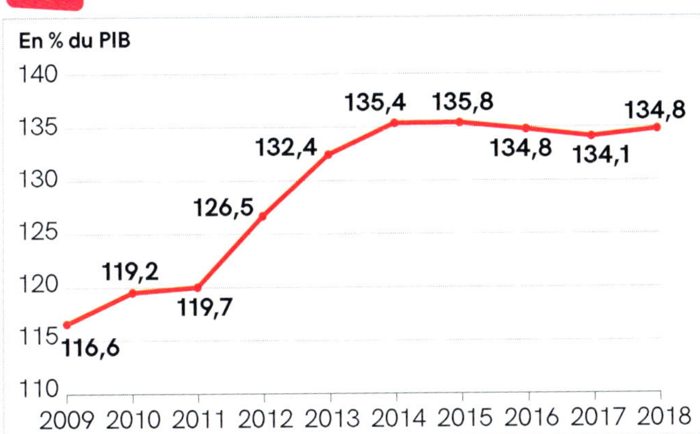

D'après Eurostat, 2020

Pourquoi peut-on dire que, de 2015 à 2017, l'Italie donnait des signes positifs à la Commission européenne concernant sa dette publique ?

Prenez l'habitude de tisser des liens entre les différents documents et de problématiser.

Consultez à nouveau les documents du chapitre afin de récolter le plus d'arguments possible pour répondre à la question : « Quelles relations peut-on observer entre l'évolution du déficit budgétaire et l'évolution de la dette publique d'un pays ? »
Si vous ne pouviez donner que trois éléments pour organiser le plan de votre réponse, lesquels seraient-ils ?

CONSEIL

Déclenchez les questions du jury.

Grand classique ! Vous pouvez conclure en tendant une « perche » au jury. Ici, vous pouvez mentionner un autre pays de l'Union européenne.

PRÉPARER LE GRAND ORAL

Grille d'évaluation

À partir des documents du chapitre et de vos recherches, préparez-vous à répondre à la question : « Pourquoi le projet de budget du gouvernement italien pour l'année 2019 a-t-il été rejeté ? ». Créez votre support, distribuez-le à un jury d'élèves et présentez votre travail en 5 minutes. À l'issue de votre présentation, le jury vous posera des questions.

VERS LE SUPÉRIEUR SES ET DROIT

Liens vers les sites

À partir des documents de la double page et de vos recherches, vous présenterez le cadre juridique dans lequel prend place la procédure pour déficit excessif : quels textes juridiques européens, articles, conditions d'application et exceptions à cette procédure pouvez-vous mentionner ?

L'ESSENTIEL Quelles politiques économiques dans le cadre européen ?

Podcast du cours

Cartes mémoire interactives

Définitions

Choc asymétrique : dans la zone euro, choc qui n'impacte pas l'ensemble de la zone mais seulement les économies d'un ou de quelques pays membres.

Commission européenne : institution européenne chargée de faire appliquer les traités de l'Union et notamment le respect des règles budgétaires communes.

Conjoncture économique : situation à un moment donné des principaux paramètres d'une économie et en particulier son rythme de croissance économique.

Intégration économique : processus par lequel l'addition de plusieurs économies distinctes conduit à la formation d'un vaste espace économique unifié.

Marché unique : espace formé par la réunion des économies de tous les pays membres de l'Union européenne où les personnes, marchandises, services et capitaux peuvent circuler librement.

Politique de la concurrence : ensemble des actions menées par les pouvoirs publics qui visent à maintenir et à développer un état de concurrence en agissant sur la structure des marchés et sur le comportement des agents économiques.

Politique conjoncturelle : ensemble des actions menées par les pouvoirs publics qui visent à améliorer à court ou moyen terme la situation économique.

Politique budgétaire : ensemble des actions menées par les pouvoirs publics en vue d'améliorer la conjoncture économique.

Politique monétaire : volet de la politique économique visant à influer sur l'évolution de la masse monétaire et les taux d'intérêt et, par ce biais, sur l'inflation, la croissance, l'emploi et le taux de chômage.

Avec la signature, le 25 mars 1957, du traité de Rome, les six pays fondateurs (Allemagne, France, Italie, Belgique, Pays-Bas et Luxembourg) débutent un processus d'intégration économique qui a profondément modifié la mise en œuvre de leurs politiques économiques.

Le marché unique et l'euro

▸▸ L'**intégration économique européenne** a consisté, pour les pays membres de l'Union européenne (UE), à faire converger le plus possible leurs économies respectives pour former un espace économique unifié autour du **marché unique** **européen** et de l'**euro**.

▸▸ Le **marché unique européen** est un espace qui englobe toute la surface de l'**Union européenne** et où l'essentiel des obstacles qui freinaient les **échanges** entre agents résidents des États membres ont été supprimés de façon à ce que les personnes, les marchandises, les services et les capitaux puissent y **circuler librement**. L'adoption de l'**euro** permet à l'ensemble des ménages et des entreprises résidant dans les pays membres de la zone euro d'utiliser une seule et même monnaie, la **monnaie unique**.

▸▸ Le marché unique soutien la **croissance économique** européenne. Il offre la possibilité aux entreprises européennes d'accéder à plus de **500 millions de clients potentiels**, de bénéficier d'**économies d'échelle** et d'être plus **compétitives** au niveau mondial. Les **consommateurs** européens bénéficient de **prix inférieurs** à ceux qui seraient en vigueur sans le marché unique, ainsi que d'un **choix plus large** de marchandises. Les travailleurs européens peuvent par ailleurs rechercher un emploi sur l'ensemble du territoire de l'Union européenne.

Modalités et limites de la politique de la concurrence

▸▸ La **politique européenne de la concurrence** vise à préserver la concurrence sur le marché unique. Le **Traité sur le fonctionnement de l'Union européenne** (TFUE, ou Traité de Rome, 1957) confie la mise en œuvre à la **Commission européenne**. Quatre grandes catégories de **pratiques anti-concurrentielles** sont surveillées :
– les **ententes** entre producteurs ;
– les **abus de positions dominantes** ;
– les **aides publiques** par lesquelles un État membre peut chercher à fausser la concurrence en soutenant ses entreprises nationales ;
– les opérations de **concentrations d'entreprises** qui permettent aux entreprises concernées d'obtenir une position dominante sur le marché européen.

▸▸ La politique européenne de la concurrence a trois **limites** principales :
– elle risque d'empêcher les entreprises européennes d'atteindre une taille qui leur permette de rester **compétitives au niveau mondial** ;
– les **procédures** sont moins rapides que le rythme accéléré de nos économies dominées par le numérique ;
– les comportements anti-concurrentiels peuvent produire des effets irréversibles bien avant qu'ils ne soient **sanctionnés**.

Coordonner politiques budgétaire et monétaire dans la zone euro

▸▸ La **politique monétaire** des États membres de la zone euro a été confiée à la Banque centrale européenne. Son objectif principal est de **maintenir l'inflation (augmentation du niveau général des prix)** autour de 2 % dans l'ensemble de la zone euro.

▸▸ La **politique monétaire** passe principalement par le **taux directeur** pratiqué par la Banque centrale européenne. Une **augmentation** de ce taux entraîne une **diminution du volume de crédits** accordés par les banques, ce qui **freine les dépenses et les investissements** des agents. À l'inverse, une **baisse** du taux directeur favorise l'**accélération** de l'activité économique.

▸▸ Chaque État membre a conservé sa **politique budgétaire**, qui consiste avant tout à augmenter ou à réduire **les dépenses publiques** pour soutenir ou freiner le niveau d'activité de l'économie. Elle est cependant encadrée par des **règles européennes** qui limitent la possibilité de générer un déficit public au-delà de 3 % du PIB et celle d'accumuler une dette publique (supérieure à 60 % du PIB).

▸▸ Les différentes **politiques conjoncturelles** mises en œuvre dans la zone euro rencontrent deux grands types de difficultés :
– une difficulté de **coordination des politiques budgétaires nationales**, car le manque de convergence des **conjonctures économiques** des pays membres conduit à des politiques budgétaires qui se contredisent mutuellement : un pays membre peut mener une politique de **baisse** de ses **dépenses publiques** pour réduire son **déficit public**, alors qu'un autre peut être tenter de les **accroître** pour **relancer sa croissance** ;
– une difficulté de **coordination des politiques budgétaires nationales et de la politique monétaire unique** car l'objectif de stabilité des prix moyens dans la zone euro limite la capacité de coopération de la BCE.

▸▸ Les pays membres rencontrent alors des difficultés dans la gestion des **chocs asymétriques** car ils ne disposent pour atténuer les effets de ces chocs que de leur politique budgétaire, qui est elle-même limitée par les règles européennes.

Ne pas confondre

Europe
continent européen
≠
Union européenne
27 États (en 2020)
≠
Zone euro
union économique et monétaire (19 États membres de l'UE en 2020)

Les chiffres de la zone euro

Selon Eurostast, en 2018
- Nombre d'habitants : **342 000 000**
- PIB : **11 557 milliards** d'€

CE QU'IL FAUT SAVOIR

1. Quels sont les effets d'un marché et d'une monnaie uniques sur la croissance des pays membres de l'Union européenne.
2. Comment fonctionne la politique de la concurrence européenne.
3. Quelles sont les conséquences de la mise en place d'une politique monétaire commune et de politiques budgétaires plurielles au sein d'un même espace.

Repères

Réviser en vidéos

« Zone euro : quels enjeux ? », (1 min. 32 sec.), Toute l'Europe, 2018

« Refonder la zone euro par la politique économique » (du début à 4 min. 33 sec.), Xerfi canal, 2017

SCHÉMA DE SYNTHÈSE

Schéma interactif

Les caractéristiques de l'intégration à l'Union européenne

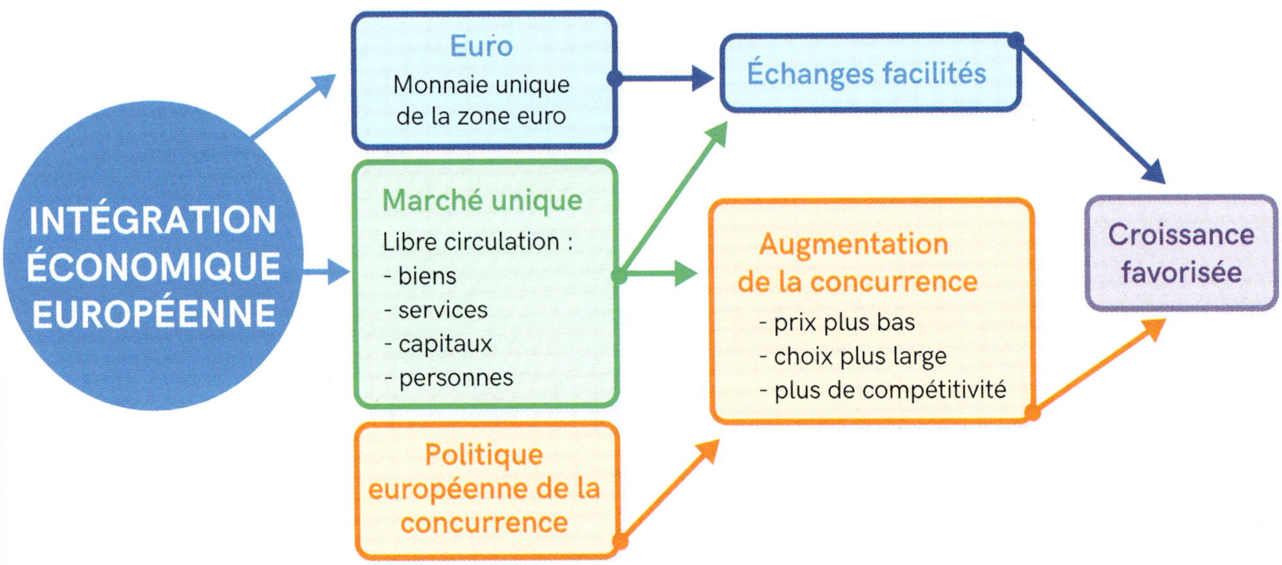

La zone euro

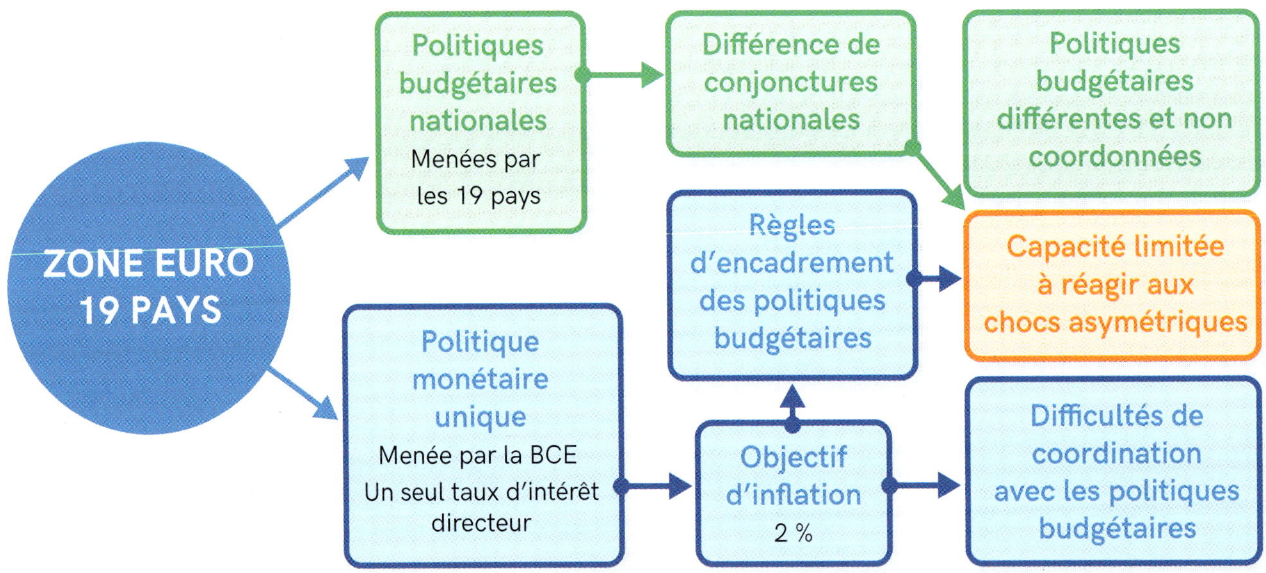

POUR ALLER PLUS LOIN

Adults in the room, de Costa-Gavras, 2019

Ce film permet de découvrir les négociations européennes à l'occasion de la gestion de la crise de la dette grecque.

Les politiques économiques européennes, de Michel Dévoluy et Gilbert Koening, Le Seuil, 2015

Un ouvrage qui aborde les politiques économiques mises en œuvre dans le cadre de l'Union européenne et évoquées dans ce chapitre.

L'économie européenne 2020, rapport de l'OFCE, 2020

Chaque année, l'Observatoire français des conjonctures économiques (OFCE) propose une analyse actualisée de la situation économique européenne accompagnée d'articles thématiques.

1 Reliez chaque notion à son explication.

1 Politique de relance

2 Politique de freinage

3 Concentration

4 Choc asymétrique

a lorsqu'un événement perturbe le fonctionnement économique d'une partie de l'espace économique seulement

b cherche à ralentir l'activité dans une économie

c cherche à soutenir l'activité dans une économie

d lorsque les parts de marché des principaux offreurs augmentent en raison d'un rapprochement entre plusieurs entreprises

2 Indiquez la ou les bonnes réponses.

1. Les politiques budgétaires dans la zone euro sont encadrées car :

- ☐ **a.** la Commission européenne dispose du plus gros budget de l'Union européenne et elle doit contrôler les budgets plus petits des États membres.
- ☐ **b.** les États pourraient être tentés d'accroître leur déficit budgétaire.

2. Le déficit budgétaire annuel d'un État membre :

- ☐ **a.** doit être inférieur à 3 % du PIB de cet État.
- ☐ **b.** doit être inférieur à 60 % du PIB de cet État.
- ☐ **c.** doit être inférieur à 60 % du PIB de la zone euro.

3. La politique monétaire de la zone euro est…

- ☐ **a.** difficile à ajuster aux situations variées des pays membres.
- ☐ **b.** automatiquement ajustée aux situations variées des pays membres.

3 Reliez chaque politique à l'institution qui la met en œuvre dans la zone euro.

1 Politique de la concurrence

2 Politique monétaire

3 Politique budgétaire

a Commission européenne

b Banque centrale européenne

c États membres

4 Complétez le schéma.

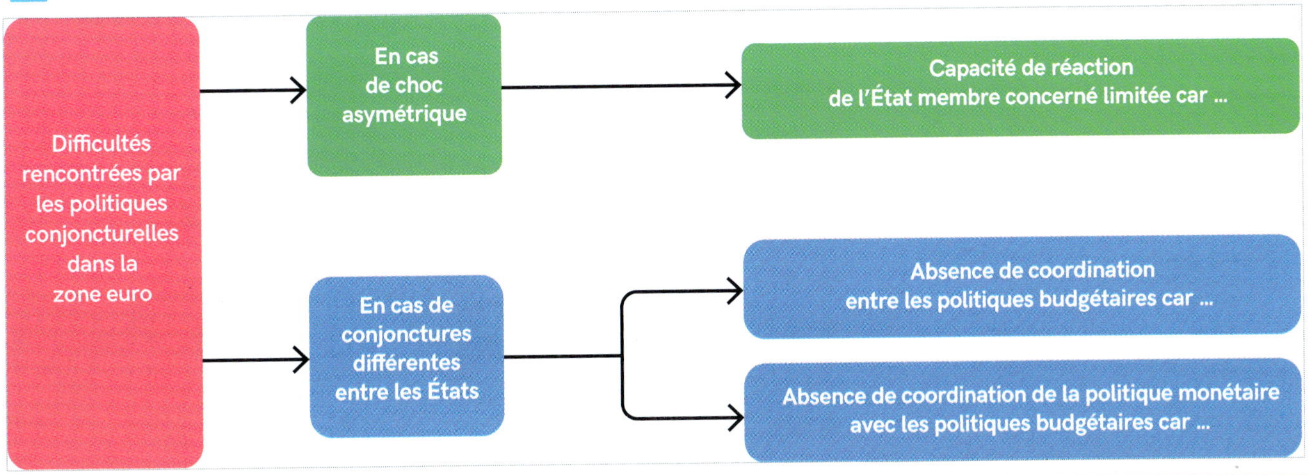

BAC Sujet guidé – Dissertation 4h

Sujet vierge à imprimer

Grille d'évaluation

La zone euro crée-t-elle nécessairement des difficultés de coordination des politiques monétaire et budgétaire ?

Certains termes du sujet vous donnent des indications sur le cadre spatio-temporel de votre sujet. Parfois, il vous faudra les déduire, notamment en vous aidant des documents.

Soyez attentif aux formulations utilisées : le sujet invite à débattre de l'existence d'obstacles à la coordination des politiques conjoncturelles.

Repérez les **notions centrales** du sujet, et pensez à les définir dans votre introduction.

Doc 1

Pour ranimer l'économie, atone en 2019, les économistes soulignent le besoin d'une relance budgétaire.

[La] croissance de la zone euro pour 2019 avoisinera finalement 1,2 %. Cette performance est la pire depuis la récession de 2013. Après 2014 (1,4 %), elle avait connu quatre années de rattrapage (2,1 % en 2015, 1,9 % en 2016, 2,5 % en 2017, 1,9 % en 2018).

Au-delà de ces prévisions [...] les économistes attirent l'attention sur les grandes tendances du moment. Les deux principaux leviers sur lesquels les pouvoirs publics peuvent jouer – relance monétaire et relance budgétaire – ne vont guère changer en 2020.

La Banque centrale européenne (BCE) devrait en effet poursuivre sa politique monétaire ultra-accommodante, mais ne peut guère aller plus loin. Mario Draghi, qui a quitté son poste de président de la BCE fin octobre, a [...] juste avant son départ [...] baissé le taux de dépôts à 0,5 %.

Sur le front budgétaire, le *statu quo* prévaut également. Les pays qui politiquement seraient prêts à relancer leur économie n'ont pas de marge de manœuvre (France, Italie, Espagne, etc.). Ceux qui en ont (Allemagne, Pays-Bas, etc.) n'ont pas la volonté politique de le faire à grande échelle.

« Nous pensons que l'Allemagne va un peu desserrer son budget en 2020 mais la probabilité d'un fort stimulus est réduite », expliquent les économistes [...].

Éric Albert « Zone euro : les chantiers de 2020 », *Le Monde*, 3 janvier 2020

Doc 2 Indicateurs économiques pour quelques pays membres de la zone euro (en 2018)

	PIB (en milliards d'euros)	Taux de croissance du PIB en volume (en %)	Taux d'inflation (en %)
Zone euro	**11 561**	**1,9**	**1,8**
Allemagne	3 344	1,5	1,9
Belgique	460	1,5	2,3
Espagne	1 202	2,4	1,7
France	2 353	1,7	2,1
Grèce	184	1,9	0,8
Italie	1 765	0,8	1,2
Pays-Bas	774	2,6	1,6
Portugal	203	2,4	1,2

Eurostat, 2020

Doc 3 Évolution du taux de chômage (en %) dans quelques pays de la zone euro de 1999 à 2019

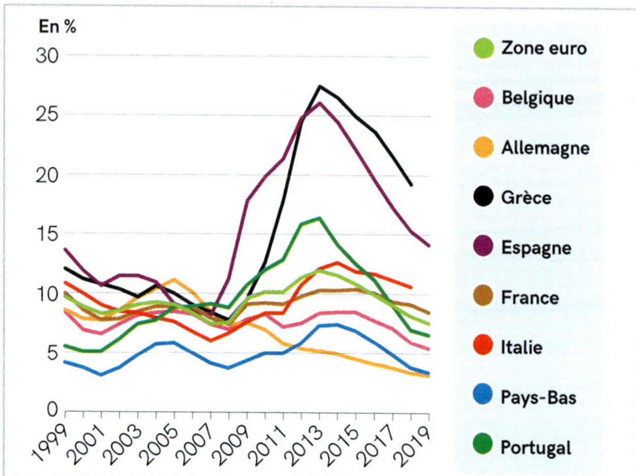

Eurostat, 2020

Doc 4 Déficit ou excédent des administrations publiques des pays de la zone euro (en % du PIB en 2018)

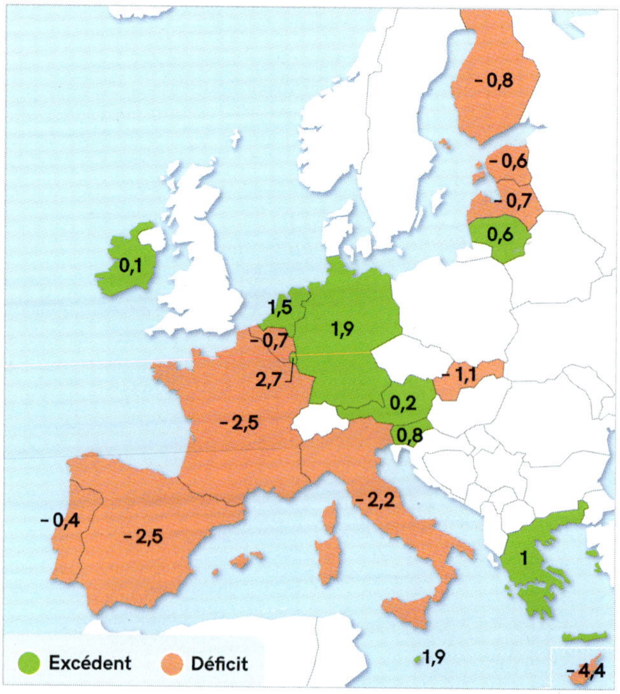

D'après Eurostat, 2020

BAC

Méthode

ÉTAPES 1 ET 2 **Analyser le sujet, problématiser et mobiliser ses connaissances** Au brouillon

❶ ▸ Repérez et analysez tous les termes importants du sujet. → GUIDAGE P. 152

▸ À partir de votre analyse, déduisez-en le type de plan à adopter. → TYPE DE PLANS P. 18

▸ Formulez une problématique : reformulez le sujet, puis proposez un questionnement qui synthétise les enjeux de la question posée.

❷ ▸ Indiquez au brouillon tous les exemples, idées, théories, faits, éléments de cours… qui peuvent être mobilisés.

ÉTAPE 3 **Exploiter le dossier documentaire** Au brouillon → MÉTHODE P. 19

▸ Lisez attentivement chaque document et résumez la (ou les) idée(s) principale(s) en lien avec le sujet.

▸ Pensez à repérer la source, le cadre spatio-temporel, les notions ou mécanismes importants et les outils statistiques. Faites attention aux unités.

ÉTAPE 4 **Construire un plan détaillé** Au brouillon

ÉTAPE 5 **Rédiger l'introduction et la conclusion** Au brouillon

▸ Rédigez l'introduction. → MÉTHODE P. 19

▸ Rédigez la conclusion. → MÉTHODE P. 19

ÉTAPE 6 **Rédiger son devoir** Sur votre copie

▸ Une fois ces étapes réalisées, vous pouvez maintenant vous lancer dans la rédaction « au propre » de votre devoir.

▸ Il doit comporter une introduction, un développement, des transitions et une conclusion.

▸ Les deux ou trois parties de votre développement doivent être équilibrées. Chacune devra annoncer et expliciter votre argument, et comporter des illustrations.

▸ N'oubliez pas de respecter les règles de forme (orthographe, syntaxe, alinéas, sauts de ligne…).

CONSEIL

Si vous avez déjà une idée des grands axes de votre réponse, **classez** ces éléments dans votre plan.

CONSEIL

N'hésitez pas à **rédiger des phrases** afin de vérifier que vous avez compris le sens des données, voire à **faire des calculs simples** pour comparer des données.

Voici un exemple de plan et de paragraphe rédigé pour cette dissertation. Rédigez le reste du devoir à l'aide de la méthode et de vos connaissances.

Exemple de plan

1. *La gouvernance de la zone euro peut accentuer les difficultés que rencontrent les pays membres de la zone euro dans la coordination de leurs politiques monétaire et budgétaire*
2. *Mais l'intégration européenne n'est pas nécessairement la cause première de ces difficultés et est potentiellement la solution pour les surmonter*

Paragraphe 1 A rédigé

Débutez votre paragraphe par une **phrase d'annonce** de l'idée que vous allez développer.

La répartition des politiques monétaires et budgétaires au sein de la zone euro peut créer des difficultés de coordination des États membres.

Explicitez votre argument en développant des mécanismes, en expliquant ce que vous voulez démontrer.

C'est la Banque centrale européenne (BCE) qui définit la politique monétaire de la zone. La BCE agit en toute indépendance. Les politiques budgétaires sont multiples puisque chaque État gère son budget de façon indépendante. Il y a donc 19 politiques budgétaires différentes ; mais les décisions de politique budgétaire d'un État ont des conséquences sur les autres économies.

Une telle architecture ne facilite pas la coordination. Si les prix et la croissance économique évoluaient à peu près au même rythme dans les 19 pays, ce modèle de gouvernance pourrait être fonctionnel ; la BCE fixerait un taux directeur pertinent pour la zone et les pays choisiraient un solde budgétaire adapté à leur situation et qui n'irait pas à l'encontre des autres pays.

N'oubliez pas d'illustrer vos propos, notamment en vous appuyant sur les documents.

Mais c'est l'hétérogénéité des situations monétaires et réelles qui domine. Ainsi, pour l'année 2018, Eurostat (Doc. 4) mesure une croissance économique trois fois plus rapide en Espagne (+ 2,4 %) qu'en Italie (+ 0,8 %). L'inflation est très hétérogène selon les pays avec la Grèce où les prix augmentent peu (+ 0,8 %) et la France où l'inflation est supérieure à 2 %. Comment coordonner une politique monétaire unique avec des situations nationales si divergentes ?

On voit que la fragmentation des politiques conjoncturelles dans la zone euro est génératrice de difficultés à se coordonner à 19 + 1.

BAC Sujet guidé – Épreuve composée 4h Sujet vierge à imprimer Grille d'évaluation

PARTIE 1 Mobilisation des connaissances — 4 points

Question Présentez à l'aide d'un exemple l'un des objectifs de la politique européenne de la concurrence.

Méthode

ÉTAPE 1 **Analyser la question** Au brouillon

- Repérez la ou les notion(s) clé(s) qu'il faudra définir dans votre réponse.
- Repérez la consigne de la question pour identifier la tâche qui est demandée : attend-on une explication, une comparaison, une distinction, une illustration... d'un mécanisme ou d'une notion ? → MÉTHODE P. 20

ÉTAPE 2 **Rassembler ses connaissances** Au brouillon

- Rassemblez et organisez vos connaissances sur le sujet : quelles définitions, mécanismes, exemples... pouvez-vous mobiliser pour répondre à la question ? → MÉTHODE P. 20

ÉTAPE 3 **Rédiger sa réponse**

Au brouillon
- Avant de rédiger, indiquez sur votre brouillon quelle va être la structure de votre réponse.

Sur votre copie
- Rédigez votre réponse de manière organisée, en pensant à définir les notions mobilisées, en explicitant et en illustrant vos propos.

PARTIE 2 Étude d'un document — 6 points

Doc **Données sur la conjoncture économique dans 4 pays membres de la zone euro en 2018**

	Taux de chômage (en %)	Taux de croissance du PIB réel (en %)	Taux d'inflation (en %)
Allemagne	3,4	1,5	1,9
Espagne	15,3	2,4	1,7
Grèce	19,3	1,9	0,8
Irlande	5,8	8,2	0,7

Eurostat, 2020

Question 1. Rédigez une phrase donnant le sens de chacune des trois données concernant l'Allemagne.

Question 2. Comparez les conjonctures économiques des pays étudiés en 2018.

Méthode

ÉTAPE 1 **Analyser le document** Au brouillon

- Déterminez la nature du document (diagramme par répartition, série chronologique, tableau à double entrée...).
- Repérez la source, le cadre spatio-temporel, le ou les outil(s) statistique(s) utilisé(s) et la ou les unité(s).
- Pensez à vérifier si des informations sont indiquées dans le champ du document.

ÉTAPE 2 **Préparer la question 1 (lecture)** Au brouillon

- Rédigez une phrase par donnée statistique à lire : soyez le plus précis possible en indiquant la date (ou période), le cadre spatial, l'unité...

ÉTAPE 3 **Préparer la question 2 (analyse)**

Au brouillon
- Repérez la consigne de la question : attend-on une comparaison, la présentation d'évolutions, l'illustration d'un mécanisme... ?

Au brouillon
- Sélectionnez dans le document les éléments qui vous permettront d'argumenter et effectuez si besoin des calculs simples (écarts en points de pourcentage ou coefficients multiplicateurs, par exemple) pour étayer votre réponse.

Sur votre copie
- Rédigez votre réponse de manière structurée : allez du général au particulier ; définissez si besoin les notions ou mécanismes mobilisés et, surtout, illustrez votre réponse avec des données et/ou des calculs.

BAC

Voici un exemple de réponse à la question 2.

Le premier paragraphe doit **rappeler la consigne** de la question et **présenter les indicateurs**.

Pour **comparer** les conjonctures, vous devez mettre en évidence des **points communs** et des **différences**.

Proposez des **exemples de lectures précis** et des **calculs simples**, pour valider votre capacité à interpréter les données chiffrées.

Concluez votre réponse, par une **phrase dressant un bref bilan** de votre analyse.

Le document permet de comparer la conjoncture économique de quatre pays de la zone euro : l'Allemagne, l'Espagne, la Grèce et l'Irlande, en 2018, à l'aide de leur taux de croissance du PIB (taux annuel de variation du PIB), de leur taux de chômage (part des chômeurs parmi les actifs) et de leur taux d'inflation (taux de variation du niveau général des prix).

De façon générale on note une forte hétérogénéité : la Grèce et l'Espagne sont confrontées à un chômage inquiétant (respectivement 19,3 % et 15,3 % des actifs au chômage) alors qu'en Allemagne et en Irlande l'emploi est très satisfaisant (avec des taux de chômage de 3,4 % et 5,8 %). Le PIB réel de l'Irlande progresse près de 6 fois plus vite que celui de l'Allemagne (8,9 % contre 1,5 %). En Allemagne et en Espagne, l'évolution des prix est proche des 2 % visés par la BCE (1,9 % et 1,7 %) alors qu'en Grèce et en Irlande le taux d'inflation est inférieur à 1 % (respectivement 0,8 % et 0,7 %), proche de la zone de risque de déflation.

On note cependant que les quatre pays ont en commun d'avoir, en 2018, une croissance économique positive, y compris la Grèce, et d'être dans la cible de la BCE puisque l'inflation y est positive et inférieure à 2 %.

On voit donc que, malgré quelques points communs, les quatre pays étudiés présentent des situations conjoncturelles très différentes.

PARTIE 3 Raisonnement s'appuyant sur un dossier documentaire — 10 points

À l'aide de vos connaissances et du dossier documentaire, vous montrerez que le marché unique est facteur de croissance.

Soyez attentif aux termes employés : on attend que vous utilisiez les documents, mais aussi vos connaissances.

La formulation du sujet vous invite à mettre en évidence les effets positifs du marché unique sur la croissance. Attention : vous n'avez pas à en montrer les limites !

Repérez les **notions centrales** du sujet, et pensez à les définir dans votre introduction.

Doc 1 Principaux indicateurs économiques dans l'Union européenne

	PIB par habitant en PPA[1] (UE : base 100)		Taux de chômage (en %)		Part des exportations vers l'UE dans les exportations totales (en %)		Taux d'inflation (en %)	
	2010	2018	2010	2019	2010	2018	2010	2019
Union européenne	**100**	**100**	**9,6**	**6,4**	**65,4**	**64,3**	**2,1**	**1,5**
Allemagne	121	124	7	3,2	60,3	59	1,1	1,5
Irlande	131	188	14,6	5	57,7	50,2	-1,6	1,4
Grèce	85	68	12,7	19,3	55	52,8	4,7	0,9
Espagne	97	92	19,9	14,1	68,8	66,4	2	0,5
France	109	104	9,3	8,5	61	59	1,7	0,8
Italie	105	96	8,4	10,6	57,9	56,5	1,6	1,3
Pays-Bas	137	130	5	3,4	77,3	74,2	0,9	0,6
Pologne	63	71	9,7	3,4	79,3	80,6	2,6	2,7

1. PPA : parité de pouvoir d'achat

Eurostat, 2020

BAC

Doc 2 Effets du marché unique européen sur le commerce de biens

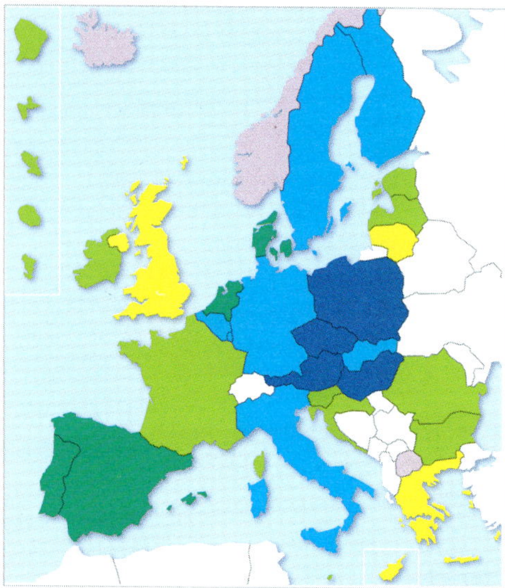

Thierry Mayer, Vincent Vicard, Soledad Zignago, Lettre du CEPII, n° 389, juin 2018

Note : Évolutions des échanges de biens entre les membres de l'UE, dues au marché unique, en comparaison de la situation si les pays n'étaient liés que par un accord standard.

Doc 3

Cette année marque le vingtième anniversaire du marché unique. Les résultats atteints sont remarquables : sur la période 1992-2008, le marché unique a créé 2,77 millions d'emplois dans l'UE et généré un surcroît de croissance de son PIB de 2,13 %. Pour les consommateurs européens, le marché unique est synonyme de plus large choix, accessible à des prix plus bas – un exemple, parmi beaucoup d'autres, est la baisse de 70 % qu'ont connue les prix de la téléphonie mobile. Aux citoyens de l'Union, il a offert la possibilité de voyager librement, ainsi que de s'établir et de travailler dans le pays de leur choix. Aux jeunes, il a donné l'opportunité d'étudier à l'étranger, et plus de 2,5 millions d'étudiants en ont profité au cours des vingt-cinq dernières années. Aux 23 millions d'entreprises de l'UE, il a ouvert l'accès à 500 millions de consommateurs. Le message est clair, et les preuves sont là : un marché unique fort, approfondi et intégré crée de la croissance et des emplois et offre aux citoyens de l'Union des opportunités qui n'existaient pas il y a encore vingt ans.

« L'Acte pour le marché unique II – Ensemble pour une nouvelle croissance », Commission européenne, Bruxelles, 3 octobre 2012

Méthode

ÉTAPES 1 ET 2 **Analyser le sujet et mobiliser ses connaissances** Au brouillon

1. Repérez et analysez tous les termes importants du sujet. → GUIDAGE P. 155
   - À partir de votre analyse, déduisez-en le type de plan à adopter. → TYPES DE PLANS P. 18
   - N'hésitez pas à reformuler le sujet.
2. Indiquez au brouillon tous les exemples, idées, théories, faits, éléments de cours… qui peuvent être mobilisés.

CONSEIL
Si vous avez déjà une idée des grands axes de votre réponse, **classez** ces éléments dans votre plan.

ÉTAPE 3 **Exploiter le dossier documentaire** Au brouillon

- Lisez attentivement chaque document et résumez la (ou les) idée(s) principale(s) en lien avec le sujet.
- Pensez à repérer la source, le cadre spatio-temporel, les notions ou mécanismes importants et les outils statistiques. Faites attention aux unités.

CONSEIL
Si vous avez déjà une idée des grands axes de votre réponse, **classez** les éléments issus de l'analyse des documents dans votre plan en indiquant le numéro des documents mobilisés.

ÉTAPE 4 **Construire un plan détaillé** Au brouillon → MÉTHODE P. 21

ÉTAPE 5 **Rédiger l'introduction et la conclusion** Au brouillon

- Rédigez l'introduction. → MÉTHODE P. 21
- La conclusion doit dresser le bilan de votre développement.

ÉTAPE 6 **Rédiger son devoir** Sur votre copie → MÉTHODE P. 21

Voici un exemple de conclusion rédigée.
À partir de cet exemple, rédigez le reste du raisonnement.

Pensez à réutiliser les **notions centrales** mobilisées dans votre développement.

La mise en place d'un marché unique est source de croissance économique au sein de l'Union européenne par l'intermédiaire de plusieurs canaux. Avec le marché unique, les entreprises bénéficient d'un accroissement significatif de la taille des marchés et peuvent alors réaliser des économies d'échelle, permettant donc la baisse des coûts de production et donc des prix, ce qui stimule d'autant le pouvoir d'achat des agents économiques. Les effets sur la croissance passent aussi par une concurrence accrue, qui favorise la recherche de compétitivité, et donc encore la baisse des prix des biens et services.

BAC Grand Oral

→ Méthode générale p. 22-25

Question **Erasmus+, une façon de faire l'Europe par la jeunesse ?**

ÉTAPE 4 Présenter sa question au jury

→ PRÉPARER LE JOUR J Votre exposé est prêt ; vous avez réfléchi à votre support. Il vous faut maintenant préparer spécifiquement votre **passage à l'oral**.

Qu'allez-vous faire en entrant dans la salle ?

- Soyez **énergique et impliqué(e)** dès votre entrée dans la salle. Adressez un « bonjour » volontaire aux membres du jury.
- Donnez-leur la feuille sur laquelle sont inscrites les deux questions que vous avez choisi de préparer. **Accompagnez votre geste d'une parole** telle que : « Voici les deux questions sur lesquelles j'ai travaillé avec mes professeurs. À laquelle aimeriez-vous que je réponde ? »

Comment allez-vous gérer le temps qui vous est imparti ?

- Vous avez **5 minutes** pour exposer vos résultats ; il faut les utiliser jusqu'au bout mais ne pas les dépasser.
- Il est fondamental de **vous entraîner** à respecter ces 5 minutes. Pour cela :

1. Lisez-la à haute voix votre réponse rédigée.
2. Recommencez votre exposé en ne vous aidant que d'un plan détaillé ou de notes.
3. Recommencez, cette fois sans aucune note, en vous enregistrant.
4. Vérifiez la durée de votre prise de parole. Ajustez votre exposé.
5. Lorsque vous avez trouvé le bon format, relevez bien le minutage : « À *x* minutes, j'ai fini mon introduction, à *y* minutes j'ai fini ma première partie, à *z* minutes, je débute ma conclusion. »

Que faire de votre corps pendant que vous parlerez ?

- Lisez bien les **conseils sur la prise de parole** → P. 24-25.
- Faites-vous **confiance** ! Si vous êtes dans votre sujet, votre corps suivra tout naturellement.

Comment gérer la fin de l'exposé ?

- Le jury doit comprendre que vous avez **terminé**. Annoncez-le clairement : « Mon exposé est terminé. Je serai heureux(se) de pouvoir répondre à vos questions. »

CONSEIL
Engagez-vous !
C'est vous qui choisissez le sujet de votre exposé, parce qu'il vous intéresse. Impliquez-vous et n'hésitez pas à dire « je ».
Ce sera très apprécié.

CONSEIL
Testez
5 minutes correspondent environ à la lecture d'une page tapée à l'ordinateur.

CONSEIL
Vérifiez le temps imparti
Prévoyez une montre avec un chronomètre pour savoir où vous en êtes dans vos 5 minutes.

→ ÉVALUEZ-VOUS !

Comment évaluer une prestation ?

- Regardez la **vidéo** d'une lycéenne qui répond à la question : « Erasmus+, une façon de faire l'Europe par la jeunesse ? ».
- Utilisez la **grille fournie** pour relever tous les points positifs de son intervention.
- Quels **conseils** pourriez-vous lui donner pour améliorer sa présentation ?

À vous de jouer !

- Enregistrez-vous, filmez-vous, travaillez votre exposé à plusieurs, devant d'autres élèves qui pourront vous aider à améliorer votre prestation.

Vidéo
Nathan GRAND ORAL

Ressources numériques
- Liste de sources
- Vidéo de la présentation
- Grille d'évaluation

ÉTAPE 5 Anticiper les questions du jury

Faire le lien avec d'autres disciplines	Faire le lien avec un projet d'orientation
Histoire-Géographie-Géopolitique-Sciences politiques Term **Thème 6** – L'enjeu de la connaissance **Géographie Term** **Thème 3** – L'Union européenne **Histoire Term** **Chapitre 10** – La construction européenne	**Études supérieures** Licences AES, AEI droit, LEA, BTS CI, tourisme, DUT (GLT, TC), prépas ECE/ECS, Instituts d'études politiques, relations internationales… **Projet professionnel** Entreprenariat, commerce international, suivi de clientèle, ressources humaines, tourisme, traduction, droit international (juriste, avocat), administration

Autres questions possibles
- Quel a été l'effet de l'adoption de l'euro sur l'évolution des prix en France ?
- Que penser de l'idée d'un parlement de la zone euro ?

BAC

Sujet d'entraînement – Dissertation 4h

Grilles d'évaluation

Faut-il réformer la politique européenne de la concurrence ?

Doc 1 Degrés de fermeture des marchés en 2017

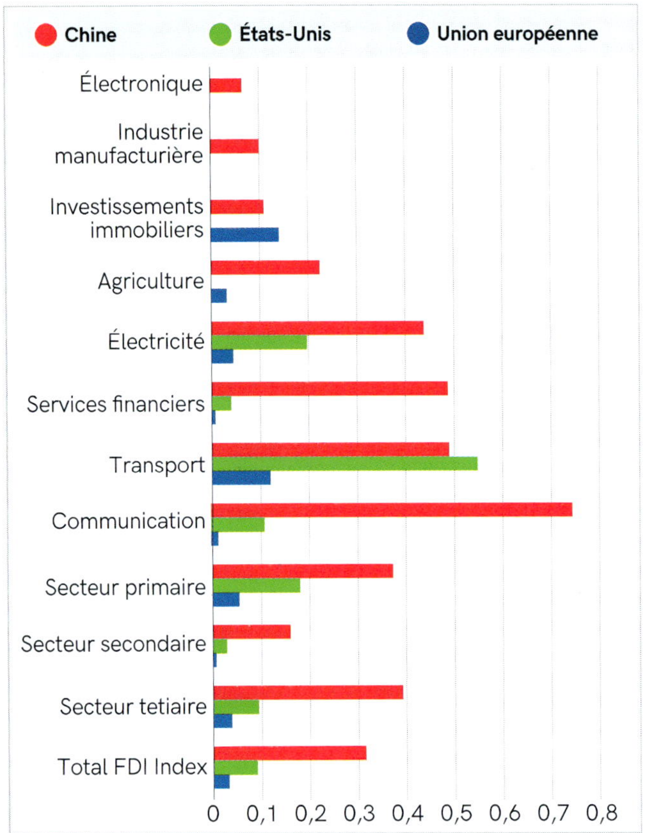

OCDE, 2018

Note de lecture : en 2017, sur une échelle de 0 à 1 (0 étant un marché totalement ouvert, et 1 étant un marché complètement fermé), les degrés de fermeture de l'UE, des États-Unis, et de la Chine étaient respectivement de 0.032, 0.089 et 0.316.

Doc 2

Déjà évoquée par la France sous le quinquennat de François Hollande, l'idée de réviser les règles européennes en matière de concurrence avait, jusque-là, rencontré peu d'écho en Allemagne. Ces derniers mois, les esprits ont toutefois évolué outre-Rhin. Dans un contexte de ralentissement de la croissance et face aux craintes de guerre commerciale avec les États-Unis et la Chine, le ministre allemand de l'économie a ainsi présenté, le 5 février, une nouvelle stratégie visant à « former des champions nationaux et européens ». Le rejet par la Commission européenne, le 6 février, de la fusion Siemens-Alstom, qui avait précisément vocation à être l'un de ces « champions », a achevé de convaincre le gouvernement allemand qu'il était temps de passer à l'offensive.

Mardi, Angela Merkel a elle-même endossé ce combat. « L'approche actuelle en matière de concurrence me laisse sceptique sur le fait que nous puissions réellement devenir des acteurs qui comptent sur la scène mondiale », a déclaré la chancelière allemande, lors d'un Sommet de la transition numérique organisé à Berlin.

Thomas Wieder « La France et l'Allemagne à l'unisson pour réviser les règles de la concurrence en Europe », *Le Monde*, 20 février 2019

Doc 3 Montant des amendes imposées par la Commission européenne en matière de cartels de 1990 à 2019

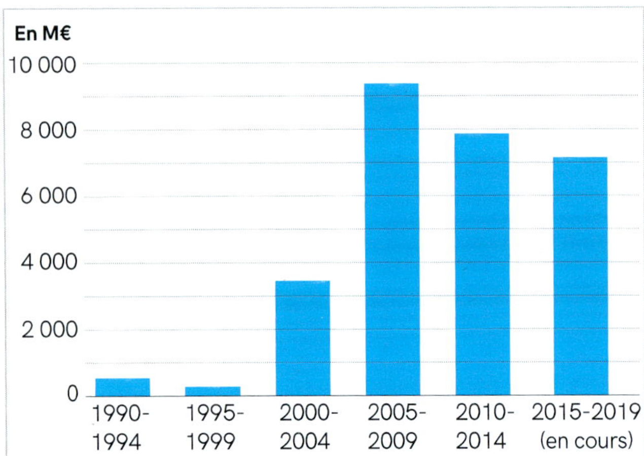

Anne Perrot, Victor Blonde, Axel Ropars, Serge Catoire, Hervé Mariton, « La politique de la concurrence et les intérêts stratégiques de l'UE », Rapport au ministre de l'Économie et des Finances, avril 2019

Doc 4 Indice de la concentration aux États-Unis et dans l'Union européenne, de 1995 à 2015

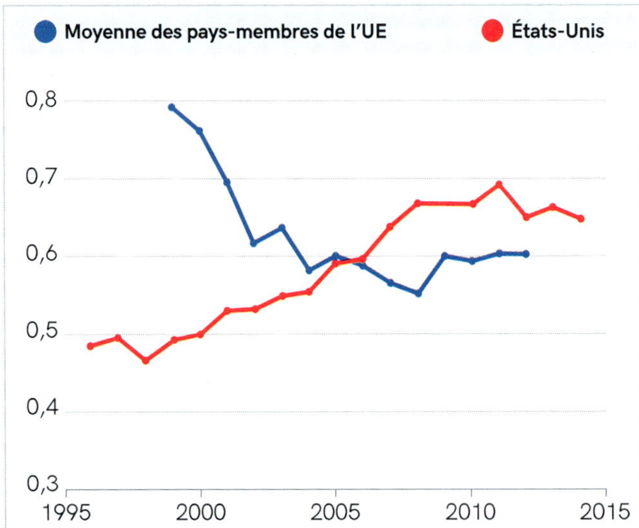

Note de lecture : l'indice de concentration varie de 0 à 1, il est d'autant plus élevé que la concentration est importante. Il se base sur la mesure de la part des 4, 10, 20 ou 50 plus grandes entreprises dans le chiffre d'affaires, la valeur ajoutée, l'emploi, ou la capitalisation d'un secteur.

Martin Anota, « Les marchés européens sont plus concurrentiels que les marchés américains », *Alternatives économiques*, 29 juin 2018

BAC Sujet d'entraînement – Épreuve composée 4h

PARTIE 1 Mobilisation des connaissances — 20 à 30 min — 4 points

Question Expliquez en quoi consiste l'indépendance de la Banque centrale européenne.

PARTIE 2 Étude d'un document — 1h à 1h30 — 6 points

Doc Respect de la règle des 3 % de déficit budgétaire par les pays de la zone euro de 1998 à 2018

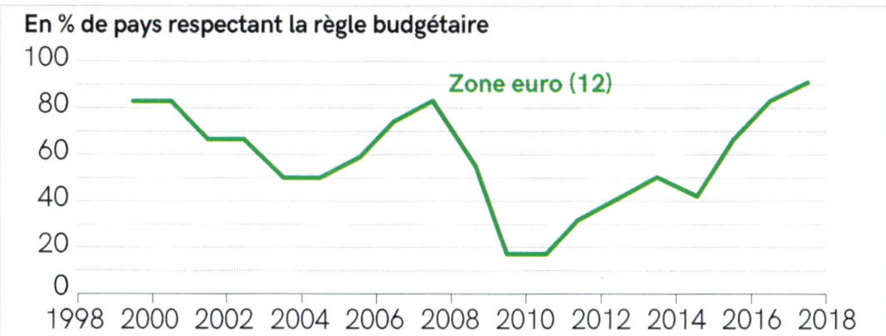

Bruno Ducoudré, Mathieu Plane, Xavier Ragot, Raul Sampognaro, Francesco Saraceno, Xavier Timbeau, « Refonte des politiques budgétaires européennes », Revue de l'OFCE, n° 158, Presses de Sciences Po, 2018

Question 1. Proposez une périodisation des évolutions présentées sur ce graphique en précisant, pour chaque période, sa caractéristique principale.

Question 2. Quelles sont les principales informations que vous apporte ce document sur le respect de la règle des 3 % dans la zone euro ?

PARTIE 3 Raisonnement s'appuyant sur un dossier documentaire — 2h à 2h40 — 10 points

À l'aide de vos connaissances et du dossier documentaire, vous montrerez que l'actuelle répartition des politiques monétaire et budgétaire dans la zone euro soulève des difficultés.

Doc 1

La nécessité de la coordination des politiques conjoncturelles est, à l'évidence, plus forte encore au sein de la zone euro. [...]

En régime de croisière la politique monétaire permet en théorie d'assurer la régulation conjoncturelle de l'ensemble de la zone euro, alors que la réponse aux chocs asymétriques doit être le fait des États concernés, avec leurs moyens budgétaires. Mais de la théorie à la pratique, il y a une grande distance, qui est celle des comportements concrets.

L'attelage ne permet pas facilement, en période de bonne conjoncture, d'assurer le meilleur taux de croissance envisageable à l'intérieur d'une politique efficace de réduction des déficits, faute d'un gendarme pour prémunir les États contre leurs faiblesses. [...]

Symétriquement, en période de crise [...] la réaction rapide et à la hauteur de besoins n'a pas été possible, compte tenu de la faiblesse des marges de manœuvre budgétaires des États, de la lourdeur des mécanismes de discussion et de la coordination insuffisante entre l'ensemble des acteurs concernés.

Un effort significatif d'unification intérieure des structures économiques doit être accompli dans les prochaines années pour permettre à l'Europe d'être l'espace économique attendu. Il faudra également trouver la bonne mesure entre une homogénéisation totale sur la zone euro des variables majeures comme les taux de croissance ou d'inflation, et l'acceptation normale de différences dans les variations de productivité, de chômage, de croissance démographique, de rapidité des évolutions structurelles [...].

Il y a, après tout, des différences importantes sur ces variables entre les différents États des États-Unis.

Jean-Claude Prager, François Villeroy de Galhau, *18 leçons sur la politique économique. À la recherche de la régulation*, Le Seuil, 2006

Doc 2 Taux d'inflation (variation annuelle des prix, en %) dans la zone euro, en Irlande et en Grèce, de 2008 à 2019

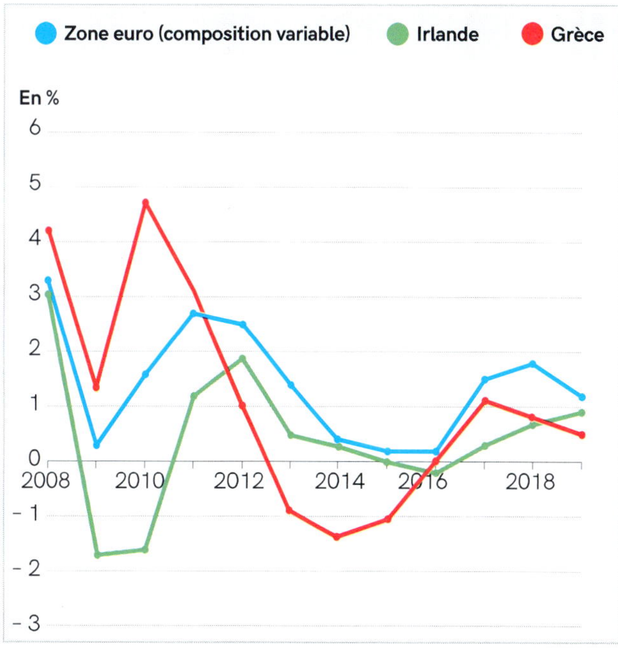

Eurostat, 2020

MÉTIER

Ibrahim, contrôleur des finances publiques

FICHE MÉTIER

Contrôleur(se) des finances publiques

- **Niveau minimum d'accès :** BAC
- **Salaire d'un débutant :** environ 2 000 €
- **Statut :**

☐ salarié ☑ fonctionnaire ☐ indépendant

- **Compétences requises :**

☑ rigueur
☑ intérêt pour les chiffres
☑ sens de l'analyse

Le CV express d'Ibrahim

Ibrahim, 34 ans, Paris

FORMATION

- Bac ES, Paris

EXPÉRIENCE PROFESSIONNELLE

- **Direction générale des finances publiques (DGFiP), contrôleur des finances publiques**

Le métier d'Ibrahim au quotidien

Pouvez-vous nous présenter votre entreprise ?

Ibrahim : La DGFiP est issue de la fusion en 2007 de la Direction générale des impôts et du Trésor public. Elle assure des missions régaliennes relatives à l'impôt. Côté recettes, elle s'occupe du recouvrement des impôts pour l'État et les collectivités locales. Elle exécute également les dépenses de l'État et des collectivités locales, et tient leur comptabilité. De manière générale, la DGFiP intervient dans toutes les structures maniant de l'argent public pour contrôler l'utilisation qui en est faite. Les missions de la DGFiP sont très variées.

Quelles sont vos tâches au quotidien ?

Ibrahim : Je travaille sur le site de Bercy à Paris, au ministère de l'Action et des comptes publics. Je suis dans un service en charge de l'animation du réseau des trésoreries locales (environ 2 000 dans le pays) qui recouvrent les impôts des communes, exécutent leurs dépenses, tiennent leurs comptes et conseillent les maires pour améliorer leur gestion budgétaire et comptable. Au quotidien, je rédige une *newsletter*, des contenus pour l'intranet de la DGFiP, j'organise des séminaires, participe au contrôle de gestion pour améliorer la performance des services…

Quels sont les aspects de votre métier qui vous plaisent le plus ?

Ibrahim : C'est indiscutablement les liens avec de nombreux services dans les départements, et aussi à Bercy. Le travail collectif, c'est notre force, même si tout n'est pas toujours simple, car les enjeux sont grands. Je ne suis cependant pas un décideur, ma hiérarchie m'aide au quotidien et me donne le cap à suivre. Ce qui me plaît aussi, à la DGFiP, c'est qu'il existe des perspectives de carrière. Bref, si vous travaillez bien, vous aussi pouvez devenir chef un jour en passant des concours que la DGFiP vous aide à préparer.

Que vous ont apporté les SES dans votre vie professionnelle ?

Ibrahim : Une véritable connaissance du fonctionnement économique du pays. Une des missions de la DGFiP est notamment d'aider les entreprises qui rencontrent des difficultés. Je souhaite un jour travailler sur ces sujets, et avoir appris comment fonctionne une entreprise sera forcément un plus !

L'employeur d'Ibrahim

Direction générale des finances publiques
Organisme

DIRECTION GÉNÉRALE DES FINANCES PUBLIQUES

☐ Secteur privé ☑ **Secteur public**

100 000 agents

Votre projet d'orientation

- Vous reconnaissez-vous dans les différents adjectifs décrivant les qualités requises pour travailler en tant que contrôleur(se) des finances publiques ?
- En vous aidant du site de l'ONISEP, identifiez les parcours d'études qui vous semblent les plus appropriés pour vous orienter dans cette voie. Justifiez votre réponse.

Lien vers le site

MÉTIER

Alexia, cheffe de projets dans le marketing client

FICHE MÉTIER

Chef(fe) de projets dans le marketing client

- **Niveau minimum d'accès :** BAC +3
- **Salaire d'un débutant :** environ 2 250 €
- **Statut :**
  ☑ salarié ☐ fonctionnaire ☐ indépendant
- **Compétences requises :**
  ☑ agilité
  ☑ relation client
  ☑ créativité
  ☑ sens commercial
  ☑ sens de l'analyse

Le CV express d'Alexia

Alexia, 25 ans, Paris

FORMATION

- Master 2 ISCOM Paris (Institut supérieur de Communication et publicité), diplôme de manager de la marque (Bac +5)
- Master 1 ISCOM Paris, diplôme de responsable de la communication (Bac +4)
- Bac S, Draguignan (Var)

EXPÉRIENCE PROFESSIONNELLE

- **Monoprix, cheffe de projets**
- Monoprix, chargée de projet (alternance) : réflexion stratégique et mise en œuvre opérationnelle du plan d'animation client multicanal sur les univers « courses du quotidien » et « bio ».
- Monoprix, assistante chef de projet (stage) : mise en œuvre du plan d'animation client web sur les univers « courses du quotidien » et « mode & déco », gestion de projets *e-mailing*, *benchmarking* concurrentiel

Le métier d'Alexia au quotidien

Pouvez-vous nous présenter votre entreprise ?

Alexia : Monoprix est *leader* du commerce de centre-ville avec une présence dans plus de 250 villes en France. Ses 22 000 collaborateurs animent au quotidien 800 magasins, avec trois formats d'enseigne (Monoprix, Monop' et Naturalia), et deux sites e-commerce (monoprix.fr et Sarenza). Le groupe a réalisé 5 milliards d'euros d'activité en 2018.

Quelles sont vos tâches au quotidien ?

Alexia : Ma mission principale consiste à animer la relation client, c'est-à-dire à fidéliser nos clients, en recruter de nouveaux, réactiver nos clients en baisse d'activité… Pour cela, j'utilise les données clients que l'on collecte grâce à l'utilisation de la carte de fidélité (données transactionnelles, comportementales sur les habitudes d'achat de chaque client). Grâce aux données clients, je mets en place des campagnes de marketing client multicanal adaptées et personnalisées à chaque client en fonction de son profil : courrier postal, *e-mailing*, coupons caisses, sms, *push notifications*… L'objectif est de maintenir et d'enrichir le lien, la proximité avec chacun de nos clients, de favoriser la conversation de manière individualisée et pertinente. Communiquer au bon moment, le bon message, à la bonne personne, *via* le bon canal de communication.

Quels sont les aspects de votre métier qui vous plaisent le plus ?

Alexia : Ce qui me plaît le plus, c'est la complémentarité entre l'opérationnel, porté par l'activation et le pilotage 360 des nombreuses campagnes de marketing client et la recommandation stratégique avec l'étude de nos clients, et la mise en place de stratégies innovantes et performantes. Le métier de chef de projet dans le marketing client allie richesse et profondeur grâce aux nombreuses analyses et données qui mettent du sens derrière chacune de nos actions.

Que vous ont apporté les SES dans votre vie professionnelle ?

Alexia : Pendant mes études supérieures, j'ai pu développer ma vision de l'économie et des sciences sociales, des notions indispensables dans l'univers du marketing. Elles permettent également de développer sa connaissance de l'entreprise et de la société de consommation afin de s'ouvrir au monde extérieur.

L'employeur d'Alexia

Monoprix — MONOPRIX

☑ **Secteur privé** ☐ Secteur public

Entreprise : 22 000 salariés

Création en 1932

800 000 clients par jour

Votre projet d'orientation

- Vous reconnaissez-vous dans les différents adjectifs décrivant les qualités requises pour travailler en tant que chef(fe) de projet dans le marketing client ?
- En vous aidant du site de l'ONISEP, identifiez les parcours d'études qui vous semblent les plus appropriés pour vous orienter dans cette voie. Justifiez votre réponse.

Lien vers le site

CHAPITRE

6

Comment est structurée la société française actuelle ?

Textes DYS
TOUS LES TEXTES EN VERSION DYS
lyceen.nathan.fr/sesterm-2020

RAPPELS

EXO Exercices interactifs

Cours de 2de

2de

Comment devenons-nous des acteurs sociaux ?

a. Parmi les propositions suivantes, lesquelles sont exactes ?

- ☐ La socialisation a lieu uniquement pendant l'enfance.
- ☐ Le milieu social d'origine détermine le milieu social d'une personne tout au long de sa vie.
- ☐ Un individu n'appartient qu'à un seul groupe social.

Cours de 1re

1re

Comment se construisent et évoluent les liens sociaux ?

b. Parmi les propositions ci-dessous, choisissez celles qui correspondent à des catégories socioprofessionnelles (CSP).

☐ les ouvriers ☐ les salariés ☐ les agriculteurs exploitants ☐ les employés

c. Parmi les éléments suivants, lesquels ne sont pas des critères utilisés pour classer les individus dans une CSP ?

☐ le revenu ☐ le statut professionnel ☐ le métier
☐ la situation familiale ☐ l'âge ☐ le secteur d'activité

SOMMAIRE

Doc 1 Qui est riche ?

Deligne

Pourquoi est-il difficile de dire qui est « riche » ?

Doc 2 Des classes moyennes fragilisées ?

Vidéo

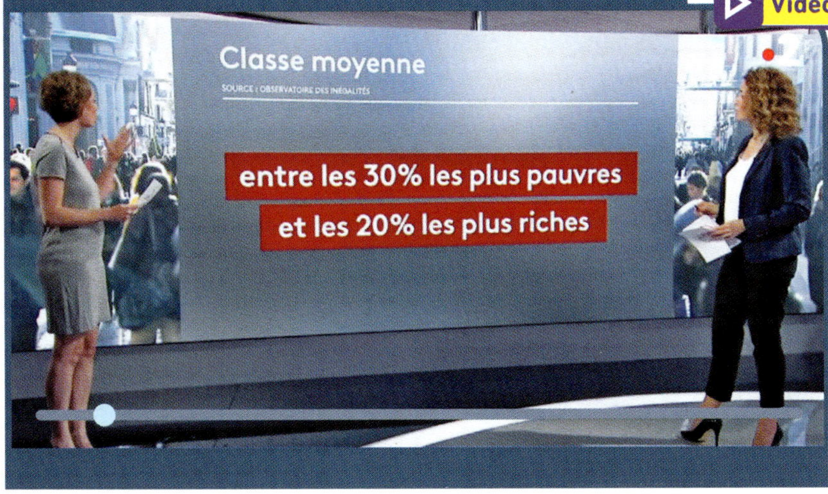

« Pouvoir d'achat : les classes moyennes de plus en plus précaires ? » (1 min. 44 sec.), France 2, 2019

Qui fait partie des classes moyennes en France ?

1 Comment l'espace social est-il structuré et hiérarchisé ? (1)

▸▸ OBJECTIF
Savoir identifier les multiples facteurs de structuration et de hiérarchisation de l'espace social.

QU'ALLONS-NOUS FAIRE ?

Toutes les sociétés sont organisées en différents groupes. Un même individu peut appartenir à plusieurs de ces groupes en fonction de critères économiques et/ou sociaux. Ces critères permettent aux sociologues de créer des catégories et de faire apparaître leur hiérarchie.

Doc 1 La nomenclature des professions et catégories socioprofessionnelles (PCS)

[Avec les catégories socioprofessionnelles], il s'agit de caractériser les individus et d'abord les actifs selon leur profession mais en même temps d'associer un statut social à l'activité professionnelle. Comme le précise l'Insee, « la définition [des PCS] a pour objet de classer l'ensemble de la population en un nombre restreint de catégories présentant chacune une certaine homogénéité sociale ». [...] <u>L'activité professionnelle, si elle constitue un point de départ, n'est pas suffisante</u>. [...] Un ingénieur en matériel électrique peut être ou non titulaire du diplôme d'ingénieur, il peut exercer son « métier » comme salarié d'une grande entreprise ou comme prestataire de services indépendant [...].

[...] La nomenclature de l'Insee [...] est le résultat de la combinaison de plusieurs critères discriminants : profession individuelle (métier), statut (position [...] de l'actif[1]), qualification, place dans la hiérarchie, importance de l'entreprise, éventuellement secteur d'activité. [...]

Cette nomenclature n'est que partiellement hiérarchisée; plusieurs critères discriminants renvoient à des oppositions à deux (voire trois) termes que l'on peut « ordonner » sur une échelle graduée : salariés/non salariés, secteur public/secteur privé, cadres techniques/cadres administratifs, etc. La dimension hiérarchique est malgré tout importante dans l'ensemble salarié puisque le degré de formation requis « en principe » et la position dans les hiérarchies (encadrement, degré de responsabilité) classent la plupart des salariés sur une échelle décroissante.

Serge Bosc, *Stratification et Classes sociales. La société française en mutation*, 7e édition, Armand Colin, 2013

1. Salarié ou indépendant.

DÉFINITION

Structure (ou stratification) sociale : façon dont une société est divisée et structurée en groupes sociaux hiérarchisés aux ressources (économiques, culturelles, politiques...) inégales.

QUESTIONS

1. **Argumenter.** Expliquez la phrase soulignée.
2. **Décrire.** Quels critères sont utilisés par l'Insee pour classer les individus dans les catégories socioprofessionnelles ?
3. **Justifier.** Cette nomenclature permet-elle de mettre en évidence une hiérarchie de l'espace social ?

ACTIVITÉ Répartition de la population en groupes socioprofessionnels en France, 2018

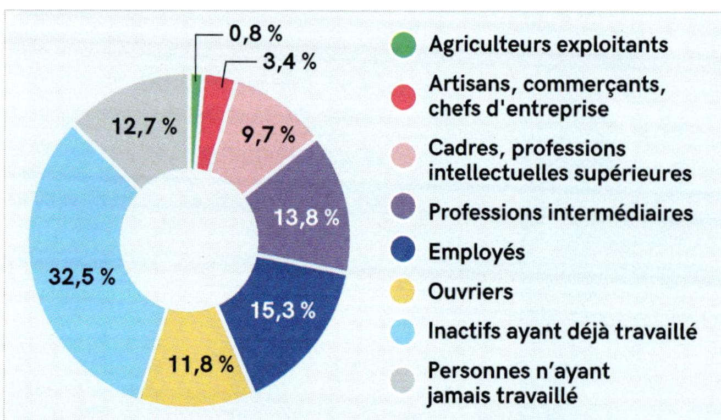

Champ : France, hors Mayotte, personnes de 15 ans ou plus.

Insee, Enquête emploi, 2018

a. Mesurez la part de la population de 15 ans ou plus qui est active.

b. Comparez la part des actifs par rapport à celle des inactifs.

c. Calculez le rapport entre les ouvriers et les cadres et professions intellectuelles supérieures.

MÉMO MATHS
→ FICHE MÉTHODE 1 P. 358

Doc 2 La composition des ménages et son influence sur les revenus

a Ménages selon la structure familiale

En %	1982	2016
Ménages composés uniquement		
d'un homme seul	8,5	15,4
d'une femme seule	16,1	20,5
d'un couple sans enfant	23,3	25,7
d'un couple avec enfant(s)[1]	39,3	25,3
d'une famille monoparentale[1]	5,2	8,7

Champ : France métropolitaine.

« Ménages et familles », Insee Résultats, 2018

1. Sans limite d'âge pour les enfants.

b Revenus mensuels des ménages[1], en 2016

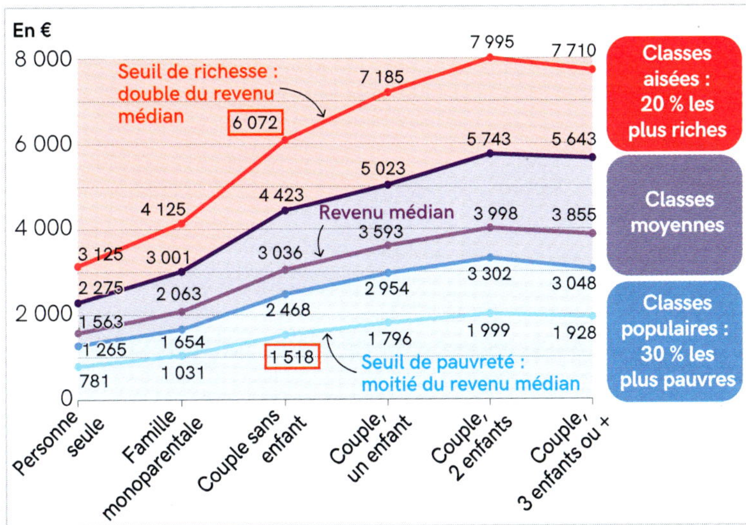

D'après « Rapport sur les inégalités en France », Observatoire des inégalités, 2019

1. Après impôts et versement des prestations sociales.

QUESTIONS

4. **Lire.** Présentez les données encadrées en rouge sur les deux documents.
5. **Lire.** En 2016, quel type de ménage était majoritaire en France ?
6. **Définir.** Comment l'Observatoire des inégalités caractérise-t-il ici les trois catégories qui composent la société française ?

Doc 3 Situation sur le marché du travail selon le niveau de diplôme, en 2016

En %	Taux de chômage en 2016[1]	Statut du premier emploi		Statut d'emploi des jeunes[1]	
		Emploi à durée indéterminée	Emploi à durée déterminée	Emploi à durée indéterminée	Emploi à durée déterminée
Aucun diplôme	49	20	80	35	65
CAP-BEP	28	23	77	49	51
Baccalauréat	19	24	76	52	49
Bac + 2	12	29	71	68	33
Bac + 3 ou + 4	13	28	72	68	33
Bac + 5	10	48	52	82	18
Écoles de commerce et d'ingénieurs	7	54	46	90	10
Doctorat	6	45	55	71	29
Ensemble	**20**	**30**	**70**	**62**	**39**

D'après « Enquête 2016 auprès de la génération sortie de l'école en 2013 », Céreq, Observatoire des inégalités, 2017

1. Trois ans après la fin des études.

QUESTIONS

7. **Lire.** Rédigez une phrase pour présenter chaque donnée encadrée en rouge.
8. **Comparer.** Le statut entre le premier emploi et l'emploi occupé trois ans après la fin des études évolue-t-il de la même façon pour tous les niveaux de diplôme ?
9. **Analyser.** Montrez que le diplôme a un impact sur l'insertion professionnelle et la structure sociale.

EN AUTONOMIE VERS LE BAC

Parcours écrit Épreuve composée – Partie 1

En quoi la nomenclature des PCS permet-elle de mettre en évidence la structure sociale de la société française ?

Parcours oral Étape 1 – Formuler sa question

Choisissez un ou plusieurs facteurs de hiérarchisation de la société et formulez une question autour de ce thème.

Exemples de questions

MÉMO

Les catégories socioprofessionnelles, les revenus, les diplômes ou encore la composition des ménages permettent de mettre en évidence la structure sociale en créant des groupes d'individus qui partagent des caractéristiques économiques et/ou sociales communes.

2 Comment l'espace social est-il structuré et hiérarchisé ? (2)

▸▸ OBJECTIF
Savoir identifier les multiples facteurs de structuration et de hiérarchisation de l'espace social.

QU'ALLONS-NOUS FAIRE ?

La position des individus dans le cycle de vie, leur sexe, ou encore leur lieu de résidence amènent à voir sous un autre angle la structure de la société.

Doc 1 Position dans le cycle de vie et patrimoine

Le montant de patrimoine détenu par un ménage est fortement lié à sa position dans le cycle de vie. Presque nul avant 30 ans, le niveau de patrimoine moyen augmente ensuite avec l'âge jusqu'à 60 ans, voire 70 ans selon les générations, grâce à l'épargne et aux héritages. En fin de cycle de vie, les ménages ont tendance à désépargner, avec comme objectif de lisser leur niveau de consommation au cours de leur existence ou de transmettre de façon anticipée une partie de leur patrimoine via des donations. Ce processus de « désaccumulation » arrivant tard dans le cycle de vie, les seniors détiennent en moyenne davantage de patrimoine que les personnes d'âge actif et sont en particulier plus souvent propriétaires de leur résidence principale. En 2015, selon l'enquête Patrimoine, les ménages dont la personne de référence a 65 ans ou plus ont en moyenne un patrimoine brut de 304 900 euros, contre 266 600 euros pour ceux dont la personne de référence a entre 25 et 64 ans.

« Niveau de vie et patrimoine des seniors », Insee Références, 2018

DÉFINITION

Cycle de vie : les individus suivent un « parcours de vie » caractérisé par des étapes d'âge de durée variable (par exemple, la jeunesse, la vie active ou la retraite). Ces étapes ont aussi d'autres dimensions (activité/inactivité, vie en couple/célibat/séparation, avec ou sans enfant...).

QUESTIONS

1. **Calculer.** Mesurez l'écart en pourcentage de patrimoine brut entre les ménages de 25-64 ans et ceux de 65 ans et plus.
→ FICHE MÉTHODE 1 P. 358
2. **Expliquer.** Comment peut-on expliquer cet écart ?

ACTIVITÉ Les usages d'Internet selon l'âge, en 2018

Part des individus en %...	15-29 ans	30-44 ans	45-59 ans	60-74 ans	75 ans et plus	Ensemble
s'étant connectés à Internet tous les jours ou presque	93,6	86,9	71,7	50,8	17,7	**69,3**
s'étant connectés à l'Internet mobile au cours des 3 derniers mois	91,9	87,7	71,3	45,8	15,2	**67,8**
ayant fait un achat sur Internet au cours des 12 derniers mois	75,4	80,5	66,8	43,4	12,1	**60,9**
ayant accédé à leur compte bancaire par Internet au cours des 3 derniers mois	64	74,2	63,3	47,1	15,8	**57,5**

Champ : ensemble des individus de 15 ans ou plus vivant en France.

Enquête Technologies de l'information et de la communication, Insee, 2018

a. Pour chacun des usages d'Internet, mesurez l'écart en points de pourcentage entre les tranches d'âge les plus concernées et celles les moins touchées par ces usages.
b. Calculez un coefficient multiplicateur pour évaluer la différence de pratique quotidienne d'Internet entre les 15-29 ans et les 75 ans et plus.
c. Peut-on mettre en évidence une corrélation entre l'âge et les pratiques d'Internet ? Si oui, précisez laquelle.

MÉMO MATHS
→ FICHE MÉTHODE 2 P. 359
→ FICHE MÉTHODE 12 P. 370

Doc 2 Quelles inégalités entre femmes et hommes ? Vidéo

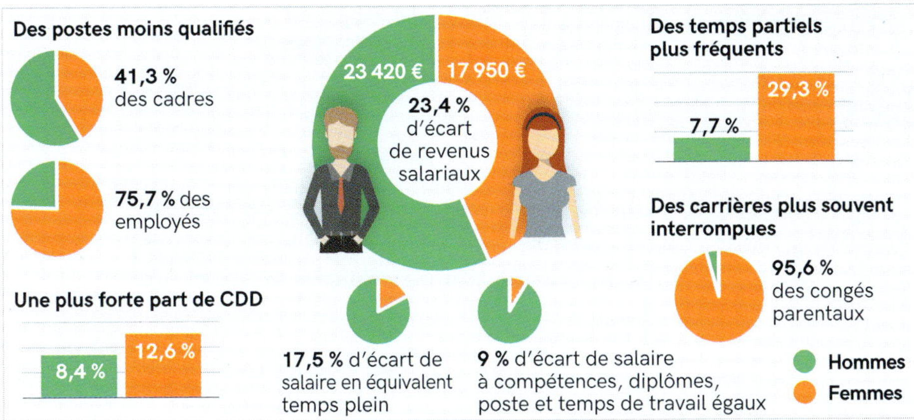

Champ : France hors Mayotte, ensemble des salariés hors salariés agricoles et apprentis stagiaires.

D'après Insee et OCDE, 2019

QUESTIONS

3. **Expliquer.** Comment peut-on expliquer les écarts de salaires entre les femmes et les hommes ?
4. **Déduire.** Quelles influences ces inégalités peuvent-elles avoir sur la place des femmes dans la hiérarchie sociale ?
5. **Approfondir.** Pouvez-vous citer d'autres domaines où il existe des inégalités entre les femmes et les hommes ?

Doc 3 Niveau de vie médian, en 2016

Pour aller plus loin comparateur-territoires.fr

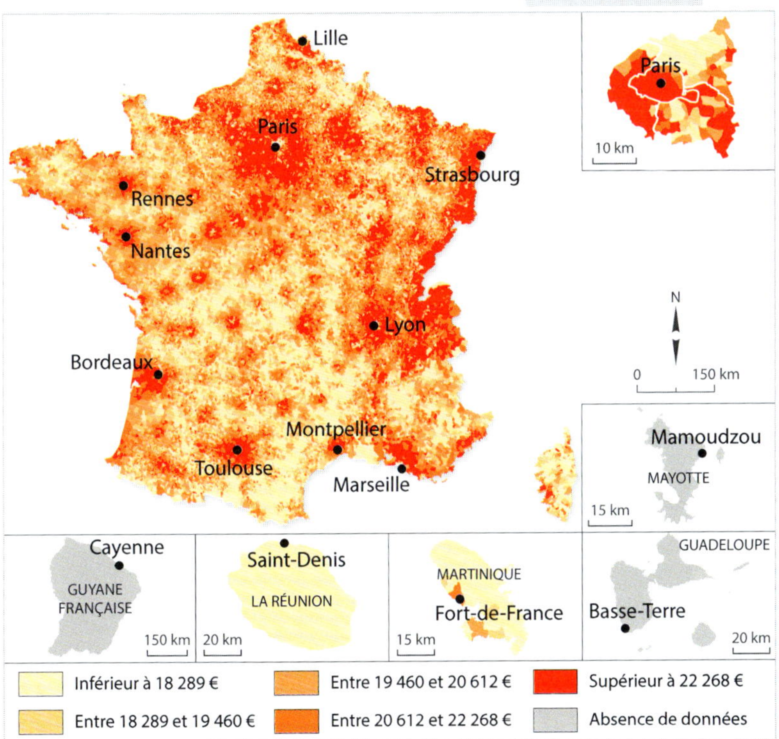

D'après FiLoSoFi, Insee, 2019

DÉFINITION

Niveau de vie : revenu disponible du ménage divisé par le nombre d'unités de consommation (1 pour le premier adulte, 0,5 par personne de 14 ans et 0,3 supplémentaire par enfant de moins de 14 ans).

QUESTIONS

6. **Définir.** Que signifie un « niveau de vie médian » ? → FICHE MÉTHODE 11 P. 369
7. **Décrire.** Quels sont les territoires où les niveaux de vie médians sont les plus élevés ? les plus faibles ?
8. **Analyser.** Peut-on dire que le niveau de revenu est également réparti sur l'ensemble du territoire français ? Justifiez votre réponse.

EN AUTONOMIE VERS LE BAC

▶▶ Parcours écrit Épreuve composée – Partie 2

En vous appuyant sur le document de l'activité, montrez que l'âge est un facteur de la structure sociale.

▶▶ Parcours oral Étape 2 – Se documenter

Recherchez des données (taux de pauvreté ou taux de chômage, par exemple) pour illustrer les inégalités territoriales en France.

Liens vers les sites
Géoclip Air
Le comparateur des territoires

MÉMO

- La structure sociale, si elle est souvent liée à la catégorie socioprofessionnelle, aux revenus ou aux diplômes, est également façonnée par d'autres facteurs.
- Ainsi, la position de l'individu dans le cycle de vie (son âge et/ou, par exemple, son statut d'actif ou d'inactif), ou encore son sexe peuvent être tout aussi importants pour mettre en évidence sa position dans l'espace social.
- De même, le lieu de résidence des individus met en lumière des inégalités multiples qui participent à la structuration de la société.

3 Comment la structure socioprofessionnelle a-t-elle évolué en France depuis la seconde moitié du XXe siècle ?

OBJECTIF
Comprendre les principales évolutions de la structure socioprofessionnelle en France depuis la seconde moitié du XXe siècle.

QU'ALLONS-NOUS FAIRE ?

Depuis la fin de la Seconde guerre mondiale, la société française a connu de multiples transformations. Pour mieux comprendre l'évolution de la société, on peut en particulier s'intéresser aux mutations qui ont touché la structure socioprofessionnelle.

Doc 1 Répartition de l'emploi par secteurs d'activité

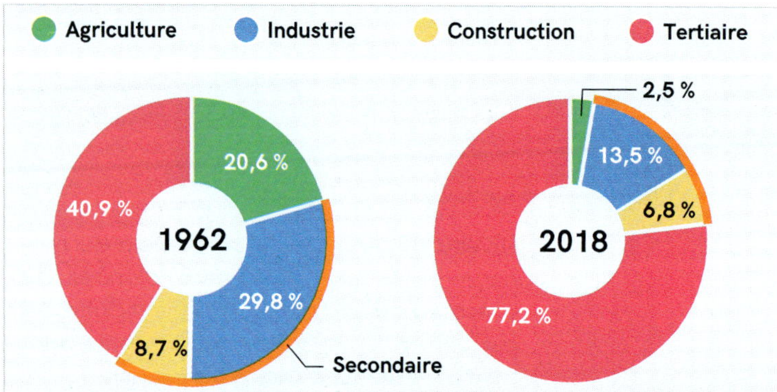

Champ : actifs ayant un emploi, France métropolitaine.

Recensements de la population et Insee, enquête Emploi, 2018

QUESTIONS

1. **Comparer.** Comparez la part de l'agriculture dans l'emploi total en 2018 à celle de 1962. → FICHE MÉTHODE 2 P. 359
2. **Synthétiser.** Quelles sont les principales évolutions des secteurs d'activité depuis 1962 ?
3. **Déduire.** Comment ces évolutions se traduisent-elles sur les CSP ?

Doc 2 La féminisation de l'emploi

a L'évolution de la place des femmes dans l'emploi

La féminisation de l'emploi va de pair avec un bouleversement de la structure sociale. Ainsi, plus de quatre ouvriers sur cinq sont des hommes, tandis que près de quatre employés sur cinq sont des femmes. Les premiers ont peu à peu laissé la place aux secondes alors que, pendant plus d'un siècle, l'ouvrier a été la grande figure de notre société. [...]

En revanche, depuis le début des années soixante, les professions salariées non ouvrières ont progressé de façon continue. [...] Principales explications à ce développement des compétences : la montée en puissance des nouvelles technologies de l'information et de la communication, [...] le renforcement des fonctions commerciales ou technico-commerciales dans l'entreprise et l'investissement de notre société dans l'éducation, la santé et l'action sociale, ainsi que dans la recherche.

Les femmes accèdent, beaucoup plus souvent qu'auparavant, à des postes d'encadrement. Mais par ailleurs, elles occupent fréquemment des emplois faiblement qualifiés dans les secteurs des services. Le développement de ces emplois de service, souvent assurés autrefois dans la sphère domestique, a d'ailleurs été une condition de l'accès des femmes aux postes les plus qualifiés, en élargissant les possibilités de garde d'enfants, de prise de repas à l'extérieur du domicile... [...]

Olivier Marchand, « 50 ans de mutations de l'emploi », Insee Première, 2010

b Emploi par sexe

En millions	1960	2017	Variation
Hommes	13,0	13,5	0,5
Femmes	6,8	12,7	5,9
Total	19,8	26,2	6,4

Michel Husson, « L'emploi des femmes en France depuis 1960 », IRES, mai 2018

QUESTIONS

4. **Calculer.** Mesurez l'évolution de la part des femmes dans l'emploi total entre 1960 et 2017. → FICHE MÉTHODE 2 P. 359
5. **Expliquer.** Quelles sont les caractéristiques des emplois occupés davantage par des femmes ?
6. **Synthétiser.** En vous appuyant sur les docs a et b, expliquez ce qu'est la féminisation de l'emploi.

Doc 3 Répartition des emplois selon le plus haut diplôme obtenu

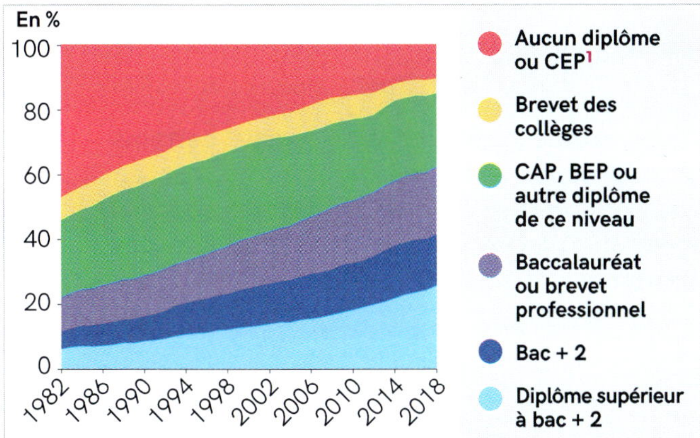

Champ : France hors Mayotte, personnes de 15 ans et plus.

Insee, enquêtes Emploi, 2019

1. Certificat d'études primaires, disparu en 1989.

DÉFINITION

Qualification : ensemble des aptitudes acquises par un individu ou requises pour occuper un emploi. Elle peut s'acquérir par la formation (validée généralement par des diplômes), mais aussi par l'expérience personnelle.

QUESTIONS

7. **Lire.** Comment les différents niveaux de qualification sont-ils répartis au sein des emplois français en 2018 ?
8. **Comparer.** Quelles sont les principales évolutions de l'emploi mises en évidence par ce document ?
9. **Analyser.** Quelles sont les conséquences de ces évolutions sur la structure socioprofessionnelle ?

ACTIVITÉ Répartition des personnes en emploi selon la catégorie socioprofessionnelle

▶ Dressez un bilan des principales transformations de la structure socioprofessionnelle en France.

Complétez le tableau ci-dessous. Vous pouvez vous appuyer sur les autres documents de la double page et sur des recherches personnelles.

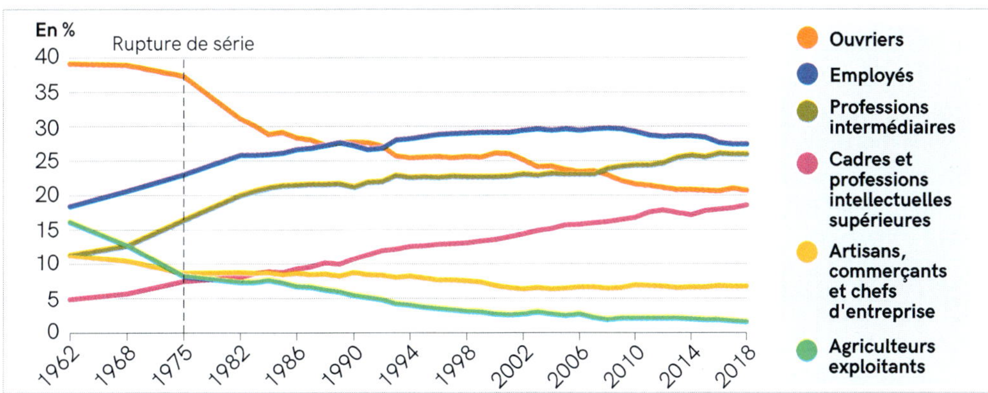

Champ : actifs ayant un emploi, France métropolitaine.

Recensements de la population (jusqu'en 1982), enquêtes Emploi, Insee (après 1982)

	CSP en déclin			CSP en essor		
Nom de la CSP	...	...	...	...	...	...
Évolution	...	...	...	...	...	...
CSP de salariés ?	...	...	...	...	...	...
Secteur d'activité principal	...	...	...	...	...	...
CSP féminisée ?	...	...	...	...	...	...
CSP de personnes qualifiées ?	...	...	...	...	...	...

Tableau guidé

MÉMO MATHS
→ FICHE MÉTHODE 2 P. 359

EN AUTONOMIE VERS LE BAC

▶▶ **Parcours écrit** Épreuve composée – Partie 3

Comment la structure socioprofessionnelle a-t-elle évolué en France depuis la seconde moitié du XXe siècle ? Appuyez-vous sur les documents 1, 2 et sur l'activité.

▶▶ **Parcours oral** Étape 2 – Se documenter

Il faut penser à varier vos sources documentaires. Réalisez une filmographie pour montrer la féminisation des emplois.

Idées pour la filmographie

MÉMO

■ Depuis le milieu du XXe siècle, la structure socioprofessionnelle a connu des évolutions marquantes en France.

■ Ainsi, une part croissante et largement majoritaire de la population active est devenue salariée et occupe désormais un emploi dans le secteur tertiaire. Les personnes actives sont aujourd'hui de plus en plus qualifiées.

■ Les femmes occupent une place grandissante dans l'emploi.

4 Comment analyser les classes et la stratification sociale ?

▸▸ OBJECTIF
Connaître les théories des classes et de la stratification sociale dans la tradition sociologique.

QU'ALLONS-NOUS FAIRE ?

Si les sociologues sont nombreux à avoir étudié la stratification sociale, certains d'entre eux ont marqué, par leur approche, l'analyse théorique. C'est en particulier le cas de Karl Marx, qui développe une théorie des classes sociales et de la lutte des classes, ainsi que de Max Weber, considéré comme l'un des fondateurs de la sociologie contemporaine.

Doc 1 Les classes sociales selon Marx

L'histoire de toute société jusqu'à nos jours est l'histoire de luttes de classes. [Le] caractère distinctif de notre époque [...] est d'avoir simplifié les antagonismes de classes. La société entière se scinde de plus en plus en deux vastes camps ennemis, en deux grandes classes qui s'affrontent directement : la bourgeoisie et le prolétariat. [...]

À mesure que grandit la bourgeoisie, c'est-à-dire le capital, se développe aussi le prolétariat, la classe des ouvriers modernes qui ne vivent qu'à la condition de trouver du travail et qui n'en trouvent que si leur travail accroît le capital. Ces ouvriers, contraints de se vendre au jour le jour, sont une marchandise au même titre que tout autre article de commerce [...]. Le développement du machinisme et la division du travail, en faisant perdre au travail de l'ouvrier tout caractère d'autonomie, lui ont fait perdre tout attrait. [...] L'industrie moderne a fait du petit atelier du maître artisan patriarcal la grande fabrique du capitaliste industriel. [...]

Or, avec le développement de l'industrie, le prolétariat ne fait pas que s'accroître en nombre ; il est concentré en masses plus importantes ; sa force augmente et il en prend mieux conscience. Les intérêts, les conditions d'existence au sein du prolétariat, s'égalisent de plus en plus, à mesure que la machine efface toute différence dans le travail et réduit presque partout le salaire à un niveau également bas. [...] Les collisions individuelles entre l'ouvrier et le bourgeois prennent de plus en plus le caractère de collisions entre deux classes. Les ouvriers [...] vont jusqu'à former des associations permanentes, pour être prêts en vue de soulèvements éventuels. Çà et là, la lutte éclate en émeutes.

Karl Marx, Friedrich Engels, *Manifeste du parti communiste*, 1848

AUTEUR

Karl Marx (1818-1883)
Sociologue et économiste socialiste allemand dont la pensée a fortement marqué la scène politique et les sciences sociales aux XIXe et XXe siècles. Il est favorable à l'abolition de la propriété privée.

QUESTIONS

1. **Décrire.** Quelles sont les deux principales classes sociales et leurs caractéristiques dans la société décrite dans le texte ?
2. **Lire.** Qu'est-ce qui oppose ces classes sociales ?
3. **Expliquer.** Pourquoi la lutte des classes se développe-t-elle ?

Doc 2 Classes en soi et classes pour soi

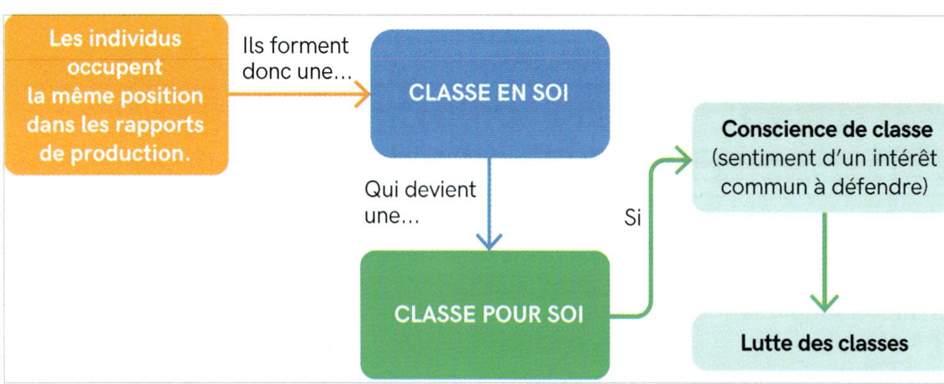

D'après l'analyse de Karl Marx

QUESTIONS

4. **Comparer.** Qu'est-ce qui distingue une « classe en soi » d'une « classe pour soi » ?
5. **Illustrer.** En s'appuyant sur le doc 1, peut-on dire que les ouvriers du XIXe siècle forment une classe en soi ? une classe pour soi ?

Doc 3 La stratification sociale selon Max Weber

L'approche de Weber ne se réduit pas aux classes sociales, qui ne constituent pour lui que l'un des éléments de la stratification sociale. Sa classification retient trois sphères d'activité sociale conduisant à l'établissement, chacune, d'une hiérarchie spécifique : la classe correspond à l'ordre économique, le statut à l'ordre social et le parti à l'ordre politique.

3 dimensions dans la stratification sociale

Ordre économique	Ordre social	Ordre politique
Les **classes sociales** rassemblent des individus ayant en commun une situation de classe mesurable **par l'accès différencié à un ensemble de biens** (classe de possession), ou **la possession ou non des moyens de production** (classe de production).	Les **statuts (ou groupes de statut)** rassemblent des individus regroupés en fonction de leur **prestige** (privilège positif ou négatif de considération sociale, fondé sur le style de vie, le prestige de la naissance ou celui de la profession).	Les **partis** sont des groupes d'individus cherchant à conquérir **le pouvoir ou tout du moins à influencer les prises de position dans le domaine politique**.

D'après Philippe Riutort, *Précis de sociologie*, PUF, 2004

QUESTIONS

6. **Expliquer.** Pourquoi l'analyse de la stratification sociale de Max Weber peut-elle être qualifiée de multidimensionnelle ?
7. **Argumenter.** Les trois hiérarchies qu'il présente se recoupent-elles ? Justifiez votre réponse en donnant des exemples.

AUTEUR

Max Weber (1864-1920)
Sociologue allemand considéré comme l'un des fondateurs de la sociologie contemporaine. Dans *Économie et société* (1920), il propose une analyse de la stratification sociale.

ACTIVITÉ La place des individus dans les trois dimensions de la stratification sociale

Placez les individus suivants sur chacune des trois échelles lorsque c'est possible. Aidez-vous de l'exemple.

a. une aide-soignante, déléguée syndicale
b. le président de la République française
c. un ouvrier du textile, maire de sa commune
d. un ingénieur en informatique dans une grande entreprise
e. le PDG d'une multinationale

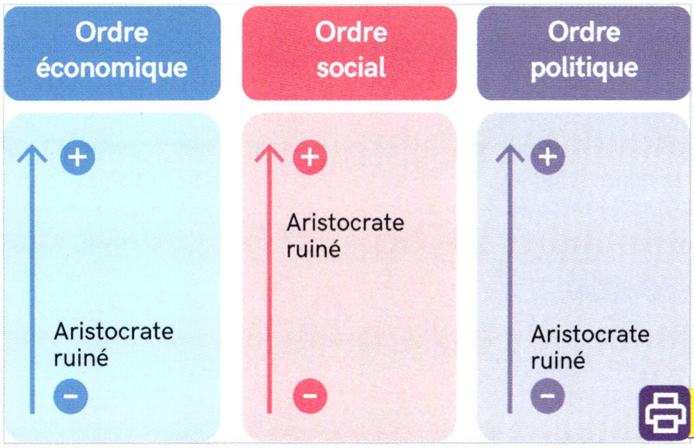

Schéma guidé

EN AUTONOMIE VERS LE BAC

▶▶ Parcours écrit Épreuve composée – Partie 1
Quelles sont les différences entre les analyses de Marx et de Weber ?

▶▶ Parcours oral Étape 3 – Préparer un support
Créez un tableau comparatif qui pourrait vous servir de support pour une présentation orale durant laquelle vous comparerez l'analyse de la stratification sociale de Marx à celle de Weber.

Tableau guidé

MÉMO

■ Selon Karl Marx, la classe sociale repose sur plusieurs critères : les individus occupant des positions similaires dans le processus de production forment une « classe en soi » ; lorsque ces individus prennent conscience de leur situation et défendent leurs intérêts communs, ils forment alors une « classe pour soi ».

■ Max Weber distingue quant à lui trois ordres dans la stratification sociale : économique (classes sociales), social (groupes de statut) et politique (partis).

5 Pourquoi l'approche en termes de classes sociales a-t-elle des limites ?

▸▸ **OBJECTIF**
Comprendre que la pertinence d'une approche en termes de classes sociales pour rendre compte de la société française fait l'objet de débats théoriques et statistiques.

QU'ALLONS-NOUS FAIRE ?

La société française a été marquée par de multiples transformations, qui ont modifié sa structuration. En particulier, certaines analyses ont pu conclure à un déclin des classes sociales.

Doc 1 La moyennisation pendant les Trente Glorieuses[1]

En 1988, le sociologue Henri Mendras publie *La Seconde Révolution française*. Analysant les transformations de la société française entre 1965 et 1984, il met en évidence une transformation de la structure sociale. Avec la disparition de la société paysanne traditionnelle, l'« embourgeoisement » des ouvriers, qui représentent une part décroissante de la population active, et le gonflement d'une vaste classe moyenne, on ne peut plus selon lui représenter la société sous la forme classique d'une pyramide. D'autant que les inégalités de salaire tendent à se résorber, que l'emploi féminin progresse, que de nouveaux métiers apparaissent, que les situations familiales se diversifient... Autant de facteurs qui favorisent un certain « émiettement des classes ».

Il propose un schéma en forme de toupie dans lequel, hormis une petite élite (3% de la population) et une frange d'« exclus » [la « pauvreté »] (7%), la société française se regrouperait au sein d'un vaste centre. À côté d'une vaste « constellation populaire » rassemblant 50 % de la population, H. Mendras dessine une « constellation centrale » (25%) en forte expansion, notamment les cadres. Caractérisée par une mobilité sociale[1] intense, cette constellation serait un lieu d'innovations sociales qui se diffuseraient à l'ensemble d'une société aux frontières entre groupes moins rigides. Le sociologue prend l'exemple fameux du barbecue, forme conviviale et décontractée de repas entre amis, lancé par la constellation centrale et adopté par tous, même si les modalités de cette pratique varient.

Xavier Molénat, « Les Classes moyennes », *Sciences humaines*, n° 188, décembre 2007

1. → CHAPITRE 8 P. 218-245

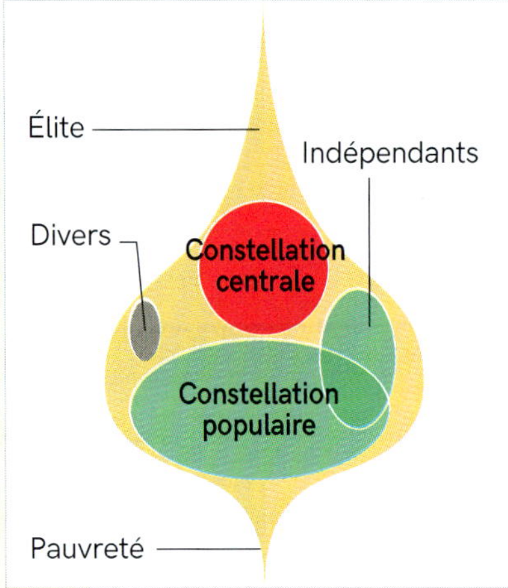

D'après Henri Mendras, *La Seconde Révolution française*, 1988

QUESTIONS

1. **Expliquer.** En quoi consiste le processus de moyennisation ?
2. **Expliquer.** Quelles en sont les causes selon Henri Mendras ?
3. **Analyser.** Cette analyse remet-elle en cause l'existence de classes sociales ?

Doc 2 Sondage sur le sentiment d'appartenance à une classe sociale en France

▸ **Réponse à la question : « Avez-vous le sentiment d'appartenir à une classe sociale ? Et, si oui, laquelle[1] ? »**

Sentiment d'appartenance		1966	2001	2015
OUI	La classe bourgeoise	4	2	1
	Les classes moyennes	13	27	38
	La classe ouvrière	23	9	6
Total OUI		**61**	**54**	**65**
NON		**39**	**46**	**35**

« L'état de l'opinion 2016 », sondage TNS-Sofres, 2016

1. Seules quelques réponses sont présentées ici.

QUESTIONS

4. **Comparer.** Comment le sentiment d'appartenance à une classe sociale a-t-il évolué en France depuis les années 1960 ? → FICHE MÉTHODE 2 P. 359
5. **Comparer.** À quelle classe sociale le plus grand nombre d'individus se sentait-il appartenir dans les années 1960 ? Qu'en est-il en 2015 ?
6. **Analyser.** En quoi ce document illustre-t-il le déclin des classes sociales ?

Doc 3 Que faire des classes sociales ?

a La disparition des classes sociales ?

Les identités sexuelles et ethniques sont [...] de plus en plus prégnantes dans la définition de la position des individus et de la conscience qu'ils s'en forgent. Comment définir la position d'une famille dont le père est ouvrier et immigré et dont la mère, française, est infirmière dans un hôpital ? Comment mettre ensemble les ouvriers d'EDF, dont le statut reste relativement protégé, et les ouvriers précaires des travaux publics et des PME sous-traitant des grandes entreprises, dont EDF ? [...] [S'il] y a toujours une classe ouvrière, il est de plus en plus difficile de faire comme s'il s'agissait d'un groupe homogène. [...]

Les modes d'identification subjective se sont brouillés et la classe sociale n'est plus l'indicateur le plus efficace des attitudes et des comportements : le sexe, le diplôme, le parcours personnel, l'origine ethnique, le quartier de résidence permettent d'anticiper les dispositions des acteurs de façon plus précise et plus efficace que la seule appartenance de classe. [...] Ce brouillage des styles de vie se manifeste d'ailleurs dans le vocabulaire social lui-même, où le mot « classe sociale » a quasiment disparu [...].

François Dubet, « Que faire des classes sociales ? », *Lien social et Politiques*, 2003

b Manifestation, Paris, 2019

15h40 : heure symbolique à partir de laquelle une femme n'est plus payée par rapport à un homme au même poste.

QUESTIONS

7. **Illustrer.** Relevez dans le texte les éléments qui montrent qu'il existe un processus d'individualisation. Quelles en sont les conséquences sur les classes sociales ?
8. **Déduire.** Pourquoi les identités sexuelles prennent-elles de plus en plus d'importance pour définir la position des individus ?

DÉFINITION

Individualisation : processus de construction de l'individu comme sujet, et donc de distanciation et d'autonomisation par rapport au groupe d'appartenance.

ACTIVITÉ Évolution du rapport interdécile (D9/D1) des revenus[1] en France

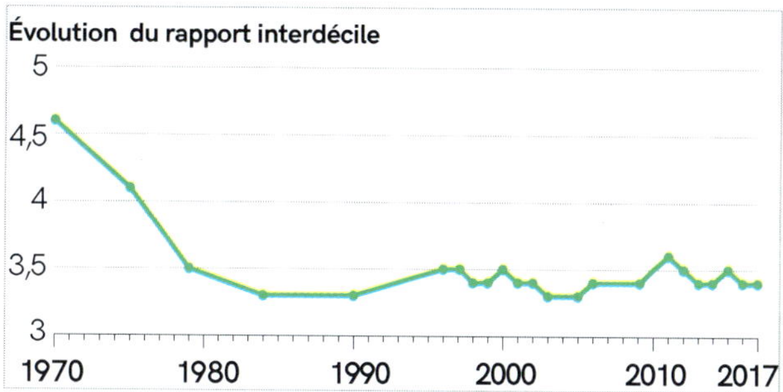

Lecture : en 2017, le niveau de vie minimum des 10 % les plus riches était 3,4 fois supérieur au niveau de vie le plus élevé des 10 % les pauvres.

D'après Insee et Observatoire des inégalités, 2018

1. Après impôts directs et prestations sociales.

Répondez par « Vrai » ou « Faux » et justifiez vos réponses.

	Vrai	Faux
a. En 1970, le rapport interdécile était de 4,6.	☐	☐
b. En 1975, le rapport interdécile a augmenté de 4,1 %.	☐	☐
c. Entre 1970 et 2017, le rapport interdécile a diminué de 50 %.	☐	☐
d. Entre 1970 et 2017, le rapport interdécile a diminué d'environ 1,2 point.	☐	☐
e. Les écarts inter-classes se sont réduits depuis 1970.	☐	☐

MÉMO MATHS

→ FICHE MÉTHODE 11 P. 369

EN AUTONOMIE VERS LE BAC

▶▶ **Parcours écrit** Épreuve composée – Partie 1

Montrez qu'on assiste à une multiplication des facteurs d'individualisation.

▶▶ **Parcours oral** Étape 2 – Organiser sa réponse

Montrez le déclin des classes sociales en 5 min. Préparez un plan structuré de votre réponse présentant les différents arguments.

Plan guidé

MÉMO

- L'approche en termes de classes sociales pour rendre compte de la société française contemporaine fait l'objet de critiques.
- En effet, l'idée d'une « moyennisation » a été mise en évidence par certains auteurs : les inégalités ont reculé, les classes sociales traditionnelles se sont diversifiées et la conscience de classe a décliné.
- On a également assisté à la multiplication des facteurs d'individualisation (identités sexuelles, ethniques...), brouillant ainsi encore les frontières traditionnelles entre les classes.

6 En quoi la société est-elle toujours structurée autour de classes sociales ?

▸▸ OBJECTIF
Comprendre que la pertinence d'une approche en termes de classes sociales pour rendre compte de la société française fait l'objet de débats théoriques et statistiques.

QU'ALLONS-NOUS FAIRE ?

Au cours des dernières décennies, plusieurs arguments ont semblé mettre fin à une analyse de la société en termes de classes sociales. Pour autant, les évolutions contemporaines laisseraient penser au contraire à un « retour » des classes sociales.

ACTIVITÉ Des inégalités multiformes

	Ne sont pas allés au cinéma pendant l'année (en %) en 2015[1]	Espérance de vie à 35 ans (en années) (moyenne 2009-2013)		Taux de pauvreté (en %) en 2017[2 3]	Niveau de vie médian (en euros) en 2017[3]	Patrimoine net médian (en euros) en 2015
		Hommes	Femmes			
Agriculteurs	65,2	46,2	51,1	15,75	20 610	510 500
Cadres et professions intellectuelles supérieures	16,9	49	53,0	2,6	33 090	377 900
Employés	34,6	44,9	51,1	6,8	19 720	24 800
Ouvriers	46,6	42,6	49,8	8,2	18 870	16 400[4]
Ensemble	**41,2**	**44,5**	**50,5**	**6,2**	**22 340**	**113 900**

Champ : France métropolitaine.

D'après Insee, 2019

1. Individus de 16 ans ou plus.
2. Seuil à 50 % du revenu médian (sont considérées comme pauvres les personnes dont les revenus sont inférieurs à 50 % du revenu médian).
3. Individus actifs de 18 ans ou plus ayant déjà travaillé.
4. Ouvriers non qualifiés.

a. Mesurez l'écart de taux de pauvreté entre les cadres et les agriculteurs.

b. Mesurez l'écart de niveau de vie puis de patrimoine entre les cadres et les ouvriers.

c. En binôme, appuyez-vous sur au moins cinq données pour présenter à l'oral la persistance des inégalités entre catégories socioprofessionnelles.

MÉMO MATHS
→ FICHE MÉTHODE 2 P. 359

Doc 1 Les Gilets jaunes

Devant nos yeux [avec le mouvement des Gilets jaunes] explose le résultat de vingt ans de politiques [...] qui fracturent la société française, créent des nouveaux clivages et font à nouveau exploser les inégalités. [...]

Les classes sociales n'ont jamais disparu. Simplement, dans ce conflit, elles deviennent soudainement visibles aux yeux de tous. [...] Ce qui fait la force des « Gilets jaunes », c'est l'expression collective de gens aux prises avec les mêmes difficultés. [...]

Ce que l'on voit s'exprimer sur les barrages, c'est bien sûr cette portion la moins qualifiée des salariés. Mais il y a aussi les franges inférieures des classes moyennes qui ont le sentiment d'être les prochaines sur la liste des déclassés. [...] C'est aussi leur peur du déclassement, de la chute sociale qui s'exprime. [...]

Plus généralement, ce conflit montre que les classes sociales sont bien présentes dans le regard que les uns portent sur les autres.

Entretien avec le sociologue Camille Peugny, propos recueillis par Sylvia Zappi, « Les classes sociales n'ont jamais disparu. Avec les "Gilets jaunes", elles redeviennent visibles », *Le Monde*, 2018

QUESTIONS

1. **Expliquer.** Quelles sont les principales revendications des Gilets jaunes ?
2. **Expliquer.** Quels sont les points communs qui rassemblent les participants au mouvement des Gilets jaunes ?

Doc 2 Les rapports sociaux de sexe

Le concept de rapports sociaux de sexe [...] (en connexion avec celui de division sexuelle du travail auquel il est étroitement lié) permet de mettre l'accent sur les dimensions matérielles de l'oppression, c'est-à-dire, pour l'essentiel, sur le travail, mais sans négliger pour autant les dimensions symboliques. Les conflits autour du travail (sous-payé ou fourni gratuitement comme dans le cas du travail domestique) sont au cœur des rapports sociaux de sexe. Mais surtout ce concept permet d'articuler les rapports de sexe et les rapports de classe. Il ne se contente pas de les penser en parallèle. Ces rapports sont inextricablement entremêlés, ils interagissent et structurent ensemble le champ social.

Roland Pfefferkorn, « Rapports de racisation, de classe, de sexe... », *Migrations Société*, 2011

Rassemblement pour la Journée de la femme, 2016

QUESTIONS

3. **Expliquer.** Quel est le sens du passage souligné ?
4. **Argumenter.** En quoi les docs 1 et 2 permettent-ils de renouveler l'approche de la société en termes de classes sociales ?

Doc 3 La bourgeoisie, une classe mobilisée

Nous entendons montrer que, s'il existe encore une classe, c'est bien la bourgeoisie, ces familles possédantes qui parviennent à se maintenir au sommet de la société où elles se trouvent parfois depuis plusieurs générations. La société française de la fin du XXe siècle est une société profondément inégalitaire. Les grands bourgeois sont riches, mais d'une richesse multiforme, un alliage fait d'argent, de beaucoup d'argent, mais aussi de culture, de relations sociales et de prestige. Comme les handicaps sociaux se cumulent, les privilèges s'accumulent. [...]

[La bourgeoisie] est à peu près la seule au début du XXIe siècle à exister encore réellement en tant que classe, c'est-à-dire en ayant conscience de ses limites et de ses intérêts collectifs. Aucun autre groupe social ne présente, à ce degré, unité et conscience de soi. La bourgeoisie est bien toujours là, fidèle à la position, dominante. Classe en soi et classe pour soi, elle est la seule aujourd'hui à prendre ce caractère qui fait la classe réelle, à savoir d'être mobilisée.

Michel Pinçon, Monique Pinçon-Charlot, *Sociologie de la bourgeoisie*, coll. « Repères », © Éditions La Découverte, 2007

Vidéo

« Mixité scolaire : un projet de la mairie de Paris divise » (4 min. 34 sec.), France 2, 2017

QUESTIONS

5. **Expliquer.** Que signifie la phrase soulignée ?
6. **Expliquer.** Pourquoi peut-on dire que la bourgeoisie constitue toujours une classe en soi et pour soi ?

EN AUTONOMIE VERS LE BAC

▶▶ Parcours écrit Dissertation

Présentez, sous forme d'un paragraphe argumenté, le débat concernant la pertinence d'une approche en termes de classes sociales en vous appuyant sur le maintien des inégalités économiques et sociales.

▶▶ Parcours oral Étape 4 – Présenter sa question

Rassemblez vos connaissances afin de montrer la persistance des classes sociales. Présentez votre réponse à l'oral en 5 minutes à un jury composé de 3 camarades.

Grille d'évaluation

MÉMO

- Pour certains auteurs, l'analyse de la société en termes de classes sociales est toujours valide.
- En effet, les distances entre classes sociales sont loin d'avoir disparu, voire se creusent sur la période récente, tant dans la sphère économique qu'en matière de pratiques culturelles.
- De même, les clivages sociaux n'ont pas disparu (opposition entre classes sociales, rapports sociaux de sexe...), et l'identité de classe persiste au sein de certains groupes sociaux, en particulier la bourgeoisie.

→ MÉTHODE DU GRAND ORAL P. 22

Où en est la classe ouvrière ?

De moins en moins nombreux, les ouvriers occupent pourtant encore 20 % des emplois en France. L'ouvrier « d'usine, masculin, qualifié », qui était autrefois l'image de la classe ouvrière, a laissé la place à une catégorie éclatée. La notion de classe ouvrière a-t-elle encore un sens ?

DOC 1 Un monde ouvrier en recul numérique ?

	Ouvriers qualifiés	Ouvriers non qualifiés	Ensemble des ouvriers			
	Nombre d'emplois (en milliers)		Nombre d'emplois (en milliers)	Femmes (en %)	Part dans l'emploi total (en %)	Taux de chômage (en %)
1982	3 688	3 233	6 921	20,2	30,3	7,9
1992	3 710	2 434	6 144	19,9	26,5	10,9
2002	3 949	2 281	6 230	19,3	24,8	9,4
2012	3 601	1 892	5 493	19,1	20,9	14,2
2017	3 614	1 971	5 585	19,9	20,7	13,5

Champ : France hors Mayotte.

D'après Insee, enquêtes Emploi

? Caractérisez les emplois ouvriers et leurs évolutions.

Pensez à faire des liens avec d'autres disciplines (de tronc commun, de spécialité mais aussi d'option), pour montrer au jury la diversité de vos savoir-faire et de vos connaissances.

▶ *Mathématiques*
N'hésitez à effectuer des calculs pour montrer des évolutions ou pour réaliser des comparaisons.

DOC 2 Quelles conditions de travail ?

Proportion de salariés qui déclarent, en 2016 :

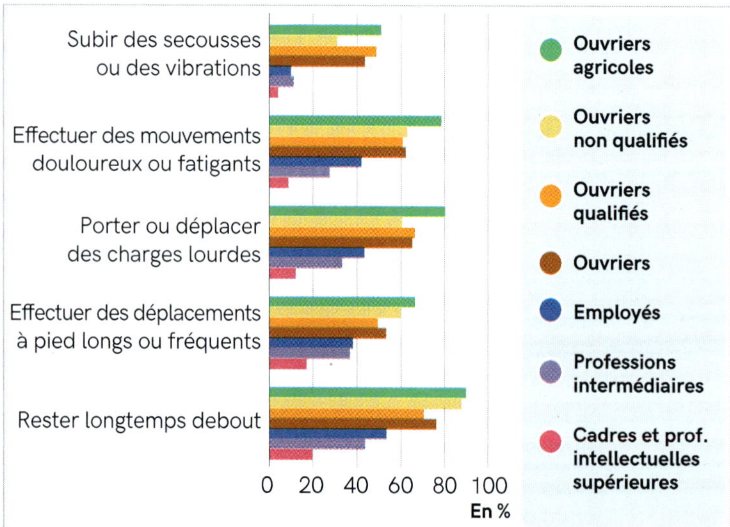

D'après DARES, enquête « Contraintes physiques et intensité du travail », 2019

? Comparez les conditions de travail des ouvriers avec celles des autres catégories socioprofessionnelles.

N'hésitez pas à faire le lien avec d'autres chapitres du manuel afin d'aborder votre sujet sous plusieurs angles.

▶ *Quelles mutations du travail et de l'emploi ?*
→ CHAPITRE 9 P. 246-273
Expliquez les conditions de travail des ouvriers en les mettant en relation avec l'évolution des formes d'organisation du travail.

CONSEIL

Variez vos sources d'information.
N'hésitez pas à visionner des documentaires sur les conditions de travail des ouvriers afin d'avoir des exemples concrets à mobiliser le jour de l'oral. Sélectionnez vos sources en fonction de leur fiabilité et de leur pertinence par rapport à votre sujet.
Par exemple : *Nous, Ouvriers*, série documentaire de trois épisodes (Claire Feinstein, Gilles Perez, 2016).

Lien vers la bande-annonce

Un ouvrier remuant de l'acier en fusion

DOC 3

Ouvriers et employés, une frontière floue

Si, depuis les années 1960, le groupe des ouvriers a perdu du poids en pourcentage, celui des employés en a beaucoup gagné, de sorte qu'ils représentent toujours à eux deux la plus grande partie de la population active. [...] Il est important de prendre en compte également les chômeurs, particulièrement nombreux parmi ouvriers et employés. [...]

Trois faits caractérisent les ouvriers et les employés : la faiblesse des possessions économiques ; la vulnérabilité physique ; les conditions matérielles de vie difficiles. [...].

[Les] inégalités économiques demeurent une donnée structurante des rapports sociaux et un facteur de clivage entre les groupes populaires et le reste de la population. Elles se sont de plus accentuées des années 1970 aux années 2010. Les revenus tirés des salaires des employés et ouvriers sont trois fois plus faibles que ceux des cadres. [...] Les inégalités de patrimoine sont encore plus marquées. [...] Les ménages employés et ouvriers les plus aisés possèdent un petit patrimoine (en général immobilier), la plupart des ménages employés et ouvriers en ont un très modeste (en général de l'épargne) et les moins dotés n'en ont aucun.

Le corps et la santé constituent sans aucun doute la manifestation la plus frappante des inégalités de classes dans notre société. Les inégalités sociales face à la mort n'ont pas disparu. [...] La moindre espérance de vie des ouvriers et employés, et leur moindre espérance de vie « sans incapacités », ne sont pas seulement imputables à leurs conditions de travail. [...] Les personnes les plus pauvres et les moins diplômées sont moins sensibles à la prévention, et elles fréquentent moins les établissements de santé.

Les différences de structure des dépenses entre groupes sociaux se sont atténuées depuis plusieurs décennies, mais elles sont loin d'avoir disparu. Le poids du logement demeure plus élevé pour les employés et les ouvriers que pour les cadres et les professions intermédiaires. Il en va de même pour l'alimentation. Leurs dépenses de « loisirs et culture » se situent enfin à un niveau inférieur à celui des cadres et professions intermédiaires.

[...] Les employés et surtout les ouvriers sont plus équipés en fours à micro-ondes (90 et 92 %) que les cadres (85 %), mais beaucoup moins en lave-vaisselle (65 % chez les cadres contre 41 % chez les employés et 45 % chez les ouvriers). Ces différences renvoient à des habitudes alimentaires (consommation plus importante de produits congelés et surgelés dans les ménages modestes) tout comme à la division sexuelle des rôles domestiques (plus fort investissement dans les tâches ménagères pour les femmes employées et ouvrières).

Isabelle Coutant, Marie Cartier, Olivier Masclet, Yasmie Siblot, Nicolas Renahy, « Ouvriers et employés aujourd'hui. Une photo de classe », *Savoir/Agir n° 48*, juin 2019

? En quoi pourrait-on dire que les ouvriers et les employés font partie d'une même classe sociale ?

Pour donner du poids à votre argumentation, retenez quelques exemples significatifs que vous pourrez réutiliser lors de votre oral.

Recherchez des statistiques pour illustrer les propos des auteurs du texte. Consultez par exemple le site de l'Insee.

Liens vers les sites

CONSEIL

Pensez à organiser votre argumentation.

Plusieurs formes sont envisageables : plan détaillé, carte mentale, tableau, schéma...

Aides pour l'organisation

PRÉPARER LE GRAND ORAL

Grille d'évaluation

À partir des documents du chapitre et de vos recherches, préparez-vous à répondre à la question : « La notion de classe ouvrière a-t-elle encore un sens ? ». Créez votre support, distribuez-le à un jury d'élèves et présentez votre travail en 5 minutes. À l'issue de votre présentation, le jury vous posera des questions.

CROISER LES DISCIPLINES SES ET HGGSP

Appuyez-vous sur le jalon « La patrimonialisation, entre héritage culturel et reconversion. Le bassin minier du Nord-Pas-de-Calais » du thème 4 pour illustrer les caractéristiques et les évolutions d'une catégorie d'ouvriers : les mineurs.

L'ESSENTIEL

Comment est structurée la société française actuelle ?

Podcast du cours

EXO Cartes mémoire interactives

Définitions

Catégories socioprofessionnelles : regroupement d'individus ayant le même statut socioprofessionnel, selon des principes de classement élaborés par l'Insee. Cette classification vise à constituer des catégories présentant une certaine homogénéité sociale.

Classes sociales : groupes sociaux ayant une position économique, un statut social et des intérêts proches.

Individualisation : processus de construction de l'individu comme sujet, et donc de distanciation et d'autonomisation par rapport au groupe d'appartenance.

Qualification : ensemble des aptitudes acquises par un individu ou requises pour occuper un emploi. Elle peut s'acquérir par la formation (validée généralement par des diplômes), mais aussi par l'expérience personnelle.

Rapports sociaux de genre/de sexe : relations, interactions, liens d'interdépendance qui s'établissent entre les individus et les groupes en fonction de leur genre. Ce rapport social est généralement source de confrontations autour d'enjeux (la division sexuelle du travail dans les sphères professionnelle et domestique, et les richesses, notamment).

Ne pas confondre

Classe en soi
ensemble d'individus occupant la même position dans les rapports de production

≠

Classe pour soi
ensemble d'individus ayant conscience d'avoir des intérêts communs à défendre collectivement contre d'autres classes

Toutes les sociétés sont structurées et hiérarchisées. Les classes sociales ont longtemps été utilisées pour traduire cette structuration, mais, cette dernière évoluant sous l'impact de multiples facteurs, on peut s'interroger sur la pertinence d'une telle approche.

Les facteurs de structuration de l'espace social

▸▸ Plusieurs facteurs permettent de structurer et de hiérarchiser l'espace social. Ces facteurs sont cumulatifs. Nos sociétés sont en effet notamment **hiérarchisées** en fonction des **revenus**, qui permettent par exemple de distinguer catégories populaires, moyennes ou aisées. Mais ce critère ne suffit pas, car la **composition d'un ménage** influence son niveau de vie. Par ailleurs, l'évolution de la composition des ménages impacte la structure de la société, en faisant évoluer les schémas traditionnels. Le niveau de **diplôme** doit aussi être pris en compte, puisqu'il a un impact sur l'emploi, le revenu, et donc sur la position sociale. Les **catégories socioprofessionnelles**, qui reposent en particulier sur l'activité professionnelle des individus et leur statut, permettent de mettre en avant cette **structure sociale**. La **position dans le cycle de vie** joue également un rôle, en impactant les pratiques culturelles, les revenus, le patrimoine des individus, et donc leur place dans l'espace social. Le **sexe** des individus est quant à lui source d'inégalités, ce qui génère des positions différentes dans l'espace social entre les femmes et les hommes. Le **lieu de résidence** met enfin également en évidence des inégalités.

▸▸ La structure socioprofessionnelle a connu de nombreuses transformations depuis le milieu du XXᵉ siècle : **salarisation** (environ 90 % des emplois sont aujourd'hui occupés par des salariés), **tertiarisation** (une large partie des emplois sont exercés dans le secteur des services), élévation du **niveau de qualification** et **féminisation** des emplois sont les causes principales de ces évolutions.

Les théories des classes et de la stratification sociale dans la tradition sociologique

▸▸ **Karl Marx** donne aux **classes sociales** un rôle central dans l'évolution des sociétés au travers des conflits qu'elles suscitent. C'est pour lui la **place dans le processus de production** qui définit l'appartenance à la classe sociale : dans le mode de production capitaliste, il y a opposition entre **bourgeoisie** (propriétaires des moyens de production) et **prolétariat** (qui ne possède que sa force de travail, qu'il doit vendre pour survivre). Le critère économique est central chez Marx, mais il accorde aussi une importance aux critères subjectifs : le **sentiment d'appartenance** et la **lutte des classes**. C'est pourquoi il distingue **classe en soi** et **classe pour soi**.

▸▸ L'analyse de **Max Weber** complète celle de Marx en proposant une analyse en trois dimensions. **L'ordre économique**, dans lequel s'inscrit la notion de **classe**, ne constitue que l'une des trois dimensions de la stratification sociale de Weber. Dans cet ordre, les individus sont rassemblés selon leurs chances d'accéder aux biens ou la possession ou non des moyens de production. Dans **l'ordre social**, un **groupe de statut** regroupe des individus en fonction de leur **prestige** (ou honneur social). **L'ordre politique** constitue la troisième dimension de la structure sociale, dans laquelle se forment les **partis** regroupant des individus en fonction de leur niveau de **pouvoir**.

Peut-on encore parler de classes sociales ?

▸▸ Certaines analyses présentent les **classes sociales** comme un outil dépassé pour rendre compte de la société française contemporaine. Henri Mendras, par exemple, montre le déclin des oppositions de classe au profit d'une vaste classe moyenne. Cette **moyennisation** s'accompagne d'une **homogénéisation sociale** : les styles de vie se rapprochent, les distances inter-classes se réduisent. Cet affaiblissement des classes sociales transparaît aussi au travers du recul des identités de classe : l'effritement des **identifications subjectives** aux groupes traditionnels est renforcé par l'essor des **distances intra-classes** (à l'intérieur d'un même groupe social, les situations sont hétérogènes). Avec la multiplication des **facteurs** d'**individualisation**, les individus se reconnaissent moins dans les classes : leur identité sexuelle, ethnique ou régionale peut être perçue comme tout aussi importante.

▸▸ Pourtant, pour certains auteurs, l'analyse de la société en termes de classes est toujours valide. En effet, sur la période récente, les **distances inter-classes** persistent, voire se creusent : les inégalités économiques, sociales ou culturelles n'ont pas disparu et remettent en cause l'idée de moyennisation. La peur du **déclassement** et le sentiment commun de fragilisation des positions participent aussi au maintien des clivages sociaux. L'identité de classe, quant à elle, persiste au sein de certains groupes sociaux, en particulier la bourgeoisie. Enfin, les **rapports sociaux de genre** s'articulent avec les rapports de classe.

Définitions

Salarisation : mouvement de progression de la part des salariés dans la population en emploi.

Structure (ou stratification) sociale : façon dont une société donnée est divisée et structurée en groupes sociaux hiérarchisés aux ressources (économiques, culturelles, politiques…) inégales.

Tertiarisation : processus de développement du poids des activités de services et des emplois correspondants.

CE QU'IL FAUT SAVOIR

1. Quels sont les principaux critères de structuration et de hiérarchisation sociales.
2. Quelles sont les principales évolutions de la structure socioprofessionnelle depuis le milieu du XXe siècle.
3. Quelles sont les théories de Marx et de Weber concernant la société.
4. Quels sont les arguments en faveur et en défaveur d'une approche en termes de classes sociales.

Repères

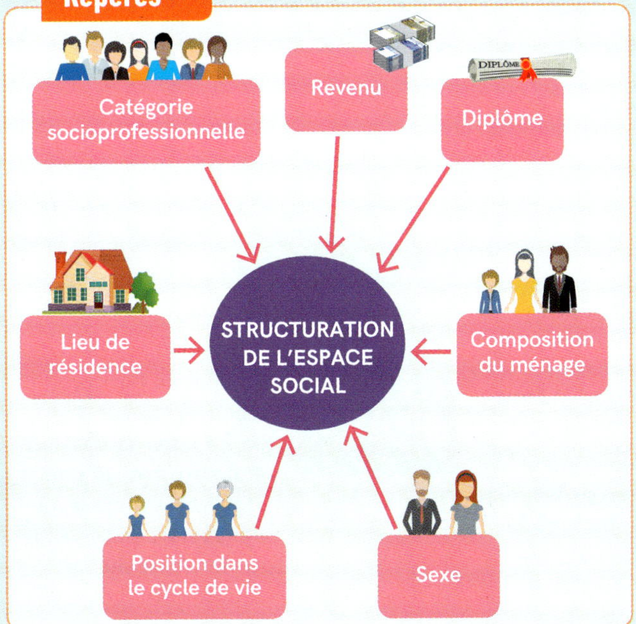

Réviser en vidéos

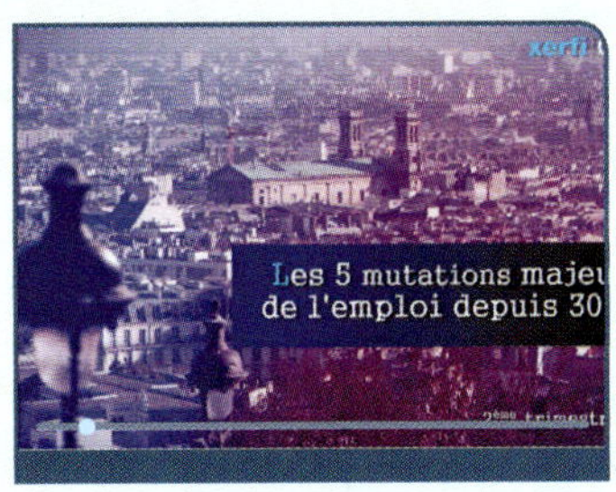

« Les 5 mutations majeures de l'emploi depuis 30 ans », (4 min. 53 sec.), Xerfi canal, 2019

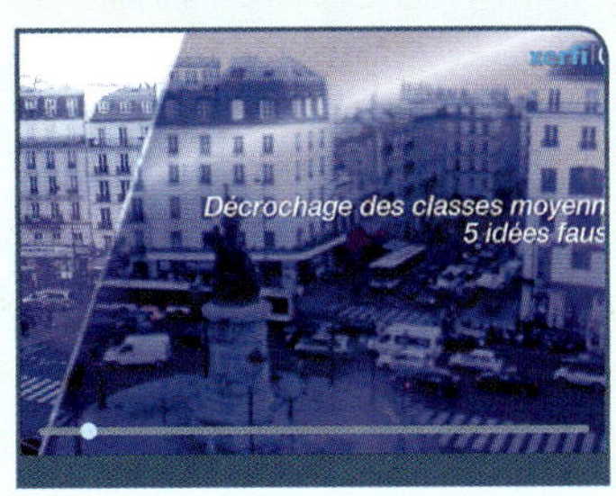

« Décrochage des classes moyennes : 5 idées fausses », (4 min. 45 sec.), Xerfi canal, 2019

L'ESSENTIEL

SCHÉMA DE SYNTHÈSE

Schéma interactif

Analyse traditionnelle

MARX (1818-1883)

Vision unidimensionnelle

L'analyse de la stratification sociale se fait à partir du concept de **classe sociale**

Place dans les rapports de production

- **Bourgeoisie** : Conscience de classe
- **Prolétariat** : lutte des classes

WEBER (1864-1920)

Vision tridimensionnelle

La stratification sociale est analysée sous **3 dimensions**

- Ordre économique → Classes sociales
- Ordre social → Groupes de statut
- Ordre politique → Partis politiques

Depuis le milieu du XXe siècle

Salarisation

- Hausse des emplois salariés
- Déclin des emplois d'indépendants

Tertiarisation

- Développement des emplois dans le secteur tertiaire (services)
- Déclin des emplois dans les secteurs primaire et secondaire

Élévation du niveau de qualification

- Les emplois occupés nécessitent de plus en plus de qualifications.
- Les actifs sont de plus en plus diplômés.

Féminisation

- Les femmes sont de plus en plus nombreuses à occuper un emploi.
- Elles ont des taux d'activité proches de ceux des hommes.

Problématiques contemporaines

Des frontières de classe qui s'estompent

- Moyennisation
- Baisse des distances inter-classes
- Recul des consciences de classe
- Essor des distances intra-classes
- Multiplication des facteurs d'individualisation

Mais des classes sociales toujours présentes

- Maintien / essor des inégalités économiques et sociales (distances inter-classes)
- La bourgeoisie : une classe sociale toujours mobilisée
- Des rapports sociaux de genre articulés aux rapports de classe

POUR ALLER PLUS LOIN

Voyage de classes

de Nicolas Jounin, Éditions La Découverte, 2014

Des étudiants en sociologie de Seine-Saint-Denis mènent une enquête sur les habitants de quartiers bourgeois de Paris.

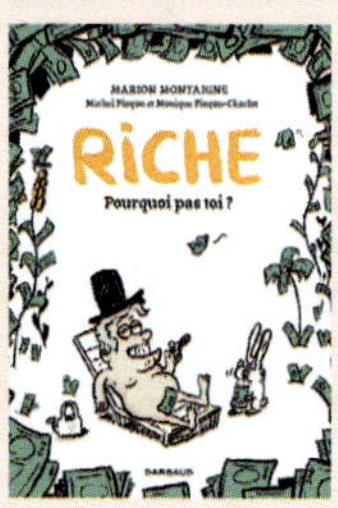

Riche, pourquoi pas toi ?

de Michel Pinçon, Monique Pinçon-Charlot et Marion Montaigne, Dargaud, 2013

Dans cette enquête dessinée, un personnage fictif, Philippe Brocolis, gagnant du Loto, découvre le monde de la bourgeoisie.

Le jeune Karl Marx,

de Raoul Peck, 2017

À travers ce film, on découvre l'exil de Karl Marx à Paris en 1844, sa rencontre avec Friedrich Engels et leur cheminement vers la publication du Manifeste du parti communiste.

EXERCICES

Exercices interactifs

Corrigés

1 Vrai ou faux ? Justifiez votre réponse.

	VRAI	FAUX
a. Le secteur des services est aujourd'hui celui qui rassemble le plus d'emplois.	☐	☐
b. La conscience de classe est de plus en plus importante chez les ouvriers.	☐	☐
c. Le processus de moyennisation a été mis en évidence par Karl Marx.	☐	☐
d. Henri Mendras a montré qu'il y avait une réduction de la taille de la classe moyenne.	☐	☐
e. L'analyse de la stratification sociale selon Max Weber est tridimensionnelle.	☐	☐

2 Indiquez la ou les bonne(s) réponse(s).

1. À quelles évolutions de la structure socioprofessionnelle assiste-t-on depuis le milieu du XXe siècle ?

☐ **a.** La baisse de la proportion de salariés dans la population active.
☐ **b.** L'accroissement du niveau de qualification de la population active.
☐ **c.** L'augmentation du nombre de salariés dans le secteur primaire.
☐ **d.** La féminisation de la population active.

2. Quelles catégories socioprofessionnelles sont en déclin depuis la seconde moitié du XXe siècle ?

☐ **a.** les agriculteurs exploitants
☐ **b.** les artisans, commerçants et chefs d'entreprise
☐ **c.** les cadres et professions intellectuelles supérieures
☐ **d.** les professions intermédiaires
☐ **e.** les employés
☐ **f.** les ouvriers

3. Quels arguments illustrent que l'approche en termes de classes sociales est insuffisante ?

☐ **a.** On assiste à un processus de moyennisation.
☐ **b.** La conscience de classe décline.
☐ **c.** Les inégalités se réduisent.
☐ **d.** On assiste à une opposition des intérêts de classes sociales.

4. Quels arguments illustrent que l'approche en termes de classes sociales est toujours d'actualité ?

☐ **a.** On assiste à une homogénéisation des styles de vie entre des individus aux caractéristiques différentes.
☐ **b.** La classe bourgeoise est une classe pour soi.
☐ **c.** Les inégalités économiques se creusent.
☐ **d.** L'identification subjective aux classes sociales a disparu.

3 Reliez chaque affirmation à l'un des deux penseurs.

1. La stratification sociale repose sur trois ordres.
2. Les individus ont conscience d'appartenir à leur classe sociale.
3. Les « statuts » regroupent des individus dont le niveau de prestige est équivalent.
4. Il existe deux grandes classes sociales qui s'opposent dans le mode de production capitaliste.
5. Il existe des classes en soi et des classes pour soi.
6. Les classes sociales ont un rôle central dans l'évolution des sociétés.

a Karl Marx

b Max Weber

BAC

Sujet guidé – Dissertation 4h

Sujet vierge à imprimer | Grille d'évaluation

Dans quelle mesure l'approche en termes de classes sociales est-elle pertinente pour rendre compte de la société française d'aujourd'hui ?

Soyez attentif aux formulations utilisées : il s'agit ici de débattre de la pertinence de cette approche. Il faut répondre à cette question de manière nuancée.

Certains termes du sujet vous donnent des indications sur le cadre spatio-temporel de votre sujet.

Repérez les **notions centrales** du sujet, et pensez à les définir dans votre introduction.

Doc 1 Répartition entre les ménages de la masse totale de patrimoine brut début 2018 (en %)

	Part de la masse de patrimoine brut total	Part de la masse de patrimoine financier total	Part de la masse de patrimoine immobilier total
Les 1 % les mieux dotés	16 %	31 %	10 %
Les 5 % les mieux dotés	33 %	54 %	28 %
Les 10 % les mieux dotés	46 %	68 %	42 %
Les 50 % les mieux dotés	92 %	97 %	95 %

Champ : ménages ordinaires résidant en France hors Mayotte.

Insee, 2018

Note de lecture : le **patrimoine brut** est le montant total des actifs détenus par un ménage. Il est composé du patrimoine immobilier (résidence principale, éventuelles résidences secondaires, immobilier de rapport), du patrimoine financier (dépôts, actions, titres de créances...) et du **patrimoine professionnel** (terres, machines, bâtiments, cheptels, stocks, etc.). Le patrimoine brut se distingue du **patrimoine net** qui est net de l'endettement.

Doc 2 Répartition des ménages selon la catégorie de revenus en 2016 (en %)

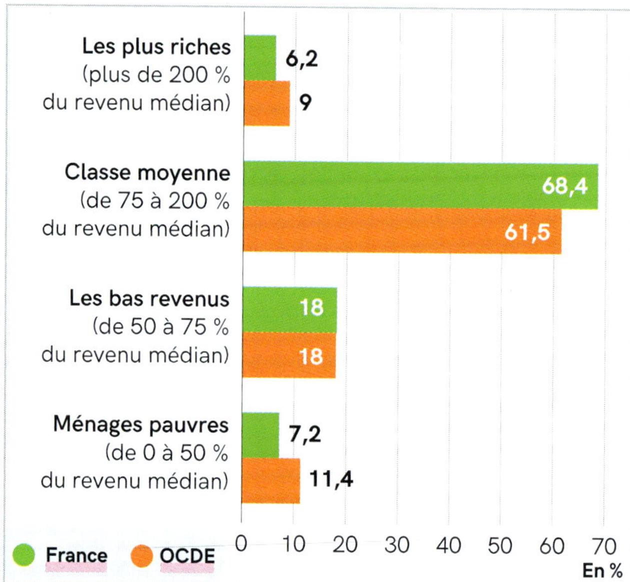

« Sous pression : la classe moyenne en perte de vitesse », OCDE, 2019

Doc 3 Catégories sociales et participation aux élections de 2012 (en %)

	Présidentielles		Législatives	
	Vote aux deux tours	Abstention aux deux tours	Vote aux deux tours	Abstention aux deux tours
Agents de service de la fonction publique	82,9	7,3	54	27,8
Policiers et militaires	74,1	14,9	44,1	38,8
Employés administratifs d'entreprises	83,5	6,6	51,2	28,8
Employés de commerce	77,5	12	38,3	42,5
Ensemble des employés	**81,3**	**8,9**	**49**	**32,3**
Ouvriers qualifiés de type artisanal	77	12,2	42,9	40,6
Chauffeurs	78,6	9,2	47	33,2
Ouvriers non qualifiés de type artisanal	71,3	15,4	37,1	46
Ouvriers agricoles	76,7	11,2	37,7	45,3
Ensemble des ouvriers	**77,2**	**11,6**	**43,2**	**39,2**
Ensemble des professions intermédiaires	**84,6**	**6,4**	**55,5**	**26,5**
Ensemble des cadres supérieurs	**85,2**	**4,8**	**59,2**	**20,4**
Ensemble des salariés	**81,7**	**8,3**	**50,7**	**30,8**

Camille Peugny, « Pour une prise en compte des clivages au sein des classes populaires : la participation politique des ouvriers et des employés », HAL, Archives ouvertes, 2016

Méthode

BAC

ÉTAPES 1 ET 2 **Analyser le sujet, problématiser et mobiliser ses connaissances** Au brouillon

1. Repérez et analysez tous les termes importants du sujet. → GUIDAGE P. 182
   - À partir de votre analyse, déduisez-en le type de plan à adopter. → TYPE DE PLANS P. 18
   - Formulez une problématique : reformulez le sujet, puis proposez un questionnement qui synthétise les enjeux de la question posée.
2. Indiquez au brouillon tous les exemples, idées, théories, faits, éléments de cours... qui peuvent être mobilisés.

CONSEIL Si vous avez déjà une idée des grands axes de votre réponse, **classez** ces éléments dans votre plan.

ÉTAPE 3 **Exploiter le dossier documentaire** Au brouillon

- Lisez attentivement chaque document et résumez la (ou les) idée(s) principale(s) en lien avec le sujet.
- Pensez à repérer la source, le cadre spatio-temporel, les notions ou mécanismes importants et les outils statistiques. Faites attention aux unités.

CONSEIL N'hésitez pas à **rédiger des phrases** afin de vérifier que vous avez compris le sens des données, voire à **faire des calculs simples** pour comparer des données.

ÉTAPE 4 **Construire un plan détaillé** Au brouillon

- À partir des informations récoltées, créez ou affinez votre plan détaillé. Il doit comporter deux ou trois parties, chacune subdivisée en deux ou trois sous-parties.
- Rédigez les titres des parties et sous-parties sous la forme de phrases indiquant explicitement le sens des arguments que vous allez y développer.

CONSEIL N'oubliez pas d'indiquer dans votre plan détaillé les **documents** que vous allez mobiliser.

ÉTAPE 5 **Rédiger l'introduction et la conclusion** Au brouillon

- L'introduction est organisée en 3 parties : l'accroche, l'annonce de la problématique et l'annonce du plan.
- Rédigez la conclusion. → MÉTHODE P. 19

CONSEIL N'oubliez pas d'intégrer, en accroche ou avec la problématique, la **définition des notions centrales** du sujet.

ÉTAPE 6 **Rédiger son devoir** Sur votre copie → MÉTHODE P. 19

Voici le début de la dissertation dont l'introduction a été rédigée. Rédigez le reste du devoir à l'aide de la méthode et de vos connaissances.

Votre introduction doit débuter par une **accroche** (fait d'actualité, chiffre, etc.) amenant vers votre problématique.

Apparu à l'automne 2018, le mouvement des Gilets jaunes a marqué par sa durée et son ampleur la société française. Appelant d'abord à la mobilisation contre l'augmentation du prix des carburants, le mouvement s'est élargi pour obtenir des avancées sociales et démocratiques ; et la contestation s'est organisée autour de blocages de ronds-points et de manifestations tous les samedis. Certains ont vu dans ce mouvement une confirmation du déclin des classes sociales en France, au regard des revendications éparses et peu coordonnées, exprimées par des personnes aux statuts socioprofessionnels différents. D'autres, au contraire, ont vu dans ce mouvement, le signe d'un renforcement des conflits de classe.

Il faut **définir** la notion clé du sujet : « classes sociales ».

Consacrez un paragraphe pour présenter votre **problématique**.

Peut-on alors encore parler de classes sociales – ces groupes d'individus ayant une position économique, un statut social et des intérêts proches – en France ? Autrement dit, parler de classes sociales pour décrire et comprendre la manière dont la société française est aujourd'hui structurée est-il approprié ?

Votre introduction se termine par un paragraphe annonçant explicitement les **parties de votre développement**.

Afin de répondre à ces questions, nous aborderons dans un premier temps les éléments qui laissent penser que les classes sociales sont un outil désuet pour caractériser la structure sociale contemporaine. Nous montrerons ensuite, que, malgré tout, l'analyse en termes de classes sociales demeure un outil pertinent.

Proposition de plan détaillé

I. Les classes sociales peuvent sembler dépassées pour rendre compte de la structure sociale française contemporaine...

A. Une société moins inégalitaire, et donc qui semble de moins en moins structurée en classes sociales

B. La multiplication des facteurs d'individualisation disqualifie (au moins en partie) le concept de classe sociale.

II. ... Mais l'analyse en termes de classes sociales reste un outil incontournable et pertinent

A. Les inégalités restent importantes et les évolutions économiques confirment l'existence de classes sociales.

B. La conscience de classe n'a pas disparu et certains groupes restent mobilisés dans la défense de leurs intérêts

BAC

Sujet guidé – Épreuve composée

4h · Sujet vierge à imprimer · Grille d'évaluation

PARTIE 1 Mobilisation des connaissances — 4 points

Question Présentez la théorie de la stratification sociale selon Max Weber.

Méthode

ÉTAPE 1 Analyser la question Au brouillon

- Repérez la ou les notion(s) clé(s) qu'il faudra définir dans votre réponse. Si un auteur est cité, pensez à le présenter.
- Repérez la consigne de la question pour identifier la tâche qui est demandée : attend-on une explication, une comparaison, une distinction, une illustration… d'un mécanisme ou d'une notion ? → MÉTHODE P. 20

ÉTAPE 2 Rassembler ses connaissances Au brouillon

- Rassemblez et organisez vos connaissances sur le sujet : quelles définitions, mécanismes, exemples… pouvez-vous mobiliser pour répondre à la question ? → MÉTHODE P. 20

ÉTAPE 3 Rédiger sa réponse

Au brouillon
- Avant de rédiger, indiquez sur votre brouillon quelle va être la structure de votre réponse.

Sur votre copie
- Rédigez votre réponse de manière organisée, en pensant à définir les notions mobilisées, en explicitant et en illustrant vos propos.

Exemple de réponse rédigée

Débutez en **présentant** la question, et en **définissant** les termes clés.

Le sociologue allemand Max Weber (1864-1920) a présenté, dans Économie et société (1920), une analyse particulière de la stratification sociale, c'est-à-dire de la manière dont une société peut être structurée en groupes sociaux hiérarchisés aux ressources inégales.

Structurez votre réponse en paragraphes, en allant du général au particulier.

Pour Weber, l'analyse de la stratification sociale est multidimensionnelle. Elle retient trois sphères conduisant à l'établissement, chacune, d'une hiérarchie spécifique. Il insiste sur le fait que ces trois ordres sont indépendants les uns des autres.

Dans l'ordre économique, une classe est constituée des individus partageant une même situation économique, c'est-à-dire une probabilité similaire de disposer d'un certain volume de biens et services. Dans l'ordre social, un groupe de statut regroupe des individus en fonction de leur prestige (ou honneur social). Enfin, l'ordre politique constitue la troisième dimension de la structure sociale, dans laquelle se forment les partis regroupant des individus en fonction du niveau de pouvoir.

Concluez votre réponse par une phrase synthétique.

Ainsi, selon Weber, la stratification sociale ne se réduit pas aux classes sociales, elle est tridimensionnelle.

PARTIE 2 Étude d'un document — 6 points

Doc Répartition de la population en emploi selon la catégorie socioprofessionnelle et le sexe (1982-2018, en %)

	1982			2018		
Catégorie socioprofessionnelle	**Femmes**	**Hommes**	**Ensemble**	**Femmes**	**Hommes**	**Ensemble**
Agriculteurs exploitants	6,7	7,3	**7,1**	0,8	2,2	**1,5**
Artisans, commerçants, chefs d'entreprise	7,2	9,1	**8,3**	3,8	8,9	**6,5**
Cadres et professions intellectuelles supérieures	4,0	10,3	**7,8**	15,7	20,8	**18,4**
Professions intermédiaires	19,8	19,2	**19,5**	28,3	23,3	**25,7**
Employés	46,9	10,7	**25,3**	42,7	12,6	**27,2**
Ouvriers	15,1	40,6	**30,3**	8,3	31,7	**20,4**
Non déterminé	0,3	2,8	**1,7**	0,4	0,5	**0,4**
Total	**100,0**	**100,0**	**100,0**	**100,0**	**100,0**	**100,0**
Effectif (en milliers)	9 243	13 600	**22 843**	13 091	14 031	**27 122**

Champ : France hors Mayotte, personnes en emploi.

Insee, enquête Emploi

BAC

Question 1. Présentez le sens des données encadrées.

Question 2. À l'aide du document, présentez les principales transformations de la structure socioprofessionnelle entre 1982 et 2018.

Méthode

ÉTAPE 1 **Analyser le document** Au brouillon

- Déterminez la nature du document (diagramme par répartition, série chronologique, tableau à double entrée...).
- Repérez la source, le cadre spatio-temporel, le ou les outil(s) statistique(s) utilisé(s) et la ou les unité(s).
- Pensez à vérifier si des informations sont indiquées dans le champ du document.

ÉTAPE 2 **Préparer la question 1 (lecture)** Au brouillon

- Rédigez une phrase par donnée statistique à lire : soyez le plus précis possible en indiquant la date (ou période), le cadre spatial, l'unité...

ÉTAPE 3 **Préparer la question 2 (analyse)**

Au brouillon
- Repérez la consigne de la question : attend-on une comparaison, la présentation d'évolutions, l'illustration d'un mécanisme... ?

Au brouillon
- Sélectionnez dans le document les éléments qui vous permettront d'argumenter et effectuez si besoin des calculs simples (écarts en points de pourcentage ou coefficients multiplicateurs, par exemple) pour étayer votre réponse.

Sur votre copie
- Rédigez votre réponse de manière structurée : allez du général au particulier ; définissez si besoin les notions ou mécanismes mobilisés et, surtout, illustrez votre réponse avec des données et/ou des calculs.

PARTIE 3 Raisonnement s'appuyant sur un dossier documentaire — 10 points

À l'aide de vos connaissances et du dossier documentaire, vous montrerez qu'il existe de multiples facteurs de structuration et de hiérarchisation de la société.

Soyez attentif aux termes employés : on attend que vous utilisiez les documents, mais aussi vos connaissances.

La formulation du sujet vous invite ici à montrer la pluralité des éléments qui participent à la structure sociale.

Repérez les **notions centrales** du sujet, et pensez à les définir dans votre introduction.

Doc 1

Près des deux tiers des emplois de la fonction publique sont occupés par des femmes selon les données publiées par le ministère de l'Action et des Comptes publics. Un secteur largement féminisé, contrairement au secteur privé où elles ne représentent que 46 % des emplois. Mais la présence des femmes s'amenuise à mesure que l'on grimpe dans la hiérarchie. Elles ne sont que 41 % à occuper un emploi d'encadrement supérieur et de direction.

[...] La fonction publique territoriale (FPT) est celle qui emploie le plus de femmes (61 %). Elles occupent pratiquement (95 %) tous les postes dans le secteur social et médico-social, administratif (82 %), mais les femmes sont quasiment absentes dans les services d'incendie et secours (5 %) et peu représentées dans les emplois de sécurité et de police municipale (23 %), comme dans ceux liés au sport (28 %). La représentation des femmes au sein des emplois d'encadrement et de direction de la FPT tombe en revanche à 31 %. 41 % des administrateurs territoriaux et un quart des ingénieurs territoriaux en chef, par exemple, sont des femmes.

Enfin, la fonction publique d'État (FPE) fait office de mauvais élève en matière d'égalité professionnelle. Si plus de la moitié de l'ensemble des postes sont occupés par des femmes (55 %), les emplois d'encadrement et de direction sont majoritairement masculins : seulement 33 % sont féminisés. Parmi les cadres dirigeants nommés par décret du président de la République, un quart des ambassadeurs, 17 % des préfets, un tiers des directeurs d'administration centrale des services centraux des ministères sont des femmes.

« Dans la fonction publique, les femmes restent souvent des exécutantes », Observatoire des inégalités, janvier 2019

BAC

Doc 2 Composition du patrimoine brut des ménages selon l'âge de la personne de référence du ménage début 2018 (en €)

	Patrimoine financier		Patrimoine immobilier (valeur)	
	Moyen	Médian	Moyen	Médian
Moins de 30 ans	14 300 €	4 400 €	39 000 €	0 €
De 30 à 39 ans	26 800 €	6 900 €	130 400 €	83 400 €
De 40 à 49 ans	49 700 €	10 200 €	174 900 €	133 400 €
De 50 à 59 ans	59 200 €	12 200 €	204 000 €	149 500 €
De 60 à 69 ans	73 400 €	16 500 €	202 300 €	141 100 €
70 ans ou plus	82 600 €	17 600 €	188 700 €	130 000 €
Ensemble	**56 200 €**	**11 100 €**	**169 000 €**	**116 600 €**

Champ : ménages ordinaires résidant en France hors Mayotte.

Insee, 2018

Note de lecture : le patrimoine brut est le montant total des actifs détenus par un ménage (actifs immobiliers, actifs financiers – dépôts, actions, titres de créances... – et actifs professionnels). Il se distingue du patrimoine net qui est net de l'endettement.

Doc 3 Niveau de vie médian selon le type de ménage en 2017

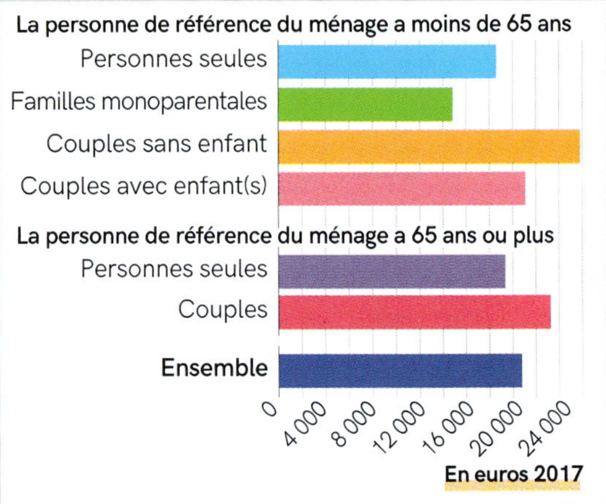

Champ : France métropolitaine

Insee-DGFiP-Cnaf-Cnav-CCMSA, enquête Revenus fiscaux et sociaux, 2017

Méthode

ÉTAPES 1 ET 2 **Analyser le sujet et mobiliser ses connaissances** Au brouillon

❶ Repérez et analysez tous les termes importants du sujet. → GUIDAGE P. 185

À partir de votre analyse, déduisez-en le type de plan à adopter. → TYPES DE PLANS P. 18

N'hésitez pas à reformuler le sujet.

❷ Indiquez au brouillon tous les exemples, idées, théories, faits, éléments de cours... qui peuvent être mobilisés.

CONSEIL
Si vous avez déjà une idée des grands axes de votre réponse, **classez** ces éléments dans votre plan.

ÉTAPE 3 **Exploiter le dossier documentaire** Au brouillon

Lisez attentivement chaque document et résumez la (ou les) idée(s) principale(s) en lien avec le sujet.

Pensez à repérer la source, le cadre spatio-temporel, les notions ou mécanismes importants et les outils statistiques. Faites attention aux unités.

CONSEIL
Si vous avez déjà une idée des grands axes de votre réponse, **classez** les éléments issus de l'analyse des documents dans votre plan en indiquant le numéro des documents mobilisés.

ÉTAPE 4 **Construire un plan détaillé** Au brouillon → MÉTHODE P. 21

ÉTAPE 5 **Rédiger l'introduction et la conclusion** Au brouillon

Rédigez l'introduction. → MÉTHODE P. 21

La conclusion doit dresser le bilan de votre développement.

ÉTAPE 6 **Rédiger son devoir** Sur votre copie → MÉTHODE P. 21

Voici un exemple d'introduction rédigée.
Rédigez le reste du devoir à l'aide de la méthode et de vos connaissances.

Il faut **définir** les termes clés du sujet. Il faut présenter ici l'idée de structuration et de hiérarchisation de la société.

Toutes les sociétés sont structurées et organisées en groupes sociaux qui ne sont pas simplement juxtaposés les uns aux autres. Ces groupes sont hiérarchisés. L'organisation de la société repose en effet sur des systèmes de différenciation sociale basés sur une distribution inégale des ressources.

Présentez clairement la question à laquelle vous allez répondre.

Quels sont les différents éléments qui participent à cette hiérarchisation de l'espace social ?

Annoncez explicitement le plan que vous allez adopter pour répondre à la question.

Nous verrons que ces facteurs sont multiples. Nous montrerons, dans un premier temps, que la hiérarchisation de la société peut s'analyser au travers des catégories socioprofessionnelles qui sont liées entre autres aux revenus et aux diplômes. Nous nous intéresserons ensuite au rôle que peuvent avoir la position dans le cycle de vie et le sexe des individus. Enfin, nous verrons que le lieu de résidence ou la composition du ménage sont aussi des facteurs de structuration des sociétés.

BAC Grand Oral

Question Comment la place des femmes a-t-elle évolué dans les classes populaires ?

1. Choisir sa question
2. **Préparer son oral**
3. Préparer son support
4. Présenter sa question au jury
5. Préparer la discussion avec le jury
6. Échanger sur son projet d'orientation

➜ Méthode générale p. 22-25

ÉTAPE 2 Préparer son oral : se documenter

➜ **COLLECTER DES INFORMATIONS** Vous avez réussi à choisir et formuler votre question : il vous faut maintenant **effectuer des recherches documentaires** afin de pouvoir étayer votre réponse.

Vous devez **collecter des informations** afin de recueillir des arguments qui répondent à votre question : exemples précis, données statistiques, périodisations, personnages…

Vous pouvez utiliser la méthode des « QQQPO »

- **Quoi ?** Il vous faut définir rigoureusement les notions centrales et relatives à votre question : que sont les classes populaires ? les ouvriers ? les employés ?…
- **Qui ?** Quelles femmes ? Toutes les femmes ? Celles qui sont actives ? Uniquement celles qui ont un emploi ? Y inclut-on celles qui sont au chômage ?
- **Quand ?** Depuis le début du XXe siècle ? La deuxième moitié du XXe siècle ? Depuis la crise ?
- **Pourquoi ?** Quelles sont les causes de ces évolutions ?
- **Où ?** Restreint-on à la France ou peut-on faire des comparaisons internationales ?

Où rechercher ?

Les ressources documentaires sont multiples, utilisez toutes celles à votre disposition.

- **Des ouvrages : manuels scolaires, revues, essais…**
  – **Chapitres 6, 9 et 11** de votre manuel de SES.
  – L'**article** d'Olivier Schwartz, « Les femmes dans les classes populaires, entre permanence et rupture », dans la revue *Travail, genre et sociétés*, 2018 (n° 39), pages 121 à 138.
- **La presse écrite (dans votre CDI ou sur Internet), les sites spécialisés**
  – *Le Monde, Les Echos, Libération, Le Figaro…*
  – **insee.fr** : pour des données sur la France.
  – **inegalites.fr** : l'Observatoire des inégalités.
  – **observationsociete.fr** : le Centre d'observation de la société.
- **Des films, documentaires, podcasts…**
  – *Marius et Jeannette*, film de Robert Guédiguian, 1997.
  – *Mélancolie ouvrière*, téléfilm de Gérard Mordillat, 2018.
  – *À travail égal, salaire égal : il y a 50 ans, la première grève des femmes*, France culture, 16 février 2016.

Il est impératif de **varier vos sources**, à la fois pour regrouper des informations de plusieurs types (données statistiques, analyses sociologiques, entretiens, exemples historiques…), mais aussi pour recueillir des points de vue diversifiés, voire qui s'opposent. Une fois que votre recherche documentaire vous semblera suffisamment riche et variée, vous pourrez débuter l'étape suivante : organiser votre réponse.

CONSEIL
Affinez votre question.
Au fil de vos recherches, vous serez peut-être amené(e) à revoir votre question : l'affiner, en modifier le cadre spatial ou temporel… Ne vous inquiétez pas, c'est normal !

CONSEIL
Faites-vous accompagner.
N'hésitez pas à solliciter des recommandations auprès des professeurs documentalistes de votre CDI, ou des enseignants de spécialité.

CONSEIL
Pensez à l'actualité.
Créez un dossier dans lequel vous regrouperez toutes les actualités entendues au cours de l'année et qui se rapportent à votre sujet.

CONSEIL
Choisissez vos sources.
Sélectionnez vos sources en fonction de leur fiabilité et de leur pertinence par rapport à votre sujet.

Ressources numériques
- Lien vers des sites utiles.
- Exemple de plan pour cette question.

ÉTAPE 5 Anticiper les questions du jury

Faire le lien avec d'autres disciplines	Faire le lien avec un projet d'orientation
Histoire-Géographie-Géopolitique-Sciences politiques T^erm **Thème 6** – L'enjeu de la connaissance Axe 1, (grandes étapes de l'alphabétisation des femmes du XVIe siècle à nos jours) **Histoire T^erm** **Chapitre 8** – La France de 1974 à 1988 (évolution de la place et des droits des femmes)	**Études supérieures** Licence de sociologie, IEP ou licence de sciences politiques, DUT (information, carrières sociales), BTS (MCO, ESF) **Projet professionnel** Recherche, journalisme, ressources humaines, gestion des entreprises et des administrations, carrières sociales

Autres questions possibles

- Avec le mouvement des Gilets jaunes, faut-il repenser les classes sociales en France ?
- Peut-on parler de classes sociales au niveau européen ?
- La salarisation est-elle un processus irréversible ?

Sujet d'entraînement – Dissertation 4h

Grilles d'évaluation

La multiplication des facteurs d'individualisation remet-elle en cause l'approche en termes de classes sociales ?

Doc 1 Sentiment d'appartenir à une catégorie de la population

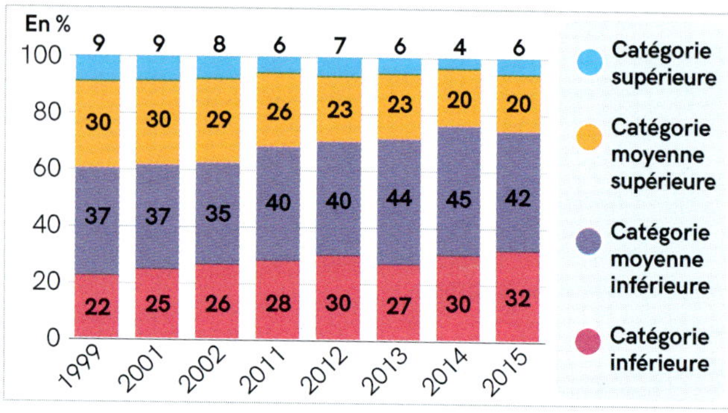

CREDOC, 2015

Doc 2 Évolution de la part des ouvriers et des employés dans l'emploi total, selon la qualification, de 2000 à 2018 (%)

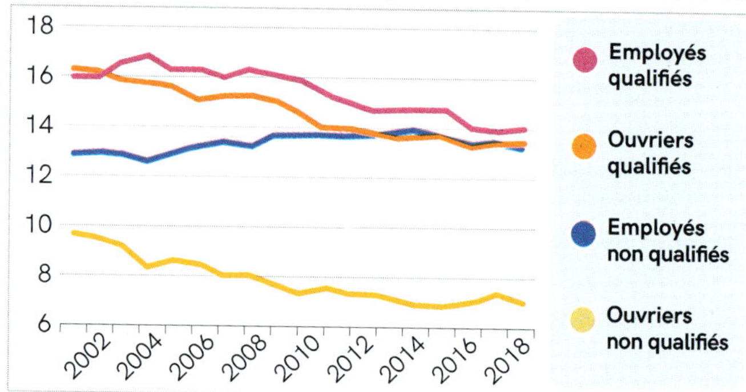

Insee

Doc 3 Critères de définition des Français, en 2019

Enquête réalisée auprès de 1 080 personnes âgées de 18 ans et plus Ipsos, 2019

Doc 4 Taux d'équipement informatique à domicile selon la catégorie socioprofessionnelle, l'âge et le sexe en 2017 (en %)

Catégorie socioprofessionnelle		Ordinateur	Internet	Haut débit
Agriculteurs, artisans et commerçants		92,0	93,8	84,4
Cadres et professions libérales		97,4	98,7	97,1
Professions intermédiaires		96,4	97,0	90,2
Employés		91,7	94,0	87,4
Ouvriers		85,7	91,1	81,7
Ensemble (des actifs occupés)		**92,8**	**95,1**	**88,5**
Âge et sexe				
Hommes	15 à 44 ans	92,9	95,2	88,5
	45 à 59 ans	87,6	89,9	81,4
	60 ans ou plus	67,7	68,7	58,7
	Ensemble	**84,1**	**86,1**	**78,0**
Femmes	15 à 44 ans	93,5	95,5	90,4
	45 à 59 ans	90,4	91,6	84,0
	60 ans ou plus	60,9	63,7	56,7
	Ensemble	**81,6**	**83,7**	**77,4**
Ensemble	15 à 44 ans	93,2	95,4	89,5
	45 à 59 ans	89,0	90,7	82,7
	60 ans ou plus	63,9	65,9	57,6
	Ensemble	**82,8**	**84,8**	**77,7**

Insee, enquêtes Technologies de l'information et de la communication 2009 à 2017

BAC Sujet d'entraînement – Épreuve composée 4h

PARTIE 1 Mobilisation des connaissances

20 à 30 min — 4 points

Question Quelles sont les caractéristiques des classes sociales selon Karl Marx ?

PARTIE 2 Étude d'un document

1h à 1h30 — 6 points

Doc Taux (en %) de pauvreté au seuil de 60 %[1] selon le type de ménage, l'âge et la catégorie socioprofessionnelle en 2017

	Taux de pauvreté
Ensemble	**14,1**
Type de ménage	
Personnes seules	20,0
Familles monoparentales	33,6
Couples sans enfant	6,8
Couples avec enfant(s)	12,8
Autres types de ménages	24,3
Tranche d'âge	
Moins de 18 ans	20,1
18 à 29 ans	20,1
30 à 39 ans	12,9
40 à 49 ans	13,4
50 à 64 ans	11,1
65 à 74 ans	7,5
75 ans et plus	7,9
CSP agrégée de l'individu	
Agriculteurs, artisans, commerçants, chefs d'entreprise	22,1
Cadres et professions intellectuelles supérieures	3,4
Professions intermédiaires	5,3
Employés	12,6
Ouvriers	15,0

Champ : France métropolitaine, individus vivant dans un ménage dont le revenu déclaré est positif ou nul et dont la personne de référence n'est pas étudiante.

1. Proportion d'individus dont le niveau de vie est inférieur à 60 % du niveau de vie médian.

Insee-DGFiP-Cnaf-Cnav-CCMSA, enquêtes Revenus fiscaux et sociaux 2012 à 2017

Question 1. Donnez le sens de la donnée présentée pour les ouvriers.

Question 2. À l'aide du document, vous identifierez des facteurs qui participent à la structuration de la société.

PARTIE 3 Raisonnement s'appuyant sur un dossier documentaire

2h à 2h40 — 10 points

À l'aide de vos connaissances et du dossier documentaire, vous montrerez comment a évolué la structure socioprofessionnelle en France depuis la seconde moitié du XXe siècle.

Doc 1 Évolution du PIB en volume et de l'emploi entre 1950 et 2016

Secteur	Croissance annuelle moyenne du PIB (en %)	Variation de l'emploi entre 1950 et 2016 (en %)
Agriculture	1,8	– 86
Industrie	3,2	– 37
Services marchands	3,6	171
Services non marchands	2,3	160
Ensemble	3,0	41

Michel Husson, « L'emploi des femmes en France depuis 1960 », IRES, Document de travail n° 03.2018, mai 2018

Doc 2 Évolution du taux d'activité[1] selon le sexe (1975-2018)

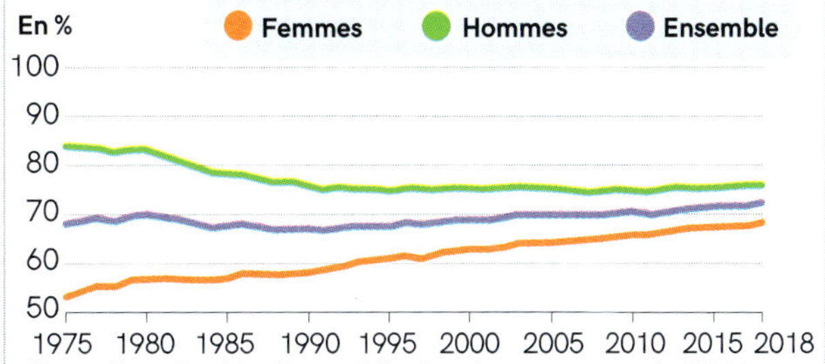

Champ : France hors Mayotte, population des ménages, personnes de 15 à 64 ans.

Insee, enquêtes Emploi, séries longues sur le marché du travail

1. Le taux d'activité est le rapport entre le nombre d'actifs et l'ensemble de la population correspondante.

CHAPITRE

7

Quelle est l'action de l'école sur les destins individuels et sur l'évolution de la société ?

Textes DYS
TOUS LES TEXTES EN VERSION DYS
lyceen.nathan.fr/sesterm-2020

EXO Exercices interactifs

RAPPELS

Cours de 2de

2de

Comment devenons-nous des acteurs sociaux ?

a. Quelle est la bonne définition de « socialisation » ?

- ☐ Moment de l'enfance où l'individu apprend toutes les normes et valeurs de la société.
- ☐ Processus grâce auquel l'individu intériorise les normes et les valeurs tout au long de sa vie.
- ☐ Apprentissage des règlements.

b. Parmi les actions suivantes, lesquelles relèvent de la socialisation genrée ?

- ☐ On offre plus fréquemment des poupées aux filles qu'aux garçons.
- ☐ On retrouve plus de garçons que de filles inscrits dans les clubs de football.
- ☐ Les garçons pèsent en moyenne plus lourd à la naissance que les filles.

Cours de 1re

1re

Comment se construisent et évoluent les liens sociaux ?

c. Le milieu social des enfants est défini à partir :

- ☐ de l'origine géographique de leurs parents.
- ☐ de l'âge de leurs parents.
- ☐ de la catégorie socioprofessionnelle de leurs parents.

SOMMAIRE

Doc 1 La réussite scolaire

Sciences humaines, 2019

Qu'est-ce qu'être un « bon élève » ?

Selon vous, quels éléments pourraient influencer la probabilité de réussir à l'école ?

Doc 2 Les effectifs scolaires en France

Vidéo

« L'explosion des effectifs scolaires : la rentrée 1964 » (3 min. 54 sec.), Les actualités françaises, 1964

Quel phénomène observe-t-on au début des années 1960 ?

1 Quels sont les objectifs de l'école ?

▸▸ OBJECTIF
Comprendre que, dans les sociétés démocratiques, l'école transmet des savoirs et vise à favoriser l'égalité des chances.

QU'ALLONS-NOUS FAIRE ?

Quand les élèves arrivent en classe, l'enseignant leur dit bonjour, eux-mêmes le saluent, s'assoient, prennent leur trousse, leur cahier puis suivent le cours. À travers cette scène en apparence banale transparaissent les différentes missions qui incombent à l'école.

ACTIVITÉ Un lieu d'instruction ou d'éducation ?

▶ Identifiez dans les documents les éléments qui relèvent de l'éducation et ceux qui relèvent de l'instruction, puis classez-les dans un tableau.

Instruction	Éducation
...	...

DÉFINITIONS

Éduquer : inculquer à un individu les règles, savoir-vivre et comportements de la société à laquelle il appartient.

Instruire : transmettre à un individu des connaissances, des savoirs intellectuels, littéraires, scientifiques, économiques, techniques...

a Le Code de l'éducation

Article L121-4. Les enseignements scolaires et universitaires ont pour objet de dispenser les connaissances de base et les éléments d'une culture générale incluant les données scientifiques et techniques, de préparer à une qualification et de concourir à son perfectionnement et à son adaptation au cours de la vie professionnelle.

Article L122-1-1. La scolarité obligatoire doit garantir à chaque élève les moyens nécessaires à l'acquisition d'un socle commun de connaissances, de compétences et de culture, auquel contribue l'ensemble des enseignements dispensés au cours de la scolarité. Le socle doit permettre la poursuite d'études, la construction d'un avenir personnel et professionnel et préparer à l'exercice de la citoyenneté [...].

Code de l'éducation, 2020

b Une salle de classe

Doc 1 Développer l'esprit critique

Jean Zay

[...] Lorsque [...] l'ancien ministre de l'Éducation nationale, Jean Zay[1], relisait les instructions du 30 septembre 1938 [...] fixant les programmes de l'enseignement du second degré[2], il en résumait ainsi l'esprit : « Ces instructions reflètent à chaque page la tradition constante de notre culture, en particulier de notre culture secondaire : former le caractère par la discipline de l'esprit et le développement des vertus intellectuelles ; apprendre à bien conduire sa raison [...] à garder toujours éveillé l'esprit critique ; à démêler le vrai du faux ; à douter sainement ; à observer ; à comprendre autant qu'à connaître ; à librement épanouir sa personnalité[3]. »

Nous sommes ici au cœur de la tradition républicaine française, qui cherche à la fois à unir les citoyens autour des valeurs de 1789 et à favoriser l'autonomie intellectuelle et la liberté d'appréciation de chacun [...].

Jérôme Grondeux, « Peut-on enseigner l'esprit critique ? », *Sciences humaines*, n° 296, octobre 2017

1. Ministre de l'Éducation nationale de 1933 à 1939.
2. Enseignement secondaire, qui suit l'enseignement primaire.
3. Jean Zay, *Souvenirs et Solitude*, Belin, 2010.

QUESTIONS

1. **Lire.** D'après Jean Zay, au-delà des savoirs, que transmet l'école ?
2. **Définir.** En vous aidant du texte, proposez une définition du terme « esprit critique ».
3. **Déduire.** Pourquoi est-il important, dans une société démocratique, que l'école développe l'esprit critique ?

Doc 2 Savoirs et formation à la citoyenneté

a Une école au cœur de la République

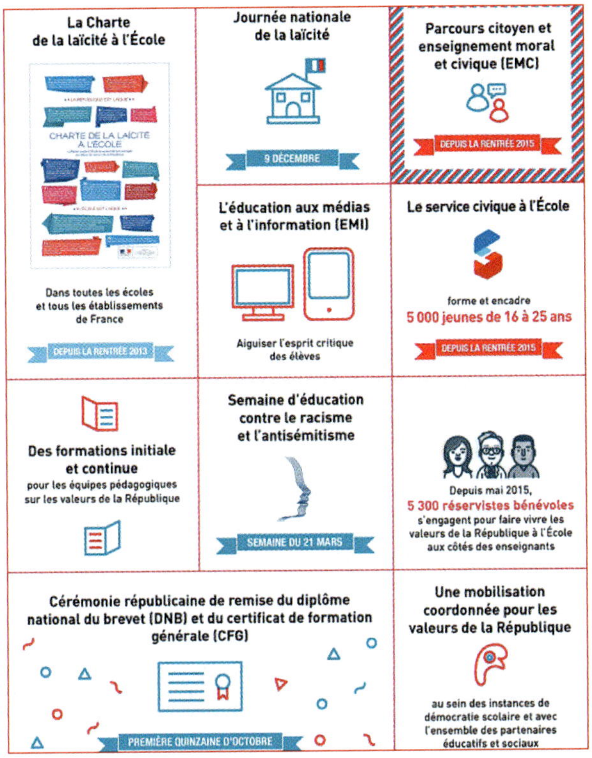

« 10 mesures pour que l'élève devienne un citoyen libre et responsable », Ministère de l'Éducation nationale, de l'Enseignement supérieur et de la Recherche, 2016

b Les matières enseignées à l'école primaire

QUESTIONS

4. **Lire.** Quels types de savoirs sont transmis par l'école ?
5. **Déduire.** En quoi l'éducation aux médias et à l'information (EMI) est-elle importante dans la transmission des savoirs ?
6. **Expliquer.** En quoi la transmission de savoirs par l'école s'inscrit-elle dans une mission plus large ?

Doc 3 Favoriser l'égalité des chances de réussite scolaire

Article L111- 1. L'éducation est la première priorité nationale. Le service public de l'éducation [...] contribue à l'égalité des chances et à lutter contre les inégalités sociales et territoriales en matière de réussite scolaire et éducative. Il reconnaît que tous les enfants partagent la capacité d'apprendre et de progresser. Il veille à la scolarisation inclusive de tous les enfants, sans aucune distinction. Il veille également à la mixité sociale des publics scolarisés au sein des établissements d'enseignement.

Code de l'éducation, 2020

QUESTIONS

7. **Lire.** Quels sont les objectifs de l'école exposés dans cet article ?
8. **Lire.** Quel postulat est établi concernant l'égalité des chances scolaires ?
9. **Expliquer.** Pourquoi est-ce important ?

EN AUTONOMIE VERS LE BAC

▶▶ Parcours écrit Épreuve composée – Partie 3

En vous appuyant sur les documents 1 à 3, montrez que l'école poursuit plusieurs objectifs.

▶▶ Parcours oral Étape 1 – Formuler sa question

Une question bien formulée attirera l'attention du jury. Pensez à la problématiser en utilisant une accroche. Pour montrer que l'école est à la fois un lieu d'instruction et d'éducation, vous pouvez commencer votre question par « Pourquoi... », « Pourquoi ne pas... », « Et si... », « Est-il vrai de... »...

Phrases d'accroche

MÉMO

- À travers les savoirs que transmet l'école (instruction), les élèves développent des connaissances et des capacités de réflexion qui leur permettent de de faire preuve d'esprit critique.
- L'école a aussi un rôle d'éducation en transmettant aux élèves les règles de vie en société qui leur permettent de s'intégrer socialement.
- Enfin, elle s'attache à ce que chaque élève dispose des mêmes chances de réussite, quel que soit son milieu social d'origine et son histoire personnelle.

2 Comment l'accès à l'école a-t-il évolué depuis les années 1950 ?

▸▸ OBJECTIF
Comprendre l'évolution, depuis les années 1950, des principaux indicateurs mesurant l'accès à l'école et à l'enseignement supérieur.

QU'ALLONS-NOUS FAIRE ?

Aujourd'hui, en France et dans les sociétés démocratiques, la scolarité des jeunes est plus longue que celle de leurs aînés, et l'accès aux diplômes s'est ouvert.

Doc 1 Le taux de scolarisation à 16 ans en France

▷ Vidéo
La loi Haby (1975)

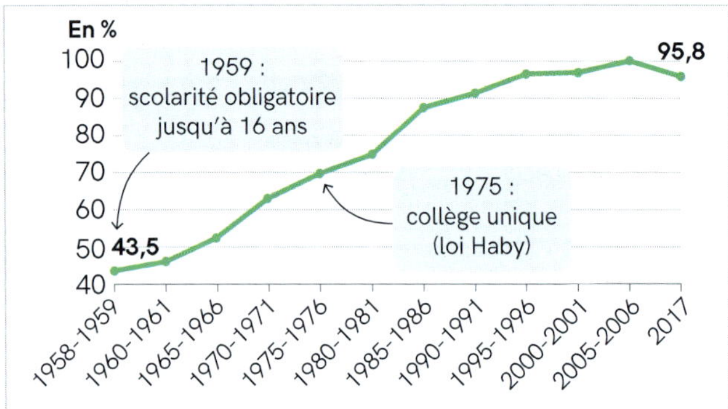

D'après Jean-Michel Chapoulie, *L'École d'État conquiert la France. Deux siècles de politique scolaire*, Presses universitaires de Rennes, 2010 et Insee, 2019

DÉFINITION

Taux de scolarisation : rapport entre le nombre d'élèves, d'étudiants et d'apprentis en formation initiale d'un âge déterminé inscrits dans un établissement d'enseignement, et le nombre de jeunes de cet âge.

QUESTIONS

1. **Calculer.** Comment le taux de scolarisation a-t-il évolué en France entre la fin des années 1950 et 2017 ? → FICHE MÉTHODE 2 P. 359
2. **Expliquer.** En vous appuyant sur la vidéo, expliquez comment la mise en place du collège unique par la loi Haby a pu modifier l'accès aux études secondaires.

Doc 2 Proportion de bacheliers dans une génération

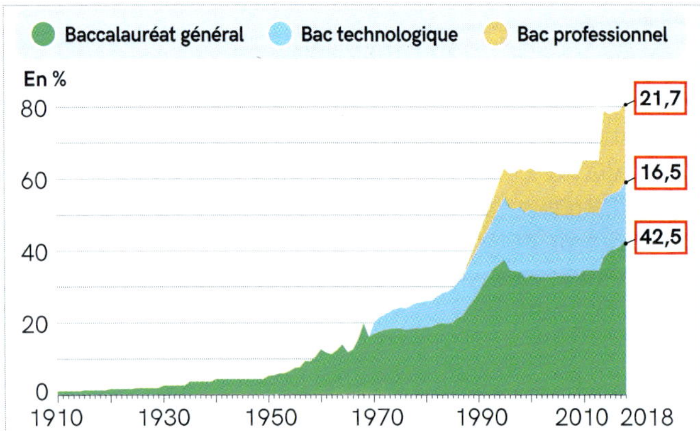

Champ : France métropolitaine avant 2001, France hors Mayotte depuis 2001

D'après MEN, Depp, MESR, système d'information Ocean-Safran, Insee, recensement de la population, 2019

DÉFINITION

Taux d'accès à un diplôme : rapport entre le nombre d'élèves, répartis par année de naissance, accédant à un niveau de diplôme et l'effectif de la génération correspondante.

QUESTIONS

3. **Lire.** Comment le taux d'accès au baccalauréat a-t-il évolué depuis les années 1950 ?
4. **Lire.** L'augmentation de la proportion de bacheliers dans une génération a-t-elle été linéaire ? Justifiez votre réponse.
5. **Expliquer.** En quoi la création du baccalauréat professionnel a-t-elle participé à atteindre l'objectif de « 80 % de bacheliers dans une génération » ?

CHRONOLOGIE

- **1808** : Création du baccalauréat
- **1946** : Apparition de sept séries (quatre classiques, deux modernes et une technique)
- **1965** : Création des filières technologiques et des séries générales A, B, C et D
- **1985** : Objectif : 80 % d'une classe d'âge au niveau du baccalauréat. Création du baccalauréat professionnel
- **1993** : Création des séries ES, L et S (baccalauréat général), STI, STL, SMS et STT (baccalauréat technologique)
- **2019** : Suppression des séries générales ES, L et S remplacées par 12 spécialités dont le choix de combinaisons incombe aux élèves

ACTIVITÉ Accès à l'enseignement supérieur selon l'âge et le milieu social en 2015

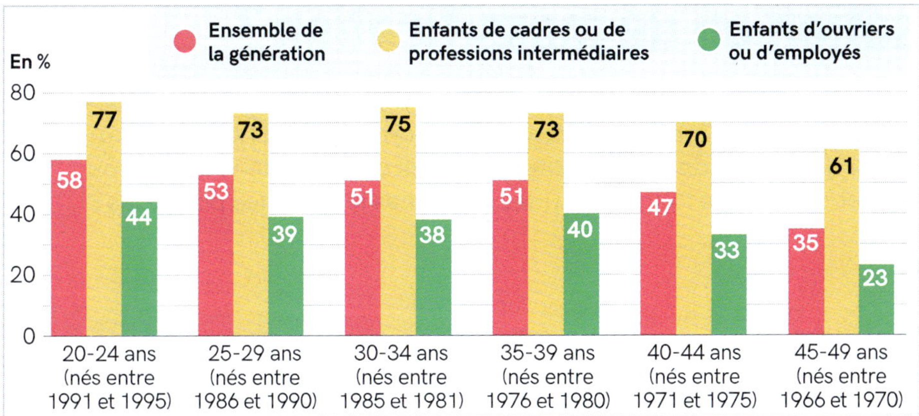

Champ : France métropolitaine.

D'après Insee, Enquête emploi, traitements MENESR-DEPP, 2015

a. Calculez un taux de variation pour mesurer l'évolution de l'accès à l'enseignement supérieur entre générations.

b. Mesurez avec des coefficients multiplicateurs les écarts d'accès à l'enseignement supérieur selon le milieu social au fil des générations et commentez les résultats.

c. En binôme, comparez vos résultats puis présentez-en une synthèse en 2 minutes à l'oral.

MÉMO MATHS
→ FICHE MÉTHODE 2 P. 359

Doc 3 Proportion d'enfants en âge officiel de fréquenter l'enseignement primaire qui sont scolarisés

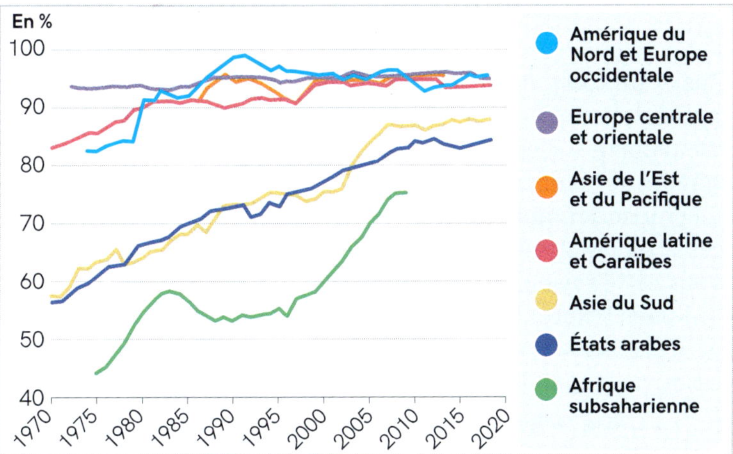

D'après la Banque mondiale, 2020

REPÈRES

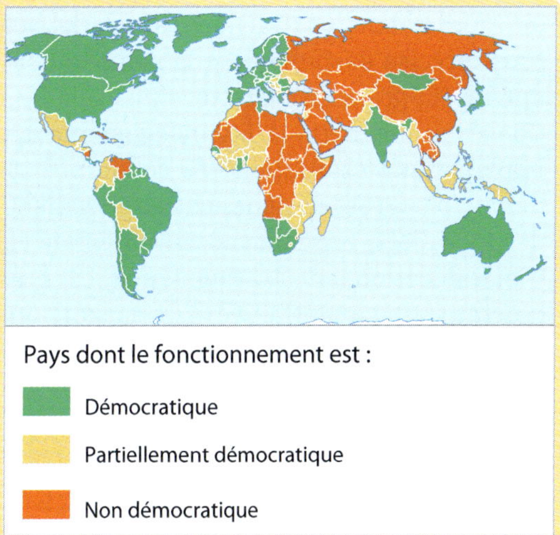

D'après *Courrier international*, sur la base des données du rapport « *Freedom house* » 2019

QUESTIONS

6. **Comparer.** Quelles sont les différences de taux de scolarisation dans les différentes régions du monde ?
7. **Analyser.** En vous aidant de la carte, quel lien de corrélation pouvez-vous établir ? → FICHE MÉTHODE 12 P. 370
8. **Argumenter.** Quel lien de causalité peut-il y avoir entre la situation politique d'un pays et l'accès à l'éducation de sa population ?

EN AUTONOMIE VERS LE BAC

▶▶ **Parcours écrit** Épreuve composée – Partie 2

Après avoir présenté le doc 2, montrez comment a évolué le taux d'accès au baccalauréat en France depuis les années 1950.

▶▶ **Parcours oral** Étape 2 – Se documenter

Choisissez un type de formation du supérieur (BTS, DUT, licence, master, doctorat...) et recherchez des informations sur l'évolution du nombre d'étudiants depuis les années 1950.

Liens vers les sites

MÉMO

- Les différentes réformes menées en France depuis les années 1950 ont porté leurs fruits : une proportion toujours plus élevée d'une génération accède à l'enseignement secondaire, et donc au baccalauréat qui permet d'accéder aux études supérieures. Le niveau de diplôme atteint par chaque génération a également tendance à augmenter.
- L'école est au cœur des préoccupations et de nombreux indicateurs (taux de scolarisation, taux d'accès à un diplôme ou à un type de formation) permettent de mesurer son accès, qui s'est ouvert à tous les milieux sociaux.

3 L'école a-t-elle connu un processus de démocratisation ou de massification ?

▸▸ OBJECTIF
Distinguer les processus de massification et de démocratisation de l'école.

QU'ALLONS-NOUS FAIRE ?

Des élèves provenant d'horizons sociaux éloignés ont aujourd'hui accès au baccalauréat ainsi qu'aux études supérieures. Mais les chances de réussir dans toutes les filières et de faire de longues études sont-elles les mêmes pour tous ?

Doc 1 Quel type de démocratisation ?

Tout au long du XXe siècle, un des objectifs poursuivis par les réformateurs n'est pas seulement d'augmenter la durée des études obligatoires (13 ans en 1882, 14 ans en 1936, 16 ans en 1959), mais aussi de faire en sorte que le destin scolaire soit moins dépendant de l'origine sociale et davantage lié au « mérite individuel ». [...] Cette définition de la démocratisation dite « qualitative » implique l'affaiblissement du lien statistique entre origines sociales et destins scolaires.

[...] « On parle de la démocratisation de l'enseignement comme de celles de l'automobile, des vacances ou de la salle de bains » [Antoine Prost[1]]. Prost précise ensuite que « la démocratisation [quantitative] ainsi entendue ne supprime pas les inégalités, elle les déplace seulement ». Cette définition est problématique. Étymologiquement, un mouvement de démocratisation implique une égalisation des conditions. Or, la démocratisation quantitative définie par Prost désigne un élargissement de l'accès à l'école avec maintien des inégalités, voire une accentuation de celles-ci. Pour cette raison, le terme « massification » de l'enseignement est préférable. [...] Dans l'expression « démocratisation quantitative », on suggère un processus d'égalisation ; dans celle de « massification », on ne préjuge pas d'un tel processus. C'est tout différent.

Pierre Merle, *La Démocratisation de l'enseignement*, coll. « Repères », © Éditions La Découverte, 2017

1. Historien français.

QUESTIONS

1. **Lire.** Quelles sont les caractéristiques des deux types de démocratisation qu'Antoine Prost distingue ?
2. **Expliquer.** Pourquoi le terme de « massification » semble-t-il davantage correspondre à la réalité, d'après l'auteur du texte ?

ACTIVITÉ Part d'enfants de cadres supérieurs et d'ouvriers selon les filières en 2017

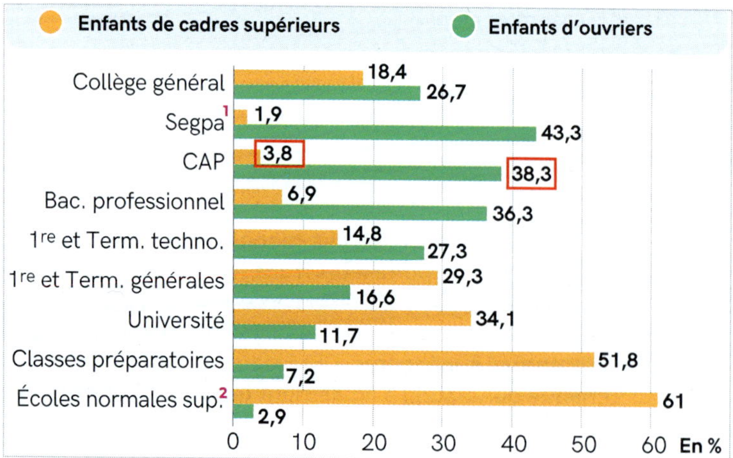

Éducation nationale, données 2017-2018

1. Sections pour les élèves en difficulté au collège.
2. Formation qui conduit aux métiers de la recherche et de l'enseignement.

▸ On peut considérer que la proportion d'enfants de cadres et d'ouvriers au collège correspond approximativement à la proportion d'enfants de chacune de ces catégories dans une génération.

a. Calculez le rapport entre les deux données encadrées.

b. Comparez les proportions d'enfants d'ouvriers et d'enfants de cadres supérieurs dans les trois filières du lycée (professionnelle, technologique, générale).

c. Réalisez un tableau pour indiquer les filières dans lesquelles les enfants de cadres supérieurs ou d'ouvriers sont sur-représentés et sous-représentés.

Tableau à imprimer

MÉMO MATHS
→ FICHE MÉTHODE 1 P. 358
→ FICHE MÉTHODE 2 P. 359

Doc 2 La création de zones d'éducation prioritaire[1]

Une première façon de limiter les inégalités scolaires est de mettre en place une politique de compensation active auprès des élèves et des établissements les plus défavorisés. Il s'agit alors d'une politique d'éducation prioritaire qui consiste à donner plus de moyens – humains, matériels, pédagogiques, etc. – aux établissements qui concentrent le plus de difficultés.

En France, cette politique, mise en place en 1982, a pris la forme des zones d'éducation prioritaire (ZEP). Cette politique territorialisée part du constat que certains établissements scolaires concentrent les handicaps en scolarisant une part importante d'élèves de milieu défavorisé, voire très défavorisé, de migrants de première génération et d'élèves en retard et en difficulté scolaire. Cela implique un contexte de scolarisation plus difficile qui requiert plus de moyens pour compenser autant que possible cette situation et permettre de mieux réaliser une égalité des chances. Il faut noter que cette politique vise à améliorer les conditions d'enseignement et d'apprentissage des élèves sans pour autant s'appliquer à des individus en particulier.

Georges Felouzis, *Les Inégalités scolaires*, PUF, 2014

1. Ces dispositifs ont évolué et ont plusieurs fois changé de nom. Depuis 2014, c'est l'acronyme « **REP** » (Réseaux d'éducation prioritaire) qui est utilisé.

QUESTIONS

3. **Lire.** Quel type d'écoles sont placées en « zone d'éducation prioritaire » ?
4. **Expliquer.** Quel est l'objectif de la mise en place de zones d'éducation prioritaire ?
5. **Expliquer.** En quoi cette politique contribue-t-elle à la démocratisation de l'école ?

Doc 3 Une autre voie d'accès à Sciences Po

2001

Mise en place des Conventions éducation prioritaire (CEP) à Sciences Po

Elles permettent aux élèves de lycées en zones défavorisées de préparer un concours aménagé (deux oraux au lieu du concours écrit) qu'ils préparent au lycée avec leurs professeurs en 1re et en Terminale.

2019

106 CEP mises en place avec des lycées de toute la France.

+ 1 929 élèves de Sciences Po issus de l'éducation prioritaire depuis 2001 → **150 en 2018**, dont 3/4 de boursiers

10 % des élèves de 1re année issus de REP

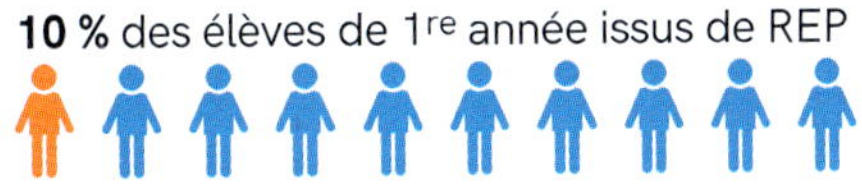

mais **40 %** issus de familles CSP+

→ Des parents qui connaissaient les accords de certains lycées REP avec Science Po y ont inscrit leurs enfants pour augmenter leurs chances d'être admis.

QUESTIONS

6. **Expliquer.** Pourquoi le directeur de Sciences Po a-t-il mis en place les CEP ?
7. **Déduire.** En quoi est-ce révélateur d'une prise de conscience des limites de la démocratisation scolaire ?
8. **Lire.** Quelle limite ce dispositif rencontre-t-il ?

Vidéo
Sciences Po : pari réussi pour les Conventions d'éducation prioritaire

EN AUTONOMIE VERS LE BAC

Parcours écrit Dissertation

Pourquoi la massification n'est-elle pas forcément synonyme de démocratisation ?

Parcours oral Étape 4 – Présenter sa question

Présentez en 5 minutes le dispositif des CEP de Sciences Po. Vous devez utiliser les quatre mots suivants : démocratisation, limites, solutions, chances.

MÉMO

- Malgré le projet de démocratisation du système éducatif, on observe des déséquilibres entre les filières et les poursuites d'études : les élèves de milieux défavorisés sont sur-représentés dans les filières courtes et sous-représentés dans les filières longues et les études prestigieuses.
- Il existe pourtant des tentatives pour remédier à la persistance des inégalités sociales : allouer plus de moyens dans les écoles concentrant une part importante d'élèves défavorisés ou encore aménager l'accès aux études prestigieuses pour favoriser l'équité.

4 Quel lien entre inégalités sociales et inégalités scolaires ?

▸▸ OBJECTIF
Comprendre le rôle de l'école et celui du capital culturel dans la construction des trajectoires individuelles de la formation.

QU'ALLONS-NOUS FAIRE ?

Deux élèves de milieux sociaux différents qui étudient dans le même collège et ont suivi les mêmes cours depuis l'école primaire n'ont pas forcément les mêmes résultats et ne feront pas forcément le même type d'études.

Doc 1 Culture « libre » et culture scolaire

Les étudiants les plus favorisés héritent des savoirs et un savoir-faire, des goûts et un « bon goût » dont la rentabilité scolaire, pour être indirecte n'en est pas moins certaine. La culture « libre » est très inégalement répartie entre les étudiants originaires de milieux différents, sans que l'inégalité des revenus puisse expliquer les écarts constatés. Le privilège culturel est manifeste lorsqu'il s'agit de la familiarité avec les œuvres que seule peut donner la fréquentation régulière du théâtre, du musée ou du concert (fréquentation qui n'est pas organisée par l'École, ou seulement de façon sporadique). [...] C'est peut-être dans les milieux les plus « cultivés » qu'il est le moins besoin de prêcher la dévotion à la culture ou de prendre en main, délibérément, l'initiation à la pratique culturelle. [...] Pour les individus originaires des couches les plus défavorisées, l'École reste la seule voie d'accès à la culture, et cela à tous les niveaux de l'enseignement ; partant, elle serait la voie royale à la démocratisation de la culture, si elle ne consacrait, en les ignorant, les inégalités initiales devant la culture et si elle n'allait souvent – en reprochant par exemple à un travail scolaire d'être trop « scolaire » – jusqu'à dévaloriser la culture qu'elle transmet au profit de la culture héritée qui ne porte pas la marque roturière de l'effort et a, de ce fait, toutes les apparences de la facilité et de la grâce.

Pierre Bourdieu, Jean-Claude Passeron, *Les Héritiers : les Étudiants et la Culture*, Éditions de Minuit, 1964-1985

DÉFINITION

Capital culturel : Selon P. Bourdieu, ensemble des ressources culturelles (langage, savoirs, savoir-faire, biens culturels, diplômes...) dont dispose l'individu.

QUESTIONS

1. **Distinguer.** Quelle est la différence entre la culture « libre » et la culture scolaire ? Donnez un exemple de savoir lié à chacune d'elles.
2. **Déduire.** Pourquoi tous les élèves ne sont-ils pas égaux face à la culture ?
3. **Analyser.** Selon les auteurs, pourquoi peut-on dire que l'école ne valorise pas la culture qu'elle transmet ?

ACTIVITÉ Score moyen des élèves en lecture selon le milieu social[1] en 2018 (PISA)

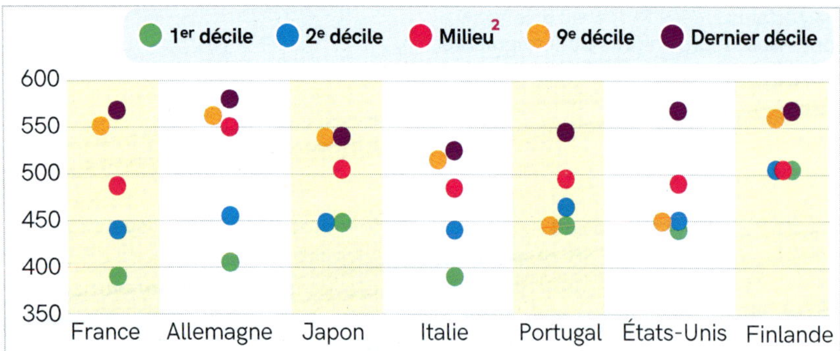

Champ : 6 300 élèves français de 15 ans scolarisés dans 252 collèges et lycées français ont été testés.

D'après Enquête PISA, 2018

1. Le milieu social est indiqué ici en fonction de déciles liés au statut économique, social et culturel, selon l'indice de l'enquête PISA.
2. Entre le 45e et le 55e centile.

a. Comparez l'écart de score entre les enfants issus de familles modestes (1er décile) en France et en Allemagne.

b. Choisissez deux pays et comparez leurs résultats à ceux de la France.

c. En binômes, comparez vos résultats et expliquez-les en 2 minutes à l'oral.

MÉMO MATHS
→ FICHE MÉTHODE 2 P. 359

Doc 2 À réussite égale, choix d'études différents

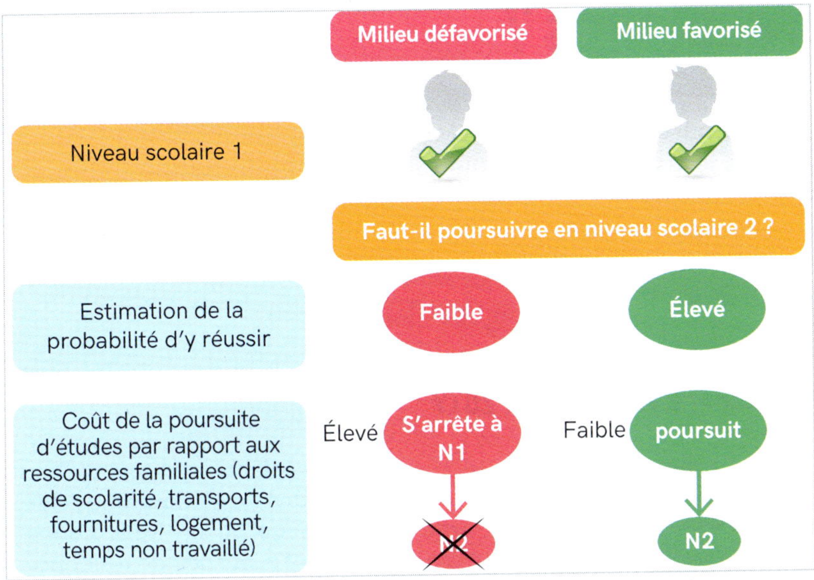

D'après Raymond Boudon (dir.), Nathalie Bulle, Mohamed Cherkaoui, *École et Société : Les Paradoxes de la démocratie*, PUF, 2001

QUESTIONS

4. Synthétiser. À partir du schéma, rédigez une phrase pour mettre en relation le milieu social de l'élève et sa probabilité de poursuite d'études. Votre phrase commencera par : « Pour un même niveau scolaire, un élève issu d'un milieu... ».

5. Expliquer. Montrez que l'intériorisation des inégalités scolaires par les familles renforce les inégalités de poursuites d'études.

Doc 3 Différences ou inégalités ?

Toute répartition inégale d'un bien ne constitue pas nécessairement une inégalité à combattre. Il peut sembler légitime et souhaitable que le salaire des individus dépende de leurs compétences, de leurs talents, de leur capacité à produire de la richesse. Ce principe est fondateur de nos sociétés démocratiques [...]. Toutefois, le problème change de nature si l'inégale répartition ne concerne plus des individus mais des groupes d'individus. Si, à compétence égale, le salaire des femmes est plus faible que celui des hommes, on peut soupçonner une inégalité liée à la nature des rapports sociaux et non à l'utilité sociale du travail des femmes et des hommes. Si l'on se situe dans le domaine scolaire, le raisonnement est le même. Il n'y a rien de déraisonnable à l'idée qu'un élève soit meilleur qu'un autre, [...] et soit orienté dans les meilleures filières du baccalauréat et de l'enseignement supérieur. C'est inscrit dans la nature même de l'école. En revanche, si certaines voies du supérieur sont fermées aux élèves de milieux populaires alors même que les élèves socialement les plus favorisés y sont légion, il se pose un problème d'égalité d'accès aux filières d'élite.

Georges Felouzis, Barbara Fouquet-Chauprade, Samuel Charmillot, Luana Imperiale-Arfaine, « Inégalités scolaires et politiques d'éducation », contribution au rapport « Les inégalités scolaires d'origines sociale et ethnoculturelle », Cnesco, 2016

QUESTIONS

6. Lire. Selon les auteurs, qu'est-ce qui permet de distinguer une inégalité d'une différence ?

7. Déduire. À quelle condition les différences de résultats scolaires pourraient-elles être égalitaires ?

8. Expliquer. Pourquoi peut-on considérer qu'il y a une inégalité d'accès aux filières les plus valorisées ?

EN AUTONOMIE VERS LE BAC

▶▶ **Parcours écrit** Épreuve composée – Partie 1

Expliquez le rôle du capital culturel dans la reproduction des inégalités sociales à l'école.

▶▶ **Parcours oral** Étape 5 – Discuter avec le jury

En binôme, choisissez les spécialités suivies au lycée et le niveau scolaire d'une personne qui aura 25 ans en 2030. Rédigez en une dizaine de minutes son CV fictif puis faites-le lire par votre binôme. Demandez-lui comment il explique la trajectoire de votre personnage et confrontez vos explications aux siennes. Pensez à vous appuyer sur les analyses présentées dans la double page.

Idées de parcours

MÉMO

- Si l'école transmet les mêmes savoirs à tous les élèves, la réception qu'en ont ces derniers diffère selon le capital culturel dont ils héritent de leurs parents. Les jugements scolaires sanctionnent ainsi non seulement les connaissances acquises à l'école mais aussi, indirectement, celles acquises hors de l'école. Le classement scolaire qui en découle détermine l'orientation des élèves.
- Les ressources culturelles de la famille influencent aussi les choix d'études, ce qui peut conduire à une reproduction sociale.

5 Les stratégies familiales accentuent-elles les inégalités scolaires ?

▸▸ OBJECTIF
Comprendre le rôle des investissements familiaux et les effets des stratégies des ménages dan la construction des trajectoires individuelles de formation.

QU'ALLONS-NOUS FAIRE ?

Le bon bulletin d'un enfant de parents non-diplômés, une classe dans laquelle les enfants sont presque tous issus du même milieu social, un établissement obtenant tous les ans 100% de réussite au baccalauréat… de tels phénomènes peuvent-ils s'expliquer à l'aune des stratégies familiales concernant la scolarité des enfants ?

Doc 1 Nombre d'écoles classées en REP ou REP+[1] à Marseille en 2019

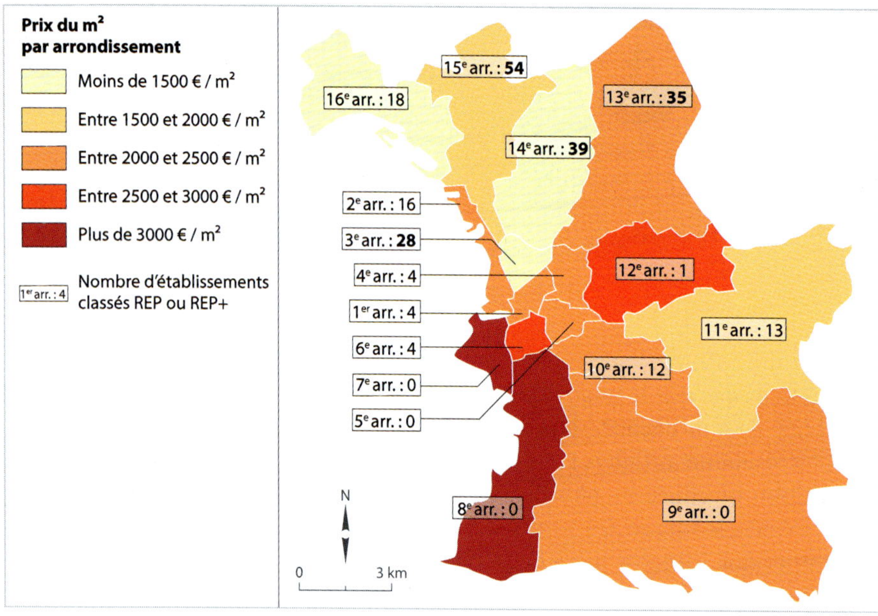

D'après « Annuaire de l'académie de Aix-Marseille », Réseau Canopé, 2019 et « Prix de l'immobilier à Marseille », estimations *Journal du net*, 2018

1. Réseau d'éducation prioritaire renforcé.

DÉFINITION

Carte scolaire : système d'affectation des élèves dans une école, un collège ou un lycée correspondant à leur lieu de résidence. Les familles peuvent toutefois demander une dérogation (pour continuer une option rare, par exemple).

QUESTIONS

1. **Lire.** Existe-t-il une corrélation entre les prix de l'immobilier à Marseille et l'implantation des écoles classées en réseau d'éducation prioritaire ?
→ FICHE MÉTHODE 12 P. 370
2. **Déduire.** Pourquoi existe-t-il une forte probabilité que les élèves d'un même établissement scolaire appartiennent à des milieux sociaux proches ?
3. **Déduire.** Pourquoi les familles les plus aisées peuvent-elles davantage choisir l'école de leur(s) enfant(s) ?

Doc 2 Contourner la carte scolaire

Deligne

QUESTIONS

4. **Expliquer.** Résumez la situation de cette famille.
5. **Déduire.** Selon vous, toutes les familles ont-elles les mêmes connaissances concernant le choix de l'établissement scolaire des enfants ?
6. **Expliquer.** Quelles conséquences peut avoir ce type de stratégie sur l'établissement évité et sur celui qui est choisi ?

ACTIVITÉ Une réussite scolaire inattendue

▶ **Lisez le texte ci-contre, puis complétez le tableau ci-dessous.**

Éléments qui iraient dans le sens de difficultés scolaires pour Salima	Éléments qui permettent de comprendre la réussite scolaire de Salima	Lien entre la réussite familiale et les éléments de la 2e colonne
...	...	...

Tableau guidé

Il y a, dans le cas de Salima, toutes les raisons objectives de penser à un « échec » scolaire probable. En effet, son père, ouvrier électricien non qualifié, et sa mère, femme de ménage à temps partiel, ne sont pas allés à l'école. Sa mère est analphabète et son père lit un peu le français mais ne l'écrit quasiment pas. Et pourtant, Salima [...] est en « réussite » en CE2. Ce n'est pas dans les pratiques de lecture ou d'écritures domestiques des parents que l'on peut trouver une partie de l'explication de la bonne scolarité de Salima. Mis à part la feuille d'impôts [que son père] remplit et les papiers de l'école qu'il signe lui-même, c'est un cousin à lui qui lui fait la plupart de ses papiers. Il n'a pas de chéquier car il a peur de se tromper en le remplissant. Il ne fait pas non plus de pense-bêtes (« J'me rappelle bien que j'ai un rendez-vous quand même, ça, sans écrire, sans rien »). [...]

S'agissant de la scolarité [...], l'école apparaît comme une chose très importante à ses yeux. [...] Il pense, d'une part, qu'on a de moins en moins besoin de manœuvres et que l'école devient donc de plus en plus nécessaire et, d'autre part, que « c'est important d'apprendre ». [...]

Tous les soirs, [il] dit à ses enfants de faire leurs devoirs et regarde régulièrement leurs notes. [...] Lorsque Salima est en vacances d'été, son père veille aussi à lui acheter un cahier d'exercices. [...] Il accompagne souvent ses enfants à la bibliothèque municipale. [...] De plus, s'il n'écrit pas lui-même, il « oblige » ses enfants à faire des choses que lui ne fait pas en matière de pratiques d'écriture. Il leur demande, par exemple, de tenir un agenda pour prévoir et pour se rappeler ce qu'ils ont fait. [...] Il les incite aussi à tenir un journal de vacances pour raconter ce qu'ils font.

Bernard Lahire, *Tableaux de famille, Heurs et malheurs scolaires en milieux populaires*, coédition Gallimard-Le Seuil, coll. « Points Essais », 2016

Doc 3 Prix d'un séjour linguistique

2 semaines de programme Junior 13-17 ans

Junior – Brigthon, Angleterre

– 2 semaines de cours
– 20 cours / semaine
– Cours programme junior

à partir de
2 139 €

Séjour linguistique proposé par l'organisme Voyage-Langue, 2019

QUESTIONS

7. **Expliquer.** Quelles compétences un séjour linguistique permet-il de développer ?
8. **Expliquer.** En quoi ces compétences sont-elles mobilisables en cours ?
9. **Argumenter.** Montrez en quoi ces séjours linguistiques contribuent à des résultats différenciés selon le milieu social.

EN AUTONOMIE VERS LE BAC

▶▶ **Parcours écrit** Épreuve composée – Partie 2

En vous appuyant sur le doc 1, montrez qu'il existe une corrélation entre prix du m² et nombre d'établissement en REP et REP+.

▶▶ **Parcours oral** Étape 4 – Présenter sa question

Préparez un plan pour faire le lien entre choix de l'établissement scolaire et stratégies familiales.

Idées de plan

MÉMO

■ Les inégalités économiques et sociales peuvent engendrer des inégalités scolaires. Mais établir des stratégies visant à développer des compétences en accord avec les attentes scolaires, malgré une faible dotation en capital culturel, peut influer sur ces inégalités.

■ Pour autant, les inégalités territoriales se répercutent sur les établissements scolaires, qui peuvent manquer de mixité. Ce phénomène est renforcé par les stratégies de certaines familles qui tentent d'échapper à des établissements de faible niveau.

6 Comment la socialisation selon le genre engendre-t-elle des inégalités scolaires ?

OBJECTIF
Comprendre le rôle de la socialisation selon le genre dan[s] la construction des trajectoires individuelles de formation.

QU'ALLONS-NOUS FAIRE ?

Un garçon et une fille peuvent être issus du même milieu social, être dans la même classe et suivre les mêmes cours. Pourtant, leur attitude, leurs résultats, leur ressenti face à l'école, puis leur choix de formation peuvent être différents.

Doc 1 Des comportements différenciés

Les chiffres parlent d'eux-mêmes : au collège, [les garçons] représentent 80 % des élèves sanctionnés tous motifs confondus, 92 % des élèves sanctionnés pour des actes relevant d'atteinte aux biens et aux personnes, ou encore 86 % des élèves des dispositifs Relais, qui accueillent les jeunes entrés dans un processus de rejet de l'institution scolaire.

Tous ces garçons ont-ils des problèmes, des troubles du comportement et/ou de l'apprentissage ? Eh bien non, loin s'en faut. Des travaux récents montrent que leurs transgressions et leurs difficultés scolaires sont, le plus souvent et quel que soit leur milieu social d'origine, des conduites liées à la construction même de leur identité masculine. [...]

Très jeunes et surtout pendant les années de collège, [...] les garçons se retrouvent, en effet, pris entre deux systèmes normatifs. Le premier, véhiculé par l'école, prône les valeurs de calme, de sagesse, de travail, d'obéissance, de discrétion, vertus traditionnellement associées à la féminité. Le second, relayé par la communauté des pairs et la société civile, valorise les comportements virils et encourage les garçons à tout le contraire : enfreindre les règles, se montrer insolents, jouer les fumistes, monopoliser l'attention, l'espace, faire usage de leur force physique, s'afficher comme sexuellement dominants. Le but est de se démarquer hiérarchiquement, et à n'importe quel prix, de tout ce qui est assimilé au « féminin » [...].

Sylvie Ayral, Yves Raibaud, « En finir avec la fabrique des garçons », *Libération*, 2014

QUESTIONS

1. **Illustrer.** En vous appuyant sur le texte et/ou la photographie, donnez deux exemples de normes « masculines ».
2. **Expliquer.** Comment la socialisation genrée permet-elle de comprendre le comportement des garçons à l'école ?
3. **Lire.** Comment ce comportement est-il accueilli par l'école ?
4. **Déduire.** Quelles répercussions cela peut-il avoir sur la réussite scolaire des garçons ?

Doc 2 Estimation par l'élève de son propre niveau en mathématiques

Niveau de l'élève d'après ses notes / Estimation de son niveau (en %)	Très bon et bon	Assez bon	Médiocre	Mauvais et très mauvais	Ensemble
Garçons forts	84	10	6	0	100
Filles fortes	55	35	9	1	100
Garçons moyens	24	50	21	5	100
Filles moyennes	16	54	22	8	100
Garçons faibles	2	23	36	39	100
Filles faibles	2	15	34	49	100

Christian Baudelot, Roger Establet, *Quoi de neuf chez les filles ?*, Le Seuil, 2007 (dernières données disponibles sous cette forme)

QUESTIONS

5. **Comparer.** Rédigez une phrase pour présenter les deux données encadrées en rouge.
6. **Calculer.** Résumez l'enseignement principal de ce tableau en vous appuyant sur des calculs de taux de variation. → FICHE MÉTHODE 2 P. 359
7. **Synthétiser.** En vous aidant du doc 1, montrez que ces résultats reflètent des différences dans le processus de socialisation entre les filles et les garçons.

Doc 3 Les résultats scolaires des filles et des garçons en 2017

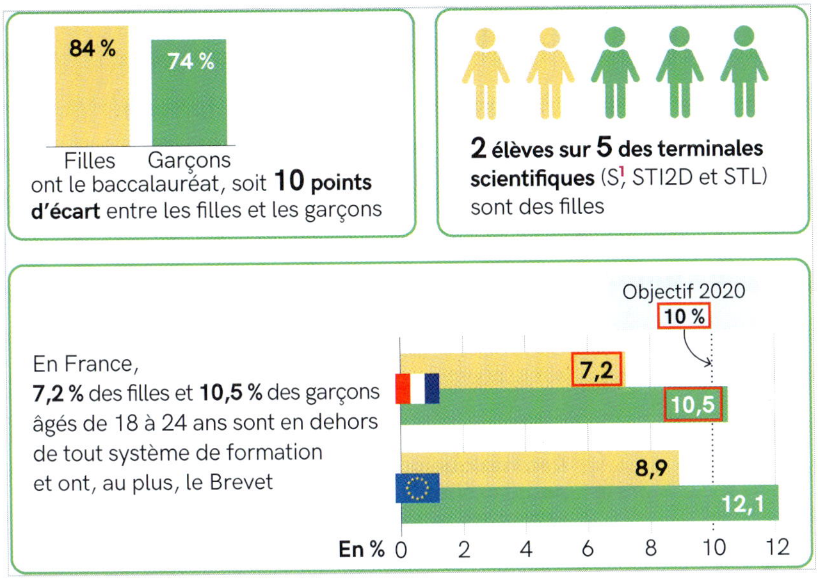

1. À partir de 2020, le bac S n'existe plus. Les anciennes filières générales sont remplacées par des combinaisons de spécialités.

D'après « Filles et garçons sur le chemin de l'égalité, de l'école à l'enseignement supérieur », Depp, 2019

QUESTIONS

8. **Lire.** Comparez le taux de réussite des filles et des garçons en 2017.
9. **Comparer.** Rédigez une phrase pour comparer les données encadrées en rouge.
10. **Déduire.** En vous appuyant sur le doc 1, expliquez comment la socialisation différenciée peut expliquer cet écart.

ACTIVITÉ L'impact des choix universitaires sur l'insertion professionnelle

	Part des femmes (en pourcentage)	Emplois cadres et professions intermédiaires à 18 mois (en pourcentage)	Salaire net mensuel médian à temps plein à 18 mois (en euros)
Parcours LMD[1]			
Droit-économie-gestion	58	81	1 900
Lettres-Langues-Arts	78	63	1 500
Licence professionnelle			
Lettres-Langues-Arts	71	50	1 400
Sciences-Technologies-Santé	27	82	1 600
DUT (Bac +2)			
Carrières sociales	78	29	1 250
Génie électrique et informatique industrielle	1	79	1 600

Enquête relative à l'insertion professionnelle des diplômés 2015 de l'université, réalisée entre décembre 2017 et avril 2018, ministère de l'Enseignement supérieur, de la Recherche et de l'Innovation, 2018

1. **L** pour Licence, **M** pour master, **D** pour doctorat. Respectivement 3, 5 et 8 années d'études universitaires.

▶ **Réalisez un schéma pour relier socialisation genrée et emploi occupé 18 mois après la fin des études.**

▶ **Pour vous aider, comparez les données encadrées en rouge en effectuant les calculs adéquats et utilisez les données du tableau.**

Aide pour le schéma

MÉMO MATHS
→ FICHE MÉTHODE 2 P. 359

EN AUTONOMIE VERS LE BAC

▶▶ **Parcours écrit** Épreuve composée – Partie 3

En utilisant les documents 1, 2 et 3, montrez quels paradoxes peut entraîner la socialisation genrée.

▶▶ **Parcours oral** Étape 2 – Se documenter

Faites des recherches sur la socialisation genrée et ses effets sur la construction des trajectoires de formation des filles et des garçons. Pensez à varier les sources. N'hésitez pas à consulter des manuels de SES de Seconde et Première.

MÉMO

■ Filles et garçons intériorisent des manières d'être et de penser différentes. Les valeurs dites « féminines » sont plus proches de la norme scolaire que les valeurs dites « masculines ». Cela peut en partie expliquer une plus grande réussite générale des filles jusqu'au baccalauréat.

■ Pourtant, elles ont généralement moins confiance en leurs capacités scolaires que les garçons et tendent à s'engager davantage dans des filières offrant des opportunités d'accès moindres aux postes d'encadrement et aux postes les plus rémunérateurs.

→ MÉTHODE DU GRAND ORAL P. 22

L'uniforme à l'école : pour ou contre ?

Et si tous les élèves étaient habillés de la même façon ? En l'absence de marques, moins de différences économiques visibles. Mais l'uniforme scolaire fait débat. Peut-il permettre de lutter efficacement contre les inégalités scolaires ?

DOC 1 L'opinion des Français sur le port de l'uniforme à l'école

Réponse à la question : « Êtes-vous favorable au rétablissement de l'uniforme à l'école ? »

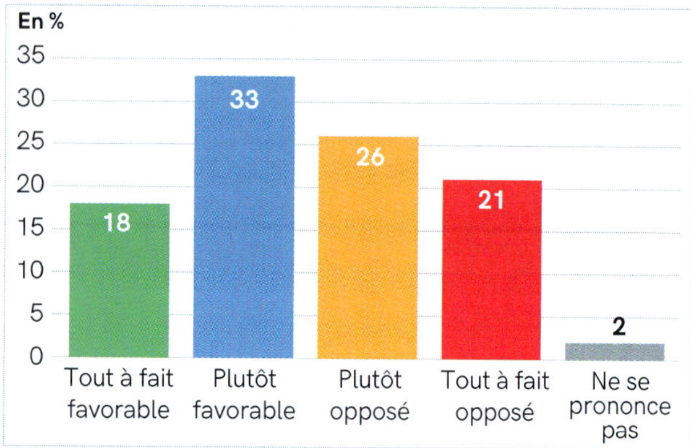

D'après Statista, 2020

CONSEIL

Chronométrez-vous.
Habituez-vous à vous chronométrer quand vous répétez votre exposé ou lors de prises de parole. Vous vous familiariserez ainsi avec les « cinq minutes ».

? Comment se positionnent les Français sur la question de l'uniforme scolaire ?

Retenez quelques données chiffrées pour les citer le jour du Grand Oral et montrer que vous avez étudié le sujet sérieusement.

Lorsque vous étudiez des statistiques, pensez à établir des comparaisons, à mettre en relation plusieurs données, à apporter des nuances. Citez deux données complémentaires qu'il pourrait être intéressant d'étudier pour compléter ce graphique.

DOC 2 Des arguments en faveur de l'uniforme

Lutte pour la laïcité, retour à la tradition... Au-delà des postures qui entourent cette mesure [...], l'uniforme présente, pour ses promoteurs, de réels avantages. « Ce vêtement serait l'emblème de l'appartenance à un établissement, qui est la cellule de base de la communauté éducative, comme la famille est la cellule de base de la société », expliquait [...] Annie Genevard[1], dans une interview à *L'Obs*. Comme elle, des partisans de la tenue unique estiment qu'elle permettrait de créer du lien, entre les élèves d'une part, mais plus largement au sein de l'école. Il y aurait ainsi une certaine fierté à arborer l'écusson de son établissement, comme un signe de reconnaissance. « On ne pense pas que ça va résoudre les problèmes à l'école mais ça peut être intéressant pour le sentiment d'appartenance, pour montrer qu'on est dans un lieu à part, assure Jean-Rémi Girard, vice-président du Syndicat national des lycées et collèges (Snalc). C'est symbolique, il n'y a pas besoin d'une tenue complète, ça pourrait simplement être une couleur », tempère-t-il immédiatement.

Charlotte Belaïch, « Uniforme à l'école : l'éternel retour », *Libération*, 2017

1. Vice-présidente de l'Assemblée nationale.

À Provins (Seine-et-Marne), depuis 2018, les élèves de certaines écoles élémentaires peuvent, s'ils le souhaitent, porter un uniforme.

? Quels sont les principaux arguments des personnes qui sont favorables à l'uniforme ?

Lorsque vous abordez un thème, pensez à présenter des arguments et des exemples.

Recherchez des milieux professionnels où une tenue commune est exigée. Qu'est-ce qui la justifie ? En quoi cela participe-t-il à renforcer le sentiment d'appartenance à un groupe social ?

DOC 3 Des arguments contre l'uniforme

Dans les années 1950, les blouses servaient à protéger les vêtements des élèves.

Mais quand certains voient dans l'uniforme un vecteur de cohésion – objectif difficilement discutable –, d'autres rappellent qu'au passage, la liberté individuelle en prendrait un coup. Et les mots, il faut l'avouer, leur donnent raison : étymologiquement, « uniformisation » et « uniforme » ne sont-ils pas liés ? « Avoir le choix, c'est aussi important en termes de conception de la personnalité. L'uniforme nie les singularités. Il y a une logique politique de formatage. Un État qui commence à contraindre les corps, ce n'est jamais bon signe », affirme Christian Chevalier. « L'école est déjà un lieu à part, protégé, et le monde est fait de diversité », poursuit le secrétaire général de l'Unsa, rappelant ainsi qu'à travers la tenue des écoliers, ce sont aussi deux visions de l'école qui s'affrontent : sanctuaire ou ouverte sur la société.

Charlotte Belaïch, « Uniforme à l'école : l'éternel retour », *Libération*, 2017

? Quels sont les principaux arguments des personnes qui sont défavorables à l'uniforme ?

N'hésitez pas à faire des références aux autres matières que vous étudiez, qu'il s'agisse du tronc commun, de votre autre spécialité ou de vos options.

▶ *Humanités, littérature et philosophie*

En vous appuyant sur le texte, formulez une question articulant le thème de l'uniforme à l'école à celui de la recherche de soi.

DOC 4 La tenue vestimentaire : seul marqueur d'inégalité à l'école ?

Riad Sattouf, *Les Cahiers d'Esther*, « Histoires de mes 11 ans », Allary Éditions, 2017

CONSEIL

Dites « je » et engagez-vous.
C'est vous qui allez choisir le sujet de votre exposé. C'est parce qu'il vous intéresse. Impliquez-vous et n'hésitez pas à dire « je » dans l'exposé et les discussions qui vont suivre avec le jury.

? D'après ce document, l'uniforme suffirait-il à masquer les inégalités économiques à l'école ?

Pensez à conclure votre exposé sur une ouverture pour élargir le champ de votre question. Cela montrera au jury que vous savez prendre du recul.

Sur quoi reposent principalement les inégalités scolaires ? Proposez d'autres solutions qui permettraient de les réduire.

PRÉPARER LE GRAND ORAL

Grille d'évaluation

À partir des documents du chapitre et de vos recherches, préparez-vous à répondre à la question : « Pour ou contre l'uniforme à l'école ? ». Créez votre support, distribuez-le à un jury d'élèves et présentez votre travail en 5 minutes. À l'issue de votre présentation, le jury vous posera des questions.

CROISER LES DISCIPLINES SES ET LLCE

Faites des comparaisons pour enrichir votre argumentation. L'uniforme est obligatoire dans de nombreux pays anglophones, par exemple. Choisissez-en un, renseignez-vous sur le type d'uniforme adopté, les raisons qui poussent à l'adopter, ses critiques éventuelles…

L'ESSENTIEL

Quelle est l'action de l'école sur les destins individuels et sur l'évolution de la société ?

Podcast du cours

EXO Cartes mémoire interactives

Définitions

Capital culturel : selon P. Bourdieu, ensemble des ressources culturelles (langage, savoirs, savoir-faire, biens culturels, diplômes...) dont dispose un individu. Il s'accumule notamment grâce à l'école mais aussi par des démarches personnelles et des rencontres.

Démocratisation : processus par lequel le destin scolaire est moins dépendant de l'origine sociale et davantage lié aux résultats obtenus grâce à l'investissement consenti (mérite).

Égalité des chances : égal accès à la réussite scolaire et à l'ensemble des positions sociales.

Massification : augmentation des effectifs scolaires pour chaque niveau d'enseignement.

Taux de scolarisation : rapport entre le nombre d'élèves, d'étudiants et d'apprentis en formation initiale d'un âge déterminé inscrits dans un établissement d'enseignement, et le nombre de jeunes de cet âge.

Chiffres clés

En France, en 2015

enfants d'ouvriers ou d'employés âgés de 20 à 24 ans titulaires du baccalauréat	59 %
enfants de cadres ou de professions intermédiaires âgés de 20 à 24 ans titulaires du baccalauréat	87 %
femmes parmi les étudiants inscrits en formations scientifiques de l'enseignement supérieur	40 %

L'école est une institution qui a pour but de transmettre des savoirs et des compétences aux élèves afin qu'ils puissent se les approprier et prendre une place active dans la vie économique, sociale et culturelle.

Démocratisation ou massification de l'enseignement ?

▸▸ L'école transmet des **savoirs** en dispensant des cours dans de nombreuses disciplines aux élèves.

▸▸ Parce qu'elle constitue un pilier de la **République**, l'**école** a aussi pour but de développer l'**esprit critique** des élèves afin qu'ils deviennent des **citoyens autonomes**. En tant qu'institution démocratique, elle vise et promeut le principe d'**égalité des chances** : chaque élève doit disposer des mêmes chances de réussir, quel que soit son milieu social d'origine.

▸▸ Dans ce but de **démocratisation**, l'école connaît des **mutations** importantes à partir de la deuxième moitié du XXe siècle. **Le taux de scolarisation** augmente de façon régulière. L'extension de la scolarité **obligatoire jusqu'à 16 ans** entre dans la loi en 1959 puis, en 1975 avec la loi Haby, les différentes filières destinées aux élèves du collège sont supprimées pour laisser place au **collège unique**. Les collégiens reçoivent tous le même enseignement général et peuvent ensuite s'orienter vers des **filières professionnelles, technologiques ou générales** du lycée.

▸▸ En 1985 est fixé l'objectif de **80 % de bacheliers** au sein d'une classe d'âge. L'ouverture du secondaire et du supérieur à tous les milieux sociaux a permis de **démocratiser** l'école en ce sens qu'elle est devenue accessible à tous : chacun dispose alors des **mêmes ressources** pour réussir.

▸▸ Pourtant, le système de **sélection** par filières reproduit en partie, plus tardivement qu'auparavant, les hiérarchies sociales. Si, effectivement, 80 % d'une classe d'âge obtient désormais le baccalauréat, la proportion d'enfants d'ouvriers est plus élevée parmi les bacheliers de la voie professionnelle que générale. Le terme de « **massification** » semble alors plus pertinent pour désigner l'**augmentation des effectifs** à l'école sans que cela ne s'accompagne d'une **réduction significative des écarts** de réussite scolaire entre les élèves issus de différents milieux sociaux.

La multiplicité des facteurs d'inégalités dans la réussite scolaire

▸▸ Il existe un lien statistique entre l'**origine sociale** des élèves et leurs **résultats scolaires**. Le principe d'égalité des chances semble donc être malmené. Plusieurs analyses apportent un éclairage permettant de comprendre ce lien de **causalité**.

▸▸ La familiarité que les familles dont le **capital culturel** est le plus élevé entretiennent avec les différents usages du langage, de la lecture, et plus généralement avec la culture (théâtre, arts, cinéma, littérature...), **valorisée** par l'institution scolaire, offre aux enfants des prérequis qui facilitent leur **réussite scolaire**, ce qui constitue un avantage par rapport aux enfants issus de milieux populaires.

Les **inégalités scolaires** s'analysent aussi à l'aune des **choix** opérés lors du processus d'**orientation**. En effet, les familles et les élèves effectuent **un calcul rationnel** qui consiste à comparer les **coûts** et les **avantages** d'une **poursuite d'études**. Plus le niveau social de la famille est élevé, plus le coût de poursuite d'études est faible par rapport aux avantages escomptés.

Les **inégalités territoriales** et les **stratégies d'évitement de la carte scolaire** par certaines familles participent enfin à **réduire la mixité sociale** dans certaines écoles, ce qui a un impact sur l'accumulation des **difficultés** pour les élèves les plus défavorisés.

Les statistiques révèlent que les **enfants d'ouvriers peuvent réussir** scolairement, même si la probabilité est moins élevée que pour les enfants de cadres. L'**investissement** des familles de milieux populaires dans le suivi de la scolarité des enfants est en effet un facteur de réussite.

La **socialisation selon le genre** transmet, plus ou moins consciemment, des **manières de se comporter** différentes aux garçons et aux filles. Pourtant, l'école attend des élèves un **comportement scolaire**, c'est-à-dire sérieux et obéissant. Les comportements dits « féminins » (patience, obéissance...) sont donc davantage en adéquation avec les normes scolaires que les comportements dits « masculins » (énergie, assurance...). Cela participe à expliquer les **écarts de performance** scolaire entre les filles et les garçons.

Pourtant, si les filles **réussissent** mieux que les garçons, elles sont aussi globalement plus enclines à **sous-évaluer** leurs compétences, tandis que les garçons affichent plus facilement de l'**ambition**. On retrouve alors une part plus importante de garçons dans les filières scientifiques et de filles dans les filières sociales et littéraires. Cela ne pourrait être qu'une différence si ces diplômes n'entraînaient pas des différences de **rémunération** sur le marché du travail.

Ne pas confondre

Massification
augmentation des effectifs scolaires

≠

Démocratisation
égalisation des chances de réussite scolaire et d'accès aux différentes filières et aux études supérieures

Le taux de scolarisation en France (2017-2018)

Presque **100 %** des 4-14 ans
95,8 % à 16 ans
79 % à 18 ans
55 % à 20 ans

CE QU'IL FAUT SAVOIR

1. Quel est le rôle de l'école.
2. Comment ont évolué les principaux indicateurs mesurant l'accès à l'école et à l'enseignement supérieur depuis les années 1950.
3. Quels sont les facteurs d'inégalité de réussite scolaire et leurs effets sur la construction des trajectoires de formation des élèves.

Repères

- **1959** Scolarité obligatoire portée de 14 à 16 ans
- **1975** Collège unique (loi Haby)
- **1981** Création de l'éducation prioritaire
- **1985** Création du baccalauréat professionnel
- **1989** Loi d'orientation sur l'éducation fixant l'objectif de 80 % d'une classe d'âge ayant le baccalauréat
- **2005** La loi d'orientation et de programme pour l'avenir de l'école fixe l'objectif de 50 % d'une génération avec un diplôme de l'enseignement supérieur
- **2008** Création des cordées de la réussite : partenariat entre des établissements de l'enseignement supérieur et des lycées situés dans des quartiers prioritaires
- **2017** Dédoublement des classes de CP et CE1 en zone d'éducation prioritaire

Réviser en vidéos

« L'école accroît-elle les inégalités ? », (3 min. 7 sec.), *Alternatives économiques*, 2017

« Ouvrir les grandes écoles de commerce aux milieux populaires », (2 min. 57 sec.), Xerfi Canal, 2019

L'ESSENTIEL

SCHÉMA DE SYNTHÈSE

Schéma interactif

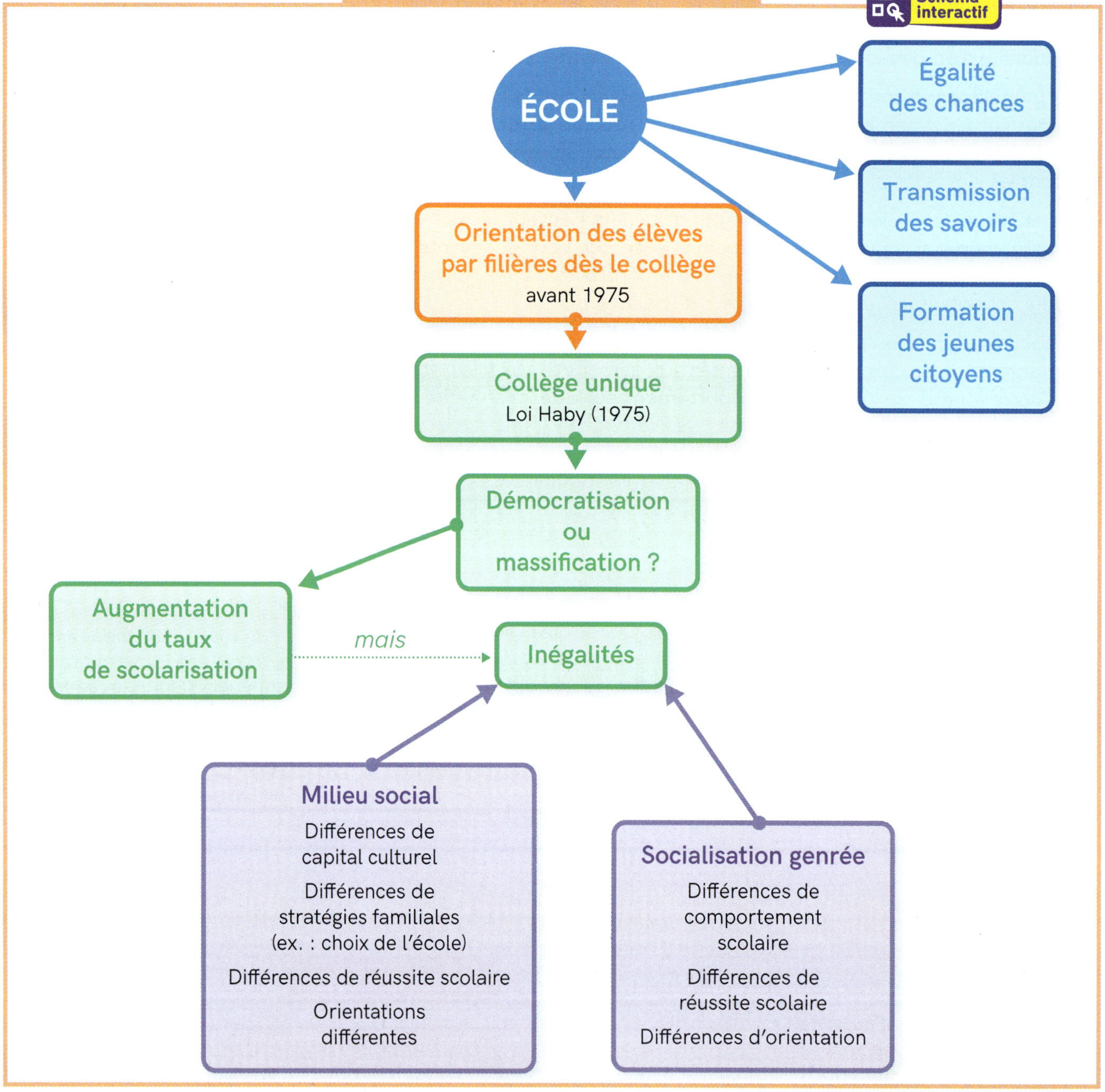

POUR ALLER PLUS LOIN

Les Cahiers d'Esther, de Riad Sattouf, Allary Éditions, 2019

Les histoires réalistes et drôles du quotidien d'une jeune fille avec sa famille, ses amis, ses camarades de classe, ses professeurs…

Entre les murs, de Laurent Cantet, 2008

Les difficultés, réussites, projets et cas moraux que rencontre un professeur de français avec une classe de collège d'un quartier défavorisé.

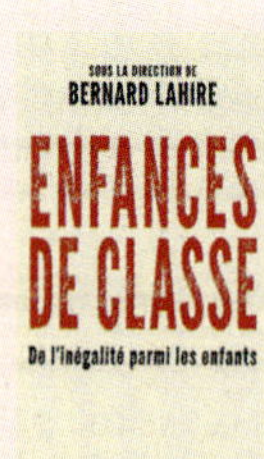

Enfances de classe, dirigé par Bernard Lahire, Le Seuil, 2019

Une équipe de sociologues est partie à la rencontre d'enfants issus de différents milieux sociaux. Chaque chapitre présente le contexte familial de l'enfant, son comportement, ses résultats scolaires, les ressources économiques, sociales et culturelles de ses proches.

EXO Exercices interactifs

EXERCICES

Corrigés

1 Reliez chaque notion à la bonne définition.

Capital culturel 1	a augmentation des effectifs scolaires pour chaque niveau d'enseignement
Démocratisation 2	b rapport entre le nombre d'élèves, répartis par année de naissance, accédant à un niveau de diplôme et l'effectif de la génération correspondante
Taux de scolarisation 3	c ensemble des ressources culturelles (langage, savoirs, savoir-faire, biens culturels, diplômes, rapport à l'école) dont dispose un individu
Massification 4	d égal accès à la réussite scolaire et à l'ensemble des positions sociales
Égalité des chances 5	e rapport entre le nombre d'élèves d'un âge déterminé étant inscrits dans un établissement d'enseignement et le nombre de jeunes de cet âge
Taux d'accès à un diplôme 6	f faire en sorte que le destin scolaire soit moins dépendant de l'origine sociale et davantage lié aux résultats obtenus grâce à l'investissement consenti (mérite)

2 Vrai ou faux ?

	VRAI	FAUX
a. Le destin scolaire des élèves ne dépend pas de leur origine sociale.	☐	☐
b. Le processus de démocratisation implique une égalisation des chances tandis que la massification implique un déplacement des inégalités.	☐	☐
c. Les filles et les garçons s'orientent dans les mêmes proportions vers les filières scientifiques.	☐	☐
d. Aujourd'hui, la majorité des jeunes obtient un baccalauréat général.	☐	☐
e. La poursuite des études repose sur un calcul comparant le coût et les bénéfices estimés.	☐	☐
f. Les établissements scolaires accueillent tous des publics mixtes socialement.	☐	☐

3 Pour chaque ligne, remettez les étiquettes dans l'ordre pour présenter le mécanisme conduisant à la situation indiquée dans la dernière étiquette.

notation | milieu d'origine | mobilisation de la culture | valorisation de l'école | capital culturel → réussite scolaire

garçons moins dociles | socialisation genrée | potentielles sanctions scolaires | manières d'agir différentes → potentiel échec scolaire

conditions d'apprentissage dégradées | absence de mixité sociale | inégalités territoriales → renforcement des inégalités sociales

BAC

Sujet guidé – Dissertation 4h

Sujet vierge à imprimer | Grille d'évaluation

À quelles difficultés se heurte le principe d'égalité des chances à l'école ?

Trouvez des synonymes pour « difficultés » et « se heurte », cela facilitera votre reformulation de la problématique.

Analysez la formulation : le sujet vous invite-t-il à débattre d'un sujet ou à analyser des mécanismes ?

Repérez les **notions centrales** du sujet, et pensez à les définir dans votre introduction.

Doc 1 Personnes ayant visité un musée ou une exposition entre 2017 et 2018, en %

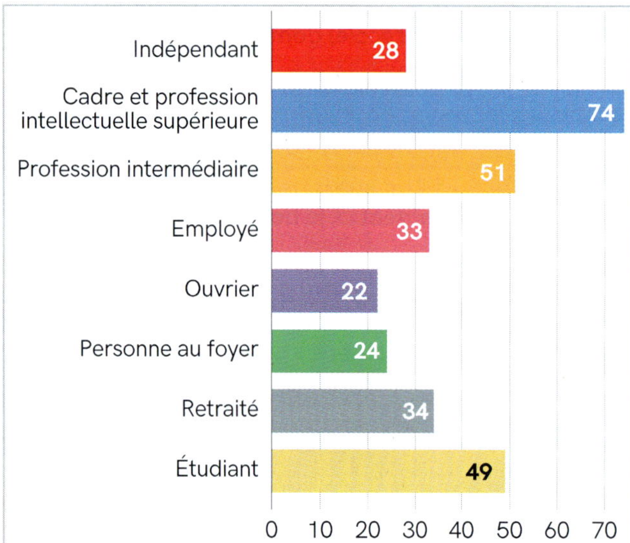

Enquête « conditions de vie et aspirations », CREDOC, juin 2018

Doc 3

L'écart de composition sociale entre public et privé, qui diffère selon les territoires, est particulièrement fort à Paris. Les enfants issus de milieux très favorisés socialement (cadres, enseignants) constituent en 2015 près des trois quarts des élèves scolarisés en 6e dans un établissement privé, tandis qu'ils ne représentent que la moitié de l'ensemble des élèves parisiens. À l'inverse, si 19 % des élèves de 6e parisiens sont issus de milieux défavorisés, ils sont presque absents des collèges privés (4 % seulement des effectifs de 6e), et sont sur-représentés parmi les élèves scolarisés dans leur collège de secteur (ils constituent 26 % de ceux-ci). En revanche, les origines sociales des élèves scolarisés dans un collège public hors secteur sont en moyenne très proches de celles des élèves scolarisés dans leur collège de secteur, même si des différences existent à une échelle plus locale et contribuent à la ségrégation. Des constats similaires peuvent être faits à Clermont-Ferrand et à Bordeaux.

« La ségrégation sociale entre collèges », Insee Analyses n° 40, 2018

Doc 2 Répartition des élèves de sixième ayant redoublé, selon l'origine sociale (en 2017)

	Part (en %)
Agriculteur	5,3
Artisan, commerçant	6,0
Cadre	1,9
Profession intermédiaire	4,3
Enseignant	1,7
Employé	6,5
Ouvrier	10,4
Ensemble	**7,7**

Observatoire des inégalités, 2019

Doc 4 Répartition des élèves inscrits au lycée selon l'origine sociale à la rentrée 2018, en %

	1re et Tle générales	1re et Tle technologiques	Bac pro, BMA (brevet des métiers d'art)
Agriculteurs	1,6	1,3	1,1
Artisans, commerçants, chefs d'entreprise	10,9	11,2	9,4
Prof. libérales, cadres	29,3	14,8	7,0
Enseignants	5,4	2,1	0,9
Prof. Intermédiaires	14,1	14,1	10,9
Employés	15,7	19,1	19,3
Ouvriers	16,3	26,8	34,9
Retraités	1,9	2,2	2,3
Inactifs	4,7	8,3	14,3
TOTAL	**100,0**	**100,0**	**100,0**

Champ : France métropolitaine + DOM, public et privé

« Repères et références statistiques sur les enseignements, la formation et la recherche », DEPP, édition 2019

BAC

Méthode

ÉTAPES 1 ET 2 **Analyser le sujet, problématisez et mobiliser ses connaissances** Au brouillon

❶ ◗ Repérez et analysez tous les termes importants du sujet. →GUIDAGE P. 210

◗ À partir de votre analyse, déduisez-en le type de plan à adopter. →TYPE DE PLANS P. 18

◗ Formulez une problématique : reformulez le sujet, puis proposez un questionnement qui synthétise les enjeux de la question posée.

❷ ◗ Indiquez au brouillon tous les exemples, idées, théories, faits, éléments de cours... qui peuvent être mobilisés.

ÉTAPE 3 **Exploiter le dossier documentaire** Au brouillon

◗ Lisez attentivement chaque document et résumez la (ou les) idée(s) principale(s) en lien avec le sujet.

◗ Pensez à repérer la source, le cadre spatio-temporel, les notions ou mécanismes importants et les outils statistiques. Faites attention aux unités.

ÉTAPE 4 **Construire un plan détaillé** Au brouillon

◗ À partir des informations récoltées, créez ou affinez votre plan détaillé. Il doit comporter deux ou trois parties, chacune subdivisée en deux ou trois sous-parties.

◗ Rédigez les titres des parties et sous-parties sous la forme de phrases indiquant explicitement le sens des arguments que vous allez y développer.

ÉTAPE 5 **Rédiger l'introduction et la conclusion** Au brouillon

◗ **L'introduction** est organisée en 3 parties : l'accroche, l'annonce de la problématique et l'annonce du plan.

◗ Rédigez la conclusion. →MÉTHODE P. 19

ÉTAPE 6 **Rédiger son devoir** Sur votre copie →MÉTHODE P. 19

CONSEIL
Si vous avez déjà une idée des grands axes de votre réponse, **classez** ces éléments dans votre plan.

CONSEIL
N'hésitez-pas à **rédiger des phrases** afin de vérifier que vous avez compris le sens des données, voire à **faire des calculs simples** pour comparer des données.

CONSEIL
N'oubliez pas d'indiquer dans votre plan détaillé les **documents** que vous allez mobiliser.

CONSEIL
N'oubliez pas d'intégrer, en accroche ou avec la problématique, la **définition des notions centrales** du sujet.

Voici un exemple de plan détaillé et de paragraphe rédigé pour cette dissertation. Rédigez le reste du devoir à l'aide de la méthode et de vos connaissances.

Exemple de plan détaillé

I. La difficulté à neutraliser l'influence de la socialisation familiale.

A. Un capital culturel inégalement réparti...

B. ... qui produit des trajectoires scolaires différenciées.

II. Les stratégies déployées par les familles participent à reproduire les inégalités.

A. Choisir sa filière : un calcul coût-avantage dont le résultat varie socialement.

B. Choisir son établissement : une action réservée aux familles les mieux dotées économiquement et socialement.

Développez votre raisonnement en affirmant l'idée principale que vous voulez développer, puis en l'expliquant et enfin en l'illustrant avec les données des documents.

La dotation en capital culturel est inégale selon les milieux sociaux. Le capital culturel désigne l'ensemble des ressources culturelles que possède un individu, il regroupe les connaissances, les diplômes et les objets culturels.

Appuyez-vous sur vos connaissances et les données du document pour développer votre argument.

On remarque que la probabilité d'être allé au musée au cours de l'année diffère selon la CSP. En effet, en 2018, 74 % des cadres et professions intellectuelles supérieures sont allés au musée au cours de l'année contre seulement 51 % des professions intermédiaires et 33 % des employés. La part d'ouvriers fréquentant les musées est 3 fois plus faible que celle des cadres (doc. 1). Or ce capital culturel se transmet aux enfants. En effet, des parents allant régulièrement au musée y amènent leurs enfants qui vont alors se familiariser avec ce type d'environnement.

Utilisez des mots de liaison afin d'expliciter les différentes étapes de votre raisonnement : « en effet, donc, or, pourtant, ainsi... ».

Pourtant, ces connaissances culturelles et les comportements associés à ce type de lieu (être silencieux, être à l'écoute, tenir son corps, etc.) sont valorisés scolairement. En effet, la culture transmise à l'école correspond à celle que l'on retrouve dans les lieux culturels : monuments historiques, musées, théâtres etc. Les enfants qui y sont initiés dans le cadre familial seront donc davantage familiarisés aux connaissances transmises dans le cadre scolaire ainsi qu'aux comportements attendus par l'institution.

BAC Sujet guidé – Épreuve composée 4h

Sujet vierge à imprimer

Grille d'évaluation

PARTIE 1 Mobilisation des connaissances — 4 points

Question Montrez que, dans les sociétés démocratiques, l'école poursuit plusieurs objectifs.

Méthode

ÉTAPE 1 **Analyser la question** Au brouillon

- Repérez la ou les notion(s) clé(s) qu'il faudra définir dans votre réponse.
- Repérez la consigne de la question pour identifier la tâche qui est demandée : attend-on une explication, une comparaison, une illustration… d'un mécanisme ou d'une notion ? → MÉTHODE P. 20

ÉTAPE 2 **Rassembler ses connaissances** Au brouillon

- Rassemblez et organisez vos connaissances sur le sujet : quelles définitions, mécanismes, exemples… pouvez-vous mobiliser pour répondre à la question ? → MÉTHODE P. 20

ÉTAPE 3 **Rédiger sa réponse**

- Au brouillon : Avant de rédiger, indiquez sur votre brouillon quelle va être la structure de votre réponse.
- Sur votre copie : Rédigez votre réponse de manière organisée, en pensant à définir les notions mobilisées, en explicitant et en illustrant vos propos.

PARTIE 2 Étude d'un document — 6 points

Doc **Où sont scolarisés, à 17 ans, les filles et les garçons en 2016 ?**

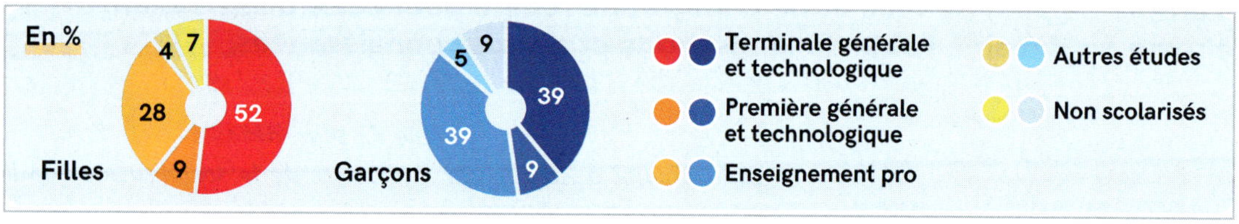

Champ : France métropolitaine + DOM hors Mayotte.

Ministère de l'Éducation nationale et de la Jeunesse, ministère de l'Enseignement supérieur, de la Recherche et de l'Innovation, 2019

Question 1. Rédigez une phrase donnant le sens de la donnée « 52 » pour les filles.

Question 2. À l'aide du doc, montrez les différences de parcours scolaire selon le sexe.

Méthode

ÉTAPE 1 **Analyser le document** Au brouillon

- Déterminez la nature du document (diagramme par répartition, série chronologique, tableau à double entrée…).
- Repérez la source, le cadre spatio-temporel, le ou les outil(s) statistique(s) utilisé(s) et la ou les unité(s).
- Pensez à vérifier si des informations sont indiquées dans le champ du document.

ÉTAPE 2 **Préparez la question 1 (lecture)** Au brouillon

- Rédigez une phrase par donnée statistique à lire : soyez le plus précis possible en indiquant la date (ou période), le cadre spatial, l'unité…

ÉTAPE 3 **Préparez la question 2 (analyse)**

- Au brouillon : Repérez la consigne de la question : attend-on une comparaison, la présentation d'évolutions, l'illustration d'un mécanisme… ?
- Au brouillon : Sélectionnez dans le document les éléments qui vous permettront d'argumenter et effectuez si besoin des calculs simples (écarts en points de pourcentage ou coefficients multiplicateurs, par exemple) pour étayer votre réponse.
- Sur votre copie : Rédigez votre réponse de manière structurée : allez du général au particulier ; définissez si besoin les notions ou mécanismes mobilisés et, surtout, illustrez votre réponse avec des données et/ou des calculs.

Voici un exemple de réponse à la question 2.

Le premier paragraphe doit **rappeler la consigne** de la question.

Ce document permet de montrer les différences de parcours scolaire des élèves, puisque les probabilités de redoubler et les filières poursuivies diffèrent en fonction du sexe des élèves.

Proposez des **exemples de lectures précis** et des calculs simples, pour valider votre capacité à interpréter les données chiffrées

En effet on remarque que 52 % des filles qui ont 17 ans en 2016 sont en terminale GT (générale ou technologique) contre seulement 39 % des garçons. Ainsi, une proportion plus élevée de 10 pts de pourcentage de garçons de 17 ans suivent un enseignement professionnel en 2016 par rapport aux filles. Enfin, une proportion un peu plus élevée de garçons de 17 ans en 2016 ne sont pas scolarisés par rapport à celle des filles. Ainsi, 9 % des garçons de 17 ans en 2016 ne sont pas scolarisés contre 7 % pour les filles du même âge.

Concluez votre réponse par une **phrase dressant un bref bilan** de votre analyse.

On peut donc en conclure qu'à 17 ans les parcours scolaires des filles et des garçons sont différenciés.

PARTIE 3 Raisonnement s'appuyant sur un dossier documentaire

10 points

À l'aide de vos connaissances et du dossier documentaire, vous montrerez en quoi le processus de démocratisation s'apparente davantage à un processus de massification dans l'enseignement supérieur depuis 1960.

Soyez attentif aux termes employés : on attend que vous utilisiez les **documents**, mais aussi vos **connaissances**.

La formulation du sujet vous invite-t-elle à mettre en évidence un mécanisme ou débattre de son existence ? Conseil : utilisez des synonymes pour reformuler la question.

Repérez les **notions centrales** du sujet, et pensez à les définir dans votre introduction.

Repérez les informations qui peuvent vous informer sur le **cadre spatial ou temporel du sujet**.

Doc 1 Évolution du nombre d'étudiants dans l'enseignement supérieur depuis 1960 (en milliers)

	1960	1970	1980	1990	2000	2010	2017
Université	215	661	858	1 160	1 397	1 437	1 642
dont IUT	X	24	54	74	119	117	117
STS	8	27	68	199	239	242	257
CPGE	21	33	40	64	70	80	87
Autres établissements et formations	66	130	215	293	454	560	695
Ensemble	**310**	**851**	**1 181**	**1 717**	**2 160**	**2 319**	**2 680**
Part de l'université (en %)	*69,3*	*77,7*	*72,7*	*67,5*	*64,7*	*62*	*61,3*
dont filières longues à l'université (en %)	X	*74,9*	*68,1*	*63,2*	*59,2*	*56,9*	*56,9*
Part des autres établissements et formations (en %)	*21,3*	*15,3*	*18,2*	*17,1*	*21*	*24,1*	*25,9*

État de l'Enseignement supérieur, de la Recherche et de l'Innovation en France n° 12, MESRI-DGESIP/DGRI-SIES, 2019

BAC

Doc 2 Origine sociale des étudiants selon les filières en 2017-2018, en %

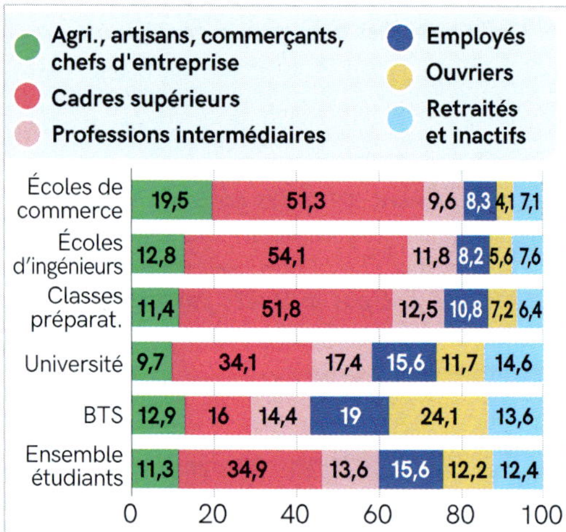

Ministère de l'Éducation nationale, 2018

Doc 3

Le degré d'autonomie matérielle dont dispose un étudiant joue un rôle considérable. Les parents les plus aisés peuvent aider leur enfant à payer son loyer, ses repas, ses transports, son ordinateur, pour qu'il puisse se consacrer uniquement à ses études. Ceux qui n'ont pas cette chance doivent travailler, parfois à mi-temps. Non seulement ils sont moins armés scolairement, mais ils vivent dans des conditions qui ne favorisent pas la réussite. La nature des jobs joue aussi beaucoup. Les étudiants les plus aisés mettent à profit leurs étés pour travailler, mais sous forme de stages ou de jobs dans de grandes entreprises ou des institutions culturelles par exemple, des choses que l'on peut plus facilement valoriser sur un CV qu'un emploi étudiant à l'année dans un supermarché ou dans la restauration rapide.

Interview de Bernard Lahire : « Les lycéens ont intégré les hiérarchies scolaires, et n'abordent pas les études avec la même confiance », propos recueillis par Jessica Gourdon, *Le Monde*, février 2020

Méthode

ÉTAPES 1 ET 2 **Analyser le sujet et mobiliser ses connaissances** Au brouillon

1. Repérerez et analysez tous les termes importants du sujet. → GUIDAGE P. 213
   - À partir de votre analyse, déduisez-en le type de plan à adopter. → TYPES DE PLANS P. 18
   - N'hésitez pas à reformuler le sujet.
2. Indiquez au brouillon tous les exemples, idées, théories, faits, éléments de cours... qui peuvent être mobilisés.

CONSEIL
Si vous avez déjà une idée des grands axes de votre réponse, **classez** ces éléments dans votre plan.

ÉTAPE 3 **Exploiter le dossier documentaire** Au brouillon

- Lisez attentivement chaque document et résumez la (ou les) idée(s) principale(s) en lien avec le sujet.
- Pensez à repérer la source, le cadre spatio-temporel, les notions ou mécanismes importants et les outils statistiques. Faites attention aux unités.

CONSEIL
Si vous avez déjà une idée des grands axes de votre réponse, **classez** les éléments issus de l'analyse des documents dans votre plan en indiquant le numéro des documents mobilisés.

ÉTAPE 4 **Construire un plan détaillé** Au brouillon → MÉTHODE P. 21

ÉTAPE 5 **Rédiger l'introduction et la conclusion** Au brouillon

- Rédigez l'introduction. → MÉTHODE P. 21
- La conclusion doit dresser le **bilan** de votre développement.

ÉTAPE 6 **Rédiger son devoir** Sur votre copie

- Une fois ces étapes réalisées, vous pouvez maintenant vous lancer dans la rédaction « au propre » de votre devoir.
- Il doit comporter une introduction, un développement et une conclusion.
- Dans le développement, chacun de vos paragraphes devra annoncer et expliciter votre argument, et comporter des illustrations.
- N'oubliez pas de respecter les règles de forme (orthographe, syntaxe, alinéas, sauts de ligne...).

Voici un exemple de paragraphe rédigé. Rédigez le reste du devoir à l'aide de la méthode et de vos connaissances.

Présentez l'idée principale que vous voulez développer, explicitez-la, puis illustrez vos propos

Appuyez-vous sur vos connaissances et les données du document.

Si les effectifs dans l'enseignement ont incontestablement augmenté, on note des disparités concernant l'origine sociale des étudiants. En effet, 34,9 % d'entre eux ont des parents cadres supérieurs, tandis que ceux dont les parents sont ouvriers ne sont que 12,2 % (doc. 2). Pourtant, ces CSP représentent respectivement 18 % et 21 % de la population en emploi. Les enfants de cadres sont donc sur-représentés dans l'enseignement supérieur tandis que les enfants d'ouvriers y sont sous-représentés. Le nombre d'élèves poursuivant leurs études après le bac a augmenté, mais la probabilité de poursuivre ses études reste différente selon l'origine sociale. Il est donc plus approprié de parler de massification de l'enseignement supérieur.

BAC Grand Oral

1. Choisir sa question
2. **Préparer son oral**
3. Préparer son support
4. Présenter sa question au jury
5. Anticiper les questions du jury
6. Échanger sur son projet d'orientation

➜ Méthode générale p. 22-25

Question **Comment expliquer que les femmes soient moins bien loties que les hommes sur le marché du travail alors qu'elles sont plus diplômées ?**

ÉTAPE 2 Préparer son oral : organiser sa réponse

➜ **DÉGAGEZ UN PLAN** Une fois votre question formulée et votre recherche documentaire terminée, vous devez **organiser votre réponse**. Celle-ci doit tenir en 5 minutes : il vous faut trouver les points clés de votre exposé.

Comment allez-vous introduire votre question ?

- Expliquez pourquoi vous avez **choisi** cette question (en lien avec votre poursuite d'études, vos centres d'intérêt, vos engagements associatifs, etc.)
- Rédigez une **accroche** permettant de montrer en quoi cette question est intéressante. Vous pouvez faire le lien avec l'**actualité**. Par exemple, rappelez que, chaque année, une date et une heure sont calculées en fonction de la différence salariale entre les hommes et les femmes et qu'elle permet de montrer symboliquement qu'à partir de cet instant, les femmes travaillent bénévolement jusqu'à la fin de l'année.

Quels sont les 2-3 points clés à développer ?

I. Les différences entre filles et garçons dans les études supérieures

- Montrez que la proportion de filles diplômées du supérieur est plus élevée que celle des garçons grâce à des chiffres : taux de scolarisation, taux d'accès à un diplôme...
- Recherchez ces mêmes données pour les pays de l'UE pour faire des comparaisons.

II. Les spécificités des filières féminisées

- Différenciez les filières choisies majoritairement par les filles et par les garçons.
- Ce sont souvent celles qui mènent à des emplois moins bien rémunérés et moins prestigieux.

III. Les discriminations dans la vie professionnelle

- Montrez que les femmes en sont victimes et relevez les contraintes familiales qui reposent principalement sur elles et qui se répercutent sur leur mobilité professionnelle.
- Trouvez par exemple des données sur le temps consacré par les parents aux tâches domestiques et à l'éducation des enfants.
- Recherchez ce qu'est le « plafond de verre » et ce qui explique sa persistance.

Comment allez-vous conclure ?

- Vous pouvez **élargir** aux discriminations portant sur le handicap ou encore selon le milieu social.

CONSEIL
Donnez des exemples personnels.
Vous pouvez raconter une anecdote. Cela rendra votre réponse plus vivante et plus crédible et prouvera votre intérêt pour la question.

CONSEIL
Suivez l'actualité de la recherche.
Appuyez toujours votre propos sur des données les plus récentes possible. Trouvez des exemples pour illustrer vos propos et appuyez-vous sur des études sociologiques pour expliquer la dynamique des inégalités.

CONSEIL
Donnez votre opinion.
Il faudra la justifier par des arguments, des exemples et des connaissances. Le jury vous contredira peut-être dans l'échange, mais dans le but de vous tester.
Bien entendu, votre opinion ne doit être ni choquante ni extrême.

➜ **ENTRAÎNEZ-VOUS** Une fois vos idées en place, vous devez mettre en œuvre votre **présentation**. Il est primordial de vous **entraîner**, non seulement pour gérer votre temps, mais aussi pour améliorer la qualité de votre prestation orale.

Ressources numériques
- Check-list pour la présentation.
- Lien vers des sites utiles pour préparer la question.
- Pistes pour se documenter et anticiper l'échange avec le jury.

ÉTAPE 5 Anticiper les questions du jury

Faire le lien avec d'autres disciplines	Faire le lien avec un projet d'orientation
HGGSP Term **Thème 6** – L'enjeu de la connaissance Axe 1 (grandes étapes de l'alphabétisation des femmes du XVIe siècle à nos jours). **HLP Term** **Thème 1** – La recherche de soi – Éducation, transmission et émancipation.	**Études supérieures** Licence sciences de l'éducation, sociologie, AES. DUT carrières sociales, GEA, information et communication. CPGE B/L et économiques **Projet professionnel** Enseignement, recherche, journalisme, communication, ressources humaines

Autres questions possibles

- Comment accroître la part des enfants issus de milieux populaires dans les grandes écoles ?
- Le coût des études supérieures constitue-t-il un obstacle à la réussite des jeunes issus de milieux populaires ?

BAC

Sujet d'entraînement – Dissertation 4h

Grilles d'évaluation

L'école s'est-elle réellement démocratisée ?

Doc 1 Enseignements de spécialité choisis selon l'origine sociale à la rentrée 2019

	% d'élèves ayant choisi ces enseignements, d'origine sociale...			
	très favorisée	favorisée	moyenne	défavorisée
Mathématiques	75,7	68,5	64,9	61,9
Physique-chimie	52,6	47,6	42,9	41,0
Sciences de la vie et de la Terre	41,8	44,9	43,3	43,6
Sciences économiques et sociales	36,9	37,6	41,4	41,9
Hist-géo, géopolitique et sciences politiques	33,1	33,6	36,6	37,0
Langues, littérature et cultures étrangères et régionales	24,5	28,1	31,1	32,2
Humanités, littérature et philosophie	14,6	18,2	19,7	21,8
Autres enseignements de spécialité	20,5	21,3	20	20,6

Champ : France métropolitaine +DOM, enseignement public et enseignement privé, y compris hors contrat.

DEPP, Note d'information n° 14.48, novembre 2019

Doc 2 Taux de réussite au baccalauréat selon l'origine sociale (session 2018), en %

	Bac général	Bac techno.	Bac Pro.	Ensemble
Agriculteurs exploitants	94,8	95	90,5	93,9
Artisans, commerçants, chefs d'entreprise	91,2	90,3	85,1	89,4
Cadres, professions intellectuelles supérieures	95,1	92,7	88	94,1
Professions intermédiaires	92,2	90,5	85,8	90,6
Employés	89,6	89,6	83,5	88
Ouvriers	87,4	87,6	81,1	84,8
Retraités	90	86,6	80,5	85,9
Autres, sans activité professionnelle	83,5	83,3	75,7	81,2
Ensemble	**91**	**88,8**	**82,8**	**88,2**

DEPP, 2019

Doc 3

Le système scolaire, hérité de Jules Ferry, consacre une double séparation : entre les filles et les garçons et entre les milieux sociaux. [...] Le système scolaire républicain comprend des écoles maternelles conduisant au certificat d'études (fin des études primaires) qui consacre, au mieux, l'achèvement des études pour l'écrasante majorité de la population. L'accès au lycée est extrêmement restreint (l'enseignement du latin y occupe une place considérable et fait figure de « barrière ») et ouvre la voie au baccalauréat qui reste encore, dans l'entre-deux-guerres, un « certificat de bourgeoisie », pour reprendre la formule d'Edmond Goblot.

À partir de la fin des années 1960, le système évolue peu à peu avec la création des collèges en 1963 (qui préparent au lycée) et l'homogénéisation – au moins dans les principes – des parcours scolaires : la loi Haby (1975) instaurant le collège unique consacre la volonté des pouvoirs publics de prolonger la scolarité, notamment au sein de l'enseignement général (non technique). Cet objectif est réaffirmé au cours des années 1980 avec l'affirmation de conduire désormais 80 % d'une classe d'âge au baccalauréat. Il est à noter que les arguments « économiques » interviennent de plus en plus dans les choix des pouvoirs publics et notamment l'idée selon laquelle l'augmentation du niveau de qualification est de nature à faciliter le développement de nouveaux emplois (notamment dans le secteur tertiaire) et de réduire le chômage.

Philippe Riutort, *Précis de sociologie*, PUF, coll. « Major », 2014

Doc 4 Types d'écoles fréquentées en 2014-2015 puis de collèges en 2015-2016 selon le lieu de résidence

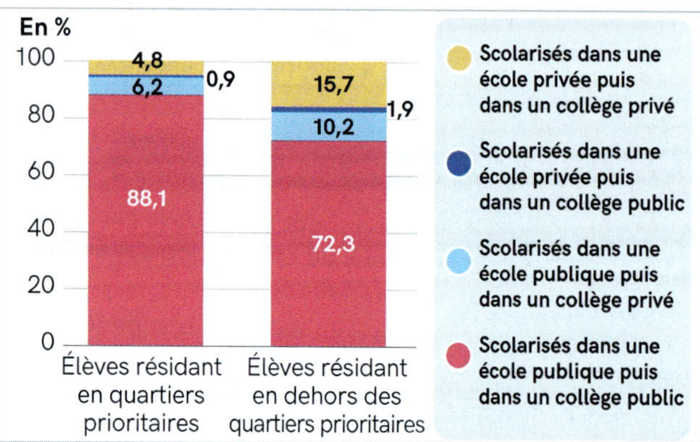

« Évitement de la carte scolaire à l'entrée en 6e : le privé attire aussi les élèves des quartiers prioritaires », Observatoire national de la politique de la ville (ONPV), septembre 2018

BAC Sujet d'entraînement – Épreuve composée 4h

PARTIE 1 Mobilisation des connaissances — 20 à 30 min — 4 points

Question Distinguez le processus de massification de celui de démocratisation.

PARTIE 2 Étude d'un document — 1h à 1h30 — 6 points

Doc Proportion d'élèves en retard à l'entrée en sixième à la rentrée 2018, selon l'origine sociale de l'élève, en %

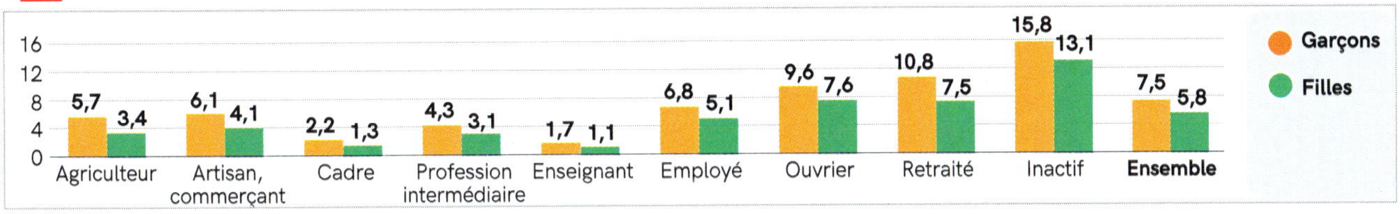

Repères et références statistiques sur les enseignements, la formation et la recherche, DEPP, édition 2019

Question 1. À l'aide d'un exemple de votre choix, montrez que la probabilité d'être en retard à l'entrée en sixième diffère entre les garçons et les filles.

Question 2. À l'aide du document, peut-on dire que l'égalité des chances entre les élèves est atteinte à l'entrée en sixième ?

PARTIE 3 Raisonnement s'appuyant sur un dossier documentaire — 2h à 2h40 — 10 points

À l'aide de vos connaissances et en vous appuyant sur le dossier documentaire, vous montrerez que la socialisation selon le genre produit des inégalités dans la construction des trajectoires individuelles de formation.

Doc 1

[La] réforme du lycée vient confirmer l'idée que les filles et les garçons n'affichent pas les mêmes ambitions scolaires. Dans leurs choix d'enseignements de spécialité en classe de 1re, elles sont ultra majoritaires au sein de la triplette humanités-littérature-philosophie, langues, sciences économiques et sociales (85 % contre 15 %) tandis que les garçons le sont en mathématiques-numérique-sciences informatiques-physique-chimie (87 % contre 13 %). [...]

À 3 ans déjà, un élève de petite section comprend que ce sont plutôt les femmes qui s'occupent des petits enfants, étant donné leur écrasante majorité parmi les personnels. « Tout ceci justifiera plus tard les choix d'orientation », décrit Isabelle Colombari. [...]

Dans une école primaire de Marseille, une sociologue a filmé des professeurs affirmant ne pas avoir de biais. « On constate que les activités motrices sont davantage proposées aux garçons, les filles se voyant orientées vers des jeux calmes et recevant des compliments sur leur tenue vestimentaire », rapporte l'inspectrice d'académie.

[...] Conditions premières des choix d'orientation, la confiance en soi et le sentiment de compétence diffèrent entre garçons et filles. Christine Morin-Messabel, professeure en psychologie sociale, a observé que, face à un exercice présenté comme de la géométrie, les filles réussissent autant que les garçons tout en trouvant l'exercice plus difficile qu'eux.

Soazig Le Nevé, « Orientation : filles et garçons n'ont toujours pas les mêmes ambitions », *Le Monde*, 8 janvier 2020

Doc 2 Part des femmes dans certaines formations du supérieur en 2018-2019 (en %)

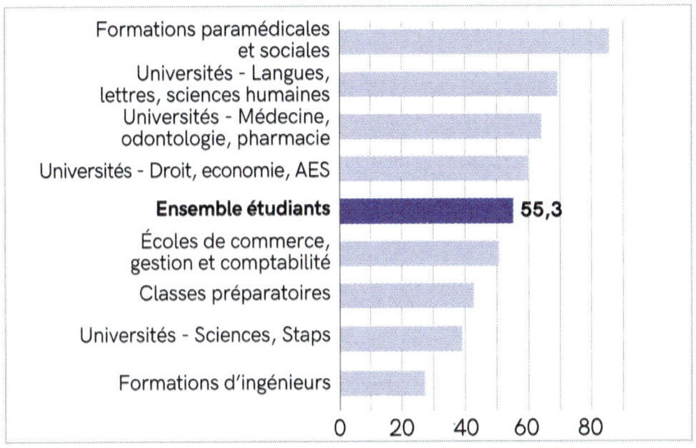

Note d'information du SIES n° 2, janvier 2020

Doc 3 Taux de réussite au baccalauréat en 2018 (en %)

		Filles	Garçons
Baccalauréat général	ES	92,0	87,5
	L	91,4	86,9
	S	93,1	90,3
	Toutes séries	92,3	89,2
Baccalauréat technologique	Toutes séries	90,8	87,1
Baccalauréat professionnel	Toutes séries	86,4	80,2

Champ : France métropolitaine + DOM

MENJ-DEPP, 2019

CHAPITRE

8

Quels sont les caractéristiques contemporaines et les facteurs de la mobilité sociale ?

Textes DYS
TOUS LES TEXTES EN VERSION DYS
lyceen.nathan.fr/sesterm-2020

RAPPELS

EXO Exercices interactifs

Cours de 2de

2de

Comment devenons-nous des acteurs sociaux ?

a. La socialisation…

- ☐ diffère en fonction d'un certain nombre de facteurs, notamment le milieu social d'origine et le genre.
- ☐ est la même pour tous les individus, quels que soit leur origine sociale ou leur genre.
- ☐ est entièrement liée à la famille.
- ☐ se construit tout au long de la vie.

Cours de 1re

1re

Comment se construisent et évoluent les liens sociaux ?

b. Les professions et catégories socioprofessionnelles (PCS) sont construites de manière à :

- ☐ rassembler les individus disposant du même niveau de revenu.
- ☐ rassembler les individus dont le niveau de qualification est proche.
- ☐ distinguer les individus selon leur statut professionnel.

c. En ce qui concerne les PCS :

- ☐ les artisans, commerçants et chefs d'entreprise sont globalement les plus aisés et plus diplômés.
- ☐ les employés et les ouvriers ont, dans l'ensemble, les diplômes les moins élevés.
- ☐ la catégorie des cadres regroupe aussi les professions libérales.

SOMMAIRE

Doc 1 Deux exemples de mobilité sociale

Georges Pompidou

Petit-fils d'agriculteurs dans le Cantal, fils d'enseignants, il est élu président de la République en 1969, succédant à Charles de Gaulle dont il fut le Premier ministre de 1962 à 1968.

Omar Sy

Son père, ouvrier, vient du Sénégal et sa mère, femme de ménage, est d'origine mauritanienne. Il a grandi à Trappes, en banlieue parisienne. Il se fait connaître du grand public en tant qu'humoriste dans les années 2000, avant de devenir acteur et d'obtenir le César du meilleur acteur pour son rôle dans le film *Intouchables* en 2012.

Expliquez la mobilité sociale de Georges Pompidou et celle d'Omar Sy.

Doc 2 Changer de classe

Podcast

Que signifie « changer de classe » ?

Faïza Guène, « Est-on toujours renvoyé à sa classe d'origine ? » (3 min. 2 sec.), France culture, 2018

1 Qu'est-ce que la mobilité sociale et comment la mesurer ?

▸▸ OBJECTIFS
Savoir distinguer la mobilité sociale intergénérationnelle des autres formes de mobilité.
Comprendre les principes de construction et les intérêts des tables de mobilité comme instrument de mesure de la mobilité sociale.

QU'ALLONS-NOUS FAIRE ?

Aujourd'hui, un individu a la possibilité de se déplacer dans l'espace social : il n'est pas, en principe, destiné à hériter de la position sociale de ses parents. Pour mesurer ce phénomène, il est important de définir ce que l'on entend par « mobilité sociale ».

ACTIVITÉ Étudier un parcours de mobilité : J.-K. Rowling

Naissance : 31 juillet 1965 dans l'agglomération de Yates, en Angleterre.
Famille : père ingénieur en aéronautique, mère technicienne de laboratoire.
Formation : université d'Exeter (Sud de l'Angleterre) et Sorbonne (France).
Vie active :
- secrétaire bilingue chez Amnesty International dans le sud-ouest de Londres ;
- secrétaire à la chambre de commerce de Manchester ;
- professeur d'anglais à mi-temps à Porto (Portugal) ;
- sans emploi, puis enseignante à temps plein à Édimbourg ; commence à écrire *Harry Potter à l'école des sorciers* dès 1990 et l'achève en 1995. Il est publié deux ans plus tard ;
- professeur de français ;
- autrice à plein temps, puis également scénariste.

▸ À partir du parcours de J.-K. Rowling, expliquez les notions de mobilité géographique et de mobilité professionnelle.

Doc 1 Une table de destinée

Origine (pères) \ Destinée (fils), en %	Agriculteurs exploitants	Artisans, commerçants, chefs d'entreprise	Cadres et professions intellectuelles supérieures	Professions intermédiaires	Employés	Ouvriers	Ensemble
Agriculteurs exploitants	25,0	8,0	8,8	18,6	7,1	32,5	100,0
Artisans, commerçants, chefs d'entreprise	0,8	20,3	22,2	22,9	9,5	24,3	100,0
Cadres et professions intellectuelles supérieures	0,2	8,0	47,0	25,7	9,1	10,0	100,0
Professions intermédiaires	0,7	7,9	25,5	31,5	11,3	23,1	100,0
Employés	0,5	6,8	16,3	26,1	16,6	33,6	100,0
Ouvriers	0,5	7,4	9,4	22,9	12,3	47,6	100,0
Ensemble	2,6	9,2	19,3	24,5	11,3	33,0	100,0

Lecture : 25 % des fils d'agriculteurs sont agriculteurs.
Champ : France métropolitaine, hommes âgés de 30 à 59 ans qui travaillent ou ont déjà travaillé à la date de l'enquête.
Insee, enquêtes Formation et qualification professionnelle, 2014-2015

% de répartition calculés en ligne

QUESTIONS

1. **Lire.** Rédigez une phrase pour chacune des données encadrées en rouge.
2. **Expliquer.** Que représentent les données sur la diagonale ?
3. **Expliquer.** Que signifient les données de la ligne « Ensemble » ?
4. **Déduire.** Quel est l'intérêt de construire des tables de destinée ?

DÉFINITIONS

Mobilité intergénérationnelle : changement de groupe socioprofessionnel d'un individu par rapport à la génération précédente (par exemple, un fils d'agriculteurs devenu ouvrier).

Table de destinée : indique le destin socioprofessionnel des enquêtés en fonction de la PCS de leur père. Pour la construire, on demande aux fils quelle profession exerçait leur père, et celle qu'ils exercent eux-mêmes.

Doc 2 Une table de recrutement

Destinée (fils), en % / Origine (pères)	Agriculteurs exploitants	Artisans, commerçants, chefs d'entreprise	Cadres et professions intellectuelles supérieures	Professions intermédiaires	Employés	Ouvriers	Ensemble
Agriculteurs exploitants	81,1	7,4	3,9	6,5	5,3	8,4	8,5
Artisans, commerçants, chefs d'entreprise	4,0	28,8	15,1	12,2	11,1	9,7	13,1
Cadres et professions intellectuelles supérieures	0,9	12,1	33,8	14,6	11,3	4,2	13,9
Professions intermédiaires	4,3	13,0	20,0	19,5	15,2	10,7	15,2
Employés	1,9	7,0	8,0	10,0	13,9	9,6	9,4
Ouvriers	7,8	31,7	19,3	37,2	43,3	57,5	39,8
Ensemble	100,0	100,0	100,0	100,0	100,0	100,0	100,0

% de répartition calculés en colonne

Lecture : 81,1 % des hommes agriculteurs ont un père qui était agriculeur.

Champ : France métropolitaine, hommes âgés de 30 à 59 ans qui travaillent ou ont déjà travaillé à la date de l'enquête.

Insee, enquêtes Formation et qualification professionnelle, 2014-2015

QUESTIONS

5. **Lire.** Rédigez une phrase pour chacune des données encadrées en rouge.
6. **Expliquer.** Que représentent les données sur la diagonale ?
7. **Expliquer.** Que signifient les données de la colonne « Ensemble » ?
8. **Déduire.** Quel est l'intérêt de construire des tables de recrutement ?

→ FICHE MÉTHODE 6 P. 363

DÉFINITION

Tables de recrutement (ou d'origine) : indique l'origine socioprofessionnelle des enquêtés qui sont classés en fonction de leur PCS. Pour la construire, on demande aux fils quelle profession exerçait leur père, et celle qu'ils exercent eux-mêmes.

EN AUTONOMIE VERS LE BAC

Parcours écrit Épreuve composée – Partie 1

Expliquez l'intérêt des tables de mobilité.

Parcours oral Étape 3 – Réfléchir à son support

Vous devez répondre en 5 minutes à la question : « Quels sont les différents types de mobilité et les outils pour les mesurer ? ». Appuyez-vous sur les documents de la double page.

Choisissez le support qui vous permettra de préparer votre réponse de la façon la plus efficace et la plus claire possible pour le jury : s'agit-il d'une carte mentale, d'un tableau, d'un schéma… ? N'hésitez pas à indiquer des exemples, à mobiliser des données, des définitions…

Demandez à un camarade de lire votre support et de vous faire des propositions d'amélioration.

Support guidé

MÉMO

- La mobilité sociale désigne le passage d'un individu d'un groupe social à un autre.
- Un individu peut connaître une mobilité par rapport à la génération de ses parents (mobilité intergénérationnelle). C'est le cas, par exemple, d'un fils d'ouvrier qui deviendrait cadre.
- Il peut aussi connaître une mobilité à l'échelle de sa vie (mobilité intragénérationnelle), lorsqu'il change de profession (mobilité professionnelle) ou de ville, région, pays… (mobilité géographique).
- Les tables de destinée permettent de connaître la destinée sociale des fils par rapport aux pères.
- Les tables de recrutement indiquent quant à elles l'origine sociale des fils par rapport à leur père.

2 Quelles sont les limites des tables de mobilité ?

▸▸ OBJECTIF
Comprendre les limites des tables de mobilité comme instrument de mesure de la mobilité sociale.

QU'ALLONS-NOUS FAIRE ?

Un(e) ingénieur(e), fils ou fille de professeur de lycée, appartient à la même PCS que son père. Pourtant, statistiquement, sa mobilité sociale peut ne pas être perçue, pour plusieurs raisons. Si les tables de mobilité constituent un outil intéressant, elles présentent également certaines limites.

ACTIVITÉ Une table de mobilité détaillée

[...] La construction d'une table de mobilité détaillée [...] fait apparaître les étendues plus ou moins larges des destinées sociales selon 18 catégories socioprofessionnelles[1]. La diagonale de cette table de mobilité rend visibles les catégories sociales les plus concernées par la stricte reproduction socioprofessionnelle.

Cette table détaillée de mobilité sociale montre également qu'une partie importante des enfants d'ouvriers qualifiés quittent le monde ouvrier.

1. Contre 6 dans la nomenclature classique des PCS, et donc dans les tables de mobilité non détaillées.

Origine des pères[2] / Destinée des fils (en %)[2]	Professions libérales et assimilés	Cadres de la fonction publique, professions intellectuelles et artistiques	Cadres d'entreprise	Ouvriers qualifiés	Ouvriers non qualifiés	Ouvriers agricoles	Total
Professions libérales et assimilés	13	18	21	2	1	0	100
Cadres de la fonction publique, professions intellectuelles et artistiques	5	20	18	5	2	0	100
Cadres d'entreprise	4	12	24	4	2	0	100
Ouvriers qualifiés	1	3	6	20	8	1	100
Ouvriers non qualifiés	1	2	5	20	13	1	100
Ouvriers agricoles	0	2	3	21	11	4	100

Champ : actifs âgés de 35 à 59 ans au moment de l'enquête.

Lecture : dans les années 2010-2014, 13 % des enfants dont le père exerce une profession libérale exercent eux-mêmes une profession libérale.

D'après Cédric Hugrée, « Les sciences sociales face à la mobilité sociale », *Politix*, 2016

2. Seules quelques PCS sont présentées ici.

Lien vers l'article
Table de mobilité détaillée complète

▸ **Rédigez un texte de deux paragraphes pour présenter les avantages de cette table de mobilité. Vous pouvez vous aider des questions ci-dessous pour organiser votre réponse.**

a. Présentez les deux données encadrées en rouge.

b. Reprenez les données de la question a et calculez les différences de chances, pour un fils de cadre d'entreprise, de devenir lui-même cadre d'entreprise ou cadre de la fonction publique.

c. En reprenant le raisonnement de la question précédente, exprimez les différences de chances pour les fils d'hommes exerçant une profession libérale et les fils d'ouvriers non qualifiés d'accéder à deux professions de votre choix.

MÉMO MATHS
→ FICHE MÉTHODE 6 P. 363

Doc 1 Des mobilités non visibles dans les tables

Si les tables de mobilité constituent un indicateur précieux, [...] elles soulèvent [...] certaines interrogations méthodologiques. [D'abord], le recours à la notion de profession, à partir de la nomenclature des PCS, [...] peut conduire à ranger dans la même catégorie des individus occupant des activités fort dissemblables.

[La] mesure porte le plus souvent sur une population exclusivement masculine pour des raisons de commodité statistique [...]. Cependant, l'étude d'une population strictement masculine pose parfois problème. La PCS « employé » comprend ainsi près de 80 % de femmes, et il semble d'autant plus difficile de raisonner uniquement sur des effectifs masculins que la structure de ces emplois (policiers et militaires) est, dans ce cas précis, très différente de celle des femmes.

Philippe Riutort, *Précis de sociologie*, 3e édition, PUF, 2014

Ouvrière dans un entrepôt d'Amazon

Michel Roth, meilleur ouvrier cuisinier de France

QUESTIONS

1. **Résumer.** Quelles sont les limites des tables de mobilité présentées dans ce texte ?
2. **Déduire.** Pourquoi est-il plus « commode » de ne s'intéresser qu'aux hommes dans les enquêtes sur la mobilité sociale ?
3. **Analyser.** Quelle limite des tables de mobilité les deux photographies permettent-elles de mettre en lumière ?

Doc 2 Comment mesurer une trajectoire vécue ?

Podcast
Les Gilets jaunes

On peut [...] se demander quelles mobilités se cachent derrière les cas apparents de reproduction sociale. [...] Un ouvrier qui, tout en demeurant ouvrier, s'approprie de larges pans de la culture savante n'est plus vraiment un ouvrier comme les autres. De même, un patron d'origine populaire qui affiche trop clairement son désir d'intégrer la bourgeoisie peut se voir sanctionné par ceux qui y appartiennent depuis longtemps : le « nouveau riche » n'est pas un riche comme les autres.

Un autre axe de réflexion, longtemps délaissé par les spécialistes, concerne la différence entre « mobilité objective » (mesurée par la statistique) et « mobilité subjective », telle qu'elle est vécue et évaluée par les intéressés, qu'ils soient « mobiles » ou « immobiles ». Comment comprendre que nombre de personnes désignées par la statistique comme « immobiles » se déclarent en ascension ou en déclassement lorsqu'on les interroge directement à ce sujet ? [...] Parce qu'elles n'évaluent pas leur trajectoire sociale à partir de la seule comparaison des positions professionnelles (*ego versus* ses parents) mais, au contraire en se référant à d'autres personnes que leurs parents (conjoints, frères et sœurs, amis, etc.) et à d'autres critères que celui de la profession (niveau de vie, diplômes, zone de résidence, type d'habitat).

Stéphane Beaud, Paul Pasquali, « Ascenseur ou descenseur social ? Apports et limites des enquêtes de mobilité sociale », *Cahiers français*, La Documentation française, 2014

DÉFINITIONS

Immobilité sociale (ou reproduction sociale) : situation d'un individu qui a la même position socioprofessionnelle que ses parents.

Déclassement : situation de mobilité sociale descendante pour un individu, qu'elle soit réelle ou ressentie.

QUESTIONS

4. **Lire.** Quelle limite des tables de mobilité est présentée dans le texte ?
5. **Illustrer.** Quelle est la différence entre mobilité objective et subjective ?

EN AUTONOMIE VERS LE BAC

Parcours écrit Épreuve composée – Partie 3

En vous appuyant sur vos connaissances et sur le dossier documentaire, présentez les limites des tables de mobilité.

Parcours oral Étape 1 – Formuler sa question

Réfléchissez à une phrase d'accroche pour répondre à la question : « Comment dépasser les limites des tables de mobilité ? ». Pensez à utiliser des formulations telles que « pourquoi... », « est-il vrai/faux/pensable de... ».

MÉMO

- Les tables de mobilité, utiles pour analyser la structure socioprofessionnelle d'une société, présentent cependant des limites.
- Les PCS regroupent des individus aux situations hétérogènes. Par ailleurs, elles mettent l'accent sur les mobilités masculines et tentent d'objectiver la mobilité sociale des individus, alors qu'elle peut aussi s'appréhender d'un point de vue subjectif.
- C'est pourquoi de nouveaux travaux tentent de proposer une analyse plus fine de la mobilité sociale.

3 Quelles sont les composantes de la mobilité d'une société ?

OBJECTIFS
Comprendre que la mobilité observée comporte une composante structurelle (mobilité structurelle) ; comprendre que la mobilité peut aussi se mesurer de manière relative indépendamment des différences de structure entre origine et position sociale (fluidité sociale) et qu'une société plus mobile n'est pas nécessairement une société plus fluide.

QU'ALLONS-NOUS FAIRE ?

A-t-on plus de chances de s'élever socialement que nos parents ? L'analyse des évolutions de la structure sociale peut permettre de trouver des réponses. Cependant, les possibilités de mobilité sociale dépendent de plusieurs éléments.

Doc 1 La mobilité structurelle en France

a L'évolution de l'emploi

[...] Les situations de mobilité peuvent s'expliquer largement par les changements de la structure sociale (part des différentes catégories dans la population) entre les générations [...]. Ainsi, dans un contexte de déclin de l'emploi agricole et de croissance des emplois ouvriers, par exemple, nombreux sont les enfants d'agriculteurs qui deviennent ouvriers, tandis que les agriculteurs sont très rarement recrutés en dehors de leur milieu. À l'inverse, avec la croissance forte des emplois classés comme cadres, leurs titulaires ont souvent leurs origines dans d'autres catégories. Plus généralement, on retrouve dans l'analyse des destins sociaux que permettent les tableaux de mobilité sociale les marques des grands changements de la société française dans les dernières décennies : exode rural et urbanisation, salarisation, industrialisation puis tertiairisation de l'emploi. C'est en ce sens que la mobilité peut être qualifiée de « structurelle » : elle est portée par les changements d'ensemble ou de structure de la société.

Dominique Merllié, « La mobilité sociale », *Les Mutations de la société française*, tome 2, Coll. « Repères », © Éditions La Découverte, 2016

b La mobilité sociale observée des hommes par rapport à leur père

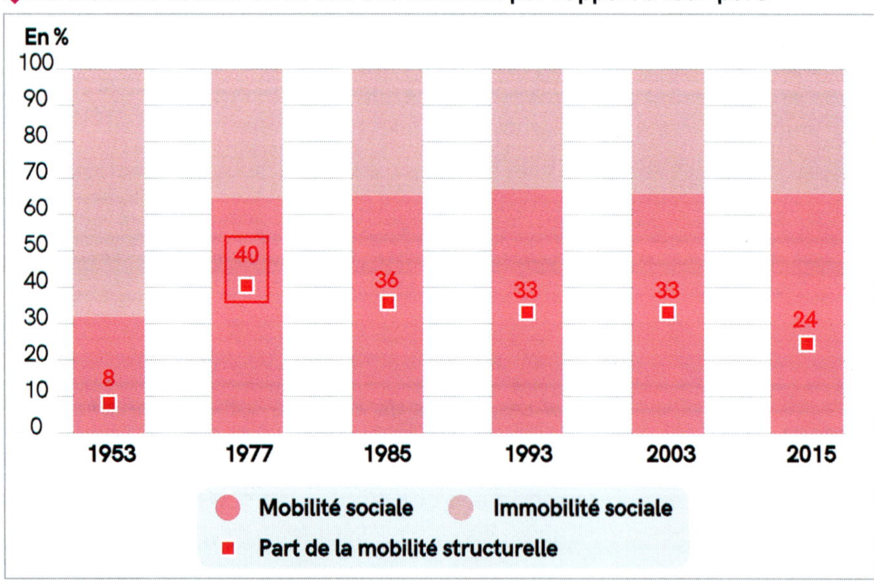

Champ : France métropolitaine, hommes français actifs occupés ou anciens actifs occupés, âgés de 35 à 59 ans au 31 décembre de l'année d'enquête.

D'après Marc Collet, Émilie Pénicaud, « En 40 ans, la mobilité sociale des femmes a progressé, celle des hommes est restée quasi stable », *Insee Première*, 2019

DÉFINITIONS

Mobilité observée (ou mobilité sociale brute) : pourcentage de personnes ayant une position sociale différente de celle de leur père. Elle prend en compte la mobilité individuelle et la mobilité structurelle.

Immobilité sociale (ou reproduction sociale) : maintien de la position socioprofessionnelle entre la génération du père et celle des enfants.

QUESTIONS

1. **Lire.** Que signifie la donnée encadrée en rouge ?
2. **Calculer.** Par combien a été multiplié le pourcentage d'hommes mobiles entre 1953 et 2015 ?
3. **Expliquer.** Comment expliquer ce phénomène ? Aidez-vous du texte pour répondre.
4. **Déduire.** Quelles sont les catégories socioprofessionnelles qui ont ouvert le plus d'opportunités de mobilité intergénérationnelle aux individus ?

ACTIVITÉ Calculez la fluidité sociale : les *odds ratio*

▶ **À l'aide du document et des questions ci-dessous, analysez l'évolution de la fluidité sociale en France, à la fois dans le temps et entre les sexes.**

a. À l'aide de la définition et de la table de destinée p. 220, calculez les *odds ratio* pour la mobilité sociale des hommes pour 2014-2015.

b. Faites de même pour la mobilité sociale des femmes, en vous reportant au doc 2 p. 226.

DÉFINITION

Fluidité sociale : chances relatives d'accéder à une certaine position sociale en fonction de son origine sociale. Par exemple :

$$\frac{\dfrac{\text{proportion de fils de cadres devenus cadres}}{\text{proportion de fils de cadres devenus ouvriers}}}{\dfrac{\text{proportion de fils d'ouvriers devenus cadres}}{\text{proportion de fils d'ouvriers devenus ouvriers}}}$$

[...] Il faut [...] prolonger l'examen en adoptant le point de vue [...] des taux relatifs de mobilité – ou encore de la fluidité sociale [...] grâce aux *odds ratio* [...]. Chaque *odds ratio* – ou rapport de chances relatives – exprime l'avantage (ou le handicap) dont disposent les individus d'une première origine sociale par rapport à ceux d'une seconde pour atteindre (ou éviter) l'une plutôt que l'autre des deux catégories de destination. Plus la statistique est proche de 1, plus cela signifie que l'inégalité est faible [...].

Les chances d'accéder à la position de cadre et profession intellectuelle supérieure...	1977		2014-2015	
	Hommes	Femmes	Hommes	Femmes
... plutôt qu'ouvrier pour un enfant de cadre par rapport à un enfant d'ouvrier	91,7	410,4	...	...
... plutôt qu'agriculteur pour un enfant de cadre par rapport à un enfant d'agriculteur	326,6	577,5	...	...
... plutôt que profession intermédiaire pour un enfant de cadre par rapport à un enfant de profession intermédiaire	3,5	2,7	...	...

Champ : hommes et femmes français âgés de 35 à 59 ans, actifs occupés ou anciens actifs occupés à la date de l'enquête.

Lecture : en 1977, les chances d'être cadre ou profession intellectuelle supérieure plutôt qu'ouvrier étaient 91,7 fois plus fortes pour les fils de cadres ou professions intellectuelles supérieures que pour les fils d'ouvriers.

Louis-André Vallet, « Mobilité observée et fluidité sociale en France de 1977 à 2003 », *Idées économiques et sociales*, 2014

Aide pour l'activité

MÉMO MATHS

→ FICHE MÉTHODE 2 P. 359

Doc 2 Mobilité, fluidité et inégalités

Il ne faut pas mélanger le discours sur la mobilité et celui sur les inégalités. La « fracture sociale » ne sera pas réduite uniquement avec davantage de mobilité, avec un ascenseur allant plus vite (vers le haut comme vers le bas). Une société plus fluide – l'idéal libéral – n'est pas nécessairement une société moins inégale. Les individus circulent, les pauvres deviennent plus facilement riches et vice versa, mais rien ne dit qu'il en existe moins. Reste que les deux notions ne sont pas totalement indépendantes : une réduction des inégalités, en diminuant notamment le nombre des échelons, a toutes les chances de rendre plus facile la mobilité.

Louis Maurin, « La mobilité sociale en panne », *Alternatives économiques*, 1996

QUESTIONS

5. **Déduire.** En vous aidant du texte, expliquez ce qu'est l'« ascenseur social ».
6. **Justifier.** Une société plus fluide est-elle forcément moins inégalitaire ? Pourquoi ?

EN AUTONOMIE VERS LE BAC

▶▶ **Parcours écrit** Épreuve composée – Partie 1

Différenciez mobilité sociale et fluidité sociale.

▶▶ **Parcours oral** Étape 2 – Organiser ses idées

Pour vous aider à organiser votre plan, faites un tableau composé de deux colonnes qui recense d'un côté les arguments défendant la thèse d'une mobilité sociale croissante en France et de l'autre les arguments qui nuancent cette affirmation. À partir de ce tableau, réalisez votre plan.

Aide pour le plan

MÉMO

- La société française est une société de plus en plus mobile : deux tiers des individus sont en situation de mobilité sociale. Cette mobilité est en partie structurelle, c'est-à-dire liée aux évolutions de l'économie, comme la tertiarisation.
- La fluidité sociale (chances relatives d'accès à différentes positions socioprofessionnelles en fonction de l'origine sociale), a elle aussi tendance à s'accroître.
- Une société plus mobile n'est cependant pas toujours plus fluide. La fluidité, quant à elle, n'implique pas systématiquement moins d'inégalités.

4 Quelles sont les trajectoires possibles pour les individus ?

▸▸ OBJECTIFS
À partir de la lecture de tables de mobilité, être capable de mettre en évidence des situatior de mobilité ascendante, de reproduction sociale et de déclassement, et de retrouver les spécificités de la mobilité sociale des hommes et de celle des femmes.

QU'ALLONS-NOUS FAIRE ?

La mobilité sociale recouvre une pluralité de trajectoires possibles : elle peut être ascendante, descendante, ou tout simplement ne pas exister. La mobilité sociale présente également une dimension subjective quand elle dépend du ressenti des individus.

Doc 1 Mobilité sociale observée par rapport à un parent

En %	Hommes (par rapport au père)	Femmes (par rapport au père)	Femmes (par rapport à la mère)
Mobilité ascendante	27,6	21,8	39,8
Reproduction sociale	34,8	29,9	29,5
Mobilité descendante (déclassement)	15,0	25,0	11,7
Mobilité non verticale	22,7	23,3	19,0

Champ : France métropolitaine, personnes de 30 à 59 ans, sauf dernière colonne : France métropolitaine, femmes françaises occupées ou anciennes actives occupées, âgées de 35 à 59 ans au 31 décembre de l'année d'enquête.

D'après Marc Collet, Émilie Pénicaud, « En 40 ans, la mobilité sociale des femmes a progressé, celle des hommes est restée quasi stable », *Insee Première*, 2019

DÉFINITIONS

Mobilité verticale : pour un individu, fait d'appartenir à une catégorie sociale plus élevée (ascendante) ou moins élevée (descendante) que celle de ses parents.

Mobilité non verticale : se dit d'une mobilité de statut (un fils de salarié qui devient indépendant, par exemple), ou d'une mobilité horizontale (sans changement de position dans la hiérarchie sociale).

QUESTIONS

1. **Distinguer.** Quelles sont les particularités de la mobilité sociale féminine par rapport à la mobilité sociale masculine ?
2. **Déduire.** Pourquoi la mobilité sociale des femmes par rapport à leur père est-elle si différente de la mobilité sociale des femmes par rapport à leur mère ?

Doc 2 Table de destinée des femmes

Origine (pères) / Destinée (filles), en %	Agricultrices exploitantes	Artisans, commerçantes et cheffes d'entreprise	Cadres et professions intellectuelles supérieures	Professions intermédiaires	Employées	Ouvrières	Ensemble
Agriculteurs exploitants	6,3	3,3	11,7	19,7	45,0	14,0	**100,0**
Artisans, commerçants et chefs d'entreprise	0,5	7,9	16,1	27,7	39,3	8,6	**100,0**
Cadres et professions intellectuelles supérieures	0,6	3,5	34,1	36,0	23,4	2,7	**100,0**
Professions intermédiaires	0,6	3,2	20,2	33,8	37,5	4,8	**100,0**
Employés	0,2	2,4	9,9	26,2	52,9	8,4	**100,0**
Ouvriers	0,6	3,6	5,3	19,8	53,7	17,0	**100,0**
Ensemble	**1,0**	**4,0**	**13,9**	**25,8**	**44,4**	**11,0**	**100,0**

Lecture : 53,7 % des filles d'ouvriers sont employées.
Champ : France métropolitaine, femmes âgées de 30 à 59 ans qui travaillent ou ont déjà travaillé à la date de l'enquête.

Insee, enquête Formation et qualification professionnelle, 2014-2015

QUESTIONS

3. **Lire.** Comparez les destinées des filles d'ouvriers et celles des filles de cadres et professions intellectuelles supérieures.
4. **Lire.** Comparez les trajectoires de mobilité ascendante des filles d'employés et de professions intermédiaires.
5. **Déduire.** Vers quelles CSP les femmes se sont-elles majoritairement orientées ? À votre avis, pourquoi ?

Doc 3 Les nouvelles générations vivent-elles mieux que les anciennes ?

Les décennies de croissance rapide avaient été l'occasion de voir émerger une élite sortie de nulle part : dans les années 1960, la multiplication par trois, au recrutement, des médecins et des enseignants du supérieur, par cinq des journalistes et de bien d'autres professions situées dans le haut de la hiérarchie sociale avait signifié pour les jeunes de l'époque des perspectives exceptionnelles de mobilité [...]. Au contraire, la situation contemporaine où les candidats sont plus nombreux que les places libérées par les départs à la retraite est propice au retour des « fils de » et des « filles de ». [...]

La plus grande fréquence des cas de déclassement social d'enfants des classes moyennes est inscrite dans la dynamique générationnelle de la structure sociale. Deux éléments y contribuent. D'une part, comme les catégories moyennes ont cessé de connaître une croissance explosive, de plus en plus de candidats se présentent pour de moins en moins de places : la mobilité structurelle diminue. Ensuite, on note sur le long terme une plus grande fluidité sociale, autrement dit une plus forte mobilité de brassage ou d'échange entre les catégories les plus hautes et les plus basses sur la hiérarchie sociale [...].

Louis Chauvel, *Les Classes moyennes à la dérive*, coéditions Seuil – La République des idées, 2006

DÉFINITION

Déclassement : selon Camille Peugny, il existe trois types de déclassement :
– le déclassement intergénérationnel : situation dans laquelle les individus connaissent une position sociale moins favorable que celle de leurs parents;
– le déclassement intragénérationnel : trajectoire de déclassement au cours de l'existence de l'individu ;
– le déclassement scolaire, dû au fait qu'un individu est trop qualifié pour l'emploi qu'il occupe.

QUESTIONS

6. **Expliquer.** Pourquoi la génération née vers 1945 a-t-elle connu une situation favorable aux trajectoires de mobilité ascendante ?
7. **Lire.** Comment expliquer la plus grande fréquence des cas de déclassement aujourd'hui ?
8. **Déduire.** Quelles conséquences le déclassement peut-il avoir sur un individu ?

ACTIVITÉ Le sentiment de déclassement

Ses deux masters, de sociologie et de philosophie, en poche, Ludovic a raté ses concours de prof. Alors ce fils d'un gynéco et d'une sage-femme [...] a fait comme beaucoup de jeunes de son âge : des petits boulots. Cours particuliers, barman... [...] Installé dans la capitale depuis dix ans, il vit en colocation. « À l'arrache, sans avoir d'argent de côté. »

Ludovic se sent déclassé, comme l'essentiel de ses amis, dit-il. Malgré les longues études. [...]

« Avec deux amis, nous avons lancé la chaîne [Youtube] "Osons causer", qui parle de politique, de sociologie, de droit [...]. Nous bossons dessus à plein temps. Pour le moment, cela paie notre loyer, mais nous espérons à terme dégager trois salaires. »

Cécile Deffontaines, « "Je vis à l'arrache" : témoignages de "déclassés" », *L'Obs*, 2016

▶ **Réalisez un schéma pour résumer le parcours de Ludovic et présentez-le à un camarade en le mettant en perspective avec le doc 3.**

EN AUTONOMIE VERS LE BAC

▶▶ **Parcours écrit** Épreuve composée – Partie 2
En vous appuyant sur le doc 1, vous montrerez que les hommes connaissent une plus forte mobilité sociale ascendante que les femmes.

▶▶ **Parcours oral** Étape 5 – Discuter avec le jury
Répondez en 5 minutes à la question : « Qu'est-ce que le déclassement ? » devant un jury de deux camarades qui seront chargés de vous poser des questions.

MÉMO

- La mobilité sociale recouvre plusieurs situations : mobilité ascendante, reproduction sociale ou déclassement (mobilité descendante).
- Les femmes connaissent plus souvent une mobilité descendante (déclassement) que les hommes si on les compare à leur père. En revanche, elles sont plus généralement en situation d'ascension sociale par rapport à leur mère.
- Enfin, la mobilité sociale, ascendante comme descendante, peut avoir lieu à l'échelle d'une vie, pas uniquement en comparaison avec la génération précédente.

5 Quels sont les rôles de l'évolution de la structure socioprofessionnelle et de la formation dans la mobilité sociale ?

▸▸ OBJECTIF
Comprendre comment l'évolution de la structure socioprofessionnelle et les niveaux de formation contribuent à expliquer la mobilité sociale.

QU'ALLONS-NOUS FAIRE ?

La situation économique n'est plus la même que dans les années 1970 : de nouveaux types d'emplois sont apparus, d'autres ont diminué ou se sont transformés. De même, les formations et leurs conditions d'accès ont évolué et ont une influence déterminante sur les positions socioprofessionnelles des individus.

Doc 1 L'impact de l'évolution de la structure professionnelle

Plus encore que leurs aînés, les Thionvillois âgés de 30-39 ans en 1999 ont été orientés vers l'obtention d'un CAP ou d'un BEP. Nés entre 1960 et 1970, ils atteignent l'âge de 14 ans entre 1974 et 1984, c'est-à-dire entre le début de la crise de la sidérurgie et l'annonce du « plan acier » de Laurent Fabius. [...] 43 % d'entre eux [...] décrochent un CAP ou un BEP au moment même où la rentabilité professionnelle et la valeur sociale de ces diplômes s'effondrent. [...]

En brisant le cycle de reproduction du groupe ouvrier, le déclin du monde du fer interrompt du même coup l'hérédité et la stabilité professionnelle. En Lorraine, désormais, « les jeunes salariés occupent en majorité des postes de courte durée, peu qualifiés, dans le tertiaire[1]. » [...]

Titulaires de certificats professionnels mais privés du marché qui leur conférait toute valeur, les fils des hommes du fer ont peu de chance de prolonger en améliorant la trajectoire de leurs pères. [...] Déclassés, ils « héritent » souvent de postes pénibles et déqualifiés, naguère réservés aux immigrés derniers entrants avec qui ils entrent en concurrence pour l'accès à l'emploi.

Gabrielle Balazs, Jean-Pierre Fager, Pierre Rimbert, « Compétition généralisée, déclassement et conversions politiques », Centre d'étude de l'emploi, 2004

1. *Économie lorraine*, 2000.

Manifestation de sidérurgistes contre des licenciements, Paris, 1979

QUESTIONS

1. **Expliquer.** Expliquez le passage souligné.
2. **Interpréter.** Pourquoi les fils des ouvriers de Lorraine sont-ils « déclassés » ?
3. **Argumenter.** En quoi cette position professionnelle résulte-t-elle de changements structurels ?

Doc 2 Quelle place pour les femmes et les hommes dans la nouvelle structure des emplois ?

Le double constat d'une forte évolution de la structure des emplois masculins entre les générations et d'une forte différenciation de la structure des emplois masculins et féminins conduit [...] à se poser une question. La progression de l'emploi féminin, qui se développe particulièrement parmi les employés, n'est-elle pas l'une des conditions structurelles de la mobilité sociale ascendante des hommes ? Si une femme employée ou institutrice mariée à un ingénieur appartient à un milieu social qui est défini plus par la profession de son mari que par la sienne, elle a pu contribuer, en se satisfaisant de sa position professionnelle, à rendre possible l'accès de son mari à la sienne. Le retrait relatif des femmes dans la compétition pour les emplois les plus valorisés peut apparaître comme l'une des conditions structurelles des flux de mobilité ascendants masculins, de même que, dans les années de croissance économique forte, le recrutement des ouvriers parmi les travailleurs immigrés a pu permettre, par exemple, à des enfants d'ouvriers d'occuper d'autres emplois qui se développaient par ailleurs.

Dominique Merllié, « La mobilité sociale », *Les Mutations de la société française*, tome II, coll. « Repères », © Éditions La Découverte, 2016

QUESTIONS

4. **Expliquer.** D'après l'auteur, quels sont les mécanismes qui ont pu favoriser la mobilité ascendante des hommes ?
5. **Déduire.** Quelles en sont les conséquences sur les trajectoires de mobilité des femmes ?

ACTIVITÉ Part des jeunes ayant un emploi de cadre ou de profession intermédiaire selon le diplôme et l'origine sociale en 2016

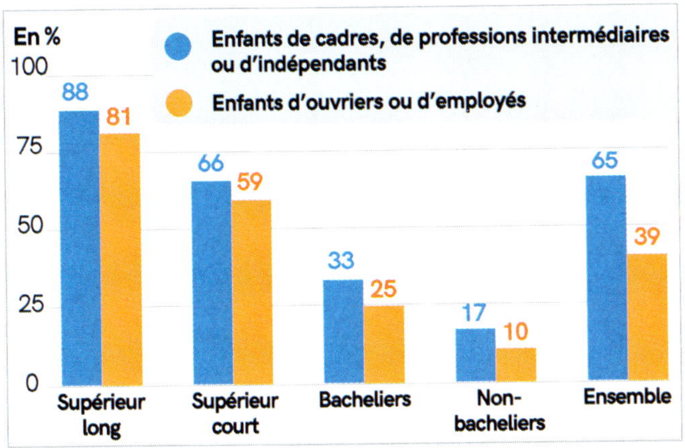

Champ : France métropolitaine; jeunes se déclarant en emploi en 2014 et ayant quitté la formation initiale depuis 1 à 10 ans.

D'après Insee, enquêtes emploi, MEN-MESRI-DEPP, 2017

▶ **Réalisez un schéma pour montrer qu'il existe un lien entre durée de la formation et mobilité sociale, mais que l'origine sociale influe sur la rentabilité du diplôme. Vous pouvez vous aider des questions ci-dessous.**

a. Calculez le rapport de chances relatif entre les enfants de cadres, professions intermédiaires ou indépendants de devenir cadres ou professions intermédiaires par rapport aux enfants d'ouvriers ou d'employés.

b. Calculez l'écart d'accès à ces professions pour les enfants d'ouvriers et d'employés selon qu'ils sont non-bacheliers ou diplômés du supérieur.

c. Calculez l'écart observé pour l'accès à ces professions entre diplômés du supérieur selon le milieu d'origine.

MÉMO MATHS

→ FICHE MÉTHODE 2 P. 359

Doc 3 Les destins sociaux d'une fratrie d'enfants[1]

	Année et lieu de naissance	Études et diplômes	Emploi	Statut résidentiel
Samira	1970 Algérie	Bac ES (1989) Diplôme d'infirmière (1992) Master 2 (2012)	Cadre	Locataire d'un appartement (Paris)
Leïla	1973 Algérie	Bac ES (1992) DUT carrières sociales (1995) Maîtrise de sciences de l'éducation (1997) Master 2 en ingénierie de programme formation (2004)	Chargée d'insertion en mission locale	Propriétaire d'une maison (région parisienne)
Rachid	1975 Algérie	Arrête ses études en fin de 5e	Vendeur, commercial	Locataire d'une maison (province, près de chez ses parents)
Azzedine	1979 France	Bac pro vente	Chauffeur de bus RATP	Locataire d'un HLM (banlieue parisienne)

Note : le père de la famille Belhoumi est un immigré algérien. Il est originaire d'une famille de paysans pauvres et est allé à l'école par intermittence, quand il n'était pas mobilisé pour travailler. Il arrive en France au début des années 1970 pour travailler sur les chantiers. La mère de la famille est allée à l'école jusqu'au collège et elle travaillait, enfant, dans une famille de colons français. Arrivée en France après son mari, elle est femme au foyer, puis agent d'entretien pour compléter les revenus de la famille, son mari étant précocement déclaré en invalidité professionnelle.

Stéphane Beaud, *La France des Belhoumi*, © Éditions La Découverte, 2018

1. Seuls les quatre premiers enfants de la fratrie sont présentés ici.

QUESTIONS

6. Lire. Les enfants Belhoumi sont-ils en situation de mobilité sociale ascendante par rapport à leurs parents ?

7. Expliquer. Quel lien peut-on faire entre niveau de formation, emploi occupé et mobilité sociale ?

8. Synthétiser. Analysez le parcours de l'un des enfants de la fratrie en utilisant les notions d'immobilité sociale, de mobilité géographique et de mobilité intergénérationnelle.

EN AUTONOMIE VERS LE BAC

▶▶ **Parcours écrit** Épreuve composée – Partie 1

Les niveaux de formation ont-ils une influence sur la mobilité sociale des individus ?

▶▶ **Parcours oral** Étape 1 – Choisir la thématique

Choisissez l'une des deux thématiques du dossier (l'évolution de la structure socioprofessionnelle ou les niveaux de formation) pour expliquer la mobilité sociale. Expliquez votre choix en 1 minute.

MÉMO

- La désindustrialisation et la tertiarisation ont favorisé différents types de mobilité sociale, ascendantes comme descendantes, qui ont profité de façon différente aux hommes et aux femmes.
- L'école et la formation sont vecteurs de mobilité; en effet, des niveaux de formation élevés favorisent la mobilité sociale. Néanmoins, l'accès aux niveaux de formation les plus élevés est en partie lié à l'origine sociale.

6 Quel est le rôle de la famille dans la mobilité sociale ?

▸▸ OBJECTIF
Comprendre comment les ressources et les configurations familiales contribuent à expliquer la mobilité sociale.

QU'ALLONS-NOUS FAIRE ?

Fils unique ou membre d'une grande fratrie, fils d'ingénieure ou fille de maçon… les configurations et les ressources peuvent grandement varier d'une famille à l'autre. Elles permettent en partie d'expliquer la mobilité sociale, mais doivent être croisées avec d'autres données.

Doc 1 Les ressources familiales en milieu aisé

[…] L'école ne libère guère des déterminismes sociaux de la « naissance », car la culture qu'elle diffuse […] est plus proche de celle des classes supérieures que des autres. Même si elle s'adresse de la même manière à tous, ses messages sont reçus inégalement. […]

[Les] analyses s'appuient sur les différences de réussite scolaire des élèves en fonction de l'origine sociale et conduisent à dire que la famille donne en héritage non seulement des biens économiques, mais aussi un « capital culturel » inégalement réparti. Elles ne sont pas démenties par la présence de cancres parmi les enfants des classes supérieures et par celle des « miraculés » scolaires qui échappent au destin commun des classes inférieures. Les premiers bénéficient souvent des autres formes de « capital » qui leur évitent de déchoir socialement, notamment par les relations sociales de la famille.

Dominique Merllié, « La mobilité sociale », *Les Mutations de la société française*, tome II, coll. « Repères », © Éditions La Découverte, 2016

DÉFINITION

Capital culturel : ensemble des ressources culturelles (langage, savoirs, savoir-faire, biens culturels, diplômes…) dont dispose l'individu.

QUESTIONS

1. **Lire.** Quels enfants ont le plus de chances d'accéder à un emploi de cadre ?
2. **Expliquer.** Pourquoi les enfants de catégories supérieures ont-ils souvent plus de facilités scolaires ?
3. **Interpréter.** Quelles peuvent être les conséquences de ces facilités sur les trajectoires professionnelles ?
4. **Expliquer.** Expliquez la phrase soulignée et illustrez-la à l'aide d'un exemple.

Doc 2 Les ressources familiales en milieu populaire

Le paradoxe dans [la famille Belhoumi] tient à ce que, face à l'enjeu majeur de l'école, c'est le père, le plus éloigné du monde et des exigences scolaires, qui va soutenir le plus fortement et le plus constamment les projets scolaires de ses enfants et tout particulièrement de ses deux filles aînées. […]

M. Belhoumi a ainsi tracé très tôt à ses enfants une voie, une perspective, à partir d'une expression qui est devenue comme un mot d'ordre mobilisateur pour l'ensemble de la fratrie : « Travailler avec le stylo ! » Cette expression, il l'a répétée sans cesse à tous ses enfants, mais surtout à ses fils, les premiers à risque de reproduire la situation professionnelle de leur père. […]

Samira et Leïla [les deux aînées], fortes de leurs parcours scolaires et associatifs, vont non seulement donner l'exemple (par leurs bons bulletins et leur sens du devoir scolaire) à leurs sœurs, mais elles vont aussi suivre – de très près – leur scolarité en surveillant leur travail (leurs copies, leurs bulletins…), en allant voir les enseignants dès que nécessaire. […] Elles veillent à ce qu'elles ne manquent de rien à l'école et les « gâtent » en fournitures scolaires. […]

Stéphane Beaud, *La France des Belhoumi*, © Éditions La Découverte, 2018

QUESTIONS

5. **Lire.** Quelles sont les ressources de la famille Belhoumi pour favoriser la réussite scolaire des enfants ?
6. **Expliquer.** Comment la configuration familiale peut-elle influencer les trajectoires scolaires et professionnelles ?

Doc 3 L'influence des revenus de la famille

Marion Montaigne, Michel Pinçon et Monique Pinçon-Charlot, *Riche. Pourquoi pas toi ?*, Dargaud, 2013

QUESTIONS

7. **Comparer.** Comment les ressources familiales influencent-elles les opportunités de ces deux enfants ?
8. **Déduire.** Quel impact cela peut-il avoir sur la mobilité sociale ?

ACTIVITÉ Réussite scolaire selon la structure familiale

En %	Situation familiale				
	Père et mère	Famille monoparentale	Famille recomposée	Garde alternée	Ensemble[1]
Scolarité élémentaire					
Ayant redoublé à l'école élémentaire	14,2	24,0	23,1	9,4	**16,5**
Scolarité après 4 ans d'études secondaires					
Ayant redoublé au collège	8,4	15,2	14,4	9,1	**10,3**
Ayant obtenu le brevet quatre ans après leur entrée en 6e	89,2	77,0	83,5	93,4	**86,8**
Ayant atteint la 2de générale et technologique sans redoublement	62,6	42,8	46,6	68,1	**57,5**

Champ : élèves entrés pour la première fois en sixième dans un collège public ou privé de France et n'ayant pas changé de situation familiale au cours des quatre premières années d'études secondaires.

D'après MEN-MESR-DEPP, panel d'élèves 2007 au second degré (dernières données connues sous cette forme)

1. Y compris élèves ayant changé de situation familiale au cours des quatre premières années de scolarité secondaire (2007-2011).

a. Calculez les écarts de redoublement au collège pour chacune des catégories par rapport à l'ensemble de la population étudiée.

b. Que pouvez-vous en conclure ?

c. Réalisez un schéma pour montrer quels sont les types de familles dans lesquels les chances de réussite scolaire sont les plus élevées et celles dans lesquelles les risques d'échec scolaire sont les plus forts.

MÉMO MATHS
→ FICHE MÉTHODE 2 P. 359

EN AUTONOMIE VERS LE BAC

Parcours écrit Dissertation

Montrez que la famille joue un rôle important dans la mobilité sociale.

Parcours oral Étape 4 – Présenter la question

Rédigez une présentation pour répondre à la question : « Quel est le rôle de la famille dans la mobilité sociale ? ». Lisez-la à voix haute en vous chronométrant. On peut estimer que, pour 5 minutes, il faut prévoir environ 800 mots.

MÉMO

- La famille joue un rôle majeur dans la mobilité sociale en transmettant du capital culturel, utile dans le cadre scolaire. Il est généralement plus important dans les milieux aisés mais peut aussi se construire au sein d'une famille d'origine populaire.
- Les structures familiales influent également sur les destins sociaux des individus, leur offrant plus ou moins de chances de mobilité sociale ascendante.

Faire une bibliographie

Pendant vos études supérieures, ou même pour le Grand Oral, vous devrez réaliser des recherches documentaires, qui vous amèneront à consulter un certain nombre de références. Lorsque vous présenterez votre travail, ces dernières doivent être répertoriées, citées et classées au sein d'une bibliographie qui recense ainsi l'ensemble des références utilisées.

Étape 1 Une bibliographie, pourquoi ?

La bibliographie est un élément essentiel dans un travail de recherche documentaire, quel qu'il soit. La présence d'une bibliographie se justifie par au moins trois raisons.

Elle permet à la personne qui lit votre travail de prendre connaissance des sources à partir desquelles vous avez travaillé, pour pouvoir vérifier leur sérieux. Par exemple, un document statistique dont la source est une enquête de l'Insee montre que les données proposées ne sont pas inventées, mais tirées d'une enquête scientifique sérieuse.

Elle permet également de protéger et de garantir les droits d'auteur et la propriété intellectuelle. Utiliser des sources sans les citer peut en effet s'apparenter à du plagiat, c'est-à-dire à l'appropriation du travail d'autrui en présentant comme siennes des idées développées par quelqu'un d'autre.

Enfin, la rédaction d'une bibliographie permet de s'initier aux attentes méthodologiques de l'enseignement supérieur. Les étudiants doivent produire des mémoires de recherche ou encore des présentations orales qui devront nécessairement s'appuyer sur des références académiques.

Étape 2 Une bibliographie, comment ?

Votre bibliographie apparaîtra à la fin de votre production : dernières pages d'un dossier écrit, dernière diapositive d'une présentation orale...
Il y a plusieurs façons de réaliser une bibliographie.

Un classement par **ordre alphabétique** des références utilisées. Ce type de bibliographie est plutôt adapté à un travail qui comprend plusieurs pages de références. Au lycée, vous n'en aurez donc peut-être pas déjà besoin. Ce type de classement est souvent utilisé pour les ouvrages académiques ou à destination des étudiants.

Un classement **thématique** des références utilisées. Vos références peuvent, par exemple, être classées par parties ou chapitres de votre travail. Par exemple, si vous réalisez un travail organisé selon un plan en trois parties, votre bibliographie peut suivre ce plan.

Un classement par **type de source** : ouvrages, articles de presse, articles de recherche, blogs, vlogs, sites Internet (sitographie).

? Cherchez au CDI un ouvrage de la collection « Repères » aux Éditions La Découverte, et étudiez sa bibliographie. Que remarquez-vous ?

Étape 3

S'entraîner

Analysez les sources du chapitre : recensez tous les types de sources et la façon dont chacune d'entre elle est présentée. Quels éléments apparaissent systématiquement ?

Méthode complète de la bibliographie

Entraînez-vous à analyser une bibliographie.

Ci-dessous, vous trouverez trois bibliographies réalisées par des élèves de Terminale sur différents sujets. Analysez-les en présentant à chaque fois leurs atouts et leurs défauts.

Bibliographie 1

Sujet : Massification ou démocratisation scolaire ?

Site du CAIRN
- https://www.cairn.info/revue-actes-de-la-recherche-en-sciences-sociales-2003-4-page-74.htm
- https://www.cairn.info/revue-regards-croises-sur-l-economie-2012-2-page-203.htm

Alternatives économiques
- https://www.alternatives-economiques.fr/long-chemin-de-democratisation-scolaire/00012651
- https://www.alternatives-economiques.fr/data/ou-en-est-la-democratisation-de-lenseignement-superieur-201510161836-00002320.html

Insee
- https://www.insee.fr/fr/statistiques/1380788

Observatoire des inégalités
- https://www.inegalites.fr/Les-voies-de-la-democratisation-scolaire

Bibliographie 2

Sujet : Le déclassement, une réalité ?

- Camille Peugny, *Le Destin au berceau*
- Camille Peugny, *Le Déclassement*
- « La montée du déclassement », revue *Problèmes politiques et sociaux*
- Jean-François Giret, Emmanuelle Nauze-Fichet, Magda Tomasini, « Le déclassement des jeunes sur le marché du travail », site de l'Insee
- Tiaray Razafindranovona, « Malgré la progression de l'emploi qualifié, un quart des personnes se sentent socialement déclassées par rapport à leur père », Insee
- Robert Castel, *La Montée des incertitudes*
- Louis Chauvel, *Le Destin des générations*
- « Pas évident, en tant que jeune diplômée, d'assumer son déclassement salarial », *Le Monde Campus*, 26 septembre 2019
- « Déclassement : quand l'ascenseur social descend », François Dubet et Marie Duru-Bellat, *Le Monde*, 11 mai 2006
- « Les Français sont 46 % à se sentir déclassés », *Libération*, 11 juillet 2016

Bibliographie 3

Sujet : Est-il toujours pertinent de parler de classes sociales aujourd'hui ?

Ouvrages :
- K. MARX, *Le Capital*, 1867
- P. BOUFFARTIGUES (dir.), *Le Retour des classes sociales. Inégalités, dominations, conflits*, 2004
- C. HUGREE *et al.*, *Les Classes sociales en Europe*, 2017

Articles de presse :
- P. BOUFFARTIGUES *et al.*, « Les classes sociales sont-elles toujours un point de repère pertinent dans notre société ? », *L'Humanité*, 7 avril 2015
- L. MAURIN, « Classes sociales, le retour ? », *Alternatives économiques*, hors-série n° 102, octobre 2014
- J.-P. DURAND, « Essentielle lutte des classes », *Les Dossiers d'Alternatives économiques*, n° 13, mars 2018
- « La question européenne et la lutte des classes, au cœur du 52e Congrès de la CGT ! », *Initiative communiste*, consulté le 25 février 2020, accessible sur https://www.initiative-communiste.fr

Revues scientifiques et académiques
- L. CHAUVEL, « Le retour des classes sociales ? », *Revue de l'OFCE*, n° 79, 2001
- M. BEHRENT, « Le retour des classes sociales », *La Vie des idées*, n° 16, octobre 2006

Sites institutionnels
- L. MAURIN, « Les classes sociales sont de retour ! », *Observatoire des inégalités*, 7 décembre 2015, consulté le 25 février 2020, disponible sur https://www.inegalites.fr/Les-classes-sociales-sont-de-retour

Sondages :
- « Les Français et la lutte des classes », IFOP pour *L'Humanité*, janvier 2013

ÉCHANGER SUR SON PROJET D'ORIENTATION

Exemples de métiers

Choisissez un métier dans le champ de la sociologie et préparez la bibliographie sur laquelle vous pourriez vous appuyer. Pensez à varier vos sources, à en vérifier la fiabilité et la cohérence par rapport à votre sujet.

L'ESSENTIEL

Quels sont les caractéristiques contemporaines et les facteurs de la mobilité sociale ?

Podcast du cours

EXO Cartes mémoire interactives

Choisir un lieu de résidence différent de celui où l'on est né, exercer un autre métier que celui de son parent de référence (souvent le père) parce qu'on l'a choisi, en changer... Autant de décisions qui traduisent un mouvement de mobilité. Cette dernière, qui peut prendre différentes formes, fait l'objet de nombreuses études.

Mesurer la mobilité sociale

▸▸ La **mobilité sociale intergénérationnelle** peut être mesurée à partir des tables de mobilité. La construction de tables de mobilité permet d'étudier les **destinées** et le **recrutement** (l'**origine**) socioprofessionnels des individus. On parle de **mobilité sociale** lorsque la PCS de l'individu diffère de celle de son père, et d'**immobilité sociale** lorsque l'individu appartient à la même catégorie sociale que son père.

▸▸ Pour autant, les tables de mobilité présentent un certain nombre de **limites**. En effet, en ne présentant la mobilité qu'à travers les **PCS**, elles ne permettent pas de rendre compte de réalités professionnelles parfois très hétérogènes au sein d'une même PCS. Le fait qu'elles se concentrent essentiellement sur une **population masculine** ne permet pas d'évaluer la mobilité sociale des **femmes**. Enfin, une mesure purement statistique ne rend pas compte de la mobilité sociale **ressentie** – ou pas – par les individus.

▸▸ Aujourd'hui, environ deux tiers des hommes et 70 % des femmes ont une position sociale différente de celle de leur père. Ce phénomène porte le nom de **mobilité sociale brute**, ou **observée**. Néanmoins, cet indicateur est insuffisant car il ne permet pas de différencier la **mobilité structurelle** de la fluidité sociale.

▸▸ Les ***odds ratio*** permettent, quant à eux, de calculer les chances relatives de mobilité sociale d'un groupe par rapport à un autre. Cet outil permet ainsi de mesurer la **fluidité sociale** d'une société. En effet, une société plus **mobile** peut ne pas être plus **fluide** : dans ce cas, la mobilité sociale résulte presqu'exclusivement de changements dans les structures sociales.

▸▸ La mobilité peut également être intragénérationnelle, lorsqu'un individu change de **position socioprofessionnelle** ou de lieu de travail et/ou de vie au cours de sa vie.

La société est-elle mobile ?

▸▸ L'analyse des tables de mobilité fait apparaître que, dans l'ensemble, les trajectoires de **mobilité observée** sont de **courte amplitude** (les traversées de l'espace social sont plus rares) et **ascendantes**. Néanmoins, la **reproduction sociale** reste une réalité : par exemple, les enfants d'ouvriers ont de grandes probabilités de devenir eux-mêmes ouvriers.

▸▸ On observe également des phénomènes de **mobilité sociale descendante**, ou **déclassement**. Ce déclassement peut être **réel** ou **ressenti**, lorsqu'un individu, ayant pourtant parfois le même statut social que ses parents, a l'impression de connaître une situation moins favorable qu'eux.

Définitions

Capital culturel : ensemble des ressources culturelles (langage, savoirs, savoir-faire, bien culturels, diplômes...) dont dispose l'individu.

Fluidité sociale : chances relatives d'accéder à une certaine position sociale en fonction de son origine sociale.

Immobilité sociale (ou reproduction sociale) : situation d'un individu qui a la même position socioprofessionnelle que ses parents.

Mobilité intergénérationnelle : changement de groupe socioprofessionnel d'un individu par rapport à la génération précédente (par exemple, un fils d'agriculteurs devenu ouvrier). La mobilité est dite « ascendante » lorsqu'un individu appartient à une PCS supérieure à celle ses parents, et « descendante » lorsqu'un individu appartient à une PCS inférieure à celle de ses parents (déclassement).

Mobilité intragénérationnelle : changement de catégorie sociale d'un individu au cours de sa vie. Elle peut être professionnelle (changement de métier, de PCS) ou géographique (déménagement, migration).

Mobilité observée (ou mobilité sociale brute) : pourcentage de personnes ayant une position sociale différente de celle de leur père.

Mobilité structurelle : mobilité sociale due à l'évolution des structures économiques et sociales d'une société (tertiairisation, féminisation de l'emploi, urbanisation, développement du salariat, etc.).

Table de destinée : indique le destin socioprofessionnel des enquêtés en fonction de la PCS de leur père.

Table de recrutement (ou d'origine) : indique l'origine socioprofessionnelle des enquêtés en fonction de la PCS de leur père.

▸▸ Enfin, la **mobilité** peut être horizontale lorsqu'un individu change de PCS sans pour autant connaître une élévation ou une diminution de sa position sociale (une fille d'ouvrier qui devient employée, par exemple).

▸▸ Les **femmes** connaissent par ailleurs moins souvent des trajectoires de **mobilité ascendante** par rapport à leur père que les hommes. Elles sont aussi plus nombreuses à être **déclassées**. En revanche, si les femmes sont comparées à leur mère, elles sont davantage en situation de **mobilité ascendante** que les hommes.

La mobilité sociale des hommes en France

Immobilité sociale
2/3 en 1953
1/3 en 2015

Les explications de la mobilité sociale

▸▸ La mobilité sociale repose en partie sur l'**évolution de la structure socioprofessionnelle**. Certains **secteurs** (agriculture, industrie) ont décliné au profit d'autres (le tertiaire, c'est-à-dire les services), ce qui a modifié la structure de l'emploi.

▸▸ De même, la mobilité sociale féminine répond notamment à des déterminants structurels (**féminisation** de l'emploi et de certaines PCS) et a des effets sur la mobilité masculine. L'ascension sociale des hommes est facilitée par le relatif retrait des femmes de la compétition pour les postes les plus qualifiés.

▸▸ La **formation** joue un rôle capital dans la mobilité sociale. Le diplôme reste le moyen pour les catégories populaires de s'élever dans la société, même si ces mobilités demeurent souvent de faible amplitude. La détention de titres scolaires et leur valorisation par l'individu restent inégalitaires en fonction de l'origine sociale des individus.

▸▸ Ainsi, les catégories aisées parviendront davantage à mobiliser leurs atouts, comme le **capital culturel**, en milieu scolaire. Les ressources familiales sont donc déterminantes dans la mobilité sociale des individus.

▸▸ Enfin, les **configurations familiales** peuvent jouer un rôle sur la mobilité des individus, puisque la **structure familiale** et la **taille de la fratrie** ont une incidence sur les trajectoires scolaires et donc, à terme, sur la mobilité sociale.

Chiffres clés

- **7/10** enfants de cadres sont cadres ou profession intermédiaire
- **7/10** enfants d'ouvriers sont ouvriers ou employés

CE QU'IL FAUT SAVOIR

1. Quels sont les différents types de mobilité sociale.
2. Comment mesurer la mobilité sociale.
3. Quels facteurs peuvent influencer la mobilité sociale.

Repères

Odds ratio

Par exemple : quelles sont les chances pour un enfant de professions intermédiaires de devenir cadre plutôt que professions intermédiaires par rapport à un enfant d'ouvrier ?

$$\frac{\frac{25{,}5}{31{,}5}}{\frac{9{,}4}{22{,}9}}$$

- 25,5 : proportion de fils de professions intermédiaires devenus cadres
- 31,5 : proportion de fils de professions intermédiaires devenus professions intermédiaires
- 9,4 : proportion de fils d'ouvriers devenus cadres
- 22,9 : proportion de fils d'ouvriers devenus professions intermédiaires

Un enfant de professions intermédiaires a environ 2 fois plus de chances de devenir cadre plutôt que professions intermédiaires comparé à un enfant d'ouvrier.

Réviser en podcasts

« Classes, stratification et mobilité sociales » (de 42 min. 50 sec. à 48 min. 20 sec.), France culture, 2018

« Les illusions perdues des consommateurs » (de 21 min. 20 sec. à 24 min. 05 sec.), France culture, 2019

L'ESSENTIEL

SCHÉMA DE SYNTHÈSE

Schéma interactif

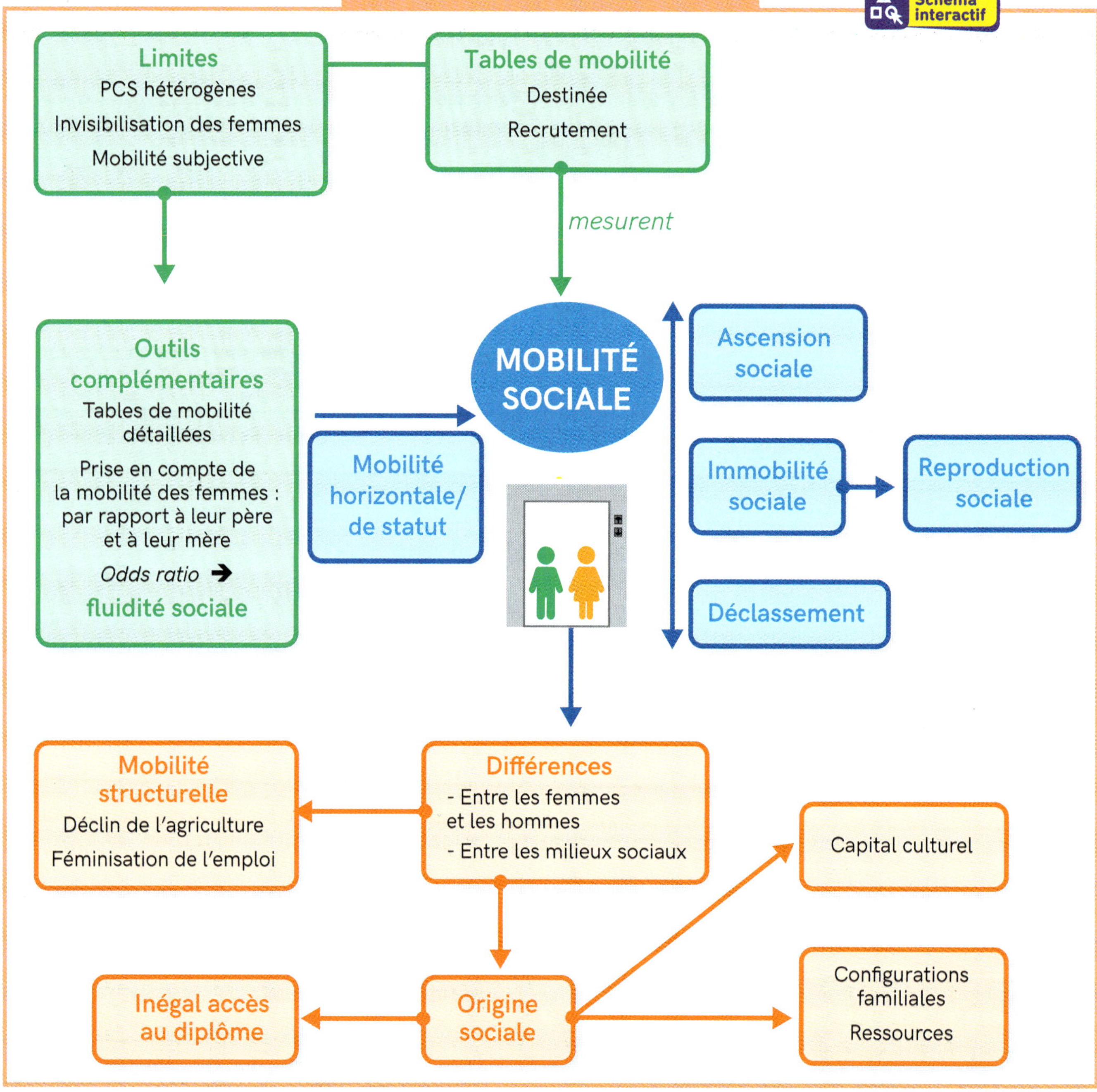

POUR ALLER PLUS LOIN

Les Bonnes Conditions, de Julie Gavras, Arte, 2018

Ce documentaire suit huit jeunes de milieu bourgeois entre leurs 16 et leurs 30 ans. Il permet de montrer l'influence du milieu social sur l'entrée dans la vie active.

En finir avec Eddy Bellegueule, d'Édouard Louis, Le Seuil, 2014

Ce roman autobiographique raconte les difficultés rencontrées par l'auteur dans sa trajectoire de mobilité sociale ascendante, sa sensibilité et sa passion pour les livres ayant été très mal accueillies dans son milieu social d'origine.

Le Destin au berceau, de Camille Peugny, Le Seuil, 2013

Un ouvrage d'approfondissement sur les questions relatives à la mobilité sociale.

Exercices interactifs

EXERCICES

Corrigés

1 Vrai ou faux ?

	VRAI	FAUX
a. La reproduction sociale est plus fréquente que la mobilité sociale.	☐	☐
b. La majorité des fils d'agriculteurs deviennent agriculteurs.	☐	☐
c. Les chances pour un fils d'ouvrier de devenir cadre plutôt qu'ouvrier ont diminué depuis une quarantaine d'années.	☐	☐
d. Le sentiment de déclassement n'est pas toujours associé à un déclassement mesurable par les tables de mobilité.	☐	☐

2 Reliez chacune des situations à un ou plusieurs types de mobilité, puis justifiez votre réponse.

1. Olivier, fils d'infirmier, devient médecin.
2. Michel perd son emploi et doit déménager pour retrouver un emploi de bagagiste dans un aéroport.
3. Les enfants d'ouvriers de l'industrie automobile dans une ville de province deviennent, pour la plupart, du fait notamment des fermetures d'usine, des employés de commerce.
4. Julia, fille d'une professeure d'université, devient institutrice.
5. Claire, commerciale dans une compagnie d'assurance, obtient une promotion et devient manager d'une équipe de cinq personnes dans son entreprise.

a. Mobilité professionnelle
b. Mobilité géographique
c. Mobilité structurelle
d. Mobilité sociale ascendante
e. Mobilité sociale descendante

3 Choisissez la bonne réponse.

1. La mobilité intergénérationnelle ascendante est…
- ☐ **a.** plus fréquente que la mobilité descendante.
- ☐ **b.** moins fréquente que la mobilité descendante.
- ☐ **c.** aussi fréquente que la mobilité descendante.

2. La fluidité sociale…
- ☐ **a.** a eu tendance à stagner depuis une quarantaine d'années.
- ☐ **b.** a eu tendance à progresser depuis une quarantaine d'années.
- ☐ **c.** a eu tendance à diminuer depuis une quarantaine d'années.

3. Par rapport à leur père, les femmes connaissent plus souvent que les hommes…
- ☐ **a.** une mobilité ascendante.
- ☐ **b.** une mobilité descendante.
- ☐ **c.** une situation d'immobilité sociale.

4. Dans les trajectoires des individus, le niveau de formation joue un rôle…
- ☐ **a.** plus déterminant que l'origine sociale.
- ☐ **b.** moins déterminant que l'origine sociale.
- ☐ **c.** tout aussi déterminant que l'origine sociale.

BAC Sujet guidé – Dissertation

4h · Sujet vierge à imprimer · Grille d'évaluation

Quels sont les déterminants de la mobilité sociale ?

Trouvez des synonymes pour « déterminants », cela facilitera votre reformulation du sujet et la problématisation.

Analysez la formulation : ce type de question appelle un plan « énumératif ». Il faut regrouper les divers éléments de réponse.

Repérez les **notions centrales** du sujet, et pensez à les définir dans votre introduction.

Doc 1 Part d'individus de la génération 1967-1976 devenant cadre selon leur origine sociale et géographique (en %)

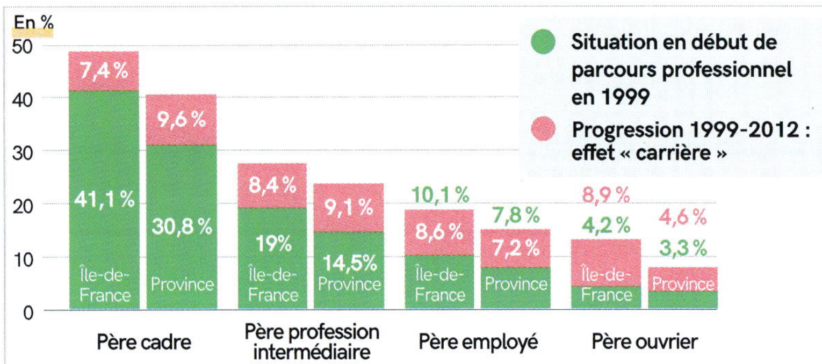

Champ : individus nés entre 1967 et 1976, soit nés en Île-de-France et présents dans la région autour de leur adolescence (recensés entre 8 et 16 ans en Île-de-France), soit symétriquement nés en province et ayant résidé au moins une fois en province aux mêmes âges.

Lecture : en 1999, 41,1 % des enfants franciliens de la génération 1967-1976 sortis d'études et dont le père est cadre sont cadres. 13 ans plus tard, ils sont 48,5 % (+ 7,4 points) dans ce cas, grâce à l'effet-carrière (changement de PCS au cours de la carrière professionnelle).

Thomas Poncelet, Lauren Trigano, « Gravir l'échelle sociale est plus aisé en Île-de-France qu'en province », Insee Analyses Île-de-France, n° 50, 2016

Doc 2 Catégorie socioprofessionnelle des individus et de leurs parents, en 2014-2015

En %	Ensemble	Femmes	Hommes	Mère	Père
Agriculteurs exploitants	1,7	0,9	2,5	5,5	7,8
Artisans et commerçants	6,0	3,7	8,4	5,9	11,1
Cadres et assimilés	16,5	13,5	19,7	3,8	14,4
Professions intermédiaires	24,5	24,7	24,2	10,6	14,5
Employés et ouvriers qualifiés	31,1	29,0	33,3	22,8	33,9
Employés et ouvriers non qualifiés	18,9	25,7	11,6	25,2	13,0
N'a jamais travaillé ou profession inconnue	1,5	2,5	0,3	26,1	5,3
Ensemble	**100,0**	**100,0**	**100,0**	**100,0**	**100,0**

Champ : France métropolitaine, personnes de 30 à 59 ans.

Enquête Formation et qualification professionnelle (FQP), 2014-2015

Doc 3 Diplôme le plus élevé obtenu selon le diplôme des parents et l'origine sociale en 2014-2015

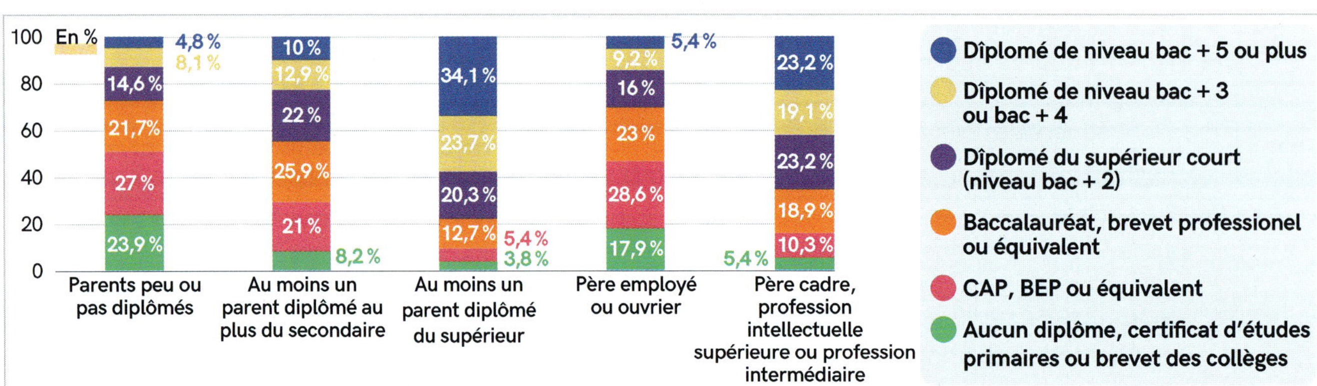

Champ : France métropolitaine, personnes âgées de 25 à 44 ans.

Insee, enquête Formation et qualification professionnelle (FQP), 2014-2015

Méthode

BAC

ÉTAPES 1 ET 2 **Analyser le sujet, problématiser et mobiliser ses connaissances** Au brouillon

❶ ◗ Repérez et analysez tous les termes importants du sujet. → GUIDAGE P. 238
◗ À partir de votre analyse, déduisez-en le type de plan à adopter. → TYPE DE PLANS P. 18
◗ Formulez une problématique : reformulez le sujet, puis proposez un questionnement qui synthétise les enjeux de la question posée.
❷ ◗ Indiquez au brouillon tous les exemples, idées, théories, faits, éléments de cours… qui peuvent être mobilisés.

CONSEIL Si vous avez déjà une idée des grands axes de votre réponse, **classez** ces éléments dans votre plan.

ÉTAPE 3 **Exploiter le dossier documentaire** Au brouillon

◗ Lisez attentivement chaque document et résumez la (ou les) idée(s) principale(s) en lien avec le sujet.
◗ Pensez à repérer la source, le cadre spatio-temporel, les notions ou mécanismes importants et les outils statistiques. Faites attention aux unités.

CONSEIL N'hésitez pas à **rédiger des phrases** afin de vérifier que vous avez compris le sens des données, voire à **faire des calculs simples** pour comparer des données.

ÉTAPE 4 **Construire un plan détaillé** Au brouillon

◗ À partir des informations récoltées, créez ou affinez votre plan détaillé. Il doit comporter deux ou trois parties, chacune subdivisée en deux ou trois sous-parties.
◗ Rédigez les titres des parties et sous-parties sous la forme de phrases indiquant explicitement le sens des arguments que vous allez y développer.

CONSEIL N'oubliez pas d'indiquer dans votre plan détaillé les **documents** que vous allez mobiliser.

ÉTAPE 5 **Rédiger l'introduction et la conclusion** Au brouillon

◗ L'introduction est organisée en 3 parties : l'accroche, l'annonce de la problématique et l'annonce du plan.
◗ Rédigez la conclusion. → MÉTHODE P. 19

ÉTAPE 6 **Rédiger son devoir** Sur votre copie → MÉTHODE P. 19

Voici un exemple de plan détaillé et de conclusion rédigée.
Rédigez le reste du devoir à l'aide de la méthode et de vos connaissances.

Exemple de plan détaillé

I. La mobilité sociale dépend de l'évolution de la structure socioprofessionnelle.
1. La transformation des emplois (féminisation, tertiairisation)…
2. … participe à la mobilité sociale (mobilité structurelle).

II. Les niveaux de formation de la population jouent également un rôle dans les perspectives de mobilité sociale.
1. L'acquisition de diplômes est un vecteur important de la mobilité sociale…
2. … mais il n'est pas suffisant.

III. La famille est aussi un déterminant central de la mobilité sociale.
1. La famille permet à l'individu de valoriser (ou non) ses titres scolaires.
2. Les configurations familiales contribuent à expliquer la mobilité sociale.

Dressez le bilan des arguments présentés dans le développement (ici, les déterminants de la mobilité sociale).

La mobilité sociale répond donc à plusieurs déterminants. Tout d'abord, la mobilité sociale dépend de l'évolution de la structure des emplois (féminisation, tertiairisation, urbanisation). Ensuite, la formation joue un rôle majeur dans les perspectives de mobilité sociale des individus. Néanmoins, la famille est aussi un déterminant central dans la mobilité sociale, notamment de par sa capacité à permettre à l'individu de valoriser ou non ses titres scolaires.

Terminez par une ouverture.

Les ressources familiales constituent donc un facteur clé pour la mobilité sociale des individus. Au-delà du capital culturel transmis par la famille, les configurations familiales peuvent, elles-aussi, influer sur le destin social des individus (taille de la fratrie, structure familiale …).

BAC Sujet guidé – Épreuve composée 4h

Sujet vierge à imprimer | Grille d'évaluati

PARTIE 1 Mobilisation des connaissances — 4 points

Question Présentez deux limites de la mesure de la mobilité sociale par les tables de mobilité.

Méthode

ÉTAPE 1 Analyser la question Au brouillon
- Repérez la ou les notion(s) clé(s) qu'il faudra définir dans votre réponse.
- Repérez la consigne de la question pour identifier la tâche qui est demandée : attend-on une explication, une comparaison, une illustration… d'un mécanisme ou d'une notion ? → MÉTHODE P. 20

ÉTAPE 2 Rassembler ses connaissances Au brouillon
- Rassemblez et organisez vos connaissances sur le sujet : quelles définitions, mécanismes, exemples… pouvez-vous mobiliser pour répondre à la question ? → MÉTHODE P. 20

ÉTAPE 3 Rédiger sa réponse
- Au brouillon : Avant de rédiger, indiquez sur votre brouillon quelle va être la structure de votre réponse.
- Sur votre copie : Rédigez votre réponse de manière organisée, en pensant à définir les notions mobilisées, en explicitant et en illustrant vos propos.

PARTIE 2 Étude d'un document — 6 points

Doc Appréciation de sa propre profession par comparaison à celle de son père, en % (2014-2015)

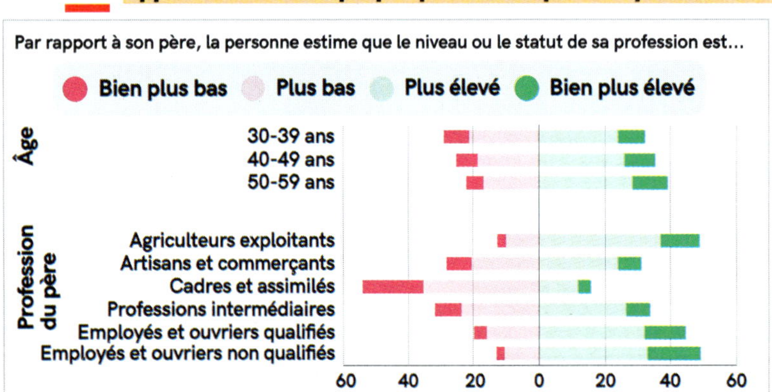

Champ : France métropolitaine, personnes de 30 à 59 ans.

Insee, enquête FQP, 2014-2015

Question 1. Donnez le sens des informations fournies pour les 30-39 ans.

Question 2. Dans quelle mesure ce document illustre-t-il le déclassement ?

Méthode

ÉTAPE 1 Analyser le document Au brouillon
- Déterminez la nature du document (diagramme par répartition, série chronologique).
- Repérez la source, le cadre spatio-temporel, le ou les outil(s) statistique(s) utilisé(s) et la ou les unité(s).
- Pensez à vérifier si des informations sont indiquées dans le champ du document.

ÉTAPE 2 Préparer la question 1 (lecture) Au brouillon
- Rédigez une phrase par donnée statistique à lire : soyez le plus précis possible en indiquant la date (ou période), le cadre spatial, l'unité…

ÉTAPE 3 Préparer la question 2 (analyse)
- Au brouillon : Repérez la consigne de la question : attend-on une comparaison, la présentation d'évolutions, l'illustration d'un mécanisme… ?
- Au brouillon : Sélectionnez dans le document les éléments qui vous permettront d'argumenter et effectuez si besoin des calculs simples (écarts en points de pourcentage ou coefficients multiplicateurs, par exemple) pour étayer votre réponse.
- Sur votre copie : Rédigez votre réponse de manière structurée : allez du général au particulier ; définissez les notions ou mécanismes mobilisés et, illustrez votre réponse avec des données et/ou des calculs.

Voici un exemple de réponse à la question 1.

Le champ du document vous apporte des informations à prendre en compte pour lire de manière rigoureuse les données.

En 2014-2015, sur l'ensemble des personnes de 30-39 ans, environ 30 % considèrent avoir une profession ou un statut professionnel plu bas ou bien plus bas que celui de leur père. À l'inverse, ils sont environ 35 % à avoir un sentiment d'élévation professionnelle par rapport à leur père.

Dans le détail, moins de 10 % des personnes interrogées considèrent avoir un statut professionnel « bien plus bas » que celui de leur père, et 20 % avoir un statut « plus bas ». De l'autre côté de l'échelle, 25 % des personnes ont le sentiment d'avoir une situation professionnelle plus élevée que celle de leur père, et elles sont près de 10 % à se considérer comme « bien plus élevés ».

PARTIE 3 Raisonnement s'appuyant sur un dossier documentaire — 10 points

À l'aide de vos connaissances et du dossier documentaire, vous montrerez qu'une société plus mobile n'est pas nécessairement une société plus fluide.

Soyez attentif aux termes employés : on attend que vous utilisiez les documents, mais aussi vos connaissances.

La formulation du sujet vous invite à comparer mobilité et fluidité sociales. Tous les termes de l'énoncé sont importants... N'hésitez-pas à utiliser des synonymes pour reformuler le sujet.

Repérez les **notions centrales** du sujet, et pensez à les définir dans votre introduction.

Doc 1 Évolution de la mobilité sociale en % et du rapport de chances[1] en France entre 1953 et 2012

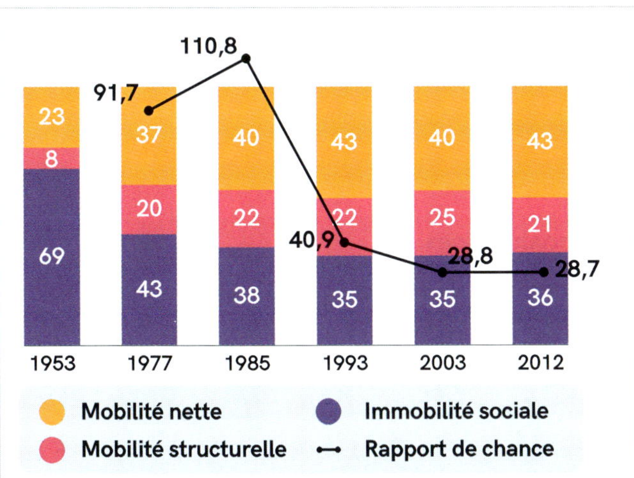

Champ : hommes actifs ou anciens actifs de 40 à 59 ans. France métropolitaine.

Yves Besançon, « La mobilité sociale est tombée en panne », *Alternatives économiques*, n° 366, 2017

1. Rapport de chances = rapport entre les chances des fils de cadre et celles des fils d'ouvrier de devenir cadre plutôt qu'ouvrier.

Doc 2

En France, sur le long terme, l'étude de référence est celle qu'a menée le sociologue Louis-André Vallet en 1999 sur l'évolution de la mobilité des hommes âgés de 35 à 59 ans entre 1953 et 1993. Il montre que dans l'intervalle, la mobilité a fortement augmenté. Alors qu'en 1953, 50,7% des hommes de 35 à 59 ans étaient classés dans la même catégorie sociale que leur père, ils ne sont plus que 40% en 1970, 37,6% en 1977, 36,5% en 1985 et 35,1% en 1993. [...]

La fluidité sociale n'a en revanche que peu évolué, selon L.-A. Vallet. Le lien unissant origine et position sociale a subi une « lente érosion » de 0,5% par an. « Parmi les quelque 12 millions de Français, hommes et femmes, âgés de 35 à 59 ans et qui ont un emploi en 1993, environ 4% occupent des positions sociales qui n'auraient pas été les leurs en l'absence de cette augmentation de la fluidité sociale en quarante ans. » À ce rythme, il faudrait deux siècles pour atteindre une situation où les destins sociaux ne dépendraient plus de l'origine sociale.

Xavier Molénat, « Comment a-t-elle évolué ? », *Sciences Humaines*, n° 209, novembre 2009

BAC

Doc 3 Évolution de la fluidité sociale entre les cadres et les autres catégories de salariés entre 1977 et 2015

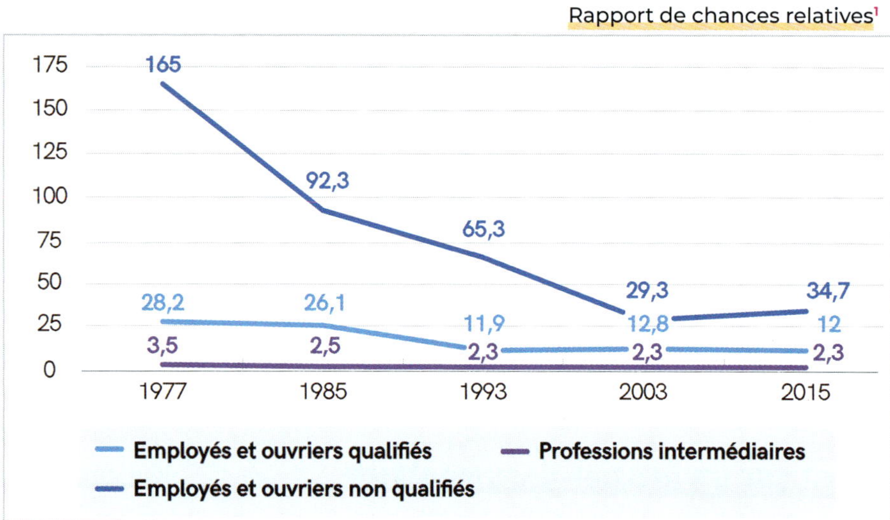

Champ : France métropolitaine, femmes et hommes français actifs occupés ou anciens actifs occupés, âgés de 35 à 59 ans au 31 décembre de l'année d'enquête.

Lecture : en 1977, les chances d'être cadres plutôt que professions intermédiaires étaient 3,5 fois plus fortes pour les fils de cadres que pour les fils de professions intermédiaires.

Insee, enquêtes Formation et qualification professionnelle 1977, 1985, 1993, 2003 et 2014-2015

1. Rapport entre les chances des fils de cadre et celles des fils d'une CSP donnée de devenir cadre plutôt que de faire partie de cette CSP.

Méthode

ÉTAPES 1 ET 2 **Analyser le sujet et mobiliser ses connaissances** Au brouillon

❶ Repérez et analysez tous les termes importants du sujet. → GUIDAGE P. 241
- À partir de votre analyse, déduisez-en le type de plan à adopter. → TYPES DE PLANS P. 18
- N'hésitez pas à reformuler le sujet.

❷ Indiquez au brouillon tous les exemples, idées, théories, faits, éléments de cours… qui peuvent être mobilisés.

CONSEIL
Si vous avez déjà une idée des grands axes de votre réponse, **classez** ces éléments dans votre plan.

ÉTAPE 3 **Exploiter le dossier documentaire** Au brouillon
- Lisez attentivement chaque document et résumez la (ou les) idée(s) principale(s) en lien avec le sujet.
- Pensez à repérer la source, le cadre spatio-temporel, les notions ou mécanismes importants et les outils statistiques. Faites attention aux unités.

CONSEIL
Si vous avez déjà une idée des grands axes de votre réponse, **classez** les éléments issus de l'analyse des documents dans votre plan en indiquant le numéro des documents mobilisés.

ÉTAPE 4 **Construire un plan détaillé** Au brouillon → MÉTHODE P. 21

ÉTAPE 5 **Rédiger l'introduction et la conclusion** Au brouillon → MÉTHODE P. 21

ÉTAPE 6 **Rédiger son devoir** Sur votre copie → MÉTHODE P. 21

Voici un exemple de paragraphe rédigé.
Rédigez le reste du devoir à l'aide de la méthode et de vos connaissances.

Commencez par présenter l'argument développé.

La société française est une société mobile. Cela se traduit par un recul considérable de l'immobilité sociale au sein de la société. On parle d'immobilité sociale lorsque l'individu acquiert la même position socioprofessionnelle que ses parents (un fils d'ouvrier qui devient lui-même ouvrier, par exemple).

Il faut illustrer l'idée avancée en utilisant des exemples, tirés notamment des documents.

Le document 1 apporte une illustration statistique de ce recul de l'immobilité sociale. En effet, en 1953, plus des deux tiers des hommes actifs ou anciens actifs de 40 à 59 ans occupaient la même position sociale que leur père. En 2012, l'immobilité sociale ne concerne plus qu'un homme sur trois. Cette évolution montre que la mobilité sociale est aujourd'hui un phénomène majoritaire au sein de la société française. Chez les femmes, cette mobilité est aujourd'hui encore plus prononcée, qu'on les compare à leur mère ou à leur père (environ 30% de femmes en situation d'immobilité sociale).

BAC Grand Oral

Question La société française est-elle moins mobile que la société américaine ?

➡ Méthode générale p. 22-25

ÉTAPE 3 Préparer son support

Pendant la phase de préparation de 20 min, vous avez la possibilité de réaliser un support à remettre au jury en début d'épreuve.

Anticiper la réalisation du support

- Il est souhaitable de l'avoir conçu **avant le « jour J »** pour ne pas perdre de temps et éviter l'angoisse de la page blanche.
- Ce travail de préparation vous permettra de **synthétiser** les principaux points de votre exposé, mais aussi d'orienter les questions du jury sur des éléments que vous n'aurez pas le temps d'aborder pendant votre prestation de 5 min... mais que vous maîtrisez !

CONSEIL
Tendez des perches !
Sur votre support, vous pouvez faire référence à un auteur, un mécanisme, une notion...

Réaliser son support

- Il doit être synthétique, lisible et adapté à la question que vous avez choisi de traiter. Utilisez un **code couleur** – sans surcharger votre document – pour établir des distinctions et rendre la lecture aisée et rapide.
- Pour cette question qui implique une **comparaison**, un tableau, une carte mentale ou un schéma sont adéquats.

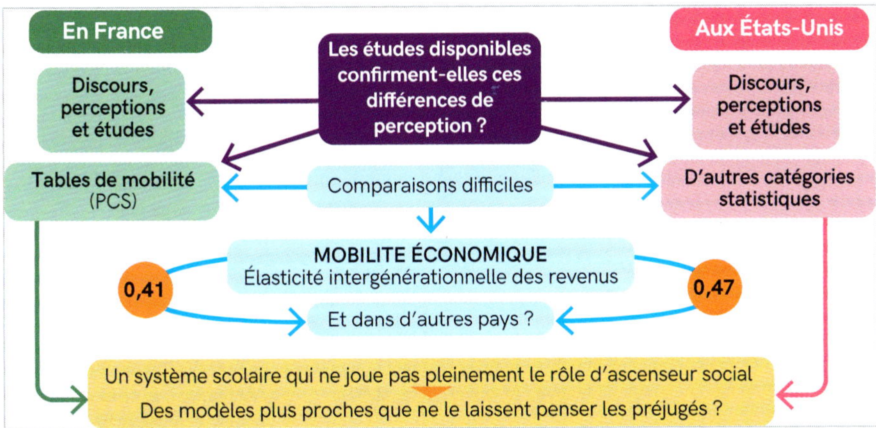

CONSEIL
Pensez à votre matériel.
Assurez-vous d'apporter le matériel qui vous permettra de reconstituer pour le jury la note que vous avez préparée à l'avance. Stylos de couleur, feutres fluo, crayons, règle...

Tester son support

- Proposez à trois camarades de jouer le rôle du jury et donnez-leur votre support.
- Il s'agit de vérifier **deux points essentiels** : la cohérence entre le support et le contenu de votre oral et la capacité de votre support à orienter les questions du jury (points de définition, chiffres complémentaires, exemples, références bibliographiques).

CONSEIL
Faute d'orthographe interdite.
Évitez les fautes d'orthographe : elles feront mauvais effet, tout particulièrement sur les termes de votre spécialité.

Ressources numériques
- Check-list pour la présentation.
- Lien vers des sites utiles pour préparer la question.
- Pistes pour se documenter et anticiper l'échange avec le jury.

ÉTAPE 2 Se documenter	ÉTAPE 5 Faire le lien avec un projet d'orientation
Jules Naudet, « La mobilité sociale aux États-Unis, en France et en Inde dans une perspective quantitative », *Sociologie*, N° 1, vol. 3, 2012. **Trésor-Éco, la lettre du Trésor public** « Inégalités, pauvreté et mobilité sociale aux États-Unis : un enjeu économique et social d'envergure », Trésor-Éco n° 147, mai 2015	**Études supérieures** Licences de sociologie, sciences politiques, histoire, LLCE, classes préparatoires BL, Instituts d'études politiques **Projet professionnel** Recherche, enseignement, journalisme, administration

Autres questions possibles
- L'entreprenariat est-il un moyen de connaître une mobilité sociale ascendante ?
- Quelles sont les caractéristiques de la mobilité sociale en Inde ?

BAC Sujet d'entraînement – Dissertation 4h

Grilles d'évaluation

Dans quelle mesure la société française est-elle une société mobile ?

Doc 1 Destinées sociales selon la position d'origine des fils

		Destinée (fils) en %						
		Agriculteurs exploitants (1)	Artisans, commerçants, chefs d'entreprise (2)	Cadres et professions intellectuelles supérieures (3)	Professions intermédiaires (4)	Employés (5)	Ouvriers (6)	Ensemble
Origine (père)	(1)	25,0	8,0	8,8	18,6	7,1	32,5	100,0
	(2)	0,8	20,3	22,2	22,9	9,5	24,3	100,0
	(3)	0,2	8,0	47,0	25,7	9,1	10,0	100,0
	(4)	0,7	7,9	25,5	31,5	11,3	23,1	100,0
	(5)	0,5	6,8	16,3	26,1	16,6	33,6	100,0
	(6)	0,5	7,4	9,4	22,9	12,3	47,6	100,0
	Ensemble	2,6	9,2	19,3	24,5	11,3	33,0	100,0

Champ : France métropolitaine, hommes âgés de 30 à 59 ans qui travaillent ou ont déjà travaillé à la date de l'enquête.

Insee, enquête Formation et qualification professionnelle (FQP), 2014-2015

Doc 2

Parmi les ouvriers, certains sont « qualifiés », d'autres non. Les employés, professions intermédiaires et les cadres relèvent pour une partie du secteur privé, et pour une autre partie du secteur public. La mobilité sociale est-elle la même pour chacun de ces sous-groupes ? C'est ce qu'a cherché à savoir le sociologue Cédric Hugrée. En s'appuyant sur cinq éditions successives (2010-2014) de l'enquête Emploi pour construire des tables de mobilité non plus en 6 postes comme habituellement, mais en 18 postes.

Cette entrée dans le détail des catégories socioprofessionnelles (hommes et femmes confondus) révèle que les groupes connaissant la plus forte reproduction sociale sont presque tous situés en haut de l'échelle sociale : [...] « les enfants des professions libérales constituent [...] la catégorie aux destins sociaux les plus homogènes ». Plus de la moitié d'entre eux se répartissent en effet entre seulement trois catégories : cadres d'entreprises (21 %), cadre de la fonction publique et professions intellectuelles et artistiques (18 %) et professions libérales (13 %). [...]

Par contraste, les destinées des enfants d'ouvriers qualifiés paraissent plus éclatées.

Xavier Molénat, « Nouveaux regards sur la mobilité sociale », *Alternatives économiques*, 2018

Doc 3 Évolution de la structure des emplois pour les hommes

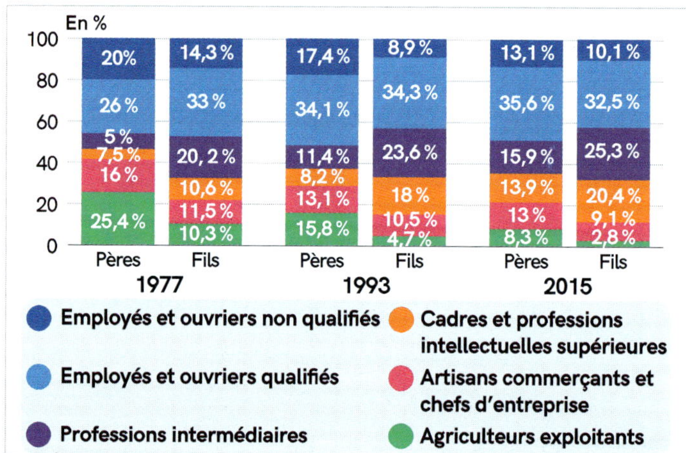

Champ : France métropolitaine, hommes français actifs occupés ou anciens actifs occupés, âgés de 35 à 59 ans au 31 décembre de l'année d'enquête.

Lecture : en 2015, 3 % des hommes et 8 % de leurs pères sont agriculteurs exploitants.

Insee, France, Portrait social Édition 2019

Doc 4 La mobilité sociale des femmes

En %	Par rapport à leur mère		Par rapport à leur père	
	1977	2015	1977	2015
Immobilité sociale	40,9	29,5	36,0	29,9
Mobilité sociale observée	59,1	70,5	64,0	70,1
Mobilité ascendante	16,8	39,8	12,7	21,8
Mobilité descendante	5,6	11,7	17,6	25,0
Mobilité non verticale	36,7	19,0	33,7	22,3

Marc Collet, Émilie Penicaud, « En 40 ans, la mobilité sociale des femmes a progressé, celle des hommes est restée quasi stable », Insee Première, 2019

BAC Sujet d'entraînement – Épreuve composée (4h)

PARTIE 1 Mobilisation des connaissances — 20 à 30 min — 4 points

Question Différenciez mobilité sociale et fluidité sociale.

PARTIE 2 Étude d'un document — 1h à 1h30 — 6 points

Doc Évolution des destinées sociales des femmes salariées comparées à leur mère (à leur père) entre 1977 et 2015

en %		Catégorie socioprofessionnelle de la fille				
		1	2	3	4	Total
Catégorie socioprofessionnelle de la mère (du père)						
1. Cadres et professions intellectuelles supérieures	1977	40 (20)	23 (40)	15 (25)	19 (8)	**96 (93)**
	2015	42 (35)	32 (34)	12 (18)	10 (9)	**95 (96)**
2. Professions intermédiaires	1977	13 (5)	39 (28)	31 (37)	9 (17)	**92 (87)**
	2015	29 (20)	38 (34)	19 (24)	10 (18)	**96 (96)**
3. Employés et ouvriers qualifiés	1977	3 (2)	20 (14)	43 (37)	25 (37)	**91 (90)**
	2015	15 (8)	30 (23)	33 (36)	17 (29)	**95 (96)**
4. Employés et ouvriers non qualifiés	1977	1 (1)	9 (8)	34 (30)	47 (49)	**92 (88)**
	2015	8 (4)	22 (19)	34 (35)	31 (39)	**95 (96)**

Note : dans cette figure, n'apparaissent que les destinées sociales correspondant aux filles des mères appartenant toutes deux à une catégorie socioprofessionnelle de salariés.
Champ : France métropolitaine, femmes françaises actives occupées ou anciennes actives occupées, âgées de 35 à 59 ans au 31 décembre de l'année d'enquête.

Insee, enquêtes Formation et qualification professionnelle 1977, 1985, 1993, 2003 et 2014-2015

Question 1. Mettez en évidence l'immobilité sociale des femmes salariées.

Question 2. En vous appuyant sur les données du document, vous caractériserez l'évolution de la mobilité sociale des femmes salariées.

PARTIE 3 Raisonnement s'appuyant sur un dossier documentaire — 2h à 2h40 — 10 points

À l'aide de vos connaissances et du dossier documentaire, vous analyserez les spécificités de la mobilité sociale des femmes comparée à celle des hommes.

Doc 1 Décomposition de la mobilité sociale observée entre 1985 et 2015

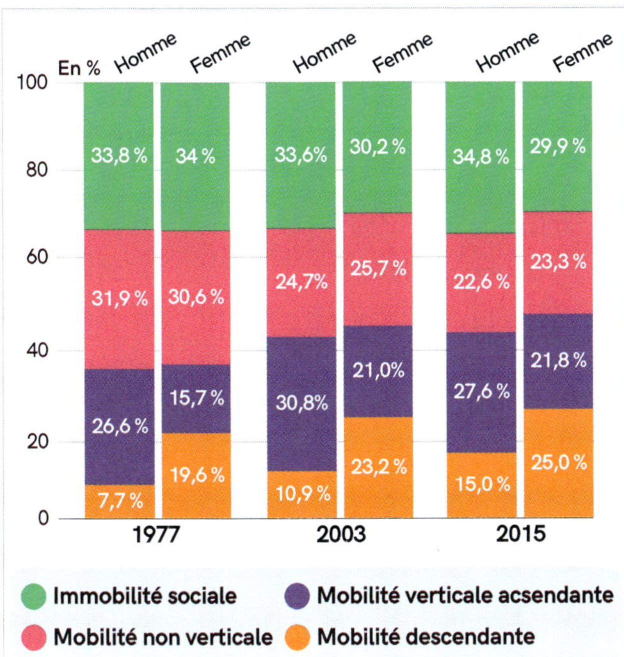

Insee, 2019

Doc 2

Le double constat d'une forte évolution de la structure des emplois masculins entre les générations et d'une forte différenciation de la structure des emplois masculins et féminins conduit cependant à se poser une question. La progression de l'emploi féminin, qui se développe particulièrement parmi les employés, n'est-elle pas l'une des conditions structurelles de la mobilité sociale ascendante des hommes ? Si une femme employée ou institutrice mariée à un ingénieur appartient à un milieu social qui est défini plus par la profession de son mari que par la sienne, elle a pu contribuer, en se satisfaisant de sa position professionnelle, à rendre possible l'accès de son mari à la sienne. Le retrait relatif des femmes dans la compétition pour les emplois les plus valorisés peut apparaître comme l'une des conditions structurelles des flux de mobilité ascendants masculins, de même que, dans les années de croissance économique forte, le recrutement des ouvriers parmi les travailleurs immigrés a pu permettre, par exemple, à des enfants d'ouvriers d'occuper d'autres emplois qui se développaient par ailleurs.

Dominique Merllié, « La mobilité sociale », *Les Mutations de la société française*, tome 2, © Éditions La Découverte, coll. « Repères », 2016

CHAPITRE 9

Quelles mutations du travail et de l'emploi ?

Textes DYS
TOUS LES TEXTES EN VERSION DYS
lyceen.nathan.fr/sesterm-2020

RAPPELS

EXO Exercices interactifs

2de — Cours de 2de

Comment crée-t-on des richesses et comment les mesure-t-on ?

a. Qui occupe un emploi ?

- ☐ un salarié
- ☐ un bénévole dans une association
- ☐ une cheffe d'entreprise
- ☐ un travailleur à temps partiel

1re — Cours de 1re

Comment se construisent et évoluent les liens sociaux ?

b. Quel(s) facteur(s) contribue(nt) au renforcement des liens sociaux ?

- ☐ l'appartenance à une même PCS
- ☐ le fait de travailler au sein d'une même entité
- ☐ le fait d'être son propre patron
- ☐ la division du travail

Comment les entreprises sont-elles organisées et gouvernées ?

c. Qui est entrepreneur ?

- ☐ une manager salariée
- ☐ un auto-entrepreneur
- ☐ un ouvrier du bâtiment
- ☐ un chef d'entreprise

SOMMAIRE

Doc 1 Une consultation médicale à distance

Depuis le 15 septembre 2018, tout médecin peut proposer à ses patients une consultation à distance sur l'ensemble du territoire français.

Deligne

Quel peut-être l'intérêt de la télémédecine ?

Le travail à distance est-il possible pour tous les types de métiers ?

Doc 2 Une plateforme de livraison de repas

Vidéo

« En France, les livreurs Deliveroo entament un mouvement social » (1 min. 25 sec.), France TV info, 2019

En quoi les livreurs auto-entrepreneurs dépendent-ils des plateformes ?

1 Quelles frontières entre emploi, chômage et inactivité ?

▶▶ OBJECTIFS
Savoir distinguer les notions de travail, activité, statut d'emploi, chômage ; comprendre que les évolutions des formes d'emploi rendent plus incertaines les frontières entre emploi, chômage et inactivité.

QU'ALLONS-NOUS FAIRE ?

Une même personne peut être à la fois salariée et bénévole dans une association, une autre être au chômage et apporter de l'aide à un proche, en réalisant une partie de son travail domestique... Ainsi, différentes situations peuvent se cumuler.

ACTIVITÉ Distinguer activité, inactivité, emploi et chômage

▶ **Prenez connaissance des documents, puis répondez aux questions.**

a. Placez les cas suivants dans le schéma du doc c. Justifiez vos réponses.

- une mère de famille nombreuse qui effectue un travail domestique (ménage, garde d'enfants... non rémunérés) à temps plein pour son foyer
- un chômeur âgé découragé ne faisant plus de recherche active
- un lycéen de 16 ans
- un salarié à temps partiel volontaire, engagé dans un parti politique
- un travailleur en chômage partiel
- un salarié à temps partiel involontaire

b. Pourquoi une personne en temps partiel subi serait-elle classée dans la zone E + C et une personne à temps partiel désiré dans la zone I + E ?

a Comment définir emploi, chômage et inactivité ?

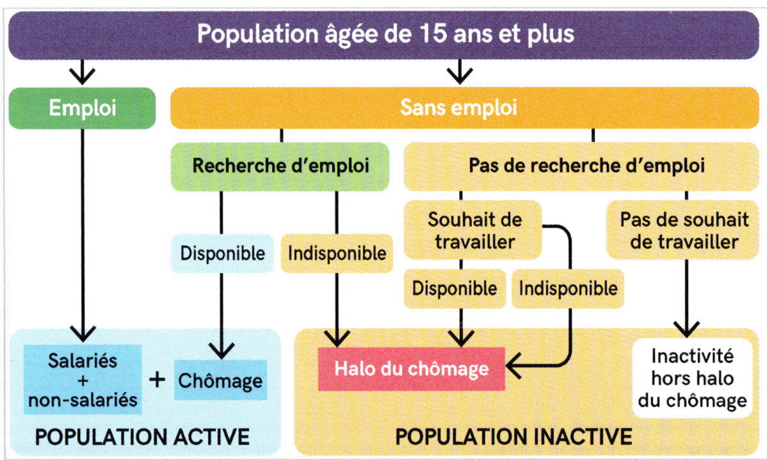

D'après Insee et Bureau international du travail

DÉFINITIONS

Emploi : exercice d'une profession rémunérée, de statut salarié ou indépendant.

Travail : action (rémunérée ou non) de production de biens et/ou services.

b Le halo du chômage

Le sous-emploi recouvre la frontière entre l'emploi et le chômage, en comptabilisant certaines personnes en emploi qui ne peuvent travailler autant qu'elles le souhaitent.

Le halo [au sens du BIT], quant à lui, regroupe les personnes inactives aux frontières du chômage, qui souhaitent travailler, mais ne sont pas disponibles dans les deux semaines à venir ou encore qui n'ont pas fait de démarche de recherche d'emploi dans les quatre semaines précédentes.

« Dossier – Halo autour du chômage », Insee Références, édition 2016

c Les frontières floues entre emploi, chômage et inactivité

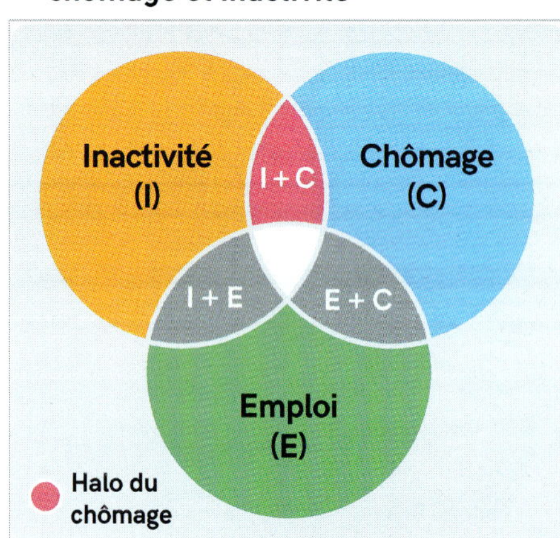

D'après Jacques Freyssinet, *Le Chômage*, © Éditions La Découverte, 2004

Doc 1 Différents statuts d'emploi

Ce n'est qu'à la suite du processus [d'industrialisation] que la démarcation entre indépendance et salariat s'est précisée. En France, avec la loi Martin Nadaud (1898), le travail salarié [...] est progressivement défini par l'idée d'un lien de subordination entre l'employeur et les salariés qu'il emploie. Le salarié vend sa force de travail, l'indépendant vend le produit de son travail.

Depuis les années 1970, les sociologues s'accordent généralement à constater une « déstabilisation » du salariat. Ce dernier se trouve ainsi fragilisé en son centre, par la déconstruction progressive du modèle d'emploi stable[1] et garanti, et par la multiplication des formes d'emplois précaires. À ses marges, depuis les années 1980, le salariat est d'autre part mis en péril par l'émergence des statuts d'emplois « hybrides » [...] et sous l'effet d'un renouveau du travail indépendant [...] observé dans la plupart des pays occidentaux.

Face à l'augmentation du chômage, les pouvoirs publics incitent depuis la fin des années 1970 les chômeurs à « créer leur propre emploi » [...]. On pense [...] à l'auto-entrepreneuriat[2]. Le salariat peut se rapprocher de l'indépendance, les deux statuts peuvent se cumuler et aussi être [...] un moyen d'échapper au chômage.

Sophie Bernard, Marnix Dressen, « Penser la porosité du travail », *La Nouvelle revue du travail*, 2014

1. CDI à temps plein.
2. Statut créé en 2009.

DÉFINITION

Statut d'emploi : statut juridique (droits et obligations) des emplois salariés (secteur privé, fonction publique, entreprises publiques ou nationales) ou non-salariés (indépendants, employeurs, aides familiaux).

QUESTIONS

1. **Distinguer.** Quelle est la différence entre une personne ayant un statut de salarié et une personne ayant un statut d'indépendant ?
2. **Définir.** Qu'est-ce qu'un auto-entrepreneur ?
3. **Justifier.** Expliquez la phrase soulignée en vous appuyant sur le texte.

Doc 2 Évolution des formes de l'emploi et du chômage

En %		Structure de l'emploi					Part du sous-emploi	Taux de chômage
		Salariés				Non-salariés		
		Apprentis	Intérimaires[1]	CDD	CDI			
1982	15-24 ans	4,4	15,6	11,7	77,1	5,7		15,6
	Ensemble	0,8	6,8	4,7	76,7	18		6,8
2008	15-24 ans	14	19,0	26,2	51	2,2	10,3	19,0
	Ensemble	1,3	7,4	8,5	77, 4	10,6	5,8	7,4
2018	15-24 ans	17,2	20,8	28,5	43,9	2,4	10,9	20,8
	Ensemble	1,6	9,1	9,3	74,8	11,7	6,0	9,1

Insee, Enquêtes emploi

1. Salariés qui occupent un emploi pour une entreprise de travail temporaire destiné à d'autres entreprises.

QUESTIONS

4. **Lire.** Rédigez une phrase pour présenter et comparer les données encadrées en rouge.
5. **Comparer.** Comment les statuts d'emploi ont-ils évolué depuis 1982 ?
6. **Comparer.** Comment le taux de chômage a-t-il évolué depuis 1982 ?
7. **Analyser.** Comment ces évolutions affectent-elles les frontières entre emploi et chômage ?

EN AUTONOMIE VERS LE BAC

▶▶ **Parcours écrit** Épreuve composée – Partie 3

À l'aide de vos connaissances et des docs 1 et 2, expliquez en quoi l'évolution des formes d'emploi affecte les frontières entre emploi, chômage et inactivité.

▶▶ **Parcours oral** Étape 3 – Réfléchir à son support

Réalisez un tableau pour comparer les statuts de salarié et non-salarié. Pensez à comparer des données comparables. N'hésitez pas à faire des recherches pour compléter votre tableau.

Tableau guidé

MÉMO

- La population active comprend les personnes en âge de travailler qui ont un emploi (salariées ou indépendantes) ou sont au chômage. La population inactive regroupe, quant à elle, les personnes qui ne sont pas en âge de travailler, celles qui souhaitent travailler sans le pouvoir et celles qui ne souhaitent pas travailler.
- Certaines formes d'emploi rendent incertaines les frontières entre emploi et inactivité (temps partiel choisi) et entre emploi et chômage (sous-emploi, auto-entrepreunariat).
- Les chômeurs découragés (halo du chômage), eux, sont classés dans la catégorie des inactifs.

2 Quels sont les principaux descripteurs de la qualité des emplois ?

▶▶ OBJECTIF
Connaître les principaux descripteurs de la qualité des emplois.

QU'ALLONS-NOUS FAIRE ?

Différents organismes et institutions, tels que l'Organisation internationale du travail ou l'Union européenne, cherchent à définir des descripteurs (critères) pour rendre compte de la qualité des emplois.

ACTIVITÉ Les principaux descripteurs de la qualité du travail et de l'emploi

Vidéo Que veut dire « la qualité de l'emploi » ? (5 min. 07 sec.)

Pour aller plus loin Enquête européenne sur les conditions de travail

▶ **Prenez connaissance du document, puis triez les descripteurs cités dans un tableau.**

Descripteurs qui relèvent de la sécurité économique de l'emploi	Descripteurs qui relèvent des conditions de travail
Rémunération	...
...	...
...	...
...	...
...	...
...	

DÉFINITION

Conditions de travail : aspects matériels (contraintes physiques, moyens de travail...), organisationnels (temps et rythme de travail, variété des tâches, autonomie...) et psychosociaux (relations avec les clients, la hiérarchie et les collègues, satisfaction et difficultés au travail) de l'exercice du travail.

EXEMPLES DE DESCRIPTEURS

NIVEAU INDIVIDUEL

Rémunération
Salaire moyen, part des travailleurs à faible salaire, pauvreté dans l'emploi

Durée du travail et aménagements du temps de travail
Durée hebdomadaire ou annuelle effective, part du temps partiel subi, part des travailleurs ayant une durée du travail longue ou des horaires atypiques, flexibilité à court terme sur le temps de travail

Sécurité de l'emploi
Part des travailleurs temporaires, part des travailleurs ayant peu d'ancienneté, part des travailleurs indépendants

Potentiel de formation
Part de la population d'âge actif ou des salariés suivant des études ou une formation, part des salariés ayant un niveau d'études inférieur/supérieur à ce qui est normalement exigé par la profession

Sécurité et santé au travail
Taux d'accidents du travail, de maladies professionnelles, stress au travail, part des travailleurs exposés à des risques pour la santé physique

Contenu et organisation du travail
Indicateurs subjectifs de l'autonomie dans le travail, de l'intensité du travail, autoévaluation par les travailleurs de l'utilité de leur travail, satisfaction à l'égard de la nature du travail accompli

Relations professionnelles
Indicateurs subjectifs relatifs aux relations avec les collègues et la hiérarchie, à la discrimination et au harcèlement

Système de Sécurité sociale
Couverture de l'assurance chômage, assurance-maladie (et complémentaires), des régimes de retraites, taux de remplacement, congé maternité/parental

NIVEAU COLLECTIF

Dialogue social
Taux de syndicalisation

Égalité de traitement
Écart salarial et taux d'emploi entre les sexes, situation des handicapés et des minorités au regard de l'emploi

D'après « Comment va la vie ? 2013 : Mesurer le bien-être », OCDE, 2014

Doc 1 Des descripteurs de qualité de l'emploi des cadres et des ouvriers qualifiés

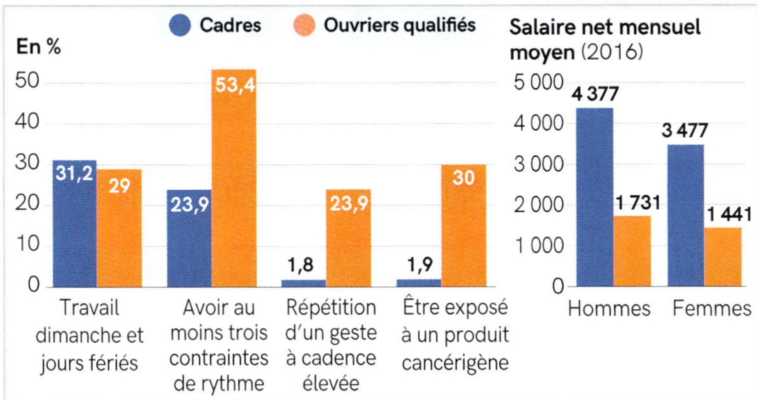

Champ : salariés de France métropolitaine.

Dares, Insee (2013, 2016), enquêtes Conditions de travail (2016) et Sumer, 2017

1. Imposé par le déplacement automatique d'un produit, la cadence automatique d'une machine, des contraintes techniques, des normes de production, la dépendance immédiate vis-à-vis des collègues, par la hiérarchie, une demande extérieure.

DÉFINITION

Pénibilité : traduit, au travail, une exposition, au-delà de certains seuils, à un ou plusieurs facteurs de risques professionnels, susceptibles de laisser des traces durables, identifiables et irréversibles sur la santé des salariés.

QUESTIONS

1. **Expliquer.** Quel est l'intérêt de mesurer la part de travailleurs concernée par ces descripteurs ?
2. **Comparer.** Calculez le rapport ouvrier qualifié/cadre pour chaque descripteur et rédigez une phrase pour expliquer vos résultats.
3. **Déduire.** Quelles caractéristiques d'un emploi de qualité ce document présente-t-il ?

Doc 2 Deux exemples d'emplois

a Témoignage d'une caissière de la grande distribution

Hacina : Faut pas mentir, caissière, c'était pas mon rêve et c'est toujours pas le cas. C'est pas un boulot où tu as besoin d'être un génie. Mais c'est quand même un boulot et, surtout, c'était pas loin de chez moi et avec la possibilité du temps partiel, ce qui m'arrangeait pas mal pour mon fils. [...] Je ne supportais plus de ne pas travailler. On m'aurait proposé n'importe quoi, j'aurais dit oui. [...]

Avoir été caissière n'est pas une expérience professionnelle facilitant un recrutement futur. Les promotions sont quasiment inexistantes. Les projets d'évolution professionnelle sont toujours des projets de rupture avec leur emploi.

Marlène Benquet, *Encaisser ! Enquête en immersion dans la grande distribution*, © Éditions La Découverte, 2013

QUESTIONS

4. **Lire.** Quelles dimensions de la qualité des emplois sont mises en évidence dans les docs a et b ?

b Témoignage d'un architecte

« Mon métier s'étend du dessin à la réception du chantier une fois les travaux terminés ».

Installé comme architecte indépendant à Lille depuis six ans, Édouard enchaîne les activités les plus variées. Dès 8 heures du matin, il est en visite sur un chantier. À 13 heures, il est de retour à son bureau pour un rendez-vous avec des particuliers qui veulent faire agrandir une maison. Installé à son bureau, il commence devant eux à tracer quelques croquis.

« Je consacre beaucoup de temps à mon métier, mais j'aime sa diversité et le contact avec le client », explique Édouard. L'architecte est confronté à une multitude de situations différentes qu'il doit savoir gérer. Tous les jours, il passe par différentes étapes, toutes très importantes dans la réalisation d'un projet.

Anne Vanrapenbusch, « Architecte : le regard d'un artiste, la rigueur d'un technicien », reussirmavite.net, 2015

EN AUTONOMIE VERS LE BAC

▶▶ **Parcours écrit** Épreuve composée – Partie 1

Présentez les principaux descripteurs de la qualité des emplois.

▶▶ **Parcours oral** Étape 1 – Choisir sa question

Choisissez l'un des descripteurs de la qualité des emplois cités dans l'activité et effectuez des recherches sur différents emplois pour les analyser à travers ce prisme.

MÉMO

- Le niveau de salaire, la durée du travail, la sécurité de l'emploi et le potentiel de formation sont des critères essentiels pour décrire la qualité des emplois. Les conditions de travail (variété des tâches, pénibilité...) ou les critères subjectifs ne sont pas toujours retenus par les organisations internationales.
- Ces indicateurs dessinent une hiérarchie de la qualité des emplois selon le milieu socioprofessionnel et des risques cumulés pour les précaires et les moins qualifiés, dont l'évolution de carrière est limité.

3 Quelles sont les caractéristiques des modèles d'organisation du travail ?

OBJECTIF
Comprendre les principales caractéristiques des modèles d'organisation taylorien et post-taylorien.

QU'ALLONS-NOUS FAIRE ?

Un même bien peut être produit de différentes manières selon l'organisation choisie par l'entreprise qui le fabrique. Un artisan qui emploie deux salariés organise en effet sa chaîne de production différemment d'une grande usine très robotisée.

Doc 1 L'« organisation scientifique du travail » (OST) de Taylor

Si les ouvriers peuvent se permettre de flâner, estime Taylor, c'est parce qu'ils [...] conservent le monopole du savoir-faire [...] et leurs temps morts restent incontrôlables. [...] Il faut établir des critères extérieurs et objectifs qui ne dépendent plus de l'exécutant. Il faut confier à des experts le soin d'analyser le travail pour en déduire le *one best way*, les modes opératoires les plus efficaces en un temps limité. Le résultat sera donc aussi le clivage du savoir-faire en deux fonctions hiérarchisées : la conception des méthodes au sommet et l'exécution à la base. Entre les deux, les agents de maîtrise prescrivent les rythmes et les procédures et en contrôlent l'application.

Ce nouveau système [l'OST] s'appuie d'abord sur d'anciens moyens : sélection des ouvriers, spécialisation, décomposition des tâches. [...] Chez Taylor, l'étude des temps [...] doit être confiée [aux] ingénieurs des méthodes. [...]

Il se targue de concilier des intérêts contradictoires : procurer aux employeurs une main d'œuvre ouvrière moins coûteuse [par unité produite], qui, en contrepartie, bénéficie d'une augmentation relative de rémunération.

Marcelle Stroobants, *Sociologie du travail*, Armand Colin, 2016

DÉFINITIONS

Division horizontale du travail : division entre salariés d'un même niveau hiérarchique.

Division verticale du travail : répartition inégale du degré d'initiative et de pouvoir entre les salariés selon leur niveau dans la hiérarchie (division du travail entre cadres et exécutants).

QUESTIONS

1. **Décrire.** Expliquez le principe mis en place par Taylor.
2. **Lire.** Pourquoi met-il en place ce principe ?
3. **Illustrer.** Trouvez dans le texte ce qui correspond à la division verticale et à la division horizontale du travail.

ACTIVITÉ Production des trains avant des R6 dans les usines Renault du Mans

Vidéo — Le taylorisme et le fordisme expliqués en motion (1 min. 15 sec.)

▶ **Organisez-vous en groupes de trois élèves. Chaque élève étudie l'un des modes de montage détaillés dans le document et le présente à l'oral à ses camarades. Une fois les présentations terminées, résumez les principales évolutions entre ces trois modes de montage.**

DÉFINITION

Fordisme : méthode de production développée par Henry Ford à partir de la Première Guerre mondiale, prolongeant et dépassant le taylorisme en mettant en place la parcellisation du travail, l'installation de convoyeurs et de lignes de montage (les chaînes), la normalisation et la simplification des composants et la mécanisation.

Chaine classique fordiste (1970)	Montage suivi (1972)	Montage sur table (1973)
Travail parcellaire en chaîne : le produit se déplace, pas les ouvriers spécialisés.	**Travail élargi enchaîné :** l'ouvrier suit le produit qui se déplace et monte une succession de pièces.	**Travail en groupe semi-autonome sur table en poste fixe :** suppression de la chaîne, travail réparti au sein du groupe de quatre ; seul le nombre de produits par jour est fixé par la direction.
Effectif : 13 OS en chaîne, 1 retoucheur, 3 accrocheurs en début et fin de chaîne	**Effectif :** 13 OS en chaînes, 2 accrocheurs	**Effectif :** 2 x 4
	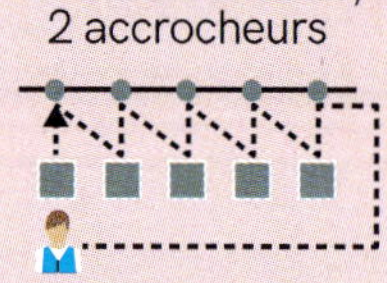	
Production quotidienne par personne : 26,5	**Production quotidienne par personne : 30**	**Production quotidienne par personne : 33,5**

■ Postes d'approvisionnement — -●-●- Chaîne — ---▶ Parcours

D'après Benjamin Coriat, *L'Atelier et le Chronomètre. Essai sur le taylorisme, le fordisme et la production de masse*, Christian Bourgois éditeur, 1994

Doc 2 Le toyotisme dans l'usine d'Onnaing (Hauts-de-France)

« L'usine d'Onnaing est un *best of* de ce qui se fait chez Toyota », assure fièrement Claude Boulle, vice-président de l'administration. Et qui dit production Toyota, dit toyotisme, une manière de produire des automobiles enviée par tous les constructeurs mondiaux, comme le fordisme avant-guerre. [...]

Le « juste à temps » – ou *kanban* (limitation des stocks, optimisation des flux) – est généralisé partout, le travail en équipe réduite, et les employés de chez Smart à Hambach (Moselle) ont aussi la possibilité d'interrompre la chaîne de production quand ils sont témoins d'une défaillance, pour ne rien sacrifier à la qualité. De même, l'amélioration continue (*kaizen*) de la chaîne de production, qui passe par l'encouragement des employés à apporter des idées et solutions se retrouve chez tous les constructeurs. [...] « La vraie originalité, c'est qu'on a cherché à évaluer les aptitudes des candidats et non les expériences », souligne Catherine Lenoir, responsable ANPE chargée du plan emploi Toyota... qui a depuis été débauchée par le constructeur.

Cédric Mathiot, « Le toyotisme à la mode nordiste », *Libération*, 1er février 2001

DÉFINITION

Toyotisme : organisation du travail flexible développée dans les années 1950 au Japon dans l'industrie automobile pour permettre d'adapter rapidement la production aux besoins des consommateurs.

QUESTIONS

4. **Résumer.** Quels sont les principes du toyotisme ?
5. **Expliquer.** Quelles sont les différences par rapport au taylorisme et au fordisme ?
6. **Déduire.** Quels peuvent être les effets positifs et négatifs de cette forme d'organisation ?

Doc 3 Le management participatif Vidéo

Mettre en place un management participatif consiste à faire participer l'ensemble des collaborateurs au processus de décision et à la résolution de problèmes. En l'espèce, cela revient à consulter et à responsabiliser les salariés de l'entreprise tout en encourageant le débat et la discussion sur les problèmes rencontrés dans l'entreprise afin de prendre une décision commune. Cette méthode est avant tout centrée sur la communication, le dialogue et la délégation du pouvoir décisionnel.

Le but premier du management participatif est de contribuer activement et de manière continue à l'innovation et au progrès des performances de l'entreprise. Cela doit se faire en prenant en compte les avis et remarques de toutes les personnes qui la composent : il s'agit donc de mettre la culture d'entreprise au cœur de son fonctionnement.

Sébastien Beyet, « Management participatif : définition », AGICAP, 2020

QUESTIONS

7. **Résumer.** Quels sont les principes du management participatif ?
8. **Expliquer.** Quelles sont les différences par rapport au taylorisme et au fordisme ?
9. **Déduire.** Quels peuvent être les effets positifs et négatifs de cette forme d'organisation ?

EN AUTONOMIE VERS LE BAC

▶▶ Parcours écrit Épreuve composée – Partie 1

Quelles sont les principales caractéristiques des modèles post-tayloriens d'organisation du travail ?

▶▶ Parcours oral Étape 2 – Se documenter

Choisissez l'un des modes d'organisation du travail présentés dans la double page et recherchez des exemples concrets de son application. Lorsque vous utilisez un exemple, n'oubliez pas de rappeler son contexte.

MÉMO

- L'organisation taylorienne repose sur une division du travail horizontale (parcellisation des tâches) et verticale (la « meilleure » méthode de travail étant conçue par les dirigeants et imposée à des exécutants contrôlés par la maîtrise).
- Au cours des années 1950, de nouvelles méthodes de travail se sont développées. On voit naître un management plus participatif, fondé sur l'autonomie, la polyvalence et une organisation plus flexible commandée par la demande.

4 Quels sont les effets de l'évolution des formes d'organisation du travail ?

OBJECTIF
Comprendre les effets positifs et négatifs de l'évolution des formes de l'organisation du travail sur les conditions de travail.

QU'ALLONS-NOUS FAIRE ?

La diffusion des principes tayloriens, dans les activités de service, notamment, ou la mise en place de nouveaux modes d'organisation du travail plus flexibles, couplés à un développement du numérique (télétravail, contrôle informatisé...) ont eu des effets positifs et négatifs sur les conditions de travail.

Doc 1 Les conditions de travail dans les services

[Dans les services hospitaliers publics et dans une chaîne de restauration[1]], la logique de massification[2] a favorisé l'importation des concepts tayloriens industriels [...] : séparation de la conception du travail et de son exécution, spécialisation des tâches, rationalisation du travail. Dans ces organisations, les activités sont socialement hiérarchisées, en fonction de leur nature, de leur ingratitude, de la valeur morale attribuée à la tâche et de sa rémunération [avec] une délégation du « sale boulot[3] » au niveau le plus bas.

[Dans] ces deux organisations [...], les « bureaux » et les experts organisent le travail des autres [...], sans le connaître. L'écart entre la prescription et le travail réel entraîne un conflit entre le siège et le « terrain » ainsi que l'impersonnalité et la lenteur des décisions, avec un fractionnement de la responsabilité. La « paperasserie » prend une place croissante dans le travail jusqu'à donner le sentiment, parfois, d'être plus importante que le travail lui-même. Nous constatons, dans ces services de masse, les symptômes du stress et de la fatigue pour les travailleurs. [...]

Souhaitant répondre à des buts idéaux et croyant devoir être eux-mêmes parfaits, [les prescripteurs] produisent des prescriptions irréalisables que les niveaux inférieurs devront pourtant assumer.

Marie-Anne Dujarier, *L'Idéal au travail*, PUF, 2006

1. Celle étudiée pendant l'enquête.
2. Production de masse.
3. Pour E.-C. Hughes (1897-1983), sociologue spécialiste du travail, la division du travail implique des jugements en termes de valeurs et de prestige (division morale du travail).

QUESTIONS

1. **Expliquer.** Quelle organisation les travailleurs cités dans le texte doivent-ils suivre ?
2. **Décrire.** Quelles sont les conséquences de cette organisation pour les travailleurs du tertiaire ?
3. **Illustrer.** Recherchez un autre exemple d'emploi du tertiaire concerné par ce mode d'organisation.

Doc 2 Typologie des formes de flexibilité du travail

Vidéo L'entreprise Michelin opte pour la flexibilité (2 min. 55 sec.)

	Quantitative	Qualitative
Interne	Travail à temps partiel, heures supplémentaires	Flexibilité fonctionnelle (changement de poste de travail) ou polyvalence
Externe	Licenciement/embauche, intérims, travail temporaire (CDD), stagiaires	Sous-traitance

D'après Marcelle Stroobants, *Sociologie du travail*, 4e édition, Armand Colin, 2016

DÉFINITION

Flexibilité : adaptation du facteur travail aux variations de la demande et aux conditions de concurrence.

QUESTIONS

4. **Expliquer.** Comment une entreprise peut-elle mettre en œuvre un mode de travail plus flexible ?
5. **Déduire.** En vous appuyant sur les modes d'organisation du travail vus pp. 252-253, expliquez quels peuvent être les effets positifs et négatifs de la flexibilité pour les travailleurs et pour les employeurs.

ACTIVITÉ L'évolution des conditions de travail

▶ **Étudiez le document et présentez en 5 minutes à l'oral les principales évolutions des conditions de travail. Vous pouvez vous appuyer sur les questions ci-dessous.**

a. Quels éléments du tableau traduisent :

- l'autonomie dans le travail
- l'intensité du travail
- une pression temporelle

b. Choisissez trois éléments et quantifiez leur évolution entre deux dates et/ou sur l'ensemble de la période en utilisant les outils statistiques adéquats.

MÉMO MATHS
→ FICHE MÉTHODE 2 P. 359

En %	1978	1998	2005	2016
1. Rythme de travail imposé par...				
le déplacement automatique d'un produit ou d'une pièce	3	6	7	8
la dépendance immédiate vis-à-vis des collègues	13	27	27	29
des normes de production à satisfaire en une journée	21	43	42	48
une demande extérieure	34	65	65	70
un contrôle ou un suivi informatisé			25	35
2. Autonomie, intensité et pression temporelle				
Régler soi-même les incidents, au moins dans certains cas précis		71,7	71,1	68,1
Répéter continuellement une même série de gestes ou d'opérations			27,5	42,7
Ne pas pouvoir quitter son travail des yeux		31,9	33,7	43,0
Devoir fréquemment abandonner une tâche pour une autre plus urgente		55,7	59,5	65,4

Champ : salariés de France métropolitaine.

D'après Dares, DGAFP, Drees, Insee, enquêtes Conditions de travail et risques psychosociaux

Doc 3 Les conditions de travail dans les start-up

Vidéo « Télétravail : la solution du coworking » (1 min. 38 sec.)

Les collaborateurs et les collaboratrices [des start-ups] évoluent dans une atmosphère informelle avec très peu de structures hiérarchiques qui leur offre une grande autonomie et leur permet de construire les contours de leur poste, de proposer des idées, de tester, d'expérimenter sur un mode collaboratif. [...] Travailler dans une start-up permet de se créer un réseau de relations personnelles et professionnelles et de booster ses compétences grâce à des missions diversifiées et aux responsabilités confiées.

[Être] recruté par une start-up recouvre une particularité qu'il faut être prêt à intégrer : c'est un pari sur la structure et son évolution, conditionnée par son modèle économique. Les possibilités de progression, voire la sécurité de l'emploi, ne sont pas garanties. [...] De plus, y travailler exige en général une forte disponibilité avec des horaires extensibles et une charge de travail qui, par moment, peut-être importante. Les missions peuvent avoir un périmètre flou avec très peu de frontières entre les différents postes, le tout pour un salaire peu évolutif si les résultats de l'entreprise se font attendre.

« Comment les start-up recrutent leurs premiers salariés ? », Apec, Étude qualitative, réalisée en partenariat avec Pôle emploi, 2018

QUESTIONS

6. **Définir.** Qu'est-ce qu'une start-up ?
7. **Analyser.** Classez les conditions de travail au sein d'une start-up en deux catégories.

EN AUTONOMIE VERS LE BAC

▶▶ **Parcours écrit** Dissertation

Quelles conséquences l'évolution des formes de l'organisation du travail ont-elles eues sur les conditions de travail ?

▶▶ **Parcours oral** Étape 4 – Présenter sa question

Répondez en 5 minutes à la question : « Quels sont les effets de l'évolution des formes d'organisation du travail ? ». Veillez à utiliser le vocabulaire adéquat et évitez les termes vagues.

Liste de mots à utiliser

MÉMO

- Les changements d'organisation du travail ont des effets positifs : accroissement de l'autonomie, individualisation des parcours professionnels, travail moins répétitif.
- Mais ces changements peuvent aussi contribuer à la précarisation des emplois et à la dégradation des conditions de travail. Le cumul des contraintes (industrielle, marchande, informatique) contribue à l'intensification du travail, source de stress.

5 Comment le numérique affecte-t-il les frontières du travail et les emplois ?

▸▸ OBJECTIF
Comprendre comment le numérique brouille les frontières du travail, transforme les relations d'emploi et accroît les risques de polarisation des emplois.

L'usage des ordinateurs, d'Internet ou encore des applications sur smartphone a permis à des amateurs (photographes, blogueurs...) de vivre leur passion, mais aussi de travailler depuis leur domicile. Dans ce contexte, où se situent les frontières du travail ?

Doc 1 La perception du télétravail, 2018

▸ Réponse à la question : « Êtes-vous d'accord ou pas d'accord avec les affirmations suivantes concernant les inconvénients de votre télétravail ? Le télétravail engendre... »

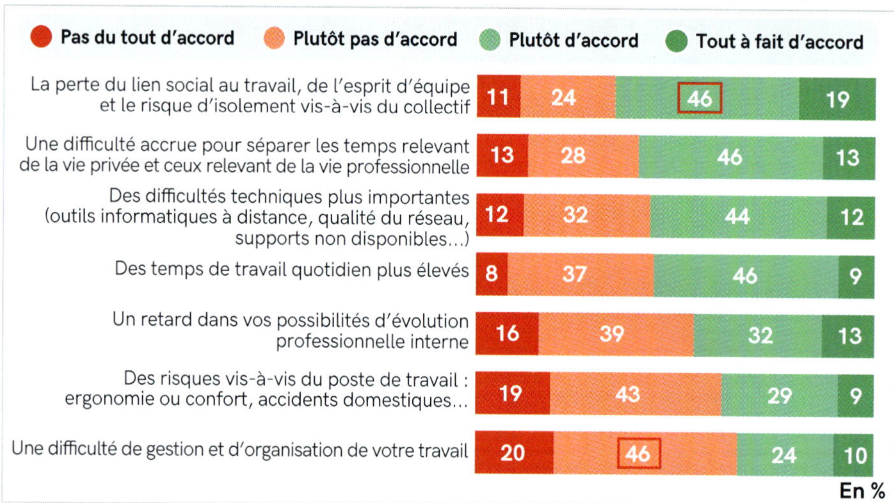

Champ : enquête menée auprès d'un échantillon de 1 507 salariés, représentatif de la population active française salariée du secteur privé, travaillant dans des entreprises d'au moins dix salariés.

« Regards croisés des salariés et des entreprises du privé sur le télétravail », Le comptoir MM de la Nouvelle entreprise, Malakoff Médéric, 2018

DÉFINITION

Télétravail : forme d'organisation du travail dans laquelle un travail qui pourrait être exécuté dans les locaux de l'employeur est effectué par un salarié hors de ces locaux en utilisant des outils informatiques et de communication.

QUESTIONS

1. **Lire.** Rédigez une phrase pour présenter les données encadrées en rouge.
2. **Expliquer.** En quoi le télétravail brouille-t-il les frontières entre vie professionnelle et vie personnelle ?
3. **Argumenter.** Comment le télétravail affecte-t-il les relations sociales du salarié et ses perspectives de carrière ?

Doc 2 Travail ou loisir ?

[Les] influenceurs high-tech sont à l'affût de la moindre nouveauté. Youtubeurs, blogueurs, instagrameurs (souvent même les trois à la fois), ils partagent leur expertise et leurs expériences en testant les appareils high-tech qui ne cessent d'inonder le marché. Véritables guides pour les consommateurs, ils sont aussi d'une grande aide pour leurs followers parfois perdus avec des appareils souvent complexes.

Finie l'image du geek un peu cliché, les influenceurs high-tech sont désormais les atouts numéro un des marques. En effet, l'industrie multimédia a trouvé en ces experts de parfaits alliés pour leur développement marketing. Qu'il s'agisse d'un lancement de produit, d'une recherche de nouvelles cibles mais aussi de relayer de l'information, ces influenceurs sont devenus des partenaires et des collaborateurs privilégiés.

Stéphane Chevreul, « Le top 12 des influenceurs high-tech », Influence4you, 2019

« On a bu un café avec le youtubeur Romain de TechNews&Tests » (3 min. 13 sec.), l'ADN / Influence4you, 2019

QUESTIONS

4. **Distinguer.** Quelles sont les caractéristiques du loisir par rapport au travail ?
5. **Analyser.** En quoi l'activité d'influenceur contribue-t-elle à brouiller la distinction entre travail et loisir ?
6. **Déduire.** En vous appuyant sur la vidéo, expliquez comment les influenceurs parviennent à gagner de l'argent.

ACTIVITÉ L'ubérisation Vidéo

Dans le cas des échanges marchands à but lucratif (eBay, Amazon Services, Uber [...]), l'activité productive est réalisée par quelques salariés des plateformes et leurs sous-traitants, mais aussi et surtout par des masses de contributeurs indépendants. Ce processus est parfois désigné par l'expression « ubérisation ».

Ici, le travail est [souvent] prescrit (horaires, port d'uniforme, procédures à suivre...) assez précisément par la plateforme [...]. Les travailleurs gagnent des revenus modestes. Par exemple, un chauffeur Uber travaillant 70 heures par semaine, endetté pour acheter sa formation (2 000 euros) et sa berline, dit gagner environ 2 000 euros nets par mois, sans bénéficier de la protection sociale du salariat.

Cette configuration met sur le même pied et donc en concurrence les professionnels (taxis) et les amateurs (VTC : véhicule de tourisme avec chauffeur), tous les deux revendiquant de « travailler ». Elle donne alors lieu à de nouveaux mouvements sociaux des premiers pour défendre leur marché. Des luttes sociales apparaissent également en faveur de la requalification juridique de l'activité d'auto-entrepreneur en salarié.

Dans cette configuration, la confiance [...] est fabriquée à l'aide d'un dispositif d'évaluation (et donc de dévaluation) continue des hommes et des femmes qui travaillent pour ces entreprises. Les consommateurs, en exprimant leurs avis sur la prestation, jouent le rôle de contrôleurs [...]. [Ces] entreprises [...] sans [...] assumer aucune responsabilité juridique, tirent leurs revenus des commissions prises sur l'échange, mais aussi du marché publicitaire lié.

Marie-Anne Dujarier, « *Digital labor*, travail du consommateur : quels usages sociaux du numérique ? », *La Revue des médias*, 2016

▶ Réalisez un schéma pour présenter le rôle des différents acteurs dans la relation d'emploi définie par Uber.
▶ Ajoutez sur votre schéma les conséquences de ce modèle pour les emplois de taxis et de VTC.

Schéma guidé

DÉFINITION

Travail numérique ou digital : formes de travail utilisant les nouvelles technologies de l'information et de la communication, productrices de valeur, encadrées par des contrats et soumises à des objectifs de performance.

Doc 3 La polarisation des emplois

La polarisation des emplois se manifeste par une progression dans l'économie des professions les mieux et les moins bien rémunérées, au détriment de celles du milieu de l'échelle. Si de nombreux marchés et emplois se créent à la faveur de l'économie numérique, beaucoup de métiers vont disparaître ou devront subir de profondes mutations. Les emplois à rémunération moyenne, tels que ceux des opérateurs et assembleurs de machines, des employés de bureau, ou des chargés de service clientèle, sont menacés par l'automatisation, la robotisation ou l'externalisation. [...]

À cela s'ajoute un deuxième type de polarisation, caractérisé par une concentration des emplois dans les secteurs les plus innovants ou à haute technicité, et dans ceux qui le sont le moins.

« Le nouveau visage de l'emploi à l'ère du numérique », *L'Observateur*, OCDE, 2016

QUESTIONS

7. **Lire.** Qu'est-ce que la polarisation des emplois ?
8. **Argumenter.** Pourquoi le numérique favorise-t-il cette polarisation ?

EN AUTONOMIE VERS LE BAC

▶▶ Parcours écrit Épreuve composée – Partie 3
En vous appuyant sur les docs 1 et 2, montrez que le numérique fait évoluer les emplois.

▶▶ Parcours oral Étape 2 – Organiser ses idées
Imaginez votre plan pour répondre à la question : « Comment le numérique brouille-t-il les frontières du travail ? ».

Exemple de plan

MÉMO

■ Les outils numériques permettent à des travailleurs d'exercer leur emploi à distance (télétravail). Ils permettent aussi à des amateurs d'exercer une activité rémunératrice. Ces éléments contribuent à brouiller les frontières entre travail et hors travail.

■ Les plateformes numériques, qui mettent en contact des travailleurs indépendants (à la protection sociale limitée) et des clients qui exerçent le contrôle de qualité sur ces travailleurs, contribuent à une polarisation des emplois.

6 Comment le travail et l'emploi nous intègrent-ils à la société ?

▸▸ OBJECTIF
Comprendre que le travail est source d'intégration sociale et que certaines évolutions de l'emploi peuvent affaiblir ce pouvoir intégrateur.

QU'ALLONS-NOUS FAIRE ?

En France, au troisième trimestre 2019, 65,18 % de la population en âge de travailler occupait un emploi et, parmi eux, 9 personnes sur 10 étaient salariées. Dans la société française, le travail est donc la norme. Pourtant, les situations face au travail sont variées. Comment ces différentes situations impactent-elles nos liens sociaux ?

Doc 1 Le travail, facteur d'intégration sociale

Le travail [est un] système de distribution des revenus, des droits et des protections.

Marie Jahoda[1] écrivait en 1984 [...] que le travail, outre sa fonction manifeste (apporter un revenu), remplit cinq fonctions indispensables : « il impose une structure temporelle de la vie ; il crée des contacts sociaux en dehors de la famille ; il donne des buts [...] ; il définit l'identité sociale et il force à l'action ».

[...] L'enquête de Jahoda et de ses collègues [montre que] Marienthal, petite bourgade autrichienne minée par la fermeture de l'usine en 1930, devient presque une ville fantôme : ayant perdu leur travail, les citoyens de Marienthal ont perdu beaucoup plus que leurs revenus. Ils ont perdu leur estime de soi, leur capacité à faire des projets, leurs collègues, leurs relations sociales. Non seulement les familles ont considérablement réduit leurs besoins et ne se procurent plus désormais que le strict minimum, mais surtout la participation à d'autres activités (les fêtes, l'activité politique, syndicale...) s'est estompée et les individus sont devenus incapables de se projeter dans l'avenir. « Déliés de leur travail, sans contact avec le monde extérieur, les travailleurs ont perdu toute possibilité matérielle et psychologique d'utiliser ce temps [...]. La forme d'utilisation la plus fréquente du temps chez les hommes est "ne rien faire" ».

Dans notre société, le travail est la norme. Le travail est aussi la principale arène où [...] apporter son utilité.

Dominique Méda, *Le Travail*, coll. « Que sais-je ? », PUF, 2018

1. Co-auteure d'une étude qui montre les effets sociaux et psychologiques du chômage.

Usine abandonnée de Marienthal

DÉFINITIONS

Intégration sociale : s'appuie sur deux principes fondateurs du lien social : la protection (sentiment d'être assuré face aux aléas de la vie : « compter sur », d'après S. Paugam) et la reconnaissance (sentiment d'être utile et d'avoir une existence sociale : « compter pour »).

Lien social : ce qui rattache les individus et les groupes les uns aux autres. Il peut s'agir de liens directs (lien conjugal, relations amicales, de voisinage, etc.) ou indirects (liens professionnels, associatifs, syndicaux, politiques, etc.).

QUESTIONS

1. **Lire.** Quels sont les effets du chômage à Marienthal ?
2. **Expliquer.** En quoi la distribution des revenus, des droits et des protections peut-elle favoriser le lien social ?
3. **Illustrer.** Donnez un exemple pour chacune des cinq fonctions du travail citées dans le texte.
4. **Déduire.** Quels peuvent être les effets d'un taux persistant de chômage élevé ?

ACTIVITÉ La précarité du travail et de l'emploi

Pour Durkheim[1], l'intégration des individus au système social passe par leur intégration – directe ou indirecte – au monde du travail. Cette conception repose sur la notion de la solidarité organique caractéristique des sociétés modernes [...].

L'intensification du travail et l'instabilité de l'emploi peuvent être considérées comme deux formes contemporaines de la précarité des travailleurs. Le salarié est précaire lorsque son travail ne lui permet pas d'atteindre les objectifs fixés par l'employeur et lui semble sans intérêt, mal rétribué et faiblement reconnu dans l'entreprise. Puisque sa contribution à l'activité productive n'est pas valorisée, il éprouve le sentiment d'être plus ou moins inutile. On peut parler alors d'une précarité du travail.

Mais le salarié est également précaire lorsque son emploi est incertain et qu'il ne peut prévoir son avenir professionnel. C'est le cas des salariés dont le contrat de travail est de courte durée, mais aussi de ceux pour qui le risque d'être licencié est permanent. Cette situation se caractérise à la fois par une forte vulnérabilité économique et par une restriction, au moins potentielle, des droits sociaux puisque ces derniers sont fondés, en grande partie, sur la stabilité de l'emploi. Le salarié occupe, de ce fait, une position inférieure dans la hiérarchie des statuts sociaux définis par l'État-providence. On peut parler, dans ce cas, d'une précarité de l'emploi.

Serge Paugam, « Le lien social », SES ENS Lyon, 2012

1. Sociologue français (1858-1917), considéré comme l'un des fondateurs de la sociologie moderne.

▶ Réalisez une carte mentale pour présenter les deux formes de précarité (de l'emploi et du travail) et leur influence sur l'intégration sociale.

DÉFINITION

Précarité : situation de fragilité et/ou d'instabilité, individuelle ou collective, en termes d'emploi, de logement, de statut familial et plus généralement de conditions de vie.

Doc 2 Évolution de l'emploi selon la qualification entre 1993 et 2010

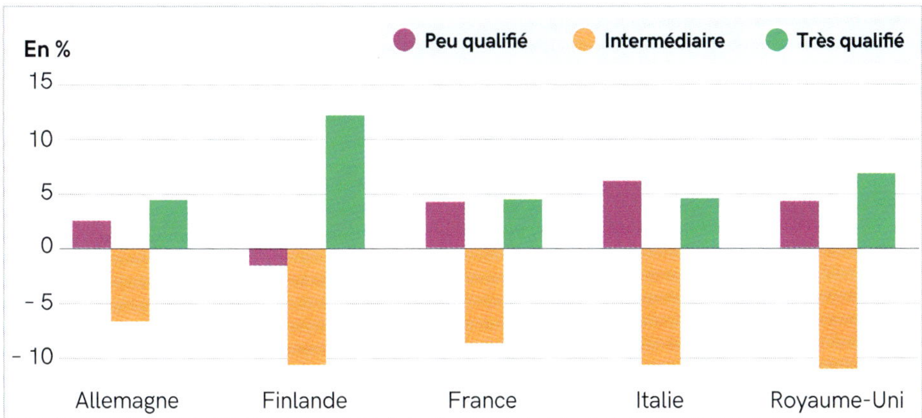

D'après Maarten Goos, Alan Manning, Anna Salomons, « Expliquer la polarisation des emplois », *American Economic Review*, 2014

Lecture : en France, l'emploi intermédiaire se réduit de 8 points (en passant de 47 % à 39 % entre 1993 et 2010).

QUESTIONS

5. **Comparer.** Comment évolue l'emploi selon la qualification en France, en Italie et en Finlande ?
6. **Déduire.** Quelles sont les conséquences de ces évolutions sur la structure des emplois et de la société en France ?

EN AUTONOMIE VERS LE BAC

▶▶ **Parcours écrit** Épreuve composée – Partie 2

Présentez le doc 2 et montrez quels peuvent être les effets de certaines évolutions de l'emploi sur l'intégration sociale.

▶▶ **Parcours oral** Étape 1 – Formuler sa question

Imaginez une question autour du thème « La polarisation de la qualité des emplois ».

MÉMO

- Un emploi fournit un revenu, des droits et une protection sociale. Il offre aussi un cadre de socialisation dans et hors du cadre professionnel.
- C'est pourquoi un taux persistant de chômage et la précarisation de l'emploi affaiblissent l'intégration sociale. La qualité des emplois (qualification, rémunération, stabilité) se polarise.

Faire une recherche documentaire et analyser ses sources : une même méthode

▸▸ Pour cerner un sujet, construire une argumentation fiable et être capable de répondre aux questions du jury le jour du Grand Oral, utilisez une méthode appliquée pour analyser les sources documentaires : « qui, quoi, quand, pourquoi, où, comment ? » (« QQQPOC »).

▸▸ Appliquez cette méthode à une recherche sur le télétravail en utilisant un moteur de recherche.

1 Définir l'objet de votre recherche
2 Chercher les documents
3 Les sélectionner
4 Exploiter les informations
5 Les synthétiser
6 Les restituer pour l'oral

DOC 1 La méthode de questionnement

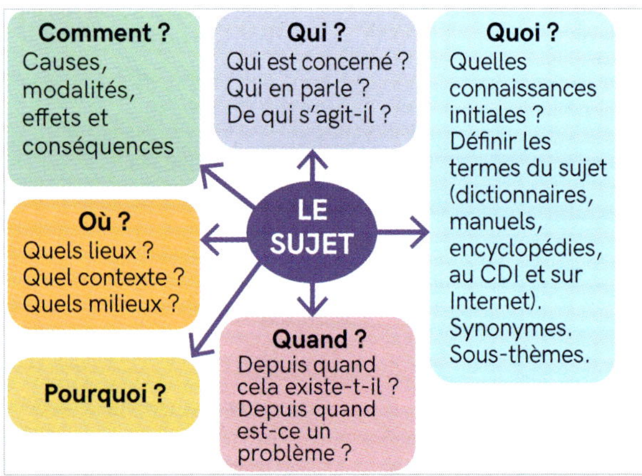

? Utilisez le schéma pour lister vos connaissances sur le télétravail.

? Pour analyser les informations que vous trouverez, indiquez à quelle question correspond chacun des éléments ci-dessous.

a provenance de l'information
b auteur compétent
c information actualisée
d informations objectives, controversées ou intéressées
e présentation de l'information (rigueur, clarté)
f pertinence et exactitude des informations (sources citées)

Schéma guidé

DOC 2 Recherche : « Définition télétravail »

Le télétravail désigne une organisation du travail particulière, c'est-à-dire l'exercice d'une activité professionnelle, en tout ou en partie à distance [...] grâce aux technologies de l'information et de la communication (Internet, téléphonie mobile, fax, etc.). Le télétravail peut s'effectuer depuis le domicile, un télécentre, un bureau satellite ou de manière nomade.

Wikipédia (encyclopédie libre en ligne)

Lien vers le site

? Quelle est la nature et la fiabilité de ce document ?

Effectuez vos propres recherches en suivant la méthode QQQPOC.
Relisez les documents du chapitre et effectuez vos propres recherches. Pensez à bien respecter la méthode QQQPOC et à bien analyser vos sources. Ne sélectionnez que des sources fiables. À partir des informations récoltées, définissez le télétravail et ses formes.

CONSEIL
Utilisez des mots clés.
Lorsque vous faites une recherche sur Internet, il faut sélectionner des mots clés pertinents en fonction de l'information que vous souhaitez trouver. « Définition télétravail » et « statistiques télétravail », par exemple, ne vous donneront pas les mêmes résultats.

DOC 3 Recherche : « Statistiques télétravail »

Famille professionnelle	Télétravail régulier (en % des salariés)
Cadres commerciaux et technico-commerciaux	16,2
Ingénieurs de l'informatique	13,9
Attachés commerciaux et représentants	12,7
Enseignants	12,2
Cadres des transports, de la logistique et navigants de l'aviation	9,4
Professionnels de la communication et de l'information	9,0
Cadres des services administratifs, comptables et financiers	7,9
Techniciens de l'informatique	7,5
Personnels d'études et de recherche	7,3
Cadres du bâtiment et des travaux publics	6,7
Ingénieurs et cadres techniques de l'industrie	6,5
Cadres de la banque et des assurances	6,3
Professionnels des arts et des spectacles	5,7
Employés de la banque et des assurances	5,7
Techniciens et agents de maîtrise du bâtiment et des travaux publics	5,7

Champ : France (hors Mayotte), tous salariés.

DARES-DGT-DGAFP, enquête Sumer 2017

? Quelles informations ce document apporte-t-il ?

Vérifiez vos sources.

Recherchez ce que sont la DARES, la DGT et la DGAFP. Au vu des informations trouvées, peut-on dire que ce document est fiable ?

DOC 4 Télétravail et cadres

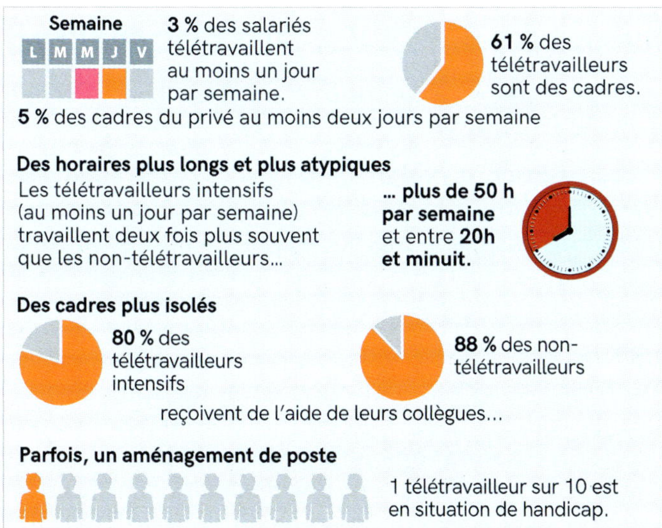

D'après « L'économie et la société à l'ère du numérique », Insee Références, 2019

Vidéo

Le télétravail permet-il d'améliorer les conditions de travail des cadres ? (1 min. 48 sec.)

Concluez votre recherche.

Choisissez l'une des deux questions ci-dessous. Rassemblez les documents utiles en veillant à suivre la méthode QQQPOC, puis construisez le plan d'une réponse argumentée.

Le télétravail est-il facteur d'intégration sociale pour les cadres ?

Le télétravail améliore-t-il les conditions de travail des cadres ?

ÉCHANGER SUR SON PROJET D'ORIENTATION

Construisez un argumentaire pour répondre aux questions ci-dessous.

1. Choisissez un domaine d'études ou un métier. Par exemple : études de droit, de sociologie, de management, d'économie, DRH, inspecteur du travail, chef d'entreprise, chercheur en économie, en sociologie...
2. En quoi les questions soulevées dans le chapitre éclairent-elles votre projet de poursuite d'études ou professionnel ?
3. Comment mener ce projet après le baccalauréat ? Pensez à mentionner les études, stages, lectures, voyages... qui pourraient être intéressants.

L'ESSENTIEL

Quelles mutations du travail et de l'emploi ?

Podcast du cours

EXO Cartes mémoire interactives

Définitions

Emploi : exercice d'une profession rémunérée, de statut salarié ou indépendant.

Flexibilité : adaptation du facteur travail aux variations de la demande et aux conditions de concurrence.

Intégration sociale : s'appuie sur deux principes fondateurs du lien social : la protection (sentiment d'être assuré face aux aléas de la vie : « compter sur » d'après S. Paugam) et la reconnaissance (sentiment d'être utile et d'avoir une existence sociale : « compter pour »).

Management participatif : outil de gestion des ressources humaines donnant aux salariés la capacité de s'impliquer concrètement dans le contenu de leur travail et son organisation (collaboration inter et intra-services, par exemple...) pour accroître la motivation et la rentabilité, et réduire les conflits.

Télétravail : forme d'organisation du travail dans laquelle un travail qui pourrait être exécuté dans les locaux de l'employeur est effectué par un salarié hors de ces locaux en utilisant des outils informatiques et de communication.

Ne pas confondre

travail
activité de production de biens et/ou services qui n'est pas forcément rémunérée

≠

emploi
exercice d'une profession rémunérée

L'évolution des emplois ainsi que les changements intervenus dans l'organisation du travail (passage du taylorisme au post-taylorisme, **travail numérique**...) ont modifié les conditions d'emploi et de travail.

Les évolutions des emplois

▸▸ La montée des **contrats à durée déterminée**, du **temps partiel** et du **chômage** depuis trente ans, puis le développement du **travail indépendant** (depuis 2009 en France), ont contribué à rendre plus incertaines les frontières entre **emploi**, **inactivité** et **chômage**, faisant croître le **halo du chômage** (chômeurs découragés). Enfin, la possibilité de **cumuler** chômage ou emploi partiel avec le statut d'auto-entrepreneur, pour accroître ses revenus, renforce le **brouillage** des frontières.

▸▸ Ces évolutions ont amené les organisations internationales à ne plus seulement mesurer le nombre, mais aussi la **qualité des emplois** en s'appuyant sur des indicateurs multidimensionnels : rémunération, temps de travail, sécurité de l'emploi, stress, chômage, risques pour la santé... Les enquêtes sur les **conditions de travail** montrent de fortes **inégalités** dans la qualité des emplois (pénibilité, risques, contraintes de rythme...).

Les évolutions des formes d'organisation du travail

▸▸ Au sein des organisations (entreprises, administrations), la coopération repose sur la division du **travail**.

▸▸ Le **mode d'organisation taylorien** s'appuie sur l'observation et le chronométrage des opérations de production par le bureau des méthodes (ingénieurs) qui impose ensuite la méthode jugée la plus efficace aux exécutants spécialisés dans une tâche, payés en fonction de leur productivité (incitation) et contrôlés par la hiérarchie (agents de maîtrise).

▸▸ Avec le **fordisme**, la chaîne de production s'ajoute à la double division taylorienne du travail. Le rythme est imposé par la machine. Les limites du travail taylorien-fordiste (travail en poste fixe et répétitif) conduisent à la mise en place d'**organisations post-tayloriennes** (groupes semi-autonomes, toyotisme...) qui introduisent une **flexibilité** dans l'appareil productif (polyvalence, juste à temps, organisation du travail par l'aval...) en s'appuyant notamment sur un **management participatif**.

▸▸ La **flexibilité** fonctionnelle (qualitative interne à l'entreprise) du travail, ou polyvalence, réduit la répétition des tâches mais la flexibilité quantitative externe augmente la précarité (CDD, licenciements, temps partiels...). Les enquêtes sur les conditions de travail montrent une montée de l'autonomie, mais sous contrainte d'une intensité de travail croissante, d'un rythme de plus en plus imposé par une demande extérieure, sans réduction du contrôle hiérarchique.

▸▸ Cependant, l'évolution des modes d'organisation, plus **flexibles**, peut aussi permettre une plus grande **liberté** d'organisation des salariés (**télétravail**, coworking...). Le **management participatif** permet également aux salariés de **s'impliquer** davantage dans les décisions. Le **télétravail**, cependant, brouille la séparation entre travail et vie personnelle, contribue à accroître le temps de travail et peut isoler le travailleur.

▸▸ Avec le développement du numérique, des activités autrefois considérées comme un loisir peuvent se transformer en un **travail** rémunérateur.

▸▸ Par ailleurs, le numérique fait émerger de nouvelles formes de travail. Les **plateformes numériques**, par exemple, moyennant une commission, mettent en relation des chauffeurs **indépendants** et des **clients qui évaluent** eux-mêmes le travail fourni. Cette pratique peut renforcer la **précarité** de certains emplois, les travailleurs indépendants ne bénéficiant pas de protection sociale. Pour d'autres personnes (salariées, retraités...), ces plateformes permettent d'augmenter des revenus déjà existants.

Le rôle intégrateur du travail

▸▸ Le **contrat de travail** définit le salariat comme un lien de subordination entre l'employeur et les salariés qu'il emploie contre un salaire. Une personne non-salariée, à son compte, vend quant à elle le produit de son travail.

▸▸ Le **travail salarié**, en procurant un revenu, des droits et protections, ou encore des relations sociales, favorise la participation à d'autres activités sociales (syndicale, politique...). Il est un facteur d'**intégration sociale** (solidarité organique liée à la division du travail pour Émile Durkheim). Cette intégration est affaiblie par le chômage persistant, l'instabilité des emplois, surtout chez les jeunes, et par certaines formes d'intensification du travail, révélatrices d'une polarisation de la qualité des emplois.

Définitions

Travail : action (rémunérée ou non) de production de biens et/ou services.

Travail numérique ou digital : formes de travail utilisant les nouvelles technologies de l'information et de la communication, productrices de valeur, encadrées par des contrats et soumises à des objectifs de performance.

CE QU'IL FAUT SAVOIR

1. Quelles sont les différences entre travail, emploi, activité, statut d'emploi, chômage et inactivité.
2. Quels sont les principaux descripteurs de la qualité des emplois.
3. Quelles sont les principales formes d'organisation du travail et quels sont les effets de leurs évolutions sur les conditions de travail.
4. Quel est le rôle du travail dans l'intégration sociale.

Repères

- **1776** Adam Smith montre les avantages de la division du travail.
- **Vers 1860** Invention du travail à la chaîne dans les abattoirs aux États-Unis.
- **1893** Publication de *De la division du travail social* dans lequel Émile Durkheim montre que la division du travail favorise la solidarité, fondée sur la complémentarité.
- **1903** Publication de *Shop Management* de Frederick Winslow Taylor.
- **Avril 1913** Ford instaure la chaîne de production pour le montage du châssis des Ford T.
- **1962** Mise en place de la méthode des cinq zéros (délai, papier, stock, panne, défaut) de Taiichi Ohno chez Toyota.

Réviser en vidéos

« Les enjeux de la qualité de vie au travail » (5 min. 1 sec.), Xerfi canal, 2019

« Emploi » (1 min. 43 sec.), *Travail, salaire, profit*, Arte, 2019

SCHÉMA DE SYNTHÈSE

Schéma interactif

Décrire le travail et l'emploi

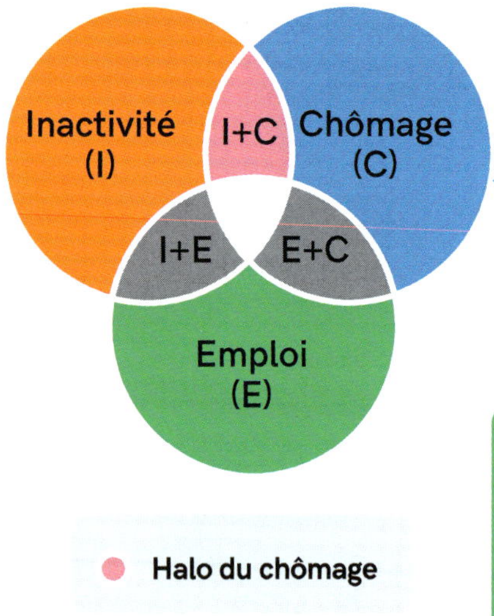

LE TRAVAIL ET L'EMPLOI

Différentes caractéristiques

Statuts d'emplois (salariés/non salariés)

Formes d'emploi (CDI, CDD...)

Principaux descripteurs de la qualité des emplois

- Conditions de travail
- Niveau de salaire
- Sécurité économique
- Horizon de carrière
- Potentiel de formation
- Variété des tâches

L'effet des évolutions du travail

LES ÉVOLUTIONS

Évolution des modes d'organisation du travail

Taylorien : division du travail horizontale et verticale, relation hiérarchique stricte

Post-taylorien : flexibilité, recomposition des tâches, management participatif

Numérique

Brouillage des frontières travail/hors travail

Télétravail

Transformation des relations d'emploi

Hausse du risque de polarisation des emplois

Conditions de travail

Positif : autonomie, variété des tâches...

Négatif : intensification (stress, fatigue...)

Risque d'affaiblissement du caractère intégrateur du travail

Précarisation

Taux persistant de chômage élevé

Polarisation de la qualité des emplois

POUR ALLER PLUS LOIN

Sorry We Missed You, de Ken Loach, 2019

Ce film, dont le titre reprend la formule du mot laissé par les livreurs des plateformes lorsqu'ils ont trouvé porte close chez un client, permet de comprendre les conséquences de l'ubérisation du travail.

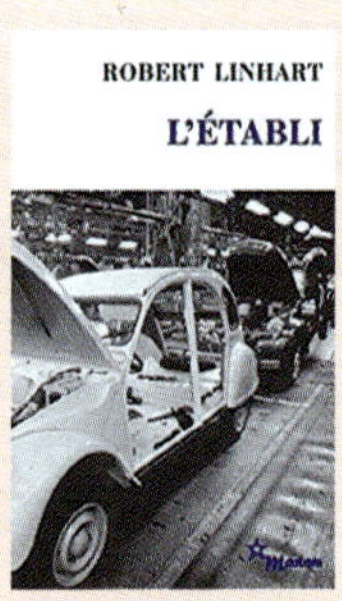

L'Établi, de Robert Linhart, 1981

L'auteur a passé une année en tant qu'ouvrier spécialisé dans une usine Citroën. Il raconte dans cet ouvrage la chaîne, les méthodes de surveillance et de répression ainsi que la solidarité entre les travailleurs.

Travail, salaire, profit, de Gérard Mordillat et Bertrand Rothé, 2019

Les réalisateurs ont interrogé 21 chercheurs d'Europe, des États-Unis, de Chine et d'Afrique. Le 2e épisode est consacré à l'organisation du travail et à ses effets.

EXERCICES

Exercices interactifs

Corrigés

1 Vrai ou faux ?

	VRAI	FAUX
a. Une personne sans emploi, disponible pour travailler et qui recherche un emploi est considérée comme chômeuse.	☐	☐
b. Un auto-entrepreneur est un salarié.	☐	☐
c. Le niveau de salaire, la sécurité économique qu'offre l'emploi, les conditions de travail et les perspectives de carrière sont des critères déterminants de la qualité d'un emploi.	☐	☐
d. La polyvalence est une caractéristique du modèle d'organisation taylorien.	☐	☐
e. Le management participatif permet aux salariés d'investir leur argent dans l'entreprise.	☐	☐

2 Indiquez la ou les bonnes réponses.

1. Le toyotisme s'appuie sur :

- ☐ **a.** une division verticale du travail.
- ☐ **b.** une production en fonction de la demande.
- ☐ **c.** une politique de qualité totale (zéro défaut).
- ☐ **d.** le management participatif.

2. Le travail est facteur d'intégration sociale quand il procure :

- ☐ **a.** la reconnaissance (le sentiment d'être utile et d'avoir une existence sociale).
- ☐ **b.** un lien occasionnel avec le marché de l'emploi.
- ☐ **c.** une protection (des droits et un revenu).
- ☐ **d.** une indépendance totale vis-à-vis des autres travailleurs de l'entreprise.

3. Un taux persistant de chômage élevé peut entraîner :

- ☐ **a.** une définition de l'identité sociale.
- ☐ **b.** une forme d'inaction.
- ☐ **c.** un renforcement du lien social.
- ☐ **d.** des difficultés d'intégration sociale.

4. Parmi les effets du taylorisme, on peut citer :

- ☐ **a.** un travail spécialisé et répétitif.
- ☐ **b.** une hausse de la productivité et de la rémunération des ouvriers.
- ☐ **c.** une plus grande autonomie des travailleurs.
- ☐ **d.** la montée des qualifications des ouvriers.

3 Reliez chaque formule à sa définition.

1. Inactivité
2. Division horizontale du travail
3. Management participatif
4. Télétravail

a. Division des tâches entre salariés d'un même niveau hiérarchique (entre ouvriers spécialisés ou qualifiés).

b. Forme d'organisation du travail dans laquelle un travail qui pourrait être exécuté dans les locaux de l'employeur est effectué par un salarié hors de ces locaux en utilisant des outils informatiques et de communication.

c. Situation des personnes qui ne sont ni en emploi, ni au chômage.

d. Outil de gestion des ressources humaines donnant aux salariés la capacité de s'impliquer concrètement dans le contenu de leur travail et son organisation.

BAC

Sujet guidé – Dissertation 4h

Sujet vierge à imprimer | Grille d'évaluation

Dans quelle mesure le travail est-il facteur d'intégration sociale ?

La formulation du sujet vous invite à débattre de la proposition. N'hésitez pas à utiliser des synonymes pour reformuler le questionnement.

Repérez les notions centrales du sujet. Définissez-les et recherchez les autres notions du programme qui leur sont liées.

Doc 1 Évolution des contrats à durée déterminée (CDD) et du taux de chômage en France de 1982 à 2017

	1982	1993	2001	2012	2017
Part des CDD (apprentissage inclus) dans l'ensemble de l'emploi salarié[1] en %	5,87	8,74	10,63	11,4	12,32
Part des CDD dans les embauches en %	-	76,2	72,1	85,4	86,8
Durée médiane des CDD en jours[2]	-	-	22	9	5
Durée moyenne des CDD en jours	-	-	112,9	45,4	45,8
Taux de chômage en %	6,8	10	7,8	9,8	9,4

1. Champ : France métropolitaine, personnes de 15 ans ou plus.
2. Champ : France métropolitaine, établissements de 50 salariés ou plus du secteur privé (hors agriculture, hors intérim),

Insee, enquêtes Emploi, et Dares, 2018

Doc 2 Évolution de quelques indicateurs des conditions de travail, en France de 1998 à 2016, en % des salariés

	1998	2005	2013	2016
Organisation et pilotage du travail				
Recevoir des ordres contradictoires[1]	43,9	41,7	43,9	44,7
Entretiens d'évaluation	-	45	52,3	55,5
Être aidé en cas de travail délicat...				
par les supérieurs hiérarchiques	59,4	58,5	65,5	66,3
par les collègues	72,4	73,5	79,4	80,1
Tension dans les rapports...				
avec les collègues	21,1	18,5	22,6	21,2
avec le supérieur hiérarchique	30,4	26,4	27,0	26,3
Avoir pour effectuer son travail correctement...				
la possibilité de coopérer	86,0	89,0	90,5	90,8
suffisamment de collaborateurs	55 ,0	65,0	62,1	61,7
des discussions collectives au sujet de l'organisation du travail	69,0	72,0	78,7	79,3
Contact avec le public	62,3	68,2	70,8	72,9
Avec des situations de tension	29,7	28,6	30,7	31,7
Sans tension	32,6	39,6	40,1	41,2
Ne pas être reconnu pour son travail	-	-	29,1	23,8
Craindre pour son emploi		-	24,3	24,7

Champ : salariés de France métropolitaine.

Dares, DGAFP, Drees, Insee, enquêtes Conditions de travail (1998, 2005, 2013, 2016)

1. Parmi les salariés qui reçoivent des ordres, consignes ou modes d'emploi.

Doc 3

Mathilde : On ne peut pas dire qu'on est pauvre. On mange, paie le loyer et les factures. Mais c'est tout. Je suis à trente heures et je ne peux pas mettre un sou de côté. L'an dernier, la chaudière a pété et c'était la panique. J'ai emprunté à la mère de mon mari. Dès qu'il y a un imprévu, on est coincé.

Que les caissières vivent seules ou en couple, toutes font état d'aides financières régulières ou exceptionnelles, permettant de « boucler » le budget. Les prestations sociales, les demandes d'échelonnement des dépenses auprès des organismes sociaux, la prise en charge des factures d'électricité hivernales par les services municipaux et enfin les crédits à la consommation structurent des montages financiers précaires.

Le travail partiel donne lieu à une modification permanente du partage entre temps travaillé et non travaillé. À l'échelle de la semaine, le planning des jours travaillés et chômés est modifié tous les jours, annoncé quinze jours à l'avance. Les horaires de travail diffèrent d'un jour à l'autre. Les caissières sont susceptibles de travailler entre 8 h 30 et 22 h avec des périodes de « coupures » d'au moins une heure trente, non payées.

Marlène Benquet, *Encaisser ! Enquête en immersion dans la grande distribution* © Éditions La Découverte, 2013

Doc 4 Taux (en %) de syndicalisation selon les caractéristiques des salariés, en 2013

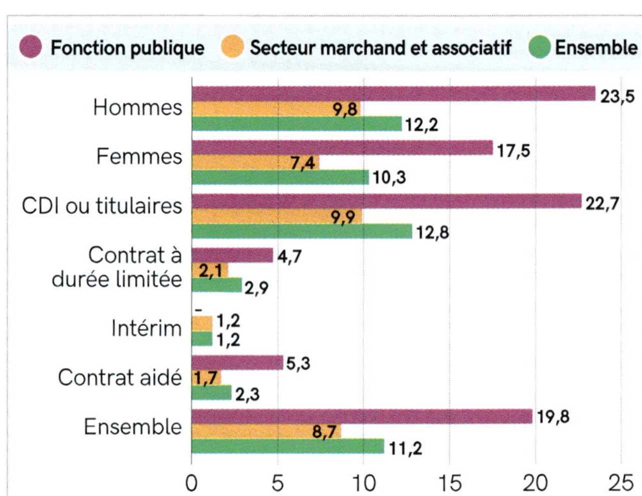

« La syndicalisation en France », Dares analyses, n° 25, mai 2016

Méthode

BAC

ÉTAPES 1 ET 2 **Analyser le sujet, problématiser et mobiliser ses connaissances** Au brouillon

❶ ▸ Repérez et analysez tous les termes importants du sujet. → GUIDAGE P. 266

▸ À partir de votre analyse, déduisez-en le type de plan à adopter. → TYPE DE PLANS P. 18

▸ Formulez une problématique : reformulez le sujet, puis proposez un questionnement qui synthétise les enjeux de la question posée.

❷ ▸ Indiquez au brouillon tous les exemples, idées, théories, faits, éléments de cours... qui peuvent être mobilisés.

CONSEIL Si vous avez déjà une idée des grands axes de votre réponse, **classez** ces éléments dans votre plan.

ÉTAPE 3 **Exploiter le dossier documentaire** Au brouillon

▸ Lisez attentivement chaque document et résumez la (ou les) idée(s) principale(s) en lien avec le sujet.

▸ Pensez à repérer la source, le cadre spatio-temporel, les notions ou mécanismes importants et les outils statistiques. Faites attention aux unités.

CONSEIL N'hésitez pas à **rédiger des phrases** afin de vérifier que vous avez compris le sens des données, voire à **faire des calculs simples** pour comparer des données.

ÉTAPE 4 **Construire un plan détaillé** Au brouillon → MÉTHODE p. 19

▸ À partir des informations récoltées, créez ou affinez votre plan détaillé. Il doit comporter deux ou trois parties, chacune subdivisée en deux ou trois sous-parties.

▸ Rédigez les titres des parties et sous-parties sous la forme de phrases indiquant explicitement le sens des arguments que vous allez y développer.

CONSEIL N'oubliez pas d'indiquer dans votre plan détaillé les **documents** que vous allez mobiliser.

ÉTAPE 5 **Rédiger l'introduction et la conclusion** Au brouillon

▸ Rédigez l'introduction → MÉTHODE P. 19

▸ Rédigez la conclusion. → MÉTHODE P. 19

CONSEIL N'oubliez pas d'intégrer, en accroche ou avec la problématique, la **définition des notions centrales** du sujet.

ÉTAPE 6 **Rédiger son devoir** Sur votre copie

▸ Une fois ces étapes réalisées, vous pouvez maintenant vous lancer dans la rédaction « au propre » de votre devoir.

▸ Il doit comporter une introduction, un développement, des transitions et une conclusion.

▸ Les deux ou trois parties de votre développement doivent être équilibrées. Chacune devra annoncer et expliciter votre argument, et comporter des illustrations.

▸ N'oubliez pas de respecter les règles de forme (orthographe, syntaxe, alinéas, sauts de ligne...).

Voici le début de la première partie de la dissertation. À partir de cet exemple, cherchez les arguments des deux autres sous-parties, puis rédigez-les.

Au début de chaque partie annoncez les différentes sous-parties que vous allez y développer. Appuyez-vous sur la formulation du sujet.

Le travail est facteur d'intégration sociale dans la mesure où il est source de revenus stables associés à des droits sociaux (A), il implique des règles sociales (division du travail et solidarité, emploi du temps), procure une identité sociale (B), et est source d'interactions sociales dans et hors travail (syndicalisme, rencontres amicales, conjugales) (C).

Chaque sous-partie est composée de deux ou trois paragraphes.

Les revenus trouvent principalement leur source dans le travail salarié. Celui-ci permet l'accès à des droits sociaux, des prestations sociales. Et quand ce travail est stable (en CDI en particulier), il facilite l'accès au crédit à la consommation (doc. 3), voire immobilier. De fait, près de 9 salariés sur 10 sont en CDI en 2017 (100 % – 12,32 %) (doc. 1).

Chaque paragraphe développe une idée (Affirmation) qui est explicitée (Explicitation) puis illustrée par des exemples statistiques (Illustration) en s'appuyant sur vos connaissances personnelles et les documents.

Un revenu suffisant (salarié ou non-salarié) permet donc l'accès à la société de consommation qui, par la dépense, permet de s'intégrer à un groupe (collègues, couple, famille, amis, associations) par l'imitation et par la différenciation d'autres groupes, et d'avoir des pratiques communes : vivre et manger ensemble, avoir des loisirs (doc. 3).

BAC Sujet guidé – Épreuve composée

4h | Sujet vierge à imprimer | Grille d'évalua[tion]

PARTIE 1 Mobilisation des connaissances — 4 points

Question Quelles sont les principales caractéristiques du modèle d'organisation taylorien ?

Méthode

ÉTAPE 1 Analyser la question Au brouillon

- Repérez la ou les notion(s) clé(s) qu'il faudra définir dans votre réponse.
- Repérez la consigne de la question pour identifier la tâche qui est demandée : attend-on une explication, une comparaison, une distinction, une illustration… d'un mécanisme ou d'une notion ?

ÉTAPE 2 Rassembler ses connaissances Au brouillon

- Rassemblez et organisez vos connaissances sur le sujet : quelles définitions, mécanismes, exemples… pouvez-vous mobiliser pour répondre à la question ? → MÉTHODE P. 20

ÉTAPE 3 Rédiger sa réponse

Au brouillon
- Avant de rédiger, indiquez sur votre brouillon quelle va être la structure de votre réponse.

Sur votre copie
- Rédigez votre réponse de manière organisée, en pensant à définir les notions mobilisées, en explicitant et en illustrant vos propos.

PARTIE 2 Étude d'un document — 6 points

Doc Répartition (en %) des statuts et types de contrat selon le sexe et l'âge en France en 2019

	15-24 ans	25-49 ans	50 ans ou plus	Femmes	Hommes	Ensemble
Indépendants	2,7	10,8	17,3	8,8	15,3	**12,1**
Salariés *dont*	97,3	89,2	82,7	91,2	84,7	**87,9**
CDI	44,6	77,9	76,4	77,3	72,1	**74,6**
CDD	28,4	8,5	5,0	11,1	7,2	**9,1**
Apprentissage	17,4	0,3	0,0	1,3	2,0	**1,7**
Intérim	6,9	2,5	1,2	1,5	3,3	**2,4**
Ensemble	**100,0**	**100,0**	**100,0**	**100,0**	**100,0**	**100,0**
Effectif (en milliers)	2 278	16 478	8 420	13 184	13 992	**27 176**

Champ : France hors Mayotte, personnes en emploi.

Insee, chiffres clés, 2020

Question 1. Comparez les types de contrat des salariés des 15-24 ans et des plus de 50 ans.

Question 2. Montrez que les caractéristiques des emplois varient selon le sexe et l'âge.

Méthode

ÉTAPE 1 Analyser le document Au brouillon

- Déterminez la nature du document (diagramme par répartition, série chronologique, tableau à double entrée…).
- Repérez la source, le cadre spatio-temporel, le ou les outil(s) statistique(s) utilisé(s) et la ou les unité(s).
- Pensez à vérifier si des informations sont indiquées dans le champ du document.

ÉTAPE 2 Préparer la question 1 (lecture) Au brouillon

- Rédigez une phrase par donnée statistique à lire : soyez le plus précis possible en indiquant la date (ou période), le cadre spatial, l'unité…

ÉTAPE 3 Préparer la question 2 (analyse)

Au brouillon
- Repérez la consigne de la question : attend-on une comparaison, la présentation d'évolutions, l'illustration d'un mécanisme… ?

Au brouillon
- Sélectionnez dans le document les éléments qui vous permettront d'argumenter et effectuez si besoin des calculs simples pour étayer votre réponse.

Sur votre copie
- Rédigez votre réponse de manière structurée : allez du général au particulier ; définissez si besoin les notions ou mécanismes mobilisés et, surtout, illustrez votre réponse avec des données et/ou des calculs.

BAC

Voici un exemple de réponse à la question 2.

Présentez le document en définissant les variables à mettre en relation.

Mettez en relation les variables en ligne (emploi selon le statut) et en colonne (âge et sexe) pour répondre à la question.

Illustrez votre réponse avec des statistiques et quelques calculs.

Ce tableau à double entrée publié par l'Insee présente la répartition en pourcentage de la population active occupée (en emploi) en 2019 selon le statut d'emploi (salarié, indépendant) et le type de contrat (pour les salariés) pour l'ensemble des actifs occupés, pour trois groupes d'âge et pour les deux sexes. L'effectif en milliers de chaque groupe correspond à 100 %.

Concernant le statut des emplois, on observe ainsi que la part des indépendants croît avec l'âge (et inversement pour le salariat qui concerne près de neuf dixièmes des emplois : 87,9 %) et est presque deux fois plus élevée chez les hommes que chez les femmes (15,3 % contre 8,8 %).

Le type de contrat est aussi lié au sexe et à l'âge. Ainsi, les emplois à durée indéterminée représentent moins de la moitié des emplois salariés chez les 15-24 ans (44,6 % contre 97,3 %) mais environ les trois-quarts pour les autres groupes d'âges (et un peu moins pour les hommes en raison de la part plus élevée des indépendants). Les emplois salariés à durée déterminée (CDD, apprentissage, intérim) représentent 52,7 % des emplois chez les 15-24 ans, en lien avec leur formation et leur intégration précaire dans le monde du travail. Les femmes sont plus souvent en CDD que les hommes.

PARTIE 3 Raisonnement s'appuyant sur un dossier documentaire — 10 points

À l'aide de vos connaissances et du dossier documentaire, vous montrerez que le numérique affecte les frontières du travail et transforme les relations d'emploi.

Soyez attentif aux termes employés : on attend que vous utilisiez les documents, mais aussi vos connaissances.

Analysez rigoureusement la formulation du sujet. N'hésitez-pas à utiliser des synonymes (par exemple pour « affecte ») pour reformuler la question et vous aider à problématiser.

Repérez les **notions centrales** du sujet et pensez à les définir dans votre introduction.

Doc 1 L'usage du numérique par les cadres en 2017

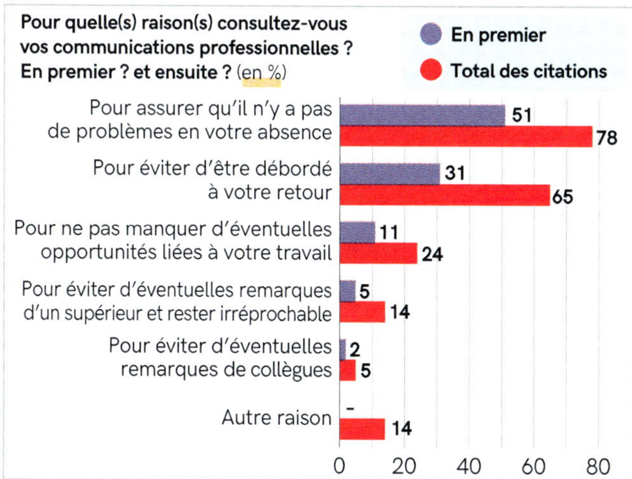

Champ : cadres qui consultent leurs communications professionnelles pendant leurs week-ends et leurs vacances, soit 78 % de l'échantillon.

Sondage IFOP pour Securex, échantillon de 1 002 cadres (méthode des quotas), du 7 au 10 juillet 2017

Doc 2 Soutien social et insertion dans un collectif de travail des cadres télétravailleurs en 2017

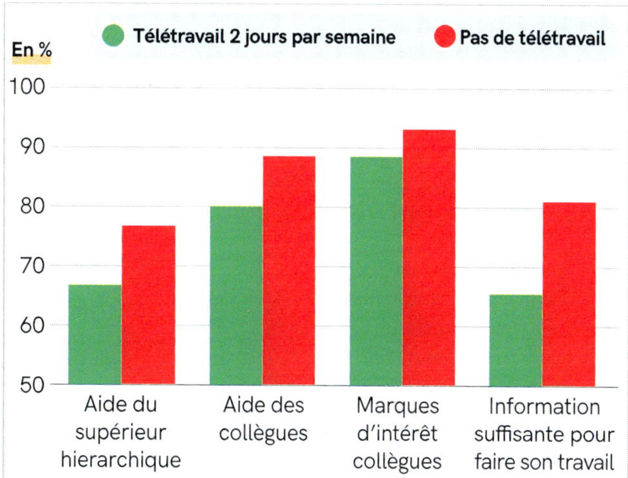

Sébastien Hallépée, Amélie Mauroux, « Le télétravail permet-il d'améliorer les conditions de travail des cadres ? », DARES, novembre 2019

BAC

Doc 3

Le géant américain du web Amazon a lancé courant 2005 son Amazon Mechanical Turk (AMT) : l'entreprise entendait améliorer le référencement de ses produits sur son site de e-commerce, beaucoup mieux pris en charge par un humain que par la machine. C'est ainsi qu'est née la première plateforme numérique de microtâches. Associer un mot à une photo, détourer une photo, repérer une adresse sur un ticket de caisse, corriger une phrase... L'AMT a fait des émules.

L'argument de vente auprès des clients varie, comme le montre notre enquête sur la plateforme française Foule Factory. D'une part, il s'agit d'externaliser sur Internet des tâches que l'entreprise réalisait auparavant en interne. La plateforme promeut ici la prévention de l'« effet burn-out » auquel sont exposés les salariés d'entreprises enfermés dans la répétition d'une seule et même tâche. D'autre part, il s'agit de réaliser dans de meilleurs délais ce que l'entreprise faisait en interne ou en externe, mais sans le travail en parallèle que permet le découpage en microtâches [...].

En 2018, le Bureau international du travail (BIT) a publié les résultats d'une vaste enquête auprès de 3 500 travailleurs de cinq plateformes de microtravail répartis dans 75 pays [...] [faisant] le constat de rémunérations très basses [...] de 3 à 4 $ par heure. Le rapport souligne que les travailleurs acceptent d'accomplir des tâches à des tarifs qu'ils jugent pourtant indécents.

Pauline Barraud de Lagerie, Luc Sigalo Santos, « Les plateformes de microtravail : le tâcheronnat à l'ère numérique ? » in Sarah Abdelnour et Dominique Méda, *Les Nouveaux travailleurs des applis*, PUF, 2019

Méthode

ÉTAPES 1 ET 2 — Analyser le sujet et mobiliser ses connaissances Au brouillon

1. ▸ Repérez et analysez tous les termes importants du sujet. → GUIDAGE P. 269
   ▸ À partir de votre analyse, déduisez-en le type de plan à adopter. → TYPES DE PLANS P. 18
   ▸ N'hésitez pas à reformuler le sujet.
2. ▸ Indiquez au brouillon tous les exemples, idées, théories, faits, éléments de cours... qui peuvent être mobilisés.

CONSEIL Si vous avez déjà une idée des grands axes de votre réponse, **classez** ces éléments dans votre plan.

ÉTAPE 3 — Exploiter le dossier documentaire Au brouillon

▸ Lisez attentivement chaque document et résumez la (ou les) idée(s) principale(s) en lien avec le sujet.

▸ Pensez à repérer la source, le cadre spatio-temporel, les notions ou mécanismes importants et les outils statistiques. Faites attention aux unités.

CONSEIL Si vous avez déjà une idée des grands axes de votre réponse, **classez** les éléments issus de l'analyse des documents dans votre plan en indiquant le numéro des documents mobilisés.

ÉTAPE 4 — Construire un plan détaillé Au brouillon → MÉTHODE P. 21

ÉTAPE 5 — Rédiger l'introduction et la conclusion Au brouillon

▸ Rédigez l'introduction. → MÉTHODE P. 21

▸ La conclusion doit dresser le bilan de votre développement.

ÉTAPE 6 — Rédiger son devoir Sur votre copie

▸ Une fois ces étapes réalisées, vous pouvez maintenant vous lancer dans la rédaction « au propre » de votre devoir.

▸ Il doit comporter une introduction, un développement et une conclusion.

▸ Dans le développement, chacun de vos paragraphes devra annoncer et expliciter votre argument, et comporter des illustrations.

▸ N'oubliez pas de respecter les règles de forme (orthographe, syntaxe, alinéas, sauts de ligne...).

Voici un exemple de paragraphe rédigé.
Rédigez le reste du devoir à l'aide de la méthode et de vos connaissances.

Chaque paragraphe développe une idée (Affirmation) qui est explicitée (Explicitation) puis illustrée avec un exemple (Illustration) tiré de vos connaissances ou des documents.

Faites référence aux documents que vous mobilisez.

Le télétravail affecte les frontières entre le temps au travail et hors travail. Le télétravail, effectué à domicile, rend la séparation entre le temps consacré à la vie privée et celui dédié à l'activité professionnelle plus poreuse, et le temps de travail y est plus élevé. Les outils numériques contribuent à effacer les frontières entre le temps passé dans l'entreprise et au-dehors : 78 % des salariés cadres consultent leur communication professionnelle (sms, email...) pendant le week-end ou les vacances (Doc. 1) pour gérer des problèmes d'organisation du travail.

BAC Grand Oral

Question Le numérique favorise-t-il l'autonomie des travailleurs ?

1. Choisir sa question
2. Préparer son oral
3. Préparer son support
4. **Présenter sa question au jury**
5. Anticiper les questions du jury
6. Échanger sur son projet d'orientation

➜ Méthode générale p. 22-25

ÉTAPE 4 Présenter sa question au jury

➜ **PRÉPAREZ LE JOUR J** Votre exposé est prêt ; vous avez réfléchi à votre support. Il vous faut maintenant préparer spécifiquement votre **passage à l'oral**.

Qu'allez-vous faire en entrant dans la salle ?

- **Dites bonjour** aux membres du jury, **présentez-vous** (prénom, nom, spécialités choisies) puis donnez votre convocation, votre pièce d'identité et la feuille sur laquelle sont inscrites les deux questions que vous avez choisi de préparer.
- Vous avez 20 min. pour **préparer** la question qui aura été choisie par le jury. Vous pouvez en profiter pour réaliser un support auquel vous aurez déjà réfléchi.

Comment allez-vous gérer le temps imparti ?

- Redonnez le **libellé** de la question aux membres du jury.
- Commencez par expliquer **pourquoi** vous avez choisi cette question : qu'est-ce qui vous a intéressé ? Pourquoi ce sujet en particulier ?
- Pensez à votre **accroche**. Par exemple : la Révolution numérique est au cœur des mutations qui affectent le travail. La plus grande autonomie des travailleurs des plateformes est visible dans la montée des autoentrepreneurs et collaborateurs. Cette autonomie est-elle un moyen d'émancipation ou d'oppression ?
- Développez votre réponse en utilisant des **arguments** et en les illustrant.

I. Le numérique a pu apparaître comme une activité collaborative, créatrice ou encore une économie du partage.
Dans un contexte d'individualisation des salaires, de montée des indépendants et de reconnaissance de l'autonomie du travail, le numérique a contribué à une organisation plus flexible et participative en rupture avec les modèles d'organisation taylorien-fordiste, mais aussi au brouillage de l'espace et du temps de travail, donnant à penser que l'on s'émancipait des formes de travail salarié.

II. Les outils numériques ne donnent pas les mêmes libertés à tous les travailleurs. Ils ont permis de renouveler le contrôle des travailleurs et l'intensification du travail. L'économie des plateformes a montré que l'autonomie, à travers le statut d'auto-entrepreneur pouvait être formelle et subie, s'accompagner d'isolement, affaiblir les collectifs et les protections et droits sociaux des travailleurs.

Comment allez-vous conclure ?

- Vous pouvez évoquer la nécessité d'une régulation et d'une réglementation pour que le travail numérique soit aussi facteur d'**intégration sociale**.

Vidéo — Nathan GRAND ORAL

CONSEIL
Dites « Je » et engagez-vous.
C'est vous qui avez choisi les deux questions, parce que les sujets vous intéressent. Impliquez-vous et n'hésitez pas à dire « je » dans l'exposé et les discussions qui vont suivre avec le jury.

CONSEIL
Maîtrîser le sujet.
Pensez à apprendre quelques données chiffrées,
des définitions à mobiliser,
à bien relier la problématique aux enseignements de spécialité choisis.

CONSEIL
Déclenchez les questions du jury.
Grand classique ! Vous pouvez conclure en tendant une « perche ». Par exemple : « je pourrais vous donner divers exemples...», « il existe aussi d'autres méthodes », « comme le montre l'actualité »...

Ressources numériques
- Liste de sources.
- Vidéo de la présentation.
- Grille d'évaluation.

ÉTAPE 5 Anticiper les questions du jury

Faire le lien avec d'autres disciplines	Faire le lien avec un projet d'orientation
Humanités, littérature et philosophie Term **L'humanité en questions** – L'humain et ses limites **Philosophie Term** **Notions :** le travail, la technique, le bonheur, le temps	**Études supérieures** Licences d'économie, de sociologie, d'informatique, DUT GEA, TC, information et communication, BTS MCO, CPGE économiques, écoles de commerce **Projet professionnel** Ressources humaines, informatique, recherche, journalisme

Autres questions possibles
- L'automatisation conduit-elle inévitablement à une polarisation des emplois ?
- Les micro-entrepreneurs : des entrepreneurs comme les autres ?

BAC **Sujet d'entraînement – Dissertation** 4h

Grilles d'évaluation

L'évolution contemporaine des formes de l'organisation du travail a-t-elle toujours des effets positifs sur les conditions de travail ?

Doc 1

À partir d'une enquête déclarative anglaise, Green[1] (2004) trouve que les rythmes de travail des salariés sont accrus après un changement technique ou dans l'organisation du travail. Or, une intensification du rythme de travail peut exposer les salariés à un surcroît de risque d'accidents.

Une étude de cas très intéressante analyse les effets d'un changement brutal de l'organisation du travail dans l'usine californienne de production automobile NUMMI (qui utilisait le système de production de Toyota). En 1992, suite à l'introduction d'un nouveau modèle de voiture, l'usine décide de suspendre la rotation des postes tout en maintenant la production, en juste-à-temps, jusqu'à ce qu'un niveau minimal de production soit atteint. Ceci a contraint les salariés à exécuter des gestes identiques pendant de longues périodes de travail et à des cadences très rapides, conduisant à une augmentation dramatique des accidents du travail. La réaction de la direction, en accordant plus de considérations à la sécurité au travail, en accroissant le temps de formation de la main-d'œuvre et en rétablissant la rotation des postes, a permis une diminution spectaculaire des accidents.

Damien Euzénat, Meradj Mortezapouraghdam, « Les changements d'organisation du travail dans les entreprises : quelles conséquences sur les accidents du travail des salariés ? », Économie et statistique n° 486-487, Insee, 2016

1. Francis Green est un économiste du travail (université du Kent).

Doc 2 Évolution des marges de manœuvre des salariés en France de 1991 à 2016

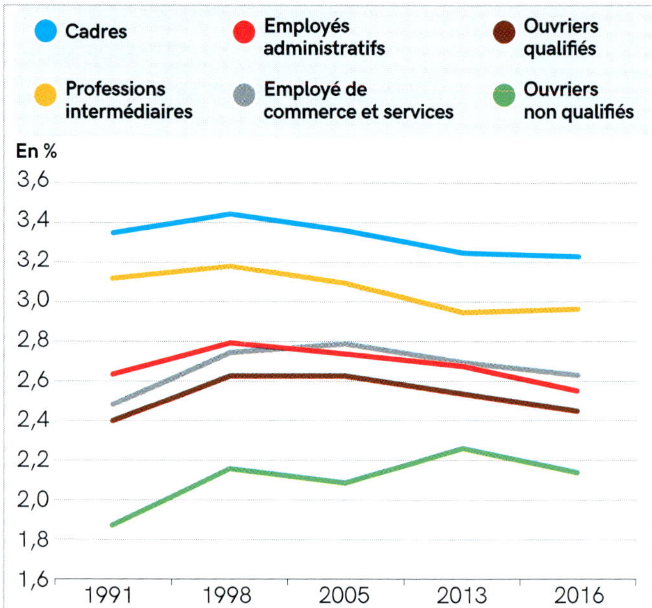

Note : le score est compris entre 0 et 4. Il est calculé en comptant :
- 1 si le salarié choisit lui-même la façon d'atteindre les objectifs (plutôt que de recevoir des indications précises) ;
- 1 s'il n'applique pas strictement les consignes (ou n'en reçoit pas) ;
- 1 s'il n'a pas de délais ou peut les modifier ;
- 1 s'il règle lui-même les incidents, au moins dans certains cas.

Champ : salariés de France métropolitaine.

Dares, DGAFP, Drees, Insee, enquête Conditions de travail et risques psychosociaux (1991, 1998, 2005, 2013, 2016)

Doc 3 Évolution des maladies professionnelles entre 2001 et 2016 selon le sexe et la branche d'activité

Nombre des maladies professionnelles avec arrêt selon le sexe par branches d'activité		2016	Taux d'évolution (2001-2016) en %	taux d'évolution des effectifs salariés (2001-2016) en %
Ensemble des branches d'activités	H	**24 734**	**+ 71,5**	+ 7,5
	F	**24 028**	**+ 145,2**	
A. Métallurgie	H	4 602	+ 98,3	- 21,7
	F	1 596	+ 7,1	
B. BTP	H	6 459	+ 120,4	+ 18,7
	F	88	+ 214,3	
C. Industrie transports, eau, gaz, électricité, livre et communication	H	1 989	+ 286,2	+ 3,4
	F	1 220	+ 325,1	
D. Services, commerces et industries de l'alimentation dont supérettes, supermarchés et hypers	H	2 983	+ 106,4	+ 11,7
	F	6 767	+ 183,5	
E. Industrie de la chimie et du cahoutchouc et plasturgie	H	854	+ 80,9	- 20
	F	782	+ 88,9	
F. Industries du Bois, ameublement, papier-carton, textile, vêtement, cuirs et peaux, pierres et terre à feux	H	1 297	+ 51,1	- 45
	F	1 253	+ 0,8	
G. Commerce non alimentaire	H	1 077	+ 182,7	- 1
	F	1 371	+ 285,1	
H. Activités de services : banques, assurances, administrations	H	331	+ 190,3	+ 31,9
	F	1 488	+ 250,9	
I. Activités de services : santé, nettoyage, travail temporaire	H	1 082	+ 54,7	+ 20,3
	F	6 448	+ 316,5	

Notes : Parmi les maladies professionnelles, les troubles musculosquelettiques (TMS) sont les plus fréquents : ils représentent 87 % des maladies professionnelles. Les pathologies liées à l'amiante sont une autre catégorie de maladie professionnelle : les victimes sont à 96 % des hommes et à 89 % des ouvriers.

Anact, 2018

BAC Sujet d'entraînement – Épreuve composée (4h)

PARTIE 1 Mobilisation des connaissances — 20 à 30 min — 4 points

Question Présentez deux descripteurs de la qualité des emplois.

PARTIE 2 Étude d'un document — 1h à 1h30 — 6 points

Doc Taux (en %) de salariés emportant du travail au domicile, et temps passé à ce travail, selon la catégorie en 2016

Catégorie socio-professionnelle	Répartition des salariés selon qu'ils déclarent emporter du travail chez eux…					Parmi ceux concernés, temps passé en moyenne dans une semaine à effectuer du travail à la maison				
	Tous les jours ou presque	Souvent	Parfois	Jamais	Sans objet[1]	Une heure ou deux	Entre trois et cinq heures	Entre six et dix heures	Entre onze et vingt heures	Plus de vingt heures
Cadres et prof. intellectuelles sup.	19,6	15,3	30,4	31,7	2,9	43,0	21,6	17,6	12,7	5,2
Professions intermédiaires	10,2	6,2	18,3	54,0	11,4	50,9	22,2	12,9	11,0	3,0
Employés	0,8	1,8	7,4	58,4	31,5	66,7	22,3	5,4	2,2	3,5
Ouvriers	0,3	0,7	2,4	52,1	44,5	73,9	14,1	7,7	1,8	2,5
Ensemble	6,7	5,3	13,5	50,7	23,8	49,7	21,7	14,1	10,4	4,1

1. Travail à domicile, impossibilité technique…
Champ : ensemble des salariés ; France métropolitaine.

Dares Synthèse, *Stat'* n° 25, mars 2019

Question 1. Présentez la situation des cadres concernant le fait d'emporter du travail à leur domicile.

Question 2. À l'aide du document, vous montrerez en quoi emporter du travail à domicile est lié à la catégorie socioprofessionnelle des salariés.

PARTIE 3 Raisonnement s'appuyant sur un dossier documentaire — 2h à 2h40 — 10 points

À l'aide de vos connaissances et du dossier documentaire, vous montrerez quelles sont les principales caractéristiques des modèles d'organisation du travail aujourd'hui.

Doc 1

Les plateformes de mise en relation d'une offre et d'une demande de travail (type Uber, etc.) connaissent une croissance très rapide, ce qui conduit à une précarisation de certains travailleurs qui enchaînent des microtâches faiblement rémunérées.

La digitalisation conduit à repenser la coopération et le travail collectif. Elle valorise des modes de management plus horizontaux et coopératifs. Certaines entreprises vont jusqu'à adopter un mode appelé « entreprise libérée » : structure aplatie, responsabilisation et autonomisation des salariés. Ce basculement n'est pas nouveau.

Depuis le XXe siècle, deux visions s'opposent sur la meilleure manière d'organiser le travail : une vision, dite mécaniste, issue des travaux de Frederick Taylor, visant à réduire autant que possible les marges de manœuvre des travailleurs, et une vision, dite organique, issue de l'école des relations humaines, lancée dans les années 1930 et incarnée notamment par le psychologue et sociologue australien Elton Mayo, soulignant que l'autonomie des salariés est importante car ce sont eux qui maîtrisent le mieux les savoir-faire et compétences nécessaires au bon accomplissement du travail.

« Ressources humaines : ce qui ne change pas avec le digital », *The Conversation*, 20 octobre 2019

Doc 2 Indications plus ou moins fortes données par les supérieurs hiérarchiques

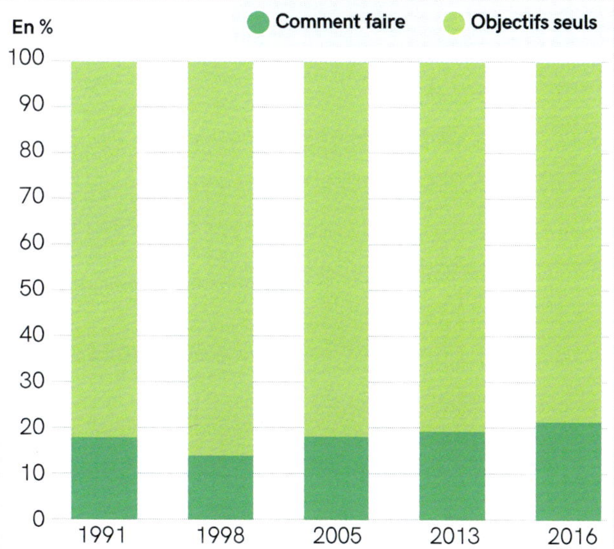

Champ : ensemble des salariés ; France métropolitaine.

Marilyne Beque, Aimée Kingsada, Amélie Mauroux, « Autonomie dans le travail », Dares Synthèse Stat' n° 26, avril 2019

CHAPITRE 10

Comment expliquer l'engagement politique dans les sociétés démocratiques ?

Textes DYS
TOUS LES TEXTES EN VERSION DYS
lyceen.nathan.fr/sesterm-2020

RAPPELS

EXO Exercices interactifs

2de — Cours de 2de

Comment s'organise la vie politique ?

a. S'engager dans la société civile organisée…
☐ permet de défendre des valeurs ou des intérêts communs.
☐ a pour but la maximisation du profit individuel. ☐ a souvent une dimension politique.

1re — Cours de 1re

Comment la socialisation contribue-t-elle à expliquer les différences de comportement des individus ?

b. La socialisation peut influencer les comportements…
☐ dans leur ensemble, y compris les comportements politiques.
☐ sauf les comportements politiques : dans ce cas, les individus sont libres de leurs choix.
☐ uniquement en ce qui concerne les sujets de société.

Voter : une affaire individuelle ou collective ?

c. Lorsqu'une élection est organisée en France…
☐ les citoyens ont l'obligation d'aller voter.
☐ certains citoyens choisissent de voter « blanc », ce qui correspond à l'abstention.
☐ les citoyens, en votant, réalisent un acte dont la dimension est à la fois personnelle et collective.

SOMMAIRE

Doc 1 Campagne de mobilisation pour le mouvement Vegan

Affiche de l'association L214 éthique & animaux

Est-il possible d'avoir une action politique autrement que par le vote ?

Doc 2 Les jeunes et l'engagement politique

Vidéo

Peut-on être engagé en politique sans adhérer à un parti ou à un syndicat ?

« Les jeunes et l'engagement politique » (2 min. 04 sec.), 6e rapport de l'Observatoire de la Jeunesse solidaire, 2014

1 Quelles sont les diverses formes d'engagement politique ?

▸▸ OBJECTIF
Comprendre que l'engagement politique prend des formes variées.

QU'ALLONS-NOUS FAIRE ?

Déposer un bulletin de vote pendant une élection, manifester, choisir de défendre une cause ou encore arrêter de consommer certains produits... De nombreuses formes d'engagement politique s'offrent aux citoyens qui veulent faire évoluer une situation.

ACTIVITÉ Les formes de participation politique les plus efficaces selon les Français

▶ **Réponse à la question : « Selon vous, qu'est-ce qui permet aux citoyens d'exercer le plus d'influence sur les décisions prises en France ? »**

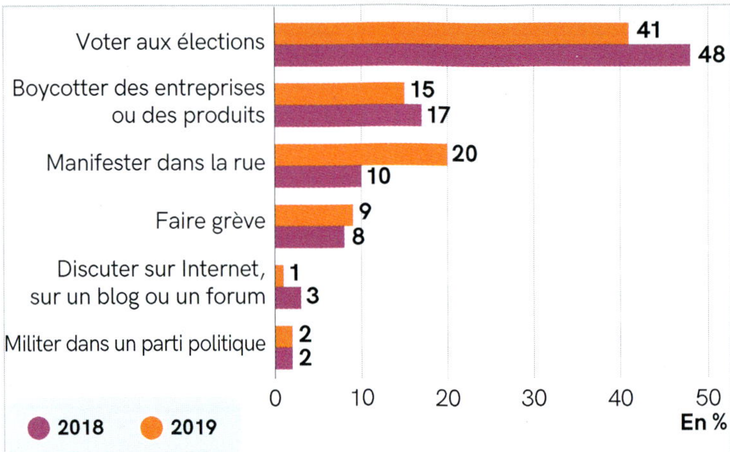

Champ : étude réalisée auprès d'un échantillon représentatif de la population française âgée de 18 ans et plus et inscrite sur les listes électorales. En janvier 2018 : 2 084 personnes ; en janvier 2019 : 2 116 personnes.

D'après « Baromètre de la confiance politique », CEVIPOF, 2019

DÉFINITIONS

Engagement politique : action d'un individu ou d'un groupe dans le but d'influencer la vie de la société.

Participation politique conventionnelle : vote et militantisme au sein d'un parti politique ou d'un syndicat.

Participation politique non conventionnelle : comportements politiques qui passent par des pratiques contestataires non liées au processus électoral : grève, blocus, boycott, etc.

a. Parmi les personnes qui ont répondu au sondage en 2019, combien estiment que voter aux élections est le moyen politique le plus efficace pour influencer les décisions prises en France ?

b. Quelles sont les deux formes de participation politique qui ont le plus changé entre 2018 et 2019 ? Quantifiez ces variations en points de pourcentage.

c. Peut-on affirmer qu'un tiers des personnes interrogées estiment que les formes de participation politique non conventionnelles font partie des moyens les plus efficaces en 2019 ?

d. Parmi les actions citées, quelles sont les parts respectives des actions de type coopératif et des actions de type conflictuel ?

MÉMO MATHS
→ FICHE MÉTHODE 2 P. 359

Doc 1 Le vote et le militantisme

a Bureau de vote

b Un militant distribuant des tracts

QUESTIONS

1. **Décrire.** Que font les personnes des photographies a et b ?
2. **Distinguer.** Quels sont les points communs et les différences entre les actions qu'ils réalisent ?
3. **Décrire.** S'agit-il de formes d'engagement conventionnelles ou non conventionnelles ?

Doc 2 L'engagement associatif et syndical

a Une association distribue des repas à des migrants internationaux

b Manifestation de divers syndicats contre la réforme des retraites de 2019

QUESTIONS

4. **Expliquer.** Quel est l'objectif d'une association ?
5. **Expliquer.** Quel est l'objectif d'un syndicat ?
6. **Argumenter.** Dans quelle mesure peut-on dire qu'un membre d'une association ou d'un syndicat exerce une forme d'engagement politique ?

Doc 3 La consommation engagée

a Boycott ou buycott ?

Le plus simple et le plus ancien des moyens dont disposent les consommateurs pour faire entendre leur voix, c'est le boycott. Refuser d'acheter des produits fabriqués dans des conditions scandaleuses, la pratique a fait ses preuves depuis les campagnes de Gandhi contre le textile britannique [...]. Les consommateurs peuvent aussi décider d'acheter des produits fabriqués dans des conditions exemplaires : c'est le *buycott*, pratiqué par exemple dans le commerce équitable, où l'apposition d'un label délivré par des associations comme Max Havelaar est destinée à garantir de meilleures conditions de travail et de rémunération aux producteurs.

Manuel Domergue, « L'irruption des consommateurs engagés », *Alternatives économiques*, 2014

b La consommation de produits biologiques

▶ **Réponse à la question : « Parmi les raisons suivantes, lesquelles vous incitent à consommer des produits biologiques ? »**

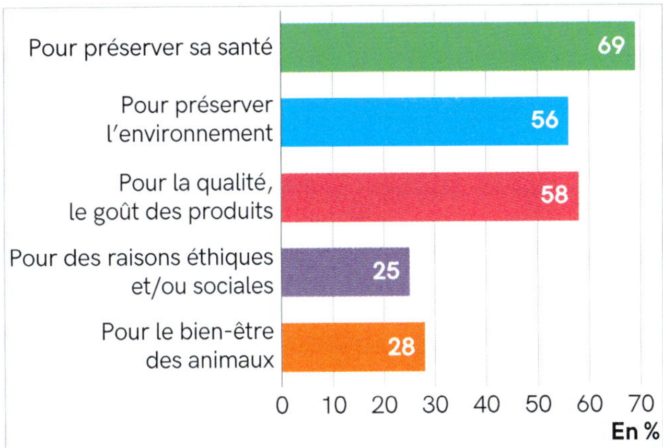

Note : la somme des pourcentages n'est pas égale à 100 car deux réponses étaient possibles.

D'après « Baromètre de consommation et de perception des produits biologiques en France », Agence BIO/Spirit Insigh, 2019

QUESTIONS

7. **Distinguer.** Parmi les raisons citées dans le doc b, lesquelles correspondent à un engagement politique ?
8. **Argumenter.** Pourquoi les actions citées peuvent-elles faire évoluer les comportements des entreprises ?

EN AUTONOMIE VERS LE BAC

▶▶ **Parcours écrit** Épreuve composée – Partie 1

Expliquez ce qu'est la consommation engagée.

▶▶ **Parcours oral** Étape 1 – Choisir sa thématique

Choisissez l'une des formes d'engagement citées sur la double page. Expliquez en 1 minute pourquoi cela vous intéresse. N'hésitez pas à présenter une anecdote pour justifier votre choix.

MÉMO

■ Dans les sociétés démocratiques, l'engagement politique peut prendre des formes variées pour exprimer des opinions et influencer les décisions politiques, telles que :
– le vote qui permet, en démocratie, d'élire les représentants ;
– le militantisme dans un parti politique ou un syndicat ;
– certaines formes d'engagement associatif ;
– les formes de participation politique non-conventionnelles, telles que les manifestations, grèves ou boycotts ;
– la consommation engagée (local, biologique, équitable...).

2 Pourquoi s'engager dans des actions politiques ?

▸▸ OBJECTIF
Comprendre pourquoi, malgré le paradoxe de l'action collective, les individus s'engagent.

QU'ALLONS-NOUS FAIRE ?

L'engagement politique prend du temps, de l'énergie, parfois de l'argent. On pourrait penser qu'il est inutile de s'engager puisque l'action d'une seule personne ne changera pas le résultat final.

Doc 1 Le paradoxe de l'action collective

Le point de départ de l'analyse d'Olson[1] repose sur un paradoxe fécond. Le sens commun suggère, que dès lors qu'un ensemble d'individus peut trouver avantage à se mobiliser et en a conscience, le déclenchement de l'action collective va de soi. Or, l'objection d'Olson consiste à démontrer qu'un groupe ayant ces caractéristiques peut parfaitement ne rien faire. C'est en effet à tort que l'on imagine qu'un groupe latent – des individus ayant des intérêts matériels communs – est une sorte d'entité douée d'une volonté collective, là où l'analyse doit aussi prendre en compte la logique des stratégies individuelles. Et si l'action collective va de soi si l'on considère le groupe comme titulaire d'une volonté unique, les rationalités individuelles l'enrayent. [...] La mobilisation est rentable, d'autant plus qu'elle sera massive. Mais c'est oublier le scénario du passager clandestin (*free-rider*). Il existe une stratégie plus rentable encore que la mobilisation : regarder les autres se mobiliser. Le cas classique du non-gréviste qui bénéficie de la hausse de rémunération conquise par la grève sans avoir subi les retenues de salaires consécutives en témoigne. Poussée à son terme, cette logique rend aussi impossible toute mobilisation.

Érik Neveu, *Sociologie des mouvements sociaux*, coll. « Repères », © Éditions La Découverte, 2015

1. Mancur Olson (1932-1998) est un économiste américain qui a cherché à expliquer le comportement des individus à travers la rationalité.

DÉFINITIONS

Action collective : mobilisation collective d'individus ou de groupes d'individus dans le but d'atteindre un but commun.

Passager clandestin : ménage, entreprise ou pays qui cherche à bénéficier d'un bien ou d'un service sans en payer le prix.

QUESTIONS

1. **Analyser.** Pourquoi, selon Olson, les individus ont-ils intérêt à ne pas s'engager dans une action collective ?
2. **Illustrer.** Donnez un exemple de passager clandestin dans le cadre d'une action collective.

Doc 2 Des incitations pour encourager à l'engagement politique

Selon Olson, ce phénomène de *free-rider* (passager clandestin) peut être évité lorsque la taille des groupes est suffisamment petite pour créer de la pression sociale ou inciter l'un des membres à se procurer le bien collectif quitte à en supporter seul la charge. D'ailleurs, constate Olson, le syndicalisme américain est né sous la forme de petites associations, aux intérêts locaux et aux coûts de fonctionnement organisationnels relativement faibles. Les politiques d'incitation sélective, qu'elles soient positives (services délivrés aux seuls membres de l'organisation, *closed shop*) ou négatives (pénalisation de ceux qui sont tentés de refuser de supporter les coûts), constituent un second moyen efficace de mobilisation. [...] Dans le bâtiment, par exemple, les intermédiaires entre la main-d'œuvre et les employeurs pouvaient être des agents du syndicat qui négociaient et contrôlaient les salaires. Dans ce cas de figure s'imposait le *closed shop* (monopole syndical) : seuls les adhérents au syndicat pouvaient prétendre à l'embauche. Cette conscience de métier et cette volonté de défendre l'emploi constituent un des traits forts de ce syndicalisme américain.

Michel Lallement, *Sociologie des relations professionnelles*, coll. « Repères », © Éditions La Découverte, 2018

DÉFINITION

Incitation sélective : mécanisme par lequel une organisation diminue le coût de la participation ou augmente celui de la non-participation à une action collective afin d'encourager à la participation.

QUESTIONS

3. **Analyser.** Pourquoi le mécanisme des incitations sélectives permet-il de dépasser le paradoxe de l'action collective ?
4. **Expliquer.** Pourquoi les travailleurs américains ont-ils intérêt à se syndiquer et à participer aux actions syndicales (comme la grève) ?

Doc 3 Quelles récompenses de l'engagement ?

Vidéo
Municipales : pourquoi ils s'engagent

a Les rétributions symboliques

[...] Les militants retirent bel et bien diverses satisfactions de leur engagement. Ces composantes sensibles de leur activité peuvent être analysées comme des mécanismes de « récompense », ou, pour mieux dire, comme des *rétributions*, de l'implication dans les activités d'un mouvement collectif.

Ces incitations « non-officielles » existent pour les dirigeants, qui trouvent dans l'occupation de positions de pouvoir dans l'État ou dans leur organisation, des sources de revenu, des avantages matériels, la possibilité de vivre de la politique, des moyens pour agir conformément à leurs convictions idéologiques et politiques et/ou diverses gratifications symboliques comme le prestige, la notoriété, l'honneur et le pouvoir.

Daniel Gaxie, « Les rétributions du militantisme », Politika, 2017

b La rémunération des maires

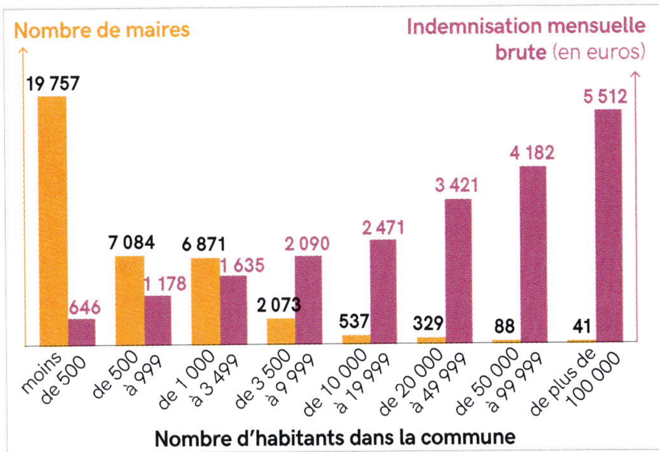

D'après Code général des collectivités territoriales, Association des maires de France, 2014

QUESTIONS

5. **Calculer.** Combien un maire français est-il rémunéré en moyenne ? → FICHE MÉTHODE 4 P. 361
6. **Illustrer.** Quels éléments non économiques peut-on tirer d'un engagement politique ?

ACTIVITÉ La structure des opportunités politiques

Marche de Selma à Montgomery pour le droit de vote des Afro-américains, mars 1965

DÉFINITION

Structure des opportunités politiques : caractéristiques du contexte politique qui influencent les chances d'un mouvement social d'atteindre ses objectifs.

a. En binôme, expliquez en 2 minutes en quoi les marches de Selma à Montgomery illustrent la notion de structure des opportunités politiques.

b. Recherchez un autre mouvement social pour illustrer cette notion (le mouvement de désobéissance civile de Gandhi, le mouvement #MeToo...).

EN AUTONOMIE VERS LE BAC

▶▶ Parcours écrit Dissertation

À l'aide des documents et de vos connaissances, vous expliquerez pourquoi, malgré le paradoxe de l'action collective, les individus s'engagent politiquement.

▶▶ Parcours oral Étape 5 – Discuter avec le jury

Répondez à la question : « Pourquoi, selon le paradoxe de l'action collective, les individus n'auraient-ils pas intérêt à se mobiliser ? »
Vos camarades auront pour mission de vous poser des questions pour vous amener à montrer que l'engagement politique dépasse ce paradoxe.

Exemples de questions

MÉMO

■ Alors que l'engagement dans une action collective semble irrationnel à partir d'un calcul entre les coûts et les avantages, de nombreux individus décident de s'engager en raison :
– des incitations sélectives qui abaissent les coûts de la participation ou, au contraire, augmentent ceux de la non-participation ;
– des rétributions symboliques (pouvoir, notoriété, satisfaction...) ;
– des opportunités politiques liées à une situation plus ou moins favorable à la mobilisation collective, comme le niveau de mécontentement ou la capacité du mouvement à s'organiser.

3 En quoi l'engagement en politique est-il influencé par les variables sociodémographiques ?

▸▸ OBJECTIF
Comprendre que l'engagement politique dépend notamment de variables sociodémographiques.

QU'ALLONS-NOUS FAIRE ?

Adhérer à un parti ou à un syndicat, voter, s'engager dans une association... les formes d'engagement politique sont variées et touchent des publics très divers. Comment expliquer le choix d'un engagement politique ?

ACTIVITÉ Taux de syndicalisation en France en 2016

En %	Ensemble des salariés	Fonction publique	Secteur marchand et associatif
Ensemble	**11,0**	**19,1**	**8,4**
Sexe			
Hommes	12,0	21,7	9,9
Femmes	10,0	17,5	6,8
Âge			
Moins de 30 ans	3,7	5,6	3,3
30 à 39 ans	9,3	17,1	7,2
40 à 49 ans	13,3	21,7	10,3
50 ans ou plus	14,9	24,4	11,5
PCS			
Cadres	11,2	23,5	6,3
Professions intermédiaires	12,3	17,3	10,3
Employés	10,8	17,9	7,9
Ouvriers	9,7	20,7	8,8

Champ : ensemble des salariés de plus de 15 ans, France (hors Mayotte).

D'après enquête Risques psychosociaux et conditions de travail, Dares-DGAFP-Drees-Insee, 2016

a. Repérez, pour chaque colonne, la PCS la moins syndiquée.

b. Pour chaque secteur d'emploi, calculez l'écart de taux de syndicalisation entre les hommes et les femmes. Que remarquez-vous ?

c. Réalisez un schéma pour montrer quelles variables ont un impact significatif sur les taux de syndicalisation des individus, puis présentez-le en 2 minutes à un camarade.

MÉMO MATHS
→ FICHE MÉTHODE 2 P. 359

Doc 1 Répartition des votes aux élections européennes selon le niveau de diplôme, en 2019

En %	Parti communiste français	La France insoumise	Génération-s	Parti Socialiste et Place publique	Europe Écologie les Verts	République en Marche et Modem	UDI	Républicains	Debout la France	Rassemblement national
Inférieur au baccalauréat	3	6	3	7	6	21	2	8	4	33
Baccalauréat	2	8	4	6	14	20	2	8	4	24
Bac +2	1	6	3	7	15	21	3	10	4	16
Bac + 3 et plus	3	8	4	7	20	25	3	8	2	12
Ensemble	**2,4**	**6,7**	**3,4**	**6,7**	**12,8**	**21,9**	**2,6**	**8,3**	**3,6**	**23,2**

D'après Enquête Ipsos/Sopra Steria pour France Télévisions, Radio France, RFI et France 24, du 22 au 25 mai 2019

QUESTIONS

1. **Analyser.** Le niveau d'études est-il corrélé à un type de préférence politique ?
2. **Rechercher.** Que peut-on dire sur un éventuel lien entre le niveau de diplôme et le comportement politique ?

Liens vers les sites
Sociologie des électorats et profils des abstentionnistes

Doc 2 L'engagement politique des jeunes

a Une jeunesse dépolitisée ?

Les jeunes ne sont pas dépolitisés ou apathiques d'un point de vue civique, bien au contraire. Ils sont politisés autrement. Leur intérêt pour la politique, la chose collective, s'exprime malgré leur défiance envers le système et le personnel politiques. C'est dans cette posture paradoxale que les jeunes entrent en politique et cela aboutit à une définition de leur citoyenneté plus critique, assez vigilante vis-à-vis de la démocratie et de son fonctionnement. [...]

Les années de la jeunesse sont propices à des positions souvent plus extrêmes, à des engagements de soi plus risqués, dans la rue, dans des mobilisations actives, le temps de la jeunesse est propice à la contestation, soit de la société, soit de l'ordre établi. Mais il n'y a pas que ça. Les jeunes d'aujourd'hui sont des enfants de la crise économique et de la crise de la représentation politique que la France a connues depuis la fin des années 1980. Ils sont donc dans ce contexte de très grande défiance, partagée par leurs aînés. Une large majorité de citoyens ne fait pas confiance au système politique. Les jeunes sont aussi tributaires de ce contexte.

Anne Muxel, propos recueillis par Laure Cometti, « Les jeunes sont politisés autrement », 20minutes.fr, 2018

b Comportement électoral en fonction de l'âge

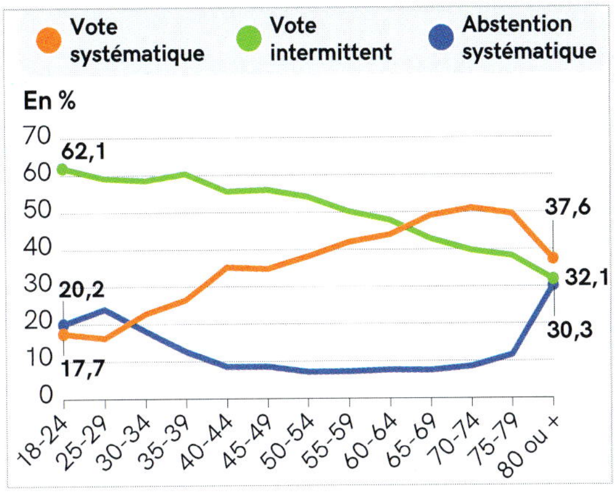

Champ : inscrits sur les listes électorales en France en 2017 (hors Mayotte).

D'après Insee, Enquête sur la participation électorale, 2017

QUESTIONS

3. **Calculer.** Quel est l'écart de vote systématique entre les 18-24 ans et les 80 ans ou plus ?
4. **Argumenter.** En vous appuyant sur les docs a et b, expliquez quel est le comportement politique des jeunes.

Doc 3 Adhésion aux associations d'action sanitaire, sociale ou humanitaire en 2016

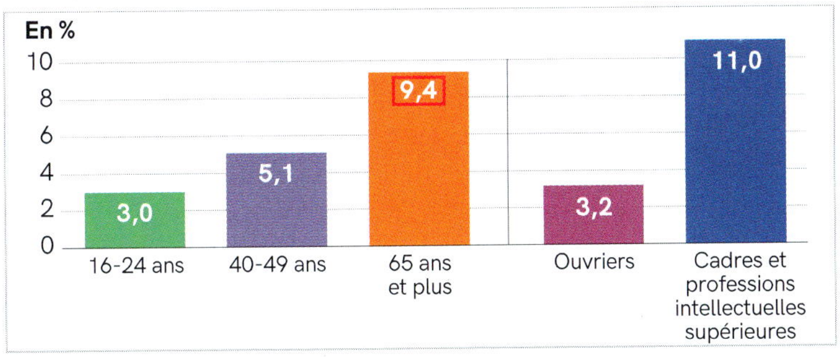

Champ : France métropolitaine, personnes âgées de 16 ans ou plus.

Insee, enquêtes SRCV-Silc, 2016

QUESTIONS

5. **Lire.** Rédigez une phrase pour présenter la donnée encadrée.
6. **Distinguer.** Quelle PCS est la plus engagée dans le type d'association cité ?
7. **Analyser.** L'âge est-il un facteur déterminant de l'engagement politique à travers une association ?

EN AUTONOMIE VERS LE BAC

▶▶ **Parcours écrit** Épreuve composée – Partie 2

En vous appuyant sur le doc 2, montrez que l'âge a une influence sur le comportement électoral.

▶▶ **Parcours oral** Étape 2 – Se documenter

Recherchez des articles et des documents statistiques concernant la participation à une élection de votre choix, et classez vos recherches en fonction des quatre variables sociodémographiques présentées sur la double page.

Liens vers les sites

MÉMO

- En démocratie, l'engagement politique diffère d'un individu à un autre.
- La sociologie électorale montre que l'âge, le sexe, la CSP ou le niveau d'étude ont un impact sur le vote et le choix de tel ou tel candidat ou parti politique lors d'une élection.
- Par ailleurs, l'engagement politique diffère en fonction des générations : les jeunes auront par exemple plus tendance à pratiquer l'abstention et à privilégier des formes différentes d'engagement, plus contestataires, par exemple.

4 Comment les objets de l'action collective se transforment-ils ?

▸▸ OBJECTIF
Comprendre la diversité et les transformations des objets de l'action collective.

QU'ALLONS-NOUS FAIRE ?

Les objets de l'action collective portent souvent sur des éléments liés au travail, à ses conditions et à sa rémunération. Mais le XXe siècle a vu se développer de nouveaux mouvements sociaux, davantage centrés sur la défense de valeurs.

Doc 1 La diversité des mouvements sociaux

L'analyse des mouvements sociaux a [...] pris l'habitude de distinguer selon que les objectifs poursuivis étaient liés aux conditions de travail (salaires, emplois, temps de travail...) ou aux revendications « post-matérialistes » (mobilisations féministes autour des droits des femmes, mobilisations homosexuelles, mouvements régionalistes, défense de l'environnement et du cadre de vie...). Ces mobilisations collectives s'adossaient à la conviction que les sociétés ne pouvaient évoluer que dans le sens du progrès social : la croissance des Trente Glorieuses garantissait au plan économique une élévation du niveau de vie, tandis que pour les mentalités et les comportements, les choses évoluaient forcément dans le sens d'un approfondissement de la démocratie par la conquête de nouveaux droits, en particulier pour les minorités [...].

Comme leurs parents et grands-parents, les Français d'aujourd'hui se mobilisent pour défendre leurs intérêts immédiats (leur emploi, leurs conditions de travail, leurs droits sociaux), souvent à l'échelle des territoires de proximité sur lesquels ils vivent (défense de l'environnement, résistance aux grandes opérations d'aménagement). Ils se mobilisent également pour défendre les valeurs auxquelles ils adhèrent, en particulier lorsque ces valeurs interfèrent directement avec leur vie quotidienne (école, famille, santé).

Christian Le Bart, « Qu'est-ce qui mobilise les Français ? », *Cahiers français*, n° 383, novembre-décembre 2014

DÉFINITION

Mouvements sociaux : ensemble de mobilisations et d'actions collectives ayant pour but de transformer tout ou partie de la société.

QUESTIONS

1. **Lire.** Quels sont les deux types d'objectifs poursuivis par les mouvements sociaux ?
2. **Illustrer.** Donnez un exemple de mouvement social lié aux conditions de travail et un exemple de mouvement lié à une revendication sociale « post-matérialiste ».
3. **Analyser.** En mobilisant des exemples issus de l'actualité, peut-on dire que les nouveaux mouvements sociaux ont fait disparaître les mouvements sociaux traditionnels ?

ACTIVITÉ Évolution du taux de syndicalisation en France depuis 1949

Champ : ensemble des salariés; France métropolitaine.

D'après DARES-DGAFP-DREES-Insee

a. Calculez l'évolution du taux de syndicalisation entre 1949 et 2016.

b. Quel est l'impact du mouvement de 1968 sur le taux de syndicalisation ?

MÉMO MATHS
→ FICHE MÉTHODE 2 P. 359

Doc 2 Divers objets de mobilisation

a Marche pour le climat, Nice, 2019

b Manifestation contre la réforme des retraites, Strasbourg, 2020

c Manifestation contre les violences faites aux femmes, Paris, 2018

d Manifestation pour l'égalité des droits, Toulouse, 2014

QUESTIONS

4. **Décrire.** Quels types de revendications peuvent faire l'objet d'une manifestation ?
5. **Analyser.** À quel type de mouvement social ces différentes mobilisations correspondent-elles ? → DOC 1 P. 282
6. **Illustrer.** Trouvez deux autres exemples d'objets de mobilisation.

EN AUTONOMIE VERS LE BAC

▶▶ Parcours écrit Épreuve composée – Partie 3

En vous appuyant sur les doc 1 et 3, montrez que les objets de conflits ont évolué.

▶▶ Parcours oral Étape 2 – Trouver les points clés de son exposé

Choisissez votre plan pour répondre à la question : « Quels sont les nouveaux objets de l'action politique ? ». Vous pouvez aussi, dès cette étape, réfléchir à la façon dont vous allez conclure votre exposé.

Exemples de plans

MÉMO

■ Les transformations de la société, en particulier la diminution du nombre d'ouvriers et l'élévation du niveau de vie, ont entraîné l'émergence et le développement de nouveaux mouvements sociaux, tournés vers de nouvelles valeurs comme la défense de la nature, de certains modes de vie, des identités…

■ Cependant, ils n'ont pas fait disparaître les mobilisations plus classiques, liées aux conditions de travail et à la rémunération du travail.

5 Comment les acteurs et les répertoires de l'action collective se transforment-ils ?

▸▸ OBJECTIF
Comprendre la diversité et les transformations des acteurs et des répertoires de l'action collective.

QU'ALLONS-NOUS FAIRE ?

Depuis quelques années, les manifestations organisées par des partis ou des syndicats cohabitent avec des manifestations plus spontanées et moins organisées telles que Nuit debout, le mouvement des Gilets jaunes...

ACTIVITÉ L'évolution des répertoires de l'action collective

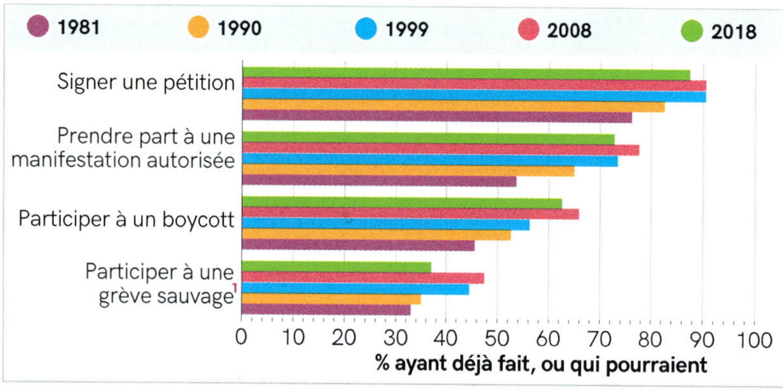

D'après Enquête sur les valeurs des Européens, ARVAL

1. Grève spontanée déclenchée en dehors du cadre syndical.

a. Mesurez l'évolution du taux de participation (effective ou éventuelle) à la signature d'une pétition entre 1990 et 2018.

b. Calculez l'écart entre le taux de participation (effective ou éventuelle) à une manifestation autorisée et à une grève sauvage en 1981, puis en 2018.

c. Calculez l'écart entre le taux de participation à un boycott entre 1981 et 2018.

MÉMO MATHS
→ FICHE MÉTHODE 2 P. 359

Doc 1 Deux exemples de groupements citoyens

a Nuit debout, Paris, 2016 — Vidéo : Nuit debout

Nuit debout est un mouvement consistant à se rassembler sur des places publiques pour manifester contre des décisions gouvernementales et réfléchir à une meilleure organisation du monde.

b Manifestation de Gilets jaunes, Rochefort, 2018

→ LE MOUVEMENT DES GILETS JAUNES PP. 286-287

QUESTIONS

1. **Décrire.** En vous appuyant sur la vidéo et la photographie, expliquez le mode de fonctionnement du mouvement Nuit debout.
2. **Décrire.** Ce mouvement s'appuie-t-il sur un parti politique ou une organisation ?
3. **Analyser.** Quels sont les points communs et les différences entre les Gilets jaunes et Nuit debout ?

Doc 2 Des acteurs et des répertoires différents

a Manifestation du 1er mai, Paris, 2019

Le 1er mai, Journée internationale des travailleurs, de nombreux syndicats défilent ensemble.

b Manifestation d'un parti politique, Nancy, 2014

Les partis politiques défilent pour défendre leurs idées.

c Action de désobéissance civile devant l'Assemblée nationale, 2019

Plusieurs associations manifestent contre l'« inaction climatique ».

d ZAD de Notre-Dame-des-Landes, 2012

Occupation d'un terrain par des citoyens pour militer contre le projet de construction d'un aéroport à Notre-Dame-des-Landes.

QUESTIONS

4. **Lire.** Identifiez les acteurs sur chaque photographie.
5. **Distinguer.** Quelles différences majeures remarquez-vous dans les répertoires présents ?

DÉFINITION

Répertoires de l'action politique : ensemble des moyens d'action politique à la disposition des individus.

EN AUTONOMIE VERS LE BAC

Parcours écrit Épreuve composée – Partie 2

En vous appuyant sur le document de l'activité, montrez comment ont évolué les répertoires de l'action collective en France depuis les années 1980.

Parcours oral Étape 3 – Réfléchir à son support

Préparez une carte mentale qui présente l'évolution des objets, des acteurs et des répertoires de l'action collective. N'hésitez pas à y noter des exemples issus des pages 282 à 285 et de vos recherches.

Carte mentale guidée

MÉMO

L'encadrement de l'action collective par des partis politiques ou des syndicats laisse en partie la place à un encadrement par des associations ou même des collectifs moins structurés, dont les modes d'action sont différents de ceux des répertoires traditionnels.

Ainsi, si les manifestations, les grèves, les pétitions... restent des modes d'action privilégiés, d'autres actions se développent : occupations de terrains, boycotts, réunion publiques non encadrées... attirant peut-être elles-mêmes de nouveaux acteurs.

→ MÉTHODE DU GRAND ORAL P. 22

Le mouvement des Gilets jaunes

En dehors de toute organisation syndicale ou parti politique, le mouvement des Gilets jaunes a émergé grâce aux nouvelles technologies. Il se caractérise également par les personnes qui y participent et par ses revendications.

Vidéo

DOC 1 De nouveaux vecteurs de mobilisation

Tout commence le 29 mai 2018 quand Priscillia Ludosky, une ancienne employée de banque devenue autoentrepreneuse dans la vente de produits cosmétiques, crée sur la plateforme change.org une pétition en ligne qu'elle intitule : « Pour une Baisse des Prix du Carburant à la Pompe ! » [...] Éric Drouet [...], chauffeur routier résidant dans le même département que Priscillia Ludosky, crée alors un événement Facebook : « TOUS ENSEMBLE LE 17 NOVEMBRE 2018 pour le blocage national face à la hausse du carburant ! » [...] Le 22 octobre, la pétition de Priscillia Ludosky est évoquée dans un article du *Parisien*. Ce premier coup de projecteur de la presse nationale est décisif : les signataires passent de 10 000 à 225 000, captant alors l'attention du reste des médias hexagonaux qui à leur tour se saisissent de l'histoire, pour ne plus la lâcher. [...] Début janvier 2019, la pétition de Priscillia Ludosky s'apprête à franchir le cap des 1,2 million de signatures, et le groupe Facebook d'Éric Drouet, désormais rebaptisé « La France en colère !!! », compte plus de 340 000 membres. Le deuxième groupe le plus actif, « Fly Rider infos blocage », géré par Maxime Nicolle, rassemble plus de 160 000 personnes. L'administrateur du « Compteur officiel de Gilets jaunes » espère atteindre les 3 millions de membres. [...]

L'alliance du militantisme viral et de la presse a permis de construire la première force politique de Facebook en moins de trois mois.

Romain Bornstein, « En immersion numérique avec les "Gilets jaunes" », Fondation Jean Jaurès, 2019

? À partir de quel média le mouvement des Gilets jaunes a-t-il démarré ?

Mobilisez vos connaissances, en SES comme dans votre autre spécialité. Cela sera très bien accueilli par le jury qui verra que vous êtes à l'aise dans vos deux disciplines.

▶ *HGGSP*
Souvenez-vous du thème 4 de votre programme de Première, et notamment du chapitre 12 : « L'information à l'heure d'Internet ». Quel lien pouvez-vous faire avec ce document ?

DOC 2 Un mouvement social indépendant des syndicats et des partis politiques

« La première leçon qu'on doit tirer de ce mouvement des Gilets jaunes, c'est qu'ils sont le reflet de tous les déserts syndicaux de la CGT : petites et moyennes entreprises, retraités, précaires, privés d'emplois et beaucoup de femmes. »

Philippe Martinez, secrétaire général de la CGT

CONSEIL

Illustrez avec des exemples.
Vous marquerez le jury et conserverez son attention en accompagnant systématiquement vos idées ou arguments avec un exemple concret, une anecdote personnelle, un lien avec l'actualité, une citation, une source...

? Les syndicats, et notamment la CGT, ont-ils été des moteurs dans la naissance de ce mouvement social ?

Pensez à rassembler des exemples, des données, des citations pour agrémenter vos recherches.
Recherchez trois autres citations sur le mouvement des Gilets jaunes. Pensez à varier vos sources, et notamment, ici, à choisir des citations issues de différents types d'acteurs de l'action collective.

DOC 3 Davantage de Gilets jaunes dans les zones les moins peuplées

Vidéo
Les cartes expliquées

a Proportion de Gilets jaunes dans la population **b** Diminution de la population

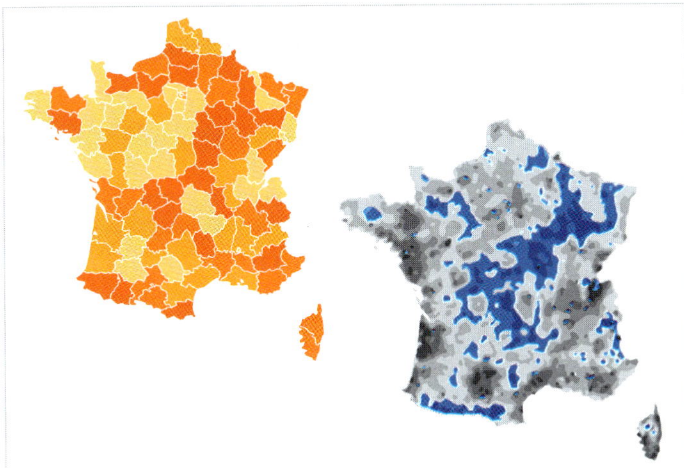

D'après Hervé Le Bras, 2018

CONSEIL

Déclenchez les questions du jury.
Grand classique ! Vous pouvez conclure en tendant une « perche ». Par exemple : « je pourrais vous donner d'autres exemples... », « mais tout le monde n'est pas d'accord à ce sujet », « comme le montre l'actualité ».

? Pourquoi les habitants des zones les moins peuplées sont-ils davantage concernés par la hausse du prix des carburants ?

Pensez à faire le lien avec d'autres chapitres. La notion de l'engagement politique s'y prête très bien et le mouvement des Gilets jaunes cristallise plusieurs thèmes abordés dans le programme.

Choisissez l'un des chapitres ci-dessous et formulez une question permettant de faire du lien entre une notion de ce chapitre et le mouvement des Gilets jaunes.

▶ *Comment est structurée la société française actuelle ?* → CHAPITRE 6 P. 162-189

▶ *Quelles sont les caractéristiques contemporaines et les facteurs de la mobilité sociale ?* → CHAPITRE 8 P. 218-245

▶ *Quelles inégalités sont compatibles avec les différentes conceptions de la justice sociale ?* → CHAPITRE 11 P. 302-327

▶ *Quelle action publique pour l'environnement ?* → CHAPITRE 12 P. 328-355

DOC 4 Le soutien de la population

▶ **Réponse à la question : « Diriez-vous que vous soutenez ou non le mouvement des Gilets jaunes ? »**

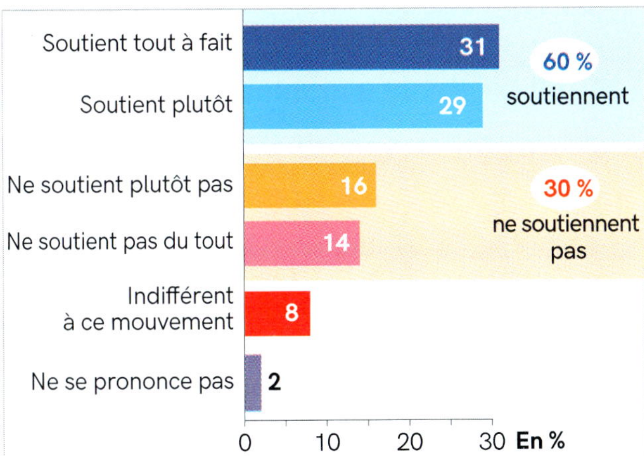

D'après « Baromètre de la confiance politique », CEVIPOF, janvier 2019

? En janvier 2019, la population française était-elle globalement favorable ou défavorable au mouvement des Gilets jaunes ?

N'oubliez pas votre programme de Première. N'hésitez pas à y faire référence pendant votre exposé.

▶ *Comment se forme et s'exprime l'opinion publique ?* → CHAPITRE 9 DE PREMIÈRE

Vous avez étudié la façon dont l'opinion publique a émergé, se forge et se modifie. Faites une recherche sur Internet pour voir comment a évolué le soutien aux Gilets jaunes et analysez cette évolution.

Lien vers le site
Statista

PRÉPARER LE GRAND ORAL

Grille d'évaluation

À partir des documents du chapitre et de vos recherches, préparez-vous à répondre à la question : « Quelles sont les spécificités du mouvement des Gilets jaunes ? ». Créez votre support, distribuez-le à un jury d'élèves et présentez votre travail en 5 minutes. À l'issue de votre présentation, le jury vous posera des questions.

VERS LE SUPÉRIEUR NOTE DE SYNTHÈSE

Lien vers le site
Revue politique et parlementaire

Appuyez-vous sur les documents de la double page et sur des articles issus de revues scientifiques pour rédiger une note de synthèse sur le sujet : « Les Gilets jaunes : une nouvelle forme de mouvement social ». → MÉTHODE P. 120

L'ESSENTIEL

Comment expliquer l'engagement politique dans les sociétés démocratiques ?

Podcast du cours

EXO Cartes mémoire interactives

Définitions

Action collective : mobilisation collective d'individus ou de groupes d'individus dans le but d'atteindre un but commun.

Consommation engagée : choix de consommation ayant pour but d'influencer les producteurs en faisant augmenter la demande de produits répondant à certaines valeurs.

Incitation sélective : mécanisme par lequel une organisation diminue le coût de la participation, ou augmente le coût de la non-participation, à une action collective afin d'augmenter le nombre de participants à celle-ci.

Mouvements sociaux traditionnels : mouvements sociaux tournés vers les questions du travail, de ses conditions et de sa rémunération.

Nouveaux mouvements sociaux : mouvements sociaux tournés vers des enjeux culturels ou de société.

Participation politique conventionnelle : vote et militantisme dans un parti politique ou un syndicat.

Participation politique non conventionnelle : comportements politiques qui passent par des pratiques contestataires non liées au processus électoral : grève, blocus, boycott, etc.

Passager clandestin : ménage, entreprise ou pays qui cherche à bénéficier d'un bien ou d'un service sans en payer le prix.

Rétribution symbolique : gratification reposant sur le prestige, le pouvoir, l'estime de soi ou la considération sociale.

Structure des opportunités politiques : caractéristiques du contexte politique qui influencent les chances d'un mouvement social d'atteindre ses objectifs.

Dans les sociétés démocratiques, le pouvoir appartient aux citoyens. Pour l'exercer, ils doivent prendre part aux décisions politiques ou tenter de les influencer.

Pourquoi s'engager ?

▸▸ Le but de l'engagement politique est d'influencer la société, soit pour en tirer des **avantages**, soit pour la faire mieux correspondre à son **système de valeurs**. Pourtant, il existe un **paradoxe de l'action collective** : son coût est élevé pour ceux qui s'y engagent alors que le gain est partagé par tous. Il serait donc plus **rationnel** de ne pas s'engager en politique et d'attendre que les autres le fassent. Pour contrer ce problème, certaines organisations ont mis en place des **incitations sélectives** qui abaissent le coût de la participation aux actions collectives ou au contraire augmentent celui de la non-participation. Pour autant, ces incitations sélectives ne sont pas toujours nécessaires, car certains individus se **mobilisent** au profit d'une cause collective et sans chercher forcément un intérêt individuel.

▸▸ D'autre part, l'engagement politique n'entraîne pas que des **gains économiques** mais peut procurer d'autres formes de **satisfaction**. Cette **rétribution symbolique** peut passer par le sentiment de participer à une noble cause, par l'accès à des positions prestigieuses au sein de son organisation ou de l'appareil politique ou encore par le fait de partager un engagement commun.

▸▸ Enfin, la **structure des opportunités politiques** peut faciliter ou, au contraire, réduire la **possibilité de s'engager** en politique. Dans un contexte de forte **répression** des militants et où les revendications ont peu de chances d'aboutir, il est probable que l'engagement politique sera moins important que dans un contexte où la revendication est possible, permise, et susceptible d'atteindre ses objectifs.

Comment l'action politique évolue-t-elle ?

▸▸ Le **vote** est au cœur du fonctionnement **démocratique**. Il permet d'élire des représentants ou de prendre des décisions collectives. À ce titre, il est considéré comme la principale forme de **participation politique conventionnelle** avec l'**engagement militant** dans un **parti politique** ou un **syndicat**. Par ailleurs, certains **engagements associatifs**, lorsque leur objet est l'action sanitaire et sociale, humaine et caritative, ou encore la défense de droits et d'intérêts communs, par exemple, peuvent être considérés comme relevant de l'engagement politique. Les **participations non conventionnelles** recouvrent les pratiques **contestataires** comme la grève, le blocus ou le boycott ou la **consommation engagée**.

▸▸ Les **objets** de l'action collective sont nombreux et des objets plus **traditionnels**, comme les **conflits du travail** (conditions de travail et rémunération), voisinent avec de **nouveaux mouvements sociaux**, tournés vers de nouvelles valeurs comme la défense de la nature, de certains modes de vie, d'une identité...

▸▸ Ces **revendications** sont portées par des acteurs divers. Les **partis politiques** peuvent être à l'origine ou participer à des actions collectives telles que des **manifestations**. Les syndicats, quant à eux, sont à l'origine de la majorité des **mouvements sociaux traditionnels**.

▸▸ Au-delà de ces acteurs conventionnels, on constate l'émergence de **nouveaux acteurs** : des **associations** voire, plus récemment, des **groupements** n'ayant pas d'existence légale (les Gilets jaunes, par exemple). Ces acteurs organisent des actions collectives capables d'**influencer les décisions politiques nationales**.

▸▸ Les **répertoires de l'action collective** regroupent toutes les **formes d'action** à la disposition des individus. Ces répertoires évoluent en fonction de la **structure des opportunités politiques**, de ce qui est permis ou non, possible ou non, mais aussi des acteurs qui y font appel.

▸▸ En France, le recours à la **grève** reste une action collective commune, les **manifestations** sont fréquentes et battent régulièrement des records de participation, tandis que la **consommation engagée** ou le fait de **signer une pétition** sont également en augmentation sur le long terme. On a également vu se développer de nouvelles formes d'actions, à travers l'usage des **réseaux sociaux**, la mise en place de **réunions publiques** ou encore l'**occupation de terrains** en signe de protestation.

Quelles variables influencent l'engagement politique ?

▸▸ L'engagement politique des individus est influencé par plusieurs **variables**. Le **niveau de diplôme** est fortement corrélé à l'intérêt des individus pour la politique, les plus diplômés se déclarant davantage intéressés par celle-ci que les moins diplômés.

▸▸ De même, la **profession** entraîne des différences dans le recours au **vote**, à l'**adhésion à un parti politique**, à un **syndicat** ou à une **association engagée**, ou encore dans le choix d'avoir une **consommation engagée**.

▸▸ L'engagement et la participation électorale augmentent par ailleurs avec l'**âge** car l'acquisition d'une **compétence politique** est progressive.

▸▸ Enfin, le **sexe** influence également l'engagement politique. En effet, les **femmes** déclarent moins s'intéresser à la politique et s'y engagent moins que les hommes, même si ces différences **diminuent** progressivement.

Chiffres clés

Réponse à la question : « Selon vous, qu'est-ce qui permet aux citoyens d'exercer le plus d'influence sur les décisions prises en France ? »

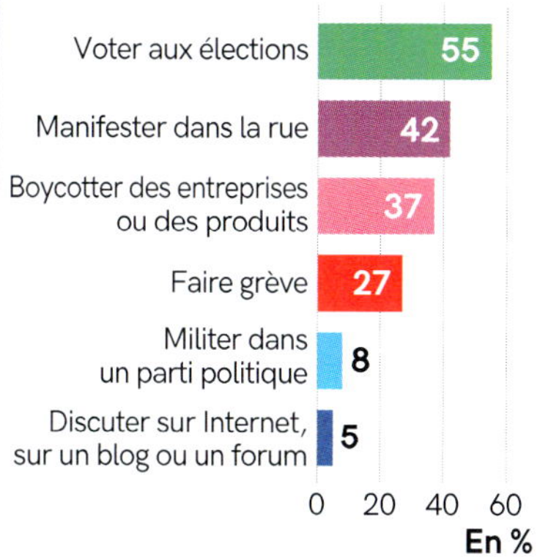

D'après « Baromètre de la confiance politique », CEVIPOF, 2019

CE QU'IL FAUT SAVOIR

1. Quelles sont les formes d'engagement politique.
2. Ce qu'est le paradoxe de l'action collective.
3. Quelles sont les variables sociodémographiques qui influencent cet engagement.
4. La diversité des objets, des acteurs et des répertoires de l'action collective.

Repères

En 2019, les Français...

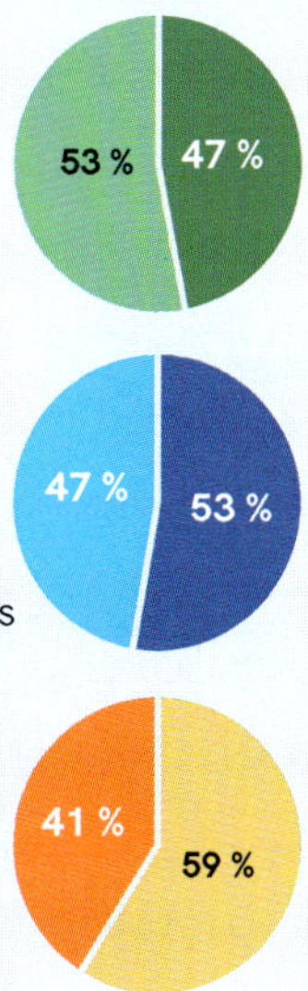

s'intéressent à la politique (53 %) / ne s'y intéressent pas (47 %)

considèrent que les citoyens ont toujours besoin des partis politiques ou des syndicats pour exprimer leurs demandes (47 %) / considèrent que les citoyens n'en ont plus besoin (53 %)

ont le sentiment que la politique est une affaire de spécialistes (41 %) / ont le sentiment que la politique n'est pas une affaire de spécialistes (59 %)

D'après « Baromètre de la confiance politique », CEVIPOF, 2019

Réviser en vidéo et en podcast

« Retour sur l'histoire des conflits sociaux en France » (5 min. 05 sec.), France 2, 2016

« Quels débouchés politiques pour les mouvements sociaux ? » (de 6 min. 55 sec. à 11 min. 47 sec.), France culture, 2016

SCHÉMA DE SYNTHÈSE

Schéma interactif

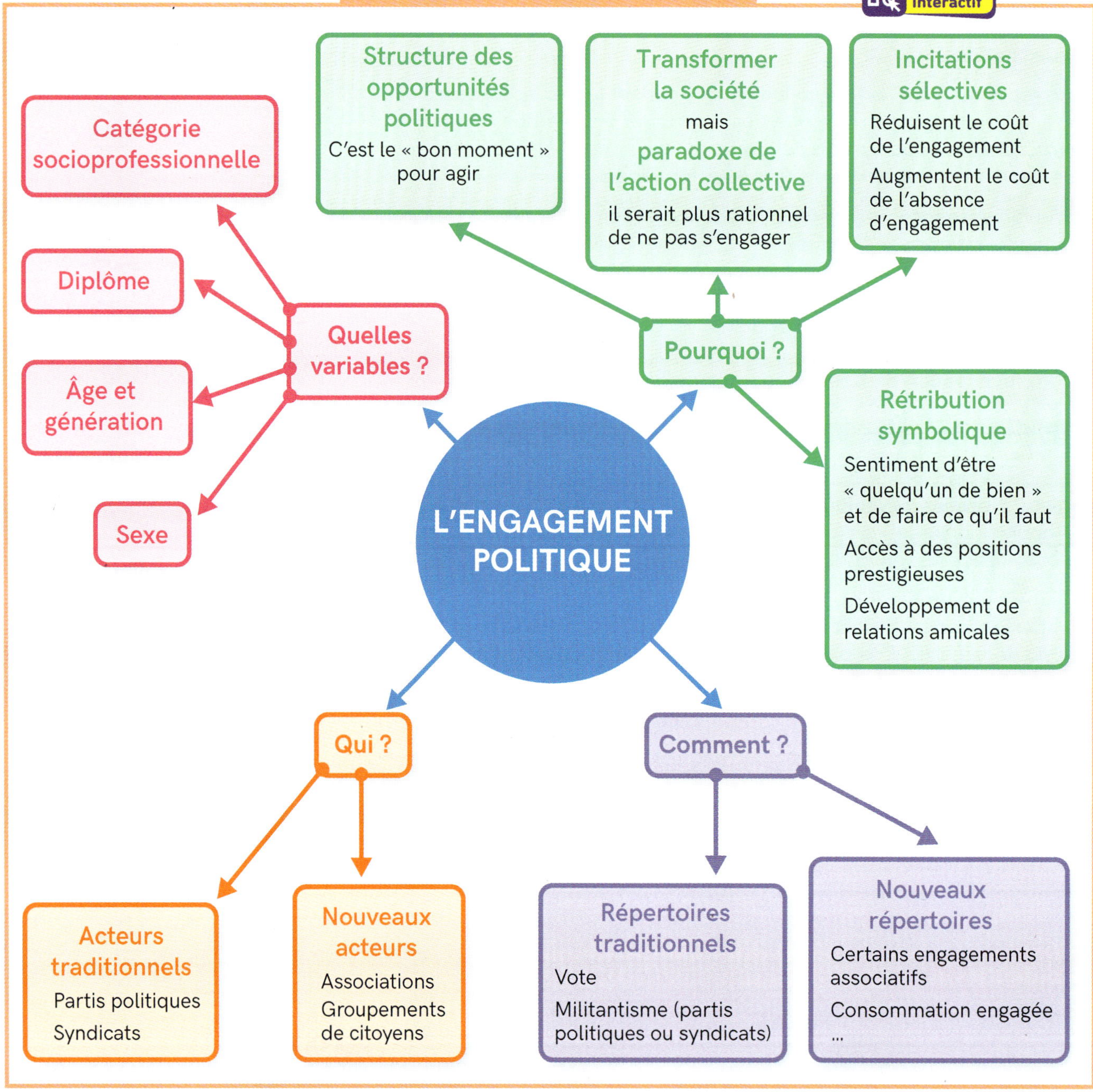

POUR ALLER PLUS LOIN

We Want Sex Equality, de Nigel Cole, 2010

Ce film retrace le combat de travailleuses anglaises pour l'égalité salariale entre hommes et femmes.

Votez Le Teckel, de Hervé Bourhis et Grégory Mardon, Éditions Casterman, 2017

La campagne électorale improbable d'un candidat à l'élection présidentielle.

« L'engagement politique, une valeur en déclin », de Igor Martinache, Alternatives Économiques, n° 324, 2013

Un article de fond sur les transformations des modes d'engagement.

EXERCICES

Exercices interactifs — Corrigés

1 Vrai ou faux ?

	VRAI	FAUX
a. L'engagement politique se fait nécessairement au sein d'un parti politique.	☐	☐
b. La manifestation est une forme de participation politique non conventionnelle.	☐	☐
c. La consommation engagée correspond toujours à boycotter des produits ou des entreprises.	☐	☐
d. L'adhésion à une association est toujours un acte politique.	☐	☐
e. La rétribution symbolique consiste à verser une somme symbolique aux militants d'un parti politique.	☐	☐
f. Le niveau de diplôme n'a pas d'effet sur l'engagement et les choix politiques.	☐	☐

2 Indiquez la ou les bonnes réponses.

1. Le paradoxe de l'action collective montre que le passager clandestin :

- ☐ **a.** se mobilise uniquement dans l'intérêt du groupe, sans prendre en compte son propre intérêt.
- ☐ **b.** se mobilise uniquement s'il peut en retirer un intérêt individuel.
- ☐ **c.** ne se mobilise pas sans incitation sélective.
- ☐ **d.** se mobilise sans aucune incitation sélective.

2. Lesquelles de ces mobilisations collectives correspondent à des mouvements classiques ?

- ☐ **a.** Une grève au sein d'une entreprise.
- ☐ **b.** Une manifestation de sans-papiers.
- ☐ **c.** Une manifestation de retraités.
- ☐ **d.** Une manifestation contre le racisme.

3. Lesquelles de ces mobilisations collectives correspondent à de nouveaux mouvements sociaux ?

- ☐ **a.** Une grève au sein d'une entreprise.
- ☐ **b.** Une manifestation de sans-papiers.
- ☐ **c.** Une manifestation de retraités.
- ☐ **d.** Une manifestation contre le racisme.

4. Lesquelles de ces actions correspondent à un engagement politique ?

- ☐ **a.** Consommer des produits biologiques pour préserver sa santé.
- ☐ **b.** Consommer des produits biologiques pour préserver l'environnement.
- ☐ **c.** Consommer des produits biologiques pour la qualité des produits.
- ☐ **d.** Consommer des produits biologiques pour des raisons éthiques ou sociales.

3 Reliez chaque terme à sa définition.

1. Consommation engagée
2. Structure des opportunités politiques
3. Mouvements sociaux
4. Engagement politique
5. Répertoires de l'action politique

a. Ensemble de mobilisations et d'actions collectives ayant pour but de transformer tout ou partie de la société.

b. Ensemble des moyens d'action à la disposition d'un groupe contestataire pour réussir sa mobilisation. Celui-ci dépend de considérations géographiques et historiques.

c. Forme d'action d'un individu ou d'un groupe dans le but d'influencer la vie de la société.

d. Caractéristiques du contexte politique qui influencent les chances d'un mouvement social d'atteindre ses objectifs.

e. Choix de consommation ayant pour but d'influencer les producteurs en faisant augmenter la demande de produits répondant à certaines valeurs.

BAC Sujet guidé – Dissertation 4h

Sujet vierge à imprimer | Grille d'évaluation

Quelles sont les principales transformations de l'action collective ?

Trouvez des synonymes pour « transformations », cela facilitera votre reformulation du sujet et la problématisation.

Analysez la formulation : « Ce type de question appelle un plan énumératif ». Il faut regrouper les divers éléments de réponse.

Repérez les notions centrales du sujet, et pensez à les définir dans votre introduction.

Doc 1 L'influence des formes de participation politique selon les Français

Réponses obtenues à la question : « Selon vous, qu'est-ce qui permet aux citoyens d'exercer le plus d'influence sur les décisions prises en France ? »

En %[1]	2009	2010	2012	2013	2014	2015	2016	2017	2018
Voter aux élections	61	67	65	63	61	58	60	61	55
Boycotter des entreprises ou des produits	35	35	38	29	29	41	39	43	37
Manifester dans la rue	30	23	32	32	30	31	26	26	42
Faire grève	27	20	21	23	22	20	19	21	27
Militer dans un parti politique	12	11	9	7	6	8	7	8	8
Discuter sur Internet, sur un blog ou un forum	8	4	7	4	4	7	6	8	5

Champ : étude réalisée auprès d'un échantillon de 2 064 personnes représentatif de la population française âgée de 18 ans et plus et inscrite sur les listes électorales.

1. La somme des pourcentages n'est pas égale à 100 car deux réponses étaient possibles.

« Baromètre de la confiance politique », CEVIPOF, 2019

Doc 2 Évolution du taux de syndicalisation des salariés en France depuis 1949

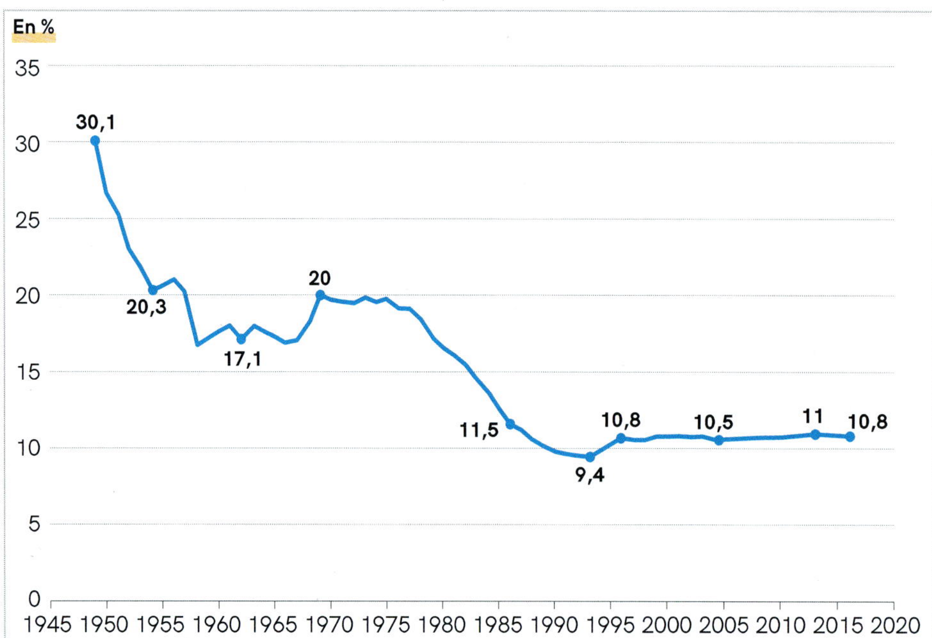

« Séries longues », Dares, 2018

Doc 3

La conso engagée résiste bien à la crise. La consommation de produits bio a ainsi doublé depuis 2007. Celle des produits labellisés équitables Max Havelaar a progressé de 60 %. Comment l'expliquer ? « La consommation responsable n'a pas qu'une vocation altruiste, analyse la sociologue Sophie Dubuisson-Quellier, elle peut aussi permettre d'économiser l'eau, l'électricité ou de préserver sa santé. Ce n'est donc pas un hasard si le bio progresse plus que l'équitable. Plus fondamentalement, ces consommateurs engagés ont recomposé leurs achats autour de valeurs essentielles à leurs yeux, qui ne relèvent donc pas du superflu que l'on pourrait rogner en temps de crise. » [...]

La consommation responsable progresse de façon remarquable, mais hormis sur des marchés comme le café (3 % du café arabica consommé en France est équitable) ou les bananes, elle reste marginale.

Manuel Domergue, « L'irruption des consommateurs engagés », *Alternatives économiques*, 2014

Méthode

BAC

ÉTAPES 1 ET 2 **Analyser le sujet, problématiser et mobiliser ses connaissances** Au brouillon

❶ Repérez et analysez tous les termes importants du sujet. → GUIDAGE P. 292

- À partir de votre analyse, déduisez-en le type de plan à adopter. → TYPE DE PLANS P. 18
- Formulez une problématique : reformulez le sujet, puis proposez un questionnement qui synthétise les enjeux de la question posée.

❷ Indiquez au brouillon tous les exemples, idées, théories, faits, éléments de cours... qui peuvent être mobilisés.

CONSEIL Si vous avez déjà une idée des grands axes de votre réponse, **classez** ces éléments dans votre plan.

ÉTAPE 3 **Exploiter le dossier documentaire** Au brouillon

- Lisez attentivement chaque document et résumez la (ou les) idée(s) principale(s) en lien avec le sujet.
- Pensez à repérer la source, le cadre spatio-temporel, les notions ou mécanismes importants et les outils statistiques. Faites attention aux unités.

CONSEIL N'hésitez pas à **rédiger des phrases** afin de vérifier que vous avez compris le sens des données, voire à **faire des calculs simples** pour comparer des données.

ÉTAPE 4 **Construire un plan détaillé** Au brouillon

- À partir des informations récoltées, créez ou affinez votre plan détaillé. Il doit comporter deux ou trois parties, chacune subdivisée en deux ou trois sous-parties.
- Rédigez les titres des parties et sous-parties sous la forme de phrases indiquant explicitement le sens des arguments que vous allez y développer.

CONSEIL N'oubliez pas d'indiquer dans votre plan détaillé les **documents** que vous allez mobiliser.

ÉTAPE 5 **Rédiger l'introduction et la conclusion** Au brouillon

- L'introduction est organisée en 3 parties : l'accroche, l'annonce de la problématique et l'annonce du plan.
- Rédigez la conclusion. → MÉTHODE P. 19

CONSEIL N'oubliez pas d'intégrer, en accroche ou avec la problématique, la **définition des notions centrales** du sujet.

ÉTAPE 6 **Rédiger son devoir** Sur votre copie → MÉTHODE P. 19

Voici un exemple de plan détaillé et de conclusion rédigée.

I. L'action collective s'est transformée car ses répertoires d'action ont connu des modifications.

1. La participation politique conventionnelle décline...

2. ... au profit d'une participation non conventionnelle.

II. Les acteurs de l'action collective ont également évolué.

1. Les syndicats et les partis ne sont plus les acteurs centraux de l'action collective.

2. D'autres acteurs ont pris le relais.

III. Les objets de l'action collective ont également connu des mutations.

1. Les conflits du travail ne sont plus au cœur de l'action collective.

2. Les mobilisations se développent autour de nouveaux enjeux.

Reprenez le sujet et répondez clairement et simplement à la question posée. →

Nous avons donc montré que l'action collective s'est transformée sur trois plans : celui de ses répertoires, de ses acteurs et de ses objets.

Résumez vos principaux arguments sans vous répéter. →

D'abord, la participation politique conventionnelle (voter, militer dans un parti politique) est jugée de moins en moins efficace par les individus, tandis que la participation non conventionnelle (manifester dans la rue) prend le relai. De plus, l'évolution des acteurs de l'action collective est visible à travers la baisse du taux de syndicalisation, dans un contexte où certaines manifestations de grande ampleur ne sont plus forcément portées par un parti ou un syndicat (Nuit debout, Gilets jaunes, ZAD de Notre-Dame des Landes). Enfin, l'évolution des objets de l'action collective est perceptible avec le développement de la consommation engagée et par le fait que les individus la perçoivent comme étant un moyen efficace d'influencer les décisions prises en France. Elle traduit la progression des nouveaux enjeux de mobilisation, centrés sur des engagements politiques autour de valeurs.

Faites une ouverture vers une question proche de celle que vous avez traitée. →

Parmi ces nouveaux enjeux se situent d'autres actions collectives qui n'ont pas été évoquées ici, comme la question des inégalités.

BAC Sujet guidé – Épreuve composée

4h | Sujet vierge à imprimer | Grille d'évaluati

PARTIE 1 Mobilisation des connaissances — 4 points

Question Que met en évidence le paradoxe de l'action collective concernant l'engagement politique des individus ?

Méthode

ÉTAPE 1 Analyser la question Au brouillon
- Repérez la ou les notion(s) clé(s) qu'il faudra définir dans votre réponse.
- Repérez la consigne de la question pour identifier la tâche qui est demandée : attend-on une explication, une comparaison, une illustration… d'un mécanisme ou d'une notion ? → MÉTHODE P. 20

ÉTAPE 2 Rassembler ses connaissances Au brouillon
- Rassemblez et organisez vos connaissances sur le sujet : quelles définitions, mécanismes, exemples… pouvez-vous mobiliser pour répondre à la question ? → MÉTHODE P. 20

ÉTAPE 3 Rédiger sa réponse
- Au brouillon : Avant de rédiger, indiquez sur votre brouillon quelle va être la structure de votre réponse.
- Sur votre copie : Rédigez votre réponse de manière organisée, en pensant à définir les notions mobilisées, en explicitant et en illustrant vos propos.

PARTIE 2 Étude d'un document — 6 points

Doc Réponse à la question[1] : « Avez-vous déjà réalisé chacune des actions suivantes ? »

En %	Non et je ne le ferai jamais	Non, mais je pourrais le faire	Oui
Voter aux élections des représentants du personnel	10	25	65
Conseiller à un collègue de s'adresser à un syndicat	22	36	42
Signer une pétition proposée par un ou plusieurs syndicats	28	42	30
Demander aux délégués du personnel de vous défendre ou de vous représenter	18	55	27
Vous syndiquer	38	37	25

1. Enquête en ligne réalisée du 12 au 23 octobre 2015 sur un échantillon de 1 010 personnes représentatif des salariés français.

TNS Sofres, « Baromètre 2015 sur l'image des syndicats », 2015

Question 1. Donnez le sens des informations présentées dans la dernière ligne du tableau.

Question 2. À l'aide du document, vous vous demanderez dans quelle mesure les salariés font appel aux syndicats en France.

Méthode

ÉTAPE 1 Analyser le document Au brouillon
- Déterminez la nature du document (diagramme par répartition, série chronologique…).
- Repérez la source, le cadre spatio-temporel, le ou les outil(s) statistique(s) utilisé(s) et la ou les unité(s).
- Pensez à vérifier si des informations sont indiquées dans le champ du document.

ÉTAPE 2 Préparer la question 1 (lecture) Au brouillon
- Rédigez une phrase par donnée statistique à lire : soyez le plus précis possible en indiquant la date (ou période), le cadre spatial, l'unité…

ÉTAPE 3 Préparer la question 2 (analyse)
- Au brouillon : Repérez la consigne de la question : attend-on une comparaison, la présentation d'évolutions, l'illustration d'un mécanisme… ?
- Au brouillon : Sélectionnez dans le document les éléments qui vous permettront d'argumenter et effectuez si besoin des calculs simples (écarts en points de pourcentage ou coefficients multiplicateurs, par exemple) pour étayer votre réponse.
- Sur votre copie : Rédigez votre réponse de manière structurée : allez du général au particulier ; définissez les notions ou mécanismes mobilisés et illustrez votre réponse avec des données et/ou des calculs.

Voici un exemple de réponse à la question 2.

La question appelle une réponse nuancée (cf. « dans quelle mesure ») : il vous faut donc organiser votre réponse en 2 parties avec des arguments et des contre-arguments.

En étudiant les réponses des salariés concernant leurs relations avec les syndicats, ceux-ci apparaissent à première vue comme un acteur important de l'action collective au sein des entreprises. Si l'on fait la somme des deux dernières colonnes on s'aperçoit que, quelle que soit la relation avec un syndicat proposée, au moins 62 % des salariés en ont fait usage ou sont prêts à le faire (vous syndiquer : 37 % + 25 %), ce pourcentage montant jusqu'à 90 % dans le cas du vote aux élections des représentants du personnel.

N'oubliez pas d'utiliser des statistiques issues du document, et de faire quelques calculs simples pour illustrer vos propos.

Cependant, plus les actions sont engageantes, moins elles sont effectivement réalisées par les salariés : finalement, seul le vote aux élections des représentants du personnel est majoritaire dans les actions des salariés (65 %). Dès qu'il s'agit de s'engager individuellement (signer une pétition, demander à être représenté, se syndiquer), la proportion de travailleurs qui ont effectué cette action tombe à 1/3 ou 1/4 des salariés.

Terminez votre réponse en dressant le bilan des constats mis en évidence.

Ainsi, ce document montre que les actions les moins engageantes sont les plus réalisées par les salariés. La position des syndicats apparaît donc ambivalente : acteurs majeurs de l'action collective lorsque l'on considère le pourcentage de salariés qui déclarent pouvoir faire appel à eux, mais acteurs nettement moins représentatifs lorsque l'on s'intéresse au pourcentage de salariés qui ont effectivement fait appel à un syndicat.

PARTIE 3 Raisonnement s'appuyant sur un dossier documentaire — 10 points

À l'aide de vos connaissances et du dossier documentaire, vous expliquerez pourquoi les individus s'engagent en politique.

Soyez attentif au termes employés : on attend que vous utilisiez les documents mais aussi vos connaissances.

La formulation du sujet vous invite à présenter les causes de l'engagement politique. N'hésitez pas à utiliser des synonymes pour reformuler la question.

Repérez les notions centrales du sujet et pensez à les définir dans votre introduction.

Doc 1

Les univers militants sont (encore ?) « officiellement », mais de manière diffuse, considérés comme désintéressés, bien que de manière sans doute variable selon les organisations, les individus et les contextes historiques. Réputés tendus vers la défense d'une cause légitime, d'un intérêt collectif et d'un « idéal », ils attirent (notamment) ceux qui valorisent (plus ou moins) la gratuité, le dévouement, le bénévolat, la générosité, le don de soi, la solidarité et l'intérêt général. Ils s'opposent (et tirent nombre de leurs propriétés de leur opposition) aux univers économiques ou de pouvoir au sein desquels la recherche du profit, de l'enrichissement, de la notoriété, de la puissance, du prestige, de l'ascension et de l'intérêt personnel sont plus acceptables, voire légitimes.

Daniel Gaxie, « Les rétributions du militantisme », www.politika.io, 2017

BAC

Doc 2 Facteurs ayant motivé l'engagement bénévole au sein d'une association (2014)

Réponse à la question : « Quels sont, parmi la liste suivante, tous les facteurs qui vous ont incité(e) à donner du temps gratuitement dans une association pour contribuer à une cause, en plus de vos autres activités personnelles et professionnelles ? En premier ? Et ensuite ? »

Champ : question posée uniquement aux bénévoles et anciens bénévoles, soit 55 % des actifs.
Note : le total peut être supérieur à 100, les interviewés ayant pu donner plusieurs réponses.

Ministère de la Ville, de la Jeunesse et des Sports, « L'engagement associatif des actifs », 2014

Méthode

ÉTAPES 1 ET 2 **Analyser le sujet et mobiliser ses connaissances** Au brouillon

❶ ▸ Repérez et analysez tous les termes importants du sujet. → GUIDAGE P. 295
▸ À partir de votre analyse, déduisez-en le type de plan à adopter. → TYPES DE PLANS P. 18
▸ N'hésitez pas à reformuler le sujet.

❷ ▸ Indiquez au brouillon tous les exemples, idées, théories, faits, éléments de cours... qui peuvent être mobilisés.

CONSEIL Si vous avez déjà une idée des grands axes de votre réponse, **classez** ces éléments dans votre plan.

ÉTAPE 3 **Exploiter le dossier documentaire** Au brouillon

▸ Lisez attentivement chaque document et résumez la (ou les) idée(s) principale(s) en lien avec le sujet.
▸ Pensez à repérer la source, le cadre spatio-temporel, les notions ou mécanismes importants et les outils statistiques. Faites attention aux unités.

CONSEIL Si vous avez déjà une idée des grands axes de votre réponse, **classez** les éléments issus de l'analyse des documents dans votre plan en indiquant le numéro des documents mobilisés.

ÉTAPE 4 **Construire un plan détaillé** Au brouillon → MÉTHODE P. 21

ÉTAPE 5 **Rédiger l'introduction et la conclusion** Au brouillon

▸ Rédigez l'introduction. → MÉTHODE P. 21
▸ La conclusion doit dresser le bilan de votre développement.

ÉTAPE 6 **Rédiger son devoir** Sur votre copie → MÉTHODE P. 21

Voici un exemple de conclusion rédigée.
Rédigez le reste du devoir à l'aide de la méthode et de vos connaissances.

Répondez à la question posée par le sujet, en reprenant les grandes lignes de votre argumentation.

Les individus s'engagent en politique pour influencer la société, soit pour la faire davantage correspondre à leurs valeurs, soit pour en tirer des avantages à titre personnel.

Parmi ceux qui veulent faire correspondre la société à leurs valeurs, on peut trouver de nombreuses personnes désintéressées à titre personnel. L'engagement est alors gratuit et repose sur le bénévolat et le dévouement de chacun. Cependant, l'engagement politique peut fournir de nombreuses formes de rémunération, en particulier symbolique, comme d'avoir le sentiment de faire quelque chose de bien ou d'utile, ou de rencontrer d'autres personnes et se sentir membre d'une équipe.

BAC Grand Oral

➜ Méthode générale p. 22-25

Question **Comment les objets de l'action collective ont-ils évolué depuis un siècle en France ?**

ÉTAPE 5 Anticiper les questions du jury

➜ **ENTRAÎNEZ-VOUS !** Contrairement à ce que vous pourriez croire, il est possible d'**anticiper** une partie des questions du jury et de s'y préparer. Ici encore, tout est une question d'entraînement ! Multipliez les séances de travail à plusieurs et alternez les rôles : candidat, jury…

Variez les publics !

- Présentez votre oral plusieurs fois, à des **personnes différentes** (des camarades, vos parents, vos amis…). Notez les questions, contre-arguments, objections, discussions, demandes de précisions qui reviennent le plus souvent… et préparez-vous à y répondre !

Maîtrisez votre cours

- Recherchez les **auteurs** qui ont travaillé sur cette question : Alain Touraine, Ronald Inglehart… Étudiez leurs théories et préparez-vous à les présenter lors de l'entretien en prévision d'éventuelles questions du jury.
- Maîtrisez les **notions** que vous employez : action collective, mouvements sociaux traditionnels, nouveaux mouvements sociaux, valeurs post-matérialistes…
- **Relisez** → L'ESSENTIEL P. 288 et assurez-vous de connaître les formes, les répertoires et les acteurs de l'action collective.
- Vérifiez si **d'autres chapitres du programme** (de Première ou de Terminale) ne fournissent pas des exemples d'objets de mobilisation : → ESSENTIEL P. 316 sur la justice sociale ; → ESSENTIEL P. 344 sur l'environnement…

Surveillez l'actualité !

- Chaque année connaît ses mouvements sociaux (Gilets jaunes, mobilisations contre la réforme des retraites…). Notez leurs **caractéristiques** pour les intégrer à votre présentation.
- Soyez prêt à les **présenter succinctement** (date de début de mobilisation, acteurs concernés, revendications, modes d'action…).

Recherchez des liens avec les autres matières

- Le **deuxième membre du jury** sera soit un enseignant de votre autre spécialité, soit un enseignant du tronc commun : il sera sans doute tenté de vous poser des questions en lien avec sa matière.
- **En HGGSP**, revoyez le thème 5 sur l'environnement, et notamment l'axe 2 (le changement climatique). En quoi l'action collective peut-elle influer sur les accords internationaux ?
- **En LLCE** (anglais), revoyez la thématique « Arts et débats d'idées », en particulier l'axe 1 « Art et contestation » : quelle place pour les artistes dans l'action collective ?
- Vous pouvez faire appel au programme d'**Histoire** dans lequel vous avez étudié les mouvements sociaux, politiques et culturels en France depuis 1974 (chapitres 8 et 11).

CONSEIL

Bienveillance obligatoire.
Dans tous vos entraînements, en classe ou avec vos amis, vous devrez faire preuve de bienveillance, proposer des critiques positives et des idées d'amélioration… et savoir accepter les critiques !

CONSEIL

Ne jetez rien !
Pendant la préparation de votre exposé, notez et conservez pour la discussion avec le jury toutes vos idées, exemples, arguments et informations qui vous ont intéressé(e) mais que vous n'utilisez pas dans votre exposé.

CONSEIL

L'exposé n'est pas un monologue.
Adressez-vous directement aux jurys, dialoguez avec eux. Vous ne parlez pas à un mur, ni à un groupe lointain. Vous pouvez dire : « pour répondre à votre question… », « je vais vous donner un exemple… », « permettez-moi de »…

Ressources numériques

- Grille d'évaluation pour l'entretien.
- Listes des questions à anticiper.

ÉTAPE 5 Préparer son oral

Pistes pour se documenter	Les points clés de votre exposé
▸ M. Pigenet, D. Tartakowsky (dir.), *Histoire des mouvements sociaux en France de 1814 à nos jours*, Éditions La Découverte, 2012 ▸ O. Fillieule, L. Mathieu, C. Péchu (dir.), *Dictionnaire des mouvements sociaux*, Presse de Science Po, 2009 ▸ le-politiste.com/les-nouveaux-mouvements-sociaux	▸ **Première moitié du XXe siècle :** – Revendications « matérielles » (salaires, temps de travail). – Luttes au nom de valeurs (contre l'esclavage, pour les droits des femmes). ▸ **Depuis les années 1960 :** – Nouveaux mouvements sociaux (altermondialisme, écologie…). – Maintien de revendications d'ordre matériel.

Autres questions possibles

- L'engagement politique dépend-il de l'âge ou d'un effet de génération ?
- Quels types de rémunération symbolique peuvent avoir un impact dans l'engagement politique ?

BAC Sujet d'entraînement – Dissertation 4h

Grilles d'évaluation

En quoi l'engagement politique diffère-t-il selon les caractéristiques des individus ?

Doc 1 Taux d'adhésion aux associations selon le sexe en 2016

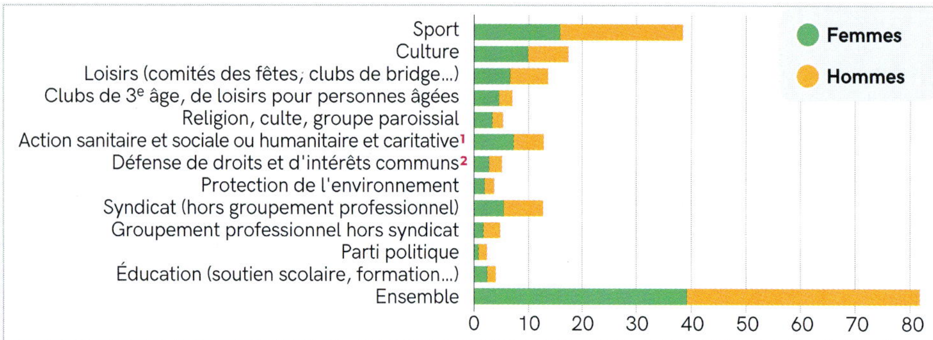

Insee, chiffres clé, 2018

1. Associations d'aide aux personnes en difficulté, soutien scolaire.
2. Parents d'élèves, associations de consommateurs, de locataires.

Champ : France métropolitaine, personnes âgées de 16 ans ou plus résidant en ménages ordinaires.

Doc 2 Les motivations de la consommation de produits biologiques, en 2018

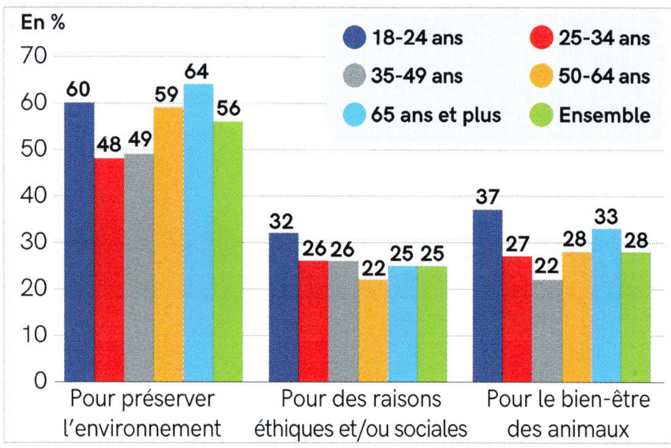

Agence BIO/Spirit Insight, « Baromètre de consommation et de perception des produits biologiques en France », 2019

Doc 3 Caractéristiques des salariés qui participent aux activités syndicales en 2013

En %	Salariés syndiqués	Syndiqués très actifs	Ensemble des salariés
Âge			
18-24 ans	2,4	0,0	7,3
25-29 ans	6,3	3,9	11,9
30-39 ans	22,0	21,7	27,2
40-49 ans	30,3	28,5	28,4
50-65 ans	39,0	45,9	25,2
Diplôme			
> BAC	42,6	36,1	38,4
= BAC	16,9	20,2	19,0
< BAC	27,5	32,3	28,7
Aucun[1]	13,0	11,3	13,9

Champ : ensemble de la population des 18-65 ans.

« De l'adhérent au responsable syndical », Dares Analyses n° 15, 2017

1. Aucun diplôme ou CEP, brevet des collèges, BEPC, brevet élémentaire.

Doc 4 Participation aux élections[1] de 2017 en France selon le diplôme et la catégorie sociale

En %	Vote systématique[2]	Vote intermittent[2]	Abstention systématique[2]
Ensemble des inscrits	**35,5**	**50,8**	**13,8**
Diplôme			
Sans diplôme	28,7	46,3	25,0
Inférieur au bac	37,5	48,6	13,9
Bac	34,7	53,4	111,9
Supérieur au bac	41,6	50,2	8,2
Catégorie sociale			
Agriculteurs exploitants	44,1	48,8	7,1
Artisans, commerçants et chefs d'entreprise	36,2	54,0	9,8
Cadres et professions intellectuelles supérieures	45,1	48,5	6,4
Professions intermédiaires	35,4	55,9	8,7
Employés	30,3	57,6	12,1
Ouvriers	26,1	57,9	16,0
Retraités	45,8	38,2	16,0
Autres personnes sans activité professionnelle	25,9	52,6	21,5

Champ : inscrits (18 ans ou plus pour l'ensemble, 25 ans ou plus selon les diplômes, et les catégories sociales) sur les listes électorales en France en 2017 et résidant en France en 2015 (hors Mayotte).

Insee, enquête sur la participation électorale 2017

1. Élections présidentielles et législatives en 2017.
2. Les inscrits sont répartis entre ceux qui votent à tous les tours de la présidentielle et des législatives (vote systématique), ceux qui ne votent à aucun tour de ces scrutins (abstention systématique) et ceux qui votent à au moins un tour (vote intermittent).

BAC Sujet d'entraînement – Épreuve composée 4h

PARTIE 1 Mobilisation des connaissances — 20 à 30 min — 4 points

Question Illustrez la diversité des acteurs de l'action collective à l'aide de deux exemples.

PARTIE 2 Étude d'un document — 1h à 1h30 — 6 points

Doc Nombre de journées individuelles non travaillées[1] (JINT) pour fait de grève en France

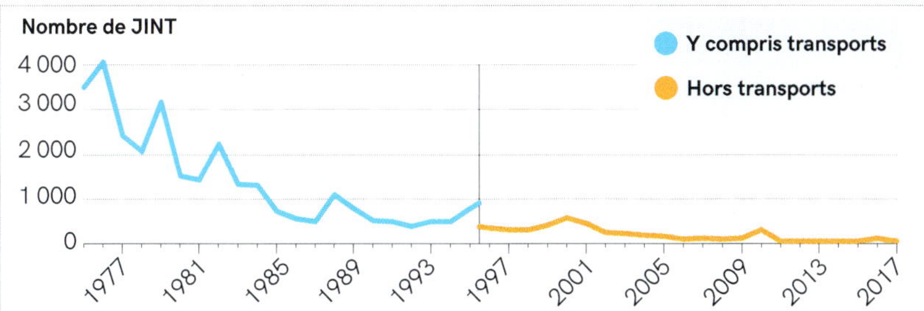

Note : Jusqu'en 1996, il s'agit des conflits localisés dans les entreprises, y compris les entreprises publiques du secteur des transports (SNCF, RATP, Air France, etc.) ; de 1996 à 2004, il s'agit de données redressées portant sur les entreprises privées hors transports.

Dares, enquête Acemo « Dialogue social en entreprise »

1. Le nombre total de journées individuelles non travaillées (JINT) pour fait de grève dans l'ensemble des établissements d'une entreprise correspond à l'ensemble du temps de travail non effectué par les salariés impliqués dans des grèves, exprimé en jours, rapporté à 1 000 salariés.

Question 1. Réalisez un calcul pour mesurer, de manière approchée, l'évolution du nombre de JINT entre 1975 et 1980.

Question 2. À l'aide du document, caractérisez l'évolution des grèves en France depuis 2005.

PARTIE 3 Raisonnement s'appuyant sur un dossier documentaire — 2h à 2h40 — 10 points

À partir de vos connaissances et du dossier documentaire, vous montrerez la diversité des objets de l'action collective.

Doc 1 Chiffre d'affaires du commerce équitable

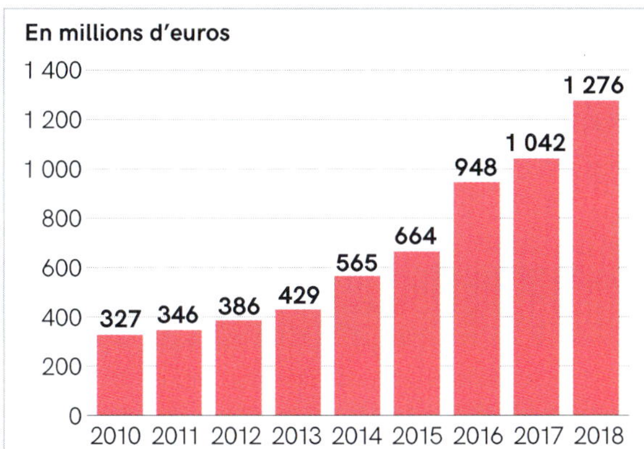

Commerce équitable France, « Le commerce équitable en 2018 », www.commercequitable.org, 2018

Doc 2 Principaux motifs des grèves (2017)

En %	Industrie	Commerce	Services	Ensemble
Rémunérations	45	30	39	40
Emploi	14	19	12	14
Conditions de travail	8	32	35	26
Temps de travail	10	10	10	10

Champ : entreprises de 10 salariés ou plus du secteur marchand non agricole en France (hors Mayotte).

« Les grèves en 2017 », Dares, 2019

Doc 3

Les Gilets jaunes ont publié sur les réseaux sociaux la liste de leurs revendications.

Deux propositions principales
- Revoir à la baisse toutes les taxes
- Création d'une assemblée citoyenne

D'autres propositions, sur les transports et l'écologie
- Réduction de la [...] taxe carbone
- Interdiction du glyphosate [...]

Sur une réforme institutionnelle
- Consultation du peuple plus fréquente [...]
- Suppression du Sénat [...]

Sur l'emploi et les entreprises [...]
- Augmentation du SMIC [...]
- Respecter la parité homme/femme [...]

Pour lutter contre la précarité
- Augmentation des retraites [...]
- Réévaluation de l'allocation pour le logement (APL)

[...]

En faveur de la réduction du budget des comptes publics
- Réduction significative des salaires des membres du Gouvernement
- Augmentation des aides financières aux étudiants [...]
- Retraite au calcul identique pour tous
- Présence physique obligatoire des élus en Assemblée

Michaël Bloch, « VERBATIM. Voici toutes les revendications des Gilets jaunes », *Le Journal du Dimanche*, 28 novembre 2018

MÉTIER

Honorine, éducatrice spécialisée

FICHE MÉTIER

Éducateur(trice) spécialisé(e)

- **Niveau minimum d'accès :** BAC +3
- **Salaire d'un débutant :** environ 1 300 €
- **Statut :**
  ☑ salarié ☑ fonctionnaire ☑ indépendant
- **Compétences requises :**
  ☑ sens des responsabilités
  ☑ motivation et curiosité intellectuelle
  ☑ persévérance, patience
  ☑ capacité de distanciation
  ☑ bon esprit d'équipe

Le CV express d'Honorine

Honorine, 39 ans, (Tarn)

FORMATION

- Diplôme d'État d'éducateur spécialisé, Toulouse (bac +3)
- DUT carrières sociales, Bordeaux (bac +2)
- Bac L, Guéret (Creuse)

EXPÉRIENCE PROFESSIONNELLE

- **Institut thérapeutique, éducatif et pédagogique (ITEP), Service d'éducation spéciale et de soins à domicile (SESSAD) Le Naridel – Association ANRAS**
- Secteur médico-social : ITEP, Institut médico-éducatif, Centre éducatif et professionnel
- Secteur social : Maison d'enfants à caractère social, Foyer de l'enfance, lieux de vie
- Secteur du handicap psychique, physique et sensoriel
- Secteur de l'insertion professionnelle
- Secteur de la prévention de rue

Le métier d'Honorine au quotidien

Pouvez-vous nous présenter votre institution ?

Honorine : L'ITEP et ses SESSAD délivrent aux jeunes en situation de handicap des prises en charge pluridisciplinaires dans le cadre d'un projet personnalisé d'accompagnement, élaboré en association avec le jeune et sa famille.

Quelles sont vos tâches au quotidien ?

Honorine : Je participe au projet défini en équipe pluridisciplinaire et co-construit avec le jeune et sa famille. J'aide au développement de sa personnalité et à son épanouissement en favorisant son expression à travers un accompagnement éducatif de soutien. Je lui propose des espaces de médiation éducative, où il peut s'exprimer en sécurité et développer ses capacités. Pour ce faire, j'analyse les besoins, je développe une fonction de veille et d'expertise, et je définis des orientations éducatives adaptées.
Mon but est aussi d'élaborer, de gérer et de transmettre les informations nécessaires à la communication entre les différents acteurs institutionnels et les partenaires engagés dans le parcours du jeune.

Quels sont les aspects de votre métier qui vous plaisent le plus ?

Honorine : Ce qui me plaît le plus, c'est d'aller à la rencontre du jeune et de sa famille et de construire une relation de confiance. Soutenir la construction psychique du jeune et favoriser son inclusion en milieu ordinaire est primordial.
J'aime travailler en équipe pluridisciplinaire, car cela nous permet de partager nos observations et d'élaborer ensemble le projet du jeune afin d'être au plus près de ses besoins.
En tant qu'éducatrice spécialisée, je travaille également avec des partenaires (écoles, collèges, MJC, clubs sportifs...) afin de soutenir le parcours de chaque jeune.

Que vous ont apporté les SES dans votre vie professionnelle ?

Honorine : Pendant mes études, j'ai acquis des connaissances théoriques en sociologie, particulièrement utiles pour exercer mon métier.

L'employeur d'Honorine

ITEP-SESSAD Le Naridel – Association ANRAS
Institution médico-sociale
Association

☑ **Secteur privé** ☐ Secteur public

Association – 70 salariés

Création en 1966 – 102 jeunes hébergés

Votre projet d'orientation

- Vous reconnaissez-vous dans les différents adjectifs décrivant les qualités requises pour travailler en tant qu'éducateur(trice) spécialisé(e) ?
- En vous aidant du site de l'ONISEP, identifiez les parcours d'études qui vous semblent les plus appropriés pour vous orienter dans cette voie. Justifiez votre réponse.

Lien vers le site

MÉTIER

Célia, community manager

FICHE MÉTIER

Community manager

- **Niveau minimum d'accès :** BAC +2
- **Salaire d'un débutant :** environ 2 000 €
- **Statut :**
  ✔ salarié ✔ fonctionnaire ✔ indépendant
- **Compétences requises :**
  ✔ autonomie et réactivité
  ✔ écoute et empathie
  ✔ curiosité et créativité
  ✔ bonnes capacités rédactionnelles

Célia, 25 ans, Paris

Le CV express de Célia

FORMATION

- Mastère webmarketing à l'ECV Digital (école du numérique et du web), Paris (bac +5)
- Bachelor chef de projet digital à l'ECV Digital (bac +3)
- Bac ES

EXPÉRIENCE PROFESSIONNELLE

- **Community manager en freelance pour Spartrack VR, Esport Stadium, éditions Kurokawa, Samsung (*via* l'agence Heaven)**
- Groupe La Poste, *community manager*
- Mazarine You to you (agence *social media*), community manager et assistante chef de projet pour Vivelle Dop, Orange, Grand Marnier, New York Color, Ballantine's, Mumm, Havana Club, Pastis 51, Roger et Gallet...

Le métier de Célia au quotidien

Pouvez-vous nous présenter votre entreprise ?

▸▸ **Célia :** Je suis actuellement à mon compte car j'ai créé mon auto-entreprise. Mon client principal est une maison d'édition de mangas.

Quelles sont vos tâches au quotidien ?

▸▸ **Célia :** Je fais beaucoup de veille sur le web pour être à l'affût des nouvelles tendances. Cela me donne de l'inspiration pour créer des *posts* sur les réseaux de mes clients (généralement Facebook, Twitter, Instagram et YouTube, mais parfois également LinkedIn, Pinterest, Snapchat, Tik Tok...). Avec certains clients, nous définissons au préalable une ligne éditoriale pour indiquer quels types de *posts* seront créés, à quelle fréquence et pour quel objectif.
Je passe beaucoup de temps à lire et répondre aux messages des fans des marques pour lesquelles je travaille. Je dois également repérer les influenceurs et micro-influenceurs qui seraient intéressés par la marque et leur proposer des partenariats (échange de visibilité, jeu concours pour faire gagner des produits, vidéos YouTube...).
Les missions du community manager sont très variées et je dirais que chaque mission et chaque poste sont différents. Il faut s'avoir s'adapter !

L'entreprise de Célia

Auto-entreprise

1 personne

Création en 2018

Quels sont les aspects de votre métier qui vous plaisent le plus ?

▸▸ **Célia :** J'adore pouvoir exprimer ma créativité en élaborant des formats innovants pour informer et divertir les internautes. J'aime également beaucoup entretenir une relation privilégiée avec les fans de la marque. L'avantage de mon métier est qu'en auto-entreprise, je peux travailler d'où je veux et presque quand je veux, ce qui me donne une grande flexibilité au quotidien. J'apprécie aussi le fait de pouvoir changer de sujet régulièrement et de découvrir de nouvelles choses (selon les clients) ou de travailler dans des domaines qui me passionnent depuis l'enfance (comme le manga ou les jeux vidéo).

Que vous ont apporté les SES dans votre vie professionnelle ?

▸▸ **Célia :** Au niveau social, la compréhension de l'être humain et des groupes sociaux m'a été primordiale pour appréhender les enjeux des réseaux sociaux afin de savoir quand et comment délivrer le bon message.
L'aspect économique est essentiel pour intégrer les concepts marketing et les appliquer subtilement dans la communication.

Votre projet d'orientation

- Vous reconnaissez-vous dans les différents adjectifs décrivant les qualités requises pour travailler en tant que community manager ?
- En vous aidant du site de l'ONISEP, identifiez les parcours d'études qui vous semblent les plus appropriés pour vous orienter dans cette voie. Justifiez votre réponse.

Lien vers le site

CHAPITRE 11

Quelles inégalités sont compatibles avec les différentes conceptions de la justice sociale ?

Textes DYS
TOUS LES TEXTES EN VERSION DYS
lyceen.nathan.fr/sesterm-2020

RAPPELS

EXO Exercices interactifs

		VRAI	FAUX
2de	Cours de 2de **Comment les économistes, les sociologues et les politistes raisonnent-ils et travaillent-ils ?** a. Il peut y avoir un lien de causalité sans corrélation entre deux variables.	☐	☐
	Comment crée-t-on des richesses et comment les mesure-t-on ? b. L'augmentation du PIB n'implique pas forcément une diminution des inégalités de revenus.	☐	☐
1re	Cours de 1re **Comment se construisent et évoluent les liens sociaux ?** c. Le lieu d'habitation d'un individu donne une information sur sa position sociale.	☐	☐
	Comment la socialisation contribue-t-elle à expliquer les différences de comportement des individus ? d. Une fille d'employés et une fille de cadres supérieurs ont les mêmes chances de devenir ingénieure.	☐	☐

SOMMAIRE

Doc 1 Un exemple de reproduction sociale

René Le Honzec

Peut-on considérer cette situation comme juste ?

Doc 2 Quelles règles pour un monde juste ?

Vidéo

« Un jeu de société » (2 min. 13 sec.), Observatoire des inégalités, 2017

Pourquoi la règle du jeu présentée est-elle injuste ?

1 Comment caractériser les inégalités ?

▶▶ OBJECTIFS
Connaître les grandes tendances d'évolution des inégalités économiques depuis le début du XXe siècle et comprendre que les inégalités économiques et sociales présentent un caractère multiforme et cumulatif.

QU'ALLONS-NOUS FAIRE ?

Henry Ford estimait que la rémunération d'un patron devait être au maximum quarante fois supérieure à celle de ses ouvriers. Si les inégalités ont globalement diminué au cours du XXe siècle, elles existent encore de nos jours.

Doc 1 Part du revenu national détenue par le 1 % des Français les plus riches

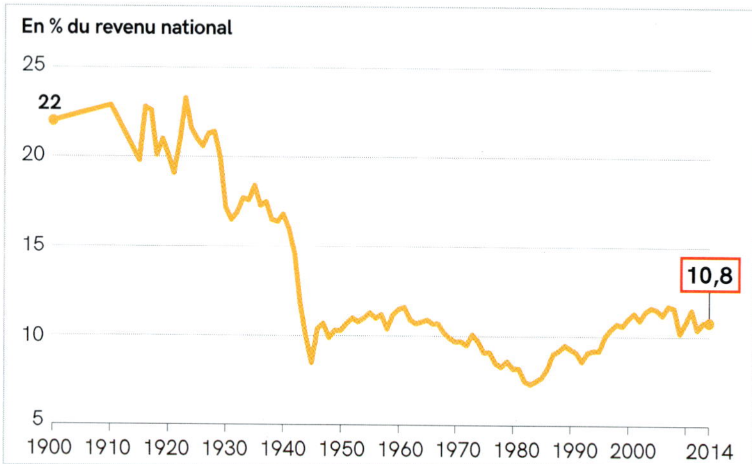

D'après Bertrand Gabinti, Jonathan Goupille-Lebret, Thomas Piketty, « Inégalités de revenu en France, 1900-2014 », 2017

QUESTIONS

1. **Lire.** Rédigez une phrase pour présenter la donnée encadrée.
2. **Décrire.** Identifiez quatre périodes en fonction de l'évolution des inégalités de revenus en France.
3. **Calculer.** Proposez une mesure approchée de la variation des inégalités de revenus pour chaque période identifiée.
→ FICHE MÉTHODE 2 P. 359

ACTIVITÉ Évolution du patrimoine net entre 1900 et 2015

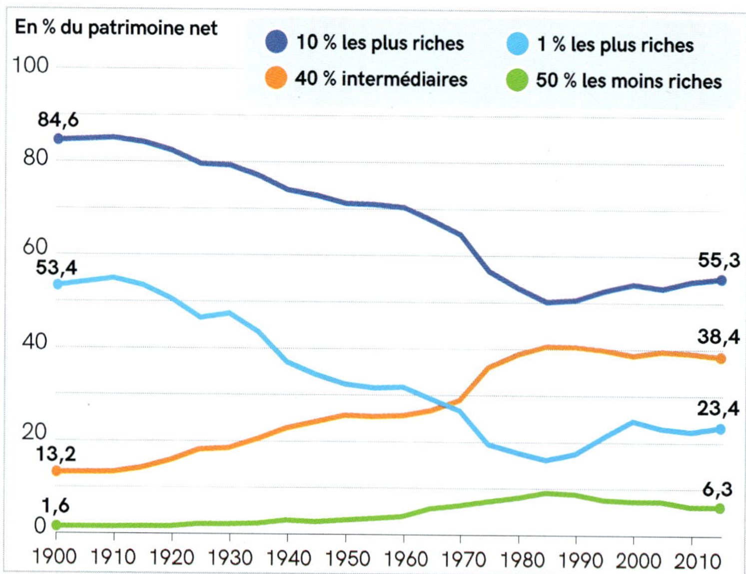

D'après Thomas Piketty, *Capital et Idéologie*, Éditions du Seuil, 2019
Somme des actifs immobiliers et financiers de laquelle on déduit la valeur des dettes.

a. Comparez la part du patrimoine détenue par les 10 % les plus riches à celle détenue par les 50 % les moins riches en 1900, puis en 2015.

b. Choisissez une courbe et calculez son évolution depuis le milieu des années 1980.

c. Existe-t-il une corrélation entre l'évolution des inégalités de patrimoine et l'évolution des inégalités de revenus (doc 1) ?

DÉFINITION

Patrimoine : ensemble de ce qu'un agent économique possède, ses avoirs, et doit, ses dettes.

MÉMO MATHS

→ FICHE MÉTHODE 2 P. 359
→ FICHE MÉTHODE 12 P. 370

Doc 2 Au-delà des inégalités économiques

[...] On peut grossièrement distinguer trois grandes catégories d'inégalités sociales :

– les inégalités dans l'ordre de l'avoir : les inégalités dans la distribution des ressources matérielles de la société, dans la répartition de la richesse [...] ;

– les inégalités dans l'ordre du pouvoir : les inégalités dans la distribution des ressources sociales et politiques de la société, dans la répartition du pouvoir, de la capacité de défendre ses intérêts et ses droits, d'imposer sa volonté aux autres par différents biais, de peser au moins partiellement sur l'organisation de la société et sur le cours des événements historiques ;

– les inégalités dans l'ordre du savoir : les inégalités dans la distribution et la maîtrise des savoirs, dans la capacité d'élaborer des connaissances et de donner un sens au monde dans lequel on vit, de proposer et d'imposer des définitions légitimes des choses, des gens, des situations, des rapports et des pratiques.

Alain Birh, Roland Pfefferkorn, *Le Système des inégalités*, coll. « Repères », © Éditions La Découverte, 2008

QUESTIONS

4. **Décrire.** Pourquoi peut-on affirmer que les inégalités sont multiformes ?
5. **Illustrer.** Donnez un exemple concret pour chaque catégorie d'inégalité.
6. **Analyser.** Montrez que certaines inégalités peuvent en engendrer d'autres.

Doc 3 Le lien entre les inégalités

a Taux de chômage selon la catégorie sociale en 2017

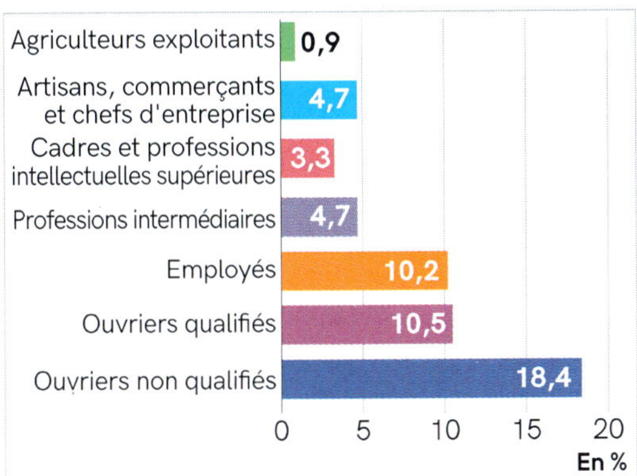

D'après « Chômage : les non-qualifiés en première ligne », Observatoire des inégalités, 2019

b Espérance de vie à l'âge de 35 ans selon la catégorie sociale

En années	Hommes (2009-2013)	Femmes (2009-2013)
Agriculteurs	46,2	51,1
Artisans, commerçants et chefs d'entreprise	46	51,4
Cadres et professions intellectuelles supérieures	49	53
Professions intermédiaires	46,7	51,9
Employés	44,9	51,1
Ouvriers	42,6	49,8
Ensemble	**44,5**	**50,5**

Lecture : un homme cadre de 35 ans peut espérer vivre en moyenne encore 49 années, soit jusqu'à 84 ans (moyenne calculée sur la période 2005-2013).

D'après « Les inégalités d'espérance de vie entre les catégories sociales se maintiennent », Observatoire des inégalités, 2016

QUESTIONS

7. **Calculer.** Comparez les inégalités socio-économiques entre les cadres et les ouvriers. → FICHE MÉTHODE 2 P. 359
8. **Illustrer.** Citez deux autres domaines qui peuvent être concernés par des inégalités.

EN AUTONOMIE VERS LE BAC

▶▶ Parcours écrit Épreuve composée – Partie 1

Quelles sont les grandes tendances dans l'évolution des inégalités économiques depuis le début du XXe siècle ?

▶▶ Parcours oral Étape 3 – Réfléchir à son support

Citez 5 mots clés pour répondre à la question « Pourquoi peut-on dire que les inégalités présentent un caractère multiforme et cumulatif ? ». Puis réalisez un schéma qui pourrait vous servir de support.

Schéma guidé

MÉMO

- Les inégalités économiques traduisent des avantages ou désavantages dans l'accès à des ressources matérielles rares et valorisées (par exemple, un salaire ou un patrimoine élevés).
- Ces inégalités, traduites par la part de revenu et de patrimoine possédés, ont diminué au cours du XXe siècle, mais augmentent à nouveau depuis trente ans.
- Les inégalités sont multiformes (économiques et sociales) et cumulatives car elles se renforcent mutuellement.

2 Quels outils permettent de mesurer les différents types d'inégalités ?

▸▸ OBJECTIF
Savoir interpréter les principaux outils de mesure des inégalités, statique et dynamique.

QU'ALLONS-NOUS FAIRE ?

Il n'existe pas une seule mesure des inégalités : mesurer les inégalités entre les plus aisés et les plus démunis, évaluer globalement les inégalités, estimer la richesse des « très riches » ou encore mesurer le lien entre revenus des parents et des enfants nécessitent différents outils.

Doc 1 Les rapports interdéciles : les inégalités entre les plus aisés et les plus démunis

a Niveau de vie et rapports interdéciles en 2016

Niveau de vie annuel en euros	
1er décile (D1)	11 040
Médiane (D5)	20 520
9e décile (D9)	37 570
Rapports interdéciles	
D9/D1	3,40
D9/D5	1,83
D5/D1	1,86

Champ : France métropolitaine, personnes vivant dans un ménage dont le revenu déclaré est positif ou nul et dont la personne de référence n'est pas étudiante.

« Tableau de l'économie française », Insee, 2019

b Comment construit-on les quantiles ?

Pour mesurer les inégalités de revenus, on commence par classer tous les « individus » d'une « population » par ordre croissant. [...]. Puis on découpe la population en tranches [...] composée[s] du même nombre d'« individus ». [...]. Quand on découpe notre population en dix tranches égales de 10 % chacune, on obtient [...] des « déciles » [...]. Il faut se méfier d'une erreur assez commune : le décile n'est pas l'intervalle (la tranche de 10 % de la population) compris entre les deux bornes, mais bien la borne elle-même. Sa valeur n'est donc pas le revenu moyen de la tranche, mais la valeur du seuil qui sépare deux tranches.

Louis Maurin, *Comprendre les inégalités*, Éditions Observatoire des inégalités, 2018

QUESTIONS

1. **Lire.** Rédigez une phrase pour présenter la donnée encadrée en rouge.
2. **Calculer.** Comment la donnée encadrée en vert a-t-elle été calculée ? → FICHE MÉTHODE 11 P. 369
3. **Analyser.** Pourquoi peut-on dire que le rapport interdécile D9/D1 mesure les inégalités entre les plus aisés et les plus démunis ?
4. **Expliquer.** Quel est l'intérêt de calculer plusieurs rapports interdéciles ?

DÉFINITION

Niveau de vie : revenu disponible du ménage divisé par le nombre d'unités de consommation (1 pour le premier adulte, 0,5 par personne supplémentaire de plus de 14 ans, 0,3 par enfant de moins de 14 ans).

ACTIVITÉ La courbe de Lorenz et le coefficient de Gini : évaluer les inégalités globales

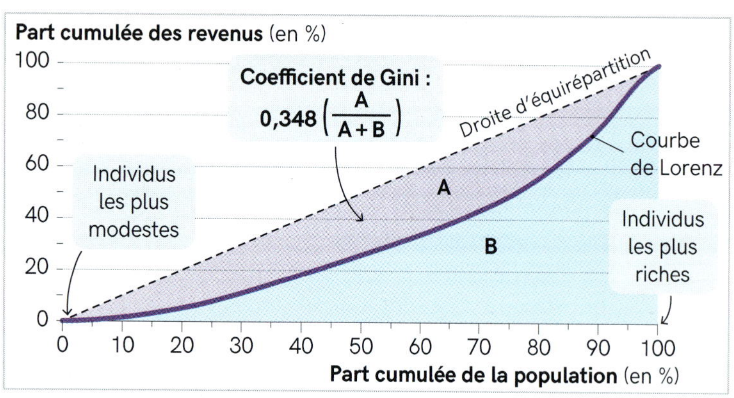

D'après Insee, Enquête histoire de vie et patrimoine, 2018

a. Quelle part des revenus est détenue par les 25 % les plus modestes ?

b. Quelle part des revenus est détenue 75 % les plus riches ?

▸ **La courbe de répartition du patrimoine se situe en dessous de celle des revenus.**

c. Expliquez en moins d'une minute à un camarade ce que cela signifie.

MÉMO MATHS
→ FICHE MÉTHODE 13 P. 371

Doc 2 Le top 1 % : la richesse des « très riches »

a Revenu net moyen mensuel avant impôts et prestations sociales[1] en France, en 2017

1 % le plus riche	14 749 €
Du 1 % au 0,1 % le plus riche	12 137 €
Du 0,1 % au 0,01 % le plus riche	30 508 €
0,01 % le plus riche	108 082 €
Ensemble	2 170 €

D'après *Rapport sur les inégalités en France*, Observatoire des inégalités, 2019

1. Sauf cotisations sociales.

b Revenus annuels des trois PDG les mieux rémunérés dans des entreprises françaises, en 2017

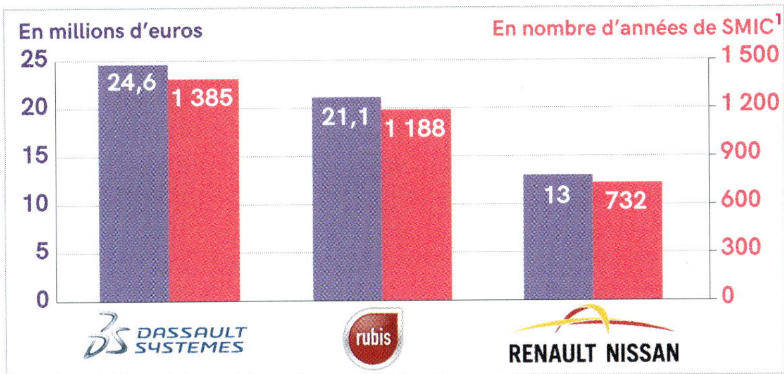

D'après *Rapport sur les inégalités en France*, Observatoire des inégalités, 2019

1. Smic net annuel : 17 763 € annuels en 2017.

QUESTIONS

5. **Lire.** Rédigez une phrase pour présenter la donnée encadrée en rouge.
6. **Expliquer.** Le « top 1 % » est-il un groupe homogène ?
7. **Déduire.** Les déciles (doc 1) sont-ils un outil suffisant pour analyser les inégalités économiques ?

Doc 3 L'influence des revenus des parents sur ceux des enfants

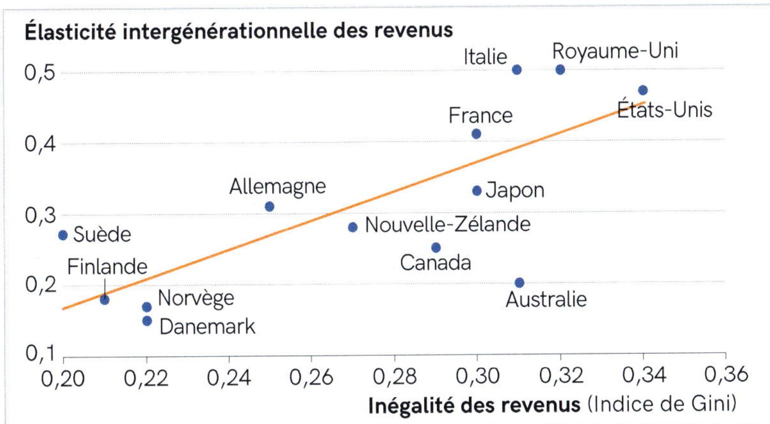

Note : l'axe des abscisses mesure le degré d'inégalité de revenus grâce à l'indice de Gini et l'axe des ordonnées le degré de reproduction sociale grâce à l'élasticité intergénérationnelle des revenus.

D'après Miles Corak, « Inégalités de revenus, égalité des chances et mobilité intergénérationnelle », *Journal of Economic Perspectives*, 2013

QUESTIONS

8. **Décrire.** Quelle corrélation est mise en avant par ce graphique ?
→ FICHE MÉTHODE 12 P. 370
9. **Analyser.** Est-il possible de dire quelle variable influence l'autre ?
10. **Analyser.** Peut-on affirmer que plus le pays est inégalitaire, plus la reproduction intergénérationnelle est forte ? Justifiez en mobilisant des données issues du graphique.

DÉFINITION

Coefficient de Gini : mesure le niveau d'inégalités au sein de l'ensemble de la population. Plus l'indice est proche de 0, moins il existe d'inégalités, plus il s'approche de 1, plus le niveau d'inégalités est élevé.

EN AUTONOMIE VERS LE BAC

Parcours écrit Épreuve composée – Partie 3

À partir des documents et de vos connaissances, montrez la complémentarité des différents outils de mesure des inégalités.

Parcours oral Étape 5 – Discuter avec le jury

Demandez à un camarade de répondre en 5 minutes à la question : « Quels outils permettent de mesurer les différents types d'inégalités ? ». Soyez attentif : a-t-il cité l'ensemble des outils ? Les a-t-il bien définis ? Y a-t-il eu des imprécisions ? Posez-lui des questions et préparez-vous ainsi aux questions du jury.

Exemples de questions

MÉMO

- Les différents outils de mesure des inégalités permettent d'évaluer l'ampleur des inégalités.
- Le rapport inter-quantiles, la courbe de Lorenz, le coefficient de Gini et le top 1 % montrent que les inégalités sont exponentielles : les riches possèdent plus que la majorité de la population, les très riches beaucoup plus que les riches eux-mêmes.
- Les corrélations de revenu parents-enfants montrent que plus les inégalités sont fortes, plus elles se transmettent des parents aux enfants.

3 Pourquoi accepte-t-on certaines inégalités ?

OBJECTIF
Comprendre que les différentes formes d'égalité permettent de définir ce qui est considéré comme juste selon différentes conceptions de la justice sociale

QU'ALLONS-NOUS FAIRE ?

Il n'y a pas une égalité, mais plusieurs conceptions de l'égalité : être égaux vis-à-vis de la loi, par rapport aux chances de réussite ou encore en fonction de sa situation concrète… Ces visions de l'égalité permettent d'établir des distinctions différentes entre le « juste » et l'« injuste ».

Doc 1 Le caractère multiforme de l'égalité

ÉGALITÉ
1. Situation dans laquelle deux individus ou deux groupes sont dans des positions identiques ou équivalentes (ex. : deux classes avec des effectifs d'élèves égaux).
2. Valeur qui exprime une aspiration, un idéal quant au traitement des différents individus ou des différents groupes.

Égalité en droit	Égalité des chances	Égalité des situations
Suppose que tous les individus se voient appliquer les mêmes règles juridiques. S'oppose, par exemple, au système de castes en Inde, à l'esclavage ou aux ordres de l'Ancien régime. Est compatible avec de grandes inégalités des chances et de situation.	Suppose que tous les individus ont la même probabilité d'accéder aux positions sociales les plus valorisées, indépendamment de leur origine sociale. Est compatible avec une grande inégalité des situations.	Suppose que les individus disposent d'avantages économiques et sociaux identiques. L'égalité des situations est une perspective : les débats portent en général sur les moyens de réduire les inégalités de situation.

D'après Yves Alpe, Christine Dollo, Jean-Renaud Lambert, Sandrine Parayre, *Lexique de sociologie*, Dalloz, 2013

Vidéo

« Pouvez-vous définir les deux grands modèles de justice sociale ? », *La République des Idées*, 2010

QUESTIONS

1. **Justifier.** Pourquoi parler d'égalité sans davantage de précision est-il problématique ?
2. **Illustrer.** Donnez un exemple d'égalité en droit, d'égalité des chances et d'égalité des situations.
3. **Illustrer.** Expliquez pourquoi l'exemple des tiers temps au baccalauréat illustre le fait que les différentes conceptions de l'égalité peuvent être incompatibles entre elles.

Doc 2 Les égalitarismes strict et libéral

a L'égalitarisme libéral

1er principe	Toute personne a un droit égal à l'ensemble le plus étendu de libertés fondamentales qui soit compatible avec un ensemble de libertés pour tous.
2e principe (double)	Les inégalités sociales et économiques doivent être organisées de façon à :
	fonctionner au plus grand bénéfice des plus défavorisés.
	être attachées à des fonctions et à des positions ouvertes à tous dans des conditions de juste égalité des chances.

D'après John Rawls, *Théorie de la justice*, Harvard, HUP, 1971

b L'égalitarisme strict

DÉFINITION
Égalitarisme strict : seule une égalité totale des situations est juste.

La Trabant, voiture emblématique de l'Allemagne de l'Est.

QUESTIONS

4. **Décrire.** En quoi consiste la conception de la justice sociale selon John Rawls ?
5. **Distinguer.** En quoi se distingue-t-elle de l'« égalitarisme strict » ?
6. **Analyser.** Associez les trois formes d'égalité (des droits, des chances et des situations) aux trois principes de Rawls.

ACTIVITÉ Deux conceptions de la justice sociale : l'utilitarisme et le libertarisme

Dans sa formulation la plus simple, l'utilitarisme défend l'idée qu'un comportement ou une politique moralement juste est celui ou celle qui produit le plus grand bonheur des membres de la société. [...].

Si le bien visé par la morale est le bien-être de l'humanité, alors le comportement le plus recommandable du point de vue moral est certainement celui qui maximise ce bien-être en accordant une égale importance au bien-être de chaque individu.

[...] Le libertarisme [...] soutient que la fiscalité redistributive[1] est intrinsèquement injuste et qu'elle constitue une violation du droit des gens. Les individus ont le droit de disposer librement de leurs biens et de leurs services, indépendamment du fait que cela augmente ou non la productivité. Autrement dit, l'État n'a aucun droit d'interférer avec les mécanismes du marché, quand bien même il s'agirait d'en accroître l'efficacité. [...] Les individus ont le droit de disposer de leurs biens comme bon leur semble, toute interférence de l'État est assimilable à du travail forcé : elle viole non pas un principe d'efficience[2], mais nos droits moraux fondamentaux.

Will Kymlicka, *Les Théories de la justice. Une introduction*, © Éditions La Découverte, 2003

1. Redistribution des richesses des plus riches vers les plus modestes.
2. La meilleure affectation possible des richesses.

▶ **Une vente de gâteaux est organisée dans un lycée pour réduire les coûts d'un voyage scolaire. Les organisateurs doivent décider de la façon la plus juste de répartir les recettes. À partir du texte, reliez chaque situation à une conception de la justice. Justifiez vos réponses en 2 minutes à l'oral.**

- **a** Chaque élève reçoit la même somme, peu importe ses ventes.
- **b** Plus un élève a envie de partir, plus il reçoit une part élevée de la cagnotte, peu importent ses ventes.
- **c** Chaque élève reçoit une part en fonction de ses ventes.

- **1** Situation juste selon une conception utilitariste
- **2** Situation juste selon une conception libertariste

Angus Maguire

▶ **Associez chaque vignette du dessin à une conception de la justice.**

- **a** Vignette de gauche
- **b** Vignette de droite

- **1** Situation juste selon une conception utilitariste
- **2** Situation juste selon une conception libertariste

EN AUTONOMIE VERS LE BAC

▶▶ **Parcours écrit** Dissertation

Pourquoi les différentes conceptions de la justice sociale peuvent-elles être incompatibles ?

▶▶ **Parcours oral** Étape 1 – Formuler sa question

Créez une question à partir du sujet suivant : « Les différentes formes d'égalité et de conceptions de la justice sociale ». Présentez votre question en 45 secondes à un camarade, puis demandez-lui de citer 4 mots clés pour résumer votre question.

Exemples de questions

MÉMO

- Il existe trois types d'égalité : des droits, des chances ou des situations.
- Pour l'utilitarisme, est juste ce qui permet au bien-être général d'être maximum, quitte à ce que certains perdent en bien-être.
- Le libertarisme favorise l'égalité des droits en tant que garantie de justice ; toute intervention, de l'État, par exemple, est alors injuste.
- L'égalitarisme strict correspond à une égalité des situations concrètes.
- L'égalitarisme libéral défend d'abord une égalité des droits, puis davantage d'égalité des situations, et enfin une égalité des chances.

4 Comment la justice sociale est-elle financée ?

▸▸ OBJECTIF
Comprendre que l'action des pouvoirs publics en matière de justice sociale s'exerce sous contrainte de financement.

QU'ALLONS-NOUS FAIRE ?

En France, l'accès à l'école ou à l'hôpital, par exemple, est gratuit et des millions de personnes en bénéficient. Comment les pouvoirs publics peuvent-ils assurer la justice sociale ?

Doc 1 Pourquoi paie-t-on des impôts ?

Il existe deux justifications à l'existence des impôts. Ils peuvent être considérés comme un prix, celui que l'on doit payer pour bénéficier des services publics. « On paye pour recevoir une contrepartie et on conteste lorsque l'on a l'impression de ne pas en avoir pour son argent », explique l'économiste historien Nicolas Delalande. Dans cette optique, le débat sur le consentement à l'impôt porte sur la qualité des services d'éducation, de santé, de police, d'infrastructures, etc.

Une autre vision, datant du début du XXe siècle, présente l'impôt comme une obligation civique. À la naissance, chacun de nous bénéficie d'hôpitaux, d'écoles, etc., c'est-à-dire des investissements des générations précédentes vis-à-vis desquelles nous sommes redevables. Payer nos impôts revient à rembourser cette dette sociale. « Dans ce cadre, on accepte de recevoir moins que ce que l'on donne dans un objectif de redistribution. Le paiement de l'impôt n'est pas un service libre et contractuel, il résulte d'une obligation liée au fait d'appartenir à une communauté », complète Nicolas Delalande. Ou comme l'avait exprimé Henry Morgenthau, le ministre des Finances du président Roosevelt dans les années 1930, « les impôts sont le prix à payer pour une société civilisée ».

Christian Chavagneux, « D'où vient le ras-le-bol fiscal ? », *Alternatives économiques*, 2019

Un élève de lycée « coûte » chaque année environ 11 000 €.

QUESTIONS

1. **Lire.** Comment peut-on justifier l'existence des impôts ?
2. **Déduire.** L'accès à l'hôpital ou à l'école serait-il possible dans les mêmes conditions si l'impôt n'existait pas ?
3. **Expliquer.** Le paiement de l'impôt est-il un choix ou une obligation ? Pourquoi ?

ACTIVITÉ Comment les impôts sont-ils utilisés ?

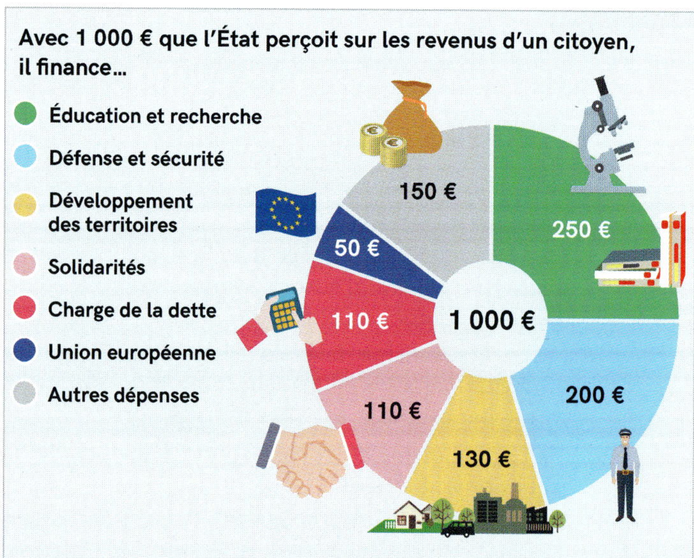

D'après « À quoi servent mes impôts ? », economie.gouv.fr, 2018

a. Repérez sur le document les dépenses liées à la justice sociale. Justifiez votre réponse en 2 minutes à l'oral.

b. Calculez la part de la solidarité (au sens strict) sur l'ensemble des impôts versés.

c. Combien représenteraient les dépenses liées à l'éducation et à la recherche pour 2 500 € d'impôts ?

d. Expliquez en moins de 50 mots pourquoi les dépenses d'éducation ou de développement des territoires peuvent aussi relever de la « solidarité ».

MÉMO MATHS
→ FICHE MÉTHODE 2 P. 359

Podcast Les services publics bientôt facturés (fictivement) ?

Pour aller plus loin Le vrai prix des services financés par l'État

Doc 2 Dépenses et recettes publiques[1] en France, en 2018

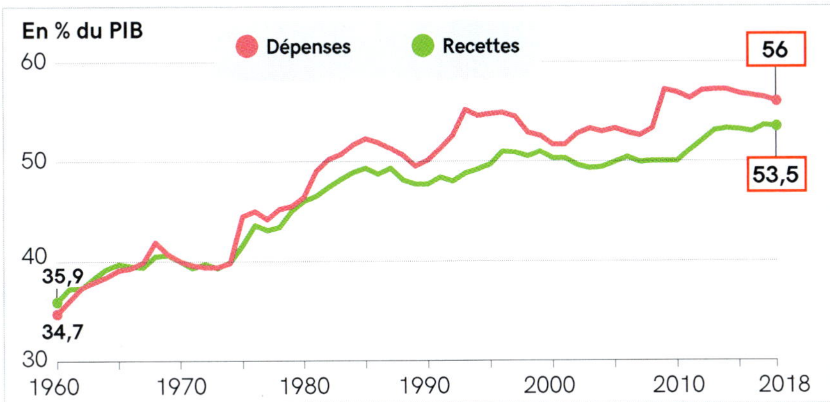

D'après Insee, Comptes nationaux, 2019

1. Constituées par les prélèvements obligatoires.

QUESTIONS

4. **Lire.** Rédigez une phrase pour expliquer les données encadrées.
5. **Calculer.** Comment les prélèvements obligatoires ont-ils évolué entre 1960 et 2018 ?
→ FICHE MÉTHODE 2 P. 359
6. **Déduire.** En vous appuyant sur le graphique, expliquez ce qu'est la dette d'un pays.

Doc 3 La lutte contre les discriminations : l'exemple du Défenseur des droits

a Qu'est-ce que le Défenseur des droits ?

Le Défenseur des droits est une institution indépendante de l'État. Créée en 2011 et inscrite dans la Constitution, elle s'est vu confier deux missions :
– défendre les personnes dont les droits ne sont pas respectés ;
– permettre l'égalité de tous et toutes dans l'accès aux droits.

Toute personne physique (un individu) ou toute personne morale (une société, une association…) peut le saisir directement et gratuitement […].

« Le Défenseur des droits », defenseurdesdroits.fr

b Laure, victime de discrimination à l'embauche

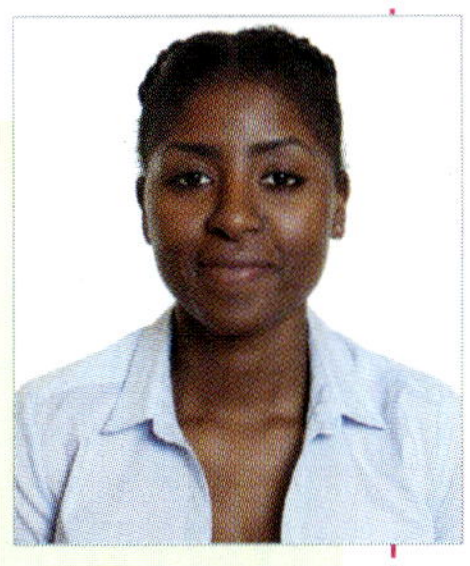

Laure a saisi le Défenseur des droits, suite à un refus d'embauche lié à son origine.

Laure s'est portée candidate pour un poste de gestionnaire commerciale et a été reçue en entretien. L'assistante de direction l'ayant reçue précise que son profil correspond parfaitement au poste. Pourtant, sa candidature n'a pas été retenue. L'assistante de direction lui a indiqué par téléphone que c'était en raison de sa couleur de peau, l'entreprise ne recrutant pas d'Africain. Lors d'un contrôle de l'Inspection du travail, cette dernière a constaté l'existence d'une pochette de CV nommée « CV AFRIQIN » qui regroupe toutes les personnes d'origine africaine ou ultramarine.

Le Défenseur des droits a demandé à la société mise en cause de se rapprocher de Laure afin de lui proposer une juste indemnisation de son préjudice, de modifier ses méthodes de recrutement afin de ne plus écarter systématiquement les candidats d'origine africaine ou ultramarine et de rendre compte des suites données à ces recommandations dans un délai de 3 mois.

« Histoires vécues », defenseurdesdroits.fr, 2017

QUESTIONS

7. **Lire.** Quel est le rôle du Défenseur des droits ?
8. **Déduire.** En vous appuyant sur les docs de la double page, expliquez la gratuité d'un tel service.

EN AUTONOMIE VERS LE BAC

▶▶ Parcours écrit Épreuve composée – Partie 2

En vous appuyant sur le doc 2, expliquez la contrainte de financement qui pèse sur la justice sociale.

▶▶ Parcours oral Étape 2 – Se documenter

Choisissez un pays et faites des recherches sur la façon dont il met en place la justice sociale. Pensez à varier les sources : livres, journaux, documentaires, sites Internet… Pour y voir clair dans vos recherches, résumez chaque source qui vous intéresse en 3 mots clés.

Liens vers les sites

MÉMO

- Les pouvoirs publics peuvent œuvrer en faveur de davantage de justice sociale de différentes manières : solidarité, Sécurité sociale, éducation, lutte contre les discriminations…
- Pour ce faire, l'État doit s'assurer des recettes, ce qu'il fait grâce à l'impôt.
- Ces actions font cependant face à une contrainte de financement car les recettes sont souvent plus faibles que les dépenses.

5 Pourquoi l'action publique en termes de justice sociale fait-elle débat ?

▸▸ OBJECTIF
Comprendre que l'action des pouvoirs publics en matière de justice sociale fait l'objet de débats en termes d'efficacité, de légitimité et de risque d'effets pervers.

QU'ALLONS-NOUS FAIRE ?

L'action de l'État est très souvent critiquée : trop de pauvreté malgré des impôts jugés trop élevés et des aides sociales jugées trop généreuses qui n'inciteraient pas à travailler... mais est-ce vraiment le cas ?

ACTIVITÉ La triple crise de l'État-providence d'après Pierre Rosanvallon

Une crise de financement	Une crise d'efficacité	Une crise de légitimité
Forte hausse des dépenses vieillissement de la population, demande sociale forte (scolarisation...), innovations médicales... **Faible hausse des recettes** croissance faible, chômage de masse durable, exonérations fiscales... ⟶ **Dettes**	**Persistance de la pauvreté** chez les jeunes plutôt que chez les personnes âgées **Contestation des dépenses maladie** maintien des inégalités d'espérance de vie entre CPS, doute sur le lien entre dépenses de santé et espérance de vie **« Trappe à pauvreté »** faiblesse supposée de l'écart entre revenus d'assistance et revenus du travail	**Déchirement du « voile d'ignorance »** meilleure connaissance de son exposition aux risques sociaux (maladie, accidents du travail, chômage...) **Moindre consentement à la réduction des inégalités économiques** mise en avant de la valeur du « mérite » **Institutionnalisation de la protection sociale** développement sans le soutien de la population

D'après Laurent Braquet, Delphine Doce, Christine Dollo, Nathalie Gineste, *Économie*, Sirey, 2016

1. Aides attribuées aux personnes ayant de faibles ressources. Elles sont financées par les impôts.

▶ **Classez les exemples ci-dessous dans le schéma.**
Comparez vos réponses avec celles d'un camarade et discutez de vos choix.

a. Environ un million de travailleurs sont considérés comme pauvres selon l'Insee.

b. La dette publique est proche de 100 % du PIB.

c. Presque un Français sur deux (47 %) approuve la décision de s'installer à l'étranger pour payer moins d'impôts.

Schéma guidé

Doc 1 Taux de pauvreté en France (seuil à 50 %[1])

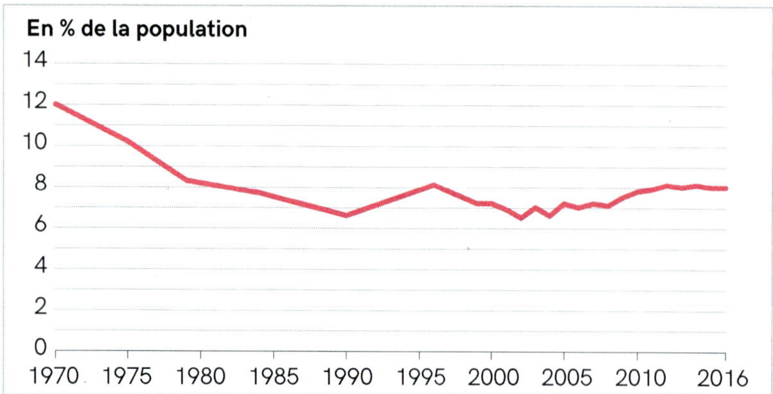

D'après Eurostat, 2016

1. Ce seuil signifie que sont considérées comme pauvres les personnes dont les revenus sont inférieurs à 50 % du revenu médian.

Chiffres clés

En 2016, en France
8,8 millions de pauvres
(600 000 de plus qu'en 1996)

QUESTIONS

1. **Décrire.** Rédigez une phrase pour présenter le taux de pauvreté en France en 2016.
2. **Argumenter.** Pourquoi peut-on estimer que l'action des pouvoirs publics en matière de justice sociale n'est pas entièrement satisfaisante ?

Doc 2 Le « ras-le-bol fiscal »

Aujourd'hui, le débat public se focalise [...] sur le thème du « ras-le-bol fiscal », qui mélange deux dimensions bien distinctes : celle du civisme fiscal et celle de l'acceptation politique de l'impôt. D'un côté, on peut dire que plus de 95 % des contribuables remplissent leurs obligations, ce qui place la France assez haut sur le plan du civisme fiscal. Mais de l'autre, plus de 80 % des enquêtés estiment qu'il y a trop de prélèvements.

Alexis Spire « Les classes populaires ressentent un très fort sentiment d'injustice fiscale », *Alternatives économiques*, 2018

QUESTIONS

3. **Lire.** Pourquoi peut-on dire qu'il y a débat autour du consentement à l'impôt ?
4. **Décrire.** Pourquoi le « ras-le-bol fiscal » est-il paradoxal ?
5. **Expliquer.** Qu'est-ce qui peut justifier ce sentiment au sein de la population ?

Doc 3 Des risques de désincitation ?

a L'évasion fiscale

1. Territoires sur lesquels la fiscalité est réduite, voire inexistante.

b Un risque de désincitation à la recherche d'emploi ?

[...] De nombreuses critiques [ont] dénoncé le poids des « charges sociales » et les effets « désincitatifs » de certaines prestations. Le niveau des impôts et des cotisations sociales constituerait un frein à la croissance économique et aux embauches tandis que les allocations-chômage et les minima sociaux induiraient une préférence pour le chômage ou l'inactivité.

[...] Les programmes sociaux doivent donc être plus favorables à l'emploi en offrant des prestations plus incitatives, qui rendent préférable le travail au chômage. Ces politiques d'activation des dépenses sociales visent à conditionner de plus en plus les allocations-chômage à des activités de formation et de recherche active d'emploi, à « rendre le travail payant » par la création de crédit d'impôt destiné aux salariés pauvres (comme la Prime pour l'emploi) [...]. Le principe général de fonctionnement de la protection sociale évolue ainsi fondamentalement : il s'agit de passer de la garantie d'un revenu de remplacement hors marché à une stratégie d'incitation visant à favoriser le retour à l'emploi [...].

Bruno Palier, « La protection sociale : une diversité de modèles », *Cahiers français*, 2014

QUESTIONS

6. **Lire.** Pourquoi certains analystes estiment-ils que des systèmes tels que les allocations-chômage peuvent avoir un effet désincitatif ?
7. **Expliquer.** Quels sont les arguments du débat allant à l'encontre d'un maintien de la fiscalité telle qu'elle existe actuellement ?
8. **Déduire.** Quels seraient les effets d'une suppression de la fiscalité en France ?

DÉFINITION

Effet pervers : effet non désiré et contraire au comportement attendu.

EN AUTONOMIE VERS LE BAC

Parcours écrit Dissertation

Pourquoi l'action des pouvoirs publics en matière de justice sociale fait-elle débat ?

Parcours oral Étape 5 – Discuter avec le jury

Répondez en 5 minutes à la question du parcours écrit. Veillez à terminer votre présentation sur une ouverture pour guider les questions du jury. Vous pouvez conclure par des phrases telles que « je pourrais vous donner d'autres exemples... », « mais tout le monde n'est pas d'accord à ce sujet », « comme le montre l'actualité »...

Phrases d'ouverture

MÉMO

- L'efficacité de l'action publique en termes de justice sociale fait débat car, malgré une diminution sur le long terme, les inégalités n'ont pas disparu.
- Sa légitimité est, elle aussi, l'objet de critiques, notamment à travers le consentement à l'impôt dont le montant est critiqué par une partie de la population, même si le civisme fiscal reste majoritaire.
- Le risque d'effets pervers entre également en compte, certains économistes estimant que les aides accordées augmentent la désincitation, mais aussi que le niveau des impôts accroît les risques d'évasion fiscale.

→ MÉTHODE DU GRAND ORAL P. 22

Voulons-nous vraiment l'égalité ?

▸▸ L'égalité est une valeur si fondamentale qu'elle est présente dans la devise nationale de la France. Ceci étant dit, force est de constater que les inégalités sont nombreuses dans la réalité. Comment expliquer ce paradoxe ?

DOC 1 Une société d'égaux ?

On peut dire qu'il y a aujourd'hui inversion d'une précédente tendance séculaire à la réduction des inégalités. Le 1 % des Français les plus riches qui accaparait 53 % du patrimoine total en 1913 n'en détenait ainsi plus que 20 % en 1984. Aux États-Unis, les 10 % des revenus les plus élevés se partageaient près de 50 % du total des revenus à la veille de la crise de 1929, pourcentage qui s'était stabilisé au-dessous de 35 % du début des années 1950 au début des années 1980. En Suède, exemple emblématique entre tous, le 1 % de la population bénéficiant des revenus les plus élevés touchait 23 % du total des revenus en 1980, contre 46 % au début du siècle.

Ces réductions spectaculaires avaient procédé à la fois de la progression plus rapide des bas revenus, du ralentissement des plus hautes rémunérations autant que des transferts sociaux et du très fort effet correcteur des impôts sur le revenu, dont les taux étaient montés en flèche dans la première moitié du XXe siècle. […]

Tout le monde ou presque dénonce aujourd'hui les bonus extravagants ou les rémunérations démentielles de certains PDG. Toutes les enquêtes montrent que le sentiment de vivre dans une société injuste est majoritaire. Mais les facteurs qui produisent ces inégalités – une certaine philosophie détournée de l'égalité des chances, l'exaltation du mérite ou les mécanismes de la concurrence – sont simultanément largement intériorisés.

Le sentiment diffus que les inégalités sont « trop fortes », « scandaleuses », voisine du même coup avec une acceptation informulée de leurs multiples expressions spécifiques autant qu'avec une sourde résistance à les corriger pratiquement. D'où le fait qu'un mécontentement social susceptible d'être largement majoritaire puisse se lier à une passivité pratique face au système général des inégalités. On voue ainsi aux gémonies les inégalités en général alors que l'on reconnaît implicitement comme légitimes les ressorts spécifiques qui les conditionnent. J'ai appelé cela le « paradoxe de Bossuet » en référence à la célèbre remarque de ce dernier : « Dieu se rit des hommes qui se plaignent des conséquences alors qu'ils en chérissent les causes ».

« Pour une société des égaux », entretien avec Pierre Rosanvallon, *L'Obs*, 2011

? Quels passages du texte pouvez-vous mobiliser pour montrer que la réponse à la question « Voulons-nous vraiment l'égalité ? » est, au moins en partie, négative ?

Prêtez attention à la question.

Vous avez peut-être l'impression que la réponse à la question : « Voulons-nous vraiment l'égalité » va de soi : c'est « oui ». Mais souvenez-vous : si l'on vous soumet cette question, c'est sans doute que la réponse est plus complexe. À votre tour, trouvez une question sur le thème de l'égalité qui permette de soulever un paradoxe. Vous aurez ainsi une véritable problématique (littéralement, une « question qui pose problème »), parce que la réponse ne va pas de soi. Ce sera la marque d'une prise de recul intéressante sur le sujet, qui interpellera le jury.

CONSEIL

Est-ce une bonne idée de vous enregistrer ?

Oui ! Notamment pour vous assurer que vous êtes audible, que votre débit est bon, que votre intonation change (pour appuyer un mot clé, par exemple), ou que vos pauses sont au bon endroit.

DOC 2 La perception de l'impôt

▶ **Réponses en pourcentage à la question : « Parmi les critiques suivantes que l'on entend parfois sur les impôts en France, quelles sont celles auxquelles vous êtes le plus sensible ? »**

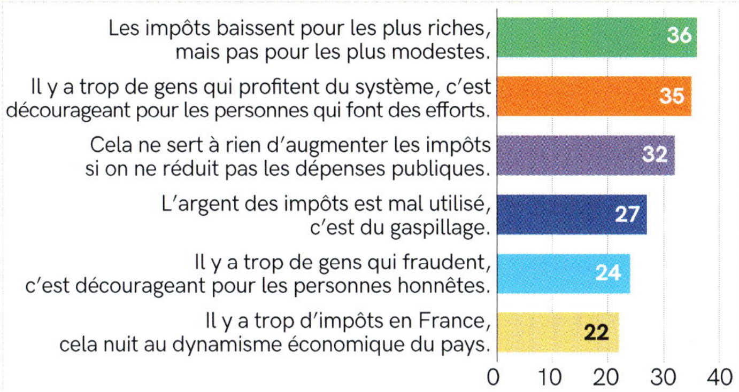

D'après Gérard Courtois, « Le "ras-le-bol fiscal" s'accentue en France », Ipsos pour *Le Monde*, 2018

? D'après ce sondage, peut-on dire que nous voulons vraiment tous être égaux du point de vue de la richesse ?

N'hésitez pas à « dépasser » la question, à nuancer votre réponse.

Sur ce type de question en particulier, la réponse n'est pas dichotomique (« oui » ou « non »), mais plus nuancée : quel niveau d'inégalités de richesses sommes-nous prêts à accepter, et pourquoi ? Vous pouvez vous appuyer sur les connaissances acquises dans d'autres chapitres pour développer vos arguments. → CHAPITRE 6 P. 162-189

DOC 3 Avis sur le projet de loi ouvrant le mariage aux couples de personnes de même sexe

1. Le projet de loi ouvrant le mariage aux couples de personnes de même sexe a été enregistré à la présidence de l'Assemblée nationale le 7 novembre 2012. [...]

7. Les couples de personnes de même sexe demandent à accéder à la sécurité et à la stabilité liées au statut du mariage. La CNCDH[1] estime que le principe d'égalité est bien ici en jeu. [...]

8. La Cour européenne des droits de l'homme [...] considère que le mariage des personnes de même sexe relève de la marge d'appréciation des États. En effet, la discrimination [...] n'implique pas un traitement identique de personnes placées dans une situation différente [...].

9. Pour autant, la HALDE[2] hier et le Défenseur aujourd'hui ont constaté à travers les saisines reçues que l'impossibilité pour les couples de même sexe de se marier produit des inégalités, qualifiées de discriminations indirectes. [...]

14. [...] La CNCDH se prononce en faveur de l'ouverture du mariage aux couples de personnes de même sexe, qui constituera une réelle avancée pour les droits de l'homme [...].

Journal Officiel de la République française, n° 0114, 18 mai 2013

1. Commission nationale consultative des droits de l'Homme.
2. Haute autorité de lutte contre les discriminations et pour l'égalité.

? En vous appuyant sur le texte, expliquez pourquoi le projet de loi ouvrant le mariage aux couples de personnes de même sexe a soulevé la question de l'égalité.

Pensez à faire des liens avec d'autres matières.

▶ *Histoire*
Dans le chapitre 3 du thème 4, « La République française », vous étudiez « les combats pour l'égalité ainsi que l'évolution de la Constitution et du Code civil en faveur de nouveaux droits ». Appuyez-vous sur vos connaissances dans les deux matières pour résumer l'enjeu et les aboutissements de ce projet de loi en moins de 50 mots.

PRÉPARER LE GRAND ORAL

Grille d'évaluation

À partir des documents du chapitre et de vos recherches, préparez-vous à répondre à la question : « Voulons-nous vraiment l'égalité ? » ou à la question que vous avez imaginée en travaillant sur le doc 1. Créez votre support, distribuez-le à un jury d'élèves et présentez votre travail en 5 minutes. À l'issue de votre présentation, le jury vous posera des questions.

CROISER LES DISCIPLINES SES ET MATHÉMATIQUES COMPLÉMENTAIRES

Votre jury sera composé de deux enseignants. L'un des deux ne sera pas professeur de SES. Pendant la discussion avec le jury, pensez donc à mettre en valeur vos connaissances dans tous types de matières. En option « Mathématiques complémentaires », le thème « Répartition des richesses, inégalités » se prête particulièrement bien à des parallèles avec ce chapitre.

L'ESSENTIEL

Quelles inégalités sont compatibles avec les différentes conceptions de la justice sociale ?

Podcast du cours

Définitions

Cartes mémoire interactives

Coefficient de Gini : mesure le niveau d'inégalités au sein de l'ensemble de la population. Plus l'indice est proche de 0, moins il existe d'inégalités, plus il s'approche de 1, plus le niveau d'inégalités est élevé.

Courbe de Lorenz : permet de représenter la répartition d'une variable (revenus, patrimoine...) entre les individus d'une population.

Effet pervers : effet non désiré et contraire au comportement attendu.

Fiscalité : réglementation définissant les impôts d'une collectivité locale, d'un pays ou d'un organisme international et leur perception.

Inégalité : écart de ressource, de statut, de condition entre individus ou catégories sociales.

Justice sociale : ensemble des principes qui régissent la définition et la répartition équitable des droits et des devoirs des membres de la société.

Pouvoirs publics : composés de l'État mais aussi, plus largement, de la Sécurité sociale, des collectivités locales, voire de l'Union européenne.

Ne pas confondre

Inégalités multiformes
de différentes natures
≠
Inégalités cumulatives
inégalité A entraîne inégalité B entraîne inégalité A

Inégalités et **justice sociale** semblent être deux idées opposées. Or, loin d'être incompatibles, justice et inégalités sont intimement liées. Pour le comprendre, il faut garder à l'esprit que les termes « égalité » et « justice » n'ont pas de sens sans précision complémentaire.

Comment mesurer les différents types d'inégalités ?

▸▸ Les **inégalités socio-économiques** sont **multiformes**. Le lien espérance de vie et taux de chômage en sont deux exemples particulièrement criants. L'économie comme la sociologie montrent que les inégalités se **cumulent**, au sein d'un même type (revenus et patrimoine, par exemple), mais aussi entre différents types (inégalité scolaire, espérance de vie, lieu de vie, etc.).

▸▸ Au cours du XXe siècle, les **inégalités économiques** ont considérablement **régressé**. En effet, la part du revenu comme du patrimoine détenue par la fraction la plus riche a constamment diminué jusqu'aux années 1980, même si elle recommence à **augmenter** depuis.

▸▸ Les principaux outils de mesure des inégalités permettent de montrer l'**étendue** et le **caractère héréditaire** des inégalités, plus spécifiquement des inégalités économiques, qui sont les plus facilement mesurables.

▸▸ Les **rapports inter-quantiles** permettent d'évaluer les inégalités entre les plus riches et les plus pauvres. Le « **top 1 %** » permet d'appréhender la richesse détenue par la fraction de la population la plus riche. La **courbe de Lorenz** et le **coefficient de Gini** (qui en découle directement), permettent de mesurer plus globalement les inégalités économiques car ils tiennent compte de l'ensemble des individus ou des ménages d'une population. Enfin, la **corrélation de revenu parents-enfants** permet une analyse dynamique des inégalités, c'est-à-dire leur transmission d'une génération à l'autre.

Toutes les inégalités sont-elles injustes ?

▸▸ L'**égalité** prend **trois formes** principales : l'égalité **des droits**, **des chances** et **des situations**. La première garantit l'**égalité de traitement face à la justice et aux normes juridiques**. La deuxième, dans l'idéal, viserait à instaurer des **probabilités identiques de réussite ou d'échec**, notamment à l'école et au travail. Enfin, la troisième renvoie aux **différences** de richesses (revenus, patrimoines ou encore accès au crédit).

▸▸ Aussi paradoxal que cela puisse paraître, certaines **inégalités** peuvent être considérées comme **justes**, en fonction de certains critères et valeurs, et selon la conception d'« égalité » qui est prise en compte :
– la pensée **utilitariste** estime que tout ce qui peut **accroître le bien-être** d'une population est juste, même si pour cela certains doivent y perdre ;
– pour le **libertarisme**, tout ce qui entrave la liberté individuelle est **injuste** : ainsi, l'intervention de l'État, par exemple, est injuste, même si elle permet des gains d'efficacité économique ;
– pour l'**égalitarisme strict**, seule une **égalité des situations** totale est une situation juste ;

– l'**égalitarisme libéral** instaure une hiérarchie entre les types d'égalités. Une situation juste est caractérisée par une **égalité des droits**, par d'éventuelles inégalités économiques si elles améliorent le sort des plus pauvres, et par une **égalité des chances** pourvu que celle-ci n'affecte pas les chances des plus démunis.

Quels sont les débats autour du financement de la justice sociale ?

▸▸ Les **pouvoirs publics** agissent pour davantage de justice sociale à travers la **fiscalité**, la **protection sociale**, les **services collectifs** ou la **lutte contre les discriminations**.

▸▸ Ces différents éléments sont limités par une **contrainte de financement**. La dette publique empêche de venir en aide aux plus démunis et la possibilité de « fuite » des plus riches limite le rôle de la fiscalité.

▸▸ Par ailleurs, l'action des pouvoirs publics en matière de justice sociale est parfois critiquée. En effet, malgré les impôts, les inégalités n'ont pas disparu ; la **légitimité** même de l'action publique est affaiblie par les critiques envers l'**impôt** (consentement), et ce malgré un certain **civisme fiscal**, et par un risque d'**effets pervers : désincitation** théorique au travail et risques d'évasion fiscale.

Chiffres clés

En France :

630 → **rapport entre le patrimoine moyen des 10 % les plus riches et celui des 10 % les plus pauvres.**

8,8 millions → **personnes pauvres selon les dernières données disponibles (2016, Insee).**

Définitions

Protection sociale : ensemble constitué par la Sécurité sociale, l'assurance chômage, les assurances sociales complémentaires et l'aide sociale des administrations. Elle protège de certains risques, selon le principe « de chacun selon ses moyens, à chacun selon ses besoins ».

Rapports inter-quantiles : rapport entre les valeurs qui correspondent à deux quantiles différents (1er et 9e déciles, par exemple).

Top 1 % : un pourcent des ménages les plus aisés.

CE QU'IL FAUT SAVOIR

1. Comment les inégalités ont évolué.
2. Quels sont les différents types d'inégalités et comment les mesurer.
3. Quelles sont les différentes conceptions de la justice sociale.
4. Comment la justice sociale peut être mise en œuvre et quelles sont les limites de cette mise en œuvre.

Repères

Égalité en droit	Égalité des chances	Égalité des situations
Les mêmes règles pour tous	La même probabilité pour tous de réussir	Situation théorique dans laquelle tous les individus ont les mêmes avantages
Ex. : tous les citoyens sont soumis de la même manière à l'impôt.	*Ex. : davantage de temps au baccalauréat pour un élève présentant un handicap.*	*Pas d'exemples concrets, il s'agit d'un idéal dans certaines conceptions de la justice sociale.*

Réviser en vidéos

« À la recherche de la justice sociale », (3 min. 17 sec.), Décod'éco, 2017

« Les impôts, à quoi servent-ils ? », (3 min. 30 sec.), Décod'éco, 2019

L'ESSENTIEL

SCHÉMA DE SYNTHÈSE

Schéma interactif

INÉGALITÉS ET JUSTICE SOCIALE

Tendances

Baisse des inégalités (1900-1980)
Hausse des inégalités (1981-2020)

Diversité des inégalités
(économiques et sociales)

Cumul des inégalités
(ex. : chômage → problèmes de santé → chômage)

Outils de mesure

Rapports interdéciles
(10 % + riches / 10 % + pauvres)

Courbe de Lorenz et coefficient de Gini
(vision globale)

Top 1 %
(hétérogénéité des « très riches »)

Corrélation de revenus parents/enfants
(hérédité)

Actions

Moyens
Fiscalité, protection sociale, services collectifs

Contraintes de financement
Endettement

Débats sur l'**efficacité**
(réduction des inégalités insuffisantes)

Débats sur la **légitimité**
(consentement à l'impôt)

Débats sur les **effets pervers**
(désincitations)

Conceptions

Égalité des droits
Égalité des chances
Égalité des situations

Utilitarisme
juste = maximisation du bien-être général

Libertarisme
injuste = limitation des libertés

Égalitarisme strict
juste = ressources identiques

Égalitarisme libéral
juste = égalité des droits → égalité des situations → égalité des chances

POUR ALLER PLUS LOIN

Les Jours heureux, de Gilles Perret, 2013

Ce documentaire présente le modèle social français d'après 1945 issu du programme du Conseil national de la Résistance.

La Préférence pour l'inégalité, de François Dubet, Éditions du Seuil, 2014

Un livre pour comprendre le paradoxe de Bossuet : « les hommes déplorent en général ce à quoi ils consentent en particulier ». Autrement dit, pourquoi réprouve-t-on les inégalités dans nos discours tout en les créant de par nos actes ?

france culture

« Quel niveau d'inégalités peuvent supporter nos sociétés ? », France culture, 2019

Un podcast pour comprendre comment les inégalités ont évolué et jusqu'où on peut accepter certaines inégalités.

EXERCICES

1 Vrai ou faux ?

	VRAI	FAUX
a. Les inégalités de revenus ont diminué depuis le début du XXe siècle.	☐	☐
b. Les inégalités socio-économiques sont multiformes.	☐	☐
c. Seules les inégalités strictement économiques se cumulent entre elles.	☐	☐
d. Seule une société strictement égalitaire est juste.	☐	☐

2 Indiquez la ou les bonnes réponses.

1. Le rapport inter-déciles du niveau de vie en 2016 est de 3,4. Cela signifie que :

- ☐ **a.** les 10 % les plus riches ont en moyenne un niveau de vie 3,4 fois plus élevé que les 10 % les plus démunis.
- ☐ **b.** les 10 % les plus riches ont au minimum un niveau de vie 3,4 fois plus élevé que les 10 % les plus démunis.
- ☐ **c.** le plus pauvre des 10 % les plus riches a un niveau de vie 3,4 fois plus élevé que le plus riche des 10 % les plus démunis.

2. Le top 1 % permet de montrer que :

- ☐ **a.** les très riches sont un groupe homogène.
- ☐ **b.** les très riches sont un groupe hétérogène.
- ☐ **c.** une personne sur cent a, au minimum, un niveau de vie d'environ 3 000 € par mois.

3. La courbe de Lorenz et le coefficient de Gini permettent de :

- ☐ **a.** mesurer globalement les inégalités de revenus ou de patrimoine.
- ☐ **b.** mesurer les inégalités économiques du 1 % les plus riches.
- ☐ **c.** mesurer les inégalités sociales.

4. L'étude de la corrélation de revenus parents-enfants montre que :

- ☐ **a.** en France, les revenus des parents n'influencent pas ceux des enfants.
- ☐ **b.** dans tous les pays européens, le lien entre les revenus des parents et des enfants est similaire et fort.
- ☐ **c.** plus les inégalités sont fortes, plus elles se transmettent des parents aux enfants.

3 Reliez les trois types d'égalité à leur caractéristique centrale.

Égalité des droits (1)	(a) Probabilités égales de réussite
Égalité des chances (2)	(b) Position identique par rapport à la loi
Égalité des situations (3)	(c) Situations similaires en termes de ressources socio-économiques

4 Reliez les différentes conceptions de la justice sociale à leur définition.

Utilitarisme (1)	(a) Est juste ce qui respecte d'abord l'égalité des droits, puis une égalité des situations au bénéfice des plus pauvres et enfin une égalité des chances.
Libertarisme (2)	(b) Seule une égalité totale des situations est juste.
Égalitarisme libéral (3)	(c) Est injuste ce qui limite les libertés individuelles.
Égalitarisme strict (4)	(d) Est juste ce qui maximise le bien-être total.

BAC **Sujet guidé – Dissertation** 4h

Sujet vierge à imprimer | Grille d'évaluation

Quelles inégalités sont compatibles avec les différentes conceptions de la justice sociale ?

Trouvez des synonymes pour « compatibles » et « conceptions », cela facilitera votre **reformulation de la problématique**.

Analysez la formulation : le sujet vous demande de relier les conceptions de la justice aux différents types d'inégalités.

Ce sont les **notions fondamentales** du sujet. Définissez-les et recherchez les autres notions du programme qui leur sont liées.

Doc 1 Origine sociale des élèves de CPGE (classes préparatoires aux grandes écoles) en 2018-2019

En %	Filière scientifique	Filière économique	Filière littéraire	Ensemble
Agriculteurs exploitants	1,5	1,2	1,4	**1,4**
Artisans, commerçants et chefs d'entreprise	8,5	12,0	8,6	**9,3**
Cadres et professions intellectuelles supérieures	49,8	47,4	51,4	**49,5**
Professions intermédiaires	12,5	10,4	13,0	**12,1**
Employés	10,6	10,8	11,5	**10,8**
Ouvriers	7,0	7,1	6,3	**6,9**
Retraités, inactifs	6,9	7,2	6,0	**6,8**
Non renseigné	3,2	4,0	1,9	**3,2**
Total	100,0	100,0	100,0	**100,0**

Champ : France métropolitaine + DOM

MESRI-SIES, 2020

Doc 2 Circonstances de la dernière discrimination vécue par les personnes syndiquées en 2019

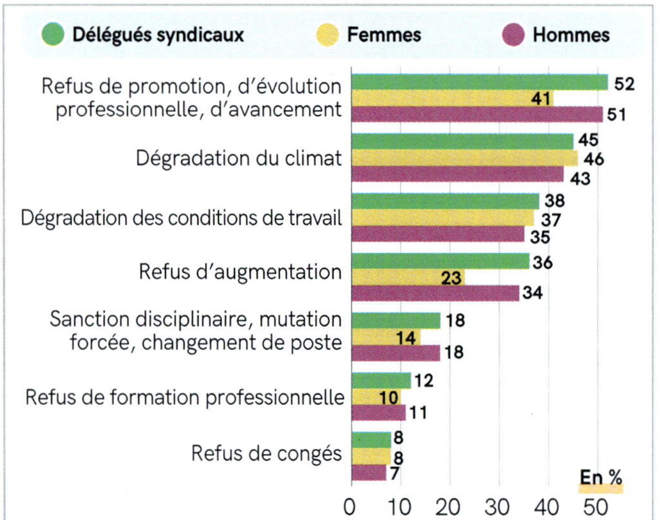

Défenseur des droits, septembre 2019

Doc 3

Déclaration des Droits de l'Homme et du Citoyen de 1789

Art. 1er. Les hommes naissent et demeurent libres et égaux en droits. Les distinctions sociales ne peuvent être fondées que sur l'utilité commune.

Art. 2. Le but de toute association politique est la conservation des droits naturels et imprescriptibles de l'Homme. Ces droits sont la liberté, la propriété, la sûreté et la résistance à l'oppression.

Art. 4. La liberté consiste à pouvoir faire tout ce qui ne nuit pas à autrui : ainsi, l'exercice des droits naturels de chaque homme n'a de bornes que celles qui assurent aux autres Membres de la Société la jouissance de ces mêmes droits. Ces bornes ne peuvent être déterminées que par la Loi.

Art. 6. La Loi est l'expression de la volonté générale. Tous les Citoyens ont droit de concourir personnellement, ou par leurs Représentants, à sa formation. Elle doit être la même pour tous, soit qu'elle protège, soit qu'elle punisse. Tous les Citoyens étant égaux à ses yeux sont également admissibles à toutes dignités, places et emplois publics, selon leur capacité, et sans autre distinction que celle de leurs vertus et de leurs talents.

Art. 14. Tous les Citoyens ont le droit de constater, par eux-mêmes ou par leurs représentants, la nécessité de la contribution publique, de la consentir librement, d'en suivre l'emploi, et d'en déterminer la quotité, l'assiette, le recouvrement et la durée.

Art. 17. La propriété étant un droit inviolable et sacré, nul ne peut en être privé, si ce n'est lorsque la nécessité publique, légalement constatée, l'exige évidemment, et sous la condition d'une juste et préalable indemnité.

Note : la Déclaration des Droits de l'Homme et du Citoyen de 1789 est un texte constitutionnel actuellement en vigueur en France en 2020.

Doc 4 Les inégalités de salaires[1] en 2016

Salaires en 2016 (en euros)	Ensemble	Femmes	Hommes
Cadres	4 060	3 480	4 380
Professions intermédiaires	2 240	2 050	2 400
Employés	1 590	1 550	1 680
Ouvriers	1 680	1 440	1 730
Ensemble	2 240	**1 970**	**2 430**

1. Salaires mensuels nets en équivalent temps plein (EQTP)

Insee, 2017

Méthode

BAC

ÉTAPES 1 ET 2 **Analyser le sujet, problématiser et mobiliser ses connaissances** Au brouillon

❶ ▸ Repérez et analysez tous les termes importants du sujet. → **GUIDAGE** P. 320

▸ À partir de votre analyse, déduisez-en le type de plan à adopter. → **TYPE DE PLANS** P. 18

▸ Formulez une problématique : reformulez le sujet, puis proposez un questionnement qui synthétise les enjeux de la question posée.

❷ ▸ Indiquez au brouillon tous les exemples, idées, théories, faits, éléments de cours… qui peuvent être mobilisés.

CONSEIL
Si vous avez déjà une idée des grands axes de votre réponse, **classez** ces éléments dans votre plan.

ÉTAPE 3 **Exploiter le dossier documentaire** Au brouillon

▸ Lisez attentivement chaque document et résumez la (ou les) idée(s) principale(s) en lien avec le sujet.

▸ Pensez à repérer la source, le cadre spatio-temporel, les notions ou mécanismes importants et les outils statistiques. Faites attention aux unités.

CONSEIL
N'hésitez pas à **rédiger des phrases** afin de vérifier que vous avez compris le sens des données, voire à **faire des calculs simples** pour comparer des données.

ÉTAPE 4 **Construire un plan détaillé** Au brouillon

▸ À partir des informations récoltées, créez ou affinez votre plan détaillé. Il doit comporter deux ou trois parties, chacune subdivisée en deux ou trois sous-parties.

▸ Rédigez les titres des parties et sous-parties sous la forme de phrases indiquant explicitement le sens des arguments que vous allez y développer.

CONSEIL
N'oubliez pas d'indiquer dans votre plan détaillé les **documents** que vous allez mobiliser.

ÉTAPE 5 **Rédiger l'introduction et la conclusion** Au brouillon

▸ L'introduction est organisée en 3 parties : l'accroche, l'annonce de la problématique et l'annonce du plan.

▸ Rédigez la conclusion. → **MÉTHODE** P. 19

CONSEIL
N'oubliez pas d'intégrer, en accroche ou avec la problématique, la **définition des notions centrales** du sujet.

ÉTAPE 6 **Rédiger son devoir** Sur votre copie → **MÉTHODE** P. 19

Voici le début de la dissertation dont l'introduction a été rédigée. Rédigez le reste du devoir à l'aide de la méthode et de vos connaissances.

L'introduction peut présenter une définition générale d'un concept, ici l'égalité, avant de l'approfondir dans les différentes sous-parties.

La réforme du lycée implique davantage de contrôle continu pour le baccalauréat. Les défenseurs de cette réforme y voient une mesure juste car récompensant un travail régulier. Et ses détracteurs soulignent que la notation peut varier selon l'établissement, ainsi l'égalité de traitement ne serait pas respectée. La plupart des discours politiques ou médiatiques font la promotion de l'égalité, au singulier, et se placent du côté de la justice, en s'appuyant sur cette même valeur d'égalité. Les contradicteurs de ces discours font en général de même pour défendre pourtant des positions opposées.

Réfléchissez aux termes du sujet, (plus particulièrement « compatible »). Cela vous permettra de bien formuler votre problématique.

C'est précisément parce que parler d'égalité sans préciser laquelle, ou convoquer l'idée de justice sans en donner sa conception précise, n'a que peu de sens. En effet, il existe plusieurs définitions de l'égalité comme il existe plusieurs conceptions de la justice sociale. Le principe d'égalité peut se décliner en égalité des droits, des chances et des situations. La justice sociale correspond à l'ensemble des principes qui régissent la définition et la répartition des droits et devoirs des membres de la société. Si l'on peut se référer à différents types d'égalités et conceptions de la justice sociale, c'est donc que chaque conception de la justice va justifier certaines inégalités et en condamner d'autres. Autrement dit, quelles inégalités peuvent être acceptées car considérées comme justes ?

Annoncez votre plan.

Pour traiter de cette problématique, nous réfléchirons d'abord à partir de deux conceptions « radicales » de la justice avant d'approfondir notre réflexion à l'aide des deux conceptions de l'égalitarisme.

Exemple de plan détaillé

I. Deux conceptions « radicales » de la justice : l'utilitarisme et le libertarisme

A. Pour l'utilitarisme, est juste ce qui maximise la satisfaction globale

B. Pour le libertarisme, est injuste tout ce qui nuit aux droits individuels

II. Les égalitarismes : d'une conception stricte à une conception libérale

A. Toutes les inégalités de situations sont injustes selon l'égalitarisme strict

B. Certaines inégalités peuvent être considérées comme justes selon l'égalitarisme libéral

BAC Sujet guidé – Épreuve composée

4h · Sujet vierge à imprimer · Grille d'évaluation

PARTIE 1 Mobilisation des connaissances — 4 points

Question Montrez que les inégalités économiques et sociales présentent un caractère multiforme.

Méthode

ÉTAPE 1 **Analyser la question** Au brouillon

- Repérez la ou les notion(s) clé(s) qu'il faudra définir dans votre réponse.
- Repérez la consigne de la question pour identifier la tâche qui est demandée : attend-on une explication, une comparaison, une distinction, une illustration… d'un mécanisme ou d'une notion ? → MÉTHODE P. 20

ÉTAPE 2 **Rassembler ses connaissances** Au brouillon

- Rassemblez et organisez vos connaissances sur le sujet : quelles définitions, mécanismes, exemples… pouvez-vous mobiliser pour répondre à la question ? → MÉTHODE P. 20

ÉTAPE 3 **Rédiger sa réponse**

- Au brouillon : Avant de rédiger, indiquez sur votre brouillon quelle va être la structure de votre réponse.
- Sur votre copie : Rédigez votre réponse de manière organisée, en pensant à définir les notions mobilisées, en explicitant et en illustrant vos propos.

PARTIE 2 Étude d'un document — 6 points

Doc **Quelques indicateurs sur le niveau de vie depuis 1996**

Montants annuels en euros constants 2017	1996	2000	2004	2008	2012	2016	2017
Niveau de vie médian	**17 500**	**18 490**	**19 300**	**20 670**	**20 460**	**20 730**	**20 820**
Niveau de vie moyen	**19 870**	**21 480**	**22 380**	**24 060**	**23 950**	**23 820**	**23 920**
1er décile (D1)	9 210	10 040	10 720	11 340	10 840	11 150	11 190
9e décile (D9)	32 210	34 950	35 240	38 160	38 370	37 950	38 210
Rapport interdécile (D9/D1)	**3,5**	**3,5**	**3,3**	**3,4**	**3,5**	**3,4**	**3,4**

Champ : France métropolitaine, personnes vivant dans un ménage dont le revenu déclaré est positif ou nul et dont la personne de référence n'est pas étudiante.

Insee, France, Portrait social, édition 2019

Question 1. Donnez le sens du rapport interdécile en 2017.

Question 2. À l'aide du document, vous montrerez comment ont évolué les inégalités de niveau de vie depuis 1996 en France.

Méthode

ÉTAPE 1 **Analyser le document** Au brouillon

- Déterminez la nature du document (diagramme par répartition, série chronologique, tableau à double entrée…).
- Repérez la source, le cadre spatio-temporel, le ou les outil(s) statistique(s) utilisé(s) et la ou les unité(s).
- Pensez à vérifier si des informations sont indiquées dans le champ du document.

ÉTAPE 2 **Préparer la question 1 (lecture)** Au brouillon

- Rédigez une phrase par donnée statistique à lire : soyez le plus précis possible en indiquant la date (ou période), le cadre spatial, l'unité…

ÉTAPE 3 **Préparer la question 2 (analyse)**

- Au brouillon : Repérez la consigne de la question : attend-on une comparaison, la présentation d'évolutions, l'illustration d'un mécanisme… ?
- Au brouillon : Sélectionnez dans le document les éléments qui vous permettront d'argumenter et effectuez si besoin des calculs simples (écarts en points de pourcentage ou coefficients multiplicateurs, par exemple) pour étayer votre réponse.
- Sur votre copie : Rédigez votre réponse de manière structurée : allez du général au particulier ; définissez si besoin les notions ou mécanismes mobilisés et, surtout, illustrez votre réponse avec des données et/ou des calculs.

BAC

Voici un exemple de réponse à la question 1.

> Il est ici pertinent, avant d'expliciter le rapport interdécile, d'expliquer ce que sont les déciles.

Un décile est un outil mathématique qui découpe la population en dix parts égales (d'où le terme « décile »). Chaque catégorie regroupe 10 % de la population de telle sorte que l'on prenne en compte toutes les personnes (10 x 10 % = 100 %). C'est un seuil qui sépare une catégorie des autres, il n'y a donc bien que neuf déciles (et non dix) pour aboutir à déterminer dix parts égales de 10 % (comme il n'y aurait besoin que d'un seul chiffre, la médiane, pour séparer la moitié la plus riche de la population de la plus modeste ; 20 820 € en 2017 d'après l'Insee). Autrement dit, D9 signifie que les 10 % les plus riches ont un niveau de vie supérieur (ou égal) à 38 210 € par an.

> Étayez votre réponse en illustrant systématiquement vos propos.

Au sens mathématique, un rapport est une division, ici entre les 10 % les plus riches (D9) et les 10 % les plus modestes (D1). Le chiffre obtenu donne donc une indication sur l'ampleur de l'inégalité en mesurant combien de fois le numérateur (D9, les plus riches) est plus élevé que le dénominateur (D1).

> Soyez précis et rigoureux dans vos explications.

Ainsi, en France, en 2017, selon l'Insee, les 10 % les plus riches ont un niveau de vie au moins 3,4 fois plus élevé que les 10 % les plus modestes. Cela signifie que le plus modeste des 10 % les plus riches a un niveau de vie 3,4 fois supérieur au moins modeste des 10 % les plus pauvres.

PARTIE 3 Raisonnement s'appuyant sur un dossier documentaire — 10 points

À l'aide de vos connaissances et du dossier documentaire, vous vous interrogerez sur l'efficacité de l'action des pouvoirs publics en matière de justice sociale.

> Soyez attentif au termes employés : on attend que vous utilisiez les **documents** mais aussi vos **connaissances**.

> Vous êtes invité à questionner les relations logiques entre deux notions du programme.

> Repérez les **notions centrales** du sujet et pensez à les définir dans votre introduction.

Doc 1 Taux de pauvreté[1] avant ou après redistribution, en 2016

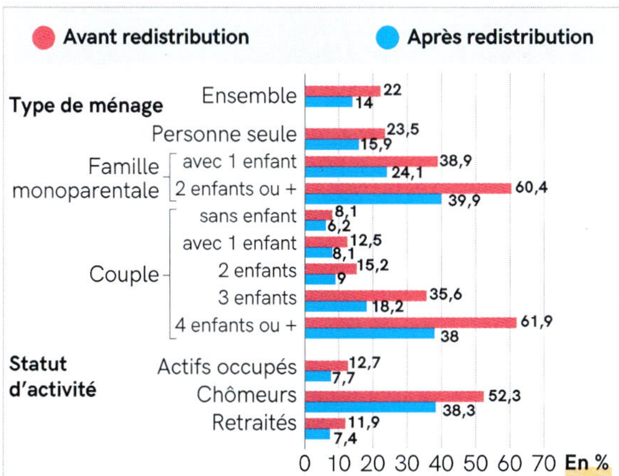

1. Taux de pauvreté à 60 % du niveau de vie médian.

DRESS, 2019

Doc 2 Montants moyens des prélèvements et prestations en 2018 (en euros par unité de consommation)

	D1	D9	Ensemble
Niveau de vie avant redistribution (A)	3 290	73 130	**26 240**
Prélèvements	-130	-16 810	**-3 420**
Prestations	6 960	170	**1 560**
Niveau de vie (B)	**10 110**	**56 490**	**24 390**
Taux de redistribution (B-A)/A (en %)	**207,3**	**-22,8**	**-7,1**

Insee, France, portrait social, édition 2019

BAC

Doc 3

Pour améliorer la mixité sociale de son établissement, [Richard Descoings] avait mis en place les conventions éducation prioritaire (CEP), voies de recrutement alternatives réservées aux lycéens des zones défavorisées. Pas de concours écrit pour ces élèves, mais deux oraux, jugés moins discriminants : une synthèse de dossier de presse sur un sujet d'actualité et un oral d'admission mêlant questions de culture générale et entretien de motivation. Pour s'y préparer, les élèves suivent des ateliers dans leur lycée en 1re et en Terminale, où ils réalisent leurs dossiers de presse et s'entraînent aux oraux avec l'aide de leurs profs et d'anciens de Sciences Po.

[...] Si ce dispositif a bel et bien amélioré la mixité sociale de l'école, il a cependant ses limites, comme l'a montré une étude en 2017, qui soulignait que 40 % des élèves admis *via* les CEP étaient issus de familles [favorisées]. Les parents de ces élèves, bien informés, avaient inscrit leurs enfants dans un lycée de Rep (réseau d'éducation prioritaire) quand celui-ci avait noué une CEP avec Sciences Po, pensant que ce serait plus facile pour eux d'être admis.

Un biais que ne nie pas Bénédicte Durand : « En effet, certaines familles, minoritaires, font des stratégies de scolarisation. Mais cela faisait partie de l'esprit du projet initial d'améliorer la mixité sociale au sein des lycées partenaires. Par ailleurs, ces familles n'ont aucune assurance que leur enfant réussira à intégrer Sciences Po *via* les CEP », explique-t-elle.

Delphine Bancaud « Sciences Po : Quel est le bilan du dispositif d'ouverture sociale, 18 ans après son démarrage ? », *20 minutes*, avril 2019

Méthode

ÉTAPES 1 ET 2 **Analyser le sujet et mobiliser ses connaissances** Au brouillon

❶ Repérez et analysez tous les termes importants du sujet. → GUIDAGE P. 323
- À partir de votre analyse, déduisez-en le type de plan à adopter. → TYPES DE PLANS P. 18
- N'hésitez pas à reformuler le sujet.

❷ Indiquez au brouillon tous les exemples, idées, théories, faits, éléments de cours... qui peuvent être mobilisés.

CONSEIL
Si vous avez déjà une idée des grands axes de votre réponse, **classez** ces éléments dans votre plan.

ÉTAPE 3 **Exploiter le dossier documentaire** Au brouillon
- Lisez attentivement chaque document et résumez la (ou les) idée(s) principale(s) en lien avec le sujet.
- Pensez à repérer la source, le cadre spatio-temporel, les notions ou mécanismes importants et les outils statistiques. Faites attention aux unités.

CONSEIL
Si vous avez déjà une idée des grands axes de votre réponse, **classez** les éléments issus de l'analyse des documents dans votre plan en indiquant le numéro des documents mobilisés.

ÉTAPE 4 **Construire un plan détaillé** Au brouillon → MÉTHODE P. 21

ÉTAPE 5 **Rédiger l'introduction et la conclusion** Au brouillon
- Rédigez l'introduction. → MÉTHODE P. 21
- La conclusion doit dresser le bilan de votre développement.

ÉTAPE 6 **Rédiger son devoir** Sur votre copie
- Une fois ces étapes réalisées, vous pouvez maintenant vous lancer dans la rédaction « au propre » de votre devoir.
- Il doit comporter une introduction, un développement et une conclusion.
- Dans le développement, chacun de vos paragraphes devra annoncer et expliciter votre argument, et comporter des illustrations.
- N'oubliez pas de respecter les règles de forme (orthographe, syntaxe, alinéas, sauts de ligne...).

Voici un exemple de paragraphe rédigé.
Rédigez le reste du devoir à l'aide de la méthode et de vos connaissances.

Débutez votre paragraphe par une **phrase d'annonce** de l'idée que vous allez développer.

N'oubliez pas d'illustrer vos propos, notamment en vous appuyant sur les documents.

Nous pouvons tout d'abord souligner que l'action des pouvoirs publics pour œuvrer en faveur de plus de justice sociale en luttant contre la pauvreté est loin d'être pleinement efficace.

En effet, même après le mécanisme de redistribution (prélèvements obligatoires et prestations sociales), sur l'ensemble de la population, 14 % sont encore considérés comme pauvres (ont moins de 60 % du revenu médian) en France en 2016 selon la Dress (document 1). Cette proportion monte même jusqu'aux environs de 40 %, malgré l'intervention de la puissance publique, pour trois catégories. On va même, par exemple, retrouver parmi les pauvres, des personnes qui ont un emploi : parmi les actifs, un sur treize (100 / 7,7) est considéré comme un travailleur pauvre.

BAC Grand Oral

Question **Pourquoi l'action des pouvoirs publics en faveur de la justice sociale fait-elle l'objet de débats ?**

1. Choisir sa question
2. **Préparer son oral**
3. Préparer son support
4. Présenter sa question au jury
5. **Anticiper les questions du jury**
6. Échanger sur son projet d'orientation

➡ Méthode générale p. 22-25

ÉTAPE 5 Préparer la discussion avec le jury

➡ PRÉPAREZ-VOUS À RÉPONDRE AUX QUESTIONS DU JURY

Vous devez **anticiper** et préparer l'entretien. Vous pouvez réfléchir aux points suivants.

Maîtrisez votre cours

- Soyez prêt à **préciser** ou **approfondir** votre intervention. Maîtrisez les notions employées dans votre présentation car certains termes sont très importants : qu'est-ce qu'une action efficace ? Celle qui atteint son but. Qu'est-ce que la légitimité ? Ce qui est jugé juste, qui est accepté, approprié. Qu'est-ce qu'un effet pervers ? Une conséquence non prévue et indésirable d'une action.
- Tendez des « **perches** » : si vous avez travaillé votre sujet, vous ne pourrez pas tout dire dans le temps imparti. Dites, par exemple : « Si le consentement à l'impôt peut se trouver affaibli, le civisme fiscal, lui, reste fort. Je pourrai revenir sur ce point si vous le souhaitez lors de notre discussion ».

Préparer des contre-arguments ou des nuances à vos affirmations

- Si vous affirmez que « la fiscalité risque d'entraîner un **effet non désiré** (effet pervers) en désincitant au travail car celui-ci est moins rémunérateur (effet substitution) », anticipez les contre-arguments du jury.
- Nuancez votre propos : « Néanmoins, d'une part, la fiscalité est un outil pour réduire les inégalités de situation et, d'autre part, prélever une partie des revenus d'une personne peut l'inciter à travailler davantage pour compenser cette "perte" (effet revenu) ».

➡ ENTRAÎNEZ-VOUS !

Travaillez à plusieurs

- Contrairement à ce que vous pourriez croire, l'échange avec le jury ne s'improvise pas. Cela **s'anticipe** et il faut **s'entraîner** pour s'améliorer : être plus à l'aise, repérer ses tics, repérer les questions les plus fréquentes, etc.
- Multipliez les **séances de travail à plusieurs** et alternez les rôles : candidat, jury...

Tenez-vous au courant de l'actualité

Les débats sur les actions des pouvoirs publics sont récurrents. Choisissez quelques **sujets d'actualité politique récente** (réforme, problème socio-économique...) et analysez-les pour déterminer s'il est bien question de justice sociale (c'est souvent le cas), et, surtout, s'il y a un débat sur l'efficacité, la légitimité ou le risque d'effet pervers.

CONSEIL
Choisissez votre posture.
Après votre réponse à la question, vous avez la possibilité de rester debout ou de vous asseoir. C'est vous qui décidez, mais n'oubliez que 20 minutes debout, c'est long !

CONSEIL
Faites des parallèles.
Le 2e membre du jury sera soit un enseignant de votre autre spécialité, soit un enseignant du tronc commun : il sera sans doute tenté de vous poser des questions en lien avec sa matière. Pensez à revoir, par exemple, votre cours de philosophie sur la notion de justice.

CONSEIL
Soyez nuancé !
Les SES impliquent discussion, nuance et mesure. Montrez au jury que vous êtes capable de concevoir une conception opposée de la justice, par exemple, sans pour autant laisser à penser que tous les arguments se valent.

Ressources numériques
- Grille d'évaluation pour l'entretien.
- Listes des questions à anticiper.

ÉTAPE 2 Préparer son oral

Pistes pour se documenter	Pistes pour organiser la réponse
▸ *Refaire société*, coll. « La République des idées », Éditions du Seuil, 2011. ▸ Pascal Salin, « Un monde sans impôt est-il possible ? », *Cahiers français*, n° 373, mars 2013, p. 62-68. ▸ David Belliard, « Peut-on maîtriser les dépenses de santé ? », *Alternatives économiques*, Hors-série n° 92, avril 2012, p. 30-31.	▸ Une action à limiter ou à améliorer : peu efficace (pauvreté persistante), en perte de légitimité (des impôts jugés trop élevés) et impliquant des effets pervers (moindre incitation au travail). ▸ Une action indispensable et à maintenir : efficacité relative (réduit la pauvreté), légitime « malgré tout » (civisme fiscal) et des effets indésirables à nuancer (autres motivations, incitation à travailler plus pour compenser).

Autres questions possibles

- Comment la contrainte de financement s'impose-t-elle aux actions en faveur de la justice sociale ?
- Pourquoi un choix politique peut-il à la fois être jugé juste par certains et injustes par d'autres ?

BAC

Sujet d'entraînement – Dissertation 4h

Grilles d'évaluation

Pourquoi l'action des pouvoirs publics en matière de justice sociale fait-elle l'objet de débats ?

Doc 1 Consentement à l'impôt

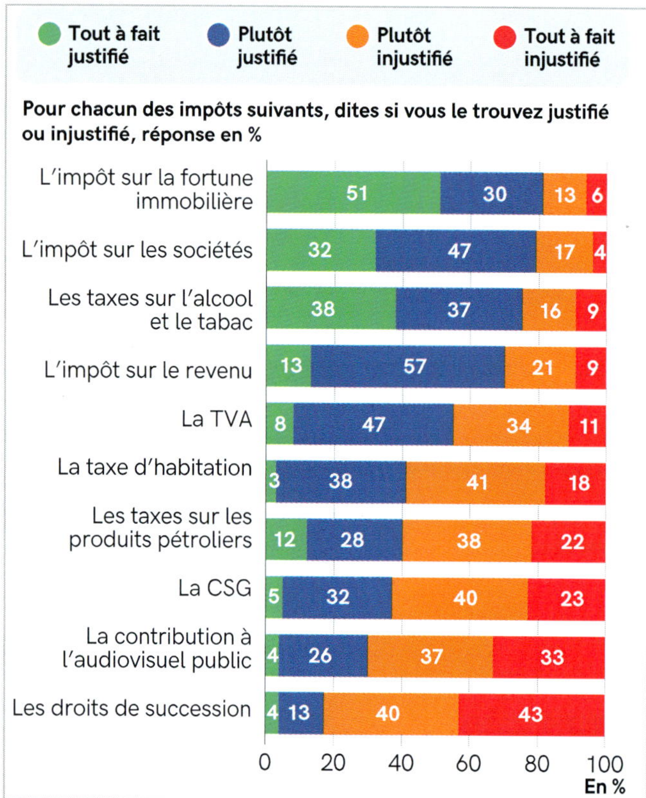

Enquête Ipsos pour *Le Monde*, échantillon de 1070 personnes représentatif de la population française de 18 ans et plus, interrogé par Internet du 9 au 13 novembre 2018.

Gérard Courtois, « Le "ras-le-bol fiscal" s'accentue en France », *Le Monde*, 22 novembre 2018

Doc 2 Évolution de la pauvreté de 1970 à 2010

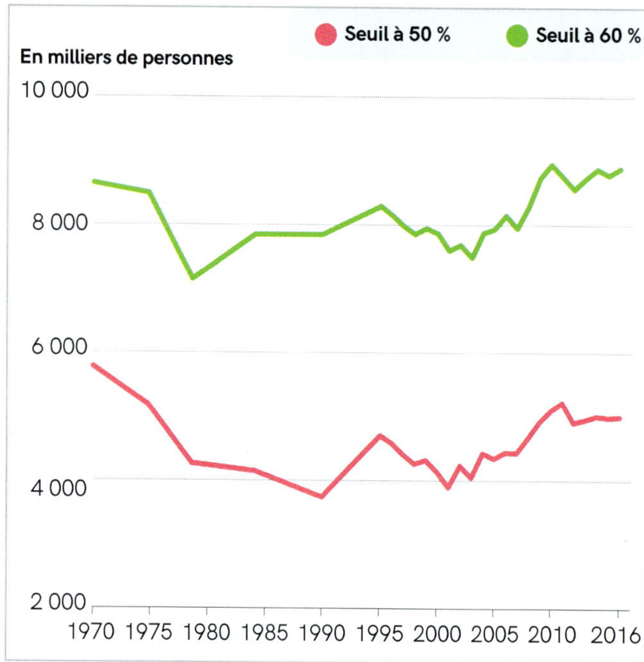

Rapport sur les inégalités en France, Observatoire des inégalités, 2019

Doc 3

Le Gouvernement a épinglé jeudi sept entreprises françaises [...] pour « présomption de discrimination à l'embauche » à la faveur d'une campagne de *testing* qu'il avait commanditée. [...]

« Sur l'ensemble des entreprises testées, il est estimé que le taux de succès du candidat dont le nom a une consonance maghrébine est de 9,3 % contre 12,5 % pour le candidat avec un nom à consonance européenne », ce qui représente « 25 % en moins de chance » d'avoir une réponse – de bonne réception ou donnant une information – indiquent les ministères. « Ces tests correspondent à l'envoi de 10 349 candidatures fictives ou demandes d'information », candidatures spontanées ou répondant à une offre, précisent-ils.

Ces demandes d'information, concernant des postes d'hôtesses d'accueil et de techniciens de maintenance, sont envoyées par paires : une avec un nom à consonance européenne et une avec un nom à consonance maghrébine. Cette étude a « ses limites », a cependant reconnu jeudi le Gouvernement, des limites mises en avant par les chercheurs eux-mêmes. Notamment parce que ces emplois d'hôtesse d'accueil et de technicien de maintenance sont parfois sous-traités par les entreprises qui ont fait l'objet du *testing*. [...]

À noter que l'étude souligne le cas d'une entreprise, Air Liquide, pratiquant une discrimination « à l'envers » qui « avantage le candidat potentiellement discriminé ».

« Discriminations à l'embauche : sept entreprises épinglées par des "*testing*" », *20 minutes*, 9 février 2020

BAC Sujet d'entraînement – Épreuve composée 4h

PARTIE 1 Mobilisation des connaissances — 20 à 30 min. — 4 points

Question Montrez que le concept d'égalité prend plusieurs formes.

PARTIE 2 Étude d'un document — 1h à 1h30 — 6 points

Doc Répartition des masses de revenus selon la catégorie de revenus en 2015, en %

	Part de chaque catégorie dans la population	Salaires et chômage	Pensions[1]	Revenus d'activité indépendante	Revenus du patrimoine	Revenus exceptionnels
90 % les plus modestes	90	75	79	40	36	19
Des 10 % au 1 % les plus riches	9	20	18	35	34	34
Du 1 % au 0,1 % le plus riche	0,9	4	2	18	18	30
Du 0,1 % le plus riche	0,1	1	0	7	12	17
Ensemble	100	100	100	100	100	100

1 La somme n'est pas égale à 100 % du fait des arrondis.

D'après le *Rapport sur les inégalités en France*, Observatoire des inégalités, 2019

Question 1. Caractérisez les revenus des 1 % des individus les plus riches.

Question 2. À l'aide du document, vous évaluerez les inégalités de revenus entre les plus riches et la majeure partie de la population.

PARTIE 3 Raisonnement s'appuyant sur un dossier documentaire — 2h à 2h40 — 10 points

À l'aide de vos connaissances et du dossier documentaire, vous montrerez que les inégalités économiques et sociales présentent un caractère multiforme et cumulatif.

Doc 1 Distribution du revenu salarial annuel selon le sexe et le diplôme en 2016, en euros courants

	Ensemble	Femmes	Hommes	Sans diplôme	CAP, BEP ou moins	Bac	Bac + 2	Bac + 3 ou plus
1er décile (D1)	**2 600**	2 240	3 060	2 160	3 440	5 110	8 590	10 640
1er quartile (Q1)	**9 390**	8 190	11 200	7 120	10 040	12 470	16 880	20 360
Médiane	**18 450**	16 850	20 100	14 760	17 510	18 720	22 900	28 830
3e quartile (Q3)	**26 240**	23 840	28 720	20 140	22 720	24 920	30 320	41 310
9e décile (D9)	**37 470**	32 640	42 270	25 320	29 160	32 930	39 960	60 980
Rapport interdécile (D9/D1)	**14,4**	14,6	13,8	11,7	8,5	6,4	4,7	5,7
D9/médiane	**2,0**	1,9	2,1	1,7	1,7	1,8	1,7	2,1
Médiane/D1	**7,1**	7,5	6,6	6,8	5,1	3,7	2,7	2,7

Champ : France hors Mayotte, ensemble des salariés hors salariés agricoles et apprentis stagiaires, hors salaires versés par des particuliers employeurs.

Insee, Fiche revenu salarial, France, données sociales, édition 2019

Doc 2 Espérance de vie des hommes à 35 ans, par quartile de niveau de vie mensuel et par diplôme (2012-2016)

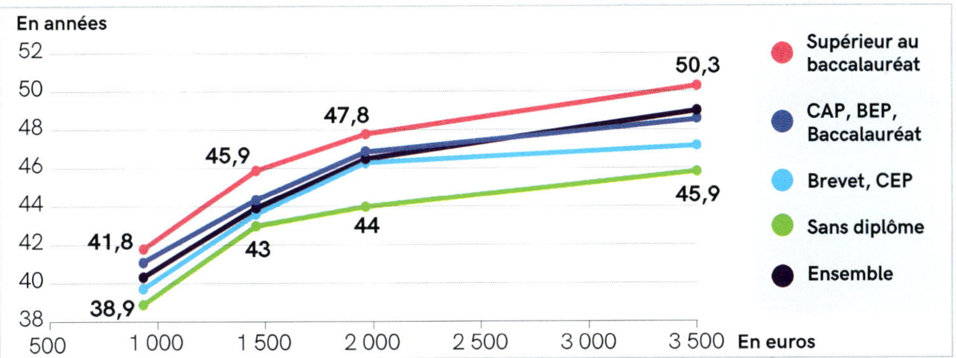

Note : en abscisses, chaque point correspond à la moyenne des niveaux de vie mensuels d'un quartile.

Lecture : en 2012-2016, parmi les 25 % les plus aisés, dont le niveau de vie moyen est de 3 500 euros par mois, l'espérance de vie à 35 ans des hommes ayant un diplôme supérieur au baccalauréat est de 50,3 ans.

Champ : personnes âgées de 35 ans ou plus, France hors Mayotte.

Insee Première, N° 1 687, février 2018

CHAPITRE 12

Quelle action publique pour l'environnement ?

Textes DYS
TOUS LES TEXTES EN VERSION DYS
lyceen.nathan.fr/sesterm-2020

RAPPELS

EXO Exercices interactifs

Cours de 1re

1re

Quelles sont les principales défaillances du marché ?

a. Qu'est-ce qu'un bien commun ?

- ☐ Un bien non rival.
- ☐ Un bien non excluable.
- ☐ Un bien rival.
- ☐ Un bien excluable.

b. Les émissions de gaz à effet de serre ou la surexploitation des ressources naturelles sont :

- ☐ des externalités négatives de la production et de la consommation.
- ☐ des effets négatifs induits par l'activité d'un agent économique sur autrui et sans compensation monétaire possible.
- ☐ des effets induits par la croissance économique et intégrés dans les calculs des agents économiques.

c. Laquelle (ou lesquelles) de ces actions des pouvoirs publics permet(tent) de lutter contre les défaillances des marchés ?

- ☐ Imposer le paiement d'une taxe sur l'achat d'essence.
- ☐ Verser une subvention pour l'achat d'un vélo électrique.
- ☐ Interdire l'utilisation de certains pesticides dans l'agriculture.
- ☐ Instaurer un service municipal de partage de véhicule.

SOMMAIRE

Doc 1 Les jeunes et le climat

Le Sommet de la jeunesse pour le climat s'est tenu le 21 septembre 2019 au siège de l'ONU à New York. Il a réuni de jeunes militants de 18 à 29 ans, des innovateurs, entrepreneurs et autres acteurs du changement engagés dans la lutte contre les changements climatiques.

Comment les jeunes cherchent-ils à influencer l'action des gouvernements en matière de changement climatique ?

Doc 2 La forêt amazonienne, un bien commun ?

Podcast

À qui appartient la forêt amazonienne ?

Pour quelle raison est-il difficile de la protéger ?

La forêt amazonienne traverse les frontières de neuf pays d'Amérique latine, dont le Brésil qui en abrite 60 %.

« À qui appartient l'Amazonie ? » (4 min. 10 sec.), France culture, 2019

1 Quels acteurs ont fait de l'environnement un problème public ?

▶▶ OBJECTIF
Savoir identifier les différents acteurs qui participent à la construction des questions environnementales comme problème public et à leur mise à l'agenda politique.

QU'ALLONS-NOUS FAIRE ?

En 2019, les marches pour le climat se sont multipliées, attirant l'attention des médias, des entreprises et des pouvoirs publics sur la nécessité d'une action en faveur de la lutte contre le changement climatique.

ACTIVITÉ L'écologie en quelques dates

▶ Prenez connaissance des événements ci-contre, puis présentez les différents acteurs qui interviennent sur la question de l'environnement. Vous pouvez compléter le tableau ci-dessous.

	Acteurs mobilisés
1972	
1984	
2007	
2018	
Mars 2019	

Vidéo Changement climatique : chaque demi-degré compte (de 37 min. à 44 min. 30 sec.)

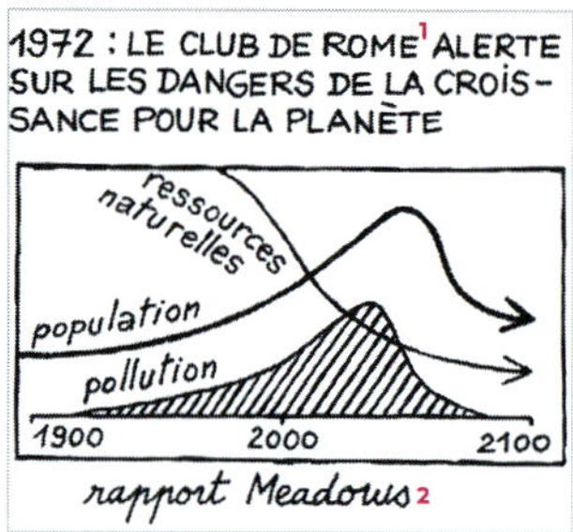

1. Cercle de réflexion créé en 1968.
2. Publié par les chercheurs du MIT.

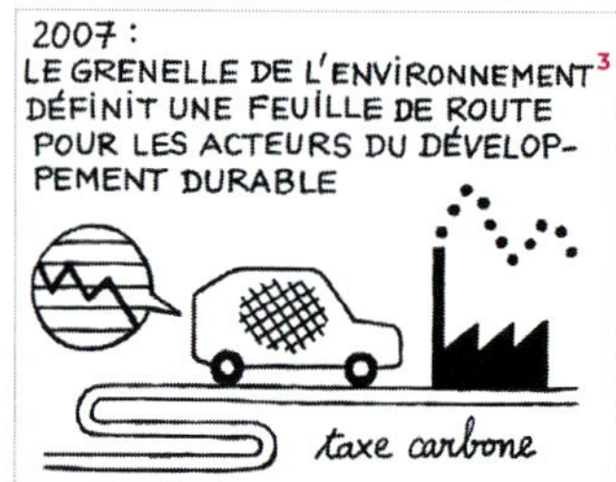

3. Réunion de l'État français, des collectivités locales, des partenaires sociaux et des ONG pour réfléchir sur les questions environnementales.

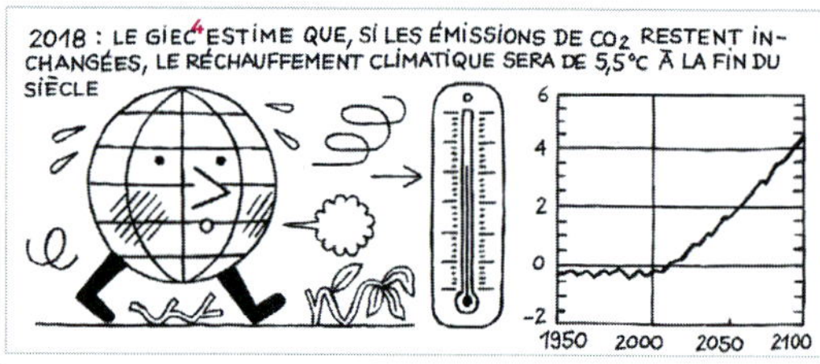

4. Organisme intergouvernemental crée en 1988 et chargé d'évaluer les travaux scientifiques consacrés aux changements climatiques.

« La lente percée de l'écologie en France », *Le 1*, 2019

Doc 1 Faits sociaux et problèmes publics

[...] Une expérience vécue ou une mesure ne suffisent pas pour créer une mobilisation sociale et à plus forte raison politique. De nombreux enjeux demeurent longtemps latents ou orphelins. Une situation dommageable, même bien évaluée, peut demeurer sans réponse sociale. [...] <u>Le problème ne devient public que lorsque les acteurs se mobilisent et l'inscrivent dans l'espace public afin que quelque chose soit fait pour traiter « la condition »</u>. Il devient alors un sujet d'attention, voire de controverses et des positions se confrontent pour en caractériser les composantes, l'ampleur et les causes. La médiatisation tient ici un rôle considérable pour faire écho à ces débats, les nourrir d'images et de témoignages ; mais aussi en devenant partie prenante du problème et de l'appréciation de son urgence. <u>Ce problème devient un enjeu politique à partir du moment où la solution qui est envisagée concerne la puissance publique</u>. L'appel à une intervention de l'État vise alors, soit la prise en charge d'une situation ignorée jusque-là, soit la réforme de l'action publique existante mise en cause pour ses insuffisances ou ses orientations. À plus forte raison, l'enjeu devient politique lorsqu'une autorité publique s'empare du sujet et l'inscrit sur son agenda.

Pierre Lascoumes, Patrick Le Galès, *Sociologie de l'action publique*, Armand Colin, 2018

DÉFINITION

Agenda politique : ensemble des problèmes publics inscrits à l'ordre du jour dans la liste des politiques publiques à mettre en œuvre.

QUESTIONS

1. **Lire.** Quelles sont les deux étapes qui conduisent d'un problème de société à l'inscription à l'agenda politique ?
2. **Illustrer.** Associez chaque phrase soulignée à une ou plusieurs illustrations de l'activité.
3. **Expliquer.** En quoi la création du GIEC illustre-t-elle l'inscription des questions environnementales dans l'agenda politique ?

Doc 2 L'économie circulaire

Podcast
Les supermarchés coopératifs

a Les sept piliers de l'économie circulaire

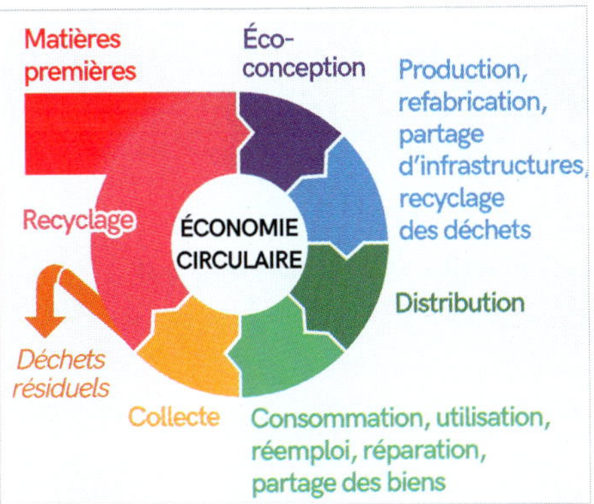

D'après « Économie circulaire », Communauté de communes Anjou Loir et Sarthe, 2017

b GreenGo, un exemple d'initiative portée par une entreprise

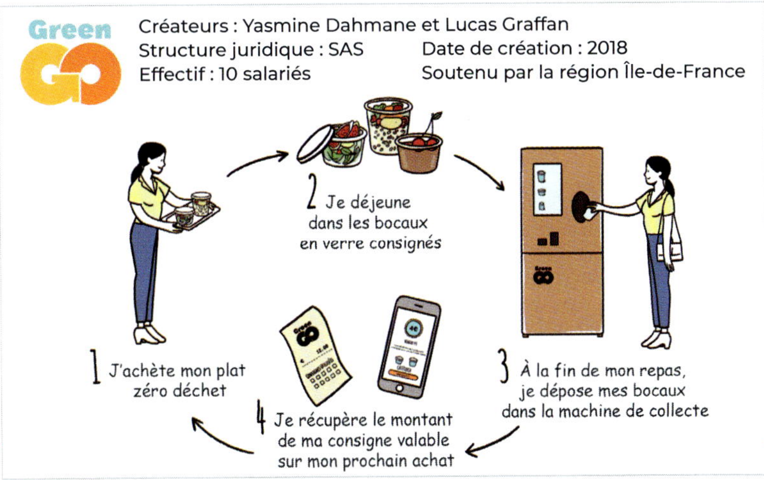

D'après « Économie circulaire & alimentation », Comité francilien de l'économie circulaire, 2019

QUESTIONS

4. **Expliquer.** Quels sont les objectifs de l'économie circulaire ?
5. **Analyser.** À quel pilier de l'économie circulaire l'entreprise GreenGo correspond-elle ?
6. **Déduire.** Quelle est la réponse de cette entreprise pour sauvegarder l'environnement ?

Doc 3 Un instrument de mesure médiatisé par une ONG

Lien vers le site

Global Footprint Network est une organisation internationale à but non lucratif fondée en 2003. La stratégie clé de notre réseau consiste à mettre à disposition des données fiables sur l'empreinte écologique. Cette mesure complète de la soutenabilité écologique a été créée [...] au début des années 1990 [...]. Depuis sa création, *Global Footprint Network* a calculé les empreintes de plus de 200 pays pour chaque année de 1961 à 2016. Ces résultats sont inclus dans d'innombrables rapports d'organisations telles que le Fonds mondial pour la nature (WWF), l'Union internationale pour la conservation de la nature (UICN), ou l'Agence européenne pour l'environnement. Nous avons collaboré avec plus de 70 gouvernements de pays sur six continents et [...] plus de 80 organisations. Plus de quinze gouvernements nationaux ont utilisé notre indicateur pour la définition de leurs propres politiques.

D'après le site Internet de *Global Footprint Network*, www.footprintnetwork.org

DÉFINITION

Empreinte écologique : surface nécessaire à une population pour produire et renouveler les ressources naturelles qu'elle consomme et absorber ses déchets, en particulier les émissions de carbone.

QUESTIONS

7. **Lire.** Que permet de mesurer l'empreinte écologique ?
8. **Expliquer.** En quoi la médiatisation de cet instrument de mesure par *Global Footprint Network* participe-t-elle à la définition du problème environnemental ?

EN AUTONOMIE VERS LE BAC

▶▶ Parcours écrit Épreuve composée – Partie 3

À l'aide de vos connaissances et des documents, montrez que la naissance des questions environnementales comme problème public est le résultat de la mobilisation de nombreux acteurs.

▶▶ Parcours oral Étape 3 – Réfléchir à son support

Réalisez une fiche mémo associant, pour chaque étape conduisant à l'inscription de l'environnement à l'agenda politique, deux exemples d'acteurs à l'activité qu'ils ont menée.

Fiche mémo guidée

MÉMO

- L'inscription de la sauvegarde de l'environnement à l'agenda politique est le résultat de la mobilisation d'un grand nombre d'acteurs.
- Les mouvements citoyens et les ONG alertent les pouvoirs publics sur la nécessité d'une action politique.
- Les experts alertent les citoyens et définissent des instruments de mesure de la dégradation de l'environnement. Les ONG médiatisent ces instruments.
- Les entreprises mettent en œuvre de nouvelles manières de produire ou de consommer.

2 Quelles relations entretiennent les acteurs qui interviennent sur les questions environnementales ?

OBJECTIF
Comprendre que les acteurs qui interviennent sur les questions environnementales entretiennent des relations de coopération et de conflit.

QU'ALLONS-NOUS FAIRE ?

Occupation de bâtiments, manifestations, actions en justice, assemblées citoyennes, investissement dans des projets locaux... les acteurs mobilisés sur les questions environnementales peuvent s'opposer ou coopérer.

Doc 1 Comment agir face à « l'urgence climatique » ?

a Une action de désobéissance civile

Le 12 décembre 2019, des militants de l'ONG Greenpeace déploient une banderole sur la façade du Conseil européen à Bruxelles afin d'alerter sur l'urgence climatique.

b Une manifestation pour le climat

Marche pour le climat à Paris, 2019

Vidéo Un adolescent rassemble 1 500 personnes pour le climat

DÉFINITION
Désobéissance civile : action politique visible, parfois illégale, dans le but de dénoncer l'action des États.

QUESTIONS

1. **Illustrer.** En quoi le doc a illustre-t-il la désobéissance civile ?
2. **Comparer.** Quelle est la différence entre des actions collectives comme celles du doc b et de la vidéo, et celles de la désobéissance civile ? Quels sont leurs points communs ?

Doc 2 L'ONU face au changement climatique

La Suédoise Greta Thunberg et quinze autres jeunes de douze pays âgés de 8 à 17 ans, dont la Française Iris Duquesne, ont saisi un groupe d'experts de l'ONU pour dénoncer les politiques publiques de cinq États : la France, l'Allemagne, l'Argentine, le Brésil et la Turquie. Selon eux, les États visés « connaissaient les risques liés au changement climatique depuis des décennies » et malgré cela, ils « ne font pas baisser leurs émissions de gaz à effet de serre et continuent à promouvoir les énergies fossiles ». Il ne s'agit pas là à proprement parler d'une plainte en justice, mais de la saisine d'une administration de l'ONU, le Comité des droits de l'enfant. [...] Un « protocole [...], entré en vigueur en 2014, « permet à chaque enfant de déposer une plainte concernant des violations spécifiques de ses droits au titre de la Convention » [...]. Seuls 44 pays ont ratifié ce protocole [...]. Ce qui explique pourquoi les États-Unis, la Chine ou l'Inde, pourtant les plus gros émetteurs au monde de gaz à effet de serre, n'ont pas pu être visés : ils n'ont pas ratifié le texte.

[...] La démarche des adolescents, forte sur le plan symbolique, est aussi importante politiquement. Elle pourrait constituer une avancée majeure si les experts venaient à décider qu'il faut élargir le champ d'application de la Convention relative aux droits de l'enfant au changement climatique.

Coralie Schaub, « Les droits de l'enfant, nouveau levier dans la lutte pour le climat », *Libération*, 2019

Vidéo Justice climatique : les précédents dans le monde

QUESTIONS

3. **Expliquer.** Par quelle violation des droits des enfants l'action décrite est-elle justifiée ?
4. **Déduire.** Quel est l'objectif de cette action ?
5. **Distinguer.** En quoi ce type d'action se différencie-t-il des mouvements de désobéissance civile ?

Doc 3 La participation des citoyens

Qui se souvient de la première convention citoyenne pour le climat, organisée en France en 2002 ? À l'époque, ils étaient seize citoyens tirés au sort et formés durant trois week-ends. Le but était déjà d'« inviter un échantillon significatif de Français, les informer le plus scientifiquement et objectivement possible, et leur demander de réinterroger des experts avec leur nouveau bagage intellectuel, afin de donner enfin leur avis sur la question », expliquait alors au *Monde* le biologiste Jacques Testart, président à l'époque de la Commission française du développement durable (CFDD), dépendant du ministère de l'Environnement, qui avait organisé le dispositif.

Dix-sept ans plus tard, les recommandations de ces citoyens impressionnent par leur radicalité et leur caractère visionnaire : taxation du kérosène, généralisation du ferroutage[1], fonds mondial d'indemnisation en cas de catastrophe liée au réchauffement planétaire... « Mais, à l'époque, personne au Gouvernement n'en a regardé les résultats », note Marie-Angèle Hermitte, directrice de recherche honoraire au CNRS, qui avait coorganisé les débats. Si la convention citoyenne pour le climat de 2019 reste inédite en France par son ampleur (150 citoyens, six grands week-ends de débats), elle s'inscrit dans une histoire déjà longue. [...] Aux États-Unis, c'est à la suite d'un « sondage délibératif » auprès de citoyens tirés au sort que le Texas a décidé en 1998 d'accroître la part des énergies renouvelables au détriment du pétrole.

Claire Legros, « En France et à l'étranger, le sort varié des consultations de citoyens », *Le Monde*, 2019

1. Mode de transport associant le train et la route.

Convention citoyenne pour le climat, Paris, 2019

QUESTIONS

6. **Lire.** Citez les trois acteurs mobilisés dans le cadre des conventions citoyennes sur le climat.
7. **Expliquer.** Quelles sont leurs relations ?
8. **Expliquer.** Quel est l'intérêt d'associer les citoyens à la prise de décisions sur les questions environnementales ?

ACTIVITÉ La production collective et locale d'énergies renouvelables

En 2010, les pionniers du financement solidaire et des énergies renouvelables créent ensemble *Énergie Partagée*. Objectif : changer la donne énergétique en orientant l'épargne des citoyens vers des projets d'énergies renouvelables initiés et maîtrisés localement par les acteurs du territoire.

Depuis, des dizaines de projets éoliens et solaires se sont réalisés grâce à la mobilisation de cette finance collective.

« Investissons dans une énergie renouvelable », Énergie Partagée, 2015

▶ **En vous appuyant sur les documents de la double-page, rédigez un paragraphe argumenté dans lequel vous montrerez comment la coopération entre divers acteurs permet la mise en œuvre de projets favorisant la préservation de l'environnement.**

Vous pouvez également rechercher des informations sur le site de l'un de ces projets.

Liens

EN AUTONOMIE VERS LE BAC

▶▶ **Parcours écrit** Dissertation

À l'aide de vos connaissances et des documents, montrez que les acteurs mobilisés sur les questions environnementales ont deux types de relations.

▶▶ **Parcours oral** Étape 2 – Se documenter

Choisissez un exemple de mobilisation en faveur de l'environnement. Préparez un argumentaire de 2 minutes pour justifier le mode d'action choisi (coopération ou conflit).

Idées de mobilisations

MÉMO

■ Dans une logique de coopération, les citoyens peuvent participer à la définition des politiques publiques ou, en collaboration avec les collectivités et les entreprises locales, élaborer des projets soutenables.

■ Pour interpeler les pouvoirs publics sur les questions environnementales, les citoyens mobilisés peuvent choisir d'entrer dans une logique conflictuelle : désobéissance civile, grèves, manifestations, saisine de tribunaux ou d'autorités compétentes, par exemple.

3 Quelles sont les différentes échelles de l'action publique pour l'environnement ?

▸▸ **OBJECTIF**
Comprendre que l'action publique pour l'environnement articule différentes échelles.

QU'ALLONS-NOUS FAIRE ?

Chaque année en décembre, depuis 1995, les États se rencontrent pour la Conférence des Nations unies sur les changements climatiques. L'action publique pour l'environnement doit être supranationale pour être efficace, mais les décisions qui sont prises ont des répercussions à différentes échelles.

Doc 1 Des accords internationaux

a La Convention-cadre des Nations unies sur les changements climatiques

Article 2. L'objectif ultime de la présente Convention et de tous instruments juridiques connexes que la Conférence des parties[1] pourrait adopter est de stabiliser, conformément aux dispositions pertinentes de la Convention, les concentrations de gaz à effet de serre dans l'atmosphère à un niveau qui empêche toute perturbation anthropique[2] dangereuse du système climatique. Il conviendra d'atteindre ce niveau dans un délai suffisant pour que les écosystèmes puissent s'adapter naturellement aux changements climatiques, que la production alimentaire ne soit pas menacée et que le développement économique puisse se poursuivre d'une manière durable.

Convention-cadre des Nations unies sur les changements climatiques, 1992

1. Nom donné aux rencontres annuelles organisées entre les pays signataires de la Convention-cadre des Nations unies.
2. Perturbations provoquées directement ou indirectement par l'activité humaine.

b Les COP en quelques dates

- **1992** Adoption du texte de la Convention-cadre des Nations unies contre les changements climatiques.
  Objectif : ramener en 2000 les émissions de gaz à effet de serre au niveau de 1990 pour une quarantaine de pays industrialisés ou en transition.
- **1994** Entrée en vigueur de la Convention-cadre.
  Les pays qui la ratifient sont appelés « parties ».
- **1995** Première Conférence des parties (Cop 1) à Berlin.
- **1997** Protocole de Kyoto officiellement adopté (Cop 3) : engagements de limitation ou de réduction des émissions de gaz à effet de serre pour une quarantaine de pays industrialisés d'ici à 2008-2012.
- **2015** Accord de Paris, non contraignant (195 pays) : repose sur des réductions volontaires d'émissions de gaz à effet de serre.

Vidéo Les coulisses de la COP 21

QUESTIONS

1. **Lire.** Quel est l'objectif des Conférences des parties ?
2. **Déduire.** Quels sont les avantages d'une action publique menée au niveau mondial pour lutter contre le réchauffement climatique ?
3. **Expliquer.** Quelles peuvent être les limites d'un accord non contraignant sur des réductions volontaires d'émissions de gaz à effet de serre ?

Doc 2 Les engagements de l'Union européenne pour le climat

Vidéo Un pacte vert pour l'Europe

Le cadre d'action en matière de climat et d'énergie à l'horizon 2030 prévoit des cibles et des objectifs stratégiques à l'échelle de l'UE pour la période 2021-2030.
– réduire les émissions de gaz à effet de serre d'au moins 40 % (par rapport aux niveaux de 1990) ;
– porter la part des énergies renouvelables à au moins 32 % ;
– améliorer l'efficacité énergétique d'au moins 32,5 %.

Le cadre d'action a été adopté par le Conseil européen[1] en octobre 2014.

Les objectifs en matière d'énergies renouvelables et d'efficacité énergétique ont été révisés à la hausse en 2018.

« Cadre d'action en matière de climat et d'énergie d'ici à 2030 », Commission européenne

1. Regroupe les chefs d'État ou de Gouvernement de l'Union européenne.

QUESTIONS

4. **Lire.** Quels engagements l'Union européenne a-t-elle pris pour protéger le climat ?
5. **Expliquer.** Pourquoi ces engagements demandent-ils la mobilisation des États à l'échelle nationale ?

ACTIVITÉ Objectifs nationaux sur l'utilisation des énergies renouvelables fixés par l'UE, 2017

▶ **Répondez par « Vrai » ou « Faux » et justifiez vos réponses.**

	Vrai	Faux
a. En 2017, l'Union européenne a atteint les objectifs fixés en 2009.	☐	☐
b. En 2020, en Espagne, 20 % de la consommation totale d'énergie devra être produite à partir de sources renouvelables.	☐	☐
c. En 2017, la France n'avait pas encore atteint les objectifs que la directive européenne lui a fixés.	☐	☐
d. En 2017, la Suède a dépassé les objectifs fixés d'environ 5 points de pourcentage.	☐	☐

MÉMO MATHS

→ FICHE MÉTHODE 2 P. 359

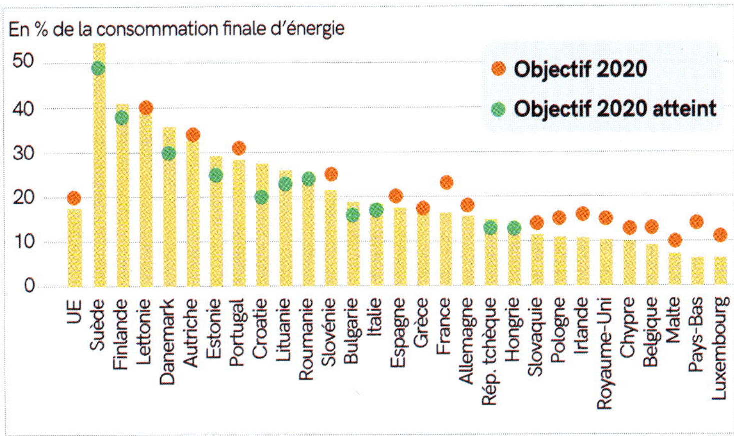

D'après Eurostat, 2019

Doc 3 La nécessité d'une action publique locale

Lien vers le site
Rev3

À l'échelon national, l'État est plus pertinent pour fixer le cadre réglementaire et les incitations aidant les régions dans cette transition [énergétique]. Mais celles-ci ont une meilleure connaissance du territoire permettant d'identifier les besoins. L'une des leçons de l'expérience que mon équipe et moi [rev3][1] menons dans les Hauts-de-France depuis plusieurs années, avec le conseil régional et la chambre de commerce, est que la transition écologique et sociale ne peut fonctionner que si tous les acteurs locaux, élus, entreprises, associations, citoyens sont impliqués. Nous les avons réunis au sein d'assemblées de pairs, consultées régulièrement et suivant la mise en place des projets. Cela fonctionne, et cela peut être reproduit ailleurs.

Face aux désastres climatiques à répétition qui nous attendent, chaque région devra développer sa résilience, afin d'être en mesure de disposer de sa propre alimentation électrique en cas de catastrophe nationale ou même, de cyberattaque sur le réseau global d'électricité. Une telle résilience sera facilitée par la production d'énergie décentralisée. L'État, lui, devra jouer un rôle de coordinateur. Un tel modèle sera bien sûr plus facile à mettre en place dans les pays fédéraux comme l'Allemagne. Moins dans les nations centralisées telle que la France.

D'après Jérémy Rifkin : « Notre survie dépend de la transformation de nos modes de production », *Le Monde Économie*, 2019

1. La mission rev3, créée en décembre 2017 dans les Hauts-de-France, rassemble des équipes de la chambre de commerce et du conseil régional pour accompagner la création locale de projets associés à une économie plus durable.

DÉFINITION

Action publique : décision politique progressivement élaborée grâce à l'interaction entre les acteurs mobilisés sur un problème public.

QUESTIONS

6. **Expliquer.** Pour quelles raisons, selon l'auteur, l'implication des collectivités locales est-elle nécessaire à la mise en place de projets durables ?
7. **Lire.** En quoi la mission Rev3 est-elle un exemple d'action publique pour l'environnement ?

EN AUTONOMIE VERS LE BAC

▶▶ **Parcours écrit** Épreuve composée – Partie 2

En vous appuyant sur l'activité, montrez que l'action publique pour l'environnement nécessite d'articuler différentes échelles.

▶▶ **Parcours oral** Étape 3 – Réfléchir à son support

Construisez puis présentez une carte mentale reliant tous les exemples d'actions présentés dans cette double page, en précisant leurs niveaux de décision respectifs.

Carte mentale guidée

MÉMO

- La préservation de l'environnement nécessite d'associer tous les niveaux de l'action politique.
- Les décisions prises à l'échelle mondiale sont appliquées au niveau européen puis national et déclinées dans la mise en œuvre de mesures et d'initiatives portées ou soutenues par les pouvoirs publics locaux (régions, départements, communes).

4 Quels sont les instruments de la politique climatique ?

▸▸ OBJECTIF
En prenant l'exemple du changement climatique : connaître les principaux instruments dont disposent les pouvoirs publics pour faire face aux externalités négatives sur l'environnement.

QU'ALLONS-NOUS FAIRE ?

Des restrictions de circulation automobile en cas de pic de pollution, une taxe carbone ou un marché de quotas d'émissions sont quelques exemples d'instruments politiques de lutte contre les changements climatiques.

Doc 1 Comment lutter contre le changement climatique ?

Vidéo
Taxe carbone : un impôt pour la planète (de 7 min. 31 sec. à 8 min. 28 sec.)

Un plein de gasoil coûte en réalité bien plus que quelques dizaines d'euros : il convient notamment d'y ajouter les dégâts sur la santé des particules fines dégagées lors de la combustion du carburant ainsi que les émissions de dioxyde de carbone qui aggravent le changement climatique [...]. La question est alors de [...] contraindre le système de prix à refléter le coût social [ou coût total] de l'utilisation du carbone. [...]

La solution réglementaire consiste à imposer aux producteurs et aux consommateurs des standards et des normes obligatoires qui respectent des objectifs environnementaux fixés par l'autorité publique.

[Une deuxième solution] [...] repose sur l'idée que le marché [...] peut efficacement réduire les maux environnementaux. [...] Le rôle de l'État est alors de créer un « marché des droits à polluer » dont il déterminera le plafond et dont le libre fonctionnement aboutira par le jeu de l'échange des permis entre les entreprises à déterminer le prix social [ou réel] du carbone.

[Une troisième solution] [...] vise à utiliser l'outil fiscal[1] pour modifier les prix relatifs et inciter ainsi les agents à mieux intégrer la préservation de l'environnement dans leurs plans de consommation et de production.

Laurent Éloi, *L'Économie européenne 2018*, coll. « Repères », © Éditions La Découverte, 2018

1. Ici, la taxe carbone.

DÉFINITION

Externalité : conséquence positive ou négative de l'action d'un agent sur un autre agent, sans que cela ne donne lieu à une transaction monétaire.

QUESTIONS

1. Expliquer. En quoi la taxe carbone ou le marché des droits à polluer permettent-ils de rétablir le vrai prix d'un plein de gasoil ?

2. Déduire. En quoi ces instruments permettent-ils d'internaliser une externalité négative ?

3. Comparer. Laquelle des trois solutions proposées est contraignante ? lesquelles sont incitatives ? Pourquoi ?

Doc 2 La nécessité de subventionner les innovations vertes

Pourquoi est-il probable que le secteur privé, laissé à lui-même, ne soit pas capable de générer suffisamment d'innovations environnementales ? [...] Une première raison tient à ce que les économistes qualifient d'« externalité environnementale », autrement dit au fait que les producteurs, qui cherchent à maximiser leur profit, ne sont pas tenus de prendre en compte dans leurs choix de production et d'investissement les dommages qu'ils font subir au climat. [...] Une deuxième raison a trait à ce qu'on qualifie d'externalité de connaissance : dans une situation de laisser-faire, les entreprises ont tendance à orienter leurs efforts d'innovation en direction des secteurs dans lesquels elles disposent déjà d'un avantage technologique. Elles innovent, autrement dit, dans les domaines dans lesquels elles sont déjà bonnes. La plupart du temps, il s'agit malheureusement de secteurs émetteurs de CO_2. Troisièmement, [...] les entreprises rechignent à innover si elles ne peuvent pas bénéficier pleinement des retombées financières de leurs découvertes.

Philippe Aghion, David Hemous et Reinhilde Veugelers, « Quelles politiques pour encourager l'innovation verte ? », *Regards croisés sur l'économie*, 2009

QUESTIONS

4. Lire. Quelles sont les trois raisons qui expliquent le faible investissement des agents privés dans les technologies vertes ?

5. Justifier. Quelles solutions l'État et les collectivités locales peuvent-ils apporter ?

ACTIVITÉ La fiscalité et les subventions au service du climat

Lien vers le site
Ministère de la Transition écologique et solidaire

▶ **Sur le schéma ci-contre sont schématiquement représentées les courbes d'offre et de demande sur le marché des véhicules neufs.**

a. Recopiez le schéma et indiquez où se situent le prix et la quantité d'équilibre avant la mise en place d'une taxe ou d'une subvention.

▶ **Dans la loi de finance 2020, l'État a décidé d'accorder un bonus de 6 000 € pour les ménages achetant un véhicule de moins de 45 000 € et émettant moins de 20 g de CO_2/km.**

b. Représentez la nouvelle courbe de la demande, le nouveau prix payé par le consommateur et le nouveau prix reçu par le producteur.

▶ **L'État a également décidé de renforcer le malus payé par les ménages qui achètent un véhicule émettant plus de 110 grammes de CO_2 par km parcourus (entre 50 € et 12 500 €).**

c. Représentez la nouvelle courbe de la demande, le nouveau prix du marché, la nouvelle quantité échangée et le nouveau prix reçu par le producteur après la mise en place de la taxe.

d. Comment, dans les deux cas, les quantités échangées et les prix du marché ont-ils évolué ?

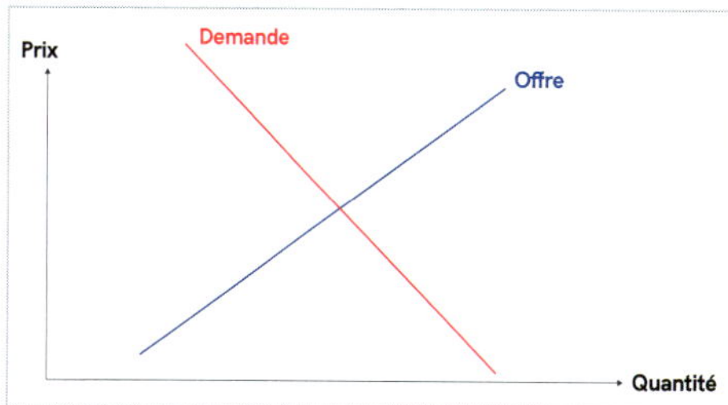

Schéma à imprimer

MÉMO MATHS
→ FICHE MÉTHODE 14 P. 372

Doc 3 Le marché du carbone

a Le système d'échange de quotas

Depuis 2005, le [marché] européen [...] couvre près de 45 % des émissions de gaz à effet de serre de l'Union européenne. [...] Les États membres imposent un plafond sur les émissions des 11 000 installations concernées (production d'électricité, réseaux de chaleur, acier, ciment, raffinage, verre, papier, etc.), puis leur allouent les quotas correspondants à ce plafond. Les entreprises [pourront ensuite] échanger [ces permis] sur le marché.

D'après « Marchés du carbone », ministère de la Transition écologique et solidaire, 2019

b Exemple d'échange de quotas

Vidéo
Le marché du carbone (1 min. 17 sec.)

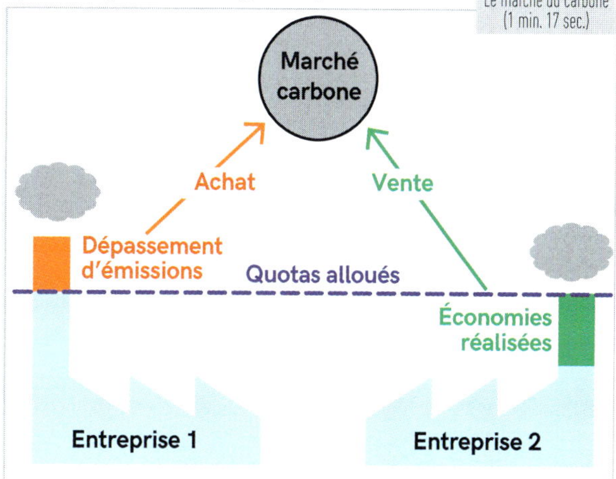

D'après Caisse des dépôts

QUESTIONS

6. **Lire.** Quel est le rôle des institutions dans la création du marché des permis d'émission ?
7. **Déduire.** De quoi dépend le prix de la tonne de CO_2 échangée sur ce marché ?
8. **Expliquer.** Pourquoi l'existence d'un tel marché incite-t-elle les entreprises à réduire leurs émissions de CO_2 ?

EN AUTONOMIE VERS LE BAC

▶▶ **Parcours écrit** Épreuve composée – Partie 1

Montrez comment la fiscalité peut être un instrument pour internaliser les externalités négatives sur l'environnement.

▶▶ **Parcours oral** Étape 4 – Présenter sa question

Présentez, pour les quatre instruments de la politique climatique, un exemple et l'objectif attendu. Un camarade sera chargé d'évaluer la qualité de vos connaissances.

Grille d'évaluation

MÉMO

■ Les pouvoirs publics disposent de quatre instruments principaux pour contraindre ou inciter les agents économiques responsables du changement climatique à modifier leurs comportements et à réduire leurs émissions de gaz à effet de serre : la réglementation, la taxation, le marché des quotas d'émission et les subventions à l'innovation verte.

■ Ces outils jouent sur des mécanismes différents et ont pour objectif de réduire les externalités négatives sur l'environnement générées par l'activité humaine.

5 Quels sont les avantages et les limites des instruments de la politique climatique ?

▸▸ OBJECTIF
En prenant l'exemple du changement climatique : comprendre que les principaux instruments dont disposent les pouvoirs publics pour faire face aux externalités négatives sur l'environnement présentent des avantages et des limites, et que leur mise en œuvre peut se heurter à des dysfonctionnements de l'action publique.

QU'ALLONS-NOUS FAIRE ?

Le mouvement des Gilets jaunes, à partir d'octobre 2018, a notamment contraint l'État français à annuler la hausse progressive de la taxe carbone sur les carburants prévue pour 2019 et 2020. Les différents instruments de la politique climatique peuvent en effet se heurter à des limites économiques, sociales et politiques.

Doc 1 La mise en place de la taxe carbone en France

Toute taxe sur la pollution génère un double gain [...] : la réduction de la pollution et les recettes budgétaires pouvant être utilisées pour satisfaire différents objectifs économiques. C'est le cas de la taxe carbone [...].

Parmi les pistes d'utilisation du revenu budgétaire associé à la fiscalité environnementale, soulager le coût du travail en lui substituant la fiscalité environnementale apparaît comme une option particulièrement séduisante. L'État est ainsi en mesure de dégager le même revenu budgétaire en allégeant simultanément la contrainte pesant sur les entreprises et les effets négatifs induits pour l'activité économique et la production de richesses.

[La fiscalité environnementale] n'est cependant pas neutre du point de vue de la distribution des richesses qu'elle génère. [...] Les dépenses énergétiques pèsent davantage dans le budget des ménages les plus modestes [...]. D'autre part, ces mêmes ménages ont en général des équipements vétustes et énergivores, qui les exposent fortement aux augmentations du coût des énergies. Enfin, plus on s'éloigne des centre-villes, plus l'offre de transport collectif est restreinte, de sorte que les ménages concernés n'ont aucune possibilité de modifier leurs comportements pour échapper à la taxe en réduisant leur consommation de carburants et les émissions de gaz à effet de serre associées.

[...] L'objectif de la taxe carbone n'est pas le rendement budgétaire, mais bien l'élimination des émissions de gaz à effet de serre [...]. [Elle] ne peut financer aucun objectif budgétaire de manière durable.

Vincent Bertrand, maître de conférences et chercheur en économie de l'énergie, Université de Franche-Comté, « Fiscalité verte et acceptabilité sociale : pourquoi ça coince ? », *The Conversation*, 2018

Vidéo Les limites de la taxe carbone (de 3 min. 50 sec. à 7 mn. 20 sec.)

Gilets jaunes à Bourgoin-Jallieu, 2018

QUESTIONS

1. **Déduire.** Quels sont les dangers pour les ménages les plus pauvres de la mise en place d'une taxe carbone sur le prix des carburants ou du fuel domestique ?
2. **Expliquer.** À quelles conditions les ménages peuvent-ils réduire leur consommation de fuel domestique ou d'essence ?
3. **Lire.** À quels risques politiques les gouvernants s'exposent-ils en prenant des mesures environnementales coûteuses pour les producteurs et/ou les consommateurs ?

Doc 2 La solution réglementaire en question

La réglementation consiste à imposer des obligations de faire (installer un pot catalytique[1] sur tous les véhicules neufs, par exemple) ou de ne pas faire (ne pas dépasser un seuil quantitatif d'émission de substances polluantes, par exemple).

La réglementation a comme défaut majeur d'un point de vue économique son application uniforme à tous les agents, sans tenir compte des différences de coûts de dépollution entre entreprises. Elle reste indispensable pour des pollutions jugées particulièrement dangereuses pour la santé [...], ou des cas de risques d'effets irréversibles et/ou très importants.

« Les instruments économiques au service des politiques environnementales », *Trésor Éco*, 2007

1. Élement du pot d'échappement qui permet de réduire les émissions nocives des gaz d'échappement.

QUESTIONS

4. **Illustrer.** Montrez à l'aide d'un exemple l'avantage de la réglementation par rapport à la taxe ou au marché des permis d'émission.
5. **Expliquer.** À quel obstacle se heurte une politique de réglementation ?

Doc 3 L'efficacité du marché des quotas européens en question

Vidéo
Finance carbone : arrêter la fièvre climatique (de 7 min. 59 sec. à 9 min. 12 sec.)

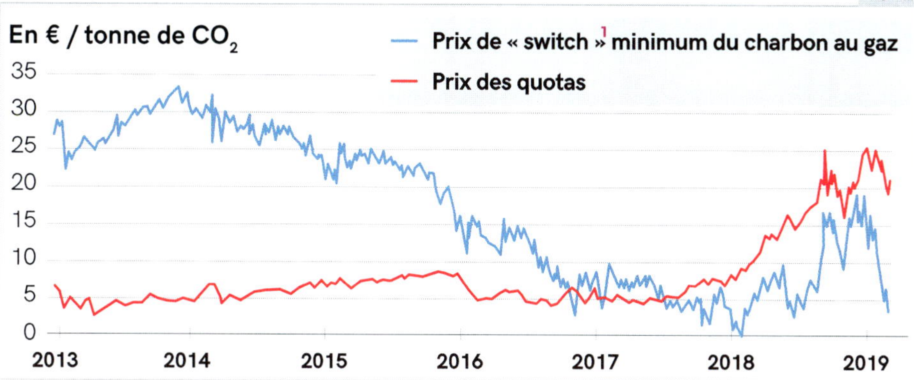

D'après « L'état du marché carbone européen », *Institute for Climate Economics*, 2019

1. Le prix de « switch » indique quel prix théorique doit avoir la tonne de CO_2 pour que produire de l'électricité avec du gaz (qui émet moins de CO_2) ou du charbon ait un coût équivalent. Si ce prix théorique (courbe bleue) est inférieur au prix effectif (courbe rouge), alors les entreprises ont intérêt à « switcher », donc à préférer le gaz au charbon.

QUESTIONS

6. **Lire.** À partir de quelle date le marché carbone européen a-t-il été efficace ? Pourquoi ?
7. **Déduire.** Quel est l'effet d'une baisse de la quantité de quotas attribués par les autorités européennes ?

ACTIVITÉ Le calcul économique du « pollueur-payeur »

▶ **Le coût marginal de décarbonisation correspond aux dépenses supplémentaires supportées par une entreprise qui décide de réduire ses émissions de CO_2 d'une tonne de plus. Les graphiques ci-contre représentent ce coût pour deux entreprises différentes. Complétez-les avec les indications ci-dessous.**

▶ **L'État a deux possibilités :**

– soit il décide d'imposer une norme de réduction des émissions de CO_2 de 50 % par rapport aux émissions initiales pour toutes les entreprises productrices de ciment…

a. Avant l'instauration de la taxe, chaque entreprise émet la quantité Q1 de CO_2. Tracez une flèche qui représente la réduction des quantités de CO_2 émises par chaque entreprise grâce à la réglementation.

– … soit il choisit la taxe ou le marché des quotas. L'un comme l'autre conduiront à fixer le prix de la tonne de CO_2 à 50 euros.

b. Représentez cette taxe sur le graphique en traçant une ligne rouge.

c. Comparez les résultats obtenus avec la réglementation et ceux obtenus avec la taxe ou le marché de quotas selon les deux entreprises.

Schémas à imprimer

MÉMO MATHS
→ FICHE MÉTHODE 14 P. 372

Entreprise 1

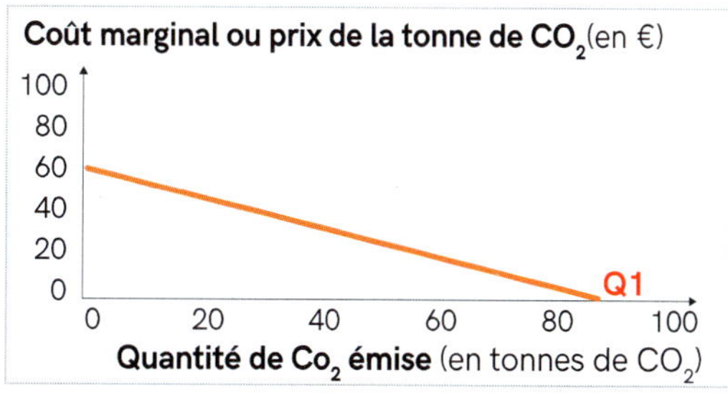

Entreprise 2

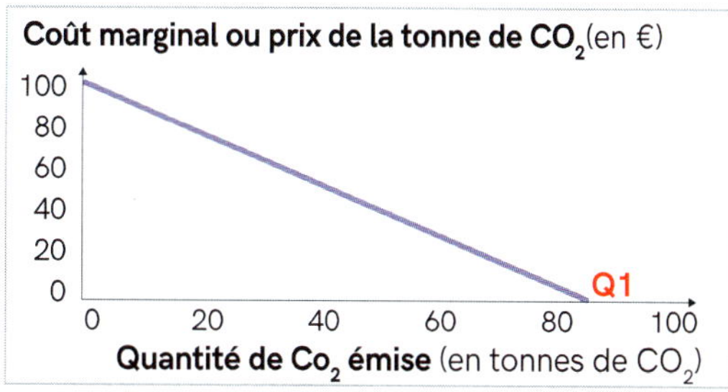

EN AUTONOMIE VERS LE BAC

▶▶ **Parcours écrit** Épreuve composée – Partie 1

Montrez en quoi la taxe carbone mise en place en France à partir de 2014 illustre un dysfonctionnement de l'action publique.

▶▶ **Parcours oral** Étape 3 – Réfléchir à son support

Construisez un tableau listant les avantages et les inconvénients de la taxe carbone, du marché des quotas et de la réglementation. Présentez vos conclusions à l'oral devant un jury d'élèves en leur demandant de recréer votre tableau à partir de votre présentation.

Tableau guidé

MÉMO

■ Une réglementation est contraignante. Elle permet d'accélérer le changement des comportements, mais elle ne tient pas compte des coûts de décarbonisation hétérogènes entre les entreprises et les activités.

■ La taxation et les marchés de quotas incitent les entreprises qui le peuvent à aller au-delà des normes. Mais la nécessité de ne pas entraver la compétitivité des entreprises et la faible acceptabilité de taxes, qui pénalisent les ménages les plus modestes, limitent les marges de manœuvre des gouvernants.

6 Quelles contraintes pèsent sur la coopération internationale en matière de politique climatique ?

▸▸ OBJECTIF
En prenant l'exemple du changement climatique : comprendre qu'en présence de bien commun les négociations et accords internationaux liés à la préservation de l'environnement sont contraints par des stratégies de passager clandestin et les inégalités de développement entre pays.

QU'ALLONS-NOUS FAIRE ?

La réduction des émissions de gaz à effet de serre ne peut être efficace que si elle mobilise tous les pays. Dans le cas contraire, les entreprises pourraient, par exemple, chercher à délocaliser leurs unités de production dans les pays qui n'ont pas mis en place de taxe carbone. Mais cette nécessaire coopération internationale est soumise à deux grandes contraintes.

Doc 1 Politique des États face à un bien commun

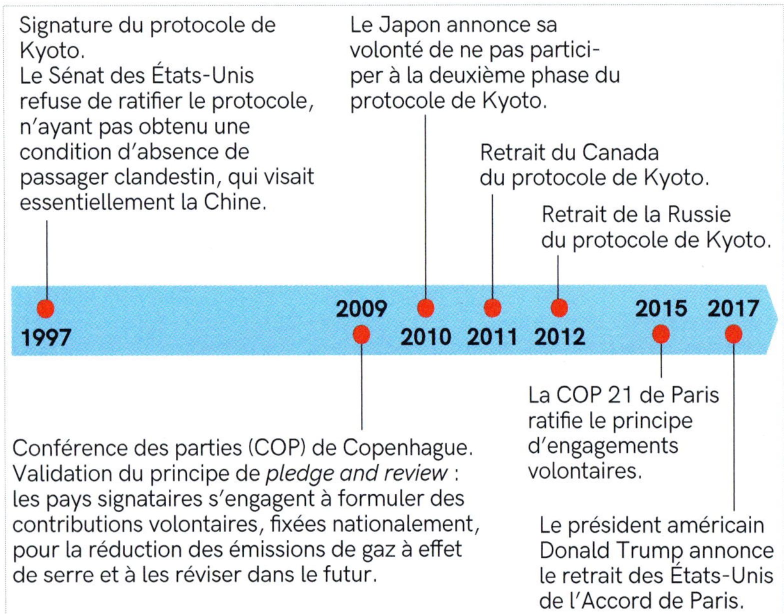

QUESTIONS

1. **Expliquer.** Pourquoi les émissions de CO_2 font-elles du climat un bien commun ?
2. **Déduire.** Quelle caractéristique des biens communs rend possible le comportement de passager clandestin ?
3. **Lire.** Les engagements pris par les États lors des conférences internationales sont-ils contraignants ?
4. **Justifier.** En quoi les exemples des États-Unis, du Canada, de la Russie ou du Japon confirment-ils la stratégie de passager clandestin ?

DÉFINITIONS

Bien commun : bien non excluable mais rival. Il est impossible d'empêcher l'accès à ce bien, mais la consommation de chaque agent réduit d'autant celle des autres.

Passager clandestin : ménage, entreprise ou pays qui bénéficie d'un bien ou d'un service sans en payer le prix.

Doc 2 Les niches fiscales en France

Les 15,9 milliards de dépenses fiscales défavorables au climat proviennent de 40 niches fiscales. La grande majorité de ces niches défavorables sont des exonérations ou des taux réduits de TICPE[1]. Ces avantages concernent d'abord le secteur des transports, avec l'exonération de la TICPE pour l'aviation, le moindre taux pour le gazole par rapport à l'essence, les remboursements aux poids lourds d'une partie de la composante carbone de la TICPE et l'exonération de taxe sur les carburants pour le transport maritime. Outre le transport, il existe un taux réduit de TICPE pour le gazole non routier (GNR) qui bénéficie au secteur du bâtiment et des travaux publics (BTP) et à l'agriculture.

D'après « Une évaluation climat à 360° du budget de l'État », Institut de l'économie pour le climat, octobre 2019

1 Taxe intérieure de consommation sur les produits énergétiques, qui représente environ 40 % du coût du carburant à la pompe.

QUESTIONS

5. **Expliquer.** Pourquoi ces niches fiscales peuvent-elles réduire l'efficacité des politiques climatiques ?
6. **Déduire.** Pourquoi les États peuvent-ils hésiter à réduire ces niches ?
7. **Déduire.** Pourquoi ces hésitations compromettent-elles les engagements internationaux ?

Doc 3 Les inégalités de développement et les émissions de CO_2

La part des ménages urbains possédant une voiture n'est que de 30 % en 2016 [en Chine] alors qu'elle est au moins de 80 % dans les pays développés (asiatiques comme non asiatiques). Il en va de même pour les besoins en énergie : en 2015, la consommation d'électricité par tête en Chine équivaut à la moitié de celle de l'Allemagne ou du Japon et au tiers de celle des États-Unis. Il ne semble donc pas politiquement possible pour les autorités chinoises de sacrifier la poursuite du développement économique et la hausse du niveau de vie de la population malgré leurs répercussions néfastes sur l'environnement. [...] De même qu'il existe déjà un contraste saisissant entre certaines villes côtières (Pékin, Shanghai, Canton) qui connaissent abondance et modernité et les campagnes à l'intérieur du pays vouées à la pauvreté et à la désolation, il est probable que le pire et le meilleur vont coexister en Chine en matière de promotion de développement durable. [...]

En effet, la Chine est non seulement le premier investisseur mondial dans les énergies renouvelables mais aussi le plus grand exportateur mondial d'équipements charbonniers. [...] Ces pratiques peuvent conduire à un scénario qui verrait la réduction des émissions à l'intérieur des frontières de la Chine se réaliser grâce à l'exportation de la pollution chinoise à l'étranger [...] vers des pays aux normes moins contraignantes.

Stéphanie Monjon, Sandra Poncet, *La Transition écologique en Chine*, Éditions Rue d'Ulm, 2018

Fumée toxique s'échappant d'une fabrique de tofu, Indonésie

QUESTIONS

8. Lire. À quelles difficultés se heurtent les pays émergents et les pays en voie de développement pour réduire leurs émissions de gaz à effet de serre ?

9. Déduire. Que pourraient-ils réclamer dans le cadre des négociations internationales ?

10. Expliquer. Selon la phrase soulignée, quel est le phénomène caché dans la réduction des émissions de gaz à effet de serre de certains pays ?

ACTIVITÉ Émissions de CO_2 liées à la combustion des énergies fossiles et à la production de ciment

	Émissions de CO_2 (en milliards de tonnes, en 2018)	Part dans les émissions totales en %
Monde	36,57	100
Asie	17,45	...
dont Chine	10,1	...
États-Unis	5,41	...
Union européenne à 28	3,45	...
Afrique	1,4	...

D'après *Global Carbon Project*, 2019

a. Complétez la troisième colonne du tableau.

▶ **Le budget carbone restant à disposition de l'humanité en 2018 est estimé à 500 milliards de tonnes.**

b. En respectant les parts calculées, quelle quantité d'émissions reste-t-il aux pays ci-dessous ?
– Chine
– États-Unis
– pays du continent africain

c. En vous appuyant sur le doc 3, construisez un schéma pour montrer en quoi cette répartition très simplifiée du budget carbone est injuste.

DÉFINITION

Budget carbone : quantité maximale d'émissions de gaz à effet de serre restant à la disposition de l'humanité pour limiter, avec une probabilité raisonnable, la hausse des températures à + 1,5 °C par rapport à l'ère préindustrielle.

Schéma guidé

MÉMO MATHS
→ FICHE MÉTHODE 2 P. 359

EN AUTONOMIE VERS LE BAC

▶▶ **Parcours écrit** Épreuve composée – Partie 3

Illustrez à l'aide des documents 1 et 2 en quoi le comportement de passager clandestin empêche la réduction mondiale des émissions de gaz à effet de serre.

▶▶ **Parcours oral** Étape 4 – Présenter sa question

Exposez en 5 minutes deux arguments qui expliquent en quoi les inégalités de développement entre les pays constituent un frein à la réussite des négociations internationales.

MÉMO

■ Afin de ne pas pénaliser leurs entreprises et leurs consommateurs, les États adoptent souvent un comportement de passager clandestin dans la lutte contre le réchauffement climatique.

■ Les pays en développement sont ceux dont les émissions de gaz à effet de serre progressent le plus. Pourtant, les pays développés sont les principaux responsables historiques de ces émissions, même s'ils tentent aujourd'hui de les limiter. Se pose alors la question de la juste répartition des efforts entre les pays dans cette lutte.

→ MÉTHODE DU GRAND ORAL P. 22

Quel monde pour demain ?

Les progrès comme les dysfonctionnements de l'action publique pour l'environnement amènent à s'interroger sur les contours du monde de demain, confronté à un nouveau système climatique. Celui-ci appelle dès maintenant la définition de nouvelles solutions politiques, de nouvelles manières de produire ou de consommer.

DOC 1 Demain, un nouveau système climatique ?

Vidéo
Changement climatique : chaque demi-degré compte (de 29 min. 56 sec. à 33 min. 42 sec.)

a Impact de la hausse des températures sur les écosystèmes marins

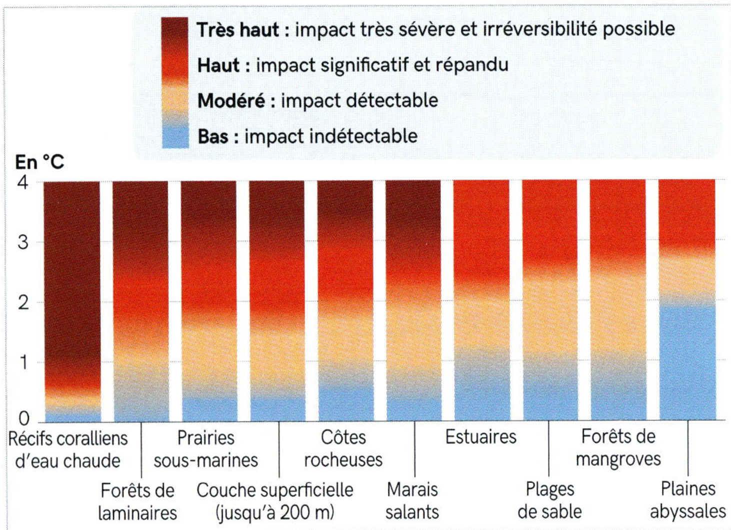

b Montée du niveau des océans

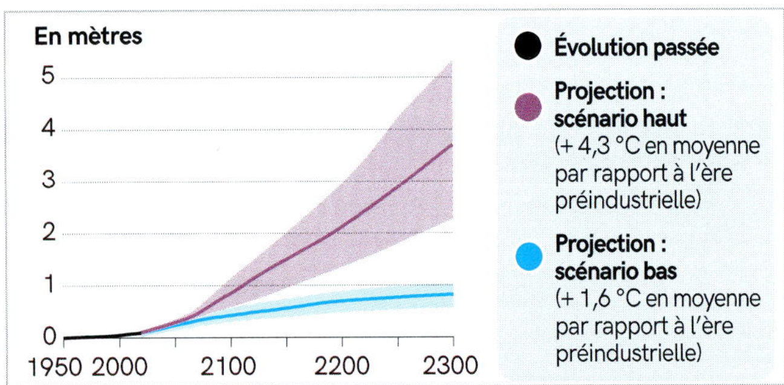

D'après le rapport du GIEC sur l'océan et la cryosphère, et *Le Monde*, 2019

c L'anthropocène

Anthropocène : le terme signifie en grec « l'âge de l'homme ». Il qualifie l'ère géopolitique présente, où les activités humaines ont un impact plus important que tout autre facteur sur l'environnement planétaire. La plupart des chercheurs le font débuter à la Révolution industrielle, quelques-uns remontent aussi loin que la Révolution agricole, d'autres encore aussi récemment que la maîtrise de l'énergie atomique.

Laurent Testot, *Cataclysmes, une histoire environnementale de l'humanité*, Payot, 2018

? Présentez trois conséquences négatives qui pourraient être évitées si le scénario bas l'emporte sur le scénario haut.

N'hésitez pas à faire des liens avec d'autres disciplines, et notamment avec votre discipline de spécialité.

▶ *SVT*
Réalisez un schéma pour résumer les différentes implications de la hausse des températures sur les sols, les climats et les océans. Vous pourrez compléter vos connaissances sur l'évolution du système climatique prévue par les scientifiques à l'aide du programme de SVT de Terminale, qui propose d'étudier les conséquences du réchauffement climatique sur les populations et les écosystèmes, ainsi que les possibilités d'action.

DOC 2 De nouvelles solutions politiques ?

a Les limites de la démocratie électorale

[...] Le philosophe Dominique Bourg estime que la démocratie électorale que nous connaissons, pour des raisons qui lui sont inhérentes, n'est pas à la hauteur de l'urgence climatique et n'aura pas les moyens de l'être. [...] Presque toujours, le citoyen vote sur des enjeux immédiats : le pouvoir d'achat, l'emploi ou l'immigration. Or la menace climatique, en termes de perception, n'a pas l'impact du chômage ou des inégalités. Le problème numéro un de l'écologie consiste à faire adopter des mesures drastiques dont les effets ne seront mesurés que par nos petits-enfants. « Aucun homme politique ou parti ne remportera une élection sur un tel programme » juge Dennis Meadows, co-auteur du rapport du Club de Rome en 1972.

Sylvain Cypel, « Démocratie, est-elle à la hauteur ? », *Le un*, n° 255, 2019

? À quelle notion, qui explique l'une des limites de la démocratie électorale, le doc a renvoie-t-il ?

Faites le lien avec votre programme de SES de Seconde.

→ CHAPITRE 5 DE SECONDE

En Seconde, vous avez étudié l'organisation de la vie politique. Recherchez un exemple dans le monde où une autre forme de démocratie (directe, participative ou locale) a permis de faire émerger des projets en faveur de la sauvegarde de l'environnement.

b Un exemple de démocratie participative et locale

Vidéo
Bande annonce du film *Demain*

La réunion du *tram Sabha* dure déjà depuis plus de trois heures. [...] Assis un peu en retrait, Elango Rangaswamy me glisse en souriant : « ce n'est pas facile de mettre tout le monde d'accord... » Ici, à Kuthambakkam, tous les habitants sont associés aux décisions de la municipalité. Et même si elle suscite des discussions sans fin, cette démocratie a ouvert la voie à des changements radicaux qui ont fait connaître ce village de 5 000 habitants au-delà des frontières de l'Inde. [...] À 36 ans, Elango décide d'agir et se fait élire *sarpanch* (maire). « Si on veut changer l'Inde, mieux vaut commencer par son propre village », dit-il en souriant. [...] En dix ans, Elango a obtenu des résultats que bien des maires peuvent lui envier : scolarisation universelle, éradication des ghettos insalubres, mixité sociale, fin des violences, assainissement, sources renouvelables d'eau, éclairage public au solaire.

Elango Rangaswamy, ancien maire de Kutrambakkam (Inde)

Bénédicte Manier, *La Route verte des Indes. Au pays des transitions écologiques et citoyennes*, L'écopoche, 2018

CONSEIL

Illustrez avec des exemples.
Vous intéresserez le jury et conserverez son attention en accompagnant systématiquement vos idées ou arguments avec un exemple concret, une anecdote personnelle, un lien avec l'actualité, une citation, une source...

PRÉPARER LE GRAND ORAL

Grille d'évaluation

À partir des documents du chapitre et de vos recherches, préparez-vous à répondre à la question : « Comment la société civile peut-elle faire face aux changements climatiques qui caractériseront le monde de demain ? ». Créez votre support, distribuez-le à un jury d'élèves et présentez votre travail en 5 minutes. À l'issue de votre présentation, le jury vous posera des questions.

CROISER LES DISCIPLINES SES ET SVT

Vidéo
À qui appartient l'Amazonie ? (de 24 min. 04 sec. à 26 min. 38 sec.)

Préparez une carte mentale qui pourra servir de support à la question suivante : « Quelles sont les conséquences de l'activité humaine sur l'évolution la biodiversité ? ». Appuyez-vous sur le programme de SVT de Première qui propose d'étudier l'impact de l'espèce humaine sur le fonctionnement des écosystèmes.

L'ESSENTIEL

Quelle action publique pour l'environnement ?

Podcast du cours

Cartes mémoire interactives

Définitions

Action publique : décision politique progressivement élaborée grâce à l'interaction entre les acteurs mobilisés sur un problème public.

Agenda politique : ensemble des problèmes publics inscrits à l'ordre du jour dans la liste des politiques publiques à mettre en œuvre.

Bien commun : bien non excluable mais rival. Il est impossible d'empêcher l'accès à ce bien, mais la consommation de chaque agent réduit d'autant celle des autres.

Coût social : coût total de l'activité de consommation ou de production d'un agent économique, incluant à la fois le coût privé et le coût des dommages causés indirectement par cette action sur autrui.

Externalité : conséquence positive ou négative de l'action d'un agent sur un autre agent, sans que cela ne donne lieu à une transaction monétaire.

Marché carbone : marché sur lequel les entreprises échangent des quotas d'émissions de CO_2. Celles qui n'ont pas utilisé la totalité des quotas distribués (gratuitement ou non) par les États en revendent à celles qui ont dépassé leurs plafonds d'émissions.

Ne pas confondre

Réglementation
politique imposant des prescriptions et des interdits réglant la vie en société

≠

Incitation
politique encourageant le changement de comportement par la taxe ou la subvention

Les incendies ont détruit 10 millions d'hectares en Australie entre septembre 2019 et janvier 2020. Les réactions citoyennes qu'ont déclenché ces feux, inédits par leur durée et les zones touchées, ou les grèves climatiques menées depuis 2019 par de jeunes citoyens, posent de manière spectaculaire la question de l'environnement.

Les acteurs des questions environnementales

La question environnementale est devenue un problème public inscrit à l'**agenda politique** grâce à la mobilisation d'un grand nombre d'acteurs. Les **mouvements citoyens**, à l'organisation desquels participent activement les **organisations non gouvernementales** (ONG), s'appuient sur les connaissances produites par les **experts** pour interpeler les **médias**, l'**opinion** et les **pouvoirs publics** sur le caractère non soutenable de la croissance. Les **partis politiques**, parfois issus de ces mouvements, contribuent au traitement politique de la question environnementale. Ces mobilisations peuvent aussi aboutir à la création de nouvelles formes d'**entreprises**, plus respectueuses de l'environnement.

Tous ces acteurs mobilisés **s'opposent** ou **coopèrent**. Ainsi, de nombreuses actions collectives menées par des associations de citoyens mobilisées utilisent l'**instrument juridique** contre les États ou la **désobéissance civile** pour dénoncer l'inaction des pouvoirs publics. Toutefois, les ONG peuvent **coopérer** avec les pouvoirs publics en apportant leur expertise dans le cadre de l'élaboration des politiques environnementales. Des citoyens (tirés au sort) sont parfois consultés sur les questions climatiques. De nombreuses **initiatives locales** sont bâties grâce à la coopération de citoyens, d'entreprises et de collectivités locales.

Les échelles de l'action publique pour l'environnement

En **1992**, la signature de la **Convention cadre des Nations unies sur les changements climatiques** marque une étape majeure dans la mise en place d'une **coopération internationale** sur la question environnementale. Les engagements pris en matière de réduction des émissions de gaz à effet de serre après la signature du **Protocole de Kyoto** en **1997** ou celle de l'**Accord de Paris** en **2015** se déclinent ensuite à l'échelle européenne, puis nationale et enfin locale.

Ainsi, les États européens devront présenter des **plans d'action nationaux** de développement des énergies renouvelables d'ici 2023, conformément au Pacte vert pour l'Europe présentés par la Commission européenne en 2019, lui-même en réponse à l'Accord de Paris.

Instruments des pouvoirs publics pour lutter contre le changement climatique

La lutte contre le changement climatique repose sur plusieurs instruments. La **réglementation** impose des **normes de production** ou des **in-**

terdictions qui contraignent le comportement des agents économiques. Il s'agit, par exemple, d'interdire la circulation des véhicules les plus polluants dans les villes en cas de pic de pollution. L'outil fiscal (**taxation**) et le **marché carbone**, quant à eux, visent à favoriser les comportements les plus vertueux et à pénaliser les moins respectueux de l'environnement. L'un comme l'autre fixent un prix à chaque tonne de CO_2 émise et permettent d'internaliser les **externalités** de l'activité économique émettrice de gaz à effet de serre, en réduisant l'écart entre le **coût social** et le coût privé (coût uniquement payé par les agents). Plus ce prix est élevé, plus les agents sont incités à réduire leur empreinte carbone. Si la taxation augmente le coût privé d'un bien, la **subvention** le diminue. Ainsi, les entreprises sont incitées à investir dans l'innovation verte et les ménages à s'orienter vers des modes de consommation plus respectueux de l'environnement.

▸▸ La mise en œuvre de ces instruments est soumise à des **contraintes**, qui peuvent mener à des **dysfonctionnements** de l'**action publique**. En effet, la **réglementation** s'applique uniformément à tous les acteurs économiques, quels que soient les coûts supplémentaires respectifs que son application génère. Mais son caractère **contraignant** la rend indispensable pour les pollutions les plus dangereuses. De même, une **taxe** peut pénaliser les ménages les plus pauvres, car la transition vers une consommation moins polluante pèse plus lourdement dans leur budget.

▸▸ Enfin, les **négociations internationales** en matière de politique climatique font face à deux principaux obstacles. La sauvegarde du climat pose un problème de **bien commun** : certains États peuvent adopter un comportement de **passager clandestin**. La mise en place d'une **taxe carbone** dans un pays a un **coût politique** important, alors que les bénéfices ne sont pas immédiats, ni exclusivement réservés aux pays ayant consenti à un effort. Les **inégalités de développement** entre les pays posent par ailleurs la question de la **justice climatique**. En effet, comment répartir les efforts de réduction des émissions de CO_2 entre les pays les plus développés, qui sont aussi sur le long terme les principaux responsables des changements climatiques, et les pays en développement qui, en se développant, pèsent sur les efforts communs de réduction de ces émissions ?

Définitions

Passager clandestin : ménage, entreprise ou pays qui bénéficie d'un bien ou d'un service sans en payer le prix.

Réglementation : politique qui consiste à imposer aux producteurs et aux consommateurs le respect de normes définies.

Taxation / subvention : politique consistant à utiliser l'outil fiscal pour modifier les prix relatifs et inciter les agents à, par exemple, mieux intégrer la préservation de l'environnement dans leurs comportements de consommation et de production.

CE QU'IL FAUT SAVOIR

1. Qui sont les acteurs des questions environnementales et quels sont leurs moyens d'action.
2. Comment s'articulent les différentes échelles de l'action publique en faveur de l'environnement.
3. Quels sont les instruments de la politique climatique, leurs avantages et leurs limites.
4. Les deux contraintes qui compliquent la coopération internationale en matière de sauvegarde du climat.

Repères

- **1972** Un groupe de scientifiques rédige le rapport Meadows dans lequel ils annoncent les limites de la croissance économique.
- **1984** Naissance du parti Les Verts.
- **1997** Signature du Protocole de Kyoto qui contraint les pays industrialisés à réduire les émissions de gaz à effet de serre (-5 % d'ici à 2008-2012 par rapport à 1990).
- **2005** Création du marché carbone européen d'échanges de quotas d'émissions de CO_2.
- **2015** Accord de Paris : 195 pays s'engagent à limiter le réchauffement climatique.
- **2018** Le GIEC publie un rapport spécial dans lequel il annonce que les engagements de réduction des émissions pris par les nations depuis l'Accord de Paris sont insuffisants.
- **2019** Premières grèves scolaires pour le climat, mouvement lancé par la jeune Suédoise Greta Thunberg.

Réviser en vidéos

« Les chiffres du climat comme vous ne les avez jamais vus ! » (de 1 min. 49 sec. à 4 min. 49 sec.), *Le blob, l'extra-média*, 2013

« Quel écolo êtes-vous ? » (de 5 min. 40 sec. à 6 min. 58 sec.), *Le un*, 2019

SCHÉMA DE SYNTHÈSE

Schéma interactif

Acteurs

citoyens
ONG
partis politiques
groupes d'experts

↔ *conflit ou coopération* ↔

État
collectivités locales
entreprises

Dégradation de l'environnement

- émissions de gaz à effet de serre
- destruction des ressources naturelles
- pollution

→ Acteurs

SAUVEGARDE DE L'ENVIRONNEMENT
Problème public

Politiques publiques à l'échelle…

- internationale (ex. : Accord de Paris)
- européenne (ex. : Pacte vert pour l'Europe)
- nationale (plans d'action nationaux)
- locale (ex. : construction d'un parc d'éoliennes)

Politiques climatiques

- instruments réglementaires
- taxe carbone
- marché carbone européen
- subventions à l'innovation verte

dysfonctionnements possibles

Contraintes

passager clandestin ↔ coopération internationale

écarts de développement ↔ répartition du budget carbone

POUR ALLER PLUS LOIN

Demain, de Cyril Dion et Mélanie Laurent, 2015

Les auteurs du documentaire ont parcouru le monde à la recherche de toutes les expériences menées par des citoyens, des entreprises ou des élus locaux pour rendre l'activité humaine à nouveau compatible avec la préservation de l'environnement.

Le un, dirigé par Éric Fottorino

Les numéros 240 et 255 de cet hebdomadaire racontent l'émergence de la question environnementale dans l'espace public en décrivant la diversité de la pensée écologique et en dressant le portrait des jeunes qui se sont mobilisés en 2019.

La Route verte des Indes, de Bénédicte Manier, Rue de l'échiquier, 2018

Ce livre présente des exemples d'actions mises en place par la société civile indienne pour surmonter des défis tels que la pollution de l'air, la déforestation ou la pénurie d'eau. Il illustre l'idée selon laquelle les solutions à la crise écologique mondiale sont locales.

EXERCICES

EXO Exercices interactifs

Corrigés

1 Indiquez la ou les bonne(s) réponse(s).

1. La question environnementale est devenue un problème public…

- [ ] **a.** sous l'action conjointe d'un grand nombre d'acteurs mobilisés autour de cette question.
- [ ] **b.** sous l'action spontanée des pouvoirs publics.
- [ ] **c.** uniquement grâce à la création du parti écologiste en France en 1984.
- [ ] **d.** notamment grâce à la double mobilisation des scientifiques et d'associations de citoyens.

2. Sur un marché carbone, le prix de la tonne de CO_2 dépend…

- [ ] **a.** indirectement de la croissance économique dans la zone couverte par ce marché.
- [ ] **b.** indirectement de la mobilisation lors des grèves climatiques.
- [ ] **c.** indirectement de la quantité de quotas de CO_2 distribués aux entreprises de ce marché.
- [ ] **d.** directement de la loi de l'offre et de la demande.

3. Les engagements pris par les États lors des différentes COP sont insuffisants car…

- [ ] **a.** ils sont trop contraignants pour les États.
- [ ] **b.** ils ne permettent pas de limiter la hausse des températures à 1,5° C par rapport à la période pré-industrielle.
- [ ] **c.** ils ne sont pas contraignants pour les États.

4. Les négociations internationales en matière de changement climatique sont contraintes car…

- [ ] **a.** les inégalités mondiales posent la question de la juste répartition des engagements de réduction de CO_2.
- [ ] **b.** les États n'ont pas intérêt à se comporter en passagers clandestins.
- [ ] **c.** les politiques climatiques nationales ont un coût politique immédiat et des bénéfices à long terme.

2 Reliez chaque action à l'un des instruments de la politique climatique.

1. L'ouverture en 2005, au sein de l'Union européenne, du premier système d'échange de tonnes de CO_2.
2. La création de la composante carbone sur la taxe intérieure de consommation des produits pétroliers en 2014.
3. Le bonus écologique pour l'achat de véhicules électriques.
4. L'obligation d'apposer une vignette Crit'air sur le pare-brise pour circuler dans certaines agglomérations en cas de pic de pollution.

a. Marché carbone

b. Réglementation

c. Subvention

d. Taxation

3 Déterminez si les politiques suivantes sont efficaces ou inefficaces.

1. Fixer un prix de la tonne de CO_2 supérieur au coût de la transformation du processus de production.
2. Interdire la circulation automobile sans mise en place de transports en commun.
3. Fixer un prix de la tonne de CO_2 inférieur au coût de la transformation du processus de production.
4. Attribuer généreusement des quotas d'émission de CO_2 en cas de ralentissement de la croissance.

a. Politique climatique efficace

b. Politique climatique inefficace

BAC

Sujet guidé – Dissertation 4h

Sujet vierge à imprimer

Grille d'évaluation

L'action publique contre le changement climatique est-elle toujours efficace ?

Repérez les notions centrales du sujet, et pensez à les définir dans votre introduction.

Soyez attentif aux formulations utilisées : le sujet invite ici à débattre de l'efficacité de l'action publique.

N'hésitez pas à utiliser des synonymes pour vous aider à reformuler le sujet, et à problématiser.

Doc 1 Évolution du prix de la tonne de CO_2 sur le marché carbone européen (octobre 2010 - février 2020)

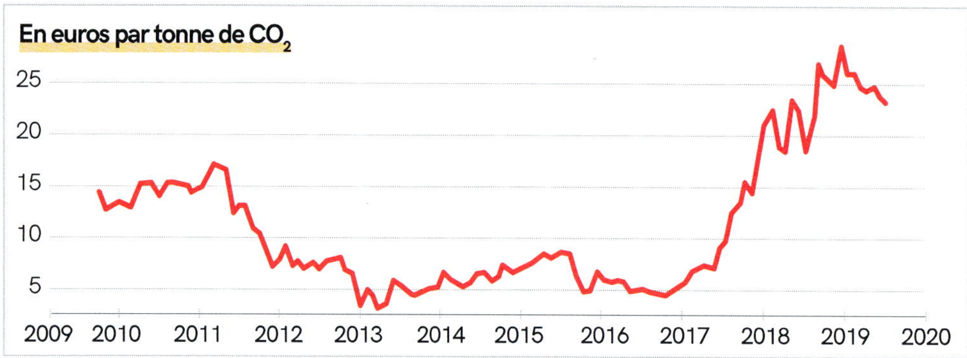

Site internet *Markets Insider*

Note : Plusieurs améliorations du marché ont été progressivement mises en place à partir de 2013 : baisse du plafond des quotas alloués, suppression progressive de l'attribution gratuite, mise en place d'une réserve de stabilité qui module automatiquement la quantité de quotas mis en enchères en fonction de la quantité de quotas en circulation et qui permet de retirer un nombre significatif de permis en cas d'abondance.

Doc 2

Le changement climatique est un problème global : peu importe où les gaz à effet de serre sont émis, ils contribuent de façon égale au réchauffement. Une coopération internationale incluant un maximum de pays, à commencer par les plus émetteurs, est ici incontournable. Mais l'obtention d'un accord global est malaisée du fait des nombreuses divergences dans les intérêts et les priorités des différents pays. Ainsi les pays émergents tiennent les pays industrialisés pour responsables des émissions passées qui ont permis leur essor économique. [...]

L'Accord de Paris [entré en vigueur en 2016] [...] confirme et rehausse même l'objectif fixé à Copenhague en 2009 en donnant pour but de contenir l'élévation de la température moyenne « nettement en dessous de 2 °C », tout en poursuivant l'action pour limiter le réchauffement à 1,5 °C. Mais les efforts pour atteindre cet objectif ne sont pas explicitement répartis entre les pays. *A contrario*, l'Accord est fondé sur le principe de « contributions nationales volontaires », c'est-à-dire d'engagements individuels de la part des États. 163 parties ont déjà soumis leurs premières contributions, la plupart incluant des objectifs climatiques pour l'horizon 2030.

L'échéance de 2030 peut sembler lointaine, surtout face aux mises en garde de la communauté scientifique. On observe cependant que les engagements contenus dans les contributions nationales peuvent constituer un point d'ancrage dont les effets sont déjà tangibles dans les débats publics.

« Lutter contre les changements climatiques : pourquoi est-ce si compliqué ? », *The Conversation*, 14 novembre 2017

Doc 3 Émissions de CO_2 par pays ou ensemble de pays

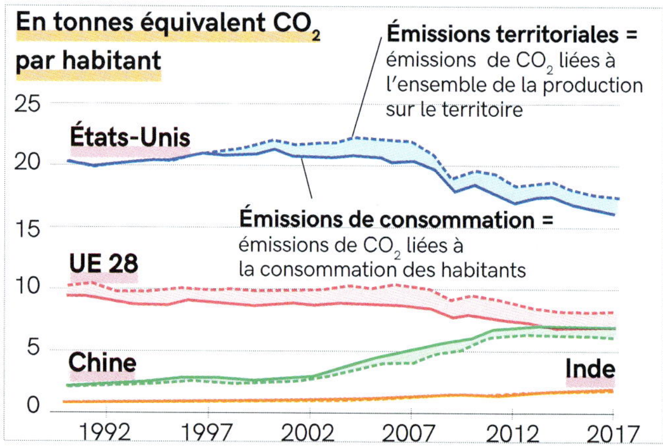

Programme des Nations unies pour l'environnement, 2019

Doc 4 Émissions mondiales de gaz à effet de serre et prévisions selon les scénarios

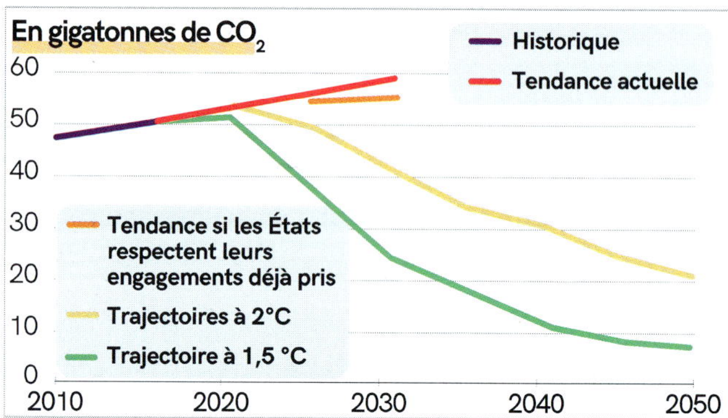

« L'économie en 2020 », *Alternatives économiques*, février 2020

BAC

Méthode

ÉTAPES 1 ET 2 **Analyser le sujet, problématiser et mobiliser ses connaissances** Au brouillon

❶ Repérez et analysez tous les termes importants du sujet. → GUIDAGE P. 348

À partir de votre analyse, déduisez-en le type de plan à adopter. → TYPE DE PLANS P. 18

Formulez une problématique : reformulez le sujet, puis proposez un questionnement qui synthétise les enjeux de la question posée.

❷ Indiquez au brouillon tous les exemples, idées, théories, faits, éléments de cours... qui peuvent être mobilisés.

ÉTAPE 3 **Exploiter le dossier documentaire** Au brouillon

Lisez attentivement chaque document et résumez la (ou les) idée(s) principale(s) en lien avec le sujet.

Pensez à repérer la source, le cadre spatio-temporel, les notions ou mécanismes importants et les outils statistiques. Faites attention aux unités.

ÉTAPE 4 **Construire un plan détaillé** Au brouillon → MÉTHODE p. 19

À partir des informations récoltées, créez ou affinez votre plan détaillé. Il doit comporter deux ou trois parties, chacune subdivisée en deux ou trois sous-parties.

Rédigez les titres des parties et sous-parties sous la forme de phrases indiquant explicitement le sens des arguments que vous allez y développer.

ÉTAPE 5 **Rédiger l'introduction et la conclusion** Au brouillon

Rédigez l'introduction. → MÉTHODE P. 19

Rédigez la conclusion. → MÉTHODE P. 19

ÉTAPE 6 **Rédiger son devoir** Sur votre copie

Une fois ces étapes réalisées, vous pouvez maintenant vous lancer dans la rédaction « au propre » de votre devoir.

Il doit comporter une introduction, un développement, des transitions et une conclusion.

Les deux ou trois parties de votre développement doivent être équilibrées. Chacune devra annoncer et expliciter votre argument, et comporter des illustrations.

N'oubliez pas de respecter les règles de forme (orthographe, syntaxe, alinéas, sauts de ligne...).

CONSEIL
Si vous avez déjà une idée des grands axes de votre réponse, **classez** ces éléments dans votre plan.

CONSEIL
N'hésitez pas à **rédiger des phrases** afin de vérifier que vous avez compris le sens des données, voire à **faire des calculs simples** pour comparer des données.

CONSEIL
N'oubliez pas d'indiquer dans votre plan détaillé les **documents** que vous allez mobiliser.

CONSEIL
N'oubliez pas d'intégrer, en accroche ou avec la problématique, la **définition des notions centrales** du sujet.

Voici un exemple de paragraphe rédigé pour cette dissertation.
À partir de cet exemple et de vos connaissances, rédigez l'ensemble du devoir.

La première phrase **annonce l'argument** que vous allez démontrer.

Puis, **explicitez** l'argument.

Illustrez ensuite l'argument avec un doc. Rédigez une phrase précise de lecture d'une donnée et faites si nécessaire un calcul.

Votre dernière phrase résume l'argument démontré.

Paragraphe 1 A

Le marché carbone européen créé en 2005 n'a pas toujours été efficace pour inciter les entreprises à réduire leurs émissions de gaz à effet de serre.

Les marchés d'échange de quotas d'émissions, créés de toutes pièces par les États, permettent de fixer un prix aux émissions de CO_2, de l'inclure dans le coût privé de la production, par exemple d'un kWh d'électricité et ainsi de restaurer la « vérité écologique » du prix de ce kWh. Les entreprises productrices d'électricité, de ciment, de verre ou de papier font par exemple partie des quelques 11 000 sites industriels concernés par le marché européen.

Mais le prix de la tonne de CO_2, librement déterminé ensuite par la loi de l'offre et de la demande, peut être trop faible pour inciter les entreprises à modifier leurs processus de production. Si ces dernières dépassent la quantité de quotas qu'elles ont reçus, elles vont préférer acheter sur le marché les « tonnes » de CO_2 manquantes et renoncer à investir dans la décarbonation de leur processus de production. Un faible prix de la tonne de CO_2 échangée sur le Système d'échange de quotas d'émission de l'UE confirme les dysfonctionnements de ce marché. Entre octobre 2010 et janvier 2013, le prix de la tonne de CO_2 est en effet passé de 14,3 euros à 3,44 euros. Il a été divisé par environ 4 (doc. 1). Une distribution trop généreuse de permis par les États au début du marché carbone européen puis la récession économique de 2008 ont entraîné un surplus de quotas : la demande a été largement inférieure à l'offre.

Cette forte baisse du prix de la tonne de CO_2 sur le marché carbone européen confirme le dysfonctionnement possible de cet instrument de la politique climatique

BAC Sujet guidé – Épreuve composée 4h

Sujet vierge à imprimer | Grille d'évaluat

PARTIE 1 Mobilisation des connaissances — 4 points

Question Montrez à l'aide d'un exemple que l'action publique pour l'environnement peut articuler différentes échelles.

Méthode

ÉTAPE 1 **Analyser la question** Au brouillon

- Repérez la ou les notion(s) clé(s) qu'il faudra définir dans votre réponse.
- Repérez la consigne de la question pour identifier la tâche qui est demandée : attend-on une explication, une comparaison, une distinction, une illustration… d'un mécanisme ou d'une notion ? → MÉTHODE P. 20

ÉTAPE 2 **Rassembler ses connaissances** Au brouillon

- Rassemblez et organisez vos connaissances sur le sujet : quelles définitions, mécanismes, exemples… pouvez-vous mobiliser pour répondre à la question ? → MÉTHODE P. 20

ÉTAPE 3 **Rédiger sa réponse**

- Au brouillon : Avant de rédiger, indiquez sur votre brouillon quelle va être la structure de votre réponse.
- Sur votre copie : Rédigez votre réponse de manière organisée, en pensant à définir les notions mobilisées, en explicitant et en illustrant vos propos.

PARTIE 2 Étude d'un document — 6 points

Doc **Taxe carbone implicite[1] en France (2013-2019) en euros par tonne, selon le combustible**

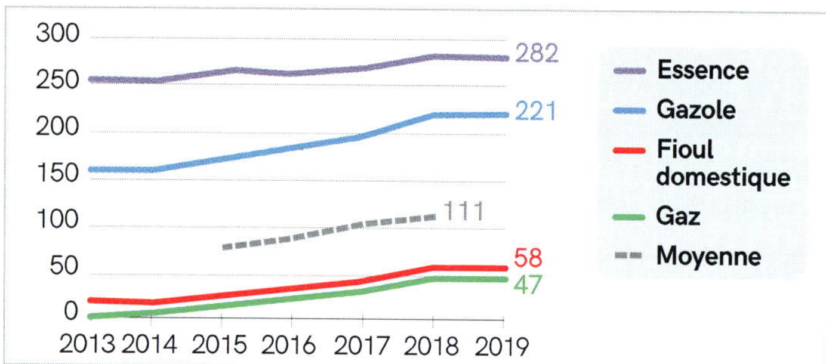

1. Obtenue en divisant les recettes de la Taxe intérieure de consommation sur les produits énergétiques par le contenu en carbone de chaque type de combustible.

Frédéric Reynès, *Alternatives économiques*, février 2020

Question 1. Comparez l'évolution de la taxe carbone implicite pour l'essence à celle du gazole.

Question 2. Montrez que ce document illustre l'idée que la TICPE est un instrument efficace de lutte contre le changement climatique, mais qu'il est aussi insuffisant.

Méthode

ÉTAPE 1 **Analyser le document** Au brouillon

- Déterminez la nature du document (diagramme par répartition, série chronologique, tableau à double entrée…).
- Repérez la source, le cadre spatio-temporel, le ou les outil(s) statistique(s) utilisé(s) et la ou les unité(s).
- Pensez à vérifier si des informations sont indiquées dans le champ du document.

ÉTAPE 2 **Préparer la question 1 (lecture)** Au brouillon

- Rédigez une phrase par donnée statistique à lire : soyez le plus précis possible en indiquant la date (ou période), le cadre spatial, l'unité…

ÉTAPE 3 **Préparer la question 2 (analyse)**

- Au brouillon : Repérez la consigne de la question : attend-on une comparaison, la présentation d'évolutions, l'illustration d'un mécanisme… ?
- Au brouillon : Sélectionnez dans le document les éléments qui vous permettront d'argumenter et effectuez si besoin des calculs simples (écarts en points de pourcentage ou coefficients multiplicateurs, par exemple) pour étayer votre réponse.
- Sur votre copie : Rédigez votre réponse de manière structurée : allez du général au particulier ; définissez si besoin les notions ou mécanismes mobilisés et, surtout, illustrez votre réponse avec des données et/ou des calculs.

Voici un exemple de réponse à la question 2.

Organisez votre réponse en 2 paragraphes : les éléments qui permettent d'illustrer l'efficacité de la TICPE, puis ceux qui nuancent cette efficacité.

Sélectionnez pour chaque paragraphe des données pertinentes, qu'il faut lire de manière précise.

En France, selon les calculs du chercheur de l'OFCE, la TICPE permettait en 2015 de prélever 79 € de taxe en moyenne pour chaque tonne de CO_2 émise lors de la consommation de combustibles, tout type de produits énergétiques confondus. Le montant de cette « taxe carbone implicite » est passé à 111 € en moyenne en 2018, soit une hausse de presque 50 %. Cette augmentation permet d'accroître le coût privé d'un plein d'essence par exemple, et donc d'inciter les consommateurs ou producteurs (transporteurs routiers) à modifier les sources d'énergie utilisées pour leurs moyens de transport ou de chauffage domestique.

Toutefois la comparaison des montants de cette taxe selon le type de combustibles amène à nuancer l'efficacité de la TICPE. Malgré la hausse de la taxe implicite pour le gaz depuis 2013, celle-ci reste très largement inférieure en 2019 à celle du gazole ou de l'essence. Pour cette dernière le montant prélevé, 282 € par tonne de CO_2, est presque 6 fois plus élevé que pour le gaz, 47 euros par tonne de CO_2. Les ménages ne sont donc pas suffisamment incités à se détourner de cette source d'énergie, qui a pourtant un contenu carbone élevé.

PARTIE 3 Raisonnement s'appuyant sur un dossier documentaire — 10 points

À l'aide de vos connaissances et du dossier documentaire, vous montrerez que différents acteurs ont permis l'inscription de la question environnementale à l'agenda politique.

Soyez attentif aux termes employés : on attend que vous utilisiez les **documents**, mais aussi vos **connaissances**.

La formulation du sujet vous invite-t-elle à mettre en évidence un mécanisme ou à débattre de son existence ?

Repérez les **notions centrales** du sujet et pensez à les définir dans votre introduction.

Qui sont ces différents acteurs ? Listez-les et notez leurs caractéristiques.

Doc 1

C'est peut-être l'exemple le plus emblématique d'une victoire pour le climat grâce à la justice. La Fondation Urgenda, organisation de protection de l'environnement, ainsi que 886 citoyens néerlandais ont attaqué leur État pour manquement à son devoir de diligence sur le sujet climatique. Le 24 juin 2015, le tribunal de La Haye leur donne raison, ordonnant au gouvernement néerlandais de réduire les émissions de gaz à effet de serre du pays, plus drastiquement et plus rapidement que prévu. D'ici à la fin de l'année 2020, les émissions de CO_2 néerlandaises devront être inférieures d'au moins 25 % au niveau qu'elles avaient atteint en 1990 – contre un objectif de 17 % avant le procès.

Bien plus que de contraindre l'État, cette affaire a été une source d'inspiration pour le gouvernement néerlandais, puisque sept formations politiques ont depuis conclu l'accord le plus ambitieux des pays développés concernant une proposition de loi climatique. Soutenu par une large partie du Parlement, ce texte prévoit une réduction des émissions de gaz à effet de serre de 95 % d'ici à 2050 par rapport à 1990, ainsi qu'un objectif de production de 100 % d'électricité neutre en carbone en 2050.

Mathilde Roche, « Procès climatiques : ces fois où la justice a fait plier des États », *LCI*, mars 2019

BAC

Doc 2

Note : Le 25 septembre 2019, le Groupe d'experts intergouvernemental sur l'évolution du climat créé en 1988 publie un rapport spécial consacré à l'océan et à la cryosphère – nom donné aux régions gelées de la planète. Il souligne dans son communiqué de presse « *qu'il importe de définir, de toute urgence, des mesures prioritaires opportunes, ambitieuses et coordonnées pour faire face aux changements durables sans précédent que subissent l'océan et la cryosphère.* »

Plantu, *Le Monde*, 26 septembre 2019

Méthode

ÉTAPES 1 ET 2 **Analyser le sujet et mobiliser ses connaissances** Au brouillon

❶ Repérerez et analysez tous les termes importants du sujet. → **GUIDAGE** P. 351
- À partir de votre analyse, déduisez-en le type de plan à adopter. → **TYPES DE PLANS** P. 18
- N'hésitez pas à reformuler le sujet.

❷ Indiquez au brouillon tous les exemples, idées, théories, faits, éléments de cours… qui peuvent être mobilisés.

CONSEIL Si vous avez déjà une idée des grands axes de votre réponse, **classez** ces éléments dans votre plan.

ÉTAPE 3 **Exploiter le dossier documentaire** Au brouillon
- Lisez attentivement chaque document et résumez la (ou les) idée(s) principale(s) en lien avec le sujet.
- Pensez à repérer la source, le cadre spatio-temporel, les notions ou mécanismes importants et les outils statistiques. Faites attention aux unités.

CONSEIL Si vous avez déjà une idée des grands axes de votre réponse, **classez** les éléments issus de l'analyse des documents dans votre plan en indiquant le numéro des documents mobilisés.

ÉTAPE 4 **Construire un plan détaillé** Au brouillon → **MÉTHODE** P. 21

ÉTAPE 5 **Rédiger l'introduction et la conclusion** Au brouillon
- Rédigez l'introduction. → **MÉTHODE** P. 21
- La conclusion doit dresser le bilan de votre développement.

ÉTAPE 6 **Rédiger son devoir** Sur votre copie
- Une fois ces étapes réalisées, vous pouvez maintenant vous lancer dans la rédaction « au propre » de votre devoir.
- Il doit comporter une introduction, un développement et une conclusion.
- Dans le développement, chacun de vos paragraphes devra annoncer et expliciter votre argument, et comporter des illustrations.
- N'oubliez pas de respecter les règles de forme (orthographe, syntaxe, alinéas, sauts de ligne…).

Voici un exemple de paragraphe rédigé.
Rédigez le reste du devoir à l'aide de la méthode et de vos connaissances.

Annoncez l'argument.

Explicitez-le en donnant des détails sur les liens qu'il sous-entend et en définissant les notions utilisées.

Illustrez en utilisant notamment les documents du dossier documentaire.

Concluez votre paragraphe en rappelant l'argument que vous venez de démontrer.

Les acteurs issus de la société civile organisée contribuent à l'action publique pour l'environnement.

En effet des citoyens mobilisés au sein d'une ONG ou d'un collectif d'associations peuvent choisir d'interpeller les États sur les différents types de pollution qui menacent la biodiversité ou sur la hausse des températures qui menace le système climatique, en organisant des actions collectives visibles. Les citoyens peuvent ainsi obliger les États à se mobiliser sur le problème public ainsi posé en utilisant l'outil juridique. C'est par exemple le cas de la Fondation Urgenda et de 886 citoyens néerlandais qui, en 2015, ont obtenu gain de cause contre leur État pour inaction face au changement climatique (doc. 1). Depuis ce pays a dépassé les objectifs de réduction des émissions de CO_2 qui lui avaient été fixés par l'UE. La mobilisation de la société civile organisée a bien permis d'inscrire la lutte contre le changement climatique dans l'agenda politique.

BAC Grand Oral

1. Choisir sa question
2. Préparer son oral
3. Préparer son support
4. Présenter sa question au jury
5. Anticiper les questions du jury
6. **Échanger sur son projet d'orientation**

➡ Méthode générale p. 22-25

Question **Pour quelles raisons les inégalités économiques et sociales constituent-elles un obstacle à l'action publique internationale contre le changement climatique ?**

ÉTAPE 5 Échanger sur son projet d'orientation

Le troisième temps du Grand Oral est consacré à votre **projet d'orientation**. Vous devrez expliquer « en quoi la question que vous avez choisie éclaire vos choix d'orientation, voire votre projet professionnel ».

Expliciter les étapes de la construction de votre projet d'orientation

- Décrivez l'une de vos **démarches de recherche** qui a été particulièrement décisive : consultation des sites d'informations comme celui de l'ONISEP, participation à un forum des métiers, portes ouvertes...
- Présentez le lien entre les **attendus** des formations choisies et vos **choix** de spécialités ou d'option.s La question traitée ici, rattachée à la spécialité SES, vous permet notamment de montrer vos capacités de raisonnement, votre intérêt pour les questions politiques, économiques et sociales, votre ouverture au monde.
- Présentez la **cohérence** de votre choix d'orientation avec votre projet professionnel et les activités extra-scolaires éventuellement pratiquées : implication dans une association ou au sein de votre établissement, en tant qu'éco-délégué, par exemple.

Présenter en quelques mots les formations choisies

- Au moment du Grand Oral, vous connaîtrez les **formations** que vous aurez validées.
- Vous devez être capable de les présenter en **quelques rubriques** : intitulé exact de la formation, lieu de la formation, mode d'accès (non sélectif, sélectif, concours...), débouchés possibles.

Présenter le lien entre la question choisie et votre projet d'orientation

- La question traitée ici est reliée à plusieurs possibilités de **formations** : licences en sciences économiques, sciences sociales, sciences politiques, relations internationales LEA, Droit, Licence professionnelle en Protection de l'environnement...
- En parcourant le site Internet des formations choisies, vous aurez accès à l'ensemble des **matières** qui y sont enseignées. Vous pourrez alors identifier les **liens possibles** entre les formations choisies et la question présentée devant le jury. Vos études supérieures vous permettront ainsi d'approfondir cette question.
- Listez les **métiers** liés à l'environnement : conseiller environnemental, urbaniste, directeur de service environnement...

CONSEIL
Mentionnez vos expériences.
Vous pourrez par exemple citer une rencontre avec un professionnel qui vous a présenté son métier.

CONSEIL
Expliquez vos choix.
Pour expliciter votre motivation, vous pourrez utiliser votre Projet de formation motivé que vous avez complété pour chaque formation, validée sur Parcoursup.

CONSEIL
Renseignez-vous.
Pour vous aider à préparer les différentes rubriques proposées ci-contre, vous pouvez consulter le site de l'ONISEP qui vous permet de découvrir les perspectives de formations et de métiers qui s'offrent à vous selon vos choix de spécialité.

Ressources numériques
- Article « Les quatre dimensions économiques de la justice climatique », *AOC*, 15 janvier 2020.
- Fiche d'activités.

ÉTAPE 2 — Se documenter	ÉTAPE 5 — Faire le lien avec d'autres disciplines
Vous pouvez lire l'article « Les quatre dimensions économiques de la justice climatique » de l'économiste Christian de Perthuis (voir ressources numériques) et répondre aux questions de la fiche d'activités.	**HGGSP Term** **Thème 5 –** L'environnement, entre exploitation et protection : un enjeu planétaire Ce thème, et notamment l'axe 2 sur le climat, enjeu des relations internationales, peut être mobilisé pour enrichir votre exposé. **HLP Term** **L'humanité en question**. Vous pouvez mobiliser l'entrée « L'humain et ses limites » : comment penser l'équilibre entre exploitation et conservation de la nature ?

Autres questions possibles

- Comment le recours à la justice a-t-il permis de transformer la question environnementale en problème public ?
- Comment la coopération à l'échelle locale peut-elle répondre aux problèmes environnementaux mondiaux ?

BAC

Sujet d'entraînement – Dissertation 4h

Grilles d'évaluation

Quels sont les avantages et inconvénients des instruments de la politique climatique ?

Doc 1 Émissions de gaz à effet de serre passées et projetées dans l'Union européenne

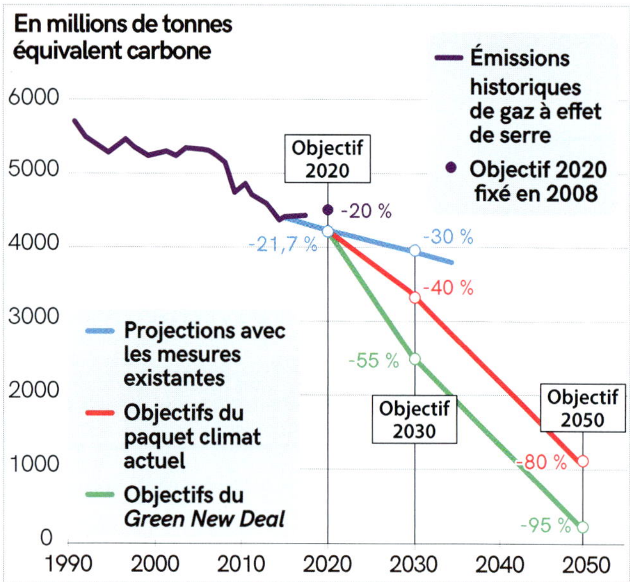

Note : Les objectifs 2020 et 2030 sont des objectifs contraignants de réduction des émissions. En décembre 2019, la Commission européenne propose un nouveau plan d'action (*Green New Deal*) visant à rendre l'activité économique au sein de l'UE climatiquement neutre d'ici 2050.

Adeline Guéret, Xavier Timbeau, OFCE, février 2020

Doc 2 Dépenses publiques nationales de R&D en énergie par domaine, en France

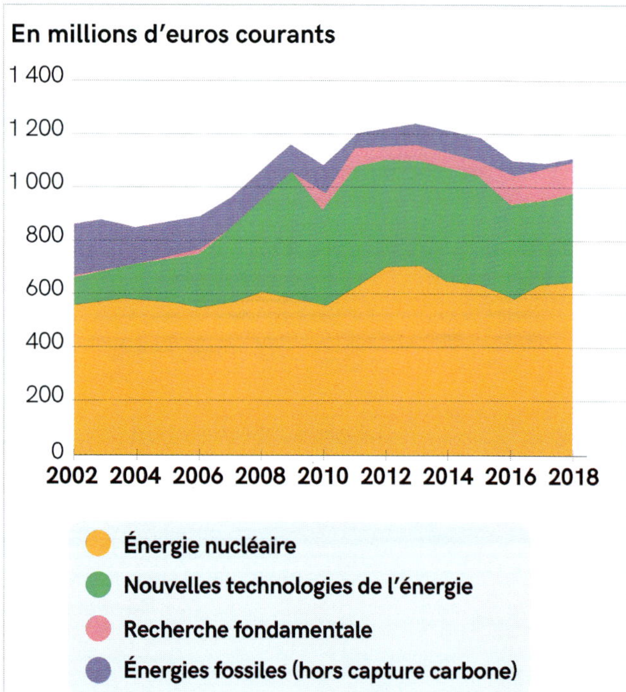

Commissariat général au développement durable, octobre 2019

Doc 3

La « contribution climat énergie », dite taxe carbone, est l'équivalent d'une taxe sur les émissions de CO_2 liées à la production d'énergie, selon un principe pollueur-payeur. Introduite en France en 2014 au prix de 7 euros, elle est aujourd'hui à 44,60 euros la tonne. Soit la 5e taxe la plus élevée, derrière la Suède (107 euros), la Suisse, la Finlande et la Norvège. Au niveau mondial : seuls 25 pays y ont recours. Dans plus de trois-quarts des cas, la taxe est inférieure à 8 euros la tonne. En fait, les taxes existantes couvrent aujourd'hui moins de 15 % des émissions mondiales de carbone.

Cet outil devrait rapporter environ 9 milliards d'euros de recettes budgétaires en France en 2019 : 40 % vont au budget général de l'État, 30 % aux collectivités locales, 20 % au financement des énergies renouvelables. [...] La loi de finances pour 2018 prévoyait initialement que la taxe carbone augmente régulièrement de 65,4 euros la tonne en 2020 à 86,2 euros en 2022 puis 100 euros en 2030. La mauvaise gestion politique par le gouvernement des conséquences des hausses régulières sur le pouvoir d'achat des ménages a conduit à la crise des Gilets jaunes et à l'arrêt du renchérissement des émissions de CO_2.

Christian Chavagneux, « Les limites de la taxe carbone », *Alternatives économiques*, 30 septembre 2019

Doc 4 Répartition et utilisation des revenus carbone par pays ou région, et dispositif, en 2017

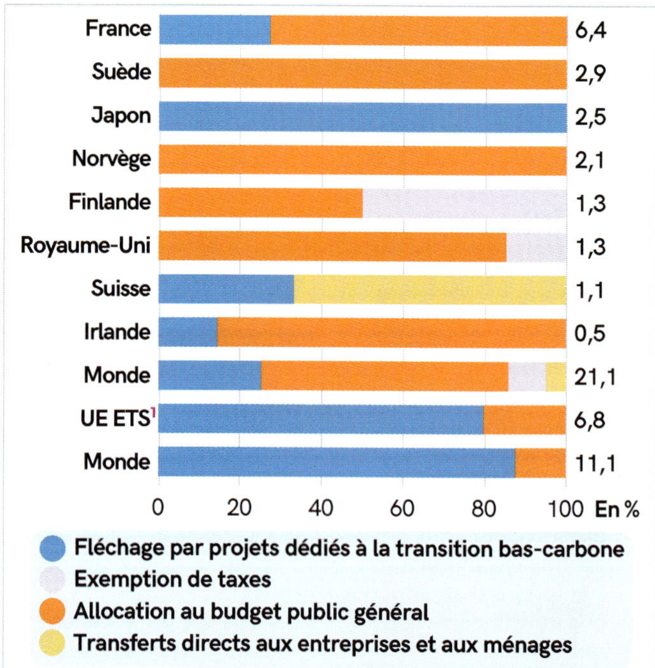

Commissariat général au développement durable, édition 2019

1. *EU emissions trading system* (système d'échange de quotas d'émission de l'UE).

BAC Sujet d'entraînement – Épreuve composée 4h

PARTIE 1 Mobilisation des connaissances

20 à 30 min — 4 points

Question Expliquez en quoi le marché de quotas d'émission peut être un instrument de lutte contre le changement climatique.

PARTIE 2 Étude d'un document

1h à 1h30 — 6 points

Doc Évolution des émissions de gaz à effet de serre, par pays (1990-2018)

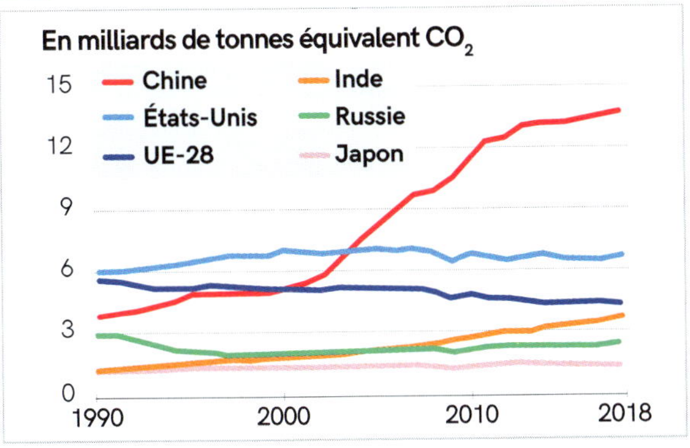

Le Monde, 27 novembre 2019

Question 1. Comparez l'évolution des émissions de gaz à effet de serre pour la Chine et l'UE à 28 entre 1990 et 2018.

Question 2. Montrez que la comparaison des données entre les pays émergents et les pays développés illustre l'une des contraintes qui pèse sur les négociations internationales liées à la lutte contre le changement climatique.

PARTIE 3 Raisonnement s'appuyant sur un dossier documentaire

2h à 2h40 — 10 points

À l'aide du dossier documentaire et de vos connaissances, vous montrerez que les acteurs de la question environnementale entretiennent des relations de conflit et de coopération.

Doc 1 Pays devant faire face à des procédures en mars 2017

États-Unis	654
Australie	80
Cour de justice européenne	40
Espagne	13
Canada	13
Royaume-Uni	49
Nouvelle-Zélande	16
France	4
Allemagne	3
Inde	2
Ukraine	2
Pakistan	2
Nigeria	1
Afrique du Sud	1
Belgique	1
Philippines	1
Suisse	1
République tchèque	1
Suède	1
Colombie	1

Note : des citoyens et des organisations non gouvernementales intentent des procès pour faire reconnaître la responsabilité de leur gouvernement à l'égard de ses engagements climatiques.

« L'état du contentieux climatique, revue mondiale », PNUE, 2017

Doc 2

La Louve est le premier supermarché collaboratif à avoir ouvert ses portes en France, fin 2016, dans le 18e arrondissement, dans le nord de Paris. Les membres (ou coopérateurs) doivent acheter des parts sociales et travailler quelques heures bénévolement dans le magasin pour pouvoir y effectuer leurs courses. [...] Aux Grains de sel, dernier supermarché coopératif ayant ouvert à Paris fin 2019 dans le 13e arrondissement, les fondateurs ont travaillé avec les associations locales pour faire connaître leur structure auprès de tous les publics. [...] Sur un plan économique, le modèle coopératif s'appuie sur un fonctionnement particulier, et pas forcément duplicable partout. Car les financements publics et des collectivités locales sont nombreux pour permettre d'amorcer les projets. Les coups de pouce de la mairie ou des élus pour trouver un local sont souvent cités, tout comme les subventions et bourses accordées (200 000 € pour Les Grains de sel, dans le cadre d'un appel à projet de la Ville de Paris autour de « l'alimentation pour tous »). Une fois l'ouverture décidée, les charges de personnel très faibles liées au bénévolat des coopérateurs permettent d'atteindre le point d'équilibre plus facilement.

Julie Delvallée, Morgan Leclerc, « Supermarchés coopératifs, anatomie d'un modèle à part », LSA, 6 février 2020

MÉTIER

Laurène, chargée de projets événementiels

FICHE MÉTIER

Chargé(e) de projets événementiels

- **Niveau minimum d'accès :** BAC +5
- **Salaire d'un débutant :** environ 2 200 €
- **Statut :**
  ☑ salarié ☐ fonctionnaire ☐ indépendant
- **Compétences requises :**
  ☑ organisation
  ☑ réactivité
  ☑ excellent relationnel
  ☑ négociation
  ☑ rigueur

Le CV express de Laurène

Laurène, 23 ans, Paris

FORMATION

- Master marketing et communication (école de commerce), Grenoble (bac +5)
- Licence en philosophie (université), Grenoble (bac +3)
- Classes préparatoires littéraires (hypokhâgne – khâgne), Paris (bac +2)
- Bac ES, Lille

EXPÉRIENCE PROFESSIONNELLE

- **BNP Paribas CIB, chargée de projets événementiels (alternance)**
- Association Place de la Communication, chargée de projets événementiels et communication (stage) : création et gestion logistique d'événements, animation des réseaux sociaux, pilotage de projets de communication
- Agence événementielle Public Address, assistante chef de projets (stage)
- Association étudiante Xpression, secrétaire et responsable logistique/événementiel

Le métier de Laurène au quotidien

Pouvez-vous nous présenter votre entreprise ?

Laurène : BNP Paribas est une banque française, la première banque de la zone euro en 2018 par ses actifs, et le 10e groupe bancaire international, présent dans 72 pays. Elle est cotée au premier marché d'Euronext Paris et fait partie de l'indice CAC 40.

Quelles sont vos tâches au quotidien ?

Laurène : Le département *Engagement & Events* a pour objectif d'organiser l'ensemble des événements, internes comme externes, de BNP Paribas CIB.
Ma mission consiste à assurer le suivi d'un événement, de sa création à sa réalisation. Concrètement, cela se traduit par des prises de brief (être à l'écoute des besoins et des attentes de nos clients), la recherche de lieux, activités, etc., répondant aux attentes du client, à la gestion des relations et des négociations avec nos prestataires, au suivi budgétaire et à la supervision de l'événement le jour J.
J'ai aussi pour mission de traduire dans nos événements les valeurs RSE (responsabilité sociétale des entreprises) du groupe BNP Paribas CIB, pour donner à nos événements une dimension solidaire.

Quels sont les aspects de votre métier qui vous plaisent le plus ?

Laurène : Ce qui me plaît le plus, c'est le renouvellement permanent ! Chaque projet est différent, chaque projet est un nouveau défi. Il faut sans cesse trouver de nouvelles idées pour répondre au mieux aux attentes du client, c'est un métier très stimulant.
Chargé(e) de projets événementiels, c'est également un métier très relationnel : nous sommes en permanence en contact avec les clients, les prestataires...
Et c'est un métier « découverte » : loin de rester toujours derrière un ordinateur, nous allons à la découverte de nouveaux lieux, nous assistons aux événements...
Finalement, c'est un métier « multitâches » : un(e) chargé(e) de projets événementiels a de très nombreuses missions, qui amènent beaucoup de variété et de challenges dans son travail au quotidien.

Que vous ont apporté les SES dans votre vie professionnelle ?

Laurène : Les SES sont tout d'abord un vrai outil pour comprendre le milieu bancaire. Elles sont également une aide au quotidien pour la bonne compréhension des devis et factures, mais aussi pour leur élaboration. Elles permettent par exemple de comprendre les notions de « prix hors taxes », « prix TTC », « acompte », « avoir »...

L'employeur de Laurène

BNP Paribas — BNP PARIBAS

Banque

☑ **Secteur privé** ☐ Secteur public

Grand groupe — 200 000 salariés

Création en 1966

Collaborateurs présents dans 72 pays

Votre projet d'orientation

- Vous reconnaissez-vous dans les différents adjectifs décrivant les qualités requises pour travailler en tant que chargé(e) de projets événementiels ?
- En vous aidant du site de l'ONISEP, identifiez les parcours d'études qui vous semblent les plus appropriés pour vous orienter dans cette voie. Justifiez votre réponse.

Lien vers le site

SOMMAIRE
FICHES MÉTHODE

- L'enseignement de SES permet de se confronter à l'étude méthodique de documents statistiques comme les diagrammes de répartition, les séries chronologiques, les histogrammes ou les tableaux à double entrée.
- Pour analyser correctement ce type de documents statistiques, vous devrez petit à petit savoir manipuler quelques outils statistiques essentiels comme le taux de variation, le pourcentage de répartition, les indices ou les moyennes.
- Les six premières fiches méthode de ce manuel permettent précisément d'acquérir progressivement la maîtrise de ces outils statistiques en proposant à chaque fois une définition précise accompagnée de la formule à connaître, d'un exemple et d'un exercice corrigé. Grâce aux autres fiches, vous apprendrez à analyser d'autres statistiques courantes en SES.
- Vous pourrez ensuite vous entraîner grâce à deux exercices d'application.

OUTILS

SAVOIR-FAIRE

1 FICHE MÉTHODE OUTILS

Comment calculer un pourcentage de répartition ?

Définition

Un pourcentage de répartition permet d'exprimer une quantité (en euros, en milliers d'individus...) en une fraction de cent grâce à l'utilisation du signe %. Il permet donc d'exprimer une proportion en pourcentage entre une quantité (le sous-ensemble) et une autre quantité (l'ensemble).

Formule

$$\frac{\text{sous-ensemble}}{\text{ensemble}} \times 100$$

⚠ Un pourcentage de répartition est toujours compris entre 0 et 100 %.

Exemple

D'après l'Insee, en 2016, la population active en France était de 29 207 milliers de personnes (ensemble) dont 15 129 milliers d'hommes (sous-ensemble 1) et 14 078 milliers de femmes (sous-ensemble 2).

La proportion d'hommes dans la population active était donc de : $\frac{15\,129}{29\,207} \times 100 = 51{,}8$ %.

On calcule de la même manière la proportion de femmes dans la population : $\frac{14\,078}{29\,207} \times 100 = 48{,}2$ %.

EXERCICE CORRIGÉ Population française active en fonction de l'âge en 2016

	En milliers	En pourcentage
15 à 24 ans	2 766	9,5
25 à 49 ans	18 210	*62,3*
50 à 64 ans	8 231	*28,2*
Total	29 207	*100*

Insee, enquête emploi, 2017

1. Rédigez une phrase pour présenter les informations apportées par les données encadrées.

D'après l'Insee, la population française active âgée de 15 à 24 ans était de 2 766 milliers de personnes en 2016, soit 9,5 % de l'ensemble de la population active française à cette date.

2. Calculez la part en pourcentage des 25-49 ans dans la population active française, puis rédigez une phrase pour présenter votre résultat.

$\frac{18\,210}{29\,207} \times 100 = 62{,}3$ %.

En 2016, les 25-49 ans représentaient 62,3 % de la population active française.

3. Complétez le tableau.

50 à 64 ans : $\frac{8\,231}{29\,207} \times 100 = 28{,}2$ %.

Total : 9,5 + 62,3 + 28,2 = 100 %.

EXERCICE 1 Étudiants inscrits dans l'enseignement supérieur en France en 2017

	En milliers	En %
Université	1 491	55,6
Classes préparatoires aux grandes écoles (CPGE)	100	...
Sections de techniciens supérieurs (BTS)	242	...
Diplôme universitaire de technologie (DUT)	116	...
Autres	731	...
Total	2 680	100

Ministère de l'Enseignement supérieur, de la Recherche et de l'Innovation, 2017

1. Rédigez une phrase pour présenter les informations apportées par les données encadrées.
2. Calculez la part en pourcentage des étudiants en CPGE, puis rédigez une phrase pour présenter votre résultat.
3. Complétez le tableau.

EXERCICE 2 Les exportations françaises en 2017

En 2017, les exportations françaises de biens et services étaient de 707,7 milliards d'euros. Les exportations de biens issus du secteur primaire (agriculture, pêche...) étaient de 14,7 milliards d'euros, celles du secteur secondaire (industrie, construction) de 480,6 milliards d'euros et, enfin, les exportations de services s'évaluaient à 212,4 milliards d'euros.

D'après « Tableaux de l'économie française », Insee, 2019

1. Calculez la part des exportations de biens issus du secteur primaire par rapport à l'ensemble des exportations françaises.
2. Calculez la part de l'ensemble des exportations de biens (secteurs primaire et secondaire), puis comparez le résultat par rapport à la part des exportations de services.

2 FICHE MÉTHODE OUTILS

Comment calculer un taux de variation et un coefficient multiplicateur ?

Définitions

■ Le taux de variation (parfois appelé « taux de croissance ») permet de calculer l'écart en pourcentage entre une valeur de départ (Vd) et une valeur d'arrivée (Va).

■ Le coefficient multiplicateur permet, quant à lui, de calculer le rapport entre une valeur d'arrivée (Va) et une valeur de départ (Vd).

Formules

■ Taux de variation = $\frac{(Va - Vd)}{Vd} \times 100$

⚠ Un taux de variation négatif signifie que la valeur d'arrivée est inférieure à la valeur de départ (diminution).

■ Coefficient multiplicateur = $\frac{Va}{Vd}$

⚠ Le coefficient multiplicateur n'a pas d'unité. S'il est inférieur à 1, alors la valeur d'arrivée est inférieure à la valeur de départ (dimunition).

Exemples

■ **Taux de variation**

D'après l'Insee, entre 2012 et 2017, le nombre de personnes pauvres est passé de 7,2 millions (Vd) à 5 millions (Va). Sur cette période, le taux de variation a donc baissé de 30,5 % : $\frac{(5 - 7{,}2)}{7{,}2} \times 100 = -30{,}5$ %.

■ **Coefficient multiplicateur**

D'après le magazine américain *Forbes*, le nombre de milliardaires dans le monde est passé de 470 (Vd) en 2000 à 2 153 (Va) en 2019. Sur cette période, le nombre de milliardaires a donc été multiplié par 4,6 : $\frac{2\,153}{470} = 4{,}6$.

EXERCICE CORRIGÉ Dépenses liées à l'environnement en France

En millions d'euros	2000	2010	2016
Protection de l'environnement[1]	29 463	44 516	47 042
Dépenses de gestion des ressources[2]	13 829	19 494	19 292
Total	**43 292**	**64 010**	**66 334**

Ministère de la Transition écologique et solidaire

1. Dépenses liées à la qualité de l'air, à la protection des animaux...
2. Traitement des eaux, principalement.

1. Calculez le coefficient multiplicateur de l'évolution des dépenses totales entre 2000 et 2016.

$\frac{66\,334}{43\,292} = 1{,}53$.

Entre 2000 et 2016, les dépenses liées à l'environnement en France ont été multipliées par 1,53.

2. Calculez l'évolution en pourcentage des dépenses de gestion des ressources entre 2000 et 2010.

$\frac{(19\,494 - 13\,829)}{13\,829} \times 100 = 41$ %.

Entre 2000 et 2010, les dépenses de gestion des ressources en France ont augmenté de 41 %.

EXERCICE 1 Importations et exportations de biens en France

En milliards d'euros	2007	2012	2018
Exportations	406,5	442,0	491,7
Importations	449,0	409,6	551,1

Direction générale des douanes et droits indirects, 2019

1. Calculez le taux de variation pour les importations entre 2012 et 2018.
2. Calculez le coefficient multiplicateur pour les exportations entre 2007 et 2018.

EXERCICE 2 Les écarts de PIB par habitant dans l'Union européenne

En considérant les [...] États membres de l'Union européenne, le PIB par habitant s'élève en moyenne à 30 900 euros au 1er juin 2018. Le PIB par habitant est le plus élevé au Luxembourg, avec 78 500 euros par tête. Les Français se trouvent à la 11e position avec 32 100 euros par tête. Les moins riches de l'Union sont les Bulgares avec un PIB par habitant de 15 500 euros.

« Le PIB par habitant des pays de l'UE », touteleurope.eu, 2019

1. Calculez un coefficient multiplicateur pour mesurer l'écart de PIB par habitant entre le Luxembourg et la Bulgarie.
2. Calculez l'écart en pourcentage du PIB par habitant en France et dans l'Union européenne.
3. Calculez l'écart de PIB par habitant entre la France et le Luxembourg à l'aide d'un coefficient multiplicateur et d'un taux de variation.

3 FICHE MÉTHODE OUTILS

Comment calculer un taux de variation cumulé ?

Définitions

Le taux de variation cumulé (Tx Δ cum) est un calcul effectué à partir d'un taux de variation → FICHE MÉTHODE 2 P. 359. Il permet d'additionner des variations successives exprimées en pourcentage.

Formules

Soient V_1, V_2 et V_3, trois valeurs prises successivement par une variable quelconque :

$Tx\,\Delta_1$ = taux de variation de cette variable entre V_1 et V_2

$Tx\,\Delta_2$ = taux de variation entre V_2 et V_3

$Tx\,\Delta$ = taux de variation de cette variable entre V_1 et V_3

Méthode approchée :

Si $Tx\,\Delta_1$ et $Tx\,\Delta_2$ sont faibles (– 5 % < Tx Δ cum < + 5 %) ou peu nombreux, alors : Tx Δ entre V_1 et V_3 peut être approché en additionnant : $Tx\,\Delta_1 + Tx\,\Delta_2$

⚠ Cette approximation est utilisée par les économistes pour passer du PIB nominal au PIB réel ou du taux d'intérêt nominal au taux d'intérêt réel. → FICHE MÉTHODE 10 P. 368

Méthode rigoureuse :

Si $Tx\,\Delta_1$ et $Tx\,\Delta_2$ sont élevés ou que le nombre de variations en pourcentage est important, on ne peut pas les additionner, il faut alors savoir convertir Tx Δ en un coefficient multiplicateur (CM) et réciproquement :

$Tx\,\Delta = (CM - 1) \times 100$ $CM = 1 + \frac{Tx\,\Delta}{100}$

Il faut ensuite réaliser trois étapes :

1. convertir chaque taux de variation en coefficient multiplicateur :

$CM_1 = 1 + \frac{Tx\,\Delta_1}{100}$ et $CM_2 = 1 + \frac{Tx\,\Delta_2}{100}$, etc.

2. multiplier les coefficients multiplicateurs :

$CM\ cum = CM_1 \times CM_2$

3. calculer le taux de variation cumulé :

$Tx\,\Delta\ cum = (CM\ cum - 1) \times 100$

EXERCICE CORRIGÉ Salaire moyen d'un temps plein dans le secteur privé en France

	2014	2015	2016
En euros	2 926	2 962	2 988

D'après Insee, 2019

1. Calculez le taux de variation et le coefficient multiplicateur :

a. entre 2014 et 2015.

$Tx\,\Delta_1 = \frac{(2\,962 - 2\,926)}{2\,926} \times 100 = 1{,}23$ % et par conversion $CM_1 = 1 + \frac{1{,}23}{100} = 1{,}0123$

b. entre 2015 et 2016.

$Tx\,\Delta_2 = \frac{(2\,988 - 2\,962)}{2\,962} \times 100 = 0{,}88$ % et par conversion $CM_2 = 1 + \frac{0{,}88}{100} = 1{,}0088$

c. entre 2014 et 2016.

$Tx\,\Delta = \frac{(2\,988 - 2\,926)}{2\,926} \times 100 = 2{,}1$ % et par conversion $CM = 1 + \frac{2{,}1}{100} = 1{,}021$

2. Calculez le taux de variation cumulé entre 2014 et 2016 de deux manières et vérifiez la pertinence de votre résultat.

a. **Méthode approchée** : $Tx\,\Delta\ cum \approx Tx\,\Delta_1 + Tx\,\Delta_2 = 1{,}23 + 0{,}88 = 2{,}11$ %.

Le cumul des augmentations du salaire moyen est de 2,11 % sur les périodes 2014-2015 et 2015-2016.

b. **Méthode rigoureuse** : $Tx\,\Delta\ cum = [(CM_1 \times CM_2) - 1] \times 100 = [(1{,}0123 \times 1{,}0088) - 1] \times 100 = 2{,}12$ %.

Le cumul des augmentations du salaire moyen est de 2,12 % sur les périodes 2014-2015 et 2015-2016.

On constate que la marge d'erreur est extrêmement faible et justifie pourquoi les économistes la pratique dans leurs calculs.

EXERCICE 1 PIB de l'Union européenne

	2016	2017	2018
En milliards de dollars	14 941	15 330	15 637

D'après Eurostat, 2019

1. Calculez le taux de variation et le coefficient multiplicateur entre 2016 et 2017, entre 2017 et 2018 et entre 2016 et 2018.

2. Calculez le taux de variation cumulé entre 2016 et 2018 de deux manières et vérifiez la pertinence de votre résultat.

EXERCICE 2 Volume des exportations mondiales de biens

	2016	2017	2018
En milliards de dollars	16 030	17 730	19 670

D'après l'Organisation mondiale du commerce, 2019

1. Calculez le taux de variation et le coefficient multiplicateur entre 2016 et 2017, entre 2017 et 2018 et entre 2016 et 2018.

2. Calculez le taux de variation cumulé entre 2016 et 2018 de deux manières et vérifiez la pertinence de votre résultat.

4 FICHE MÉTHODE OUTILS

Comment calculer une moyenne simple et pondérée ?

Définitions

■ Une moyenne simple est le rapport entre la somme de plusieurs valeurs et le nombre de ces valeurs.

■ Une moyenne pondérée est une moyenne dans laquelle chaque valeur possède une pondération.

Formules

■ Moyenne simple de n éléments $x_1, x_2, ..., x_n$ =

$$\frac{x_1 + x_2 + x_3 + \ldots + x_n}{n}$$

■ Moyenne pondérée de n éléments $x_1, x_2, ..., x_n$ munis de pondérations $p_1, p_2, ..., p_n$ =

$$\frac{p_1 \times x_1 + p_2 \times x_2 + \ldots + p_n \times x_n}{p_1 + p_2 + \ldots + p_n}$$

Exemples

■ **Moyenne simple**

Le 25 octobre 2019, la valeur de l'action de Total était de 47,70 € et celle d'EDF de 9,30 €. La valeur moyenne de ces deux actions était donc de : $\frac{47,7 + 9,3}{2}$ = 28,50 €.

■ **Moyenne pondérée**

Au 25 octobre 2019, 3 millions d'actions Total et 2 millions d'actions EDF ont été échangées en bourse. La valeur moyenne pondérée de ces deux actions était donc de : $\frac{(47,7 \times 3) + (9,3 \times 2)}{3 + 2}$ = 32,34 €.

EXERCICE CORRIGÉ Salaires mensuels moyens au sein de trois entreprises

	1 500 €	2 000 €	2 500 €	3 000 €
Nombre de salariés dans l'entreprise A	1	1	1	1
Nombre de salariés dans l'entreprise B	10	5	3	2
Nombre de salariés dans l'entreprise C	1	6	6	8

1. Calculez la moyenne simple des salaires au sein de l'entreprise A.

$\frac{1\,500 + 2\,000 + 2\,500 + 3\,000}{4}$ = 2 250 €.

Les salariés de l'entreprise A gagnent en moyenne 2 250 € par mois.

2. Calculez la moyenne pondérée des salaires :

a. au sein de l'entreprise B.

$\frac{(1\,500 \times 10) + (2\,000 \times 5) + (2\,500 \times 3) + (3\,000 \times 2)}{10 + 5 + 3 + 2}$ = 1 925 €.

b. au sein de l'entreprise C.

$\frac{(1\,500 \times 1) + (2\,000 \times 6) + (2\,500 \times 6) + (3\,000 \times 8)}{1 + 6 + 6 + 8}$ = 2 500 €.

3. Comment expliquez-vous l'écart de salaire moyen entre les entreprises B et C, alors que les montants des salaires distribués dans les deux entreprises sont les mêmes ?

Cet écart s'explique par les pondérations. Dans l'entreprise B, dix personnes perçoivent un salaire de 1 500 € et deux seulement un salaire 3 000 €, alors que, dans l'entreprise C, huit personnes perçoivent un salaire de 3 000 € et une seulement un salaire de 1 500 €.

EXERCICE 1 Population et PIB en France et en Allemagne, en 2018

	France	Allemagne
Population (en millions)	67	83
PIB (en milliards d'euros)	2 353	3 386

Eurostat, 2019

1. Calculez le PIB moyen de l'ensemble de ces deux pays sans utiliser de pondération.

2. Calculez le PIB moyen de l'ensemble de ces deux pays, pondéré par leur population.

EXERCICE 2 Résultats de Marie en SES au premier trimestre

	Contrôle 1	Contrôle 2	Devoir maison	Oral 1	Oral 2
Notes	18	17	6	5	2
Coefficients	4	4	2	1	1

1. Calculez la moyenne de Marie en SES sans prendre en compte les pondérations.

2. Calculez la moyenne pondérée de Marie en SES.

3. Comment expliquez-vous la différence entre ces deux moyennes ?

5 FICHE MÉTHODE **OUTILS**

Comment calculer un indice simple ?

Définitions

- Un indice de variation permet de comparer à des dates différentes (nommées « t ») des valeurs, dont l'une est prise comme référence à une date nommée « t_0 ».
- Un indice de répartition permet de comparer à une même date des valeurs différentes, dont l'une est prise comme référence.
- Pour calculer un indice, il faut attribuer une valeur nommée « indice de base » (1, 100 ou 1 000, selon les cas) à la valeur de référence. L'unité de l'indice s'appelle le « point ».

Formules

- Indice de variation à la date (t) =

$$\frac{\text{valeur}(t)}{\text{valeur de référence}(t_0)} \times \text{indice de base}$$

- Indice de répartition =

$$\frac{\text{valeur}}{\text{valeur de référence}} \times \text{indice de base}$$

Exemple

D'après Boursorama, le coût du baril de pétrole brut (indice base 100 en 2018) était de :

Date au 01/01	2018	2019	2020
Prix en dollars	60,1	42,2	62,6
Indice	100	70,2	104,2

L'indice du prix du pétrole au 1er janvier 2019 était de :
$\frac{42,2}{60,1} \times 100 = 70,2$ points.
L'évolution de l'indice entre 2018 et 2020 était de :
104,2 – 100 = 4,2 points d'indice.

EXERCICE CORRIGÉ Évolution de la dette publique de la France

	2012	2013	2014	2015	2016	2017
En milliards d'euros	1 892	1 977	2 040	2 101	2 188	2 258
En indice base 100	*95,7*	100	*103,2*	*106,3*	*110,7*	114,2

Insee, 2019

1. Identifiez la date de référence et la valeur de l'indice de base.
La date de référence de l'indice de la dette publique en France est 2013 et la valeur de l'indice de base est de 100.

2. Complétez le tableau.

2012 : $\frac{1\,892}{1\,977} \times 100 = 95,7$

2014 : $\frac{2\,040}{1\,977} \times 100 = 103,2$

2015 : $\frac{2\,101}{1\,977} \times 100 = 106,3$

2016 : $\frac{2\,188}{1\,977} \times 100 = 110,7$

3. Quel est l'écart en points d'indice entre 2013 et 2017 ?
114,2 – 100 = 14,2 points.
La dette publique française a augmenté de 14,2 points d'indice entre 2013 et 2017.

EXERCICE 1 Taux de croissance du PIB dans l'Union européenne en 2018

	Croissance en pourcentage	Croissance en indice
Union européenne	2,0	100
Pays-Bas	2,6	...
France	1,7	85
Italie	0,8	...

D'après Eurostat, 2019

1. Identifiez la valeur de référence pour le calcul de l'indice de base.

2. Complétez le tableau.

3. Quel est l'écart en points d'indice entre la croissance de l'Union européenne et celle des Pays-Bas ?

EXERCICE 2 Prix de l'action L'Oréal au 1er janvier

	2015	2016	2017	2018	2019
Prix en euros	141	155,8	171,6	183,5	198,5
Indice base 100	100	...	121,7	...	...

D'après Boursorama, 2019

1. Rédigez une phrase pour présenter les informations apportées par les données encadrées en rouge.

2. Complétez le tableau.

3. Calculez l'écart en points d'indice entre 2015 et 2019.

6 FICHE MÉTHODE OUTILS

Comment transformer une table de mobilité en tables de destinée et de recrutement ?

Définition

■ Une table de mobilité est un outil statistique qui permet de mesurer la mobilité sociale intergénérationnelle (entre parent et enfant). Publiées par l'Insee, elles sont construites grâce aux catégories socioprofessionnels.

■ Une table de destinée permet de connaître la CSP des personnes dont le père (ou la mère) appartenait à la même CSP. Une table de recrutement, à l'inverse, permet de connaître la CSP du père (ou de la mère) des personnes appartenant à la même CSP.

■ La table de destinée permet par exemple de connaître le destin des enfants d'agriculteur, alors que la table de recrutement permet de connaître la CSP d'origine du père (ou de la mère) des agriculteurs.

EXERCICE CORRIGÉ Tables de destinée et de recrutement des fils par rapport à leur père

Étape 1 Comprendre une table de mobilité

Afin de faciliter la compréhension, nous nous limiterons ici à la répartition d'une population fictive de 20 000 individus répartis en trois groupes sur un critère de revenu : classe populaire, classe moyenne et classe aisée.

⚠ Pour rappel, les tables de mobilité utilisent normalement les CSP.

Position sociale du fils / Position sociale du père	Classe populaire	Classe moyenne	Classe aisée	Ensemble
Classe populaire	3 000	800	200	4 000
Classe moyenne	2 000	9 700	300	12 000
Classe aisée	1 000	1 500	1 500	4 000
Ensemble	6 000	12 000	2 000	20 000

Personne interrogée — Structure sociale des fils — Structure sociale des pères

1. Présentez les informations apportées par les données encadrées.

Le nombre d'individus interrogés qui appartiennent à la classe populaire et dont le père appartient à cette même classe est de 3 000.

Le nombre d'individus interrogés qui appartiennent à la classe aisée et dont le père appartient à la classe populaire est de 200.

4 000 individus interrogés ont un père qui appartient à la classe populaire.

Étape 2 Créer une table de destinée

Cette table est calculée en réalisant des pourcentages de répartition à partir de la structure sociale des pères.

Destinée du fils / Origine du père	Classe populaire	Classe moyenne	Classe aisée	Ensemble
Classe populaire	$\frac{3\,000}{4\,000} \times 100 = 75\ \%$	20 %	5 %	100 %
Classe moyenne	$\frac{2\,000}{12\,000} \times 100 = 16{,}7\ \%$	...	...	100 %
Classe aisée	$\frac{1\,000}{4\,000} \times 100 = 25\ \%$	...	...	100 %
Ensemble	$\frac{6\,000}{20\,000} \times 100 = 30\ \%$	...	...	100 %

2. Présentez les informations apportées par les données encadrées.
3. Complétez le tableau et assurez-vous que les totaux valent toujours 100 %.

Étape 3 Créer une table de recrutement

Cette table est calculée en réalisant des pourcentages de répartition à partir de la structure sociale des fils.

Destinée du fils / Origine du père	Classe populaire	Classe moyenne	Classe aisée	Ensemble
Classe populaire	$\frac{3\,000}{6\,000} \times 100 = 50\ \%$	$\frac{800}{12\,000} \times 100 = 6{,}7\ \%$	$\frac{200}{2\,000} \times 100 = 10\ \%$	$\frac{4\,000}{20\,000} \times 100 = 20\ \%$
Classe moyenne	33,3 %	...	...	...
Classe aisée	16,7 %	...	...	...
Ensemble	100 %	100 %	100 %	100 %

4. Présentez les informations apportées par la donnée encadrée.
5. Complétez le tableau et assurez-vous que les totaux valent toujours 100 %.

7 FICHE MÉTHODE SAVOIR-FAIRE

Comprendre les représentations graphiques de données statistiques

Définitions

■ Un diagramme de répartition permet de visualiser facilement des rapports de proportion. Il est généralement construit à l'aide de données exprimées en pourcentage → FICHE MÉTHODE 1 P. 358. Il existe plusieurs types de diagrammes de répartition : circulaire, semi-circulaire, en bandes…

■ Un histogramme est constitué de barres placées côte à côte ou les unes au-dessus des autres. Leur longeur est proportionnelle à la quantité à représenter. Dans la majorité des cas, les rectangles de l'histogramme ont tous une base de même largeur. Si ce n'est pas le cas, il faut observer la largeur des rectangles qui dépend de la variable présentée en abscisse. La même logique s'applique pour un histogramme horizontal.

■ Une série chronologique représente l'évolution d'une ou plusieurs variable(s) dans le temps.

Méthode

■ Pour étudier une représentation graphique de données statistiques, il faut :

1. lire son titre pour connaître le thème;
2. repérer sa nature (diagramme de répartition circulaire, semi-circulaire, histogramme ou série chronologique);
3. repérer les intitulés des données qui le composent et, pour les séries chronologiques et les histogrammes, les variables étudiées sur l'axe des ordonnées (vertical) et des abscisses (horizontal);
4. repérer la source pour apprécier sa crédibilité;
5. vérifier s'il comporte un champ et/ou une note de lecture.

■ Après ce travail, vous devez être en mesure de formuler une phrase avec n'importe quelle donnée et d'en tirer des conclusions.

EXERCICE CORRIGÉ Répartition des projets d'investissement en France par origine en 2018

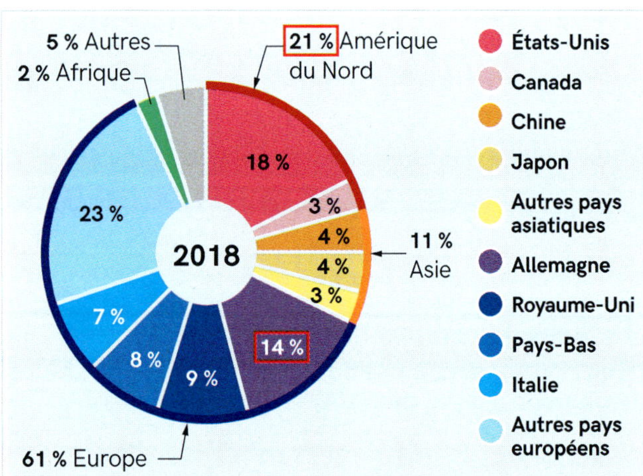

D'après Business France, 2019

1. Présentez le document.
Ce diagramme de répartition publié par Business France montre la répartition en pourcentage des projets d'investissement en France en fonction du pays d'origine en 2018.

2. Rédigez une phrase pour présenter les informations apportées par les données encadrées.
En 2018, 14 % des projets d'investissement en France proviennent d'Allemagne et 21 % d'Amérique du Nord.

3. D'où viennent la majorité des investissements?
61 % de ces investissements proviennent d'Europe.

EXERCICE 1 La destination des exportations françaises de biens en 2019

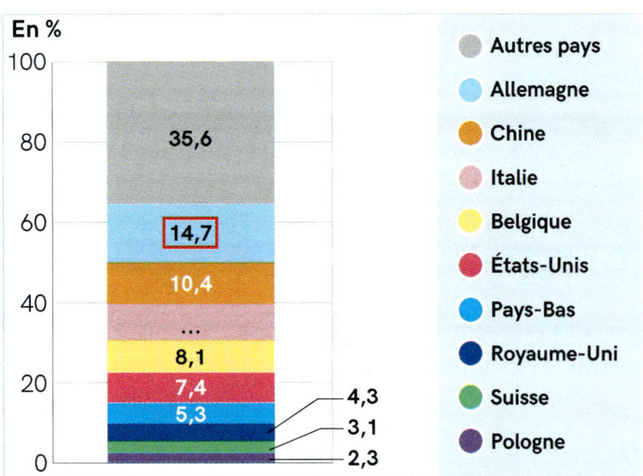

D'après Insee, 2019

1. Rédigez une phrase pour présenter les informations apportées par la donnée encadrée.
2. Complétez la donnée manquante.
3. Peut-on dire que la France exporte principalement en Europe?

EXERCICE CORRIGÉ Croissance du commerce mondial et du PIB, en volume

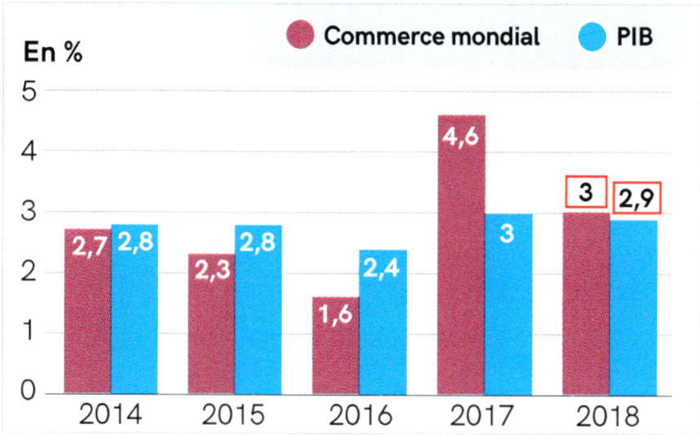

D'après Organisation mondiale du commerce

1. Présentez le document.

Cet histogramme, publié par l'Organisation mondiale du commerce, compare la croissance du commerce mondial et la croissance du PIB mondial entre 2011 et 2018.

2. Expliquez les informations apportées par les données encadrées.

Le PIB mondial a augmenté de 2,9 % en volume en 2018, alors que le commerce mondial a augmenté de 3 % en volume la même année.

3. Quel est le principal enseignement de ce document ?

Cet histogramme permet de montrer que, mis à part les années 2016 et 2017, le commerce mondial et le PIB mondial croissent à peu près au même rythme. En 2017, le commerce mondial a augmenté plus rapidement que le PIB mondial alors qu'en 2016, l'inverse s'est produit.

EXERCICE 2 Taux de chômage selon la nationalité en France, en 2017

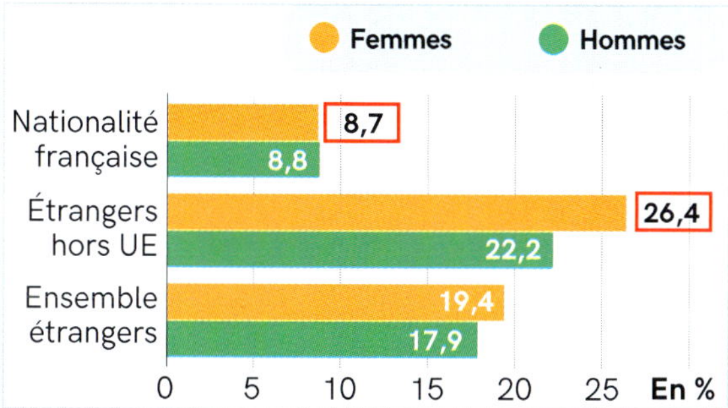

D'après Insee, 2018

1. Présentez le document.

2. Expliquez les informations apportées par les données encadrées.

3. Que pouvez-vous dire des inégalités de chômage par rapport aux nationalités ?

EXERCICE CORRIGÉ Dépenses liées à l'informatique de 1990 à 2017

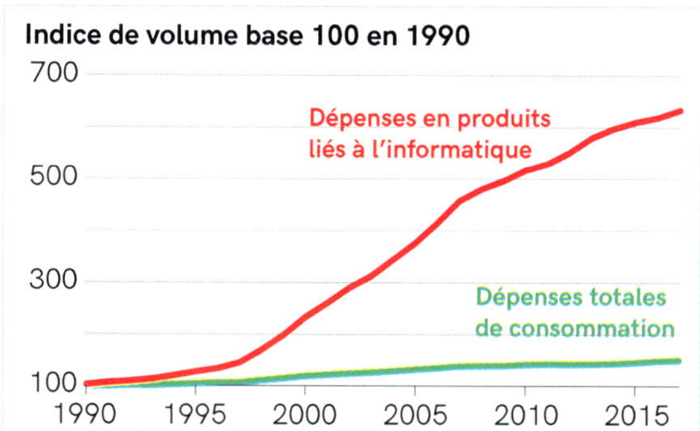

D'après Insee, 2018

1. Présentez le document.

Cette série chronologique, publiée par l'Insee, compare l'évolution des dépenses liées à l'informatique avec les dépenses totales de consommation entre 1990 et 2017. Les données sont exprimées en indice base 100 pour l'année 1990 → FICHE MÉTHODE 5 P. 362.

2. Expliquez les informations correspondant à l'année 2015 et tirez-en une conclusion.

D'après l'Insee, en 2015, les dépenses liées à l'informatique étaient de 600 (indice base 100 en 1990) et les dépenses totales de consommation de 150 (indice base 100 en 1990). Ainsi, entre 1990 et 2015, les dépenses liées à l'informatique ont été multipliées par 6, alors que les dépenses totales de consommation ont été multipliées par 1,5.

EXERCICE 3 Évolution du commerce mondial et du PIB mondial, en volume

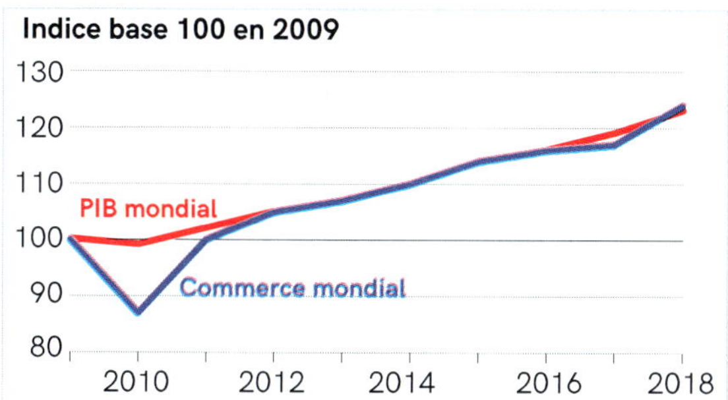

D'après l'Organisation mondiale du commerce

1. Présentez le document.

2. Expliquez les informations correspondant aux années 2010 et 2018.

3. Quel est le principal enseignement de ce document ?

8 FICHE MÉTHODE SAVOIR-FAIRE

Comprendre un tableau statistique à double entrée

Définition

■ Un tableau statistique à double entrée est composé de plusieurs colonnes et lignes. Il permet de représenter de manière synthétique de nombreuses données chiffrées.

Exemple

Salaire net mensuel moyen en euros en fonction du sexe

variable en colonne ↓ ↓

variable en ligne →

	2014	2015
Femmes	1 961	1 986
Hommes	2 410	2 438

Méthode

■ Pour étudier un tableau à double entrée, il faut :

1. lire son titre pour en connaître le thème;
2. repérer l'unité (ou les unités);
3. repérer la (ou les) variable(s) en ligne et la (ou les) variable(s) en colonne;
4. repérer la source pour apprécier sa crédibilité;
5. vérifier s'il comporte un champ et/ou une note de lecture.

■ Après ce travail, vous devez être en mesure de formuler une phrase avec n'importe quel chiffre du tableau et d'en tirer des conclusions.

EXERCICE CORRIGÉ Salaire mensuel net moyen selon le sexe et la catégorie socioprofessionnelle en France, en 2015

En euros	Femmes	Hommes
Cadres et professions intellectuelles supérieurs	3 561	4 451
Professions intermédiaires	2 081	2 420
Employés	1 591	1 739
Ouvriers	1 483	1 765

Champ : France métropolitaine.

Insee, 2018

1. Présentez le tableau.

Ce tableau à double entrée, publié par l'Insee en 2018, présente les écarts de salaire net mensuel moyen en euros en France entre les femmes et les hommes en 2015. La variable en ligne présente la catégorie socioprofessionnelle, la variable en colonne le sexe.

2. Comparez les informations apportées par les données encadrées.

D'après l'Insee, en 2015, le salaire mensuel net moyen des femmes cadres était de 3 561 euros, alors que celui des ouvrières n'était que de 1 483 euros.

3. Quels sont les principaux enseignements de ce tableau ?

Ce tableau montre qu'il existe un écart entre le salaire des hommes et celui des femmes, en faveur des hommes. On constate par ailleurs que plus le niveau de salaire est élevé, plus l'écart est important.

EXERCICE 1 Familles selon le nombre d'enfants

En pourcentage	1990	2010	2015
1 enfant	43,3	45,8	46,0
2 enfants	35,9	36,8	36,9
3 enfants	14,5	13,1	12,8
4 enfants ou plus	6,3	4,3	4,3

Champ : France hors Mayotte, population des ménages, familles avec au moins un enfant (sans limite d'âge).

D'après « Tableaux de l'économie française », Insee, 2019

1. Présentez les informations apportées par les données encadrées.
2. Comment la part des familles n'ayant que deux enfants a-t-elle évolué entre 1990 et 2015 ?

EXERCICE 2 Emploi, chômage et inactivité en France, en 2017

En milliers	Âge			
	15-24 ans	25-49 ans	50-64 ans	65 ans ou plus
Actifs	2 780	18 138	8 370	379
Population en emploi	2 160	16 545	7 806	368
Population au chômage	620	1 593	564	12
Inactifs	4 757	2 523	4 380	11 885

Champ : France hors Mayotte, personnes de 15 ans ou plus.

D'après Insee, Enquête emploi, 2019

1. Présentez le tableau.
2. Présentez les informations apportées par les données encadrées.
3. Existe-il une corrélation entre l'âge et l'emploi ? Justifiez.

9 FICHE MÉTHODE SAVOIR-FAIRE

Comprendre un indice synthétique

Définition

■ La valeur d'un indice synthétique résume en un seul chiffre, grâce à un calcul de moyenne simple ou pondérée, une multitude de valeurs. → FICHE MÉTHODE 4 P. 361

■ Pour calculer un indice synthétique à une date quelconque (t), il faut définir une date de référence (t_0) et lui associer une valeur de référence appelée « indice de base » (1, 100 ou 1 000, selon les cas). L'unité de l'indice s'appelle le « point ».

Méthode

Pour étudier un indice synthétique, il faut :

1. comprendre quelles sont les valeurs agrégées ;
2. comprendre quels sont l'indice de base et la date de référence ;
3. étudier l'évolution dans le temps de l'indice synthétique ;
4. réaliser des soustractions ou des divisions pour quantifier cette évolution.

EXERCICE CORRIGÉ L'indice de développement humain (IDH)

Classement 2017[1]	Pays	Valeur IDH
1	Norvège	0,953
5	Allemagne	0,936
13	États-Unis	0,924
24	France	0,901
86	Chine	0,752
189	Niger	0,354

D'après PNUD, 2018

1. Classement sur 189 pays.

L'indice de développement humain (IDH) est un indice synthétique élaboré par le Programme des Nations unies pour le développement (PNUD) pour mesurer le niveau de développement d'un pays. Il est compris entre 0 (faible niveau de développement) et 1 (fort niveau de développement).
Son mode de calcul dépend de trois variables : le produit intérieur brut (PIB) par habitant, l'espérance de vie et le niveau d'éducation. Ces trois variables n'ayant pas la même unité, le PNUD réalise des indices pour pouvoir les additionner.

1. Pourquoi l'IDH est-il un indice synthétique ?
L'IDH est un indice synthétique car son mode de calcul prend en compte trois variables différentes qui, n'ayant pas les mêmes unités, ne peuvent pas être additionnées telles quelles. L'IDH permet, en un seul chiffre compris entre 0 et 1, de donner une indication sur le niveau de développement d'un pays.

2. Présentez les informations apportées par les données encadrées.
D'après le PNUD, en 2017, l'IDH de la Norvège était de 0,953, plaçant ce pays au premier rang dans le monde. La France, quant à elle, avait un IDH de 0,901, se classant ainsi au 24e rang mondial.

EXERCICE L'indice CAC 40, en points d'indice

D'après Euronext

L'indice CAC 40 regroupe en un seul chiffre la valeur des actions des 40 plus grandes entreprises cotées à la Bourse de Paris.
Cet indice a été introduit le 31 décembre 1987, à la valeur de base de 1 000 points.

1. Pourquoi le CAC 40 est-il un indice synthétique ?
2. Rédigez une phrase pour présenter l'information qui correspond à l'année 2018.
3. Quelles sont les grandes évolutions de la valeur du CAC 40 depuis sa création ?

10 FICHE MÉTHODE SAVOIR-FAIRE

Comprendre la distinction entre valeur nominale et valeur réelle

Définition

■ Une grandeur économique (PIB, revenu, importations, etc.) exprimée en valeur (ou « nominale ») est exprimée à prix courants, c'est-à-dire au prix affiché.

■ Une grandeur économique exprimée en volume (ou « réelle ») est exprimée à prix constants, ce qui signifie que l'effet de l'évolution des prix (inflation) a été corrigé.

Donnée non corrigée de l'évolution des prix	Donnée corrigée de l'évolution des prix
en valeur	en volume
nominale	réelle
à prix courants	à prix constants

■ L'augmentation de la valeur du PIB peut cacher deux phénomènes différents : soit une augmentation des quantités produites (augmentation du PIB en volume), soit une augmentation des prix des biens et services produits.

■ Pour étudier l'évolution dans le temps du PIB en volume (PIB réel ou à prix constants), les économistes suppriment l'effet lié à l'inflation et rapportent le PIB aux prix d'une année de référence.

Formules

■ Donnée en volume = $\frac{\text{donnée en valeur}}{\text{indice des prix}} \times 100$

■ Taux de variation de la donnée en volume = taux de variation de la donnée en valeur – taux de variation de l'indice des prix

EXERCICE CORRIGÉ Le taux d'intérêt à 10 ans en France

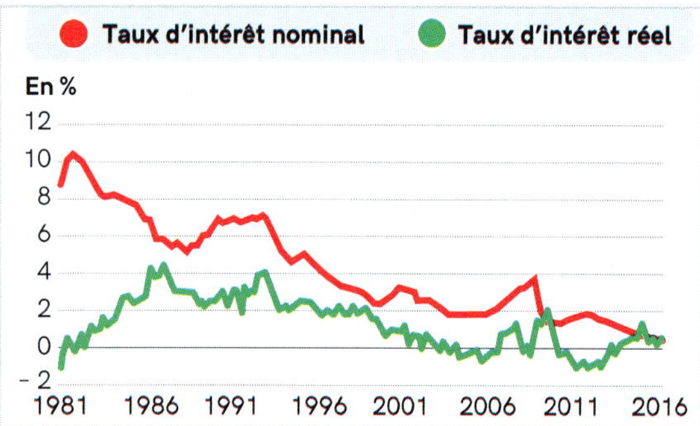

D'après Banque centrale européenne, 2017

1. Quelle est la différence entre le taux d'intérêt nominal et le taux d'intérêt réel ?
Le taux d'intérêt nominal est le taux d'intérêt affiché, alors que le taux d'intérêt réel est celui qui est corrigé par l'inflation. Autrement dit, le taux d'intérêt réel est égal au taux d'intérêt nominal moins l'inflation.

2. Quel est le niveau d'inflation quand les deux courbes se touchent ?
Quand les deux courbes se touchent, cela signifie que l'inflation est nulle. Inversement, plus elles sont éloignées, plus l'inflation est forte.

3. Comment ces deux variables ont-elles globalement évolué depuis 1981 ?
Les taux d'intérêt nominal et réel baissent continuellement depuis le milieu des années 1980 et se rapprochent l'une de l'autre. Cela atteste du fait que l'inflation est de plus en plus faible en France depuis le début des années 1980.

EXERCICE 1 Croissance du PIB en valeur et en volume de la France

	Évolution du PIB en valeur	Évolution des prix	Évolution du PIB en volume
2018	2,5 %	0,8 %	1,7 %
2017	2,9 %	0,7 %	2,2 %

D'après Insee, 2019

1. Présentez le document.
2. Rédigez une phrase pour présenter les informations apportées par les données encadrées.
3. Vérifiez qu'il n'y a pas d'erreur dans les calculs de la croissance du PIB réel en 2017 et 2018.

EXERCICE 2 Évolution du revenu disponible et du pouvoir d'achat des ménages en France

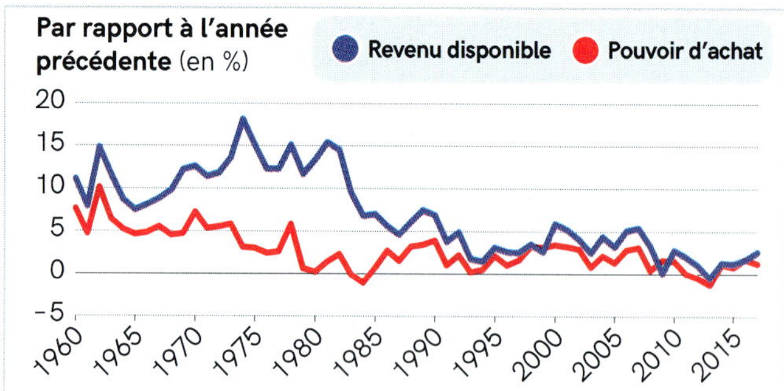

D'après Insee, Comptes nationaux, 2018

1. Présentez le document.
2. Rédigez une phrase pour présenter l'information qui correspond à l'année 1970.
3. Quel est le principal enseignement de ce document ?

11 FICHE MÉTHODE SAVOIR-FAIRE

Comprendre la médiane et le rapport interquantile

Définitions

- La médiane est la valeur qui partage en deux parties égales une série de données. Pour la déterminer, il faut trier ces données dans l'ordre croissant puis prendre la valeur qui se situe au milieu de cet ensemble.
- Un quantile est une fraction de la population étudiée. Le rapport interquantile est le rapport entre les valeurs qui correspondent à deux quantiles différents.
- Si la population est scindée en dix tranches de 10 %, on parle de déciles. Si elle est scindée en cinq tranches de 20 %, on parle de quintiles. Si elle est scindée en quatre tranches de 25 % on parle de quartiles.

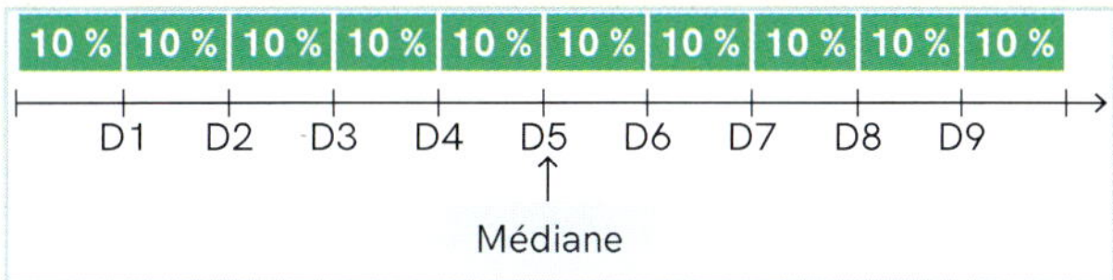

EXERCICE CORRIGÉ Distribution des salaires mensuels nets en France, en 2015

En euros	Femmes	Hommes	Ensemble
D1	1 171	1 262	1 213
D2	1 288	1 427	1 357
D3	1 396	1 573	1 490
D4	1 512	1 728	1 630
D5 (médiane)	**1 650**	**1 906**	**1 797**
D6	1 830	2 130	2 004
D7	2 073	2 451	2 286
D8	2 432	2 996	2 752
D9	3 149	3 990	3 646
D9/D1	**2,7**	**3,2**	**3,0**

D'après Insee, 2016

1. Rédigez une phrase pour présenter les informations correspondant à la médiane pour les femmes.
D'après l'Insee, en 2015, il avait autant de femmes qui touchaient un salaire net mensuel inférieur à 1 650 € que de femmes qui touchaient un salaire supérieur à ce montant.

2. Rédigez une phrase pour présenter les informations correspondant aux données encadrées en rouge.
D'après l'Insee, en 2015, 10 % des hommes salariés touchaient un salaire mensuel net inférieur à 262 € (D1) et 10 % un salaire mensuel net supérieur à 3 990 € (D9).

3. Vérifiez que le rapport interdécile de l'ensemble est exact.
$\frac{3\,646}{1\,213} = 3$
En 2015, le salaire minimum des 10 % des personnes les mieux rémunérées était bien trois fois supérieur au salaire maximum des 10 % des salariés les moins bien payés.

EXERCICE 1 Niveaux de vie annuels des ménages en France en 1996 et 2015

	1996	2015
Seuils de niveau de vie (en milliers d'euros 2015)		
Niveau de vie médian (D5)	17,3	20,3
Premier décile de niveau de vie (D1)	9,2	10,9
Neuvième décile de niveau de vie (D9)	32,2	37,5
Rapports interdéciles		
D5/D1	1,9	1,9
D9/D5	1,9	1,8
D9/D1	3,5	3,4

D'après Insee, 2018

1. Présentez le document.

2. Rédigez une phrase pour présenter les informations correspondant aux données encadrées.

3. Vérifiez que les calculs des rapports interdéciles ne comportent pas d'erreur pour l'année 2015.

4. Les inégalités de niveaux de vie ont-elles augmenté entre ces deux dates ?

EXERCICE 2 Patrimoine brut des ménages en France en 2015

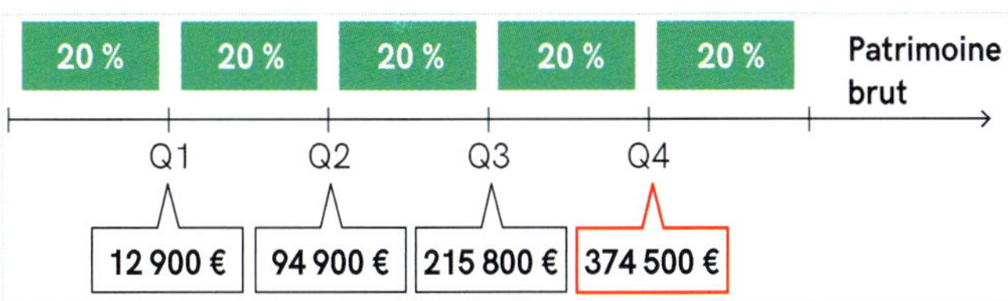

D'après Insee, 2018

1. Présentez le document.

2. Rédigez une phrase pour présenter les informations correspondant à la donnée encadrée en rouge.

3. Rédigez une phrase pour présenter les informations correspondant au rapport interquintile Q4/Q1.

12 FICHE MÉTHODE SAVOIR-FAIRE

Comprendre la distinction entre corrélation et causalité

Définition

■ Une corrélation est une relation statistique observée entre deux variables. Quand les variations de leurs valeurs sont toujours de même sens, on parle de corrélation « positive ». Quand les variations de leurs valeurs sont de sens opposés, on parle alors de corrélation « négative ».

■ Une causalité est le lien qui unit la cause à l'effet.

⚠ Ne confondez pas corrélation et causalité.
Une erreur fréquente consiste à affirmer que, si l'on observe une corrélation entre deux variables, alors il existe une causalité. Or, il est possible qu'une autre variable non questionnée explique la corrélation entre ces deux variables.

EXERCICE CORRIGÉ Seuil de pauvreté dans l'Union européenne, en 2016

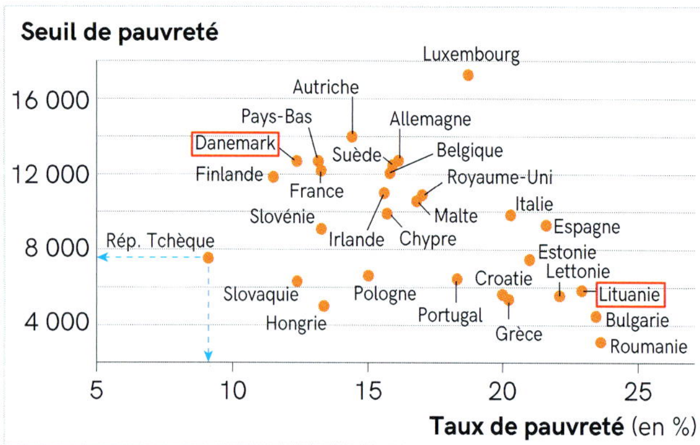

D'après Eurostat, 2019

1. Présentez les informations correspondant aux données encadrées.
D'après Eurostat, en 2015, 22 % de la population lituanienne avait un niveau de vie inférieur au seuil de pauvreté, fixé à environ 6 000 € annuels. Au Danemark, le taux de pauvreté représentait 12 % de la population, pour un seuil fixé à environ 12 000 € annuels.

2. Quelle corrélation peut-on observer?
Plus un pays a un taux de pauvreté élevé, plus son seuil de pauvreté est faible, ce qui est le cas des pays situés en bas à droite du nuage de points (Roumanie, Bulgarie, etc.). Inversement, plus le taux de pauvreté d'un pays est faible, plus son seuil de pauvreté est élevé, ce qui est le cas des pays situés en haut à gauche du nuage de points (Finlande, Danemark, etc.).

3. Peut-on en conclure qu'il existe une causalité entre ces deux variables?
Rien ne permet de déterminer quelle serait la causalité, d'autant que d'autres variables non présentes sur le graphique pourraient expliquer cette corrélation, comme le PIB par habitant par exemple.

EXERCICE 1 Niveau de vie et pauvreté selon le nombre d'enfants en France, en 2015

Nombre de frères et sœurs de moins de 25 ans présents dans le ménage	Niveau de vie moyen (en euros par an)	Taux de pauvreté (en pourcentage)
0	22 190	16,1
1	22 420	14,2
2	19 630	22,9
3	15 980	40,3
4 ou plus	12 710	56,5
Ensemble	**20 930**	**19,9**

Insee, Enquête histoire de vie et patrimoine, 2018

1. Présentez le document.
2. Quelle corrélation peut-on observer entre le nombre d'enfants et le niveau de vie?
3. Quelle corrélation peut-on observer entre le nombre d'enfants et le taux de pauvreté?
4. Pourquoi le mode de calcul du niveau de vie permet-il de montrer qu'il existe sûrement une causalité?

EXERCICE 2 Participation au second tour des élections présidentielles en France en 2017

	Votants	Abstentionnistes
Ensemble[1]	**74,6 %**	**25,4 %**
Âge		
18-24 ans	63 %	37 %
25-34 ans	69 %	31 %
35-49 ans	78 %	22 %
50-64 ans	75 %	25 %
65 ans et plus	81 %	19 %
Revenus mensuels du foyer en euros		
< 1 500	60 %	40 %
1 500-2 500	77 %	23 %
2 500-3 500	80 %	20 %
Plus de 3 500	77 %	23 %

1. Le calcul de l'ensemble prend également en compte les CSP.
Champ : échantillon représentatif de 2 000 personnes.

D'après BVA, sondage à la sortie des urnes, 2017

1. Peut-on affirmer qu'il y a une corrélation entre l'âge et l'abstention?
2. Peut-on affirmer que l'abstention est corrélée avec le revenu?

13 FICHE MÉTHODE SAVOIR-FAIRE

Comprendre une courbe de Lorenz et un indice de Gini

Définition

■ Une courbe de Lorenz est une représentation graphique généralement utilisée pour apprécier les inégalités de répartition des revenus ou du patrimoine.

■ Pour construire cette courbe, il suffit de placer en abscisse les déciles → FICHE MÉTHODE 1 P. 358 et en ordonnée le cumul des pourcentages du revenu ou du patrimoine.

■ Plus la courbe de Lorenz est proche de la droite d'équirépartition (la diagonale), plus la distribution est égalitaire (et inversement).

■ L'indice de Gini mesure, quant à lui, le degré d'inégalité de la distribution de la variable étudiée. Il est compris entre 0 et 1. Plus il est proche de 0, plus la société analysée est égalitaire (et inversement).

Exemple

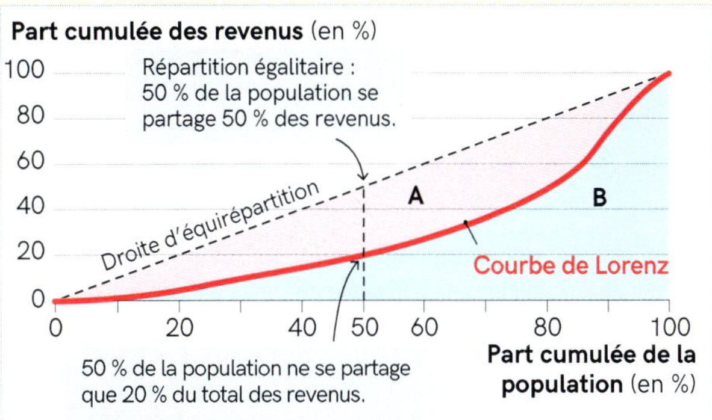

Formule

$$\text{Indice de Gini (G)} = \frac{\text{surface A}}{\text{surface A} + \text{surface B}}$$

EXERCICE CORRIGÉ Distribution du revenu en France en 2015

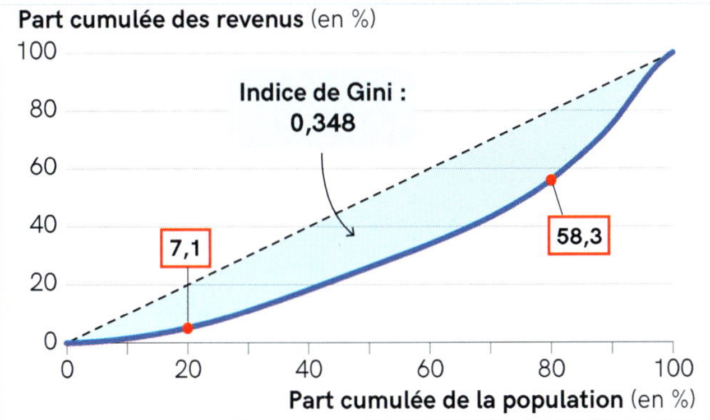

Insee, Enquête histoire de vie et patrimoine, 2018

1. Présentez les informations correspondant aux données encadrées.
D'après l'Insee, en 2015, 20 % de la population (deuxième décile) ayant les plus faibles revenus en France ne captaient que 7,1 % du total du revenu disponible et 80 % de la population ayant les plus faibles revenus ne captait que 58,3 % du total du revenu disponible.

2. Quels éléments permettent de quantifier l'inégalité dans la distribution du revenu disponible ?
L'éloignement de la courbe de Lorenz par rapport à la droite d'équirépartition (surface bleue du graphique) et l'indice de Gini permettent de quantifier cette inégalité de distribution.

EXERCICE 1 Répartition des revenus et du patrimoine dans un pays imaginaire

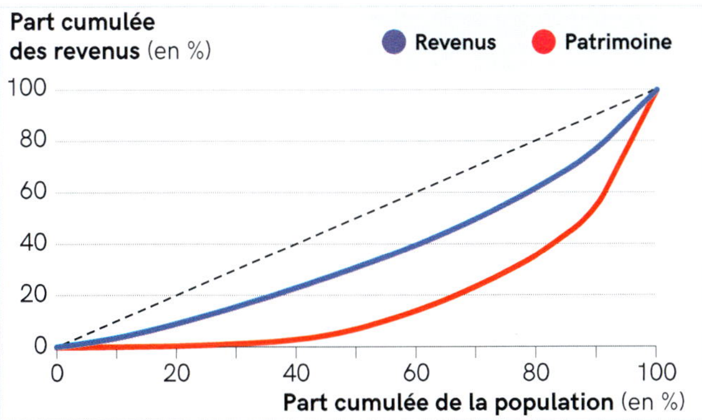

1. Présentez les données du neuvième décile pour les revenus et le patrimoine.
2. Lequel des deux indices de Gini sera le plus fort ? Justifiez votre réponse.

EXERCICE 2 Répartition des revenus de deux pays imaginaires : la Bordurie et la Syldavie

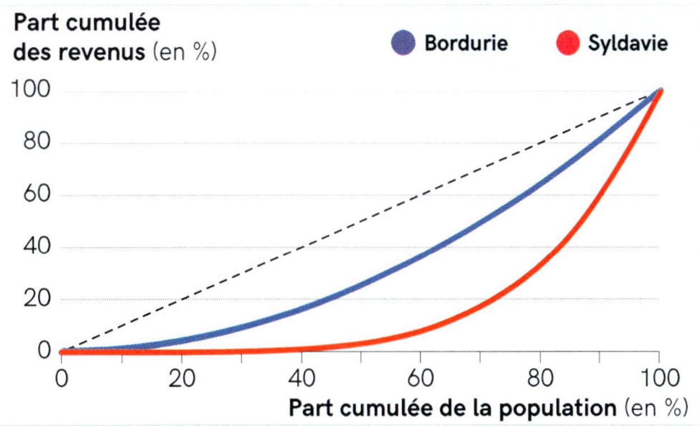

1. Présentez les données du neuvième décile.
2. Les deux indices de Gini sont de 0,3 et 0,6. Lequel correspond à la Syldavie ? Justifiez votre réponse.

14 FICHE MÉTHODE SAVOIR-FAIRE

Comprendre les représentations des fonctions d'offre et de demande

Définition

■ Une fonction de demande est une relation mathématique qui détermine, pour chaque niveau de prix (P), une quantité demandée (D). C'est une fonction décroissante car plus le prix augmente, plus la quantité demandée diminue : la pente de la droite qui la représente est donc décroissante.

■ Une fonction d'offre détermine, pour chaque niveau de prix (P), une quantité offerte (O). C'est une fonction croissante car plus le prix augmente, plus la quantité offerte augmente : la pente de la droite est donc croissante.

■ Une pente forte (très inclinée verticalement) signifie qu'une variation des prix entraîne une faible variation de la quantité offerte ou demandée : l'offre ou la demande est « peu sensible » (ou « faiblement élastique ») par rapport au prix.

■ À l'inverse, une pente faible (très inclinée horizontalement) signifie qu'une variation des prix entraîne une forte variation de la quantité offerte ou demandée : l'offre ou la demande est « très sensible » (ou « fortement élastique ») par rapport au prix.

■ Le prix d'équilibre sur un marché est le prix pour lequel les quantités offertes et demandées sont égales.

EXERCICE CORRIGÉ

▶▶ Étape 1 Comprendre comment sont construites les courbes d'offre et de demande

Le NYMEX (*New York Mecantile Exchange*) est le plus grand marché au monde dans l'achat et la vente de pétrole. Étudions les fonctions d'offre O(P) et de demande D(P) en fonction du prix de l'action (P).

$D_1(P) = -2P + 60$ et $O_1(P) = 0{,}5P$

Prix du baril (en dollars par baril)	Quantité demandée D_1 (en millions de barils)	Quantité offerte O_1 (en millions de barils)
0	60	0
10	40	5
20	20	10
30	0	15

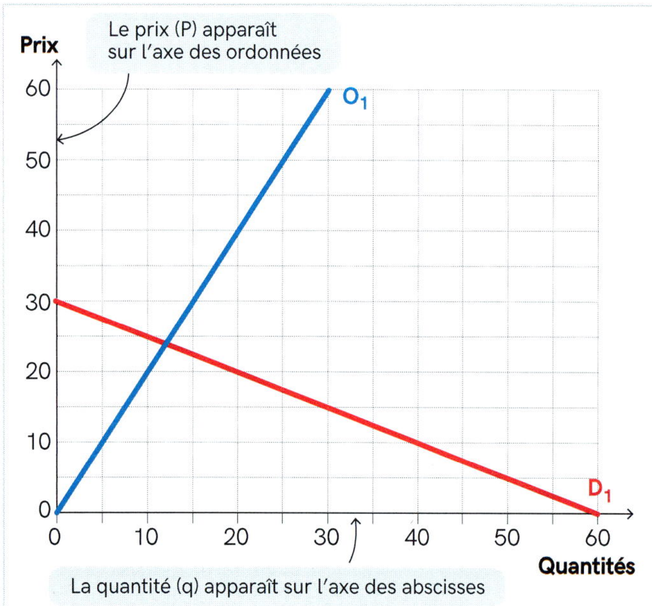

1. Au prix P = 20, le marché est-il en situation d'équilibre ? au prix P = 30 ?

Pour P = 20, le marché est en situation de pénurie car le prix est trop faible. En effet, à P = 20, $D_1(20) = 20 > O_1(20) = 10$.

Pour P = 30, le marché est en situation de surproduction car le prix est trop élevé. En effet, pour P = 30, $D_1(30) = 0 < O_1(30) = 15$.

2. Quand le prix passe de 20 à 30, comment les quantités offertes et demandées varient-elles ?

Quand le prix passe de 20 à 30, la quantité demandée diminue de 20 millions de barils et la quantité offerte augmente de 5 millions de barils.

3. Déduisez de la question précédente si la sensibilité (ou élasticité) est plus forte pour la demande ou pour l'offre.

Suite à l'augmentation du prix, la diminution de la quantité demandée est quatre fois plus forte que l'augmentation de la quantité offerte. La demande est donc beaucoup plus sensible (ou élastique) que l'offre.

On constate que la pente est beaucoup plus forte pour l'offre que pour la demande, ce qui atteste de la forte élasticité de la demande par rapport au prix, alors que l'offre est moins élastique.

▶▶ Étape 2 L'impact d'un déplacement de la droite de demande

La croissance chinoise stimule la demande de mondiale de pétrole et entraîne un déplacement de la droite de demande de D_1 en D_2 avec pour nouvelle fonction de demande $D_2(P) = -2P + 80$.

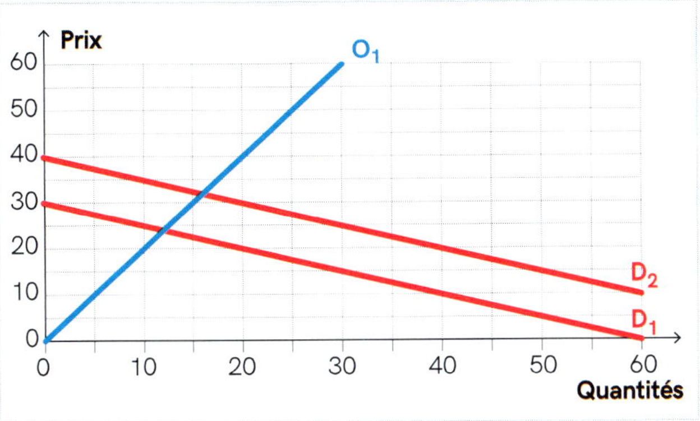

4. Pour P = 30, mesurez grâce au graphique, l'écart entre D_1 et D_2.

Pour P = 30, la droite de demande se déplace de 20 millions de barils vers la droite.

5. Quel est le nouveau prix d'équilibre ?

Le déplacement vers la droite de la demande entraîne une augmentation du prix d'équilibre de 24 à 32 dollars par baril et une augmentation de la quantité d'équilibre de 12 à 16 millions de barils.

6. Comment le prix d'équilibre aurait-il évolué si la droite de demande D_2 s'était déplacée vers la gauche ?

Le prix d'équilibre aurait baissé et la quantité d'équilibre aurait été plus faible.

▶▶ Étape 3 Le déplacement de la droite d'offre

La fermeture d'un grand site d'extration pétrolière suite à des tensions géopolitiques entraîne un déplacement de la courbe d'offre de O_1 à O_2 avec pour nouvelle fonction d'offre O_2 (P) = 0,5P – 10.

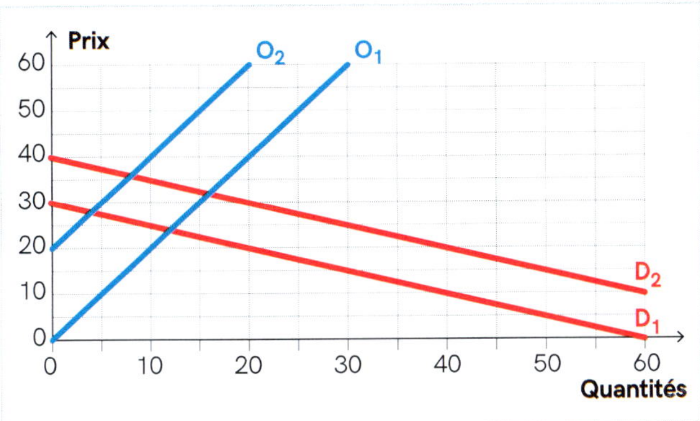

7. Pour P = 30, grâce au graphique, mesurez l'écart entre O_1 et O_2.

Pour P = 30, la droite d'offre se déplace de 10 millions de barils vers la gauche.

8. Quel est le nouveau prix d'équilibre ?

Le déplacement vers la gauche de l'offre entraîne une augmentation du prix d'équilibre de 32 à 36 dollars par baril et une diminution de la quantité d'équilibre de 16 à 8 millions de barils.

9. Comment le prix d'équilibre aurait-il évolué si la droite d'offre O_2 s'était déplacée vers la droite ?

Le prix d'équilibre aurait baissé et la quantité d'équilibre aurait été plus forte.

EXERCICE Étude du marché de l'or

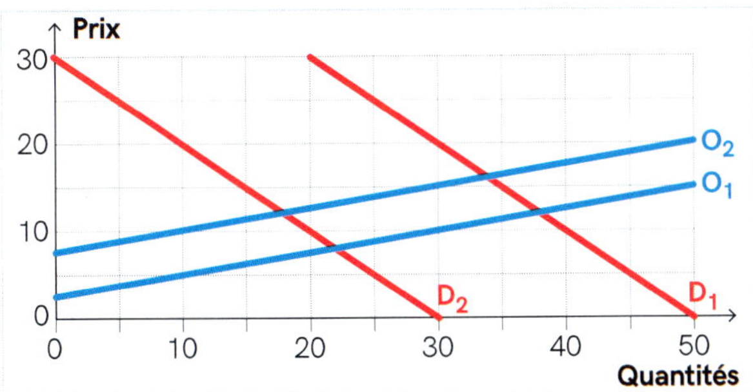

Soit $D_1(P) = -P + 50$ et $O_1(P) = 4P - 10$ une fonction demande et d'offre d'or. Le prix est exprimé en dollars par kilogramme et la quantité en milligrammes.

1. Le marché est-il à l'équilibre pour un prix de P = 10 ? de P = 15 ?

2. Trouvez le prix et la quantité d'équilibre.

3. Quand le prix passe de 5 à 10 dollars par kilogramme, quelle est la variation des quantités offertes et demandées ?

4. Déduisez de la question précédente si la sensibilité (ou élasticité) est plus forte pour la demande ou pour l'offre.

La fermeture d'une grande mine d'or entraîne un déplacement de la droite d'offre de O_1 vers O_2 (P) = 4P – 30.

5. Comment se déplace la droite d'offre ?

6. Quel est le nouveau prix d'équilibre entre D_1 et O_2 ?

Une forte diminution de la croissance mondiale entraîne aussi un déplacement de la droite de demande de D_1 vers $D_2(P) = -P + 30$.

7. Comment se déplace la droite de demande ?

8. Quel est le nouveau prix d'équilibre entre D_2 et O_2 ?

15 FICHE MÉTHODE SAVOIR-FAIRE

Comprendre les représentations des courbes de coût

Définitions

■ Le coût total (C_T) de production est la somme du coût fixe et du coût variable. Le coût fixe (C_F) représente le coût quand la production est encore nulle : il est identique quelle que soit la quantité produite (machines, loyer, etc.). Le coût variable (C_V) varie en fonction de la quantité produite (matière première, coûts salariaux).

■ Une fonction de coût total est une relation mathématique qui permet de déterminer le coût total (C_T) en fonction de la quantité produite (q) : $C_T(q)$.

■ Le coût marginal (C_m) est l'accroissement du coût total (C_T), qui correspond à la production d'une unité supplémentaire :

a. si le coût marginal est positif, cela signifie que le coût total augmente quand q augmente ;
b. si le coût marginal est positif et augmente, cela signifie que le coût total croît de plus en plus vite;
c. si le coût marginal est positif et diminue, cela signifie que le coût total croît de moins en moins vite.

■ Le coût moyen (C_M) est le coût total de l'entreprise divisé par la quantité produite, c'est-à-dire le coût par unité produite. La fonction de coût moyen est donc $C_M(q)=\frac{C_T(q)}{q}$

⚠ On ne peut pas calculer le cout moyen quand q = 0 car il est impossible de diviser un nombre par 0.

EXERCICE CORRIGÉ Fonctions de coût de l'entreprise Zora

q	0	1	2	3	4	5	6	7	8	9
$C_T(q)$	0	10	18	24	27	27	30	36	44	54
$C_m(q)$	✕	10	8	6	3	1	3	6	8	10
$C_M(q)$	✕	10	9	8	6,75	5,4	5	5	5,14	6

▸▸ **Étape 1** La fonction de coût total

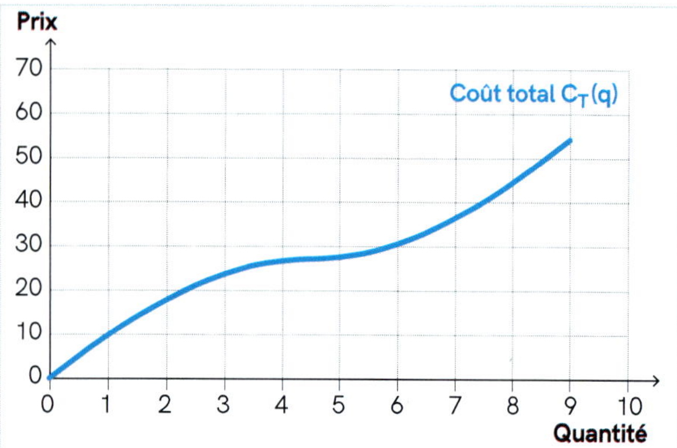

1. Que vaut le coût fixe ?
Lorsque q = 0, CT(0) = 0, donc il n'y a aucun coût fixe.

2. Rédigez une phrase pour expliquer ce qui se passe lorsque la quantité produite est de 2, puis de 8.
Lorsque la quantité produite est de 2, le coût total est de 18. Lorsqu'elle est de 8, le coût total est de 44.

3. Que signifie le fait que la courbe de coût total soit croissante ?
La courbe de coût total est croissante car plus la quantité produite est importante, plus le coût est élevé.

▸▸ **Étape 2** La fonction de coût marginal

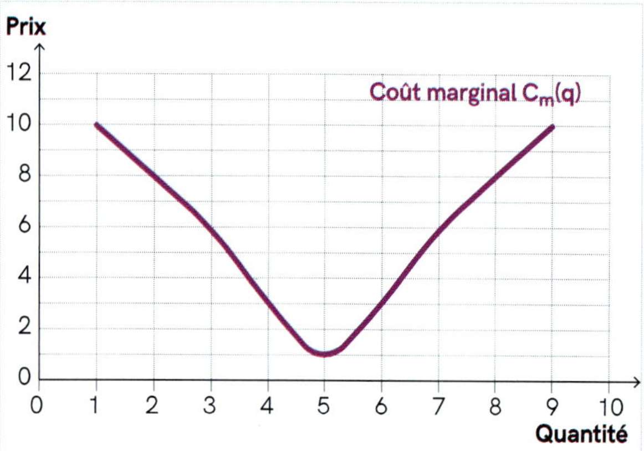

4. Rédigez une phrase pour expliquer ce qui se passe pour une quantité de 3.
Lorsque la quantité produite passe de 2 à 3, le coût total passe de 18 à 24, le coût marginal est donc de 6.

5. Quelle quantité permet de minimiser le coût marginal ? Donnez une signification économique à votre résultat.
C'est q = 5 qui permet de minimiser le coût marginal, qui est nul pour cette quantité. Cela signifie qu'une augmentation infime de la quantité produite q n'entraînera pas de modification du coût total.

6. Peut-on affirmer que, sur l'intervalle [0 ; 5], le coût marginal décroît et que le coût total augmente de moins en moins vite ?

Un coût marginal décroissant signifie que le surplus de coût généré par l'augmentation de la quantité produite est de plus en plus faible et donc, que le coût total augmente de moins en moins vite.

7. Peut-on affirmer que sur l'intervalle [5 ; 10], le coût marginal croît et le coût total augmente de plus en plus vite ?

Un coût marginal croissant signifie que le surplus de coût généré par l'augmentation de la quantité produite est de plus en plus fort et donc, que le coût total augmente de plus en plus vite.

▸▸ Étape 3 La fonction de coût moyen

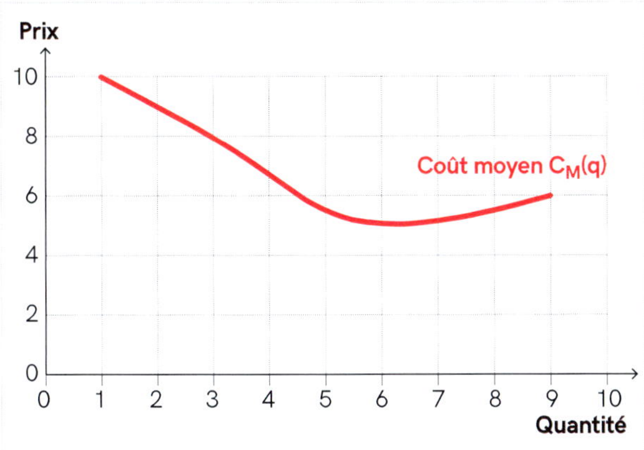

8. Pour q = 3, quel est le coût moyen ?

Lorsque q = 3, le coût moyen par unité produite est de 8. C'est-à-dire que le coût par unité produite est de 3.

9. Peut-on affirmer que tant que le coût marginal est inférieur au coût moyen, alors le coût moyen diminue ? Qu'en est-il lorsque le coût moyen augmente ?

Tant que la courbe de coût marginal est sous la courbe de coût moyen, le coût moyen décroît effectivement. Lorsque la courbe du coût marginal est au-dessus du coût moyen, alors le coût moyen croît.

10. D'après le graphique, quelle quantité correspond au coût moyen minimum ?

Le coût moyen minimum est atteint lorsque sa courbe croise celle du coût marginal. Cette quantité est atteint pour une valeur légèrement inférieure à 7, soit un coût de 5 par unité produite.

EXERCICE Fonctions de coût de l'entreprise Kubix

q	0	1	2	3	4	5	6	7	8
$C_T(q)$	0	37	56	63	64	65	72	91	128
$C_m(q)$		27	12	3	0, 5	3	12	27	48
$C_M(q)$		37	28	21	16	13	12	13	16

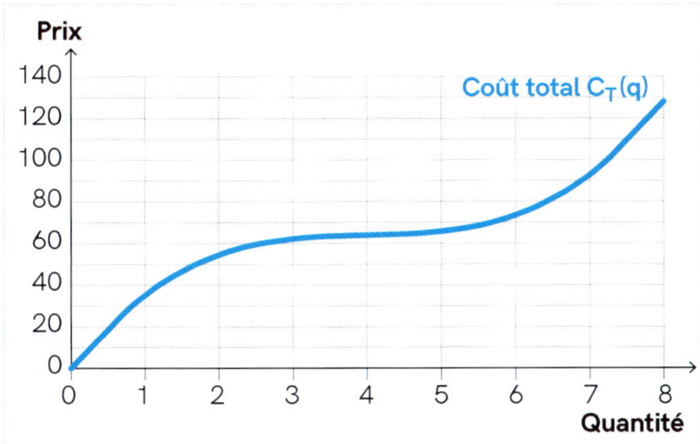

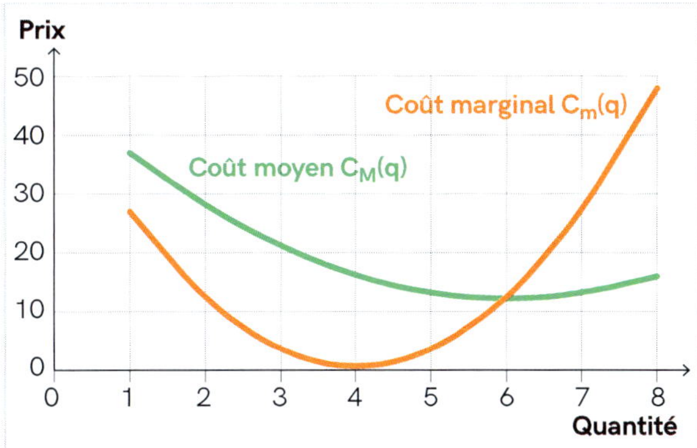

1. Quel est le coût fixe ?
2. À l'aide tableau et des graphiques, expliquez ce qui se passe lorsque la quantité produite est de 3.
3. Peut-on affirmer qu'entre 4 et 8, le coût total croît de plus en plus vite car le coût marginal augmente ?
4. Quelle quantité permet de minimiser le coût marginal ? Expliquez votre réponse.
5. Quelle quantité permet de minimiser le coût moyen ?

16 FICHE MÉTHODE SAVOIR-FAIRE

Comprendre un taux de variation moyen

Définition

■ Le taux de variation moyen, ou taux de croissance annuel moyen (TCAM), est un outil qui permet de calculer une variation moyenne sur plusieurs années.

■ On peut calculer un taux de variation moyen en utilisant soit la valeur de départ (Va) et la valeur d'arrivée (Vd), soit les taux de variation, en fonction des valeurs dont on dispose.

Formules

■ Avec la valeur de départ (Vd) et la valeur d'arrivée (Va)

Soit n le nombre d'années entre les deux dates de Va et Vd :

1. calculer le coefficient multiplicateur : $\frac{Va}{Vd}$

2. calculer la racine énième du coefficient multiplicateur : $\sqrt[n]{\frac{Va}{Vd}}$

3. transformer ce résultat en taux de variation moyen :

$$TCAM = \left(\sqrt[n]{\frac{Va}{Vd}} - 1\right) \times 100$$

■ Avec les taux de variation

Rappel : $Tx\,\Delta = \left(\frac{Va-Vd}{Vd}\right) \times 100$

Soient $Tx\,\Delta_1$, $Tx\,\Delta_2$, ..., $Tx\,\Delta_n$ des taux de variation en pourcentage.

■ **Méthode approchée**

Si $Tx\,\Delta_1$, $Tx\,\Delta_2$, ..., $Tx\,\Delta_n$ sont faibles ($-5\,\% < Tx\,\Delta < +5\,\%$) ou peu nombreux, alors le taux de variation moyen (TCAM) peut être approché en réalisant la moyenne simple des taux de variation :

$$TCAM \approx \frac{Tx\,\Delta_1 + Tx\,\Delta_2 + \ldots + Tx\,\Delta_n}{n}$$

■ **Méthode rigoureuse**

Si $Tx\,\Delta_1$, $Tx\,\Delta_2$, ..., $Tx\,\Delta_n$ sont élevés ou nombreux, il faut :

1. convertir chaque taux de variation en coefficient multiplicateur :

$CM_1 = 1 + \frac{Tx\,\Delta_1}{100}$; $CM_2 = 1 + \frac{Tx\,\Delta_2}{100}$ ... ; $CM_n = 1 + \frac{Tx\,\Delta_n}{100}$

2. les multiplier pour obtenir un coefficient multiplicateur cumulé : $CM_{cum} = CM_1 \times CM_2 \times \ldots \times CM_n$

3. prendre la racine énième de ce résultat et la convertir en taux de variation :

$$TCAM = \left(\sqrt[n]{CM_{cum}} - 1\right) \times 100$$

EXERCICE CORRIGÉ Croissance du PIB de l'Union européenne

	2015	2016	2017	2018
En pourcentage	2,3	2,0	2,6	2,0

Eurostat, 2019

1. Calculez le taux de variation moyen en utilisant la méthode approchée.

$TCAM \approx \frac{(2,3 + 2 + 2,6 + 2)}{4} = 2,225\,\%$

En moyenne, le PIB de l'UE a augmenté de 2,225 % chaque année. On observe qu'en 2015 et 2017, la croissance a été supérieure à cette moyenne, et qu'inversement, en 2016 et 2018, celle-ci a été plus faible.

2. Calculez le taux de variation moyen en utilisant la méthode rigoureuse.

$CM_1 = 1 + (2,3/100) = 1,023$; $CM_2 = 1 + (2/100) = 1,02$; $CM_3 = 1 + (2,6/100) = 1,026$
et $CM_4 = 1 + (2/100) = 1,02$

Donc $CM_{cum} = 1,023 \times 1,02 \times 1,026 \times 1,02 = 1,092$

$TCAM = (\sqrt[4]{1,092} - 1) \times 100 = 2,225\,\%$

En moyenne, le PIB de l'UE a augmenté de 2,225 % chaque année. Les deux méthodes donnent le même résultat car les taux de variation étaient faibles et qu'il n'y avait que quatre années.

EXERCICE 1 Taux de croissance de la zone euro

	2014	2015	2016	2017	2018
En pourcentage	1,4	2,1	1,9	2,5	1,9

Eurostat, 2019

1. Calculez le taux de variation moyen en utilisant la méthode approchée.

2. Calculez le taux de variation moyen en utilisant la méthode rigoureuse.

EXERCICE 2 Dette publique de la France

	2017	2018	2019
En milliards d'euros	2 189	2 259	2 315

Insee, 2019

1. Calculez le taux de variation de la dette entre :
a. 2017 et 2018
b. 2018 et 2019

2. Calculez le taux de variation moyen en utilisant la méthode approchée.

3. Calculez le taux de variation moyen en utilisant la méthode rigoureuse.

A

Actif occupé : personne active ayant un emploi. (voir p. 84)

Action collective : mobilisation collective d'individus ou de groupes d'individus dans le but d'atteindre un but commun. (voir p. 278 et 288)

Action publique : décision politique progressivement élaborée grâce à l'interaction entre les acteurs mobilisés sur un problème public. (voir p. 334 et 344)

Agenda politique : ensemble des problèmes publics inscrits à l'ordre du jour dans la liste des politiques publiques à mettre en œuvre. (voir p. 330 et 344)

Aléa moral : situation dans laquelle un agent économique risque de modifier son comportement s'il sait qu'il n'en paiera pas les conséquences. (voir p. 119 et 112)

Avantage comparatif : avantage relatif que détient un pays face aux autres dans la production d'un bien comparée à celle d'un autre bien. (voir p. 70)

B

Bien commun : bien non excluable mais rival. Il est impossible d'empêcher l'accès à ce bien, mais la consommation de chaque agent réduit d'autant celle des autres. (voir p. 340 et 344)

Biocapacité : empreinte écologique maximale que la Terre peut supporter sans réduction du capital naturel (stock de ressources fournies par l'environnement, climat compris). Elle augmente légèrement avec les rendements agricoles qui, en progressant, accroissent les capacités de la Terre à fournir des ressources. (voir p. 38)

Budget carbone : quantité maximale d'émissions de gaz à effet de serre restant à la disposition de l'humanité pour limiter, avec une probabilité raisonnable, la hausse des températures à + 1,5 °C par rapport à l'ère préindustrielle. (voir p. 341)

Bulle spéculative : situation dans laquelle le cours d'un actif (immobilier, par exemple) n'a plus de rapport avec sa valeur fondamentale (sa capacité à générer des revenus). (voir p. 122)

C

Capital culturel : selon P. Bourdieu, ensemble des ressources culturelles (langage, savoirs, savoir-faire, biens culturels, diplômes...) dont dispose un individu. Il s'accumule notamment grâce à l'école mais aussi par des démarches personnelles et des rencontres. (voir p. 230, 234, 198, 206)

Capital fixe : ensemble des moyens de production (bâtiments, machines, véhicules, logiciels...) utilisés pendant au moins un an. (voir p. 29)

Carte scolaire : système d'affectation des élèves dans une école, un collège ou un lycée correspondant à leur lieu de résidence. Les familles peuvent toutefois demander une dérogation (pour continuer une option rare, par exemple). (voir p. 200)

Catégories socioprofessionnelles : regroupement d'individus ayant le même statut socioprofessionnel, selon des principes de classement élaborés par l'Insee. Cette classification vise à constituer des catégories présentant une certaine homogénéité sociale. (voir p. 178)

Choc asymétrique : dans la zone euro, choc qui n'impacte pas l'ensemble de la zone mais seulement les économies d'un ou de quelques pays membres. (voir p. 148)

Choc économique : événement qui impacte brutalement le fonctionnement normal d'une économie au point de faire varier sensiblement son niveau d'activité. (voir p. 144)

Chômage : situation de la population en âge de travailler qui n'a pas d'emploi et qui en cherche un. (voir p. 96)

Chômage conjoncturel : chômage dû à un ralentissement de la croissance économique. (voir p. 96)

Chômage structurel : chômage stable quelle que soit la conjoncture et qui dépend essentiellement de la plus ou moins grande rigidité du marché du travail et de problèmes d'inadéquation des qualifications et des imperfections de l'information sur le marché du travail. (voir p. 96)

Classes sociales : groupes sociaux ayant une position économique, un statut social et des intérêts proches. (voir p. 178)

Coefficient de Gini : indicateur synthétique d'inégalité, il mesure la dispersion de la répartition d'une variable (revenus, patrimoine...) dans une population donnée, observée sur une courbe de Lorenz. (voir p. 316)

Collatéral (ou garantie) : actif servant à couvrir un risque de crédit dans le cas où le bénéficiaire du crédit ne pourrait pas rembourser. Dans le cas d'un crédit hypothécaire, le bien immobilier sert ainsi de collatéral. (voir p. 117 et 122)

Commission européenne : institution européenne chargée de faire appliquer les traités de l'Union et notamment le respect des règles budgétaires communes. (voir p. 138 et 148)

Compétitivité : capacité d'une entreprise à faire des profits dans un environnement concurrentiel. La compétitivité d'un pays peut être assimilée à sa capacité à faire croître durablement le niveau de vie de sa population. (voir p. 70)

Comportement mimétique : comportement « moutonnier » des individus, l'imitation étant motivée par le sentiment que d'autres agents détiennent plus d'informations, ou par des rumeurs. (voir p. 122)

Conditions de travail : aspects matériels (contraintes physiques, moyens de travail...), organisationnels (temps et rythme de travail, variété des tâches, autonomie...) et psychosociaux (relations avec les clients, la hiérarchie et les collègues, satisfaction et difficultés au travail) de l'exercice du travail. (voir p. 250)

Conjoncture économique : situation à un moment donné des principaux paramètres d'une économie et en particulier son rythme de croissance économique. (voir p. 140 et 148)

Consommation engagée : choix de consommation ayant pour but d'influencer les producteurs en faisant augmenter la demande de produits répondant à certaines valeurs. (voir p. 288)

Contraction du crédit : baisse de l'offre de crédit par les banques. (voir p. 122)

Courbe de Lorenz : permet de représenter la répartition d'une variable (revenus, patrimoine...) entre les individus d'une population. (voir p. 316)

Coût du travail : ensemble formé par le salaire net perçu par le salarié et les cotisations sociales. (voir p. 92)

Coût social : coût total de l'activité de consommation ou de production d'un agent économique, incluant à la fois le coût privé et le coût des dommages causés indirectement par cette action sur autrui. (voir p. 344)

Croissance : taux de variation de la production entre deux dates. (voir p. 28 et 42)

Croissance soutenable : mode de croissance qui permet d'assurer le bien-être des générations actuelles sans compromettre la capacité des générations futures à satisfaire leurs besoins. (voir p. 38)

Cycle de vie : les individus suivent un « parcours de vie » caractérisé par des étapes d'âge de durée variable (par exemple, la jeunesse, la vie active ou la retraite). Ces étapes ont aussi d'autres dimensions (activité/ inactivité, vie en couple/célibat/ séparation, avec ou sans enfant...). (voir p. 166)

D

Déclassement : Selon Camille Peugny, il existe trois types de déclassement : le déclassement intergénérationnel (situation dans laquelle les individus connaissent une position sociale moins favorable que celle de leurs parents) le déclassement intragénérationnel (trajectoire de déclassement au cours de l'existence de l'individu) le déclassement scolaire dû au fait qu'un individu est trop qualifié pour l'emploi qu'il occupe. (voir p. 223 et 227)

Déficit public : montant des dépenses des administrations publiques qui ne sont pas couvertes par les recettes publiques. (voir p. 142)

Demande globale : demande de biens et services provenant à la fois des ménages, des entreprises et des administrations publiques. (voir p. 92)

Démocratisation : processus par lequel le destin scolaire est moins dépendant de l'origine sociale et davantage lié aux résultats obtenus grâce à l'investissement consenti (mérite). (voir p. 206)

Dépression : phase du cycle économique caractérisée par une baisse profonde et durable de l'activité, des revenus et un chômage de masse. (voir p. 111)

Désobéissance civile : action politique visible, parfois illégale, dans le but de dénoncer l'action des États. (voir p. 332)

Destruction créatrice : mécanisme, décrit par Joseph Schumpeter, par lequel les vagues de progrès technique provoquent en même temps la création de nouvelles activités et « l'élimination des éléments périmés de la structure économique ». (voir p. 42)

Dette publique : ensemble des emprunts effectués par un État pour financer le déficit public. (voir p. 142)

Division horizontale du travail : division entre salariés d'un même niveau hiérarchique (entre ouvriers spécialisés ou qualifiés). (voir p. 252)

Division verticale du travail : répartition très inégale du degré d'initiative et de pouvoir entre les salariés selon leur niveau dans la hiérarchie (division du travail entre cadres et exécutants). (voir p. 252)

Dotation technologique : ensemble de techniques dont dispose un territoire. (voir p. 57)

Dotations factorielles : un pays dispose de ressources variables en différents facteurs de production : travail qualifié et non qualifié, ressources naturelles, capital physique, capital technologique. La recherche-développement (R & D) influe en particulier sur les dotations technologiques. (voir p. 57 et 70)

E

Échanges intrabranche : exportations et importations de biens proches, appartenant à la même branche de production (ensemble d'unités de production qui produit un seul type de biens ou services). (voir p. 58)

Économie réelle : ensemble des activités de production de biens et services hors du monde de la finance. (voir p. 116)

Éduquer : inculquer à un individu les règles, savoir-vivre et comportements de la société à laquelle il appartient. Instruire : transmettre à un individu des connaissances, des savoirs intellectuels, littéraires, scientifiques, économiques, techniques... (voir p. 192)

Effet de richesse : lien entre la valeur du patrimoine des agents économiques et leur propension à dépenser. La relation est croissante. (voir p. 116 et 122)

Effet pervers : effet non désiré et contraire au comportement attendu. (voir p. 313 et 316)

Effondrement boursier : chute brutale des cours des actifs. (voir p. 122)

Égalitarisme strict : seule une situation d'égalité parfaite des situations est juste. (voir p. 308)

Égalité des chances : égal accès à la réussite scolaire et à l'ensemble des positions sociales. (voir p. 206)

Emploi : exercice d'une profession rémunérée, de statut salarié ou indépendant. (voir p. 248 et 262)

Empreinte carbone (ou bilan carbone) : volume d'émission de gaz à effet de serre associé à la production et au mode de vie d'un individu ou d'une population. (voir p. 39)

Empreinte écologique : surface nécessaire à une population pour produire et renouveler les ressources qu'elle consomme et absorber ses déchets, en particulier les émissions de carbone. Elle est mesurée en hectares globaux. (voir p. 38, 42, 331)

Engagement politique : action d'un individu ou d'un groupe dans le but d'influencer la vie de la société. (voir p. 276)

Externalité : conséquence positive ou négative de l'action d'un agent sur un autre agent, sans que cela ne donne lieu à une transaction monétaire. (voir p. 336 et 344)

F

Faillite : situation d'un agent économique qui ne peut plus honorer ses dettes. (voir p. 122)

Firme multinationale (FMN) : firme possédant ou contrôlant des entreprises implantées dans plusieurs pays et en mesure d'élaborer une stratégie qui s'appuie sur les différences socio-économiques de ces pays. (voir p. 63 et 70)

Fiscalité : réglementation définissant les impôts d'une collectivité locale, d'un pays ou d'un organisme international et leur perception. (voir p. 316)

Flexibilité : adaptation du facteur travail aux variations de la demande et aux conditions de concurrence. (voir p. 254 et 262)

Fluidité sociale : chances relatives d'accéder à une certaine position sociale en fonction de son origine sociale. Elle se mesure par des ratios qui permettent d'évaluer le lien entre l'origine socioprofessionnelle et la position atteinte. (voir p. 225 et 234)

Fonds propres : ressources de la banque qui proviennent de son autofinancement ou des apports en capital des actionnaires. (voir p. 119)

Fordisme : méthode de production développée par Henry Ford à partir de la première guerre mondiale, prolongeant et dépassant le taylorisme en mettant en place la parcellisation du travail, l'installation de convoyeurs et de lignes de montage (les chaînes), la normalisation et la simplification des composants et la mécanisation. (voir p. 252)

Fragmentation des chaînes de valeur : division de la production en une suite d'étapes. Pour chacune d'entre elles, l'entreprise choisit de la réaliser sur place ou à l'étranger (délocalisation) ou de la confier à une entreprise plus efficiente (externalisation). (voir p. 63 et 71)

Frontière technologique : point le plus avancé des connaissances scientifiques et techniques. Les pays de la frontière sont donc ceux qui sont les plus avancés techniquement à une certaine époque. (voir p. 41)

G

Gain à l'échange : avantage que procurent la spécialisation et l'échange. En échangeant, les individus et les pays peuvent obtenir davantage de biens et de services et/ou à moindre coût que s'ils produisaient eux-mêmes l'intégralité de ce dont ils ont besoin. (voir p. 56)

I

Immobilité sociale (ou reproduction sociale) : maintien de la position socioprofessionnelle entre la génération des pères et celle des enfants. (voir p. 223, 224, 234)

Incitation sélective : mécanisme par lequel une organisation diminue le coût de la participation ou augmente celui de la non-participation à une action collective afin d'encourager à la participation. (voir p. 278 et 288)

Individualisation : processus de construction de l'individu comme sujet, et donc de distanciation et d'autonomisation par rapport au groupe d'appartenance. (voir p. 178)

Inégalité : écart de ressource, de statut, de condition entre individus ou catégories sociales. (voir p. 316)

Institutions : manières de faire ou de penser relativement stables au sein d'un groupe humain. (voir p. 42)

Intégration économique : processus par lequel l'addition de plusieurs économies distinctes conduit à la formation d'un vaste espace économique unifié. (voir p. 148)

Intégration sociale : s'appuie sur deux principes fondateurs du lien social : la protection (sentiment d'être assuré face aux aléas de la vie : « compter sur », d'après S. Paugam) et la reconnaissance (sentiment d'être utile et d'avoir une existence sociale : « compter pour »). (voir p. 258 et 262)

Investissement : acquisition par une entreprise de biens de production qui accroissent ou renouvelle le stock de capital. (voir p. 29)

J

Justice sociale : ensemble des principes qui régissent la définition et la répartition équitable des droits et des devoirs des membres de la société. (voir p. 316)

L

Libre-échange : liberté des échanges de biens et de facteurs entre pays. (voir p. 71)

Lien social : ce qui rattache les individus et les groupes les uns aux autres. Il peut s'agir de liens directs (lien conjugal, relations amicales, de voisinage, etc.) ou indirects (liens professionnels, associatifs, syndicaux, politiques, etc.). (voir p. 258)

M

Management participatif : outil de gestion des ressources humaines donnant aux salariés la capacité de s'impliquer concrètement dans le contenu de leur travail et son organisation (collaboration inter et intraservices, par exemple...) pour accroître la motivation et la rentabilité et réduire les conflits. (voir p. 262)

Marché carbone : marché sur lequel les entreprises échangent des quotas d'émissions de CO2. Celles qui n'ont pas utilisé la totalité des quotas distribués (gratuitement ou non) par les États en revendent à celles qui ont dépassé leurs plafonds d'émissions. (voir p. 345)

Marché unique : espace formé par la réunion des économies de tous les pays membres de l'Union européenne où les personnes, marchandises, services et capitaux peuvent circuler librement. (voir p. 148)

Massification : augmentation des effectifs scolaires pour chaque niveau d'enseignement. (voir p. 206)

Mobilité intergénérationnelle : changement de groupe socioprofessionnel d'un individu par rapport à la génération précédente (par exemple, un fils d'agriculteurs devenu ouvrier). La mobilité est dite « ascendante » lorsqu'un individu appartient à une PCS supérieure à celle ses parents, et « descendante » lorsqu'un individu appartient à une PCS inférieure à celle de ses parents (déclassement). (voir p. 220 et 234)

Mobilité intragénérationnelle : changement de catégorie sociale d'un individu au cours de sa vie. Elle peut être professionnelle (changement de métier, de PCS) ou géographique (déménagement, migration). (voir p. 234)

Mobilité non verticale : se dit d'une mobilité de statut (un fi ls de salarié qui devient indépendant, par exemple), ou d'une mobilité horizontale (sans changement de position dans la hiérarchie sociale). (voir p. 226)

Mobilité observée (ou mobilité sociale brute) : pourcentage de personnes ayant une position sociale différente de celle de leur père. Elle prend en compte la mobilité individuelle et la mobilité structurelle. (voir p. 224 et 234)

Mobilité structurelle : mobilité sociale due à l'évolution des structures économiques et sociales d'une société (tertiairisation, féminisation de l'emploi, urbanisation, développement du salariat, etc.). (voir p. 234)

Mobilité verticale : pour un individu, fait d'appartenir à une catégorie sociale plus élevée (ascendante) ou moins élevée (descendante) que celle de ses parents. (voir p. 226)

Modularisation : conception des produits comme une série de modules standardisés, donc compatibles entre eux et faciles à assembler. (voir p. 63)

Modularisation de la production : conception des produits comme une série de modules standardisés, compatibles entre eux et donc faciles à assembler. (voir p. 71)

Mouvements sociaux : ensemble de mobilisations et d'actions collectives ayant pour but de transformer tout ou partie de la société. (voir p. 282)

Mouvements sociaux traditionnels : mouvements sociaux tournés vers les questions du travail, de ses conditions et de sa rémunération. (voir p. 288)

N

Niveau de vie : revenu disponible du ménage divisé par le nombre d'unités de consommation (1 pour le premier adulte, 0,5 par personne supplémentaire de plus de 14 ans, 0,3 par enfant de moins de 14 ans). (voir p. 167 et 306)

Nouveaux mouvements sociaux : mouvements sociaux tournés vers des enjeux culturels ou de société. (voir p. 288)

P

Panique bancaire : ruée des clients dans les banques pour retirer leurs dépôts lorsqu'ils craignent qu'elles fassent faillite. (voir p. 122)

Participation politique conventionnelle : vote et militantisme au sein d'un parti politique ou d'un syndicat. (voir p. 276 et 288)

Participation politique non conventionnelle : comportements politiques qui passent par des pratiques contestataires non liées au processus électoral : grève, blocus, boycott, etc. (voir p. 276, 288)

Passager clandestin : ménage, entreprise ou pays qui bénéficie d'un bien ou d'un service sans en payer le prix. (voir p. 278, 340, 345, 288)

Patrimoine : ensemble de ce qu'un agent économique possède (avoirs) et doit (ses dettes). (voir p. 304)

Pénibilité : traduit, au travail, une exposition, au-delà de certains seuils, à un ou plusieurs facteurs de risques professionnels, susceptibles de laisser des traces durables, identifiables et irréversibles sur la santé des salariés. (voir p. 251)

Politique budgétaire : ensemble des actions menées par les pouvoirs publics en vue d'améliorer la conjoncture économique. (voir p. 148)

Politique conjoncturelle (ou « macroéconomique ») : politiques budgétaires et monétaires qui visent essentiellement à soutenir la croissance et la demande globale quand ces dernières ralentissent. (voir p. 96 et 148)

Politique de la concurrence : ensemble des actions menées par les pouvoirs publics qui visent à maintenir et à développer un état de concurrence en agissant sur la structure des marchés et sur le comportement des agents économiques. (voir p. 148)

Politique monétaire : volet de la politique économique visant à influer sur l'évolution de la masse monétaire et les taux d'intérêt et, par ce biais, sur l'inflation, la croissance, l'emploi et le taux de chômage. (p. 148)

Population active : ensemble des personnes en âge d'exercer une activité professionnelle (de 15 à 64 ans) qui exercent une activité rémunérée ou qui sont au chômage. (voir p. 84)

Pouvoirs publics : composés de l'État, mais aussi, plus largement, de la Sécurité sociale, des collectivités locales, voire de l'Union Européenne. (voir p. 316)

Précarité : situation de fragilité et/ou d'instabilité, individuelle ou collective, en termes d'emploi, de logement, de statut familial et plus généralement de conditions de vie. (voir p. 259)

Production : généralement mesurée par la valeur ajoutée : valeur de la production – valeur des consommations intermédiaires. À l'échelle du territoire national, la somme des valeurs ajoutées constitue le produit intérieur brut (PIB). (voir p. 28 et 42)

Productivité : rapport entre une quantité produite et les moyens mis en œuvre pour l'obtenir (travail et capital). Elle mesure l'efficacité des facteurs de production et de leur combinaison. (voir p. 28)

Productivité globale des facteurs (PGF) : rapport entre la production et l'ensemble des dépenses relatives aux facteurs de production, consommations intermédiaires, travail et capital. Elle est souvent assimilée à une mesure du progrès technique. (voir p. 30 et 42)

Progrès technique : défini de manière large en économie, il est synonyme d'innovation au sens que lui donne Schumpeter : nouveaux biens, nouvelles méthodes de production, nouveaux marchés, nouvelles organisations des marchés qui révolutionnent la production. (voir p. 30, 32, 42)

Prophétie autoréalisatrice : événement anticipé par les agents qui se réalise en raison de ces mêmes anticipations. (voir p. 122)

Protection sociale : ensemble constitué par la Sécurité sociale, l'assurance chômage, les assurances sociales complémentaires et l'aide sociale des administrations. Elle protège de certains risques, selon le principe « de chacun selon ses moyens, à chacun selon ses besoins ». (voir p. 317)

Protectionnisme : restriction apportée volontairement aux échanges internationaux dans le but de protéger les productions locales de la concurrence étrangère. (voir p. 71)

Q

Qualification : ensemble des aptitudes acquises par un individu ou requises pour occuper un emploi. Elle peut s'acquérir par la formation (validée généralement par des diplômes), mais aussi par l'expérience personnelle. (voir p. 169 et 178)

R

Rapports inter-quantiles : rapport entre les valeurs qui correspondent à deux quantiles différents (1er et 9e déciles, par exemple). (voir p. 317)

Rapports sociaux de genre/ de sexe : relations, interactions, liens d'interdépendance qui s'établissent entre les individus et les groupes en fonction de leur genre. Ce rapport social est généralement source de confrontations autour d'enjeux (la division sexuelle du travail dans les sphères professionnelle et domestique, et les richesses, notamment). (voir p. 178)

Récession : phase de ralentissement marqué de la croissance ou recul de la production limité dans le temps. (voir p. 96, 111 et 145)

Réglementation : politique qui consiste à imposer aux producteurs et aux consommateurs le respect de normes définies. (voir p. 345)

Réglementation prudentielle : ensemble des règles imposées au secteur bancaire afin de garantir la solvabilité des établissements. (voir p. 118)

Répertoires de l'action politique : ensemble des moyens d'action politique à la disposition des individus. (voir p. 285)

Rétribution symbolique : gratification reposant sur le prestige, le pouvoir, l'estime de soi ou la considération sociale. (voir p. 288)

S

Salaire d'efficience : salaire supérieur au salaire en vigueur qui permet à un employeur d'attirer les meilleurs candidats. (voir p. 96)

Salarisation : mouvement de progression de la part des salariés dans la population en emploi. (voir p. 179)

Solvabilité : capacité d'un agent à respecter ses engagements financiers (en particulier le remboursement d'un prêt). (voir p. 118)

Sous-emploi : situation dans laquelle un actif occupe un emploi à temps partiel ou en chômage partiel. (voir p. 96)

Statut d'emploi : statut juridique (droits et obligations) des emplois salariés (secteur privé, fonction publique, entreprises publiques ou nationales) ou non-salariés (indépendants, employeurs, aides familiaux). (voir p. 249)

Structure (ou stratification) sociale : façon dont une société donnée est divisée et structurée en groupes sociaux hiérarchisés aux ressources (économiques, culturelles, politiques...) inégales. (voir p. 179 et 184)

Structure des opportunités politiques : caractéristiques du contexte politique qui influencent les chances d'un mouvement social d'atteindre ses objectifs. (voir p. 279 et 288)

Subprime : crédit risqué car accordé à un emprunteur dont la solvabilité (capacité à rembourser) est fragile, par opposition à un crédit « prime », de « premier choix » accordé à des agents économiques dont la solvabilité est plus assurée. (voir p. 114)

T

Table de destinée : indique le destin socioprofessionnel des enquêtés en fonction de la PCS de leur père. Pour la construire, on demande aux fils quelle profession exerçait leur père, et celle qu'ils exercent eux-mêmes. (voir p. 220 et 234)

Tables de recrutement (ou d'origine) : indique l'origine socioprofessionnelle des enquêtés en fonction de leur PCS. Pour la construire, on demande aux fils demande quelle profession exerçait leur père, et celle qu'ils exercent eux-mêmes. (voir p. 221 et 234)

Taux d'accès à un diplôme : rapport entre le nombre d'élèves, répartis par année de naissance, accédant à un niveau de diplôme et l'effectif de la génération correspondante. (voir p. 194 et 206)

Taux d'emploi : mesure de l'utilisation des ressources en main-d'œuvre disponibles, c'est-à-dire de la proportion de personnes qui occupent un emploi parmi celles qui seraient en âge d'exercer une activité professionnelle. (voir p. 85)

Taux de chômage : pourcentage de chômeurs dans la population active. (voir p. 84)

Taux de scolarisation : rapport entre le nombre d'élèves, d'étudiants et d'apprentis en formation initiale d'un âge déterminé inscrits dans un établissement d'enseignement, et le nombre de jeunes de cet âge. (voir p. 194 et 206)

Taxation / subvention : politique consistant à utiliser l'outil fiscal pour modifier les prix relatifs et inciter les agents à, par exemple, mieux intégrer la préservation de l'environnement dans leurs comportements de consommation et de production. (voir p. 345)

Télétravail : forme d'organisation du travail dans laquelle un travail qui pourrait être exécuté dans les locaux de l'employeur est effectué par un salarié hors de ces locaux en utilisant des outils informatiques et de communication. (voir p. 256 et 262)

Tertiarisation : processus de développement du poids des activités de services et des emplois correspondants. (voir p. 179)

Titre : actif financier qui peut être échangé sur un marché. (voir p. 114)

Top 1 % : un pourcent des ménages les plus aisés. (voir p. 317)

Toyotisme : organisation du travail flexible développée dans les années 1950 au Japon dans l'industrie automobile pour permettre d'adapter rapidement la production aux besoins des consommateurs. (voir p. 253)

Travail : action (rémunérés ou non) de production de biens et/ou services. (voir p. 248 et 263)

Travail numérique ou digital : formes de travail utilisant les nouvelles technologies de l'information et de la communication, productrices de valeur, encadrées par des contrats et soumises à des objectifs de performance. (voir p. 257 et 263)

V

Valeur fondamentale d'un actif : somme des revenus (loyers, dividendes, intérêts) que cet actif peut générer (revenus anticipés). (voir p. 112)

Vente forcée (ou vente de détresse) : vente massive d'actifs à prix très bas, nécessaires lorsqu'un agent risque une faillite. (voir p. 116 et 112)

Crédits iconographiques

Couverture : ht AFP/Nurphoto/Nicolas Liponne, **bas d** REA/Hamilton ; **bas g** ISTOCK/E+/VGAJIC

27 ht (et 4 ht g) WIKIMEDIA Commons/Peter Forster ; **27 m** ISTOCK/Moment ; **32** BRIDGEMAN IMAGES/Archives Charmet ; **33** BRIDGEMAN IMAGES/Granger ; **36** REA/Frédéric Maigrot ; **39** AFP/Alfredo Estrella ; **55 ht** REUTERS/China Transport Business/Vincent Du ; **59** AFP/Sophie Ramis, Thomas Saint-Cricq, Erwan Lucas ; **62** SIPA PRESS/AP/Petr Eret ; **64 (et 4 bas g)** AFP/Arun Sankar ; **67** SIPA PRESS/AP/Evan Vucci ; **71 ht** BRIDGEMAN IMAGES/Granger ; **71 bas** REA-Redux/Timothy Fadek ; **71 m d** BRIDGEMAN IMAGES/Leemage/Mary Evans ; **71 m** Riksarkivet, Stockholm ; **71 m g** AKG-Images/TT News Agency/TT Nyhetsbyran ; **83 bas** GAMMA RAPHO/Gilbert Uzan ; **83 ht** ICONOVOX/Deligne ; **87 ht** AFP/Jeff Pachoud ; **89 g** ICONOVOX/Deligne ; **89 d** MONIER François-Henry dit BABOUSE ; **91 ht** GETTY IMAGES France/Bettmann ; **91 bas (et 4 ht d)** AURIMAGES/Everett Collection ; **95** © Ministère du Travail ; **109 bas** GETTY IMAGES France/Bloomberg/Contributeur/Michael Nagle ; **109 ht** AFP/Getty images/Cate Gillon ; **111 g** BRIDGEMAN IMAGES/Scherl/SZ Photo ; **111 d** GETTY IMAGES France/Bloomberg/Contributeur/Jacob Kepler ; **112** © Kevin KAL Kallaugher, kaltoons.com ; **115 bas (et 4 bas d)** REA-Zuma/LNP/Manu Palomeque ; **116** REUTERS/Luke MacGregor ; **119** © Finance Watch, www.finance-watch.org/Frédéric Hache ; **135 ht** REA-ROPI/EUC/Pignatelli ; **138 bas** COMMISSION EUROPENNE ; **139 ht** REUTERS/Benoît Tessier ; **141** REUTERS/Dylan Martinez ; **142 (et 5 ht g)** ISTOCK/Yavuz Meyveci ; **144** AFP/Kenzo Tribouillard ; **160** SHUTTERSTOCK/Minerva Studio ; **161** © Alexia K. ; **163 ht** ICONOVOX/Deligne ; **166** SHUTTERSTOCK/Monkey Business Images ; **170** BIS / Ph. Coll. Archives Larbor ; **171 (et 180d, 181 bas)** BRIDGEMAN IMAGES ; **173 (et 5 bas g)** AFP/Hans Lucas/Amaury Cornu ; **174** AFP/Hans Lucas/Martin Bertrand ; **175** GAMMA RAPHO/Elise Hardy ; **177** REA-REDUX/The New York Times/Andrew Testa ; **191 ht** SCIENCES HUMAINES n° 318, octobre 2019 ; **191 bas (et 5 ht d)** ROGER-VIOLLET/Ullstein Bild ; **192 ht** SHUTTERSTOCK/ESB Professional ; **192 bas** AFP Photo ; **193 ht g** Ministère de l'Education nationale ; **196** AFP/Jacques Demarthon ; **198** HEMIS/Blend Images ; **200** ICONOVOX/Deligne ; **201** © Organisme Voyage-Langue ; **202** ADOBE STOCK PHOTO/pololia ; **204** MAXPPP/PhotoPQR/Le Parisien ; **205 ht** AFP ; **205 bas** © EDITIONS ALLARY/ Riad Sattouf, Les Cahiers d'Esther. Histoire de mes 11 ans, 2017 ; **219 ht g** La Documentation Française/Photo François Pagès/Paris-Match ; **219 bas** BRIDGEMAN IMAGES/Leemage/Writer Pictures ; **219 ht d (et 5 bas d)** BRIDGEMAN IMAGES/Leemage/Imago ; **220** SIPA PRESS/AP/Evan Agostini ; **223 g** GUILHOT Alain (Divergence) ; **223 d** REA-Haytham/Szypura ; **227** FACELLY Albert (Divergence) ; **228** AFP Photo ; **230** EDITIONS LA DECOUVERTE ; **231** Montaigne, Pinçon, Pinçon-Charlot © DARGAUD, 2020 ; **247 ht** ICONOVOX/Deligne ; **247 bas** AFP/Hans Lucas/Riccardo Milani ; **253** PESSIN Denis ; **254** SIPA PRESS/Isa Harsin ; **255** ISTOCK/Skynesher ; **256** GETTY IMAGES France/WireImage/Kristy Sparow ; **257** (et **6 ht** g) SHUTTERSTOCK/Natee Meeplan ; **258** HEMIS/Alamy/Viennaslide ; **259** ICONOVOX/Deligne ; **275 ht** © L214 ; **276 g** AFP/Fred Tanneau ; **276 d** REA/Haytham/Simon Lambert ; **277 g** AFP/Philippe Huguen ; **277 d** ABACA PRESS/Raphael Lafargue ; **279** GETTY IMAGES France/Hulton Archive/William Lovelace ; **283 ht g** HEMIS/Michel Cavalier ; **283 bas d** LANCELOT Frédéric/Divergence ; **283 bas g** REA-Haytham/Simon Lambert ; **283 ht d** AFP/Frédérick Florin ; **284 g** FACELLY Albert/Divergence ; **284 d (et 6 bas g)** AFP/Xavier Leoty ; **285 ht g** REUTERS/Philippe Wojazer ; **285 bas g** REA/Nicolas Tavernier ; **285 bas d** ANDIA/Maunoury ; **285 ht d** REA/Fred Marvaux ; **286** SIPA PRESS/AP/Michel Euler ; **300** © Honorine N. ; **301** Célia R. ; **303 ht (et 6 ht d)** LE HONZEC René ; **305 ht** ICONOVOX/Deligne ; **308 ht** REA/Hamilton ; **308 bas** GETTY IMAGES France/Picture Alliance ; **309** © Interaction Institute for Social Change /Angus Maguire ; **310** PHOTONONSTOP/Jacques Loic ; **311** SHUTTERSTOCK/Daniel M Ernst ; **313** Coll. et Cliché CARICADOC ; **329 (et 6 bas d)** AFP/Getty images/Stéphane Keith ; **330** GERNER Jochen ; **331 ht d** © GreenGO ; **332 g** AFP/Kenzo Tribouillard ; **332 d** REA/Bruno Arbesu ; **333** LASCOURREGES Nicolas (Divergence) ; **338** REA/Laurent Cerino ; **341** REA-Redux/The New York Times/Ulet Ifansasti ; **343** CHRISTOPHE L COLLECTION/© Move Movie/Mars Films ; **352** PLANTU ; **356** © Laurène D.

Compléments aux sources des textes présents dans le manuel

p. 202, doc 2 : Bernard Lahire, *Tableaux de familles : heurs et malheurs scolaires en milieux populaires*, © Coédition Gallimard-Le Seuil, coll. « Hautes études », 1995, coll. « Points Essais », 2016

p. 343, doc. 3 : Stéphanie Monjon et Sandra Poncet, *La Transition écologique en Chine. Mirage ou « virage vert » ?*, Rue d'Ulm, 2018, coll. Du Cepremap n°47, pp. 156-159, www.presses.ens.fr

Édition : Morgane Guilhem, avec l'aide de Guénaëlle Lumalé, Françoise Laurent et Marie Pruszek
Direction éditoriale : Carole Greffrath
Responsable artistique : Pierre-Yves Skrzypczak
Conception graphique (intérieur) : Frédéric Jély
Conception graphique de la couverture : Jean-Marc Denglos
Mise en pages : Florence Parigot (Domino) et Camille Rouxel
Iconographie : Maryse Hubert
Charte graphique des schémas : DataGif
Infographies, schémas, graphiques : Corédoc et Légendes cartographie
Fabrication : Kévin Magar
Gravure : Irilys
Relecture : Sarah Billecocq

Contenus éditoriaux fournis par l'ONISEP (p. 12 à 15) : Emmanuel Percq (coordination), Isabelle Dussouet (édition).

Contenus éditoriaux pour l'oral (p. 22 à 25) : Olivier Jaoui, directeur de Mission-Admission et spécialiste de la préparation des étudiants à l'oral et aux entretiens.

MIXTE
Papier issu de sources responsables
FSC® C022030

Nathan est un éditeur qui s'engage pour la préservation de son environnement et qui utilise du papier fabriqué à partir de bois provenant de forêts gérées de manière responsable et contrôlée.

N° de projet : 10278483 - Dépôt légal : Avril 2020
Achevé d'imprimer en septembre 2021 par Bona S.p.A. à Turin en Italie